Le Routard

Bordelais, Landes, Lot-et-Garonne

2022/2023

Cofondateurs : Philippe GLOAGUEN et Michel DUVAL

Directeur de collection et auteur
Philippe GLOAGUEN

Secrétaire général
Gavin's CLEMENTE-RUIZ

Rédacteurs en chef
Amanda KERAVEL (France)
Benoît LUCCHINI (Étranger)

Directrice administrative
Bénédicte GLOAGUEN

Conseiller à la rédaction
Pierre JOSSE

Responsable voyages
Carole BORDES

Direction éditoriale
Élise ERNEST

Rédaction
Isabelle AL SUBAIHI
Emmanuelle BAUQUIS
Mathilde de BOISGROLLIER
Marie BURIN des ROZIERS
Camille CAMPET
Diane CAPRON
Véronique de CHARDON
Laura CHARLIER
Florence CHARMETANT
Fiona DEBRABANDER
Géraldine LEMAUF-BEAUVOIS
Alain PALLIER
Anne POINSOT
Alexia POULAIN

hachette

TABLE DES MATIÈRES

PRÉAMBULE

COMMENT Y ALLER ?

BON À SAVOIR AVANT LE DÉPART

Pictogrammes du Routard

Établissements

- Hôtel, auberge, chambre d'hôtes
- Camping
- Restaurant
- Terrasse
- Pizzeria
- Boulangerie, sandwicherie
- Pâtisserie
- Glacier
- Café, salon de thé
- Café, bar
- Bar musical
- Club, boîte de nuit
- Salle de spectacle
- Boutique, magasin, marché

Infos pratiques

- Office de tourisme
- Poste
- Accès Internet
- Hôpital, urgences
- Adapté aux personnes handicapées

Sites

- Présente un intérêt touristique
- Point de vue
- Plage
- Spot de surf
- Site de plongée
- Recommandé pour les enfants
- Inscrit au Patrimoine mondial de l'Unesco
- Pas de côté

Transports

- Aéroport
- Gare ferroviaire
- Gare routière, arrêt de bus
- Station de métro
- Station de tramway
- Parking
- Taxi
- Taxi collectif
- Bateau
- Bateau fluvial
- Piste cyclable, parcours à vélo

« OSONS LE PAS DE CÔTÉ »

Le surtourisme ? Tous concernés. Et pourtant, à l'écart des grands flux touristiques, il existe plein de pépites méconnues, souvent oubliées des circuits trop encombrés. Ici un site ignoré ; là un quartier secret ; plus loin un village caché au charme discret, avec un troquet d'une autre époque. Il existe une infinité de lieux peinards que l'on a envie de mettre en avant avec ce pictogramme. Un vagabondage enfin calme favorisé aussi par les **visites aux heures creuses.** Vive le *slow trip* !

#osonslepasdecote

Sites inscrits au Patrimoine mondial de l'Unesco
Pas de côté
Libourne Lieux traités
Labrit Repères
NORD
20 km
OCÉAN ATLANTIQUE
Golfe de Gascogne
CHARENTE-MARITIME (17)
PYRÉNÉES-ATLANTIQUES (64)
GIRONDE (33) p. 46
LANDES (40) p. 207
Phare de Cordouan
Pointe de Grave
Le Verdon-sur-Mer
Soulac-sur-Mer
Montalivet-les-Bains
Vendays-Montalivet
Parc naturel régional Médoc
St-Estèphe
Pauillac
Lac d'Hourtin-Carcans
Lanessan
Fort-Médoc
Blaye
Listrac-Médoc
Moulis-en-Médoc
Bourg-en-Gironde
Lacanau
St-André-de-Cubzac
St-Médard-en-Jalles
Le Bouscat
Lormont
Le Porge
Mérignac
BORDEAUX
Pessac
Créon
Bègles
La Sauve-Majeure
Gradignan
Martillac
Bassin d'Arcachon
Arcachon
Cap-Ferret
Gujan-Mestras
La Brède
Cadillac
Dune du Pilat
Leyre
Sauternes
Belin-Béliet
Villandraut
Biscarrosse
Captieux
Parc naturel régional des Landes de Gascogne
Mimizan
Sabres
Labrit
Morcenx
Brocas
Roquefort
Pouydesseaux
Courant d'Huchet
Castets
MONT-DE-MARSAN
Villeneuve-de-M.
Messanges
Tartas
Grenade-sur-l'Adour
Vieux-Boucau
Soustons
Mugron
Dax
St-Sever
Aire-sur-l'Adour
Seignosse
Hossegor
Montfort-en-Chalosse
Eugénie-les-Bains
Capbreton
Pomarez
Hagetmau
Brassempouy
Geaune
Peyrehorade
Bayonne
Biarritz
Adour
Orthez
A 10
E 5
A 63
A 62
A 65
A 64
A 660
E 70
E 72
E 80
N 89
D 1215
D 101
D 3
D 204
D 137
D 700
D 6
D 2
D 936
D 106
D 1250
D 1010
D 218
D 43
D 220
D 626
D 834
D 651
D 932
D 38
D 652
D 79
D 947
D 824
D 924
D 30
D 32
D 810
D 817
D 40
A
B
1
2
3
4

BORDELAIS, LANDES, LOT-ET-GARONNE

LA RÉDACTION DU ROUTARD

La saga du *Routard* : en 1971, 2 étudiants, Philippe et Michel, avaient une furieuse envie de découvrir le monde. De retour du Népal germe l'idée d'un guide différent qui regrouperait tuyaux malins et itinéraires sympa, destiné aux jeunes fauchés en quête de liberté. 1973. Après 19 refus d'éditeurs et la faillite de leur 1re maison d'édition, l'aventure commence vraiment avec Hachette. Aujourd'hui, le *Routard*, c'est plus d'une cinquantaine d'enquêteurs impliqués et sincères. Ils parcourent le monde toute l'année dans l'anonymat et s'acharnent à restituer leurs coups de cœur en toute indépendance.

Merci à tous les Routards qui sont solidaires de nos convictions : liberté et indépendance d'esprit ; découverte et partage ; sincérité, tolérance et respect des autres.

NOS SPÉCIALISTES BORDELAIS, LANDES, LOT-ET-GARONNE

Amanda, Mathilde et Marie : quand l'une arpente les routes bretonnes en quête de la meilleure pâte à crêpes, l'autre explore le bocage normand à coups de gorgées de cidre, pendant que la 3e chausse ses skis pour dégoter le meilleur refuge alpin. La curiosité, l'enthousiasme et la gourmandise sont leur meilleur sonar, que complètent 2 décennies d'expérience à user leurs semelles sur les routes de l'Hexagone. Un trio complice et indépendant qui essaie, entre 2 voyages, de garder la ligne.

Cédric Fischer : grandir entouré de voyageurs, ça donne la bougeotte ! Mais peu importe la destination. Pour lui, le voyage, c'est d'abord les rencontres… surtout hors piste autour d'une spécialité locale (capital !) et d'un bon cru (tout aussi vital !). L'appel de la route, ce fut en stop dès le lycée et à la fac d'histoire, puis avec le *Routard* depuis 2000.

Thierry Bessou : ses origines agricoles auraient pu l'amener à cultiver la terre, finalement il la sillonne. Pourtant, il a peur de prendre l'avion ! En équilibre précaire sur un éléphant, les doigts gelés au pied d'un glacier, de marchés en musées, ses antennes restent déployées. C'est dans la Ville rose qu'il écrit, inspiré par mille lieux foulés, mille regards croisés.

UN GRAND MERCI À NOS AMI(E)S SUR PLACE

Pour cette nouvelle édition, nous remercions particulièrement :

- **Christelle Chassagne,** présidente du CRT Nouvelle-Aquitaine ;
- **Antony Demel,** directeur général du CRT Nouvelle-Aquitaine ;

Pour la Gironde

- **Sabine Brousse** et toute l'équipe de la Gironde Tourisme ;
- **Alaïs Perret** de l'office de tourisme de Bordeaux ;
- **Mathilde Fraigneau,** et l'équipe du Parc naturel régional des Landes de Gascogne ;
- les offices de tourisme.

Pour les Landes

- **Marilys Cazaubieilh, Nathalie Meulebrouck** et toute l'équipe du comité départemental de tourisme des Landes ;
- **Carine Couerbe** et l'équipe de l'office de tourisme de Mont-de-Marsan ;
- **Pauline Dutreux** de Dax Tourisme ;
- **Amandine Lailheugue** de l'office de tourisme Landes Chalosse ;
- **Christine Biben,** de l'office de tourisme Landes Atlantique Sud ;

• **Joëlle Garat** de Seignosse Tourisme ;
• **Marie Lanardonne** et **Isabelle Richardot** de l'office de tourisme d'Hossegor ;
• les offices de tourisme.

Pour le Lot-et-Garonne

• **Anne Fernandez** et l'équipe du CDT du Lot-et-Garonne ;
• **Aino Repaci, Virginie Laquière** et l'équipe de l'office de tourisme d'Agen ;
• **Gautier Rosso** et l'équipe de l'office de tourisme de Villeneuve-sur-Lot ;
• **Marie Lenhardt, Christelle Leguelinel** et **Delphine Coan** de l'office de tourisme du Val de Garonne ;
• **Catherine Dalassanta** de l'office de tourisme du pays de Duras ;
• **Cyrielle Marin-Gazères, Pierre Longo** et l'équipe de l'office de tourisme de l'Albret à Nérac ;
• **François Delhert** de l'office de tourisme d'Aiguillon ;
• les offices de tourisme.

NOS ENQUÊTEURS-FURETEURS

Nous tenons à remercier tout particulièrement Loup-Maëlle Besançon, Thierry Bessou, François Chauvin, Grégory Dalex, Fabrice Doumergue, Cédric Fischer, Carole Fouque, Guillaume Garnier, Nicolas George, Michelle Georget, David Giason, Claude Hervé-Bazin, Emmanuel Juste, Fabrice de Lestang, Éric Milet, Pierre Mitrano, Louis Nagot, Olivier Page, Jean-Sébastien Petitdemange, André Poncelet, Thomas Rivallain et Jean Tiffon pour leur collaboration régulière.

Guillem Aurenche, Andrea Blin, Jean-Jacques Bordier-Chêne, Philippe Coupy, Agnès Debiage, Jérôme Denoix, Tovi et Ahmet Diler, Clélie Dudon, Agustina Ernesta, Alain Fisch, Hermine Frachon, Adrien et Clément Gloaguen, Simon Hafi, Anaëlle Hascoët, Chloé Iacono, Lawrence Lemoine, Maeva Libessart, Marine Lucas, Lise Machu, Elisa Moreau, Martine Partrat, Odile Paugam et Didier Jehanno, Orianne Pouchard, Marva Prevost, Alexia Rambaud, Prakit Saiporn, Lara Tantawi, Sarah Toson, Lucas Truffier-Blanc, Emma Vadillo Quesada.

DU CÔTÉ D'HACHETTE-LIVRE

Direction : Sidonie Chollet

Direction éditoriale : Élise Ernest

Édition : Matthieu Devaux, Olga Krokhina, Gia-Quy Tran, Julie Dupré, Amélie Ramond, Margaux Lefebvre, Lucie Léna, Joséphine Bonneau, Morgane Zambrelli et Tony De Sousa

Ont également collaboré : **Muriel Lucas, Élisabeth Thebaud** et **Moca Poposka**

Cartographie : Frédéric Clémençon et **Aurélie Huot**

Contrôle de gestion : Jérôme Boulingre et **Yannis Villeneuve**

Marketing : Clotilde Tougeron et **Élise Sylvestre**

Assistante : Julia Lorrain

Fabrication : Nathalie Lautout et **Liza Sacco**

Relations presse : COM'PROD, **Fred Papet** et **Laëtitia de Cerval.** ☎ 01-70-69-04-69. • info@comprod.fr •, **Martine Levens** (Belgique).

Contact Partenariats : Jérôme Denoix • jeromedenoix@gmail.com •

Contact Partenariats et régie pub : Florence Brunel-Jars • fbrunel@hachette-livre.fr •

Silhouette du Routard : Clément Gloaguen (d'après Solé)

Couverture : le-bureau-des-affaires-graphiques.com ; **Maquette intérieure : le-bureau-des-affaires-graphiques.com, Thibault Reumaux** et **npeg.fr**

Le pont de pierre à Bordeaux

« Si le vin de toi n'est aimé,
Visiteur retourne en arrière :
le pont de Bordeaux t'est fermé. »
André Berry

Des pinèdes aux collines verdoyantes de la Chalosse, du bassin d'Arcachon aux vignes du Médoc, de l'océan aux moissons de Gascogne, en passant par les rivières, on observe plus de **contrastes** que de ressemblances. À chaque pays sa capitale, son histoire, éventuellement sa langue. Ici, on connaît et on respecte les frontières entre Landes et Bordelais, Agenais et Périgord. S'il fallait trouver un point commun, ce serait l'**attachement à la terre.** Les Gascons ont eu beau émigrer, et les Bordelais courir les mers, l'Histoire, elle, ne retient qu'une formidable symbiose entre humains et terroirs.
Si le sous-sol, désespérément dépourvu de matières premières, a découragé l'industrialisation massive, le sol, en revanche, fournit près de la moitié des produits fins de France. Faut-il y voir les raisons d'un goût immodéré pour les **plaisirs de la table** qui font des hommes du Sud-Ouest des chasseurs de canards, des châtelains de grands crus ou des cueilleurs de cèpes ? « Bonne cuisine et bons vins, c'est le paradis sur terre », proclamait déjà Henri IV. Le climat doux dans lequel baigne la région lui donne facilement raison.
La région doit beaucoup aux Anglais qui avaient récupéré l'Aquitaine suite au mariage d'Aliénor avec le roi d'Angleterre. Ce sont eux qui firent connaître le **vin de Bordeaux** au monde entier. Il suffit d'être invité à Buckingham pour se rendre compte que la reine l'aime toujours.

La forêt des Landes

© Hauser Patrice/hemis.fr

NOS COUPS DE CŒUR

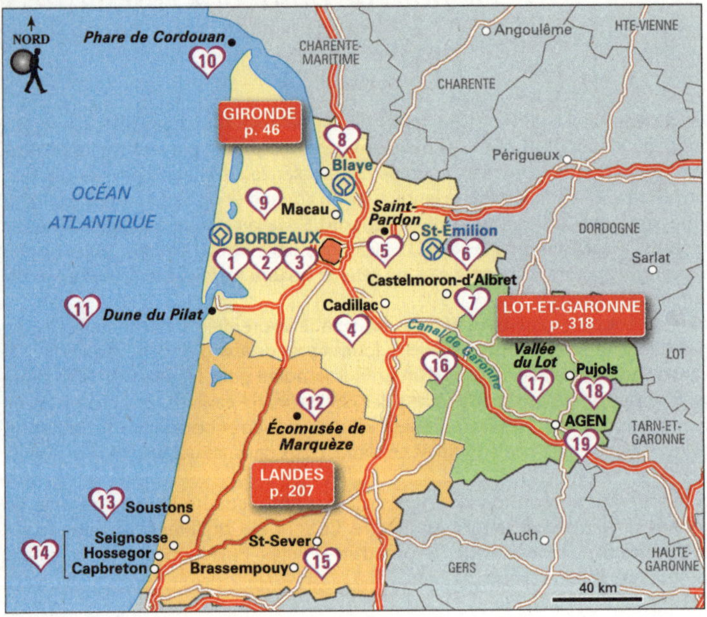

1 **Se balader sur les quais de Bordeaux, à pied ou à vélo, quand le soleil dore les façades classées au Patrimoine mondial de l'humanité par l'Unesco.**

C'est sans doute le quartier des quais qui illustre le mieux la magnificence de Bordeaux. La ville se modernise tout en retrouvant son éclat d'antan, et la belle promenade qui longe la Garonne est devenue le spot préféré des Bordelais. *p. 84*

2 **Faire le tour du monde des vignobles à la Cité du Vin, dans cet édifice ultramoderne qui s'impose désormais dans le paysage bordelais, et terminer la visite par une dégustation au 8e étage, le regard sur la Garonne, en imaginant le trafic fluvial pendant l'âge d'or du port de Bordeaux.**

Une déambulation à la découverte des cépages, des terroirs, de l'histoire, des hommes qui élaborent des vins, si différents les uns des autres. On se cultive en s'amusant, à travers les espaces thématiques. *p. 94*

③ **Aux beaux jours, se prélasser en terrasse, sur la charmante place du Marché-des-Chartrons en dégustant un cannelé.**

Le quartier des Chartrons était le véritable centre de la ville anglaise, et aussi le port le plus important du royaume. Au XVIIIe s, les riches négociants firent construire de superbes hôtels particuliers et de vastes entrepôts. Les fûts étaient directement roulés dans les navires. Aujourd'hui les Chartrons se sont transformés en zone d'habitation et de vie tendance, et attirent bars à vins et restos à la mode. *p. 92*

© Cintract Romain/hemis.fr

④ **Se laisser surprendre par Cadillac et sa bastide, une des plus belles de l'Entre-deux-Mers, qui abrite un remarquable château ducal, rare témoignage de l'architecture du XVIIe s en Gironde.**

Ne pas manquer non plus de se promener dans les vieilles rues et de jeter un œil à l'église monumentale, ancienne collégiale du XVe s. *p. 115*

© Cintract Romain/hemis.fr

5 **Aux grandes marées (consulter le calendrier), filer du côté de Saint-Pardon, près de Libourne, pour surfer sur les vagues du mascaret.**
Ce phénomène insolite survient au moment des forts coefficients, lorsque le courant du fleuve croise la marée montante. Déconseillé aux néophytes. *p. 145*

6 **Visiter Saint-Émilion, splendide cité de pierre fortifiée, perchée au milieu des coteaux en hémicycle d'un des plus nobles vignobles.**
Saint-Émilion réunit tout ce qui fait le charme d'une cité médiévale à la française : ruelles pentues aux pavés incertains, remparts dévorés par la végétation, églises gothiques et impressionnante église monolithe, places blotties au creux du village où il fait bon prendre le frais (grâce aux carrières en sous-sol), cascade de toits rouges qui dévale vers le vignoble… C'est en fin de journée que la ville se pare de toute sa majesté, quand le rouge enflamme la pierre et dore les coteaux… *p. 135*

7 Se laisser tendrement séduire par Castelmoron-d'Albret, le plus petit village de France.

Perché sur un promontoire depuis le Moyen Âge, ceint de murailles, avec ses ruelles et ses maisons fleuries, Castelmoron-d'Albret occupe modestement 3,5 ha. Pour donner une idée, la superficie du village de Castelmoron-d'Albret ne dépasserait pas la place de l'Étoile à Paris ! Oh, rien de spectaculaire à voir, simplement des odeurs à retenir, des impressions à capter, des souvenirs à garder. *p. 124*

© Leroy Francis/hemis.fr

8 **Passer une nuit à la citadelle de Blaye, dans un des campings les plus insolites de France.**

Un camping municipal dans l'une des plus belles réalisations d'architecture militaire. Celle dont Vauban était le plus fier. L'endroit est étonnant : une cinquantaine d'emplacements pour planter sa tente au milieu de fortifications plusieurs fois centenaires. Certains ont vue sur la Gironde ! Vraiment extra de se réveiller dans un tel site. *p. 152*

9 **Déguster quelques crevettes bien fraîches dans une guinguette, sur le port de Macau, au bord de la Gironde.**

Le genre de petit port typique que l'on retrouve tout au long des rives de la Gironde, si l'on ne craint pas de temps à autre de bifurquer sur les chemins perpendiculaires à la D 2 qui mènent au fleuve. On y découvre, surtout le week-end, une atmosphère de guinguette. *p. 155*

© Sudres Jean-Daniel/hemis.fr

10 **Depuis Le Verdon-sur-Mer, embarquer en vedette jusqu'au phare de Cordouan, désormais classé au Patrimoine de l'Unesco, et partir à l'assaut des 301 marches de la tour.**

Le doyen des phares français est aussi le dernier en mer à être ouvert au public. Un monument prestigieux entouré d'un plateau rocheux. Prévoir des chaussures pour marcher dans l'eau : les traversées (45 min env) sont organisées selon les marées, et il n'est pas rare de terminer le trajet par une marche sur le sable en se trempant jusqu'à mi-cuisse. Exceptionnel ! *p. 167*

11 **Grimper la dune du Pilat pour admirer le coucher de soleil spectaculaire puis dévaler la dune jusqu'à l'océan… et remonter.**

D'un côté, le vert éclatant de la forêt de pins à perte de vue ; de l'autre, le soleil qui se couche dans l'océan bleu intense. La vedette du bassin, unique en son genre, s'étend sur 2,7 km de long et 500 m de large. Avec 60 millions de mètres cubes de sable et culminant à 115 m, c'est la plus haute dune d'Europe. *p. 190*

12 Sauter dans le petit train de Marquèze pour remonter le temps et revivre une journée dans la Grande Lande d'autrefois.

Du village de Sabres, un train à l'ancienne mène à l'incontournable écomusée de Marquèze, à 5 km de là. Un retour dans le cadre de vie du XIXe s, quand les bergers-agriculteurs sont partis à la conquête des Landes de Gascogne et ont façonné le paysage en plantant des pins. *p. 232*

© Sudres Jean-Daniel/hemis.fr

13 Descendre en barque le courant de Soustons, sur la côte landaise, dans le calme retrouvé d'un matin d'été.

Le long d'une paisible balade de 7 km en canoë-kayak ou paddle, découvrez la flore (cyprès chauve, hibiscus, osmonde royale…) et la faune (martin-pêcheur, chevalier guignette, héron bihoreau, tortue cistude…). À vos pagaies ! *p. 260*

© Delfino Dominique/hemis.fr

14 **Sur toute la côte landaise, admirer le spectacle des surfeurs qui défient les vagues, en sirotant un verre de vin des sables.** *p. 265*

15 **S'égarer entre les douces collines de la Chalosse, dans le sud des Landes, et s'émerveiller des villages qui ourlent cette campagne bucolique.**

Grimper en haut du clocher de la magnifique abbatiale romane de Saint-Sever pour le panorama grandiose sur le paysage vallonné et à Brassempouy, s'émouvoir devant la « Dame à la capuche », 1er visage humain sculpté. *p. 295*

16 **Sillonner la plus longue voie verte de France à pied, à cheval, à vélo… ou en bateau, le long des 193 km du chemin de halage du canal de Garonne.**

D'écluse en écluse, écouter pousser les tomates, les asperges et les fraises. *p. 108*

© Brigitte Merz/Look/Photononstop

17 **Découvrir la majestueuse vallée du Lot, ses beautés architecturales et cueillir au passage des prunes d'ente, dont on fait les pruneaux.** *p. 341*

© Lenain Hervé/hemis.fr

18 **Se promener dans les rues du joli village de Pujols, qui a conservé tous les charmes de son passé.**

Ce magnifique village médiéval aux rues fleuries et bien léchées, classé parmi les Plus Beaux Villages de France, surplombe à 187 m d'altitude Villeneuve-sur-Lot et la vallée du Lot. On s'y promène à pied, de venelle en ruelle, à la rencontre de ses bâtiments anciens et de petits jardins dispersés à droite à gauche. Superbe aux beaux jours. *p. 346*

19 **Visiter le musée des Beaux-Arts à Agen, l'un des plus beaux du Sud-Ouest.**

Installé depuis 1876 dans 4 superbes hôtels particuliers de la Renaissance ouverts sur de magnifiques cours intérieures. Cet écrin abrite des collections qui couvrent presque toute l'histoire de l'art, de la Préhistoire à nos jours. *p. 330*

20 S'imprégner de la culture gasconne en poussant la porte d'un cercle. Les cercles sont nés des mouvements sociaux et républicains qui ont suivi la Révolution. Si, de ces cafés associatifs, ne restent que quelques « historiques », de nouvelles adresses, dans l'esprit, ont récemment vu le jour : tous sont des lieux de rencontre, de convivialité où l'on peut parfois casser la croûte et, dans tous les cas, boire un – ou plusieurs… – verre(s) ! Parties de belote ou de tarot et brèves de comptoir au programme également. Sans oublier les concerts et autres spectacles régulièrement proposés. *p. 228*

Chais du château de Pressac

ITINÉRAIRES CONSEILLÉS

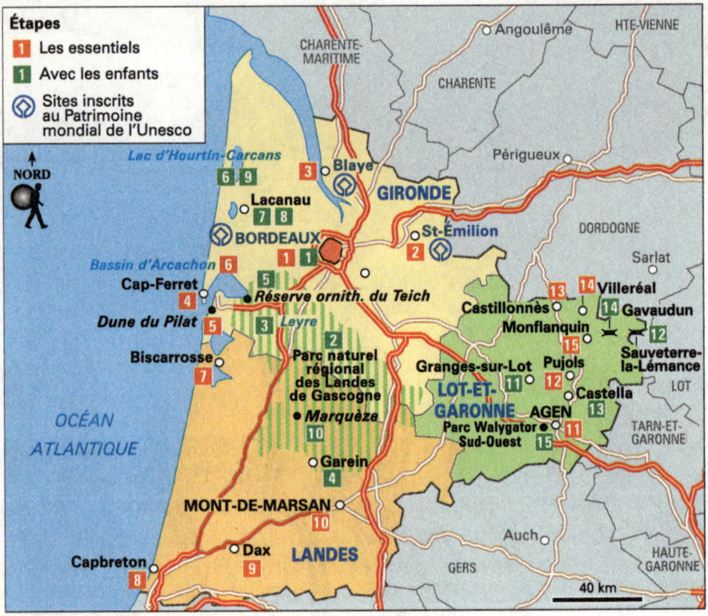

Les essentiels

Commençons par l'épicentre de toute la région, **Bordeaux (1)** et sa pierre dorée. La **place de la Bourse** dont les immeubles se reflètent dans un miroir d'eau en est le plus bel exemple ! À pied impérativement, arpentez la ville **Saint-Pierre** jusqu'au **quartier des Chartrons,** et poussez jusqu'à Bacalan, pour visiter la **Cité du Vin** et le récent **musée Mer Marine** ! Passage obligé par la cité médiévale de **Saint-Émilion (2),** entourée de remparts et surtout de son prestigieux vignoble. À **Blaye (3),** c'est l'imposante citadelle militaire qui impressionne. De là, embarquez sur un bateau pour une balade dans l'estuaire de la Gironde ou prenez le bac (à pied ou en voiture) pour traverser le fleuve. Direction : l'océan ! Sauvage et parfois déchaîné, même au **Cap-Ferret (4)** où les vacanciers, eux, sont tirés à 4 épingles. Le must, c'est évidemment l'ascension de la **dune du Pilat (5),** pour la vue sur le **bassin d'Arcachon (6),** le banc d'Arguin et les poétiques cabanes tchanquées ! Quant aux plages de la côte landaise qui s'étendent à perte de vue devant un océan toujours en mouvement, elles sont superbes, de **Biscarrosse (7)** à **Capbreton (8)** ! Aux portes de la Chalosse et de ses paysages ondoyants, à l'écart des transhumances estivales, la petite ville thermale de **Dax (9)** s'anime à la mi-août lors des ferias qui suivent celles de **Mont-de-Marsan** (**10** ; mi-juillet). Dans le Lot-et-Garonne, **Agen (11)** ne compte pas pour des prunes : la ville peut s'enorgueillir d'une cathédrale et d'un très beau musée des Beaux-Arts. Et que dire de **Pujols (12),** classé parmi les Plus Beaux Villages de France, des bastides de caractère comme

Castillonnès (13), Villeréal (14) ou **Monflanquin (15)** ? Dans ce pays agricole plébiscité pour sa douceur de vivre, l'essentiel est aussi dans l'assiette ! Dans les Landes comme dans le Lot-et-Garonne, le **foie gras** se retrouve inévitablement dans les fermes-auberges comme chez les producteurs ou sur les marchés !

Avec les enfants

Hardi petit ! Enfants curieux et parents actifs ne resteront pas oisifs. À **Bordeaux (1), Cap Sciences** allie le jeu et la découverte scientifique ; au **musée des Beaux-Arts,** visites thématiques et ateliers sont adaptés aux plus jeunes ; quant au **museum d'Histoire naturelle,** ses expositions modernes et interactives sensibilisent avec brio jeunes et moins jeunes aux défis environnementaux. Envie de grand air ? Partez humer le doux parfum de la pinède dans le **parc naturel régional des Landes de Gascogne (2),** à cheval sur la Gironde et les Landes. Descendez la **Leyre (3)** en canoë, baladez-vous entre les lagunes, à pied ou à vélo, suivez le parcours d'une graine d'arbre à **Graine de forêt,** au village de **Garein (4)...** Jumelles en bandoulière, les ornithologues en herbe se fondent dans la nature pour observer les oiseaux à la **réserve ornithologique du Teich (5).** Avis aux cyclistes, qui iront pédaler en famille entre **Hourtin-Plage (6)** et **Lacanau (7),** en passant par la **réserve naturelle de l'étang de Cousseau (8).** Royal pour les enfants, le **domaine des sports et de loisirs de Bombannes** concentre une multitude d'activités autour du lac d'**Hourtin-Carcans (9)** : tennis, kayak, tir à l'arc, escalade, catamaran… Une ½ journée n'est pas de trop pour remonter le temps à l'**écomusée de Marquèze (10).** Dans le Lot-et-Garonne, les **ferme et musée du Pruneau** de **Granges-sur-Lot (11)** mettent un coup de projecteur sur cette spécialité emblématique ! Retour aux origines au **musée de la Préhistoire SauveTerre** à **Sauveterre-la-Lémance (12).** Pour un voyage au centre de la Terre, rendez-vous aux **grottes de Lastournelle et de Fontirou,** à **Castella (13).** L'impressionnante forteresse de **Gavaudun (14)** fera rêver les esprits romanesques, et trembler même les plus hardis lors de la descente en rappel depuis le donjon ! Et pour s'éclater au prix fort, le **parc de loisirs Walygator** à **Roquefort (15)** est un carton assuré. La plage, elle, reste gratuite, et rallie tous les suffrages. Attention aux vagues !

La forteresse de Gavaudun

© Leroy Francis/hemis.fr

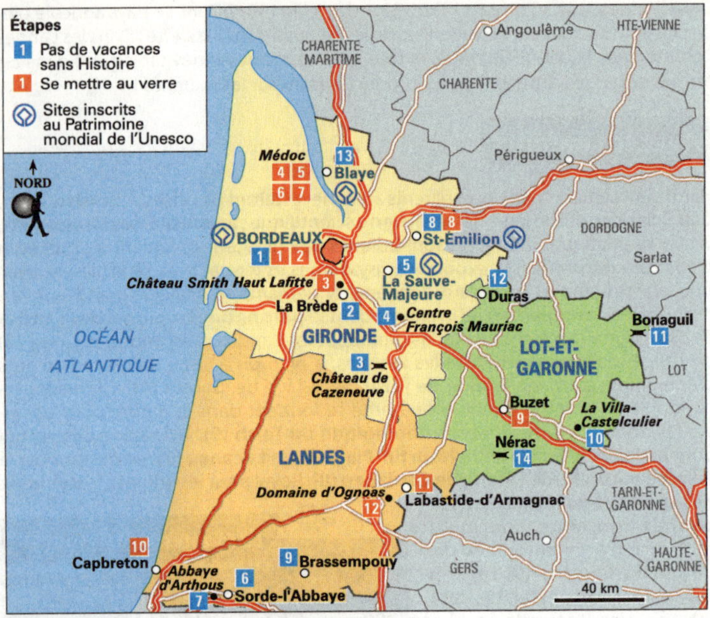

Pas de vacances sans Histoire

Inévitablement, c'est dans l'ancien centre de **Bordeaux (1)** qu'on imagine l'âge d'or du port de la Lune. Un bon point de départ pour débusquer les admirables hôtels particuliers du XVIIIe s. Le **musée des Arts décoratifs et du Design** permet de découvrir l'opulence du siècle des Lumières. Celui d'Aquitaine retrace toute l'histoire de la ville et de la région, tandis que le **musée Mer Marine** rend hommage aux grandes découvertes et aux épopées navales. L'histoire se confond avec la littérature au **château de La Brède (2)** où vécut Montesquieu. Mais quand la grande histoire se confond avec la petite, c'est au **château de Cazeneuve (3)** que cela se passe, un site superbe qui servit de théâtre romanesque aux aventures d'Henri IV et de la reine Margot ! Plus récemment, François Mauriac habita à **Malagar (4),** dans cette demeure classée Monument historique. Juste à côté, c'est au château de Malromé qu'Henri de Toulouse-Lautrec avait ses habitudes… L'empreinte religieuse a laissé de remarquables églises et abbayes, souvent des étapes sur les chemins de Saint-Jacques-de-Compostelle, comme l'**abbaye de La Sauve-Majeure (5)** ou celle de **Sorde (6).** Reconvertie en musée d'histoire et d'archéologie, l'**abbaye d'Arthous (7)** met en lumière l'histoire du pays d'Orthe. Quant à l'étonnante **église monolithe de Saint-Émilion (8),** sa construction a été influencée par la Cappadoce. Saviez-vous que la doyenne des sculptures à visage humain, la **dame de Brassempouy (9),** a été retrouvée dans le village éponyme où un musée lui est consacré ? On se représente la vie gallo-romaine à la **Villa (10),** devant les vestiges de thermes ! Parmi les châteaux défensifs, celui de **Bonaguil (11)** impressionne avec son donjon, ses tours et tourelles moyenâgeuses ! Et celui de **Duras (12)** fut au cœur des guerres de Religion. Autre ouvrage défensif, la **citadelle de Blaye (13),** édifiée par Vauban, est l'une des plus belles du XVIIe s. Le roi Henri IV séjourna enfant au **château de Nérac (14)** où il vécut ensuite avec la reine Margot. À vous de découvrir également les bastides et les cités médiévales très bien conservées !

Se mettre au verre

Côté vins, le Bordelais a de la bouteille. Bordeaux, qui doit son importance à son vin, possède un sympathique **musée du Vin et du Négoce (1)** qui aborde les vins de Bordeaux alors que la **Cité du Vin (2)** fait fi des frontières. De quoi faire le plein d'informations et de conseils avant de partir faire la tournée des châteaux viticoles. Pas facile de choisir parmi les 850 châteaux du Bordelais. Au **château Smith Haut Lafitte (3),** on découvre les secrets et les arômes de ce grand cru avant d'attaquer une tournée générale des alentours du Médoc. **Giscours (4), Palmer (5), Margaux (6), Lascombes (7)** ; chaque village possède son château, de quoi ravir les amateurs d'architecture et de belles pierres ! Les vignobles de **Saint-Émilion (8)** se parcourent à vélo pour mieux apercevoir les superbes propriétés familiales. Après cette balade autour de Bordeaux, descendez vers le sud de la région et faites un arrêt à **Buzet (9)** pour y découvrir les techniques de vieillissement d'un vin qui date du Moyen Âge. Puis, poursuivez jusqu'à **Capbreton (10)** pour tout apprendre sur l'art ancestral de la culture du vin des sables. Cap vers l'intérieur des terres, dans les Landes où les vignes donnent naissance à un autre type de breuvage : l'armagnac. Cette eau-de-vie, la plus ancienne de France, a son **écomusée** à **Labastide-d'Armagnac (11)** où sa fabrication et ses origines sont expliquées de A à Z. Ne reste plus qu'à déguster l'armagnac ou goûter le floc au **domaine d'Ognoas (12)** dont on visite le chai.

Le château de La Brède

Cabane de dégustation d'huîtres

Interview #experienceroutard

Par la rédaction du *Routard*

En quoi cette destination est-elle unique ?

Les 3 départements de la Gironde, des Landes et du Lot-et-Garonne s'adressent à tous les amoureux ! Aux amoureux de nature, qui profitent du plein air entre océan, lacs, parcs naturels régionaux (Médoc, Landes de Gascogne), aux amoureux de bons vins, aux amoureux de sport ou de bastides. Et pour se la couler douce, des voies navigables réparties entre le Lot, la Baïse et le canal latéral de la Garonne. Une diversité et une qualité de vie très enviables !

Une activité à faire absolument ?

Côté océan, du surf assurément ! Les plus beaux rouleaux de l'Hexagone déferlent sur l'Atlantique entre Lacanau et l'Espagne. Les débutants joueront la sécurité en s'inscrivant à des cours de surf (1 école par plage en moyenne !), tandis que les experts iront à la recherche du meilleur spot pour se jeter à l'eau, à marée montante bien évidemment.
Pour les plus à l'aise sur la terre ferme, c'est à vélo que vous donnerez un coup de pédale pour parcourir l'un des tronçons de la Vélodyssée, un parcours de 1 200 km entre Hendaye et Roscoff. Un superbe périple le long de pistes cyclables entre dunes sauvages, lacs et forêts de pins !

Un souvenir inoubliable ?

La descente de la Leyre en canoë, une rivière sauvage située dans le parc naturel des Landes de Gascogne, au rythme silencieux des pagaies. Idéalement, itinérance en 5 jours (90 km), avec bivouac sous la tente ou nuit en gîte forestier, pour prendre le temps d'observer la faune et la flore. Si le timing est un peu serré, parcours d'une demi-journée ou d'une journée possible entre 2 bases. Un vrai voyage !

Une rencontre privilégiée ?

Avec les animaux, pardi ! Et les oiseaux migrateurs en particulier, qu'on observe au banc d'Arguin, sur le bassin d'Arcachon, ou encore mieux à la réserve ornithologique du Teich, en particulier pendant la période d'hivernage entre octobre et mars. Parmi les 320 espèces d'oiseaux visibles dans leur milieu naturel, les tête-à-tête sont fréquents depuis les cabanes d'observation : cigognes, hérons cendrés, sternes, mésanges... Pour rencontrer l'oiseau rare, c'est lors des migrations qu'il faut zieuter !

Une spécialité culinaire à goûter absolument ?

Sur le bassin d'Arcachon, ce sont les huîtres qu'on commande par douzaines avec un verre de blanc et une tartine de beurre, dans la cabane d'un port ostréicole, à Gujan-Mestras ou à Andernos. Si les mois en « r » les huîtres sont moins laiteuses, les amateurs les consomment toute l'année !

COMMENT Y ALLER ?

PAR LA ROUTE

Tarifs autoroutiers

• *autoroutes.fr* • Le portail des autoroutes bien utile pour préparer son voyage en France et en Europe. Renseignements sur les temps de trajets, conditions de circulation et prix sur tous les tronçons autoroutiers de l'Hexagone.

Le covoiturage

Le principe est économique, écologique et convivial. Les conducteurs sont invités à proposer leurs places libres afin de partager le trajet et les frais avec des passagers. L'inscription est gratuite. • *blablacar.fr* • (disponible sur le Web et sur mobile).

Location de voitures

■ ***BSP Auto :*** *☎ 01-43-46-20-74 (tlj 9h-21h30, w-e 9h-20h). • bsp-auto.com • Réduc de 5 % aux lecteurs de ce guide avec le code « ROUTARD22 ».* *BSP Auto* est un courtier qui propose, sur son moteur de réservation en ligne, les locations de véhicules des grandes compagnies de location, assurant un très bon niveau de service. Les prix comparés sont attractifs et comprennent les assurances et, le plus souvent, le kilométrage illimité. Le plus : vous ne payez votre location que 5 jours avant le départ.

EN BUS

Le réseau de bus longue distance s'étant intensifié ces dernières années, le plus pratique est de consulter le comparateur de billets d'autocars • *comparabus.com* • qui regroupe et compare les prix des différentes compagnies présentes en France. À vous de voir en temps réel les liaisons existantes. Un lien vers les compagnies permet d'acheter ses billets en direct.

EN TRAIN

Au départ de Paris et de la province

Pour les LGV : départ de Paris-Montparnasse.

➢ ***Paris-Bordeaux :*** 2h08 de trajet et 1 train/h en moyenne. Liaisons directes pour Bordeaux depuis ***Nantes*** (5h), ***Montpellier*** (4h30), ***Lille*** (4h45), ***Marseille*** (6h), ***Poitiers*** (1h03)... mais aussi depuis les gares Île-de-France de ***Massy*** (2h), ***Marne-la-Vallée-Chessy*** (compter 3h30) et de l'***aéroport de Roissy-CDG 2*** (env 3h45).

➢ ***Paris-Mont-de-Marsan :*** compter 3h55 de trajet via Bordeaux.

➢ ***Paris-Dax :*** compter env 3h30 de trajet.

➢ ***Paris-Agen :*** compter env 3h12 de trajet.

Pour voyager au meilleur prix

La SNCF propose des services et tarifs adaptés à chacun de vos voyages.

➢ ***Prem's :*** des petits prix disponibles toute l'année. Billets échangeables et remboursables (offres soumises à conditions). Impossible de poser des options de réservation sur ces billets : il faut les payer immédiatement.

bsp-auto.com
+33 1 86 26 90 80
7j / 7
DES PRIX FOUS NÉGOCIÉS POUR VOTRE LOCATION DE VOITURE DANS LE BORDELAIS
SIXT
Hertz
dollar.
Thrifty
Budget
enterprise
AVIS
Europcar
REMISE DE 5% SUR TOUTES VOS RÉSERVATIONS AVEC LE CODE ROUTARD22
0€
J-5
KILOMÈTRES ILLIMITÉS
ASSURANCES INCLUSES
ANNULATION GRATUITE
PAYEZ 5 JOURS AVANT LE DÉPART
'ZÉRO FRANCHISE' À PETIT PRIX

➢ ***Les cartes de réduction***
Pour ceux qui voyagent régulièrement, profitez de 30 % de réductions avec les cartes *Avantage Famille, Jeune, Week-end* ou *Senior* + (49 €, valables 1 an).

Renseignements et réservations

– ***Internet :*** *• sncf-connect.com •*
– ***Téléphone :*** *☎ 36-35 (0,40 € TTC/mn).*
– Également dans les gares, les boutiques SNCF et les agences de voyages agréées.

▲ **SNCF.CONNECT**
Acteur majeur du tourisme en Europe, expert de la distribution du train et de la destination France, Sncf-connect propose les offres des transporteurs train tels que TGV INOUI, OUIGO, Intercités, Eurostar, Thalys, TGV Lyria ; des compagnies de bus et des compagnies aériennes ; nombreuses offres d'hôtels référencés et des services exclusifs (relation clients disponible tlj 24h/24, Alerte Petits Prix, OUIbot, etc.).

Le TER

Le TER Nouvelle-Aquitaine vous propose la *carte* + (29 €, valable 1 an) grâce à laquelle vous bénéficiez d'une réduction jusqu'à 50 % les week-ends, jours fériés et vacances scolaires de la zone A (pour le titulaire de la carte et 1 accompagnant, 25 % le reste de l'année).
Si vous voyagez à plusieurs, profitez du tarif « Tribu » : à 2 voyageurs - 20 % ; à 3, - 30 % et jusqu'à 5 personnes - 50 % (enfants de 4 à 11 ans : 50 % supplémentaire).
– ***Pour tous renseignements :*** *rdv dans les gares et boutiques SNCF de la région, sur • ter.sncf.com/nouvelle-aquitaine • ou appelez* AlloTER Nouvelle-Aquitaine *au ☎ 0800-872-872 (service et appel gratuits).*

EN AVION

✈ ***Aéroport de Bordeaux-Mérignac*** *(hors plan détachable par A4) : ☎ 05-56-34-50-50. • bordeaux.aeroport.fr • À 10 km à l'ouest du centre-ville.* ***Navette 30'direct*** *jusqu'à la gare Saint-Jean (30 mn et 8 €) ou plus économique, le* ***bus*** *(ligne n° 1) avec des arrêts fréquents jusqu'à la gare Saint-Jean (compter env 1h et 1,70 €). Navette et bus attendent les passagers hall B, porte 7.* L'aéroport dessert Paris et plusieurs grandes villes régionales ainsi que de nombreuses villes européennes, notamment avec *Air France,* et des compagnies *low-cost (EasyJet, Ryanair, Vueling...).*

Pour le sud des Landes, ***l'aéroport de Biarritz*** est le plus pratique *• biarritz.aeroport.fr • (30 km de Capbreton). Location de voitures sur place ou bus XL'R (ligne n° 7) pour Capbreton, Soustons et Dax via Bayonne.*

▲ **AIR FRANCE**
Rens et résas au ☎ 09-69-39-36-54 (appel non surtaxé), sur • airfrance.fr •, en agences de voyages. Également à votre écoute tlj, 24h/24, sur Messenger, Facebook et Twitter.

➢ Air France dessert **Bordeaux** au départ de Roissy. Également des vols directs depuis Lyon, Marseille et Nice.
Air France propose à tous des tarifs attractifs toute l'année. Pour consulter les offres et promotions du moment sur Internet, consultez la page « Nos meilleures offres » sur *• airfrance.fr • Flying Blue,* le programme de fidélité gratuit d'Air France-KLM, permet de gagner des *Miles* en voyageant sur les vols Air France, KLM et grâce à de nombreux partenaires aériens et non aériens... Les *Miles* peuvent ensuite être échangés contre des billets d'avion ou des services (surclassement, bagage supplémentaire, Menu à la Carte...) ainsi qu'auprès des partenaires. Pour en savoir plus, rendez-vous sur *• flyingblue.com •*

Les compagnies *low-cost*

▲ **CHALAIR**
• chalair.eu •
Cette compagnie française dessert Brest et Montpellier depuis Bordeaux.

▲ EASYJET

• *easyjet.com* •

➢ Depuis Bordeaux, des vols vers Bastia, Figari, Lille, Lyon, Marseille, Bâle-Mulhouse, Nice, Barcelone, Genève, Lisbonne, Porto, Londres et Marrakech.

▲ RYANAIR

• *ryanair.com* •

➢ Depuis Bordeaux, des vols vers Figari, Marseille, Bologne, Bruxelles, Cork, Dublin, Édimbourg, Fès, Lisbonne, Londres, Marrakech, Manchester, Porto, Prague, Rome, Séville, Valence...

▲ VOLOTEA

• *volotea.com* •

Depuis Bordeaux, des vols vers Ajaccio, Bastia, Figari, Lille, Strasbourg ainsi que vers l'Espagne, l'Italie, la Croatie...

▲ VUELING

• *vueling.com* •

Depuis Bordeaux, vols vers Barcelone.

▲ TRANSAVIA

• *transavia.com* •

Depuis Bordeaux, des vols vers Strasbourg. Également des liaisons entre Biarritz et Paris-Orly ainsi qu'entre Biarritz et Lille.

BON À SAVOIR AVANT LE DÉPART

ADRESSES ET INFOS UTILES

Comité régional du tourisme de Nouvelle-Aquitaine : ☎ 05-56-01-70-00. • nouvelle-aquitaine-tourisme.com • ATTENTION ! Fermé au public. Toutes les destinations de la grande région sur leur site internet.

Maison de la Nouvelle-Aquitaine : 21, rue des Pyramides, 75001 Paris. Ⓜ Pyramides. ☎ 01-55-35-31-42. • nouvelle-aquitaine.paris • Ouv lun-ven 9h-18h30. Une vitrine touristique pour les 12 départements, qui assure la promotion de ce grand territoire. Sur place, un snack pimpant, *Papillades,* ouvert au déjeuner, et confié à un chef bordelais.

Comités départementaux de tourisme : se reporter aux chapitres correspondants.

Carte d'adhésion internationale aux auberges de jeunesse (carte FUAJ)

Cette carte vous ouvre les portes des 2 400 auberges de jeunesse du réseau *HI-Hostelling International* en France et dans le monde. Elle permet aussi de bénéficier de tarifs préférentiels avec les partenaires des auberges de jeunesse *HI* (locations de voitures, excursions et activités variées). Il n'y a pas de limite d'âge pour séjourner en auberge de jeunesse. Il faut simplement être adhérent ; carte valable 1 an à compter de la date d'achat (sur Internet ou dans les AJ).

Renseignements et inscriptions

- ***En France :*** • hihostels.com • Tarif : 11 € pour 1 année.
- ***En Belgique :*** • lesaubergesdejeunesse.be •
- ***En Suisse :*** • youthhostel.ch •
- ***Au Canada :*** • hihostels.ca •

Si vous prévoyez un séjour itinérant, vous pouvez réserver plusieurs auberges de jeunesse en une seule fois en France et dans le monde.

Carte internationale d'étudiant (carte ISIC)

Elle prouve le statut d'étudiant dans le monde entier et offre de nombreuses réductions (billets d'avion, hôtels et auberges de jeunesse, assurances, parcs d'attractions, locations de voitures...).

Renseignements et inscriptions

- ***En France :*** • isic.fr • Tarif : 13 € pour 1 année scolaire.
- ***En Belgique :*** • isic.be •
- ***En Suisse :*** • isic.ch •
- ***Au Canada :*** • isiccanada.com •

BUDGET

Recommandation à ceux qui souhaitent profiter des réductions et avantages proposés dans le *Routard* par les hôteliers et les restaurateurs

À l'hôtel, pensez à les demander au moment de la réservation ou, si vous n'avez pas réservé, **à l'arrivée.** Ils ne sont valables que pour les réservations en direct et ne sont pas cumulables avec d'autres offres promotionnelles (notamment sur Internet). Au restaurant, parlez-en **au moment** de la commande et surtout **avant** que l'addition ne soit établie. Poser votre *Routard* sur la table ne suffit pas : le personnel de salle n'est pas toujours au courant et une fois le ticket de caisse imprimé, il est souvent difficile de modifier le total. En cas de doute, montrez la notice relative à l'établissement dans le *Routard* de l'année et, bien sûr, ne manquez pas de nous faire part de toute difficulté rencontrée.

Nous vous indiquons ci-dessous l'échelle des tarifs auxquels nous nous référons pour l'ensemble de nos guides France.

Hébergement

D'une manière générale, nous indiquons des ***fourchettes de prix*** allant de la chambre double la moins chère en basse saison à la plus chère en haute saison. Ce qui implique parfois d'importantes fourchettes de prix, pas toujours en adéquation avec la rubrique dans laquelle l'établissement est cité. Le classement retenu est donc celui du prix moyen des chambres et de leur rapport qualité-prix.
– Les tarifs des ***campings*** sont calculés sur la base d'un emplacement pour 2 avec voiture et tente. Ils sont classés en tête de rubrique « Où dormir ? ».
– Pour les ***auberges de jeunesse,*** le tarif indiqué est celui du lit en dortoir et/ou parfois de la chambre double, quand il y en a.
– En ***chambres d'hôtes,*** les prix sont donnés sur la base d'une chambre double. Ils incluent presque toujours le petit déjeuner. Les cartes de paiement sont rarement acceptées. Dans les cas contraires, nous indiquons « petit déj en sus » et « CB acceptées ».
– Concernant les ***hôtels,*** le prix retenu reste celui d'une nuit en chambre double (sans petit déjeuner). La fourchette de prix englobe toutes les saisons mais il est important de noter que, dans les grandes villes, les prix baissent significativement le week-end. Lorsque l'établissement dispose de chambres familiales, nous l'indiquons sans précision de prix.
– ***Bon marché :*** jusqu'à 60 €.
– ***Prix moyens :*** de 60 à 90 €.
– ***Chic :*** de 90 à 120 €.
– ***Plus chic :*** de 120 à 150 €.
– ***Beaucoup plus chic :*** au-delà de 150 €.
– ***Logis*** est la 1re chaîne de restaurateurs-hôteliers indépendants en Europe avec 2 200 établissements répartis dans 8 pays. Fort de ses 70 années d'expérience, le réseau offre l'assurance d'un accueil personnalisé et chaleureux, d'un hébergement de qualité ainsi que d'une restauration faite maison mettant à l'honneur produits locaux et de saison. Engagés sur les territoires, les Logis sont tous impliqués dans une démarche d'économie locale, privilégiant les circuits courts et les produits régionaux. Plus d'infos sur ● *logishotels.com* ●

Restos

Au restaurant, ***notre critère de classement est le prix du 1er menu servi le soir*** (hors boissons). Les notions de « Prix moyens » ou « Plus chic » n'engagent donc que les prix, pas le cadre, même si, souvent, ils vont de pair. Ainsi, certains restos gastronomiques (et chics) qui proposent parfois d'intéressantes formules au déjeuner seront malgré tout classés dans la rubrique « Plus chic » en raison des tarifs pratiqués le soir. Ne boudez donc pas cette rubrique qui recèle parfois des pépites. Enfin, la rubrique « **Sur le pouce** » référence des adresses que l'on recommande pour les sandwichs et plats à emporter. Les tarifs correspondent généralement à la rubrique « Très bon marché ».
– ***Très bon marché :*** moins de 15 €.
– ***Bon marché :*** de 15 à 25 €.
– ***Prix moyens :*** de 25 à 35 €.
– ***Chic :*** de 35 à 50 €.
– ***Plus chic :*** plus de 50 €.

ITINÉRAIRES À VÉLO (cyclotourisme)

Pour les sportifs et aussi pour les familles, voici 3 itinéraires qui traversent la Gironde, les Landes et le Lot-et-Garonne. Par ailleurs, le *Routard* édite des guides consacrés à la *Vélodyssée* et au *Canal des 2 mers* à vélo : cartes en couleur, étapes avec hébergement et restos, locations et réparations de vélos... En vente dans toutes les bonnes crèmeries.
– ***La Vélodyssée, l'Atlantique en roue libre :*** • *lavelodyssee.com* • De Roscoff à Hendaye, longeant la façade Atlantique, la Vélodyssée est la plus longue véloroute de France. Elle déroule ses vastes perspectives et ses charmants méandres sur plus de 1 200 km dont la majorité en voies vertes. Cette longue piste cyclable prend racine dans la végétation luxuriante du Finistère, suit les agréables berges du canal de Nantes à Brest, puis se confond avec le littoral atlantique, ses plages à perte de vue et ses pittoresques stations balnéaires avant d'arriver au Pays basque. Une façon écologique de traverser la France du nord au sud, en itinérance douce. La Vélodyssée est caractérisée par la diversité des milieux traversés : eau salée de l'Atlantique et eau douce des lacs aquitains, forêts bretonnes de feuillus et pinèdes landaises, marais salants et parcs à huîtres, plages de sable fin et zones humides où viennent nicher les oiseaux... Chaque étape est l'occasion de nouvelles découvertes.
– ***Le Canal des 2 mers à vélo :*** • *canaldes2mersavelo.com* • 700 km d'itinéraires cyclables de l'Atlantique à la Méditerranée, à travers 7 départements. Dans le Bordelais, on pédale le long de l'estuaire de la Gironde avant de prendre le bac à Blaye et de rejoindre Bordeaux. La voie verte passe ensuite dans le vignoble de l'Entre-deux-Mers, à Sauveterre-de-Guyenne, suit le canal de la Garonne jusqu'à Agen dans le Lot-et-Garonne. Un parcours jalonné d'écluses à découvrir en route et accessible à tous. Sur le site internet, cartes, détails des différents tronçons et hébergements labellisés « Accueil vélo » permettent de bâtir son itinéraire.
– Un itinéraire récent, la ***Scandibérique,*** relie la Norvège à Saint-Jacques-de-Compostelle en traversant les Landes d'est en ouest. • *eurovelo3.fr/la-scandiberique* •
Tout au long de ces itinéraires, des hébergeurs, loueurs de vélos et offices de tourisme adhérant à la marque Accueil Vélo® sont à votre disposition pour vous apporter leurs services et conseils à proximité de votre parcours.

LIVRES DE ROUTE

– ***Châteaux Bordeaux*** (Glénat, 2011-2021). Cette B.D. en 11 tomes est une fresque familiale autour du vin. Quand la fratrie Baudricourt hérite du domaine viticole familial situé dans le Médoc, Alexandra, contre l'avis de ses frères et de son entourage, reprend en main le vignoble. Une saga qui embarque les lecteurs dans l'univers du vin.

– ***La Baïne,*** d'Éric Holder (Points, 2008). On nomme « baïne », dans le sud-ouest de la France, une lagune entre le rivage et un banc de sable, formée par la houle de l'Atlantique qui attire au large le nageur imprudent. Sandrine mène une existence tranquille avec son mari et ses 2 enfants, jusqu'au jour où elle fait la connaissance d'un « étranger » dont elle tombe amoureuse. Dans cette région où il est plutôt dangereux de s'éloigner des zones balisées, la vie de Sandrine bascule peu à peu.

– ***L'Enfant des pins,*** de Françoise Le Gloahec (éd. Terra Nova ; 2018). Dans la misère des Landes du XIXe s, un couple de paysans donne naissance à des jumeaux. L'un des deux, trop chétif, trop faible et surtout trop coûteux, est abandonné par sa mère. Son frère grandit dans un foyer brisé et, après avoir tenté de fuir en Argentine, revient pour essayer de dénouer les secrets familiaux. Un portrait intéressant des populations paysannes landaises, dans une famille rongée par les drames et le mensonge.

– ***Bordeaux, Nouvelles de 2050*** (éd. Do, 2018). Dans ce recueil de nouvelles imaginant comment serait Bordeaux en 2050, les récits oscillent entre apocalypse et hyper-futurisme.

– ***Un adolescent d'autrefois,*** de François Mauriac (Flammarion, 1993). Le dernier roman achevé par l'écrivain octogénaire revient sur ce qui a constitué un thème majeur de son œuvre, la bourgeoisie et son climat étouffant, à travers l'histoire d'Alain, riche héritier d'un domaine de 2 000 ha de forêt dans les Landes, amoureux d'une jeune fille sans dot et en proie à l'hostilité de sa famille pour laquelle les stères de bois importent plus que la véracité des sentiments.

– ***Les Noces barbares,*** de Yann Quéffelec (Gallimard, 1987, coll. « Folio » n° 1856). Prix Goncourt 1985, ce 2e roman de l'auteur raconte la quête désespérée et tragique de Ludo, fruit d'un viol collectif et rejeté par sa mère : relégué dans une institution pour débiles légers, il s'en échappe et va s'installer dans une épave échouée sur la côte bordelaise, toujours à la recherche de l'amour maternel. Poignant.

– ***La Vigne des mystères,*** d'Agathe Dartigolles (éd. De Borée, 2020). Ce roman de terroir ancre ses racines dans le vignoble bordelais. Suite au saccage de l'exploitation familiale, les investigations de Capucine et son cousin Augustin les mènent vers le château voisin et dévoilent de lourds secrets. Un dénouement inattendu après avoir été tenu en haleine par une intrigue intense. Cet ouvrage est la suite de ***La Terre des secrets*** (2018).

– ***De loin on dirait une île,*** d'Éric Holder (Le Dilettante, 2008). « J'aurais le sentiment de rater mon existence si je n'habitais pas près de l'océan. » L'auteur raconte, à sa manière tendre et poétique, son installation dans le Médoc, provoquée par le désir de sa femme qui rêvait d'habiter près de l'océan. Il nous fait découvrir avec surprise une région aussi belle que violente, pleine de vie et de soleil mais bordée par la menace permanente d'un océan cruel. Un salutaire retour aux sources.

– ***Tout quitter,*** d'Anaïs Vanel (Harper Collins, 2021) : on en a tous rêvé un jour, l'auteur l'a fait : plaquer sa confortable vie parisienne pour s'installer à Hossegor, au bord d'un océan tumultueux qui rythme désormais sa vie. À travers une écriture simple, elle nous fait partager ses émotions retrouvées, son quotidien composé de petits bonheurs et sa nouvelle vie de surfeuse, en osmose avec la nature. Un 1er roman autobiographique rafraîchissant, à dévorer face aux vagues !

– ***Les romans policiers d'Hervé Le Corre :*** récompensé à maintes reprises (Grand Prix de littérature policière 2009), cet écrivain bordelais plonge ses lecteurs dans une Gironde angoissante, bien éloignée de l'image branchée de Bordeaux. Pour ne citer que quelques-uns de ses polars : *Les Cœurs déchiquetés* (Rivages, 2017), *Après la guerre* (2015) ou encore *Prendre les loups pour des chiens* (2018).

PERSONNES HANDICAPÉES

Tourisme et Handicap

Tourisme & Handicap est la seule marque d'État qui labellise des sites touristiques accessibles aux personnes en situation de handicap (campings, restaurants, musées, monuments...). Elle permet aux touristes en situation de handicap de vivre leurs vacances comme tout un chacun. Les sites sont identifiés grâce à un logo qui symbolise chacune des 4 familles de handicap (auditif/mental/moteur/visuel) et garantit un maximum d'autonomie :

Les informations et sites labellisés sont disponibles sur ● *tourisme-handicap.gouv.fr/fr* ●

En complément, **Acceslibre** est une **plateforme collaborative** portée par le ministère de la Transition écologique. Des informations d'accessibilité essentielles aux personnes en situation de handicap y sont collectées et affichées sur des cartes pour savoir si un lieu leur est accessible ou non. Sur mobile ou ordinateur, ce service permet de préparer au mieux sa sortie ou de collaborer en partageant de nouvelles informations. Pour contribuer et/ou profiter d'Acceslibre : ● *acceslibre.beta.gouv.fr* ●

Par ailleurs, dans notre guide, nous indiquons par le logo ♿ les établissements qui possèdent un accès ou des chambres pouvant accueillir des personnes handicapées. Certaines adresses sont équipées selon les critères les plus récents. D'autres, plus simples, plus anciennes aussi, sans répondre aux normes actuelles, favorisent l'accueil des personnes handicapées en facilitant l'accès à leur établissement, tant sur le plan matériel que sur le plan humain. Appelez donc auparavant pour savoir si l'équipement de l'hôtel ou du resto est compatible avec votre niveau de mobilité.

● ***handiplusaquitaine.fr*** ● L'association Handiplus Aquitaine propose sur son site des loisirs et hébergements accessibles au moins à l'un des 4 handicaps.

SITES INTERNET

● ***routard.com*** ● Le site de voyage n° 1, avec près de 800 000 membres et plusieurs millions d'internautes chaque mois. Pour s'inspirer et s'organiser, près de 300 guides destinations actualisés, avec les infos pratiques, les incontournables et les dernières actus, ainsi que les reportages terrain et idées week-end de la rédaction. Partagez vos expériences avec la communauté de voyageurs : forums de discussion avec avis et bons plans, carnets de route et photos de voyage. Enfin, vous trouverez tout pour vos vols, hébergements, voitures et activités, sans oublier nos suggestions pour réserver votre voyage au meilleur prix.

– ***Bon à savoir :*** entre 2 parutions, des événements fortuits (conditions d'accès aux sites, fermetures inopinées, etc.) peuvent intervenir et modifier vos projets de voyage ou de visite. Pour éviter les déconvenues, nous vous recommandons de consulter la rubrique « Inspirations » par région et cliquer sur l'onglet « Actus ».

• ***terra-aventura.fr*** • Le géocaching made in Nouvelle-Aquitaine. C'est une chasse au trésor qui se pratique à l'extérieur, à l'aide d'un GPS ou d'une application mobile. Construit autour d'un monde imaginaire, celui de petits personnages appelés les Poï'z, plus de 400 parcours de quelques kilomètres et de différents niveaux permettent d'explorer le territoire de la Nouvelle-Aquitaine tout en s'amusant avec des énigmes à résoudre, des indices à relever, des trésors à chercher... Idéal avec des enfants pour aiguiser leur curiosité et leur faire découvrir les trésors de la région. On a même édité un *Routard* spécial « *Tèrra Aventura* ». Eh oui !

LA GIRONDE

• Carte *p. 50-51*

ABC de la Gironde

- ***Superficie :*** 10 725 km². Le plus grand département de France métropolitaine !
- ***Population :*** 1,5 million d'hab.
- ***Préfecture :*** Bordeaux (262 000 hab.). Bordeaux Métropole : 792 000 hab.
- ***Sous-préfectures :*** Blaye, Langon, Lesparre-Médoc, Libourne, Arcachon.
- ***Côte atlantique :*** 126 km de côte, de la pointe de Grave à Arcachon.
- ***Forêt de pins :*** 388 000 ha (4/10ᵉ du département).
- ***Vignoble :*** 110 800 ha de vignes, près de 9 000 châteaux, 5 800 exploitations, 32 caves coopératives, 300 maisons de négoces, 65 appellations d'origine contrôlée (AOC).
- ***Activités économiques :*** viticulture et négoce des vins et spiritueux, sylviculture et dérivés, ostréiculture (bassin d'Arcachon), industrie aéronautique (EADS, Dassault-Aviation) et automobile (Ford), haute technologie (filière laser-optique, pharmacie, recherche), élevage (bœuf de Bazas, agneau de Pauillac), céréales (maïs), trafic portuaire (Bordeaux, 7ᵉ port français), tourisme.

Le Bordelais ? Non, la Gironde ! On ne plaisante pas avec les noms propres, par ici.
Bordelais ou Gironde, donc, *that is the question,* comme disent les Anglais qui restent parmi les 1ers visiteurs de ce pays cher aux amoureux du vin, où l'on n'arrête pas de parler d'histoire d'O, d'eau, pardon. Fleuve, rivière contre vignobles, châteaux, le match n'est pas joué d'avance.
Le plus vaste département de métropole (eh oui !) détient d'autres records : la plus haute dune d'Europe (dune du Pilat, classée Grand Site), le plus vaste estuaire d'Europe occidentale, le plus grand lac de France (Carcans-Hourtin), la plus vaste forêt d'Europe (partagée avec le département des Landes), le plus vaste vignoble AOC du monde (65 appellations, ça en jette !)... Mais au-delà de ces fortes images, la Gironde est d'abord perçue comme un pays de cocagne, avec une capitale, Bordeaux, riche, belle et célèbre, une terre généreuse, ensoleillée et donnant parmi les meilleurs vins du monde, un estuaire poissonneux et un bassin d'Arcachon plein d'huîtres à savourer... Sans oublier sa côte atlantique, splendide, sauvage et vivifiante, offrant de grandes balades à vélo à l'ombre des grands pins, ni son arrière-pays vallonné, entre Dordogne et Garonne, où de vieilles bastides veillent sur le vignoble, ou encore ses parcs naturels régionaux des Landes de Gascogne et du Médoc. Bref, un cadeau du ciel que cette Gironde, où tout serait donné. Et cependant, rien n'est plus faux car, au contraire, tout ici est issu du travail

des hommes : le vin, bien sûr, qui n'est pas le produit du hasard ou de la seule nature, mais bien celui du savoir-faire et d'un certain génie ; la pinède couvrant quasiment la moitié du département, entièrement gagnée sur une lande stérile qu'il a fallu irriguer ; et les parcs à huîtres, qui ne sont pas apparus spontanément !

COMPRENDRE LE VIGNOBLE BORDELAIS

Vous voici dans le plus vaste vignoble AOC du monde, qui s'étend sur 110 800 ha et 500 communes. Il produit du rouge à 85 %, des « blancs doux » (liquoreux ou moelleux : sauternes, barsac, loupiac, sainte-croix-du-mont, cérons, sainte-foy-côtes-de-bordeaux, cadillac-côtes-de-bordeaux) et secs (bordeaux, entre-deux-mers, graves, pessac-léognan, côtes-de-bordeaux), du rosé, le fameux clairet (de couleur rosée plus soutenue) qu'on prend en apéro, le crémant de Bordeaux (vins effervescents blancs ou rosés) et la fine de Bordeaux (eau-de-vie produite à partir de vins blancs).

Il se subdivise en 6 terroirs principaux, eux-mêmes divisés en appellations, qui sont au nombre de 65 en tout (si vous n'en dénombrez qu'une trentaine sur notre carte du vignoble bordelais, c'est que certaines appellations, blaye-côtes-de-bordeaux par exemple, existent en rouge et en blanc). Tout le monde connaît les plus prestigieuses : margaux, pomerol, saint-estèphe, saint-émilion ou sauternes... Mais quelques autres appellations moins cotées valent qu'on s'y arrête : cérons, listrac, fronsac, graves-de-vayres... Sans parler de l'AOC Côtes de Bordeaux, qui regroupe les blaye-côtes-de-bordeaux, cadillac-côtes-de-bordeaux, castillon-côtes-de-bordeaux, francs-côtes-de-bordeaux, sainte-foy-côtes-de-bordeaux et côtes-de-bordeaux.

VITICULTEUR OU VIGNERON ?

Le viticulteur cultive sa vigne et envoie sa récolte à une coopérative qui assure la vinification puis la commercialisation. En revanche, le vigneron cultive, produit et vend lui-même son vin.

En Bordelais, un ***château*** est un domaine viticole, que la bâtisse soit une grosse ferme ou un vrai château du XVIIe s. On dénombre environs 5 800 exploitations et 300 maisons de négoce. Au total, ce sont 55 000 emplois directs et indirects qui dépendent de la filière ! Aller de château en château, visiter les chais, rencontrer les viticulteurs, tout le monde en rêve. Les grands crus classés ne représentant que 5 % du vignoble, et leurs prix étant souvent inaccessibles, allez donc pousser les portes des propriétés plus modestes ouvertes à la visite pour une découverte œnotouristique. Vu la diversité des vins de Bordeaux, visiter, goûter, choisir peut relever d'un vrai parcours du combattant. Essayons d'y voir clair.

S'il n'existe aucun classement global des AOC de Bordeaux, il existe 5 classements : grands crus classés, crus classés de Graves, grands crus de Saint-Émilion, crus bourgeois et crus artisans. À l'intérieur des appellations ***du Médoc et du Sauternais, les châteaux sont classés (depuis 1855)*** selon leur notoriété et leur valeur marchande. Au top, les 1ers crus (Yquem, Mouton-Rothschild, Margaux, Latour, Lafite-Rothschild et Haut-Brion...). À l'occasion de l'Exposition universelle de Paris et à la demande de Napoléon III, 60 châteaux du Médoc, ainsi que 27 blancs liquoreux, ont été répertoriés ***du 1er au 5e grand cru classé.*** Seul le Médoc a ajouté 2 autres catégories de crus : les crus bourgeois (en 1932) et les crus artisans (2006). Moins chers certes, mais quand même pas à la portée de toutes les bourses. Pas toujours facile pour le profane de s'y retrouver. Les vins de Graves créent leur propre classement en 1953 ; Saint-Émilion suit 2 ans plus tard et c'est la seule appellation à réviser son classement tous les 10 ans avec obligation de passer en bio. Et il y a les autres, les crus artisanaux, quelques milliers de viticulteurs qui font le maximum pour se garder une place au soleil.

Et puis, il y a le joker : l'appellation bordeaux et bordeaux supérieur (là, on simplifie un peu) qui concerne la plus grande partie du vignoble girondin (43 %). Un bordeaux/bordeaux supérieur n'est lié à aucun terroir. Il peut être produit n'importe où mais doit quand même respecter un cahier des charges. C'est ce qu'on appelle généralement les « petits bordeaux », des vins à la portée de toutes les bourses. Parmi les vins accessibles et d'une intéressante variété, les côtes-de-bordeaux tiennent aussi le haut du pavé (cette appellation représente 10 % des vins de Bordeaux).

JEFFERSON AVAIT DU NEZ

Alors ambassadeur des États-Unis en France, Thomas Jefferson ne vint que 4 jours, en 1787, dans le Bordelais. Il constitua une hiérarchie de ses vins préférés. Quand, en 1855, Napoléon III demanda une classification des grands crus de bordeaux (toujours en vigueur aujourd'hui), on se rendit compte que Jefferson n'avait fait aucune erreur dans ses choix... 68 ans plus tôt.

Les vins de Bordeaux se dégustent aussi sur l'ensemble du vignoble en ***rosé,*** avec une couleur pâle et des notes fruitées. Les ***vins blancs secs,*** produits majoritairement dans la région de l'Entre-deux-Mers, offrent une belle fraîcheur océanique et les ***vins blancs doux,*** produits au sud de la Gironde, sont uniques au monde avec leur couleur dorée et leur richesse aromatique.

VISITER LE VIGNOBLE BORDELAIS

Rassurez-vous, on ne va pas vous inciter à visiter ici les châteaux les uns derrière les autres, même les plus célèbres. D'une part, il y en a trop, d'autre part, il faut parfois montrer patte blanche pour être reçu chez les plus prestigieux. Et puis, si les grands crus sont bien organisés, les petites exploitations familiales, sans personnel pour assurer l'accueil, privilégient les visites sur rendez-vous. Pour aider les touristes à se repérer, ***6 routes du Vin*** de Bordeaux ont été mises en place (Bordeaux, Blaye et Bourg, Saint-Émilion-Pomerol-Fronsac, Médoc, Graves et Sauternes, Entre-deux-Mers) en partenariat avec des centaines de prestataires (vignerons, restaurateurs, hébergeurs, loueurs de vélos...) labellisés « Vignobles & Découvertes ». Idéal pour découvrir l'art de vivre girondin et l'univers des vins de Bordeaux à travers ses propriétés viticoles, ses trésors patrimoniaux et activités insolites. De nombreuses activités sont proposées à tous les publics : initiations à la dégustation, ateliers avec des accords mets et vins, découverte des châteaux, soirées avec les vignerons, randonnées à pied ou à vélo dans les vignes...
Infos sur *● bordeauxwinetrip.com ●* Vous pouvez aussi consulter le magazine gratuit *Pulpe* consacré au vignoble bordelais.
Presque toutes les appellations ont créé des maisons du vin qui regroupent tous les viticulteurs d'une appellation et vendent le vin au même prix qu'au château. Représentant le syndicat du lieu, elles sont tenues à une stricte neutralité et ont une obligation de conseil, de même qu'elles peuvent organiser des visites chez les viticulteurs. Commencer par ces maisons du vin est le meilleur plan possible pour découvrir les vignobles bordelais. Nous vous donnons leurs coordonnées pour chaque appellation géographique.
Vous feriez bien de débuter votre visite du vignoble par la Cité du Vin.

🅸 ***Cité du Vin :*** *134, quai de Bacalan. ☎ 05-56-16-20-20. ● laciteduvin.com ● Ouv tlj 10h-18h.* Le Guggenheim bordelais a ouvert ses portes en 2016. Dédié aux cultures du vin, ce lieu propose un spectaculaire parcours ludique et sensoriel dans l'univers du vin, de l'Antiquité à nos jours. Avec en prime la plus grande cave à vins du monde et un bar à vins panoramique.

🅸 ***Planète Bordeaux :*** *☎ 05-57-97-19-39. ● planete-bordeaux.fr ● ♿ Entre Bordeaux et Libourne, sur la N 89, au niveau du village de*

NORD
Cordouan
Pointe de Grave
Le Verdon-sur-Mer
Soulac-sur-Mer
Gironde
L'Amélie
Grayan-et-L'Hôpital
St-Vivien-du-Médoc
La Négade
Le Gurp
Richard
Montalivet-les-Bains
Jau-Dignac-et-Loirac
Vendays-Montalivet
MÉDOC
Lesparre-Médoc
Port de la Maréchale
St-Seurin-de-C.
Saint-Estèphe
Vertheuil
Mouton-Rothschild
Cissac
Pauillac
Piqueyrot
Hourtin
Lac d'Hourtin-Carcans
Beychevelle
St-Laurent-Médoc
Lanessan
HAUT-MÉDOC
Fort-Médoc
Carcans-Plage
Carcans
Port de Lamarque
Listrac
Maubuisson
Moulis-en-Médoc
Bouqueyran
Arcins
Réserve naturelle de l'étang de Cousseau
P. N. R. MÉDOC
OCÉAN ATLANTIQUE
Lacanau-Océan
Lacanau
Arsac
Ste-Hélène
Saumos
Le Porge
St-Médard-en-Jalles
Le Grand Crohot
Lège-Cap-Ferret
Arès
Andernos-les-Bains
Claouey
Le Petit Piquey
BASSIN D'ARCACHON
Piraillan
Le Canon
L'Herbe
Î. aux Oiseaux
Arcachon
Audenge
Cap-Ferret
La Hume
Réserve ornith. du Teich
Gujan-Mestras
Pyla-sur-Mer
La Teste-de-Buch
Le Barp
Pilat-Plage
Dune du Pilat
Mios
voir carte Le Bassin d'Arcachon
Belin-Béliet
Biscarrosse-Plage
P. N. R. DES LANDES DE GASCOGNE
Parentis-en-Born
Pissos
LANDES (40)
0 10 20 km
Sites inscrits au Patrimoine mondial de l'Unesco
Pas de côté

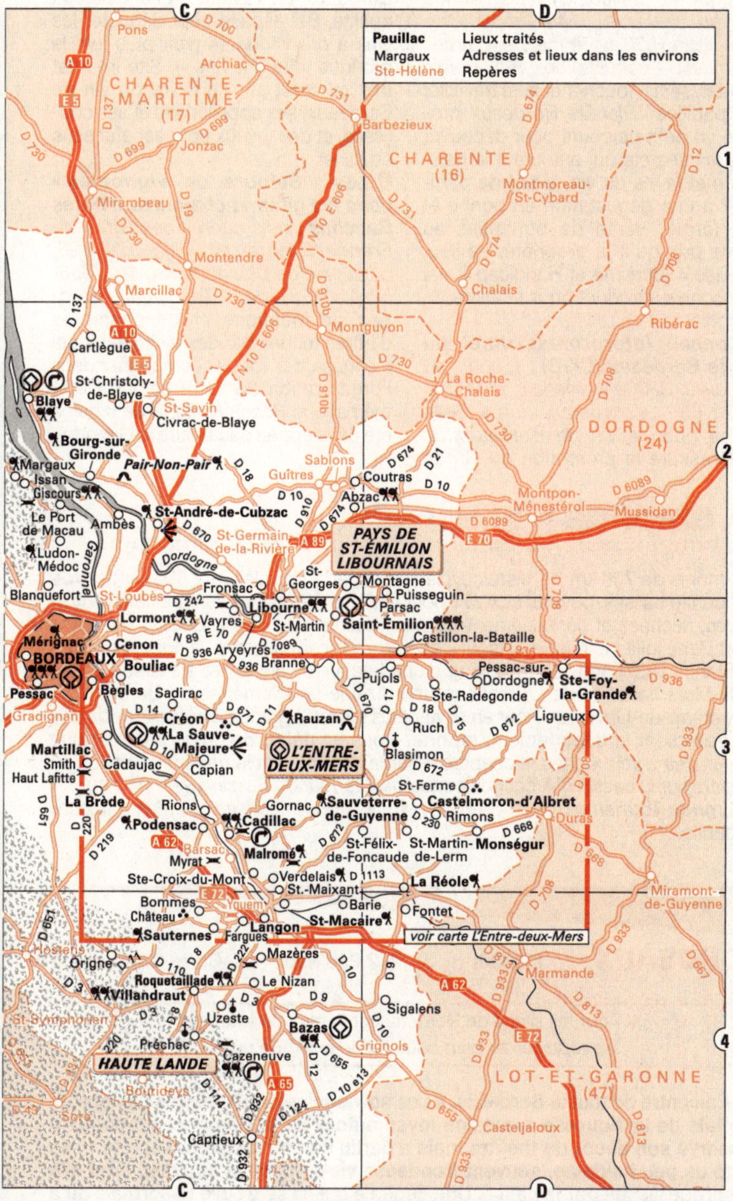

C
D
1
2
3
4
Pauillac Lieux traités
Margaux Adresses et lieux dans les environs
Ste-Hélène Repères
CHARENTE-MARITIME (17)
CHARENTE (16)
DORDOGNE (24)
LOT-ET-GARONNE (47)
Pons
Archiac
Barbezieux
Jonzac
Mirambeau
Montendre
Marcillac
Montmoreau-St-Cybard
Chalais
Montguyon
Ribérac
La Roche-Chalais
Cartlègue
St-Christoly-de-Blaye
Blaye
St-Savin
Civrac-de-Blaye
Bourg-sur-Gironde
Pair-Non-Pair
Margaux
Issan
Giscours
Le Port de Macau
Ambès
Ludon-Médoc
Blanquefort
St-Loubès
Garonne
Dordogne
St-André-de-Cubzac
St-Germain-de-la-Rivière
Sablons
Guîtres
Coutras
Abzac
Montpon-Ménestérol
Mussidan
PAYS DE ST-ÉMILION LIBOURNAIS
St-Georges
Montagne
Puisseguin
Parsac
Fronsac
Libourne
St-Martin
Saint-Émilion
Castillon-la-Bataille
Vayres
Arveyres
Branne
Mérignac
BORDEAUX
Cenon
Lormont
Bouliac
Pessac
Bègles
Gradignan
Sadirac
Créon
La Sauve-Majeure
Capian
Martillac
Smith Haut Lafitte
Cadaujac
La Brède
Rauzan
L'ENTRE-DEUX-MERS
Pujols
Ste-Radegonde
Pessac-sur-Dordogne
Ste-Foy-la-Grande
Ligueux
Ruch
Blasimon
St-Ferme
Castelmoron-d'Albret
Rimons
Sauveterre-de-Guyenne
Gornac
Rions
Podensac
Cadillac
Barsac
Malromé
Myrat
St-Félix-de-Foncaude
St-Martin-de-Lerm
Monségur
Duras
Verdelais
St.-Maixant
Ste-Croix-du-Mont
La Réole
Barie
Fontet
Bommes
Château
Yquem
Langon
St-Macaire
Sauternes
Fargues
voir carte L'Entre-deux-Mers
Miramont-de-Guyenne
Marmande
Hostens
Origne
Mazères
Le Nizan
Roquetaillade
Villandraut
St-Symphorien
Uzeste
Sigalens
Bazas
Grignols
Préchac
HAUTE LANDE
Cazeneuve
Bourideys
Sore
Captieux
Casteljaloux
A 10
E 5
A 89
E 70
A 62
E 72
A 65
N 10 E 606
N 89

LA GIRONDE

Beychac-et-Caillau. Ouv tte l'année lun-ven 9h-12h30, 14h-18h30. Dernière visite 1h30 avt fermeture. Entrée : 5 € (musée + dégustation) ; réduc. Voir, écouter, sentir, toucher et faire travailler ses papilles ! *Planète Bordeaux* propose un petit parcours pour découvrir tous les secrets qui entourent la naissance et la vie du vin, avant de participer à une dégustation en bonne et due forme. Vente de bouteilles au même prix qu'à la propriété. Le lieu, labellisé « Tourisme et Handicap », est une bonne introduction à la visite du vignoble.

i *Conseil interprofessionnel du vin de Bordeaux (CIVB) :* *1, cours du 30-Juillet, 33000 Bordeaux. ☎ 05-56-00-22-66. • bordeaux.com •* Belle vitrine pour le vin de Bordeaux, le *CIVB* assure la promotion du vin de Bordeaux en restant vigilant sur sa qualité. Bel espace pour déguster les vins à prix modérés (voir plus loin la rubrique « Bars à vins »). Site internet très complet sur l'histoire du vin de Bordeaux, ses appellations et ses coulisses, et des tuyaux pour acheter sans se ruiner.

i *Les « Séjours en vignobles » dans les gîtes et chambres d'hôtes Bacchus :* *rens auprès des* ***Gîtes de France Gironde,*** *☎ 05-56-81-54-23, ou auprès de* ***Clévacances,*** *☎ 05-56-52-61-40 (Gironde Tourisme).* Sélection de locations et de chambres d'hôtes tenues par des viticulteurs qui s'engagent à vous accompagner dans l'organisation de votre séjour. Cette thématique Bacchus, sorte de label, a été développée dans toute la Gironde.

LA GIRONDE À VÉLO

Pas moins de 700 km de pistes cyclables départementales et 2 300 sentiers de randonnée balisés, ouverts aux VTT pour certains. Les pistes sont très bien entretenues, fléchées et généralement plates... idéales pour la pratique du vélo sans effort ! Une jolie piste (dite « Roger-Lapébie », l'enfant du pays vainqueur du Tour de France 1937) aménagée le long d'une ancienne voie ferrée traverse l'Entre-deux-Mers vallonné de Latresne (à une dizaine de kilomètres de Bordeaux) à Sauveterre-de-Guyenne. Pour en savoir plus sur les 3 grands itinéraires cyclables qui traversent le département, reportez-vous en début de guide à la rubrique « Itinéraires à vélo » dans le chapitre « Bon à savoir avant le départ », ainsi qu'au chapitre sur le bassin d'Arcachon concernant le *Tour du Bassin à vélo* (77 km).

i *Gironde Tourisme :* *☎ 05-56-52-61-40. • gironde-tourisme.fr •* Pas d'accueil du public.

BORDEAUX (33000) 262 000 hab. *Carte Gironde, C3*

• Pour les plans de Bordeaux et le plan du tramway, se reporter au plan détachable en fin de guide.

Épicentre de tout le Bordelais, à une soixantaine de kilomètres de l'océan, capitale de la Nouvelle-Aquitaine lovée autour de la Garonne, Bordeaux a conservé son décor de théâtre mais a perdu son atmosphère secrète et sa fierté un peu hautaine, souvent frondeuse vis-à-vis de la capitale, dont elle s'enorgueillissait par le passé. Une capitale qui ne se trouve désormais qu'à 2h de train. La ville, qui s'est ouverte sur le fleuve, change à vue d'œil. Depuis que Bordeaux et le port de la Lune ont été inscrits au Patrimoine mondial de l'Unesco, c'est une autre ville que l'on ne cesse de découvrir à chaque passage, puisque des quartiers entiers sont en cours de restructuration.

D'ailleurs, l'afflux de visiteurs – et d'habitants ! – toujours plus important chaque année témoigne de ses nombreux attraits.
Bordeaux, on le sait, doit sa fortune et son importance à ses vins et à son port. La gloire des siècles passés a laissé ses traces sur les murs comme dans les esprits, du moins au cœur de la ville. La vieille cité se révèle avant tout comme un joyau de pierres ciselées, armoriées, dentelées dans le grand style du XVIIIe s : Bourse, Grand Théâtre, place Royale... Mais on y trouve aussi des rues étroites au tracé médiéval, de vieux quartiers aux allures sombres et populaires, en voie de gentrification. Passé l'émerveillement devant l'alignement parfait des façades XVIIIe s face au fleuve qui rappellent qu'à son âge d'or, Bordeaux était le 1er port de France, vous irez vous perdre dans les ruelles de Saint-Éloi et Saint-Michel à la recherche du Bordeaux populaire et mélangé. Vous irez boire un verre ou faire la fête dans les zones industrielles portuaires réhabilitées à 2 pas de la Cité du Vin et du musée Mer Marine. Vous changerez de rive pour voir une ville en pleine mutation, vous découvrirez avec nous des adresses avec vue qui ne cherchent pourtant pas à vous en mettre plein la vue.
Bordeaux est avant tout une belle ville, tout simplement, et on prend un réel plaisir à la visiter. Avec sa pierre calcaire dorée qui noircit naturellement, elle offre une jolie palette de couleurs, du blond pâle au noir le plus crasseux. « Ville fermée » ? Avec 3 siècles de domination anglaise, qui lui ont finalement bien profité, un terroir et un climat donnant les plus grands vins du monde, des hommes illustres en leur temps (les 3 « M » : Montesquieu, Montaigne, Mauriac), une côte aussi proche, on peut presque comprendre que Bordeaux se soit crue longtemps si supérieure, si différente. N'est-elle pas toujours la capitale mondiale du vin ? Cependant, les Bordelais se sont ouverts aux influences méridionales, espagnoles en particulier, et les tables en terrasse pullulent dans le vieux Bordeaux. Les soirées s'animent dans les bars à tapas, et les nuits, sur les quais, sont toujours chaudes... Finalement, la cité girondine est comme ses meilleurs vins : bouquet profond et complexe, étonnante longueur en bouche.

UN PEU D'HISTOIRE... FRANCO-ANGLAISE

D'un timide village de forgerons gaulois naîtra *Burdigala* la romaine, au développement rapide, à l'économie florissante dès le Ier s. Les alentours sont occupés par des Ligures d'origine ibérique et des Celtes. Celtes ? Pas si sûr. *Burdigala* viendrait de 2 mots : *gala,* qui signifie « gaulois », et *burdin,* en basque, qui est le « fer ». Surprenant, en tout cas, à défaut d'être avéré ! Les invasions répétées du IIIe s vont probablement amener ceux qu'on appellera les Bordelais à se réfugier à l'intérieur d'un rempart qui délimitera la ville jusqu'au XIIIe s. Les fortifications suivent la courbe de la Garonne, d'où le nom de « port de la Lune » donné à la ville et ses armes au croissant de lune argenté.
Après avoir été répudiée par le roi de France Louis VII, Aliénor, héritière du duc Guillaume d'Aquitaine, apporte en dot, lors de son remariage avec Henri Plantagenêt en 1152, de nombreux domaines, dont le duché de Guyenne et Bordeaux. Par héritage, Henri devient roi d'Angleterre, inaugurant ***3 siècles de période anglaise en Aquitaine.***
Henri et Aliénor sont alors à la tête d'un vaste territoire qui

BRITISH PROSPERITY

Les viticulteurs bordelais firent fortune grâce à la domination des Anglais. Le vin de Bordeaux était très à la mode partout en Grande-Bretagne. Encore aujourd'hui, la reine ne boit que du claret (bordeaux en anglais). Ici, la victoire des Français lors de la guerre de Cent Ans fut donc considérée comme une catastrophe économique !

déséquilibre les Capétiens et déclenche une guerre sans fin (celle de Cent Ans) entre Français et Anglais. Cette situation favorise l'expansion viticole et l'exportation massive du *claret* (vin primeur) en direction de l'Europe du Nord : le « privilège des vins » impose la vente des vins de Bordeaux avant ceux de l'arrière-pays. La ville s'agrandit, son commerce prospère. En absorbant le faubourg Saint-Éloi, Bordeaux se dote d'un 2e rempart dont la Grosse Cloche, ancien beffroi de l'hôtel de ville (XVe s), reste le témoin.

La « Guyenne », déformation anglaise d'Aquitaine, n'a jamais été aussi riche en vendant son vin et ses armes, sans distinction de camp. C'est à cette époque que le Prince Noir, fils du roi d'Angleterre, entreprend de véritables expéditions sauvages à travers le Limousin et le Languedoc notamment. Les grands seigneurs aquitains sont farouchement anglophiles. Mais la bataille de Castillon marque, en ***1453,*** le ***retour de la ville sous tutelle française*** et la fin de la guerre, malgré de nombreuses révoltes.

ET POURQUOI DES BOUTEILLES DE 0,75 L ?

À cause de la domination anglaise, les négociants britanniques assuraient la commercialisation du vin. Il était transporté dans des barriques de 50 gallons (225 l). Il fallut trouver un contenant qui faisait un chiffre rond. On choisit 0,75 l car il donnait exactement 300 bouteilles par barrique.

L'âge d'or de la ville

Louis XIV fait détruire tout un quartier pour élever une forteresse à la Vauban afin de contrôler la partie nord de la cité. ***Au XVIIIe s, Bordeaux va vivre son « âge d'or »,*** fondé sur la continuité du commerce du vin, que l'on sait maintenant faire vieillir, et la naissance du commerce triangulaire vers l'Afrique et les Antilles.

Des cours, bordés d'arbres, sont créés sur l'emplacement des remparts, des ensembles grandioses longent les quais, la place de la Bourse et les allées de Tourny. Le quartier des Chartrons, véritable Q.G. du négoce du vin, date de cette époque. Parallèlement, la construction du Grand Théâtre et de l'archevêché, le palais Rohan, l'actuel hôtel de ville, l'édification de somptueux hôtels particuliers et d'immeubles bourgeois parachèvent un ensemble architectural d'une exceptionnelle cohérence.

La Révolution vit la création du parti des Girondins, mené par Vergniaud. Animés par une méfiance séculaire à l'égard de Paris, les Girondins prônaient une république de type fédéral et s'opposaient aux Jacobins. Accusés par les Montagnards de conspirer contre la république, 22 Girondins furent exécutés après une nuit de beuverie à la Conciergerie.

LES GRANDES HEURES DU PORT DE BORDEAUX

Difficile de penser que ***le port de Bordeaux fut le 1er de France*** et le 2e port d'Europe après Londres au XVIIIe s, vu l'image qu'il présente aujourd'hui. C'est bien simple, il a carrément disparu : le dernier cargo a largué ses amarres du quai des Chartrons en 1987, et le port autonome de Bordeaux s'est installé, depuis, en aval sur la Garonne.

PROTECTION DIVINE

Autrefois, les marins avaient l'habitude de se faire tatouer une croix sur tout le dos afin de se protéger des punitions par flagellation. En effet, c'était un péché que de frapper un symbole chrétien.

Mais pendant longtemps, Bordeaux et son port des Chartrons, situé à 98 km de l'océan par la voie fluviale, étaient l'endroit idéal pour charger les navires du célèbre

claret dont allaient se délecter les Anglais. Dès le début de notre ère, la Garonne a d'ailleurs eu une vocation portuaire, puisque le vin romain passait déjà par là. Au XVIIIe s, le quartier des Chartrons, véritable salon permanent du vin, voyait alors une population huppée, liée au négoce, côtoyer marins et prostituées dans une atmosphère d'encanaillerie générale, où les bourgeois se retrouvaient sans-culottes le soir venu.
Aujourd'hui, le port s'est développé tout le long de la Garonne et de l'estuaire de la Gironde par secteurs d'activités : port marchand à Bassens, produits pétroliers raffinés à Ambès et Pauillac, tandis que Le Verdon, « l'avant-port » situé à plus de 90 km de la ville, surdimensionné, ne s'est pas remis du choc pétrolier. Malgré cette mutation, l'activité portuaire a considérablement baissé ces dernières années, concurrencée (et dépassée) par La Rochelle.

BORDEAUX AU XXIe SIÈCLE

Bordeaux a connu une mutation incroyable au cours de ces 30 dernières années. En 1995, le maire Alain Juppé a fait aboutir les grands dossiers du tramway et de l'aménagement des quais. La ville est peu à peu rendue aux piétons et l'ensemble du centre classé en « zone 30 » (vitesse limitée, accès limité par des plots). La construction du pont Chaban-Delmas reliant les quartiers Bacalan et Bastide a détourné les voitures du centre-ville, en même temps qu'a été décidée une réorientation de la ville vers le fleuve, ce fleuve qui coupe la ville en 2. Quant au ***futur pont Simone-Veil*** prévu pour 2024, il reliera le sud de Bordeaux à Floirac. Enfin, grâce à la fermeture du pont de Pierre aux voitures, les automobilistes sont fortement incités à laisser leur véhicule à la périphérie de la ville. La réussite de Bordeaux, c'est aussi la mise en lumière des monuments les plus remarquables et de la promenade plantée le long des quais, ainsi que le ravalement des façades grisâtres.
De nombreux quartiers sont en mutation. Celui de la gare Saint-Jean est en train de changer de visage avec la création du gigantesque quartier Euratlantique (bureaux, commerces, logements, Maison de l'économie créative et de la culture-MÉCA) qui vise à dynamiser les alentours de la gare. La rive droite, où se développent des quartiers à la mode, cernés d'espaces verts, est en plein essor et Bacalan poursuit sa métamorphose.
Au nord des Chartrons, la ***Cité du Vin*** a créé l'événement en 2016 en célébrant le vin dans son universalité, sa dimension culturelle et sa modernité. Ce musée à l'architecture audacieuse s'est vite intégré dans le paysage bordelais et s'impose désormais comme une référence incontournable, au même titre que les Confluences à Lyon ou le MUCEM à Marseille. Tout près, sur le site des Bassins à flot, un autre colosse a vu le jour en 2019 : le musée Mer Marine, totalisant 6 000 m² entièrement consacrés au grand large. Quant à l'ancienne base sous-marine, elle accueille désormais les Bassins de Lumières, un surprenant et audacieux centre d'art numérique. Même sur le plan politique, Bordeaux crée la surprise. En 2020, coup de tonnerre, la ville tombe pour la 1re fois dans l'escarcelle du parti écologiste. On n'arrête plus Bordeaux, qui évolue sans cesse à un rythme qui s'est accéléré ces dernières années ! En est l'illustration la ligne LGV qui met Paris à 2h08 de la capitale du vin !

Arriver – Quitter

■ ***Service de bus et de navette entre l'aéroport de Bordeaux-Mérignac*** *(hors plan détachable par A4)* ***et le centre-ville :***
L'aéroport est à 10 km à l'ouest du centre-ville.
– Ligne no 1 : tlj, passages fréquents (ttes les 8-10 mn dans la journée). Compter 1,70 € et 1h de trajet env. La solution la plus économique pour rejoindre le centre-ville ; terminus gare Saint-Jean.

– La navette ***30'Direct*** *sans arrêt aéroport-gare Saint-Jean : compter 8 € aller simple ; réduc et env 30 mn de trajet. Fonctionne tlj (horaires variables, en fonction du trafic et des saisons).* • *30direct.com* •

Autobus TransGironde *(zoom détachable, D3)* **:** ☎ *0974-500-033 (coût d'un appel local).* • *transgironde.fr* • Dessert tout le département et les plages en été.

– Taxis et VTC électriques : • *elexi.fr* • *Résas* 📱 *06-45-58-11-72 ou* • *booking@elexi.fr* • En plus des courses classiques, des découvertes du vignoble *(eco wine tour).*

Adresses et infos utiles

Infos touristiques

Office de tourisme et des congrès de Bordeaux Métropole *(zoom détachable, D3,* ***1****)* **:** *12, cours du 30-Juillet.* ☎ *05-56-00-66-00.* • *bordeaux-tourisme.com* • *visiter-bordeaux.com* • *Tlj. Fermé 1er janv et 25 déc.* Installé dans un immeuble néoclassique qui abritait au XIXe s (il a été créé en 1835) le célèbre *Café Montesquieu.* Plans de la ville en couleur, guide des visites et dégustations, également excursions et croisières à Bordeaux et dans ses alentours, guide sur l'architecture contemporaine *(2 €).* L'office propose des rallyes et jeux de piste à faire seul (avec des livrets), ou organise des visites guidées classiques de la ville *(tlj ; durée : 2h ; 12 €),* des balades urbaines, « quartiers libres » pour découvrir les quartiers moins centraux ou en mutation, une balade gourmande ainsi qu'une route des bars à vins *« Urban Wine Train »* (dépliant). Également : visites thématiques de Bordeaux en bus, bus à impériale, petit train touristique et *tuk-tuk* ; initiations à la dégustation de vins de Bordeaux, stages d'une demi-journée avec l'École du vin ainsi que, tous les jours, excursions et dégustations thématiques dans le vignoble, en bus climatisé et accompagné d'un guide.

– La ***carte Bordeaux CityPass*** donne accès gratuitement ou à prix réduit à plus de 20 musées et monuments (dont la Cité du Vin en matinée et les Bassins de Lumières), lieux d'exposition et monuments historiques, aux visites guidées (dont une visite de la ville au choix, pédestre, en bus ou fluviale), ainsi qu'au réseau de transports en commun de Bordeaux métropole (tramways, bus et service de navettes fluviales). Carte activée dès la 1re utilisation dans l'une des activités incluses. Une version Junior existe *(compter 29 € pour 24h, 39 € pour 48h, 46 € pour 72h).*

À Bordeaux Patrimoine Mondial : *2-8, pl. de la Bourse.* ☎ *05-56-48-04-24. Tlj. Antenne patrimoine de l'office de tourisme.* Expo gratuite sur l'Histoire de la ville.

Gîtes de France : *91, quai de Bacalan, 33000 Bordeaux.* ☎ *05-56-81-54-23.* • *gites-de-france-gironde.com* • *Lun-ven 9h-18h, sam 10h-13h.*

CRIJ – Centre régional d'information jeunesse Nouvelle-Aquitaine *(plan centre détachable, D4,* ***3****)* **:** *125, cours d'Alsace-et-Lorraine.* ☎ *05-56-56-00-56.* • *jeuneabordeaux.fr* • *Lun 13h30-17h30, mar-ven 10h-17h30 (17h ven).* Infos et services pour le logement, les voyages, la santé, l'emploi, les formations, les loisirs... Accueil compétent et dévoué. Billetterie SNCF, pratique.

Transports

ATTENTION : la circulation automobile est très difficile à Bordeaux, même en plein été, les contrôles radars sont très fréquents et le stationnement intra-boulevards est payant. Mieux vaut utiliser les parcs relais situés légèrement en périphérie de la ville au niveau des stations de tram. ***Prix du ticket 24h :*** *5 €/j., avec accès illimité aux transports en commun. Infos sur* • *infotbm.com* • Les parkings du centre et des quais sont bien plus chers *(env 17,50 € pour 6h, 30 € pour 24h).* Le 1er dimanche de chaque mois, le centre-ville est interdit aux voitures, au bénéfice des rollers, skates, vélos et piétons.

– Renseignements : ***Allotbm.*** ☎ *05-57-57-88-88.* • *infotbm.com* • *Tlj 7h-20h (dim 9h).*

– ***Espaces accueil TBM :*** *9, pl. Gambetta. Lun-ven 7h-19h, sam 9h-19h. Espace Quinconces : Pavillon des Quinconces, 38-40, allées de Munich ; lun-ven 7h-20h, sam 9h-20h. À la gare Saint-Jean : lun-ven 7h-19h, sam 9h-19h. Espace Buttinière-Parc, relais de la Buttinière : lun-ven 7h-19h.*

– ***Tarifs et formules :*** *plusieurs possibilités. Compter 1,70 € pour un voyage plein tarif, et 5 € pour un nombre de trajets illimité au cours d'une même journée ; réduc. Titres de transport non nominatifs. Également le CityPass 1, 2, ou 3 j., qui combine un accès illimité aux transports en commun, et l'accès gratuit à plus d'une vingtaine de musées et sites ; compter 29 €/1 j. ; pass nominatif.*

D'autres parkings à tarif réduit :

■ ***Eark & Trip*** *(plan détachable D-E5)* ***:*** • *parkandtrip.com* • *Parking Urbis Park, pl. André-Meunier, niveaux -2, -3 et -4 ; à 5 mn à pied de la gare Saint-Jean ou près de l'aéroport. Compter 18 € pour 1 j., 25 € pour 2 j. ; tarifs dégressifs. Résa obligatoire en ligne.*

■ ***Zen Park :*** ☎ *01-85-39-09-09.* • *zenpark.com* • Plusieurs parkings sur Bordeaux : *36, rue de Tauzia et 10, cours Barbey près de la gare Saint-Jean ; également à la Cité du Vin. Inscription en ligne.*

■ ***Tramway :*** il existe 4 lignes de tramway à Bordeaux, qui fonctionnent de 5h à minuit ou 1h du matin, connectées avec les lignes de bus. Il suffit de se procurer des tickets (voir plus haut) dans les espaces d'accueil *TBM,* dans les 250 points de vente de l'agglomération bordelaise (principalement des bureaux de tabac/presse) ou dans les distributeurs sur les quais des stations de tram.

– *Ligne A :* relie la rive gauche à la rive droite en desservant, depuis Le Haillan Rostand : Mérignac-centre, Saint-Augustin, le CHU Pellegrin, le quartier de Mériadeck, puis traverse la Garonne sur le pont de Pierre pour rejoindre les agglomérations de Floirac (terminus « Floirac-Dravemont ») ou de Lormont (terminus « La Gardette »).

– *Ligne B :* traverse la ville du nord au sud depuis la station Berges-de-la-Garonne en passant par les bassins à flot, la Cité du Vin, le CAPC musée d'Art contemporain, les Quinconces, l'hôtel de ville, le musée d'Aquitaine, la place de la Victoire, le campus jusqu'à la commune de Pessac (terminus « Pessac-centre » ou « France Alouette »).

– *Ligne C :* du nord au sud, relie le parc des Expositions/stade Matmut-Atlantique ou la gare de Blanquefort à Bègles (terminus « Lycée Vaclav-Havel ») en passant par la place des Quinconces, la place de la Bourse, la porte de Bourgogne, l'église Saint-Michel et la gare Saint-Jean.

– *Ligne D :* le tracé relie Bordeaux-centre (gare Saint-Jean, les Quinconces) au Bouscat et Eysines.

– *BlueCub :* les voitures électriques de la ville en libre-service. On ne développe pas ici, car l'inscription n'est possible que pour un séjour de 1 semaine minimum. • *bluecub.eu* •

BatCub : les *BatCub* sont des navettes fluviales assurant des liaisons régulières d'une rive à l'autre. Voir leur parcours sur les plans concernés. 5 arrêts : Stalingrad, Quinconces, les Hangars, la Cité du Vin, avant de poursuivre jusqu'à Lormont Bas (*hors plan détachable,* rive droite). Mêmes tarifs que pour le tram et le bus, avec des correspondances possibles. Consultez les horaires sur le site • *infotbm.com* • ou renseignez-vous dans l'un des espaces accueil de la TBM indiqués plus haut.

■ ***VCub :*** • *infotbm.com* • Bordeaux a son réseau de vélos en libre-service. Quelque 2 000 vélos répartis sur 179 stations de la métropole de Bordeaux sont disponibles 24h/24 lorsqu'on est adhérent. Possibilité de s'inscrire à la journée, à la semaine, au mois ou à l'année. Une fois l'abonnement pris, la 1re demi-heure est gratuite.

Location de vélos et rollers :

– ***Pierre qui Roule*** *(plan centre détachable, C4)* ***:*** *32, pl. Gambetta.* ☎ *05-57-85-80-87.* • *pierrequiroule.fr* • *Tlj sauf dim-lun 10h-12h30 et 14h-19h.* Loue VTC, trottinettes électriques et rollers.

– ***Cool Bike*** *(plan détachable, D3)* ***:*** *77, quai des Chartrons.* ☎ *05-33-48-13-86. Mar-dim 8h (11h dim)-20h.* Loue VTC et rollers. Prudent de réserver.

– Voir la liste complète sur le site de l'office de tourisme. Pour les étudiants et les Bordelais, possibilité de prêts longue durée auprès de la mairie.

LA GIRONDE

Découvrir Bordeaux autrement

■ ***Le 1er dimanche du mois, sauf en août, de 9h à 18h (19h mars-oct), le centre-ville est interdit aux voitures,*** au bénéfice des rollers, skates, vélos et piétons. ***Randonnée roller*** ce jour-là, l'occasion de découvrir la ville en toute liberté (une boucle de 4 km ouverte à tous, puis une de 15 km pour les plus aguerris). Autre rendez-vous pour les patineurs : la ***nuit du roller,*** le dernier vendredi du mois à 20h30. Également la randonnée des familles, plus soft, le 1er dimanche du mois. *• airoller.fr •*

■ ***Guidons Futés :*** *4, rue Maubec. 06-08-72-01-95. • bordeaux-a-velo.com • 35 €/pers, prêt de vélo inclus.* Visites guidées de 2h30 à vélo, histoire d'élargir le rayon d'action et d'en voir un maximum. Bons commentaires, et bonne ambiance.

– ***En canoë ou kayak :*** *06-50-46-10-23. Embarquement au niveau de la cale municipale du parc des Angéliques, bâtiment Darwin, quai des Queyries. Tlj juil-août et w-e mai-oct. Compter 30 €/pers pour un itinéraire de 1h30. • bordeauxcanoe.com •*

Croisières Burdigala : *face au 7, quai de Queyries. ☎ 05-56-49-36-88. • croisieresburdigala.fr • Avr-oct, balades en bateau-mouche tlj en saison à 14h30, départ du ponton d'honneur quai Richelieu. Tarif : 15 € ; réduc. CB refusées. Durée : 1h30.*

– ***En véhicule électrique tuk-tuk :*** *• tuktourevents.com • Avr-déc, départs de l'office de tourisme ttes les 15 mn 10h-18h30. Compter 15 €/pers pour un peu moins de 1h de balade dans le centre historique.*

– ***En petit train :*** *départ allées de Tourny tlj 10h15-18h15 (11h15-17h15 en basse saison). Infos à l'office de tourisme. Tarif : 10 € ; réduc. Durée : 45 mn.*

Où dormir ?

Camping

Yelloh Village Bordeaux Lac *(hors plan détachable par C1) : bd Jacques-Chaban-Delmas. ☎ 05-57-87-70-60. • contact@village-du-lac.com • camping-bordeaux.com • Accès : Ⓣ Les Aubiers (terminus ligne C), puis bus no 73 (arrêt devant le camping). En voiture, rocade sortie no 4 ou 4a « Parc des Expositions ». Ouv tte l'année. Compter 20-40 € selon saison. 193 empl. Loc de chalets et mobile homes.* Éco-camping très agréable de 13 ha installé à côté du parc des Expositions. Pelouses verdoyantes autour de 5 étangs artificiels et nombreux chalets en bois avec terrasse, confortables et tout équipés. Jeux pour enfants et piscine découverte, mais pas d'animations.

Vers la gare Saint-Jean, Nansouty et Sainte-Croix

Auberge de jeunesse

Auberge de jeunesse de Bordeaux *(plan détachable, D6,* ***20****) : 22, cours Barbey. ☎ 05-56-33-00-70. • resa@bxaj.eu • auberge-jeunesse-bordeaux.com • Congés : de mi-déc à mi-janv. Fermé 13h-15h nov-avr. Nuitée env 24,50 €/pers, avec draps et petit déj (résa max de 3 nuits).* Dans un vaste bâtiment austère et sans charme, 106 places en lits superposés répartis dans 30 chambres et dortoirs de 2 à 6 personnes, tous avec casiers (sans serrure) et la plupart avec douche privée (à l'inverse des w-c, communs pour presque tout le monde). Pas de clim en revanche. Simple, propre et bien tenu. Possibilité de préparer son repas, mais la petite cuisine est vite saturée s'il y a foule. Coin TV, garage à vélos. Terrasse au calme. Baby-foot. Accueil sympa.

De prix moyens à chic

Bordeaux Cosy B & B *(plan détachable, C6,* ***33****) : 13, rue Bertrand-de-Goth. 06-30-60-84-50. • fussman.jean-pierre@orange.fr • chambredhotebordeaux.com • Ⓣ ligne B, arrêt Bergonié (à 200 m). Doubles 75-110 € ; familiale ; tarifs dégressifs. Parking* *gratuit. Une bouteille de bordeaux offerte sur présentation de ce guide.* Une halte bordelaise bien conviviale, dans le quartier Saint-Genès, à 10 mn de la place des Victoires et de la gare Saint-Jean. Au rez-de-chaussée, 2 jolies chambres fraîchement rénovées, avec dessus-de-lit colorés. Les autres, à l'étage, sont encore plus confortables. Baignoire dans la suite familiale et clim dans chaque chambre. Quand le soleil pointe son nez, on prend son petit déj dans le jardin. Piscine et jacuzzi. Calme assuré et bon accueil.

De chic à beaucoup plus chic

Chambres d'hôtes Les Chambres d'Art *(plan centre détachable, E5,* ***25****) : 6, rue du Portail. 06-11-84-59-42. • bruno.cittone@sfr.fr • leschambresdart.com • Double 140 €. Une bouteille de bordeaux château Carignan offerte sur présentation de ce guide.* Dans une rue tranquille, 2 chambres confortablement équipées à l'étage d'une maison bordelaise d'un beau volume. Literie de qualité, clim, belles salles d'eau. Quant à la cuisine, elle s'ouvre sur un patio verdoyant bien sympa, dans – ou devant – lequel le petit déjeuner peut s'étirer délicieusement. Accueil sympa des proprios, des amateurs d'art qui organisent régulièrement des expos d'artistes locaux.

La Maison Fredon *(plan centre détachable, E4,* ***41****) : 5, rue Porte-de-la-Monnaie. ☎ 05-56-91-56-37. • maisonfredonbordeaux@gmail.com • latupina.com • Doubles 130-250 €. Parking privé payant.* Le propriétaire de la *Tupiña,* fameux restaurant bordelais juste en face, s'est offert ce superbe hôtel particulier du XVIIIe s, autrefois propriété de la famille Fredon. Le bel escalier de pierre central dessert 5 chambres spacieuses, toutes différentes dans les volumes, le thème décoratif et les couleurs. Un style personnel qui met en scène des pièces de collection et mêle judicieusement l'ancien, le plus récent et le design... Au petit déj, des gâteries confectionnées dans les cuisines du resto. Miam !

Dans les quartiers Saint-Pierre, Hôtel de ville

Auberge de jeunesse

Central Hostel *(zoom détachable, D4,* ***21****) : 2, pl. Saint-Projet. ☎ 05-57-83-61-63. • contact@centralhostel.fr • centralhostel.fr • Nuitée en dortoir 26-38 €/pers ; doubles 105-160 €. Carte 14 €. Café offert sur présentation de ce guide.* Une auberge de jeunesse nouvelle génération, qui ne rogne ni sur le confort, ni sur le design. Des espaces partagés accueillants, avec un beau mobilier en bois clair, un long bar, des plantes, on se sent tout simplement bien. Dortoirs climatisés mixtes (sauf un réservé aux filles) de 6-8 personnes, avec douches et w-c en commun. Doubles spacieuses avec lit *king size,* salle de bains privative et canapé-lit pour les familiales. Resto, terrasse sur la place et *rooftop.* Accueil jeune et sympa.

Prix moyens

Hôtel Bleu de Mer *(zoom détachable, D4,* ***28****) : 12-14, rue Saint-Rémi. ☎ 05-56-81-66-58. • info@acanthe-hotel-bordeaux.com • acanthe-hotel-bordeaux.com • À 20 m de la pl. de la Bourse (parking difficile). Doubles 80-95 € ; familiales.* Un établissement d'une vingtaine de chambres, qui a comme particularité d'appartenir à Bernard Magrez, célèbre propriétaire de nombreux vignobles. Autant dire que les amoureux du vin seront à la fête : pour les résidents, possibilité de dégustations, de participer à des ateliers, ou d'aller visiter les châteaux les plus proches, dont plusieurs grands crus classés. On déguste, mais on dort aussi, dans des chambres classiques et agréables, récemment rénovées pour les plus chères. Accueil très sympa.

De chic à beaucoup plus chic

Hôtel du Théâtre *(zoom détachable, D4,* ***30****) : 8-10, rue Maison-Daurade. ☎ 05-56-79-05-26.*

• reservation@hotel-du-theatre.com • hotel-du-theatre.com • En plein centre et accessible seulement à pied. Doubles 99-125 €. Un petit déj/chambre et nuit offert sur présentation de ce guide. Parking Tourny tt proche. Convivial et chaleureux, un établissement d'une vingtaine de chambres bien entretenues, occupant 2 immeubles mitoyens et réparties sur 3 étages (pas d'ascenseur). Chacune a un bon confort et une touche d'originalité. Accueil charmant.

Chambres d'hôtes Au Cœur de Bordeaux *(plan centre détachable, C4,* ***24****) : 28, rue Boulan. 06-89-65-84-21. • contact@aucoeurdebordeaux.fr • aucoeurdebordeaux.fr • Doubles 109-160 €.* 5 jolies chambres classico-chic et très cosy (coussins, beaux meubles, papier peint à motifs...) dans un petit immeuble ancien, réparties sur 2 étages. Accueil charmant et tout en douceur, à l'image du verre de bienvenue offert à l'arrivée. Une bonne occasion de faire connaissance, mais aussi de partager la passion du propriétaire pour les vins de Bordeaux !

Hôtel de la Presse *(zoom détachable, D4,* ***34****) : 6-8, rue de la Porte-Dijeaux. ☎ 05-56-48-53-88. • info@hoteldelapresse.com • hoteldelapresse.com • Doubles env 96-156 €.* Idéalement situé, à 2 pas d'un des carrefours stratégiques de la ville, pour qui recherche plus une ambiance animée et un style design réjouissant que le calme, forcément. Un petit hôtel gai et coloré, avec des chambres de tailles inégales (les moins chères sont exiguës), mais bien équipées (clim), plaisantes, parfois avec balcon. Salles de bains modernes ouvertes dans certaines et toilettes à part, à 1 ou 2 exceptions près. Chaleureuse salle de petit déj à l'étage.

Mama Shelter *(plan centre détachable, D4,* ***46****) : 19, rue Poquelin-Molière. ☎ 05-57-30-45-45. • reception.bordeaux@mamashelter.com • mamashelter.com • Doubles 129-199 €. Petit déj 9-18 €/pers. Pizzas et plats env 10-25 €.* Après Paris, Lyon, Istanbul et Marseille, c'est dans l'ancienne tour du Gaz des années 1930 que *Mama* a fait un petit qui ne manque pas de caractère. Le duo Trigano-Starck a encore frappé avec son design à 1 000 lieues de l'hôtellerie traditionnelle, conceptuel et moderniste. Une centaine de chambres lumineuses réparties sur 5 étages, à des prix proportionnels à leur taille (de S à XXL, comme les tee-shirts !). Toujours de l'ambiance au resto (on adore le soir !), où les menus sont signés Guy Savoy. Le bonus, c'est le superbe *rooftop* avec sa terrasse panoramique à 180° qui toise la ville et la cathédrale, pour un repas ou un verre au bar. Par beau temps, on y sert aussi le petit déj. À 2, visez les coursives, les tables y sont plus isolées.

La Maison Fernand *(zoom détachable, D4,* ***23****) : 8, rue des Herbes. 07-88-46-52-16. • contact@lamaisonfernand.com • lamaisonfernand.com • Doubles et suites 130-150 €. Cannelé offert sur présentation de ce guide.* Situation stratégique pour cette ravissante chambre d'hôtes proche de tout. Pas de jardin ici, mais la petite terrasse planquée au dernier étage est impeccable pour le petit déj, ou prendre sa dose d'UV entre 2 balades. Quant aux chambres, elles sont hyper cosy et décorées de façon thématique en mêlant des objets chinés, des motifs floraux et des éléments contemporains, qui se combinent à merveille avec l'ancien. Accueil dynamique et sympa.

L'Hôtel Particulier *(plan centre détachable, D4,* ***27****) : 44, rue Vital-Carles. ☎ 05-57-88-28-80. • info@lhotel-particulier.com • lhotel-particulier.com • Doubles 189-229 €. Café offert sur présentation de ce guide.* Ce bel hôtel particulier du XIXᵉ s abrite une poignée de luxueuses chambres aux superbes volumes, avec parquets et cheminées, décorées dans un esprit contemporain et sophistiqué. Couettes moelleuses, peignoirs, machine à café... On est loin de la chambre d'hôtes comme à la maison ! Également 2 studios et des appartements très pratiques, surtout en famille.

Du côté de Gambetta, Tourny, Les Quinconces

De prix moyens à plus chic

Hôtel de l'Opéra (zoom détachable, D3, **32**) : 35, rue Esprit-des-Lois. Accueil à 2 pas à l'Hôtel des 4 Sœurs (même propriétaire), 6, cours du 30-Juillet. ☎ 05-56-81-41-27. • contact@hotel-bordeaux-opera.com • opera.hotel-bordeaux-centre.com • Doubles 60-80 €. L'hôtel est stratégiquement installé dans une maison du XVIIIe s, contemporaine du Grand Théâtre, son voisin. C'est son principal atout. Chambres simples et classiques. Quelques-unes, côté rue, ont un balcon donnant sur le Grand Théâtre. Quant aux moins chères, elles n'ont souvent qu'une petite fenêtre sur l'intérieur. Salles de bains basiques, insonorisation limite, mais compte tenu des prix et de la situation, ça passe pour une étape.

Hôtel Gambetta (plan centre détachable, D4, **26**) : 66, rue de la Porte-Dijeaux. ☎ 05-56-51-21-83. • hotelgambetta33@orange.fr • hotel-gambetta.com • Doubles 75-95 €. Dans un quartier central et animé, un établissement simple d'une trentaine de chambres d'un bon rapport qualité-prix compte tenu de la situation. Chambres petites, pas toujours parfaitement insonorisées et sans clim, mais modernes et fonctionnelles, avec une bonne literie. Accueil aimable. Un point de chute efficace en plein cœur de la ville.

Hôtel La Cour Carrée (plan centre détachable, C-D3, **22**) : 5, rue de Lurbe. ☎ 05-57-35-00-00. • contact@lacourcarree.com • lacourcarree.com • Doubles 130-250 €. Parking. Dans une rue calme proche du centre, cet hôtel convivial au cadre contemporain se distingue par sa taille intimiste et l'accueil chaleureux. Les chambres, parfois pas bien grandes, sont impeccables et tout confort, ayant été modernisées dans un style actuel réussi (salles de bains ouvertes pour certaines), avec ici ou là de la pierre apparente pour rappeler l'ancienneté de la maison. Très agréables parties communes, cosy et gaies, prolongées par une courette avec terrasse de poche.

Hôtel Konti (plan centre détachable, D3, **37**) : 10, rue Montesquieu. ☎ 05-56-52-66-00. • bonjour@hotel-konti.com • hotel-konti.com • Doubles 120-260 €. Un hôtel 4 étoiles installé dans un immeuble du XVIIIe s à 2 pas de la place des Grands-Hommes. Chambres nettes et spacieuses, plateau de courtoisie, clim, etc. Celles des 4e et 5e étages ont une belle vue sur la ville. À l'inverse, côté cour c'est plus sombre.

La Maison du Lierre (plan centre détachable, C3, **47**) : 57, rue Huguerie. ☎ 05-56-51-92-71. • bordeaux@lamaisondulierre.com • maisondulierre.com • ♿ (rdc). Doubles 120-175 €. Café offert sur présentation de ce guide. En poussant la porte de cet ancien hôtel particulier du XVIIIe s près de la place de Tourny, on est saisi par l'atmosphère, plus proche d'une maison d'hôtes que d'un hôtel. Moins de 20 chambres réparties sur 3 étages (pas d'ascenseur), bien arrangées jusque dans les détails et aux couleurs épurées, dont 4 au rez-de-chaussée qui donnent sur la terrasse (idéale pour démarrer la journée devant un bon petit déjeuner ou la clore avec un verre de vin). Plusieurs espaces où se poser, dedans ou dehors, dont un salon où l'on se sent bien. Une adresse inadaptée pour les familles (pas de grandes familiales), mais vraiment idéale pour les amoureux.

De plus chic à beaucoup plus chic

Best Western Grand Hôtel Français (plan centre détachable, D4, **38**) : 12, rue du Temple. ☎ 05-56-48-10-35. • infos@grand-hotel-francais.com • grand-hotel-francais.com • ♿ Doubles 109-119 €. Dans une rue calme, au milieu des commerces chics, un bel immeuble ancien qui a su concilier modernité et authenticité. L'hôtel, écolabellisé, multiplie les initiatives écologiques. Celle qu'on a préférée : le plantureux petit déj bio avec gâteaux maison. Côté dodo, 35 chambres rénovées, insonorisées et climatisées. On recommande celles avec balcon, ou certaines du 4e étage avec vue sur les toits. Ascenseur et superbe escalier en pierre. L'accueil, lui, est pro sans être guindé. Une bonne adresse dans sa catégorie, dans la même famille depuis des lustres.

Hôtel de la Tour Intendance *(plan centre détachable, D4,* ***29****) : 14-16, rue de la Vieille-Tour. ☎ 05-56-44-56-56. • contact@hotel-tour-intendance.com • hotel-tour-intendance.com • Doubles 90-170 €. Parking payant à 5 mn.* Stratégiquement situé dans une ruelle calme et piétonne du quartier Gambetta, un établissement plein de bonnes surprises, niché dans un bel hôtel particulier rénové dans les règles. Chambres parfois un chouia exiguës, vieille bâtisse oblige, mais très bien équipées, et joliment décorées (pierres apparentes, boiseries claires...). Chaleureuse salle de petit déjeuner qui ne manque pas de caractère. La maison, plutôt intimiste, dispose néanmoins de 2 annexes : une pour les grandes familiales, juste en face, et une autre à 2 pas, aux chambres tout aussi coquettes. Excellent accueil, pro et souriant.

Hôtel de Normandie *(zoom détachable, D3,* ***39****) : 7-9, cours du 30-Juillet. ☎ 05-56-52-16-80. • info@hotel-de-normandie-bordeaux.com • hotel-de-normandie-bordeaux.com • ♿ Doubles env 140-220 €. Petit déj 20 € ! Un petit déj/pers offert sur présentation de ce guide.* Stratégiquement situé, notamment pour sa vue dégagée sur les Quinconces depuis les étages supérieurs, ce 4-étoiles classique possède des chambres climatisées, sur cour pour certaines. Plus pratique que vraiment romantique.

Best Western Bordeaux « Bayonne Etche-Ona » *(plan centre détachable, D3,* ***40****) : selon le bâtiment, entrée au 4, rue Martignac, ou au 11, rue Mautrec. ☎ 05-56-48-00-88. • desk@bordeaux-hotel.com • bordeaux-hotel.com • ♿ Doubles à partir de 145 €. Petit déj-buffet 17 €. Parking public payant à 100 m (tarifs préférentiels).* Aménagé dans 2 édifices du XVIIIe s à 40 m à peine l'un de l'autre, qui se fondent parfaitement dans ce quartier très bourgeois. L'ensemble a été rénové, l'un des bâtiments autour d'une thématique Art déco et l'autre autour de l'idée de cabinet de curiosités. Du coup, les prix s'envolent plus on monte en gamme... Également une salle de fitness, en plus de tout le confort qu'on puisse espérer. Accueil très souriant et efficace.

La Maison Bord'Eaux *(plan centre détachable, C3,* ***42****) : 113, rue du Docteur-Albert-Barraud. ☎ 05-56-44-00-45. • contact@lamaisonbordeaux.com • lamaisonbord-eaux.com • Doubles 217-350 €. Parking 15 € sur résa.* Un ancien relais de poste qui abrite aujourd'hui des chambres et suites à des prix qui s'envolent vite. Belle cour-jardin joliment arrangée, et, dans les anciennes écuries, une bibliothèque, ainsi que 2 chambres à l'étage.

Dans le quartier des Chartrons

Prix moyens

Auberge de jeunesse Hostel 20 *(plan détachable D3,* ***44****) : 20, rue Borie. ☎ 06-65-52-16-80. • contact@hostel20-bordeaux.com • hostel20-bordeaux.com • ♿ Ⓣ ligne B, arrêt Chartrons (à 200 m). Nuitée 25-34 €/pers en dortoir ; double 67 €, draps et serviettes fournis. Dîner 5 € ; petit déj 3-5 € ; snack 24h/24.* Dans un bel immeuble du XVIIIe s, 40 places en chambres et dortoirs de 4 à 10 personnes (dont 1 pour filles), salle de bains et toilettes extérieures. Ce lieu convivial et international propice aux rencontres dispose d'un espace de travail, d'une cuisine indépendante, d'une bagagerie mais aussi d'un espace détente (patio, baby-foot). Garage à vélos, casiers, laverie et bonne humeur : des *afterworks* sont d'ailleurs régulièrement organisés.

Hôtel Notre-Dame *(plan détachable, D3,* ***31****) : 36-38, rue Notre-Dame. ☎ 05-56-52-88-24. • info@hnd33.com • hotelbordeauxchartrons.com • ♿ (la suite, à 89 €). Doubles 65-80 €.*

Au cœur du quartier des Chartrons où l'on cultive l'art de vivre et qui regorge de bonnes adresses, ce petit hôtel occupe 2 maisons anciennes désormais réunies. Chambres simples et pas bien grandes, vieille bâtisse oblige, mais fonctionnelles et bien équipées (clim). Un bon rapport qualité-prix. Accueil sympa.

De plus chic à beaucoup plus chic

Une Chambre Chez Dupont *(plan détachable, D3,* ***36****) : 2, rue Cornac. ☎ 05-56-81-49-59. • chez.dupont bordeaux@gmail.com • chez-dupont.com • Doubles 100-150 € ; suites (2 nuits min). Digestif maison offert sur présentation de ce guide.* Cette maison typique du quartier rassemble une dizaine de chambres et suites de prestige : vastes, parfaitement équipées (clim, minibar, meubles de qualité...), et décorées avec soin de façon thématiques. Hyper cosy et plein de charme, surtout pour celles qui sont mansardées. Accueil aux petits oignons.

Hôtel Seeko'o *(plan détachable, E2,* ***43****) : 54, quai de Bacalan. ☎ 05-56-39-07-07. • contact@seekoo-hotel.com • seekoo-hotel.com • ♿ Doubles 172-247 € ; suite. Sauna. Parking payant.* Un hôtel plutôt givré dans une ville peu habituée jusqu'alors aux excentricités architecturales ! *Seeko'o* signifie « iceberg » chez les Inuits, comme veut le rappeler sa silhouette blanche posée comme un gros glaçon au bord de la Garonne. L'innovation vient du corian, ce matériau qui couvre toute la façade. L'intérieur suit les mêmes lignes épurées, depuis le bar du 1er étage jusqu'aux chambres modernes. De tailles différentes, elles ont en commun une déco minimaliste et design, dans un style urbain.

À Bacalan

Prix moyens

Hôtel Moxy *(plan détachable F2,* ***21****) : 25, quai du Maroc. ☎ 05-33-52-13-26. • marriott.fr • moxycrew@moxybordeaux.com • Doubles à partir de 84 €, petit déj inclus ; familiales.* À côté de la Cité du Vin, ce cube rose posé au bord du bassin à flot rappelle le passé industriel du quartier qui ne cesse de se transformer. Le groupe américain Marriott casse son image luxe en proposant des chambres à prix abordables, fonctionnelles et bien insonorisées où domine le béton. Pour déambuler, des espaces communs (salon lounge, banquettes...) qu'on s'approprie comme à la maison, et pour cultiver la bonne humeur, un bar *friendly,* une déco made in usa ainsi que des jeux de société à disposition.

Rive droite

Prix moyens

Eklo Hotel *(plan centre détachable, E3,* ***35****) : 10, rue de la Gare-d'Orléans. ☎ 05-35-54-52-54. • eklohotels.com • Doubles et studios env 43-134 € ; lit en dortoir env 20 €. Un verre offert sur présentation de ce guide. Eklo,* c'est un concept d'hébergement mixte, entre l'hôtel et l'auberge de jeunesse, mais version cosy et écolo. *Terrazzo* au sol, fresques colorées dans les escaliers, bouquins, flipper et baby-foot côté bar... On se sent tout de suite bien ici, d'autant que côté couchage, c'est impeccable. Qu'il s'agisse des chambres classiques, des dortoirs mixtes ou non, des familiales (avec des alvéoles en hauteur pour les enfants), ou des studios, tout est bien pensé, efficace et tout confort (clim, TV, salles d'eau nickel...). Chacun y trouve son compte, dans une ambiance sympa et conviviale, à l'image des concerts organisés en terrasse chaque semaine. Un bon plan à 2 mn du tram.

Hôtel des Voyageurs *(plan centre détachable, E4,* ***45****) : 3 bis, av. Thiers. ☎ 05-56-81-18-00. • contact@hotel-voyageurs-bordeaux.com • hotel-voyageurs-bordeaux.com • Doubles 80-95 €. Réception fermée 13h-17h. Une boisson offerte sur présentation de ce guide.* Au pied du pont de Pierre et du tram, un super 2-étoiles qui ne manque pas d'atouts. Bien situé, il dispose d'une dizaine de chambres rénovées dans des tons clairs, parfaitement tenues et confortables (salles de bains modernes, clim dans celles du 3e étage, mansardées). Le double vitrage est efficace, mais depuis que le pont est fermé à la circulation, le passage est de toute façon réduit. En prime, l'accueil est aux petits oignons. On aime beaucoup.

Où manger ?

Bordeaux serait la ville de France qui possède le plus de restos par habitant. Sachez cependant que certains quartiers, que vous n'aurez aucun mal à repérer, sont de véritables pièges à touristes. Bordeaux possède son lot d'adresses bourgeoises, mais la ville évoluant aussi vite que le LGV qui y mène, les assiettes et les recettes sont devenues plus légères et créatives, à l'image des nombreux jeunes chefs bourrés d'idées qui occupent le devant de la scène gastronomique.
Et il y a même 2 chefs-stars (Gordon Ramsay et Philippe Etchebest) qui se sont installés place de la Comédie... l'un en face de l'autre.
Vous sont donc indiqués dans ces pages les petits rendez-vous pittoresques et accueillants, ceux d'hier comme ceux d'aujourd'hui, que le bouche-à-oreille remplit du jour au lendemain.

Autour de la gare Saint-Jean et vers Nansouty

Prix moyens

|●| ***Brasserie du Sud-Ouest*** *(plan détachable, D6,* ***51****)* **:** *275, cours de la Somme. ☎ 05-56-92-03-06. • brasseriedusudouest@gmail.com • Fermé dim-lun, et j. fériés. Congés : janv et 1 sem mi-août. Formules déj en sem 14-17 € ; carte env 30 €.* La salle est belle, avec son haut plafond ouvragé 1900, et très claire avec ses baies vitrées anciennes et ses grands miroirs. La cuisine, classique, suit le marché et les saisons. Les bases de la gastronomie bordelaise sont néanmoins toujours au rendez-vous (tricandilles en persillade, foie gras frais poêlé au calvados). Accueil très sympa.

|●| ⛱ ***Le Café du Levant*** *(plan détachable, E6,* ***50****)* **:** *25, rue Charles-Domercq. ☎ 05-57-80-26-22. Tlj jusqu'à 22h15. Menus 19-23,90 € ; carte 25-35 €.* Face à la gare Saint-Jean, cette brasserie fondée en 1896 affiche un beau fronton en mosaïque qui fait partie de l'héritage Art déco de Bordeaux. En terrasse comme en salle, on se restaure à toute heure d'un plat de brasserie ou d'une choucroute, dont l'établissement s'est fait une spécialité. Très pratique pour dépanner en attendant le train.

Dans les quartiers Sainte-Croix, Saint-Michel, Capucins, Victoire

La place Sainte-Croix offre une architecture parmi les plus pittoresques de Bordeaux, et il fait bon s'y arrêter pour boire un verre, sinon dîner. C'est vers Saint-Michel, ce quartier populaire et vivant, que vous trouverez le plus d'adresses à bas prix. De nombreux petits restos sont encore tenus par des Marocains, des Turcs, des Portugais ou des Espagnols, tentez votre chance. Notez aussi que l'on peut manger de bon matin au ***marché des Capucins*** *(plan centre détachable, D5)* ! On trouve tous les styles de restauration, sous les halles, dès 7h du matin, mais si vous avez passé la nuit dehors, les troquets alentour servent tard dans la nuit, ou encore plus tôt dans la matinée, selon les points de vue.

Sur le pouce

|●| ***Edmond*** *(plan centre détachable, D4,* ***61****)* **:** *158, cours Victor-Hugo. 📱 07-60-08-68-59. Tlj 11h30-14h30, 18h30-22h30. Formule déj en sem 12,50 € ; carte env 18 € ; burger env 11 €.* Ici, les burgers ne font pas dans la malbouffe. Viande cuite à son goût, pain boulé maison, fromages de chez Jean d'Alos, LE fromager de la ville... Toutes les générations, tous les styles se côtoient dans la salle moderne et neutre. On aime, vraiment ! *Frozen yogourt* pour qui voudrait terminer sur une note sucrée.

De bon marché à prix moyens

Il Meneghino *(plan centre détachable, D4, **74**) : 121, cours Victor-Hugo. ☎ 05-35-31-77-39. • meneghino33@gmail.com • Mar-sam 8h-20h30 (22h30 jeu-sam). Fermé dim-lun. Formule déj 15 € (mar-mer) ; au dîner, plats (jeu-sam) 15-21 €.* C'est un concept. À la fois café, resto et bar à vins, ce bistrot *vintage* est un lieu de vie à la mode milanaise, fréquenté à toute heure. Le matin, on y sirote un *espresso* bien serré en croquant une pâtisserie ; au déjeuner en semaine, on y dévore le menu du jour à moins d'emporter une part de pizza, un panini, ou une foccacia (le tout maison) ; le soir, on y refait le monde autour d'excellents vins au verre. Du jeudi au samedi, changement de registre, Giovanni met les petits plats dans les grands et propose des plats italiens savoureux en fonction du marché. Un super plan !

Café Kokomo *(plan centre détachable, D4, **60**) : 14, rue Ravez. ☎ 05-57-34-48-69. Tlj 10h-18h (16h dim). Brunch 19 €.* Attention, il y a 2 *Kokomo*. C'est le *Café* qui nous intéresse, un spot à l'ambiance californienne jeune et relax, spécialisé dans le brunch. Le week-end, mieux vaut arriver tôt ou se préparer à faire la queue pour goûter aux gros pancakes salés ou sucrés, aux tartines pleines de soleil, aux *poke bowls* tout en fraîcheur et aux gâteaux. C'est simple, mais bon et généreux, et servi dans une salle de bistrot d'angle (avec sa planche de surf en bonne place !), ou en terrasse.

De prix moyens à plus chic

Le Plana *(plan centre détachable, D5, **72**) : 22, pl. de la Victoire. ☎ 05-56-91-73-23. • leplana@hotmail.fr • Tte l'année, tlj ; dernier service à minuit. Formule déj en sem 17 € ; menus 20-30 € ; carte env 25-30 €.* Cette légendaire brasserie étudiante s'est assagie avec les années. Côté cuisine, le chef joue la sécurité et la qualité avec une carte traditionnelle archi-classique, du genre côte de bœuf, andouillette, ou poissons du marché. Côté vins, essentiellement des bordeaux. Vaste terrasse à l'ombre des parasols, où l'on est accueilli avec le sourire.

Frida *(plan centre détachable, D4, **71**) : 29, rue Buhan. ☎ 05-57-99-28-44. Ouv le soir mar-dim, plus le midi le w-e. Menu 27 € ; carte env 30-40 €. Café offert sur présentation de ce guide.* Oh, la jolie cour intérieure aux allures de guinguette, avec ses fleurs et son mobilier coloré ! On en profite pour déjeuner ou à l'apéro, avant de se rapatrier dans la salle aux touches Art déco où le portrait de Frida Kahlo toise les convives. Le cadre est un atout majeur, d'autant plus que, côté bar, l'ambiance bat son plein le soir venu. Côté cuisine, des assiettes à partager façon tapas, ou des plats classiques plus copieux à base d'ingrédients de saison. Personnel aux petits soins et ambiance relax.

Le Cochon Volant *(plan centre détachable, D5, **79**) : 22, pl. des Capucins. ☎ 05-57-59-10-00. Tlj sauf lun. Plats env 15-27 €.* Ce vieux bistrot des Capus est célèbre pour ses horaires tardifs. Pour sa carte aussi, privilégiant les spécialités locales : escargots à la bordelaise, tricandilles, agneau des Pyrénées, etc. Des plats très copieux servis dans un cadre rétro avec faïence blanc et rouge, miroirs et tableaux noirs. Le charme canaille de ces adresses hors du temps et hors des modes !

La Tupiña *(plan centre détachable, E4, **56**) : 6, rue de la Porte-de-la-Monnaie. ☎ 05-56-91-56-37. • latupina@latupina.com • Tlj sauf lun. Menus 18 € (déj en sem), puis 64 € ; carte 50 €. Parking avec service voiturier payant.* Cette institution bordelaise s'appuie sur un décor rustique autour de la cheminée : pittoresque rôtissoire (et sa *tupiña*, « chaudron » en basque) où grillent volailles et gibiers sous l'œil gourmand d'une clientèle people et étrangère, peu regardante sur le budget. Cuisine de terroir parfaitement exécutée, franche et solide, à base de bons produits du Sud-Ouest.

Dans les quartiers Hôtel de ville, Saint-Pierre

Autant vous mettre en garde : la place du Parlement, la rue du Parlement-Sainte-Catherine et les environs immédiats de la place Saint-Pierre, très fréquentés, pullulent de restaurants, mais la qualité n'est pas toujours au rendez-vous. Dans ce quartier de la ville, l'un des plus beaux, les changements d'enseigne sont rapides. Nous serons donc peut-être passés à côté de bonnes adresses. N'hésitez pas à nous signaler vos heureuses découvertes !

Sur le pouce

Massa *(plan centre détachable, D4, **52**) : 36, rue des Ayres. ☎ 05-47-47-89-42. Tlj 12h-21h30. Pita 6,50 € ; formules 9-14 €.* Ce qui fait galoper les connaisseurs depuis les 4 coins de la ville, ce sont les pitas. Fabriquées maison avec de la farine bio, gonflées à bloc, elles sont garnies à la commande d'ingrédients fleurant bon le Levant comme de l'houmous, du caviar d'aubergine, des falafels, ou encore des pickles pour dynamiser le tout. Moelleux et savoureux, c'est un régal qu'on dévore en se baladant, à moins de dénicher une place dans la petite salle façon cantine moderne et branchée.

Le Blé en Herbe *(plan centre détachable, C4, **53**) : 8, rue Saint-Sernin. ☎ 05-57-30-81-42. Lun-ven 8h-20h. Fermé le w-e. Sandwich env 7 € ; formule 11,90 €.* C'est l'annexe de l'une des meilleures boulangeries de la ville, qui a le gros avantage d'être bien située, de disposer d'une poignée de tables dans la petite salle et en terrasse, et de proposer des options salées. Toutes sortes de pains bio, dont celui à l'épeautre, l'ancêtre du blé qu'utilisaient les Romains. Ça vaut le coup de tester les sandwichs préparés minute ! On peut aussi se laisser tenter par une quiche, le plat du jour, et en dessert une viennoiserie (maison, c'est rare), tous bio.

Bon marché

Santosha *(plan centre détachable, D4, **84**) : 2, pl. Fernand-Lafargue. ☎ 05-56-44-76-56. Tlj 12h-16h et 19h-23h. Plat env 15 €.* Très prisé des trentenaires, ce resto stratégiquement situé sur cette délicieuse place va chercher ses influences dans le Sud-Est asiatique. En terrasse, ou dans la salle pimpante égayée par une méga fresque colorée, animation et jovialité sont garanties de jour comme de nuit. Une carte courte, proposant *pad thaï, nasi goreng* et poissons vraiment convaincants, servis fissa mais sans biaiser sur la quantité. Une adresse assez modeuse, qui fait vite le plein.

Fufu *(zoom détachable, D4, **111**) : 37, rue Saint-Rémi. ☎ 05-56-52-10-29. Tlj midi et soir jusqu'à 22h30. Pas de résa. Plats 9-13 €.* Un *noodle bar* tout en longueur où l'on se hisse sur des tabourets face à la cuisine ouverte (donc inutile de venir à 6, vous seriez à la queue leu leu...), pour un voyage immédiat dans l'un de ces restos populaires du Japon ! Ni sushis ni makis, mais des *ramen* (bouillons agrémentés de nouilles, viandes ou poissons et de légumes) extra, des *gyoza* croustillants et généreux, et des *yakisoba* (nouilles sautées au wok), le tout préparé maison à base d'ingrédients frais. Bon à savoir quand même : ni dessert, ni café. Vente à emporter.

Café Japonais *(zoom détachable, D4, **87**) : 22, rue Saint-Siméon. ☎ 05-56-48-68-68. Tlj midi et soir. Bento du midi (sauf dim) 13,60 € ; plats env 11-20 €.* Comment ne pas recommander ce resto japonais ? Bien situé, il sert des sushis et sashimis de qualité, à moins d'opter pour un bento ou un *donburi*. La salle, minimale et presque stricte, est tout habillée de bois. Service rapide, mais si c'est complet, direction l'annexe, à 2 pas (qui a l'avantage de disposer d'une terrasse sur la place).

Le Bocal de Tatie Josée *(plan centre détachable, D4, **114**) : 71,* *rue des Trois-Conils. ☎ 09-80-79-80-79. • contact@tatiejosee.com • Tlj sauf dim 8h30-19h. Congés : 3 sem en août et vac de Noël. Plat du jour env 10-11 € ; formule et menu env 15,20-21 €. Café offert sur présentation de ce guide.* Coloré et convivial, ce petit resto-salon de thé flanqué de quelques tables en terrasse régale les habitués de plats de saison concoctés en fonction du marché. Salades, quiches ou lasagnes sont impeccables pour un déjeuner simple et bon. Sympa aussi pour bien commencer la journée autour d'un petit déjeuner sucré ou salé. Très bon accueil.

Le Saint-Christophe *(plan centre détachable, D4, **130**) : 3, rue Saint-James. ☎ 05-56-44-52-08. Tlj sauf mer et dim ; repas au déj seulement. Congés : Noël et Pâques. Formule 14 €.* C'est un tout petit bar de quartier comme on n'en fait plus. Les habitués y mêlent poésie, expos libres, belote et tchatche. En entrant dans ce lieu modeste au charme suranné, on est saisi par le doux parfum de la bonne cuisine : vous ne serez pas déçu par les falafels et les assiettes complètes de légumes farcis, rôtis ou de purée d'aubergines, concoctées en fonction du marché. L'une des rares adresses populaires du coin.

Prix moyens

Nomad *(plan centre détachable, D4, **55**) : 43, rue Sainte-Colombe. ☎ 05-57-14-97-83. • contact@nomad-restaurant.fr • Ouv du mer soir au dim soir. Plats env 14-19 € ; carte 31 €.* Le *Nomad* nous fait voyager plein sud, proposant chaque jour une carte courte de plats méditerranéens aussi parfumés que colorés. Poisson de la criée, pièce du (bon) boucher, burger garnis de keftas, tout est bien exécuté et accompagné de légumes délicieux. Cadre en adéquation, chaleureux et cosy, et accueil aux petits soins, jeune et souriant. Un rayon de soleil.

Madame Pang *(zoom détachable D4, **78**) : 16, rue de la Devise. ☎ 05-56-38-47-13. Ouv mar-sam 19h-1h. Carte 11-25 €.* Une invitation au voyage que ce bar à *dim sum* dont la déco rappelle l'univers de Hong Kong. Cette adresse branchée peut se targuer, en plus de faire découvrir divers petits plats chinois à picorer et partager, de servir de fameux cocktails. Des créations originales exécutées par un expert. Un régal !

Le Bistro du Musée *(plan centre détachable, D4, **83**) : 37, pl. Pey-Berland. ☎ 05-56-52-99-69. • bistrodumusee@wanadoo.fr • Fermé dim et j. fériés. Formules déj 15,90-18,50 € ; menus 22-29 € ; carte env 25 €.* À sa situation exceptionnelle, au flanc de la cathédrale, ce « bistrot » amélioré ajoute une bonne cuisine traditionnelle joliment présentée (magrets, souris d'agneau confite, mais aussi du tartare de thon...), servie dans une salle chaleureuse ou sur une terrasse vivante. Service efficace et sympa.

L'Originel *(zoom détachable, D4, **64**) : 35, rue du Loup. ☎ 05-56-44-21-19. Ouv mar-sam, midi et soir. Fermé dim-lun. Formules déj en sem 15-20 € ; menu 35 €.* Bonne pioche que cette toute petite adresse au charme intimiste, tenue par 2 associés souriants. Le 1er dorlote ses convives dans une salle à la fois sobre et chaleureuse (en conseillant d'excellents vins au verre), tandis que le 2d fait des prouesses dans sa cuisine ouverte. À prix doux, on se régale de plats de saison bien travaillés, aux cuissons précises, joliment mis en scène et surtout pleins de goût. Super !

L'Embarcadère *(zoom détachable, D4, **94**) : 3, rue du Pas-Saint-Georges. ☎ 05-56-52-23-29. • embarcadere33@hotmail.fr • Le soir tlj, plus le midi le w-e. Résa conseillée. Formules 27,50-30 € ; carte 40 €. Apéritif maison offert sur présentation de ce guide.* Cette brasserie marine a du succès, en raison de ses tarifs encore sages, et de ses fruits de mer bien frais. Il n'y a qu'à tendre le bras pour pêcher les homards dans le vivier ! Sole, huîtres, Saint-Jacques ? À vous de choisir. Terrasse sur la rue.

Chez Jean *(zoom détachable, D4, **76**) : 1, pl. du Parlement. ☎ 05-56-44-44-43. • chez.jean.bordeaux@wanadoo.fr • ♿ Ouv lun-sam, midi et soir. Formules déj 15-19 € ; menus le soir 22-26 € ; carte env 30-35 €.*

Idéalement situé sur la ravissante place du Parlement. Sa terrasse, chauffée l'hiver, est un véritable atout. À l'intérieur, banquettes en velours rouge, beau plancher et lumière tamisée le soir. Les salons, à l'étage, sont aussi agréables. À la carte, une cuisine de brasserie classique et bien exécutée, genre quasi de veau, parmentier de canard, belles salades en été, cochon noir du Pays basque. Service sympathique et efficace.

L'Avant Comptoir du Palais *(zoom détachable, D4,* ***73****) : 2, pl. du Palais. ☎ 05-57-14-94-85. Tlj sauf dim-lun. Formules déj (lun-sam midi) 15-19 € ; menus 22-26 €.* Chez les Camdeborde, on cultive un esprit de franche camaraderie et de générosité. Julien, à Bordeaux, ne déroge pas à la règle familiale initiée par le célèbre tonton. En terrasse, ou sur les tables hautes face à la cuisine ouverte, on passe un super moment à dévorer d'exquises tapas du marché. Ancrées dans le terroir pour certaines, carrément créatives pour d'autres, elles sont réalisées à base d'ingrédients triés sur le volet. Avec une belle bouteille bio sélectionnée avec soin, l'ambiance festive est garantie.

Le Bouchon Bordelais *(zoom détachable, D4,* ***59****) : 2, rue Courbin. ☎ 05-56-44-33-00. • contact@bouchon-bordelais.com • Fermé sam midi, dim et lun. Résa conseillée. Fermé de mi-déc à début avr. Plat du jour env 12 € le midi ; menu-carte 25 € ; menu dégustation (le soir seulement avt 21h) 55 €.* Un cadre de belles pierres apparentes. Décoration épurée, éclairages étudiés, tables embellies : Frédéric Vigouroux a poussé son bouchon vers la bistronomie et ne travaille que des produits frais et de saison. Les plats, savoureux et malins, sont inspirés par des recettes d'ici et d'ailleurs, preuve que la cuisine ne s'endort jamais. Pour les vins, toujours de bonnes trouvailles. Terrasse (zone piétonne).

La Brasserie Bordelaise *(zoom détachable, D4,* ***67****) : 50, rue Saint-Rémi. ☎ 05-57-87-11-91. Ouv tlj midi et soir. Formule déj env 20 € ; carte 30-40 €.* C'est d'abord une atmosphère, animée et franchement rigolarde, qu'on vient chercher dans cette adresse de viandards, bien connue des Bordelais. En terrasse, installés à l'une des grandes tablées en bois, voire carrément au comptoir, les amateurs se régalent en partageant une bonne bouteille, entre connaisseurs ! Bœuf de Bazas, montbéliarde, limousine ou blonde d'Aquitaine, la viande est de 1er choix, tout comme la cochonnaille. Rien de sophistiqué, mais du solide, et du goûteux !

Big Bistrot Girondin *(zoom détachable, D4,* ***70****) : 64, rue Saint-Rémi. ☎ 05-56-06-10-20. Ouv tlj midi et soir. Menus déj en sem 15-20 € ; carte env 40 €.* C'est le haut du panier dans la catégorie bistrot. Beau cadre classieux (carrelage ancien, long comptoir, mobilier en métal et bois...), un service efficace (tous les jours, très pratique), et surtout une carte courte terre-mer privilégiant la qualité des ingrédients, locaux et de saison. Qu'il s'agisse d'une truite fumée, d'un maigre, d'une pièce de viande ou de coquillages, tout est maîtrisé et délicieux dans un style bistronomique, jusqu'aux desserts bien gourmands. Une bonne table.

De prix moyens à chic

Bo-tannique *(zoom détachable, D4,* ***66****) : 2, rue Tustal, pl. Saint-Projet. ☎ 05-56-81-34-92. • restaurant@bo-tannique.com • Fermé dim-lun. Formules déj 21-24 € ; menu 39 € ; carte env 45-50 €.* C'est le projet plus qu'abouti de 3 jeunes pros bourrés de talent et d'énergie, qui communiquent leur bonne humeur en salle et depuis la cuisine ouverte. Dans un cadre à la fois actuel et chaleureux, étoffé par une agréable terrasse, les heureux convives n'ont plus qu'à se laisser porter, dégustant des vins nature bien choisis et se régalant de plats de saison créatifs, précis, aux associations intelligentes et d'humeur voyageuse. Un sans-faute.

Racines *(plan centre détachable, C4,* ***57****) : 59, rue Georges-Bonnac. ☎ 05-56-98-43-08. • racines33@orange.fr • Ⓣ ligne B, arrêt Gambetta. ♿ Fermé dim-lun. Menus 22 € (déj – 28 € sam), et 38 € le soir ; menu dégustation 52 €. Pas de carte.* On vous le dit tout de go : on a eu un coup de cœur pour ces *Racines*-là. Le très court menu change continuellement au gré du marché et des saisons, et affiche des plats créatifs, élégants mais sans esbroufe, et une belle carte des vins pour ne pas déparer. Simplement délicieux. Une bien belle escale, au cadre contemporain, et un rapport qualité-prix imbattable. Service très pro, moins guindé qu'il n'y paraît.

Le Mampuku *(zoom détachable, D4, **77**) : 9, rue Ausone. ☎ 05-56-81-18-75. Ouv le soir seulement mar-sam. Menus 33-39 €.* La fine équipe du *Miles* remet le couvert avec autant de brio au *Mampuku.* Un nom japonais (« ventre plein ») pour une cuisine du monde, inspirée par les origines du trio d'associés. À la carte, archi-courte, des plats à la personnalité bien marquée à partager, complétés par un dessert. Issus de la *street food,* mais revisités avec espièglerie, comme le *Cha ca,* une spécialité de Hanoï qui marie lotte marinée et grillée, ou le *Shakshuka yeruka* israélien. Ne vous acharnez pas à retrouver ces plats, la carte change très souvent ! Bois et pierre, le cadre intime et sobre invite à la rencontre sur de grandes tablées ou autour du comptoir, aux 1res loges face à aux joyeux cuistots affairés.

Echo, Cave à Manger *(zoom détachable, D4, **54**) : 18, rue de la Cour-des-Aides. ☎ 05-56-81-69-95. • echo.caveamanger@gmail.com • Tlj 19h (12h le w-e)-23h30. Carte env 35 €.* C'est l'une des adresses qui font le buzz sur Bordeaux. Les raisons du succès ? Une carte très courte de petits plats frais et savoureux préparés en direct dans la cuisine ouverte (du genre tartare de gambas thaï, ou burger à l'effiloché d'agneau), et une super sélection de vins bio, biodynamiques et nature pour transcender le tout. En salle (petite), en terrasse, et même au comptoir, les places sont prises d'assaut par les trentenaires branchés.

Le C'Yusha *(zoom détachable, D4, **69**) : 12, rue Ausone. ☎ 05-56-69-89-70. • contact@cyusha.com • Tlj sauf dim-lun en saison, ven-lun hors saison. Menus 17 € (déj), puis 36-46 € ; carte 35 €.* Un cadre sobre et élégant : celui d'une ancienne écurie royale voûtée, avec cuisine ouverte pour apprécier la technique du chef. Pierrick Célibert, après avoir travaillé chez les grands, s'est offert son propre resto. *C'Yusha,* ça fait japonais, mais c'est juste la contraction de son initiale et des 1res syllabes des prénoms de ses filles. Carte courte, pour une cuisine de saison inventive, élaborée en fonction du marché (et du potager du chef !) et jouant avec les sens, parfums, textures et saveurs. Une belle expérience.

Du côté de Gambetta, Tourny, Les Quinconces

Sur le pouce

La Fabrique by Oliver *(plan centre détachable, C3, **58**) : 70, rue Fondaudège. 📱 07-86-87-90-35. • lafabriquebyoliver@gmail.com • Ouv tlj le midi, plus le dim soir en livraison. Galettes env 8,50-10 € ; formules 8-13 €.* Ici, la spécialité, c'est le pain Ferré, une galette maison garnie selon l'envie et l'humeur de toutes sortes d'ingrédients frais. Roulé, cela donne un genre de gros sandwich qu'on emporte facilement pour filer s'installer dans le jardin public tout proche. Avec le dessert du jour, le festin est garanti !

De bon marché à prix moyens

Nha Kha *(plan centre détachable, C4, **63**) : 48, rue Saint-Sernin. ☎ 05-56-81-02-59. • hello@anhkha.fr • Mar-sam 12h-14h30, 19h30-22h. Formules déj en sem 13,50-16,50 € ; carte env 20-25 €.* Un resto franchement atypique, dont la cuisine d'humeur voyageuse est à cheval entre Saïgon et le sud-ouest de la France. Le résultat sort des sentiers battus ! Incontournable *bo-bun* concocté avec une bavette de bœuf extra, nems de canard, burger hors norme (le riz remplace le pain, où l'on glisse le steak)... Tout est gourmand et servi avec professionnalisme dans une salle sobre aux murs de pierre. Vins à prix doux, eux aussi.

Le Scopitone *(plan centre détachable, C-D4, **104**) : 5, rue de la*

LA GIRONDE

Vieille-Tour. ☎ 05-56-81-75-01. • nicolas.tisaine@orange.fr • Tlj sauf dim-lun. Menus 16 € (déj), puis 34,50 € ; carte env 40 €. Le succès n'a jamais fait défaut à ce resto depuis son ouverture il y a déjà une trentaine d'années. La salle bonne franquette est prolongée par une petite terrasse donnant sur une charmante ruelle piétonne. Laissez-vous tenter par le magret en croûte d'herbe, la lotte aux morilles... L'une des bonnes petites adresses du quartier Gambetta.

De prix moyens à chic

|●| ***Mets Mots*** *(plan centre détachable, C3, **113**) : 98, rue Fondaudège. ☎ 05-57-83-38-24. • contact@metsmots.fr • Ouv lun-sam, midi et soir (sauf lun soir). Menus 25 € (déj), puis 34-45 €.* Le (léger) détour s'impose pour découvrir cette pépite créée par un trio au parcours prestigieux. Installé sous la verrière, tout au fond de la jolie petite salle sobre et moderne, on profite d'abord du spectacle de la cuisine ouverte avant de se régaler de savoureux plats de saison, élaborés en fonction du marché et de l'inspiration. C'est élégant, c'est parfaitement maîtrisé et c'est accompagné à merveille par une sélection pointue de vins bio ou en biodynamie. Accueil en adéquation, à la fois pro et très chaleureux.

|●| ***Julien Cruège*** *(plan détachable, B3, **96**) : 245, rue Turenne. ☎ 05-56-81-97-86. • missive@juliencruege.fr • ♿ Ouv lun-ven, midi et soir. Fermé 1 sem en fév, 3 sem en août et 1 sem à Noël. Menus 23 € (déj), puis 36-60 €.* Belle salle élégante, en adéquation avec une cuisine de saison fraîche et contemporaine, qui surprend et ravit. Mentionnons encore la gentillesse et la discrétion de l'équipe, et la cour-jardin de cette maison de ville, toute débordante de verdure, pour qui rêve d'un déjeuner au soleil.

|●| ***La Boîte à Huîtres*** *(zoom détachable, D3, **109**) : 38, cours du Chapeau-Rouge. ☎ 05-56-81-64-97. • e.maton@sfr.fr • Tlj sauf dim soir. Formule déj en sem 23 € (12 huîtres, pâté, vin, dessert) ; carte env 35 €.* Ambiance marine dans la salle agréable et colorée. Mais dès les beaux jours, tables et chaises débordent sur la rue piétonne. Ici, les huîtres sont d'une fraîcheur réjouissante, et on vous sert toujours les meilleures de la saison. Le plateau de dégustation permet même d'en goûter différentes. Également une petite carte pour compléter : terrine de thon, saumon fumé, foie gras, pâtés, desserts maison, etc. Vin au verre.

|●| ***La Belle Époque*** *(zoom détachable, D3, **110**) : 2, allées d'Orléans. ☎ 05-56-79-14-58. • labelleepoquebordeaux@gmail.com • Ouv tlj. Service jusqu'à 22h. Carte env 30 €.* La plus belle brasserie de Bordeaux. On peut y admirer les carreaux de Vieillard et Carranza, et lever les yeux vers le plafond à caissons. Albert Vieillard, patron de la faïencerie de Bordeaux, a débauché vers 1870 Amedeo de Carranza, directeur de la faïencerie de Longwy. La décoration de *La Belle Époque* est le fruit de leur 1re collaboration. Climatisation en salle et belle terrasse sur les quais. Classique cuisine de brasserie.

|●| ***Restaurant de fromages Baud et Millet*** *(plan centre détachable, C-D3, **107**) : 19, rue Huguerie. ☎ 05-56-79-05-77. • baudetmillet@hotmail.com • Ouv mar-sam, midi et soir. Formule avec fromages à volonté 35 € ; plats env 15-28 €.* Les spécialités fromagères classiques (raclettes, tartiflettes...) ou audacieuses ne déçoivent pas. Mais les vrais amateurs se laissent tenter par la formule à volonté, permettant de choisir sans se restreindre parmi la centaine de fromages sélectionnés avec passion aux 4 coins de France. Mieux vaut avoir faim ! Bonne ambiance, à l'image de la déco rustique un brin chargée avec pots à lait et tout le tralala.

Dans le quartier des Chartrons

La petite place du Marché-des-Chartrons, avec sa halle pierre-fer-verre et ses terrasses, est l'un des endroits les plus emblématiques du quartier, tout comme la rue Notre-Dame. À noter aussi, le ***marché*** du dimanche matin, quai des Chartrons. Les Bordelais apprécient ce rendez-vous où l'on se restaure d'huîtres, servies avec l'incontournable verre de vin blanc, mais aussi de fromages et de tout ce qui peut faire boire, au fond. Très agréable aux beaux jours.

Prix moyens

Casa Gaia *(plan détachable, D3, **101**) : 16 bis, rue Latour. ☎ 05-56-52-87-21. • contact@casagaia.fr • Fermé dim soir-lun. Formules déj en sem 16,50-21 € ; plats env 15-20 €.* Formidable *Casa Gaia* ! Engagée, voire militante, l'équipe très sympa de ce resto lumineux a tout misé sur le circuit court, la qualité des ingrédients toujours de saison et bio, et un mode de préparation original. Poissons, viandes, légumes et foccacia sont tous cuisinés au feu de bois. Saveurs garanties pour des plats méditerranéens qui ont du goût et des couleurs. Le tout dans un cadre tout en boiseries claires, chaleureux, avec un petit bout de terrasse dans une courette à l'arrière.

El Nacional *(plan détachable, D3, **197**) : 23 bis, rue Rode. ☎ 05-56-79-22-76. • info@elnacional.fr • Fermé dim. Formules déj 15-20 € ; carte env 25-60 €.* Un peu en retrait de la place, le resto aux accents argentins a aussi ses parasols en terrasse, jouxtant ceux des voisins (attention à ne pas confondre les couleurs !). Les carnivores apprécieront les viandes de compétition à la *parilla* (grill), comme un tendre *bife de chorizo* (bœuf), ou des spécialités italiennes. Pour l'apéro, d'alléchantes suggestions *para picar* accompagnées d'un verre de malbec.

Chez Dupont *(plan détachable, D3, **117**) : 45, rue Notre-Dame. ☎ 05-56-81-49-59. • chez.dupontbordeaux@gmail.com • Fermé dim. En sem, formules env 18-22 € ; carte env 40 €. Digestif offert sur présentation de ce guide.* Une institution du quartier des Chartrons. Cadre de bistrot rétro réussi, terrasse bien agréable et plats de toujours (tricandilles, quasi de veau, magrets) inscrits au tableau noir, et préparés avec des produits de qualité. Accueil efficace et sympathique : ici, la bonne humeur et l'humour règnent en maîtres. Sinon, pour manger en mode tapas, direction la petite annexe juste en face. C'est simplifié, mais tout aussi bon et très chaleureux.

De prix moyens à plus chic

Symbiose *(plan détachable, D3, **112**) : 4, quai des Chartrons. ☎ 05-56-23-67-15. • contact@symbiose-bordeaux.fr • Ⓣ ligne B, arrêt CAPC. Ouv lun-sam (sauf lun soir). Formule déj ; dîner à la carte ; tapas à partager.* Un lieu plein de surprises. Entre les murs de pierre, juste 2 entrées, 2 plats et 3 desserts en ballottage, mais quel talent ! Chapeau pour les plats créatifs élaborés avec des ingrédients locaux, certains provenant même du jardin de la fine équipe à la barre de cette pépite. Les saveurs explosent littéralement en bouche. Le soir, le menu dégustation décline 5 plats pendant qu'au bar, façon *speakeasy* avec son entrée camouflée, une clientèle heureuse et branchée sirote de délicieux cocktails dans une atmosphère tamisée. Un coup de cœur !

À Bacalan

Prix moyens

Familia *(plan détachable, E2, **103**) : esplanade de Pontac (halles de Bacalan). ☎ 05-56-07-36-15. • contact@familia-brasserie.fr • Ouv tlj à midi et jeu-sam soir. Plat du jour déj en sem env 15 € ; carte 25-35 €.* Les nouvelles halles rassemblent de bons producteurs régionaux ainsi que cette vaste brasserie tendance, baptisée en souvenir d'un établissement du même nom implanté ici au début du XXe s. Dans l'ambiance animée du marché, une clientèle variée s'y côtoie : commerçants et employés se jettent un p'tit noir au bar, les visiteurs de la Cité du Vin s'attablent pour un repas bien ficelé, pendant que les pressés s'accoudent au comptoir pour avaler tapas et vins. Grande terrasse, notamment côté *Buvette* où l'on sirote cocktails et bières artisanales.

Le Café Maritime *(plan détachable, E1, **136**) : quai Armand-Lalande (bassin à flot n° 1, hangar G2). ☎ 05-57-10-20-40. • contactbordeaux@cafemaritime.com • ♿ Fermé lun soir et dim. Formules déj en sem 17-21 € ; menu 30 € ; brunch le dim.* Dans un hangar « requalifié », un très grand resto, vivant, aux immenses volumes, avec plancher et escalier en bois et un éclairage assez intime. Formule maligne le midi. Cuisine de saison, plus imaginative qu'il n'y paraît, et d'un très bon rapport qualité-prix. Les tables de la mezzanine donnent sur le bassin. Et depuis la grande terrasse, on aperçoit la Cité du Vin, toute proche.

Le Bar de la Marine *(plan détachable, F1, **100**) : 28, rue Achard. ☎ 05-56-50-58-01. Avr-sept, ouv tlj sauf le soir dim-lun ; oct-mars, ouv au déj lun-ven. Menu déj en sem 19 € ; plat env 18 €. En été, brunch dim 28 €.* Génial ! Face aux nouveaux immeubles qui annoncent le quartier des docks de demain, on ne soupçonne pas la pépite planquée derrière une façade anodine. Il y a d'abord la salle, sympa et un brin rétro, mais ce qui justifie le détour est planqué au fond d'un couloir : un beau jardin luxuriant, ombragé, où l'on dévore de bons menus du marché le midi, puis des tapas ou des grillades au brasero le soir, à base d'ingrédients locavores et bio. Déco clin d'œil aux années 1950-1960, façon guinguette, pour cet îlot de résistance à la mal-vie comme à la malbouffe. Accueil bon enfant (mieux vaut avoir réservé !). Un havre de paix insoupçonné qu'on adore.

Chic

Le 7 *(plan détachable, F2, **131**) : 5, esplanade de Pontac, au 7e étage de la Cité du Vin. ☎ 05-64-31-05-40. • contact@le7restaurant.fr • ♿ Ouv ts les midis, plus le soir jeu-sam. Formule déj en sem 26 € ; carte env 50-60 €.* C'est une vue peu conventionnelle qu'offrent les hauteurs de la Cité du Vin : celle du Bordeaux industriel plus que du Bordeaux sagement XVIIIe s ! Un panorama à 180° qui surplombe la Garonne et le pont Chaban-Delmas. Le midi, la formule donne une idée du savoir-faire du chef. Pas de doute, le dernier-né des restaurants de Nicolas Lascombes (*La Brasserie Bordelaise, La Terrasse Rouge* à Saint-Émilion...) a une fois de plus trouvé la bonne alchimie entre cadre spectaculaire, qualité irréprochable et prix encore digestes. Par beau temps, installez-vous les yeux dans les yeux sur la terrasse circulaire, et faites-vous plaisir avec l'une des nombreuses références de vin, qui balaient 50 pays ! Comme alternative moins coûteuse, la brasserie-snack-bar à vins ***Latitude20*** *(☎ 05-64-31-05-50 ; formules déj 18,50-23 €),* au rez-de-chaussée de la Cité du Vin. Plats malins et planches à l'esprit voyageur. Côté vins, des propositions originales à prix abordables. Terrasse agréable.

Rive droite

« Il suffit de passer le pont... », chantait Brassens... et de se lancer à la découverte de cette moitié populaire de Bordeaux, qui connaît un nouveau souffle depuis l'arrivée du tramway et les nombreux chantiers qui ont suivi. Les berges de la Garonne sont encore à l'état sauvage par endroit, et il est peu courant, en plein centre d'une grande ville, de dîner dans les restaurants du bord de l'eau, au-dessus des ajoncs et des herbes folles. Assurément le meilleur point de vue pour admirer Bordeaux et son alignement de façades XVIIIe s.

De prix moyens à plus chic

Magasin Général *(plan détachable, E3, **121**) : 87, quai des Queyries. ☎ 05-56-77-88-35. Snack ouv ts les midis ; resto ouv ts les midis et le soir ven-sam ; épicerie tlj 10h-18h. Compter moins de 10 € côté réfectoire, env 20-25 € côté bistrot.* Projet Darwin, verrez-vous indiqué à l'entrée de ce qui était une ancienne caserne militaire il n'y a pas si longtemps et qui est devenu un espace un peu fou, réunissant des entreprises, des créateurs de tout poil, une école de skateboard, et ce bistrot-réfectoire-épicerie des temps modernes, engagé dans une démarche écolo, bio et locavore. Immense espace pour amoureux du mobilier industriel, avec des coins canapés près des baies vitrées, des mange-debout et des tables de cantine, à moins de s'installer en terrasse dans une vaste *food court* dominée par une impressionnante structure en bois. Au menu, que du frais, du fait-maison, et du végétarien, qu'il s'agisse des salades à composer soi-même ou de la proposition du jour. N'empêche que les plats phares restent pizzas et burgers. Grignotages en continu, à arroser de la bière locale bio brassée en face, à la ***Brasserie de la Lune*** *(visites sur résa ven soir au ☎ 05-47-79-84-67, ou sur • bienvenueencoulisses.com •).* À proximité, en bord de Garonne, ***Les Chantiers de la Garonne*** *(☎ 05-47-79-84-70 ; ouv le midi le w-e et le soir mer-dim (seulement en saison) ; carte env 30 €)* cultivent une ambiance plage avec du vrai sable en terrasse, des conteneurs maritimes en déco et une carte branchée coquillages et crustacés. Très relax, mais gare à l'attente...

L'Estacade *(plan centre détachable, E3,* ***143****) : quai des Queyries. ☎ 05-57-54-02-50. Tlj midi et soir. Résa indispensable. Menu déj en sem 20 € ; carte 50-60 €.* Installé en face de la Bourse, de l'autre côté du fleuve, ce grand resto sur pilotis (l'estacade, donc) et tout en baies vitrées offre le plus beau panorama de Bordeaux (illuminé le soir, c'est magique). Décor et lumières soft, c'est plein de couples d'amoureux. La cuisine tangue entre terre et mer, mais seul le menu du déjeuner reste accessible. Terrasse qui attire l'œil et les convives dès les 1ers beaux jours.

L'Oiseau Bleu *(plan détachable, E4,* ***135****) : 127, av. Thiers. ☎ 05-56-81-09-39. • contact@loiseaubleu.fr • Fermé dim-lun et j. fériés. Congés : 2 sem fin août-début sept et 1 sem fin déc. Formules déj en sem 29-32 € ; menus 50-80 €.* Un incontournable du circuit gourmand bordelais. Des présentations réjouissantes et une cuisine enlevée, moderne, raffinée, qui ne se repose pas sur ses lauriers. Pas de vue sur la Garonne ici, mais assurément une belle adresse au cadre contemporain, qui vaut le coup de s'éloigner un peu des berges. Surtout si le temps permet de profiter de l'agréable terrasse verdoyante planquée à l'arrière.

Où prendre un thé et grignoter un gâteau ?

Les Taquineries de Marie *(plan centre détachable, C4,* ***147****) : 48, cours d'Albret. ☎ 05-57-59-38-92. Ouv lun-ven 8h-15h. Formules 10-15,50 €.* Marie a du talent pour taquiner les papilles. Ses pâtisseries sont redoutables ! À base d'ingrédients locavores et parfaitement équilibrés, tartes aux fraises, tartes au citron meringuées, cakes et autres gourmandises sont élaborés en fonction des saisons et de l'inspiration. Le midi, on peut aussi s'offrir un en-cas salé comme un croque ou un *bun,* tout aussi savoureux. Parfait pour une pause dans un joli cadre lumineux et floral.

Le Buro des Possibles *(plan centre détachable, E4,* ***148****) : 2, rue Planterose. ☎ 05-33-05-74-81. • contact@leburodespossibles.com • Mer-ven 9h-19h, dim 11h-15h. Fermé lun-mar et sam. Congés : août et vac scol de Noël. Au déj (lun-ven), tarte, soupe ou buddha bowls 10,50-12,50 € ; brunch dim 22 €.* Bien joué pour cette super adresse écoresponsable qui a trouvé une idée rigolote et conviviale : à l'arrière du café-salon de thé joliment arrangé avec du mobilier recyclé, c'est le coin des intellos. On paie au temps passé sur place, et le prix inclut boisson et collation. Pour une pause sucrée, de merveilleux cookies ! Il faut dire que pour la pâtissière franco-américaine Zoé, il doit y avoir une fierté à distiller le meilleur de la *US Touch* ! Restauration légère du genre salades et *buddha bowl,* réalisée avec produits frais en direct des producteurs (du coin), bio de surcroît.

Tamatebako *(plan centre détachable, D4,* ***149****) : 32, rue*

Saint-James. 06-64-92-55-36. *Ouv mer-dim 14h30-19h.* Un bien bel espace, à la fois contemporain et chaleureux, ouvert sur une petite cour verdoyante. Béton au sol, solides tables en bois et chaises dépareillées... Ici, pas d'ordi ni de tablette, on vient pour se reposer et déguster du délicat. En plus du choix cornélien qui s'offre à vous côté thés – bio –, belle carte de cafés, café glacé, smoothies... ; puis on hésite entre les gâteaux maison du jour : *carrot cake,* fondant au chocolat, citron, orange...

***Les Petits Mots Bleus** (plan centre détachable, D4, **150**) : 3, pl. Jean-Moulin. ☎ 09-83-07-97-27. Tlj sauf dim 9h-19h.* À côté du centre Jean-Moulin, un charmant salon de thé-librairie qui déploie un buffet gourmand et coloré constitué dès le matin de cookies renversants, cakes salés, salades composées de légumes du marché... Sympa pour un grignotage équilibré entre les rayonnages de livres, ou à emporter. Peu de choix de pâtisseries, mais bonnes.

Bars à vins

***Le Bar à Vins du CIVB** (zoom détachable, D3, **161**) : 3, cours du 30-Juillet. ☎ 05-56-00-43-47. Lun-sam 11h-22h. Vin au verre 2,50-9 € (selon l'offre du moment).* Le Conseil interprofessionnel du vin de Bordeaux, qui fédère l'ensemble des producteurs et du négoce, a ouvert dans son immeuble XVIIIe s un espace chic voué à la découverte des vins de Bordeaux. La sélection (une trentaine) change très régulièrement, déterminée après une dégustation à l'aveugle à partir d'échantillons apportés par les vignerons. Il y a donc de tout, à tous les prix ! Belle salle néoclassique, vitraux Art déco et mobilier contemporain ; pas forcément très chaleureux, mais incontournable pour qui veut s'initier aux crus du Bordelais, d'autant que ce sont des sommeliers qualifiés qui assurent le service. Possibilité de grignoter fromages et charcuteries pour étoffer la dégustation.

***Aux 4 Coins du Vin** (zoom détachable, D4, **162**) : 8, rue de la Devise. ☎ 05-57-34-37-29. • closben@aux4coinsduvin.com • Lun-sam 18h-minuit (2h jeu-sam). Assiettes 10-20 €.* Très sympa, avec ses tables hautes, mais ce qui distingue vraiment ce bar à vins chaleureux, c'est le concept du self-service. En arrivant, on récupère une carte magnétique, puis on la crédite jusqu'à plus soif et on paie à la fin ! L'intérêt, c'est de pouvoir se servir soi-même aux distributeurs, en choisissant parmi la quarantaine de vins du jour la dose désirée (petite, moyenne ou grande). Vraiment bien fichu, et parfait pour les dégustations élargies puisque les propositions couvrent aussi bien les vignobles français qu'étrangers.

***Chez le Pépère** (plan centre détachable, C4, **166**) : 19, rue Georges-Bonnac. ☎ 05-56-44-71-79. • pepere@chezlepepere.com • Mar-ven 17h-1h45. Tapas 5-10 €.* À la fois bar à vins et cave, cette adresse décontractée est tenue par un fin connaisseur des vignobles. Bouteilles à tous les prix et de toutes les régions de France, et de Navarre évidemment. Vous y trouverez forcément la vôtre, que vous dégusterez à prix caviste après vous être acquitté d'un droit de bouchon. Tapas pour caler une petite faim. Concerts certains jours et même des dégustations en présence des vignerons.

***La Ligne Rouge** (zoom détachable, D4, **169**) : 20-22, quai Richelieu. ☎ 09-83-55-18-64. • contact@lalignerouge.com • Lun-sam à partir de 18h (cave à partir de 14h).* Bien connu des amateurs, la *Ligne Rouge* aligne une sélection très riche et pointue de vins français et étrangers (des centaines de crus en bio, en biodynamie ou nature !), sélectionnés par des passionnés et servis en terrasse, sur le quai. Autre avantage, les planches ou les plats pour caler une petite faim font nettement mieux qu'accompagner la dégustation. Un classique.

***Le Petit Bois** (zoom détachable, D4, **167**) : 18, rue du Chai-des-Farines.*

☎ *05-56-79-06-46. Mar-sam 19h-0h30.* Un bar convivial qui propose des fromages, des tartines et de la charcuterie à picorer, impeccables pour accompagner l'une des bouteilles de la sélection. Les faux arbres qui envahissent la salle sont plutôt amusants. La lumière est tamisée, et on trouve quelques recoins intimes. Autre adresse place du Parlement, ***L'Autre Petit Bois,*** plus grande mais souvent prise d'assaut en raison de sa situation stratégique.

Julo *(plan centre détachable E4,* ***168****) : 11, rue des Faures. 06-59-02-44-90. Ouv le soir mar-sam, plus le midi ven-dim. Bière 4,50 €. Café offert sur présentation de ce guide.* C'est d'abord la terrasse au pied de l'église Saint-Michel qui nous a interpellés, avant de nous laisser séduire par la sélection percutante de vins de Bordeaux et d'ailleurs, à accompagner de charcuteries et de fromages affinés. En revanche, la salle est riquiqui. Mieux vaut venir tôt si le temps ne permet pas de se poser à l'extérieur.

– Et bien sûr, en journée, ***Latitude20*** *(plan détachable F2,* ***131****),* le bar à vins de la Cité du Vin *(5, esplanade de Pontac),* pour un tour du monde œnologique autour de planches gourmandes.

Où boire un verre ? Où sortir ?

À Bordeaux, vous ne risquez jamais de mourir de soif, même les jours fériés. Le long des quais comme sur les places des quartiers qui donnent à cette ville de pierre une âme. Des terrasses qui se remplissent au 1er rayon de soleil, des bars à vins qui sortent les tonneaux : la nuit bordelaise est en perpétuelle mutation, à l'image de la vie diurne elle-même. Quelques repères : la ***place de la Victoire*** reste le point de ralliement des étudiants et des jeunes noctambules au budget réduit. ***Saint-Pierre*** est le quartier idéal pour les amateurs de bars à vins et de lieux neufs. Déplacez-vous aussi vers le ***quartier des Chartrons*** et poussez jusqu'aux ***bassins à flot,*** en suivant la Garonne, pour profiter des terrasses animées et des lieux dans l'air du temps, avant de passer le pont et découvrir, ***rive droite,*** des lieux décalés, dans la mouvance actuelle (Darwin et le *Magasin Général*). Le quartier du quai de Paludate continue bien sûr à drainer du monde après 2h, mais on ne vous recommande pas forcément d'y passer la soirée. Seul *Le Comptoir du Jazz,* une vraie bonne adresse, sort du lot. Vous remarquerez que les boîtes de nuit sont rares à Bordeaux, et celles que l'on peut recommander encore plus rares. En revanche, les salles de concert ou petits bars faisant jouer des groupes sur scène prolifèrent.

Du quai de Paludate à la place de la Victoire

La Tencha *(plan centre détachable, E4,* ***174****) : 22, quai de la Monnaie.* ☎ *09-51-77-86-69. • latenchabordeaux@gmail.com • Ouv tlj sauf dim-lun 17h-1h30.* Un super bar à cocktails qui met le feu ! En plus des délicieux *mojitos,* de la convivialité de l'*happy hour,* la fête bat son plein en permanence : babyfoot, dancing surchauffé, soirées karaoké, DJ... Vous n'êtes pas couché, on vous prévient !

Le Point Rouge *(plan centre détachable, E5,* ***175****) : 1, quai de Paludate (à côté de la station Total).* ☎ *05-56-94-94-40. • contact@pointrouge-bdx.com • Ouv lun-sam 18h-2h. Fermé dim.* Dans un secteur un peu excentré et sans relief, difficile de soupçonner ce superbe lieu contemporain aux volumes imposants, et à la lumière tamisée. Côté décor, on en prend plein la vue ! Super cocktails et large choix de spiritueux qui comblera les palais les plus exigeants. Pour améliorer la dégustation, belle carte de tapas à partager. Soirées thématiques et sessions de DJ. Une excellente adresse !

Café Pompier *(plan centre détachable, E5,* ***183****) : 7, pl. Renaudel.* ☎ *05-56-91-65-28. • cafepompier@gmail.com • Lun-ven 9h-19h (plus tard les soirs de concert, env 2 fois/mois). Fermé pdt vac scol.* Ce bar associatif étudiant installé dans une ancienne caserne est la cafétéria de l'école des beaux-arts de Bordeaux. Le soir, le programme est hétéroclite : concerts, karaoké, présentation d'artistes, conférences. Petite restauration et consos à prix plancher. Déco sommaire, y compris côté terrasse intérieure, mais un lieu bien vivant.

Le Lucifer *(plan centre détachable, C5,* ***171****) : 35, rue de Pessac. ☎ 05-56-99-09-02. • leluciferbordeaux@hotmail.fr • Tlj 18h-2h.* Pour vous planter le décor, 250 bières en bouteille et une vingtaine à la pression. L'essentiel de la carte (y compris les petits plats du chef) vient de Belgique et des îles Britanniques, mais aussi du Québec et d'Allemagne. Très animé en fin de semaine, *Le Lucifer* réunit étudiants et habitués, du chic au grunge, notamment pour ses concerts rock qui dépotent.

Café Auguste *(plan centre détachable, D5,* ***173****) : 3, pl. de la Victoire. ☎ 05-56-91-77-32. Lun-sam 8h-2h, dim 10h-minuit.* Existe depuis près de 1 siècle. On vient boire un verre dans le cadre d'anciens bains-douches dont les miroirs et la verrière sont classés. Vaste terrasse. Accueil variable selon l'affluence. Une institution.

Dans les quartiers Hôtel de ville, Saint-Pierre

La Ccomtesse *(zoom détachable, D4,* ***180****) : 25, rue du Parlement-Saint-Pierre. ☎ 05-56-51-03-07. Tlj 18h-2h.* Un petit lieu à l'atmosphère décontractée que cette *Ccomtesse* (avec 2 « c », s'il vous plaît : en fait, la typographie est celle de la rubrique de contrepèteries *L'Album de la Ccomtesse* du *Canard enchaîné,* où les 2 « c » forment une paire de fesses). La déco, rétro-bohème, mélange allègrement styles et époques dans un joyeux esprit brocante, entre lustres et cheminée. Beaucoup d'habitués de tous bords qui se sentent naturellement bien dans les canapés et fauteuils dépareillés, impeccables pour siroter un bon cocktail. Terrasse.

Café du ciné indépendant Utopia *(zoom détachable, D4,* ***182****) : 5, pl. Camille-Jullian. ☎ 05-56-79-39-25. Tlj 10h-1h.* Avant ou après un bon film, on peut y boire un café, chaud ou frappé, un milk-shake, un thé, un jus de fruits bio, une bière ou un verre de vin. Belle salle dans le hall du cinéma, installé dans une très ancienne église, et grande terrasse. Accueil inégal en revanche.

La Night Beach *(zoom détachable, D3,* ***172****) : 2-5, pl. de la Comédie. ☎ 05-57-30-43-68. • restaurants.bordeaux@ihg.com • Tlj à partir de 18h. Cocktail env 18 €.* Face au Grand Théâtre, *Le Grand Hôtel* est certainement le plus prestigieux de la ville. Si les chambres ou la cuisine de Gordon Ramsay ne sont pas dans le budget de tout le monde, on peut quand même s'offrir un verre sur le superbe *rooftop.* Il n'y a pas à tortiller, la vue panoramique sur Bordeaux est exceptionnelle (ex æquo avec le *Mama Shelter*). Mais le cadre se paie au prix fort ! Terrasse en bois, plantes vertes et recoins pour roucouler en sirotant un cocktail. À essayer une fois pour le plaisir des yeux.

Calle Ocho *(zoom détachable, D4,* ***184****) : 24, rue des Piliers-de-Tutelle. ☎ 05-56-81-89-99. Tlj sauf dim 17h-2h.* Branché Cuba et latino à fond, un bar de soirée et de nuit rythmé par la salsa, le mambo et la samba, où les serveurs travaillent en dansant, « shakant » frénétiquement les cocktails, tandis que, partout, jolies filles et beaux garçons boivent du rhum ou ce qu'on voudra, causent et dansent sur fond de vieilles affiches et graffitis.

L'Apollo *(plan centre détachable, D4,* ***185****) : 19, pl. Fernand-Lafargue. ☎ 05-56-01-25-05. Lun-sam 11h30-1h30. Digestif offert sur présentation de ce guide.* Ce vaste bar patiné par les nuits est un classique du quartier, souvent très animé, voire carrément bondé en fin de semaine. Explication : bonne ambiance, bonne musique, consos à prix sages. Vous pourrez juger de l'affluence avant d'entrer grâce aux larges baies vitrées. Billard, écran géant pour la retransmission des matchs (surtout de rugby). Concerts à l'occasion.

Ambrosia *(zoom détachable, D4,* ***164****) : 32, rue du Chai-des-Farines. ☎ 05-56-01-26-53. Mar-sam 17h-2h (minuit mar) ; dim 12h-16h. Formule*

22 €. Bien situé à 2 pas de la porte Cailhau, ce petit bar relax dispose de quelques tables en terrasse et d'une salle rétro très conviviale, pour siroter dans la bonne humeur une bière bio, un verre de vin ou un spiritueux français, en picorant pâtés, houmous et autres gâteries salées. Impeccable pour l'apéro.

Le Connemara *(plan centre détachable, C4, **177**) : 14-18, cours d'Albret. ☎ 05-56-52-82-57. • the.connemara@gmail.com • connemara-pub.com • À l'ouest du quartier Saint-Pierre. Lun-sam 12h (17h lun)-2h.* Un pub incontournable de la vie nocturne bordelaise, surtout les soirs de manifestations sportives. Pas mal de concerts aussi, ou encore des quiz et des karaokés. Billard, fléchettes, resto et terrasse : rien ne manque donc. Accents *Scottish, Welsh, Irish*... et bordelais (ici, on n'est pas sectaire !) se noient dans le joyeux brouhaha mâtiné d'effluves maltés. Cuisine traditionnelle irlandaise pour éponger. Assurément, on reviendra.

Dick Turpin's *(zoom détachable, D4, **188**) : 72, rue du Loup. 06-79-26-87-61. Tlj 16h-2h (18h-minuit dim).* Un petit pub intime au charme suranné avec ses murs qui mêlent bois et pierre. On y revient volontiers, d'autant qu'il propose du cidre et de la *Guinness draught*, et dispose d'une terrasse de poche face au bel hôtel de Ragueneau avec sa glycine immémoriale (classée !).

Grand Bar Castan *(zoom détachable, D4, **187**) : 2, quai de la Douane. ☎ 05-56-44-51-97. Tlj 9h-2h.* Allez découvrir cette institution pour sa belle marquise et sa salle Art nouveau en rocaille, classées et restaurées dans leur état de 1890. Une vraie curiosité. Évidemment, on paie le cadre. Grande terrasse.

The Frog and Rosbif *(zoom détachable, D4, **194**) : 23, rue Ausone. ☎ 05-56-48-55-85. • frogpubs.com • Tlj 17h-1h (2h ven-sam).* Un vaste pub installé dans un bel immeuble XVIIe s qui fut jadis une prison pour femmes. Ils brassent 6 bières sur place (blonde, ambrée, rousse, blanche et stout). Un endroit très prisé, notamment pour les retransmissions d'événements sportifs sur écran géant, avec priorité au rugby et au foot.

Au Nouveau Monde *(plan centre détachable, D4, **178**) : 2, rue des Boucheries. ☎ 09-81-18-00-54. Mar-sam 12h-minuit (1h ven-sam).* Happy hours *18h-20h. Apéritif maison offert sur présentation de ce guide.* Cette micro-brasserie artisanale est une enclave québécoise à Bordeaux. Dans un décor de bois, on étanche sa soif avec l'une des 10 bières pression, brassées sous vos pieds. Le plus typique, c'est de les accompagner d'une poutine, le fameux plat national québécois (frites et fromage en grains recouverts de sauce brune... certes, on a connu plus light). Il y a même une version bordelaise, au vin rouge !

Dans le quartier des Chartrons

Les Chartrons, fief historique des Britanniques à Bordeaux il y a pourtant des siècles, comptent encore quelques pubs... mais les bars à vins gagnent du terrain !

Cambridge Arms Pub *(plan détachable, D3, **197**) : 27, rue Rode (pl. du Marché-des-Chartrons). ☎ 05-56-51-19-22. Tlj 10h30-2h.* Dans ce pub avec sa ribambelle de drapeaux au plafond, des serveurs servent la bière et le cidre comme d'autres servent la messe : avec sérieux. On peut aussi prendre un *English breakfast* ou dîner pour pas cher dans ce lieu animé et pourtant cosy, les *fish and chips* concurrençant les burgers. Terrasse sur la place.

The Golden Apple *(plan détachable, D2-3, **198**) : 46, rue Borie. ☎ 05-56-79-03-85. À l'angle de la rue Pomme-d'Or. Tlj sauf dim-lun 11h30-15h, 18h-1h30 (seulement le soir sam).* L'accueil est excellent, comme les bières, parmi lesquelles on trouve quelques spécialités atypiques. Les écrans TV les soirs de match attirent pas mal de monde.

À Bacalan

I.Boat *(plan détachable, E1, **201**) : quai Armand-Lalande, bassin à flot n° 1. ☎ 05-56-10-48-35. • iboat.*

LA GIRONDE

eu • *Ouv lun-sam, midi et soir.* Ce ferry qui dans sa jeunesse effectuait la traversée île d'Yeu-continent, amarré au bassin à flot, propose une programmation très éclectique (pop-rock, techno, house, jazz...). Il y en a pour tous les goûts ! Dans la cale, une partie club et salle de concert où se succèdent artistes électro locaux et internationaux et, sur le pont supérieur, salle d'expo et terrasse avec vue sur la Garonne, resto, bar à cocktails. En complément, sur le quai, vaste espace balnéaire et festif, avec terrasse sur différents niveaux et plein de recoins pour *chiller,* écouter de la musique et profiter des séances de cinéma en plein air. Un lieu multiple et original où la clientèle est aussi variée que la programmation.

La Dame *(plan détachable, E1,* ***202****) : bassin à flot n° 1, quai Armand-Lalande. ☎ 05-57-10-20-50.* • *contact@ladamebordeaux.com* • *Ouv le midi lun-ven, le soir mer-sam. Boîte les ven-sam à partir de minuit.* La Dame se veut élégante et elle l'est, cette belle péniche amarrée sur le bassin à flot. La jeunesse dorée affectionne l'endroit, qui fait resto-bar-boîte. Inutile de s'y rendre trop tôt, à moins de vouloir y dîner.

Rive droite

Tout est en train de changer très vite sur cette rive qui s'ouvre aux promeneurs et aux fêtards. En dehors du ***Magasin Général*** (voir « Où manger ? » plus haut), voici, juste en face, le retour d'une institution chère au cœur des Bordelais.

Guinguette Chez Alriq *(plan détachable, E3,* ***137****) : Z.A., quai des Queyries. ☎ 05-56-86-58-49.* • *laguinguettechezalriq.com* • *Traverser le pont de Pierre, puis, en tournant 2 fois à droite, prendre la voie sur berge pour descendre le quai des Queyries. Ouv mai-sept, mer-dim 19h-2h (seulement jeu-dim en demi-saison). Congés : oct-avr. Carte env 20-25 €.* Accueil très, très cool, concerts et animations à foison (consulter le site). Un bâtiment rénové et un grand jardin « déstructuré » et ombragé, agrémenté de loupiotes colorées, qui s'étend jusqu'au fleuve. Plats sans frontières, du bœuf thaï au mafé, en passant par la pizza, et également bar à tapas. Ambiance joyeuse et populaire : on s'y sent bien, inévitablement !

Où boire un verre en assistant à un concert ?

La scène musicale est particulièrement vivante, et il y en a pour tous les goûts : rock, jazz, électro, hip-hop, blues, flamenco, chanson... Bordeaux compte des lieux de concert sympa, originaux, à la programmation pointue, où chacun trouvera son compte. Pour connaître la programmation des concerts, consulter le site • *clubsetconcerts.com* •

Du quai de Paludate à la place de la Victoire

Rock School Barbey *(plan détachable, D6,* ***209****) : 18, cours Barbey. ☎ 05-56-33-66-03.* • *rockschoolbarbey.com* • Du rock et encore du rock, mais aussi toutes les musiques actuelles (hip-hop, ska...), avec des concerts très réguliers de septembre à juin. Une salle de 700 places debout (plus quelques gradins) pour les têtes d'affiche. Il y a aussi parfois de petits concerts dans le club, plus intime.

Dans le quartier Saint-Pierre

Le Fiacre *(plan centre détachable, D4,* ***200****) : 42, rue de Cheverus. ☎ 09-51-53-12-77. Lun-sam 7h30-2h. Happy hours 17h-20h30.* C'est l'un des plus vieux bars de Bordeaux, en partie classé Monument historique, et depuis longtemps déjà voué au rock. Concerts réguliers, en principe les vendredi et samedi. En général, ça cogne (garage, punk...), mais la chanson ou les *sixties* y ont aussi leur place. Ambiance rock donc et, pour s'hydrater, une dizaine de bières à la pression. Terrasse de poche.

Achats

Confiseries, friandises, chocolats

Pâtisserie Baillardran *(plan centre détachable, D3,* ***315****) : 55, cours de l'Intendance. ☎ 05-56-52-92-64. Tlj 8h-20h (19h30 dim et j. fériés).* On trouve aussi d'autres points de vente dans le centre-ville ainsi qu'à la gare et à l'aéroport. Le spécialiste du cannelé, ce délicieux petit gâteau bordelais au cœur moelleux et à la robe caramélisée. Propose aussi des macarons et des nougatines. Le prix dissuade malheureusement d'en abuser.

La Toque Cuivrée *(plan centre détachable, C3-4,* ***301****) : 41, pl. Gambetta. ☎ 05-57-83-61-67. Tlj 8h-20h.* Craquants à l'extérieur, moelleux à l'intérieur, on fond pour les cannelés de cette enseigne vendus dans 3 tailles différentes. 2 autres boutiques : *124, cours de Verdun (Chartrons) et 82, rue Sainte-Catherine.*

Les Dunes Blanches de Pascal *(plan centre détachable, C-D4,* ***303****) : 7, rue de la Vieille-Tour. ☎ 09-83-97-78-78. Tlj 10h (9h le w-e)-19h30 (13h dim).* Pour changer des cannelés, essayez donc la dune blanche. Cette petite gourmandise a fait fureur dans le bassin d'Arcachon avant d'essaimer à Bordeaux. Au départ, c'est une chouquette, que le fameux Pascal a eu l'idée de garnir d'une crème fouettée ultra-légère de sa composition. C'est aérien et délicieux. D'ailleurs, on se les arrache.

Cadiot-Badie *(plan centre détachable, D3,* ***305****) : 26, allées de Tourny. ☎ 05-56-44-24-22. Tlj sauf dim 9h30-19h.* Cette chocolaterie artisanale fondée en 1826 fabrique de succulents chocolats, vendus dans une boutique à l'ancienne qui mérite une petite visite. Incontournable pour les accros, vente sous les formes les plus séduisantes : macarons, cannelés au chocolat, palets...

Produits du terroir, boutiques spécialisées

Gastronomie des Pyrénées *(plan détachable, D3,* ***300****) : 12, cours Portal. ☎ 05-56-52-87-59. Lun-sam 8h30-13h30, 15h-19h30 (en continu ven-sam).* Lionel Cuvier cultive avec passion son antre où foisonnent les bons produits régionaux sélectionnés directement chez les producteurs. Superbe rayon charcuterie du Pays basque et des Pyrénées en général, également de la viande (bœuf charolais, agneau du Pays basque). Quelques bons vins du Sud-Ouest, dont on ne s'éloigne pas, sauf pour le caviar, puisque la boutique revend les produits Petrossian. Compte tenu de la qualité, les prix restent raisonnables. Très bon accueil.

Vins

S'il est possible de déguster des vins à la propriété dans tout le vignoble bordelais, on trouve aussi des adresses spécialisées dans la dégustation en centre-ville. Mais rien ne vaut, selon nous, les découvertes que vous pourrez faire dans l'un des bars à vins dont on vous a parlé précédemment, qui ont pour la plupart une boutique. Voilà sinon une référence incontournable et quelques adresses :

Cousin et Compagnie *(zoom détachable, D4,* ***308****) : 2, rue du Pas-Saint-Georges (pl. du Parlement). ☎ 05-56-01-20-23. Tlj 10h-20h.* Une jolie boutique qui organise des dégustations de vins de Bordeaux. À l'achat, des vins de l'Hexagone et d'ailleurs, en biodynamie pour la plupart. Bon accueil.

L'Intendant *(zoom détachable, D3,* ***310****) : 2, allées de Tourny. ☎ 05-56-48-01-29. Lun-sam 10h-19h30.* Une autre boutique exclusivement consacrée aux vins de Bordeaux. Dans les hauteurs de la tour hélicoïdale contemporaine de 4 étages se cachent des vins de rêve, à des prix vertigineux, mais aussi une sélection de châteaux très accessibles.

Bordeaux Magnum *(zoom détachable, D3,* ***311****) : 3, rue Gobineau. ☎ 05-56-52-12-86. Mar-sam 10h-13h, 14h30-19h30 (en continu sam).* Une boutique spacieuse et classieuse proposant, comme son nom l'indique, un bon choix de magnums en plus d'une large sélection de bouteilles classiques. Vins étrangers et de toutes les régions françaises, cognacs, armagnacs, champagnes, apéritifs bordelais et accessoires (tire-bouchons, verres, carafes...). Animations régulières.

La Vinothèque *(zoom détachable, D3,* ***312****) : 8, cours du 30-Juillet. ☎ 05-56-52-32-05. Lun-sam 10h30-19h30.* Bon choix de bordeaux et vins d'autres régions, démarrant à des prix serrés. Tous les vins sont dégustés et suivis année après année. De bons spécialistes. Accessoires.

À voir

De nombreuses visites sont organisées. Certaines sont gratuites, d'autres pas. En général, réductions enfants, étudiants et détenteurs d'un *CityPass* (voir plus haut « Adresses et infos utiles »). Pour les familles, plusieurs parcours de rallyes pédestres. Se renseigner à l'office de tourisme.
Hormis la porte Cailhau, la Grosse Cloche et quelques tracés de rues, Bordeaux possède peu de vestiges de sa période médiévale. Ce sont plutôt les XVIIIe et XIXe s qui ont architecturalement marqué la ville, avec plusieurs centaines de superbes édifices que l'on peut encore admirer.
– Le 1er dimanche du mois, le centre-ville de Bordeaux est fermé à la circulation de 9h à 18h (ou 19h selon la période). À pied ou à vélo, profitez-en sans modération !

Vers Gambetta, Tourny, les Quinconces

L'esplanade des Quinconces *(plan centre détachable, D3)* **:** la plus grande place de France et 2e plus grande d'Europe avec ses 126 000 m², soit 12 ha, doit son existence au démantèlement, sous la Restauration, du château Trompette, forteresse édifiée pour surveiller la ville et les velléités de rébellion des habitants. Cette gigantesque place tient son nom des arbres qui y sont plantés en quinconce ! Elle est fermée côté quai par 2 colonnes rostrales (ornées d'éperons de navires), à la gloire de la navigation et du commerce, et de l'autre côté par le célèbre monument aux Girondins et ses fontaines. Au bord de l'esplanade, statues de Montaigne et de Montesquieu, respectivement maire de la ville et membre du parlement de Bordeaux. Quant aux *épaves* qui émergent sur la Garonne à marée basse au niveau des Quinconces, elles datent de la 2de Guerre mondiale, quand les Allemands ont, en août 1944, sabordé quelque 200 navires entre la ville et l'estuaire pour empêcher les Alliés de reprendre le port.
– ***Le monument aux Girondins et à la République*** **:** fontaine édifiée à la fin du XIXe s, chef-d'œuvre du style pompier. Une façon de rendre gloire à ces enfants de la Révolution battus par les Montagnards et de prouver l'attachement de la ville à la République. Au sommet d'une colonne de 43 m, un génie de la Liberté brise d'une main ses chaînes et tient de l'autre les palmes de la Liberté. Au pied de la colonne, 2 ensembles de chevaux en bronze symbolisent le triomphe de la République et celui de la Concorde.
Des 4 chevaux de la République, 2 ont les pieds palmés et traversent les épreuves. La femme symbolise la République et à gauche, le sceptre, la Royauté. Sous la République, un forgeron (le Travail) tend la main à la Justice. Le lion évoque la force

UN VIEUX CHEVAL DE RETOUR

Les chevaux du monument aux Girondins et à la République qui avaient été déboulonnés par l'occupant pendant la dernière guerre disparurent. Quand on les retrouva, l'argent manquait pour les ramener à la fontaine. Pourtant, comme par un miraculeux hasard politique, les chevaux ressortirent et furent remis en place juste avant les élections municipales de 1983. Merci mon Dieu, et surtout Chaban !

publique (la Police). Autour, un groupe d'enfants rappelle l'École laïque tandis qu'un autre groupe d'enfants symbolise le Service militaire obligatoire. Dans l'eau, 3 hommes : celui au masque représente le Mensonge ; un autre, avec ses oreilles de cochon, incarne le Stupre et la Luxure ; et le dernier, placé dans une attitude honteuse, personnifie l'Ignorance. Les 3 vices sont fort bien ciselés. Le sculpteur devait se sentir plus près de son sujet. En contournant la colonne, 3 femmes : l'une d'elles représente Bordeaux, assise sur la corne d'abondance, avec de chaque côté 2 autres femmes évoquant la Garonne et la Dordogne. Plus loin, le triomphe de la Concorde : 2 hommes, l'un des champs, l'autre des villes, fraternisent. Dans le genre pompier, il faut bien avouer que cette fontaine est une réussite.

Les allées de Tourny *(plan centre détachable, D3)* **:** l'intendant Tourny avait pour objectif de faire passer la ville du Moyen Âge au nouvel urbanisme du XVIIIe s. Il ouvrit en 1745 de larges allées plantées de tilleuls et fit élever un ensemble de maisons uniformes, avec un rez-de-chaussée et un étage coiffé d'un comble à l'italienne. On y trouve l'hôtel Meyer (fin du XVIIIe s), avec son porche et ses colonnes doriques. Au XIXe s, on venait pour y voir, pour s'y montrer également, on y parlait affaires, mariage aussi – le lieu de la comédie sociale, en quelque sorte... Aujourd'hui, avec le cours Georges-Clemenceau et le cours de l'Intendance, les allées de Tourny délimitent le « triangle d'or » de Bordeaux, avec en son centre la commerçante galerie des Grands Hommes. Résolument chic, donc, avec ses brasseries huppées, ses cavistes bien installés et son magnifique ***carrousel*** face à la place de la Comédie.

L'église Notre-Dame *(plan centre détachable, D3)* **:** belle façade baroque de style jésuite, assez chargée, inspirée de l'église du Gesù à Rome. La jolie pierre blonde finement ciselée se pare ici de tous ses charmes. À l'intérieur, chaque chapelle est décorée de tableaux du XVIIIe s, peints par un frère dominicain. Chaire et buffet d'orgue également œuvres d'un dominicain. Maître-autel de marbre sculpté.

Le cours de l'Intendance *(plan centre détachable, D3-4)* **:** une des voies les plus importantes de la ville, piétonne depuis que le tramway y passe. L'axe élégant où s'étalent les commerces de luxe, s'opposant à la rue Sainte-Catherine, plus populaire. Piéton et dévolu au tram, son aspect « minéral » l'empêche d'être vraiment attirant, malgré la sculpture monumentale « Sanna » de Jaume Plensa, dressée à l'entrée, qui ne survivra qu'avec l'appui financier des Bordelais, puisque cette statue est toujours en souscription.
En descendant le cours, si on lève un peu la tête, on aperçoit de beaux ensembles architecturaux, notamment au no 4, l'hôtel Pichon, datant du XVIIe s et transformé au XIXe s, et au no 5, l'hôtel Acquart, richement décoré, de la fin du XVIIIe s. Voir également, au no 19, le passage Sarget, qui date de 1878.

Le Grand Théâtre de Bordeaux *(zoom détachable, D3)* **:** *pl. de la Comédie. • opera-bordeaux.com/visite-grand-theatre • Visites guidées possibles tte l'année, dates et résa sur • visiter-bordeaux.com •*
Réalisé par Victor Louis sur ordre du gouverneur de Guyenne, le libertin maréchal-duc de Richelieu, à la fin du XVIIIe s, et considéré comme le chef-d'œuvre de l'architecte parisien. C'est en tout cas un édifice emblématique de la ville. Les symboles maçonniques abondent (orientation du bâtiment, omniprésence du nombre d'or, motifs de rosaces...). Le long péristyle de la façade, inspiré de l'Antiquité, est supporté par 12 colonnes corinthiennes surmontées par les statues

ET MERDE !

Cette expression bizarre se dit toujours, chez les comédiens, pour souhaiter bonne chance. Autrefois, les spectateurs venaient en calèche. La quantité de crottin devant le théâtre était évidemment proportionnelle à l'affluence. Donc, un signe de succès ou non pour le spectacle.

représentant les 9 muses (Clio, Terpsichore, Érato, Uranie...), ainsi que des déesses Junon, Vénus et Minerve. Galeries latérales à arcades entourées de pilastres. On ne peut qu'admirer le vestibule, orné de colonnes doriques, le beau plafond à caissons et l'escalier monumental que Garnier reprendra pour son opéra de Paris. Sur le plafond de la salle, une scène représentant des esclaves sur le port témoigne du passé négrier de la ville. Pour la petite histoire, c'est d'ici que Victor Hugo lança l'idée d'États unis d'Europe lorsque le théâtre fut utilisé comme assemblée en 1871. Aujourd'hui, le chef très médiatisé Philippe Etchebest y a installé son restaurant ***Le Quatrième Mur,*** qui comprend en réalité 2 entités distinctes. Une brasserie de haute volée *(formules déj en sem 29-35 € ; menu 52 €),* et la très gastronomique table d'hôtes *(menu dégustation 170 €).*

En descendant le ***cours du Chapeau-Rouge*** *(zoom détachable, D3),* qui doit son nom à une hostellerie, probablement fréquentée au XVe s par un cardinal de la même couleur, on découvre une série de beaux hôtels du XVIe au XVIIIe s. On aboutit ainsi sur les quais de la Garonne. En les longeant sur la droite, on rejoint la place de la Bourse.

Balade dans les quartiers Saint-Pierre, Hôtel de ville, Saint-Michel *(plan centre et zoom détachables, C-D4)*

Le quartier Saint-Pierre *(zoom détachable, D4)* **:** *entre la pl. de la Bourse et celle du Palais, et délimité à l'ouest par la rue Sainte-Catherine.* Boucher et Tourny, les intendants du roi, rasèrent l'ancienne muraille médiévale et aménagèrent tout le secteur. Un beau parcours où se succèdent les façades à balcons en fer forgé, les mascarons au-dessus des portes... Le quartier Saint-Pierre correspond au vieux Bordeaux : vivant et parmi les quartiers les plus chargés d'histoire. De la Gaule romaine au haut Moyen Âge, il a été le cœur de la cité, ceint de remparts, débouché du 1er port de Bordeaux. Les ducs d'Aquitaine y installèrent le siège de leur pouvoir, à l'emplacement de l'actuelle place du Palais-de-l'Ombrière. Des maisons bâties aux XVe et XVIe s sont encore visibles, ainsi que d'innombrables hôtels particuliers, témoignages de la prospérité bordelaise des XVIIe et XVIIIe s.

La place de la Bourse *(plan centre et zoom détachables, D3-4)* **:** la plus belle de Bordeaux par la cohérence de son architecture, de jour comme de nuit, d'ailleurs (sa mise en lumière est une réussite). La place pavée fut édifiée au milieu du XVIIIe s par l'architecte Gabriel et dédiée à Louis XV. Elle abritait la douane (aujourd'hui le musée du même nom, voir plus loin) et la bourse maritime, quand le port était le 1er de France et le 2e d'Europe. À l'époque, la place était fermée par des grilles. Elle formait un balcon sur la Garonne, d'où l'on pouvait apercevoir la forêt de mâts de 250 navires qui mouillaient dans le fleuve et qui assuraient, entre autres, le commerce

LE MIROIR DE BORDEAUX

Achevé en 2006, le miroir d'eau signé par l'architecte Michel Courajoud et le fontainier Jean-Max Llorca est, avec ses 3 450 m², le plus grand au monde. Cette étendue de granit, recouverte d'une fine pellicule d'eau, était surtout conçue pour refléter, en bordure de Garonne, les immeubles de la place de la Bourse en vis-à-vis. Le lieu est envahi par les visiteurs, en particulier les enfants, qui viennent s'y rafraîchir ou jouer dans le nuage de brouillard généré toutes les 30 mn par les 900 injecteurs intégrés dans la dalle. Du coup, l'endroit est animé à tout moment du jour et de la nuit. Une œuvre d'art vivante !

triangulaire : de Bordeaux partaient des lots de verroterie vers l'Afrique, qu'on échangeait contre des esclaves, qui étaient eux-mêmes livrés aux Antilles contre café, coton et cacao. Ces produits étaient rapportés à Bordeaux, puis réexportés vers les pays du Nord par l'entremise des Chartrons.
Ainsi l'ensemble de la place se caractérise par un style classique français d'une grande pureté. Rez-de-chaussée à arcades, clé de voûte à mascarons, petites fenêtres surmontées d'agrafes, toit à balustrades et combles brisés recouverts d'ardoises. Au centre, un pavillon surmonté d'un lanterneau de surveillance du trafic du fleuve. Aux angles, on devine encore les anciens noms de rue gravés dans la pierre : d'abord Royale, puis de la Liberté (pendant la Révolution) et enfin Ferdinand-Philippart.

Le musée national des Douanes *(plan centre et zoom détachables, D4) : 1, pl. de la Bourse. ☎ 09-70-27-57-66. • musee-douanes.fr • Tlj sauf lun 10h-18h. Tarif : 4 € ; réduc ; gratuit moins de 18 ans ; entrée incluse dans le CityPass, et gratuite pour ts le 1er dim du mois et le 14 juil. Fermé 1er janv et 25 déc. Audioguide 2 €. Dépliant-jeu gratuit pour les enfants.*
Situé dans l'hôtel de la Douane (XVIIIe s), le musée retrace de manière vivante l'histoire des douanes, et l'illustre à travers différents aspects du métier de gabelou. Documents, maquettes, gravures, uniformes, objets insolites plongent le visiteur dans un passé interlope plus ou moins éloigné, et les ramènent aux problématiques actuelles liées aux missions des douaniers aujourd'hui. Un parcours qui intéressera aussi les enfants, grâce à une scénographie aérée, l'amusante sonorisation d'une balance, des représentations de Mandrin, grande figure de la contrebande armée au XVIIIe s. Cartes très parlantes des gabelles, et gravures d'époque évoquant les « barrières » où étaient perçus les droits. La maquette d'un navire négrier évoque la traite des Noirs et le commerce colonial avec Saint-Domingue, qui vaudra à Bordeaux une partie de sa prospérité, impôts, droits et taxes compris...
Mais il y a aussi de délicieuses caricatures (toujours à l'avantage des passeurs et autres contrebandiers). Les instruments de sonde et de mesure exposés dans les vitrines sont d'une complexité et d'un raffinement seulement égalés par l'ingéniosité des fraudeurs de toutes sortes à enfreindre la loi. Vous découvrirez aussi pourquoi toute une partie de notre littoral a hérité de « sentiers des douaniers », que Claude Monet ne fut pas le dernier à illustrer : voyez son tableau. On trouve pas mal de matériel relatif à l'équipement personnel du douanier : son lit d'embuscade, une trousse de 1ers secours aux naufragés...

Bordeaux Patrimoine Mondial *(zoom détachable, D4) : 2-8, pl. de la Bourse. ☎ 05-56-48-04-24. Tlj 9h-13h, 14h-18h30 (dim 9h30-13h, 14h-17h). GRATUIT.*
Le CIAP, Centre d'interprétation d'architecture et du patrimoine bordelais, est installé au rez-de-chaussée d'un hôtel particulier du XVIIIe s. Un lieu qui parle de manière vivante (vidéos, maquettes) de la ville, de son passé, mais aussi de ses transformations et de ses projets de développement urbain.

Quitter la ***place de la Bourse*** après avoir salué les *Trois Grâces.* Une œuvre qui a remplacé au milieu du XIXe s la statue équestre en bronze du Bien-Aimé (en tout cas, de force duchesses, comtesses et soubrettes...), due à Lemoyne, qui ornait le centre de la place et fut transformée en canon à la Révolution. Par la rue Fernand-Philippart (ancienne rue Royale) aux belles demeures XVIIIe s (au no 16, magnifique balcon en fer forgé), on accède à la ***place du Parlement,*** ancienne place du Marché-Royal, due à l'intendant de Tourny et dotée au XIXe s d'une fontaine néo-XVIIIe s. Animation garantie et agréables terrasses de restos sur cette place piétonne. Revenir sur ses pas et emprunter la ***rue du Parlement-Saint-Pierre*** (en jetant un œil dans les étroites rues perpendiculaires des Capérans, Mérignac et des Faussets). Au no 14, maison fin XVIe s dotée d'un escalier à vis. On arrive ***place Saint-Pierre,*** charmante tôt le matin, plus animée dans la journée.

La place et l'église Saint-Pierre *(zoom détachable, D4)* **:** l'église, restaurée en 1999, possède un beau portail gothique flamboyant du XVe s et un clocher d'angle du XIXe s. L'intérieur présente de jolies voûtes du chœur et une pietà du XVIIe s.

En empruntant la ***rue de la Devise,*** à l'opposé de l'église, au no 12, petit arrêt devant l'hôtel de Sèze. Le plus célèbre membre de cette famille s'illustra dans la défense de Louis XVI. On sait ce qu'il en advint : son « client » eut la tête tranchée. En revenant sur vos pas, joli coup d'œil sur l'église. À droite de la place, entre la rue des Bahutiers et la rue des Argentiers, l'***îlot de la Tour-des-Gassies,*** qui abrite des restes du rempart gallo-romain du IIIe s.
En prenant la ***rue des Argentiers,*** ne manquez pas, au no 14, un bas-relief du XVIIIe s représentant Neptune enfant. On arrive ***place du Palais,*** qui doit son nom à la forteresse édifiée au XIe s. Lieu de résidence des ducs d'Aquitaine, puis du sénéchal, représentant du souverain anglais (un des aléas de la guerre de Cent Ans...), il abrita le siège du parlement, puis le tribunal et une prison, jusqu'à la Révolution. Démoli en 1800, il ne reste du bâtiment qu'une tour défensive, transformée en arc de triomphe en 1496, la ***porte Cailhau.*** Sur la place elle-même, hôtels particuliers du XVIIIe s (nos 2, 3, 21 et 26). Devenue entièrement piétonne, elle a laissé le champ libre à de nouvelles terrasses de cafés.

La porte Cailhau *(plan centre et zoom détachables, D4)* **:** *l'office de tourisme organise des visites libres sans résa (tlj 10h-13h, 14h-18h ; 5 €, réduc, gratuit moins de 12 ans).*
C'est l'une des 2 portes médiévales épargnées par Tourny. Elle fut bâtie à la gloire de Charles VIII, à la fin du XVe s, afin de célébrer la conquête du royaume de Naples. Arc de triomphe et ouvrage de défense, elle a un peu l'allure d'un mini-château fort avec ses fenêtres à meneaux, ses tourelles d'angle et son chemin de ronde. Elle servait d'entrée royale ainsi que de réception solennelle des altesses en visite à Bordeaux : François Ier, Charles Quint, Marie de Médicis sont passés sous la porte...

De l'une des salles, on peut voir le ***pont de Pierre,*** inauguré en 1822. Ce fut le 1er pont de la Garonne, qui allait permettre de rattacher la rive droite à la ville. Du pont, superbe vue sur la façade. La nuit, quand c'est éclairé, c'est encore plus beau...

À l'opposé de la porte, emprunter la ***rue du Palais-de-l'Ombrière,*** du nom du palais susmentionné, qui évoque une allée plantée... ombragée. À l'angle de la ***rue Corcelles*** et de la ***rue des Bahutiers,*** 2 maisons du XVIe s. Prendre la rue Corcelles, et, sur la gauche, la ***rue du Pas-Saint-Georges*** qui débouche sur la ***place Camille-Jullian,*** l'historien de Bordeaux (évoqué par un monument), avec ses cafés animés jusque tard le soir, et surtout l'ancienne église Saint-Siméon (du XVIe s), transformée (au XXe s) en garage, puis en cinéma, le bien nommé *Utopia* (voir précédemment).
– À droite de la porte Cailhau, continuons la balade dans le quartier des quais. Jetez un œil dans la ***rue Ausone,*** pour y admirer de beaux immeubles du XVIIIe s. Dans l'aristocratique ***rue de la Rousselle*** (nos 23-25) et à l'angle de l'impasse Fauré, vécut Michel de Montaigne, maire de Bordeaux de 1581 à 1585. Dans cette rue, plusieurs beaux édifices : il suffit de lever la tête.

La rue Sainte-Catherine *(plan centre et zoom détachables, D3-4)* **:** percée par Tourny, c'est aujourd'hui une rue piétonne de 1,2 km et l'une des plus commerçantes de France. Le samedi après-midi, c'est noir de monde. Au croisement de la rue Saint-Rémi démarre la ***galerie Bordelaise,*** de style pompéien, percée en 1832. Tout ce quartier possède un côté populaire qui tranche avec le Triangle – l'espace délimité par les allées de Tourny, le cours de l'Intendance et le cours Clemenceau –, véritable vitrine de la richesse bordelaise.

La place Saint-Michel *(plan centre détachable, D-E4)* **:** c'est la place la plus méditerranéenne de Bordeaux, qui a bénéficié de travaux d'embellissement. Elle est à la fois très vivante et tranquille. On y trouve encore plein de petits restos où vous pourrez tenter votre chance, en vous fiant à votre nez et aux habitués qui les fréquentent. Cette place possède des proportions et une configuration assez originales, que sa piétonisation rend plus évidentes encore. On peut y admirer quelques façades de toute beauté.
– On y trouve un marché au déballage : puces-brocante, tous les jours sauf samedi matin et lundi matin, où là ce sont des vêtements seulement. Le plus intéressant et le plus sympa est le ***marché aux puces*** du dimanche matin (toute l'année). Y aller entre 10h et 13h. Dans l'ensemble, les brocanteurs ne sont pas excessifs sur les prix, et on peut y dénicher des affaires après avoir marchandé. Ne pas hésiter à entrer dans le passage Saint-Michel (où, jadis, on faisait sécher... des bananes), où se succèdent, dans un joyeux bric-à-brac, de nombreuses boutiques de brocante.

La basilique Saint-Michel *(plan centre détachable, E4)* **:** ☎ 05-56-94-30-50. *Tlj 8h-12h, 13h-18h.*
Édifiée entre les XIVe et XVIe s, elle présente une grande unité architecturale, d'un style gothique flamboyant. Rétablie au XIXe s, la flèche de son clocher isolé domine la ville du haut de ses 114 m. L'église fut construite par les différentes corporations d'artisans qui la financèrent en partie. Plus tard, elle subit plusieurs remaniements. L'intérieur est composé de larges bas-côtés et d'une nef très élancée. Les ferronneries des chapelles latérales furent réalisées par les forgerons de la rue des Faures. Dans la chapelle Sainte-Catherine, patronne des mariniers qui peuplaient autrefois le quartier, statue de sainte... Ursule, datant du XVe s et abritant sous son manteau une foule de petits personnages. Belle tribune d'orgue du XVIIIe s. La chaire, d'acajou et de panneaux de marbre, a belle allure.
Dans la chapelle du Saint-Sépulcre, jolie *Mise au tombeau,* haut-relief en pierre de la fin du XVe s, et beau retable dans la chapelle Saint-Joseph. Mais ce qui frappe, c'est évidemment le fait que le clocher est séparé. Le sol est tellement meuble que son poids aurait pu provoquer l'écroulement de l'église. En tout cas, les Bordelais en sont très fiers, car c'est le plus haut monument du Sud-Ouest. Autrefois, une crypte abritait des corps naturellement momifiés, provenant d'un ancien charnier. Ces curieux pensionnaires furent décrits par Théophile Gautier et Victor Hugo. Quant à la flèche, elle est désormais fermée au public en raison d'une longue campagne de restauration. Il faudra patienter un peu avant de pouvoir profiter à nouveau de la vue stupéfiante sur la ville, le fleuve et la basilique elle-même, dont les détails architecturaux sont à portée de regard.

Le quartier Saint-Michel : c'est un quartier populaire et vivant où des générations d'immigrés sont venus vivre leur exil. Aux Espagnols et Portugais, qui restent nombreux dans le quartier, ont succédé Africains, Turcs, Maghrébins et Roumains. Dans les boutiques de la rue des Faures et du cours Victor-Hugo, on trouve des djellabas, des boubous, des fruits exotiques, des épices, des narguilés, bref, tout ou presque ce qu'on ne trouve pas ailleurs à Bordeaux. Mais le quartier est aussi devenu la terre d'élection des bobos. C'est d'ailleurs une des raisons de la hausse des loyers dans les immeubles rénovés ; en même temps, il reste une vraie disparité dans l'habitat et il reste encore beaucoup d'immeubles en mauvais état à Saint-Michel. Un cocktail que la piétonisation de son cœur va rendre encore plus explosif.
On trouve encore des traces d'architecture du passé intéressantes, comme la grande et belle maison à colombages du 2, rue Pilet, datant du Moyen Âge. Original aussi, le personnage qui porte le balcon d'un immeuble XIXe s de la rue Saint-François, près de l'angle de la rue du Mirail.
– Pour se diriger vers la Grosse Cloche, remonter cette rue. De l'autre côté du cours Victor-Hugo, nous entrons dans le quartier Saint-Éloi, l'un des plus vieux de la ville et qui a bien gardé son aspect médiéval.

La Grosse Cloche *(plan centre détachable, D4) : 45, rue Saint-James. Visites guidées tte l'année, dates et résa sur • visiter-bordeaux.com • (5 € ; réduc ; gratuit moins de 12 ans).* C'est l'étonnant et affectueux surnom de la **porte Saint-Éloi** (jouxtant l'église du même nom), et surtout le seul vestige de la 2e enceinte de la ville, construite en pleine période anglaise, au XIIIe s, et complétée aux XVe-XVIIIe s. D'ailleurs, on peut observer un lion et un léopard, symboles de la couronne anglaise. Joliment restaurée et mise en lumière, elle se visite dans le cadre des visites guidées proposées par l'office de tourisme. Elle servait jadis de beffroi à l'hôtel de ville. C'est elle qui apparaît sur le blason de la ville. De nouveau, on reconnaît cet aspect défensif avec son chemin de ronde, sa tour d'angle et sa grosse cloche, évidemment, qui annonçait les heures – mais aussi l'ouverture du banc des vendanges, les incendies, qui appelait aux armes... Au XIIe s, marchands et tenanciers s'organisèrent en seigneurie, la commune jurée. Les jurats-maires s'emparèrent du pouvoir, ce qui ne sera pas sans créer de nombreux problèmes avec le royaume. Pour mémoire : la grande révolte de 1548 contre la collecte royale de la gabelle, propagée à coups de tocsin. En représailles, en sus des exactions commises par les soudards, les cloches furent déposées... avant que la cloche actuelle, baptisée « Armande Louise », ne soit installée en 1775. Celle-ci sonne chaque 1er dimanche du mois à 11h.

Suite de la balade au cœur du Bordeaux des XVIIIe et XIXe s

Le musée d'Aquitaine *(plan centre détachable, D4) : 20, cours Pasteur. ☎ 05-56-01-51-00. • m.musee-aquitaine-bordeaux.fr • Tlj sauf lun et j. fériés 11h-18h (ouv 14 juil et 15 août). Entrée : 5 € ; tarif réduit 3 € ; gratuit moins de 18 ans, détenteurs du CityPass et pour ts le 1er dim du mois (sauf juil-août). Audioguide 2,50 €. 2 expos/an env et visites guidées.*
Très vaste, ce musée historique et ethnographique retrace la mémoire de Bordeaux et de sa région de la Préhistoire à nos jours. C'est à la fois didactique et ludique : un bel exploit. Il est vrai qu'on est là dans l'ancienne faculté des lettres et des sciences...
– Si vous n'avez pas une demi-journée à lui consacrer, commencez la visite au ***1er étage,*** dans les salles consacrées au ***XVIIIe s,*** au commerce atlantique et à l'esclavage. La présentation actuelle s'inscrit dans une politique de « juste mémoire », désireuse de ne rien occulter du passé, même les épisodes les plus douloureux. Très belle section concernant la navigation, avec des maquettes de bateaux spécialisés dans le vin, les épices, mais aussi la traite négrière (Bordeaux était le 2e port le plus important, derrière Nantes, à égalité avec La Rochelle...). Jetez un œil en passant sur le journal de bord du navire négrier *Le Patriote* (!). L'espace consacré à la Révolution française à Bordeaux et la chute des Girondins permet de faire le lien avec les ***salles XIXe s.*** Bénéficiant d'une muséographie enthousiasmante, elles dévoilent l'envers du décor de Bordeaux, porte océane entre 1789 et 1939. Vidéos, ambiances sonores, témoignages écrits et œuvres en 2 ou 3 dimensions font revivre l'époque des grands paquebots transatlantiques, des grandes migrations, des grandes expositions maritimes, universelles, coloniales et nationales. On découvre une ville en pleine expansion, on revit le temps des Clubs, des bals des corporations, des cafés-concerts mais aussi des grands bouleversements architecturaux et sociologiques qui annoncent les ambiguïtés du Bordeaux de l'entre-deux-guerres. Les guerres, justement, sont rapidement évoquées dans les ***salles sur le XXe s.*** Il faut dire que la ville s'en est plutôt bien tirée, hormis le triste épisode concernant Maurice Papon, le sinistre secrétaire général de la préfecture de Gironde. La ville reprend son souffle, puis se lance après-guerre dans les grands travaux, abondamment illustrés par des films projetés sur d'immenses panneaux courbes. 1968 laisse des traces (voir le buste d'Athéna aux yeux noircis par les étudiants), mais ne freine pas l'***essor***

de Bordeaux, galvanisée par le succès de ses vins. Un large espace leur est d'ailleurs consacré. L'historique du vignoble (depuis Aliénor d'Aquitaine), les techniques de vinification, les assemblages, les classements, et même les débouchés, il ne manque rien. Après le terroir, on s'intéresse au territoire, en insistant sur les spécificités de l'Aquitaine : le littoral, la forêt landaise... avec à chaque fois quelques exemples des principales activités humaines. Et c'est ici qu'on aborde ***le XXIe s*** et l'avenir, en mettant à l'honneur quelques secteurs très porteurs, comme l'agriculture ou l'aéronautique.

– Après ces sections passionnantes, on se surprend à parcourir sans doute un peu vite, au ***rez-de-chaussée,*** les nombreuses salles présentant pourtant de véritables trésors : les fouilles archéologiques préhistoriques (notable *Vénus de Laussel*), protohistoriques et gallo-romaines. Superbes *torque en or* (trésor de Tayac) et mosaïque d'une maison d'habitation « burdigalaise », objets usuels et décoratifs divers, dont d'émouvants instruments médicaux, spectaculaire Hercule de bronze trouvé... dans les égouts du quartier Saint-Pierre. Les sections Moyen Âge et Renaissance rassemblent de petites merveilles : chapiteaux sculptés, rosace de l'église des Grands-Carmes, et le cénotaphe de Montaigne récemment restauré... Le musée d'Aquitaine compte également dans ses collections le *fonds Goupil* consacré à l'image, aux techniques et à ses usages au XIXe s, et accessible aux étudiants et aux chercheurs.

Plutôt que de remonter directement vers la cathédrale, petit détour pour découvrir le quartier de l'hôtel de ville. Rejoindre le cours d'Alsace-Lorraine et remonter la rue Sainte-Catherine. On arrive ***place Saint-Projet.*** Croix du XVe s et fontaine du XVIIIe s, près du clocher de l'église désaffectée. Animation garantie par ailleurs. Rejoindre la ***rue du Loup,*** aux belles demeures des XVIIe et XVIIIe s. Au no 71, splendide hôtel Ragueneau (XVIIe s), siège des archives municipales. Prendre à droite la ***rue de Cheverus.*** À l'angle, balcon décoré (XVIIIe s). Belles demeures aux nos 36, 10 et 8 (hôtel édifié pour le président Lecomte de Latresne, puis archevêché). En face, demeure XVIIe s. Poursuivre jusqu'à la ***rue Margaux.*** À l'angle, au no 22, hôtel du XIXe s. François Mauriac y vécut dans sa jeunesse. La pharmacie des Carmes en face fut fondée en 1792, et ses motifs décoratifs sont de style Restauration. À l'opposé, à l'angle des rues de Cheverus et Poquelin-Molière, l'***hôtel Pichon-Longueville*** (XVIIIe s). Au no 9, hôtel du receveur Morel (XVIIIe s), construit à l'emplacement d'un jeu de paume où se produisirent l'illustre Jean-Baptiste et sa troupe – le nom de la rue nous le rappelle. Reprendre la ***rue de Cheverus.***

Le Centre national Jean-Moulin *(plan centre détachable, D4)* **:** *pl. Jean-Moulin.* ***Attention, le musée est actuellement fermé pour travaux.***

La tour Pey-Berland *(plan centre détachable, D4)* **:** ☎ *05-56-81-26-25.* • *pey-berland.fr* • *En principe, ouv juin-sept, tlj 10h-18h ; oct-mai, tlj 10h-12h30, 14h-17h30 ; dernier ticket 30 mn avt fermeture. Entrée : 6 € ; réduc ; gratuit moins de 26 ans (pour les ressortissants européens) et pour ts le 1er dim du mois nov-mars. Résa obligatoire.* Comme son confrère de Saint-Michel (voir précédemment), ce clocher est séparé de l'église pour les mêmes raisons. Élevée au XVe s, la tour porte le nom de l'archevêque qui en commanda la construction. Superbement sculptée, elle fut vendue pendant la Révolution et transformée en fabrique de plomb de chasse. La flèche, arrachée par un ouragan au XVIIIe s, est aujourd'hui coiffée par une statue de Notre-Dame d'Aquitaine et abrite un fameux bourdon de plus de 11 t. Du sommet de la tour, superbe vue sur le chevet de l'église, la ville et les environs ; en été, optez plutôt pour une visite le matin : il y aura moins de monde, et... vous aurez moins chaud. Le soir, mise en lumière exceptionnelle.

– ***La place Pey-Berland :*** *centre-ville (architectes : atelier King Kong et F. Mangado, 2004).* La place est le contrepoint « minéral » (un peu trop peut-être) du cours de l'Intendance. Une sorte de trait d'union entre la cathédrale (XIIIe s) et le tramway (XXIe s)...

LA GIRONDE

La cathédrale Saint-André *(plan centre détachable, D4)* **:** *ouv lun ap-m, mar-sam 10h30-13h30, 15h-19h, et dim ap-m ; visites organisées par des bénévoles sur résa le w-e. 06-83-50-93-85.*
Édifice monumental qui doit son évidente majesté à ses vastes proportions et à l'espace dégagé sur lequel il est implanté. Sa partie la plus ancienne est la façade occidentale, aveugle car elle s'appuyait autrefois sur d'autres édifices. Longue de 124 m et large de 44 m, elle fut élevée, aux XIe et XIIe s, sur les ruines d'un édifice précédent et subit de nombreuses transformations aux siècles suivants. Le chœur gothique et le transept sont plus tardifs. Considérée comme le chef-d'œuvre de la ville, elle ne possède pas une grande unité architecturale. Les contreforts et arcs-boutants que l'on voit tout autour ne sont pas décoratifs ; ils répondent simplement à des menaces d'écroulement de la nef.
Sur la face nord, 2 portails : le portail nord évidemment, avec des sculptures évoquant la Cène, l'Ascension et le Triomphe du Christ surmontant le portail. À côté, sur la droite, le beau portail Royal, clou de la cathédrale, datant du XIIIe s. Exceptionnelle série de sculptures d'apôtres de chaque côté de la porte, la Résurrection et le Jugement dernier sur le tympan, le tout dans le pur style des grands ateliers d'Île-de-France. Sous les colonnades, une jolie brochette d'évêques.

DES FRÉQUENTATIONS HÉTÉROCLITES

C'est dans la partie romane que fut célébré, en 1137, le mariage d'Aliénor d'Aquitaine avec le futur roi de France. Et si la cathédrale reçut d'illustres visiteurs, qui franchirent avec majesté son royal portail (François Ier, Charles Quint, Louis XIII, Anne d'Autriche, Louis XIV...), elle fut transformée en magasin à fourrage sous la Révolution.

À l'intérieur, nef très élancée. Beau chœur gothique entouré d'un déambulatoire occupé par de nombreuses chapelles. On verra encore de jolies grilles du XVIIIe s, une Vierge à l'Enfant, une chaire en acajou et marbre rouge, et, en contournant le déambulatoire, une jolie statue de sainte Anne et une Vierge du XVIe s. 7 chapelles abritent des éléments de sculpture notables. Sous la tribune d'orgue, bas-reliefs Renaissance.
Le trésor présente une intéressante collection de tableaux des écoles italienne et espagnole et des enluminures des XIIe et XIVe s.

L'hôtel de ville (palais Rohan *; plan centre détachable, C-D4)* **:** *face à la cathédrale. Visite guidée ven à 10h et 11h (sauf j. fériés) ; 8 € ; réduc ; incluse dans le CityPass ; achat des billets à l'office de tourisme ou sur • visiter-bordeaux.fr •*
En 1771, l'archevêque-prince Ferdinand Maximilien Mériadec de Rohan décide de faire construire un nouvel archevêché, face à la cathédrale. Avec son portique à arcades fermant la cour d'honneur et ses corps de bâtiment élégants, le palais Rohan constitue un bel exemple d'architecture Louis XVI. Superbe escalier de pierre. Le palais connut les accélérations de l'histoire : d'abord archevêché, puis hôtel du Département pendant la Révolution, préfecture, palais impérial... sous l'Empire, château royal... sous la Restauration, enfin hôtel de ville depuis 1836. On raconte que le jeune Eugène Delacroix, dont le père était préfet, vit naître entre les murs au goût pompéien de sa salle à manger sa vocation de peintre...

Le musée des Beaux-Arts *(plan centre détachable, C4)* **:** *20, cours d'Albret. ☎ 05-56-10-20-56. • musba-bordeaux.fr • Tlj sauf mar et certains j. fériés 11h-18h. Entrée : 5 € ; réduc. Billet combiné avec expos temporaires : 7 € ; tarif réduit 4 €. Visites guidées thématiques régulières (sans résa ; compter en principe 1 € en sus). Carnets de jeux pour les enfants.*
Beau musée rénové et repensé sans avoir pour autant perdu son style ni son âme, qui fait la fierté des Bordelais. De grandes salles mises en couleurs, de riches collections qui font rêver et présentent les principales écoles européennes du XVe au XXe s. Une sélection significative d'œuvres est montrée au public dans les 2 vastes

bâtiments qui se font face, depuis près de 1 siècle et demi, séparés par les jardins du palais Rohan (mairie de Bordeaux). D'où l'intérêt des expositions temporaires dans la galerie voisine, permettant de traiter plus largement tel courant, tel peintre ou tel thème précis, et de présenter des œuvres habituellement conservées en réserve.
– *Aile sud (bâtiment de droite) :* Vasari, Titien, Bassano, Véronèse, Giordano sont, entre autres Italiens, accrochés aux cimaises des XVIe-XVIIe s. Des représentants des écoles française (Aubin Vouet), hollandaise et flamande (Frans Hals, avec le remarquable portrait de *L'Homme à la main sur le cœur,* Antoon Van Dyck, Rubens, ou encore Brueghel), suivis de quelques peintres animaliers. Les écoles italienne (Magnasco) et anglaise (Lawrence, Reynolds...) du XVIIIe s sont bien représentées, ainsi que l'école française (Chardin, Nattier, Natoire, Restout, Van Loo). Ensuite viennent des peintres plus spécifiquement bordelais, Lacour et Taillasson, qui côtoient 2 œuvres de Greuze. Plus loin, un buste de Jean-Jacques Rousseau par Lemoyne, et, à ne pas manquer, *Énée racontant à Didon les malheurs de Troie* (par Guérin) et *Phèdre et Hippolyte* (du même).
– *Aile nord (bâtiment de gauche) :* école française, essentiellement des XIXe et XXe s, dont beaucoup de grands formats.
La Grèce sur les ruines de Missolonghi, que le traitement de Delacroix hisse au rang des toiles emblématiques, accueille le visiteur dans une salle consacrée aux années romantiques (Gros, Isabey) et à la peinture d'histoire. Un ensemble d'œuvres académiques (avec Bouguereau, Gérôme, Baudry...) précède les paysages et la peinture animalière : les chevaux de Rosa Bonheur – originaire de Bordeaux, elle a mis 30 ans à réaliser cette œuvre d'envergure – donnent la réplique aux bœufs de Princeteau : de la peinture de salon... agricole ? Le scandaleux (en son temps) *Rolla* de Gervex côtoie *L'Amour fuyant la Misère* de Bouillon (son antithèse ?). Ne pas rater une belle toile de Corot, *Le Bain de Diane* (rare grand format réalisé par l'artiste), les peintres de l'école de Barbizon : Diaz de la Peña entre autres et les naturalistes (Smith, Roll). Viennent ensuite des petits formats de Matisse, Soutine, Kokoschka, Redon – Bordelais dont le musée possède une belle collection de quelque 63 œuvres –, Seurat, et un Renoir délicieux. Le musée possède également plusieurs Marquet, autre Bordelais. Bissière, François Mauriac, en bronze, par Zadkine, Lhote, Debré, *Olga lisant* de Picasso... précèdent la salle consacrée à l'après-guerre, qui présente les œuvres par roulement (Olivier Debré notamment).
– ***La galerie des Beaux-Arts*** *(plan centre détachable, C4) : pl. du Colonel-Raynal. ☎ 05-56-96-51-60. Tlj sauf mar et certains j. fériés 11h-18h. Entrée : 7 € ; tarif réduit 4 € (l'entrée aux expos temporaires donne un accès gratuit aux collections du musée).* Face au musée, la galerie présente des expos temporaires.

🏛🏛 ☺ ***Le musée des Arts décoratifs et du Design*** *(plan centre détachable, C4) : 39, rue Bouffard. ☎ 05-56-10-14-00. • madd-bordeaux.fr • ♿ (rdc). Tlj sauf mar et j. fériés 11h-18h. Tarif : 5 € ; réduc. Entrée incluse dans le* CityPass. *Expos temporaires : 5 € ; gratuit moins de 18 ans et pour ts le 1er dim du mois (hors juil-août). Visites commentées : des collections permanentes les 2e et 4e dim du mois à 16h (sur résa), et des expos temporaires ts les w-e à 15h. Dans les 2 cas, compter 3 € de plus ; ateliers enfants.*
Installé dans un superbe hôtel particulier de 1779 donnant sur une ravissante cour pavée, il fait partie de ces petits bonheurs que Bordeaux réserve aux visiteurs curieux de tout. Sur 3 niveaux, de beaux appartements classiques présentent des collections de mobilier, orfèvrerie, biscuits, céramique et verrerie principalement des XVIIIe, XIXe et XXe s bordelais. Antichambres, chambres et salons reconstituent l'opulence des intérieurs et l'art de vivre du XVIIIe s. Traités dans le goût du XIXe s, les pièces du rez-de-chaussée présentent la fabuleuse collection d'un Bordelais qui avait réuni quelque 19 000 objets autour du thème des derniers Bourbons, ceux de la Restauration. Bordeaux fut la 1re ville à s'être ralliée à Louis XVIII, dès 1814.

Une collection aménagée dans ce qui est au fond l'un des seuls hôtels particuliers de la ville que l'on peut visiter. Un lieu qui abrita aussi, en 1880, les services de la police des mœurs. D'ailleurs, à l'arrière de la noble demeure, les anciennes prisons accueillent désormais des expositions temporaires. Il n'y a plus de cellules, mais les barreaux, les gonds épais et quelques messages gravés dans la pierre rappellent les fonctions d'origine de cette austère et robuste bâtisse.
Le musée conserve par ailleurs plus de 200 objets de design (1970-XXIe s), présentés par roulement. Quant aux *Jeudis du musée (19h-20h),* ils permettent d'aborder chaque semaine un thème différent. Sans conteste, un site plein de charme.

La basilique Saint-Seurin *(plan détachable, C4) : pl. des Martyrs-de-la-Résistance. Tte l'année, mar-sam. À l'extérieur, accès à la nécropole paléochrétienne (sur la place à droite de l'église), en principe mai-sept, tlj 13h-18h. Entrée : 5 € ; réduc.* Un escalier permet l'accès à des salles funéraires gallo-romaines : 400 m² de fouilles archéologiques ont mis au jour sarcophages et amphores. Une des plus anciennes églises de Bordeaux, édifiée au XIe s au-dessus d'une crypte. Profondément remaniée au cours des siècles, elle présente un beau porche du XIe s avec chapiteaux de style roman. En entrant, on est frappé par la largeur de l'église et son aspect bas. En fait, le sol fut surélevé et les colonnes renforcées, ce qui explique sa physionomie actuelle. Jolie voûte. Belle chapelle à gauche du chœur, et retable orné de 12 panneaux d'albâtre décrivant des scènes de la vie de la Vierge. À l'entrée du chœur, siège épiscopal en pierre, du XIVe s. En face, superbe retable composé de 14 bas-reliefs d'albâtre sur la vie de saint Seurin. Stalles derrière le chœur avec des miséricordes extravagantes : un chien costumé en moine, un homme énorme portant son ventre dans une brouette, une grillade de langues... La crypte possède d'intéressants chapiteaux gallo-romains. Sarcophages des IVe et VIe s.

L'amphithéâtre du palais Gallien *(plan détachable, C3) : site géré par l'office de tourisme (les contacter), sinon, visible de l'extérieur.* Vestiges d'un amphithéâtre du IIe s, dont il subsiste seulement quelques travées et arcades, au chaînage traditionnel de pierre et de brique. Ce sont les seuls vestiges encore debout de l'antique *Burdigala,* et il faut imaginer les dimensions de l'édifice : 130 m sur 110, avec une jauge de 20 000 spectateurs... On y donnait des combats d'animaux ou de gladiateurs ; on y exécutait aussi des prisonniers « barbares ». On peut observer des traces plus pacifiques de la civilisation romaine au musée d'Aquitaine (voir plus haut).

Le Jardin public *(plan détachable, C3) : ouv tlj 7h-21h juin-août (fermeture à 20h avr-mai et sept, 19h oct et 15 fév-31 mars, et 18h nov-14 fév).*
Conçu par l'architecte Ange-Gabriel, et dû à l'initiative de l'intendant Tourny, il fut au départ Jardin royal, « à la française », avant de subir des dommages sous la Révolution et l'Empire. Ce n'est qu'au XIXe s qu'il prit son aspect actuel, superbe, de parc à l'anglaise : bosquets, plans d'eau, aires de jeux, collines, parterres fleuris, bouquets sculptés... Une balade du dimanche appréciée des Bordelais qui ne sont pas allés à Arcachon.
Le jardin abrite un ***castelet de Guignol,*** ouvert depuis 1853 (ce qui en fait le plus ancien de France à être encore en activité) et tenu, depuis 6 générations, par la même famille, les Guérin *(06-70-97-44-52 ; spectacle selon météo).* Le répertoire lyonnais y est joué. Également au parc bordelais toute l'année, à Caudéran. La même famille perpétue aussi la tradition des marionnettes à fils *(spectacles à l'occasion de la fête foraine sur la pl. des Quinconces en mars et oct).*
Le jardin public, c'est aussi le jardin botanique, qui, depuis 1857, et malgré la destruction scandaleuse de splendides serres en 1931 (par un maire qui finira collabo !), fut un lieu d'agrément et d'instruction pour le grand public, avec 2 000 espèces indigènes et exotiques, rapportées de diverses expéditions maritimes et acclimatées ici. Mais, aujourd'hui, le jardin botanique a pris le large, tout en conservant ses racines ici : il a un petit frère, savant et résolument contemporain, à la Bastide, de l'autre côté de la Garonne, qui lui a ravi le titre officiel.

Le ***Petit Mousse,*** bateau emblématique du jardin public qui avait cessé de naviguer en 2007 après 110 années de service, a repris du service !

Le muséum d'Histoire naturelle *(plan détachable, C3)* **:** *entrée par le jardin public, 5, pl. Bardineau. ☎ 05-24-57-65-30. • museum-bordeaux.fr • Tlj sauf lun 10h30-18h (17h30 oct-mars). Entrée : 7 € (5 € hors période d'expo temporaire) ; réduc.* Datant de 1791, le muséum d'Histoire naturelle de Bordeaux est l'une des 1res collections publiques créées après la Révolution. Respect ! Mais il n'a plus grand-chose à voir avec les cabinets de curiosités de l'époque. Installé depuis le XIXe s dans l'élégant hôtel de Lisleferme, il a entièrement fait peau neuve, en associant le cadre historique (et ses pensionnaires) à une muséographie moderne et interactive. Le propos aussi a changé. Désormais, les collections sont un prétexte à une réflexion globale et ambitieuse sur la place de l'homme dans la nature, et son rôle dans le respect de l'environnement et de la biodiversité. Dès l'entrée, une série de squelettes et l'***éléphant Fanny,*** fidèle au poste depuis 1892, accueillent les visiteurs. Puis direction le ***1er étage*** pour découvrir 2 expositions thématiques semi-permanentes (histoire de faire tourner les pièces présentées, le musée disposant d'un fonds de 1 million de spécimens). La 1re, plus locale, s'intéresse à la faune et aux activités spécifiques du littoral aquitain, tandis que la 2de fait dans l'original en répertoriant les techniques utilisées par les animaux pour se nourrir. Percer, déchirer, aspirer, râper, il y en a plein ! La lamproie, par exemple, mixe carrément sa proie. Brrr... On se calme au ***2e étage,*** avec une superbe galerie très haute de plafond. Les murs sont entièrement recouverts de vitrines remplies d'animaux, le centre est occupé par des bornes interactives, et l'ensemble est survolé par l'impressionnante carcasse d'une baleine bleue. Ça en jette ! C'est ici qu'on aborde plus précisément le sujet de la diversité et des devoirs de l'homme pour sa préservation. Un spectacle multimédia est même projeté régulièrement pour étayer le propos. Autant dire qu'on ne s'ennuie pas, chacun y trouvant son compte (jusqu'aux tout-petits dans l'espace dédié aux enfants !).

LA GIRONDE

Le quartier des Chartrons

Pour les fans d'architecture, mais aussi les curieux, pour qui la ville ne se résume pas au patrimoine ancien, mais est avant tout un tissu vivant, voici une balade au nord du centre historique qui les mènera jusqu'au cœur du Bordeaux de demain. Procurez-vous à l'office de tourisme le *Parcours architecture contemporaine Bordeaux,* un dépliant pratique édité par Arc en rêve (voir ci-dessous) qui vous accompagnera de part et d'autre de la Garonne.

CAPC musée d'Art contemporain – Arc en rêve, centre d'architecture *(plan centre détachable, D3)* **:** *rue Ferrère. ☎ 05-56-00-81-50. • capc-bordeaux.fr • Tlj sauf lun et j. fériés 11h-18h (20h le 2e mer du mois). Entrée : 7 € ; réduc ; gratuit moins de 18 ans, avec le* CityPass *et pour ts le 1er dim du mois (sauf juil-août). Tarifs réduits hors expositions dans la Nef : 5 € ; réduc. Visites commentées (1 €) le w-e à 16h (ne pas hésiter à demander la visite à l'accueil).*
Belle réhabilitation de cet impressionnant entrepôt du début du XIXe s, qui servait au stockage en zone franche des denrées coloniales. La grande salle, superbe double nef bordée de grands arcs de pierre et de brique, évoque une cathédrale. Plusieurs programmes d'expositions par an y sont présentés, et les centaines de mètres carrés en un seul tenant permettent aux artistes de laisser s'exprimer leur sens de la démesure. On y a vu principalement les courants majeurs de l'art contemporain de ces dernières décennies (il a été créé en 1983) : le *land art,* l'art minimal, l'art conceptuel, l'*arte povera,* etc. Des célébrités de la scène internationale y ont exposé : Serra, Buren, Raynaud, Schnabel, Warhol... et ce musée jouit, dans les milieux de l'art, d'une renommée justifiée. À l'étage, d'autres espaces (dévolus à des expos temporaires ou à l'exposition de quelques œuvres de la collection permanente). Également un *atelier pour enfants.*

– Dans le même bâtiment, on peut découvrir ***Arc en rêve,*** centre d'architecture et de design *(☎ 05-56-52-78-36 ; • arcenreve.com • ; tlj sauf lun et certains j. fériés 11h-18h – 20h le 2e mer du mois ; accessible avec le billet d'entrée du CAPC).* Le but du centre est essentiellement de faire connaître de nouveaux artistes, de présenter des œuvres fortes, de nouer un dialogue entre les acteurs de l'architecture et du design contemporains et les usagers, les habitants, les citoyens. Une démarche qui vise aussi à faire se rencontrer le beau et l'utile. Passionnant, non ?

★★★ ***Les Chartrons*** *(plan détachable, C-D2-3)* **:** ce quartier tire tout simplement son nom de l'implantation d'un couvent de chartreux dans un secteur marécageux assaini au XVIIe s par les Hollandais. Le *cours Xavier-Arnozan* possède un ensemble d'hôtels du XVIIIe s, anciennes demeures des négociants et des armateurs. Le côté impair (des nos 27 à 63) présente un ensemble exceptionnel de balcons sur trompes et balustres à agrafes, et, plus généralement, de belles demeures Louis XVI. En bas du cours, à l'angle des quais, arrêtez-vous devant l'hôtel Fenwick. Bâti par l'architecte Dufart, natif de Bayonne et collaborateur de Louis, en 1796, pour Joseph Fenwick, originaire du Maryland et 1er consul des États-Unis d'Amérique en poste à Bordeaux, décédé dans cette ville en 1849. L'entrée de l'immeuble est encadrée de colonnes et de proues de navires.
La halle du marché des Chartrons date de 1869, et l'architecte Charles Burguet en a signé le plan.
L'histoire des Chartrons commence au Moyen Âge. À cette époque, les Bordelais devaient vendre leur vin au plus vite, car on ne savait pas encore le faire vieillir. Ainsi, pour protéger leurs productions, ils interdirent la navigation sur le fleuve avant Noël. Les vins du haut pays (cahors, gaillac...) devaient alors attendre dans le quartier des Chartrons que toute la récolte soit écoulée, auprès des Anglais et Hollandais, entre autres. Ce fut tout naturellement, donc, qu'au cours des siècles suivants ce quartier devint le lieu d'implantation des négociants de la Hanse, qui dominèrent le marché vinicole pendant plusieurs siècles. Il reste 2 belles maisons, contiguës, de style hollandais, sur les quais, entre la rue Latour et la rue du Couvent.
Quartier anglo-saxon et protestant, les Chartrons étaient le véritable centre de la ville cosmopolite, et aussi le port le plus important du royaume. Au XVIIIe s, les riches négociants firent construire de superbes hôtels particuliers et de vastes entrepôts. Les fûts étaient directement roulés dans les navires, et le soir, marins et négociants, abolissant la lutte des classes, se retrouvaient dans les bars louches en compagnie des prostituées. La navigation fluviale reculant, le quartier se vida peu à peu. Les hangars vides durent bientôt être détruits ou réhabilités en diverses activités.

C'EST DANS LES VIEILLES BARRIQUES QU'ON FAIT LES MEILLEURES CROÛTES

Savez-vous que le croûte rouge (l'edam), fromage emblématique des Pays-Bas, serait né des échanges avec Bordeaux ? Les négociants le stockaient dans les barriques qui avaient contenu du vin durant le voyage entre Bordeaux et Amsterdam, et le fromage se teintait de rouge.

Les Chartrons se sont transformés en zone d'habitation et de vie très tendance. La ***rue Notre-Dame*** reste l'axe principal d'un quartier bien vivant où bars à vins et restos à la mode alternent avec des boutiques design. Les amateurs de brocante et d'antiquités côtoient étudiants et habitants ravis de vivre dans un « quartier où on respire », comme on dit ici. Jolies maisons du XVIIIe s et des dizaines de belles boutiques, chères en général mais qui donnent de la vie au quartier. Au no 12, ancien temple protestant, de style néoclassique et considéré comme un modèle du genre.

★ ***Le Village Notre-Dame*** *(plan détachable, D3,* ***302****)* **:** *61-67, rue Notre-Dame (entrée par la place). ☎ 05-56-52-66-13. • villagenotredame.com • Ouv lun-sam 10h-12h30, 14h-19h ; plus oct-avr, dim 10h30-15h.* La 1re galerie d'antiquités du

Sud-Ouest réunit sur 2 étages de nombreux stands tenus par des antiquaires passionnés. Avis aux chineurs qui se perdront avec délice dans les allées de cet immense espace, à la quête d'antiquités du XVIIe s au XXe s : mobilier, tableaux, design, objets d'art, tapis, bijoux, vaisselle, luminaires...

Le musée du Vin et du Négoce *(plan détachable, D2)* : *41, rue Borie. ☎ 05-56-90-19-13. • museeduvinbordeaux.com • Tlj 10h-18h tte l'année. Tarif : à partir de 10 € (incluant dégustation de 2 vins, ou 15 € pour 3 vins) ou 12 € avec le musée de l'Histoire maritime de Bordeaux ; réduc. Gratuit avec le CityPass. Support de visite papier.* Bien plus qu'un musée classique, cet endroit très convivial est avant tout une excellente introduction à l'univers des vins de Bordeaux, à la différence de la Cité du Vin qui évoque le monde entier. Il permet aussi de découvrir les activités de négoce dans le port de la Lune. Logiquement situé dans l'emblématique quartier des Chartrons, historiquement dédié au commerce du vin, il occupe le rez-de-chaussée et les vastes caves voûtées d'un beau bâtiment du XVIIIe s ayant appartenu à un courtier royal de Louis XV. Construit sur pilotis, à la fois élégant et efficace, il est caractéristique des habitations conçues pour le négoce (on en parle en détail dans la partie musée). Maquettes de gabarres, documents historiques, illustrations : derrière les vitrines, échantillons et objets illustrent le travail des négociants et des courtiers qui ont permis la renommée internationale des bordeaux. Évidemment, on part sur les traces des grandes familles de négociants, protestants pour beaucoup.

Dans la 2e cave, on aborde différents aspects techniques, comme la tonnellerie, la découverte des procédés de préservation des vins, ou encore le travail dans les chais, l'élevage et même l'invention de l'étiquette par les Rothschild (les 1ers dans le bordelais à avoir imposé la mise en bouteille au château). Plusieurs films intéressants complètent l'exposition (sur l'activité du port de Bordeaux au XIXe s, sur la fabrication des bouchons, sur le négoce et le principe des allocations...).

Mais ce qui distingue ce « musée », c'est son ***espace dégustation*** aménagé dans l'ancienne tonnellerie. À l'issue de la visite, 2 vins (ou 3 selon l'option) sont présentés et commentés dans la bonne humeur. L'intérêt, c'est que la sélection sort des sentiers battus et propose une vraie découverte de la richesse du vignoble bordelais, beaucoup plus vaste et riche qu'on l'imagine parfois. Les accros peuvent même participer aux ateliers masterclass (sur résa) permettant de s'initier aux secrets de l'assemblage, et d'en apprendre un peu plus sur les notions de cépages, de terroirs et d'arômes. De quoi devenir un (presque) pro ! Enfin, à quelques mètres de là, on peut prolonger la visite en faisant une étape dans le modeste ***musée de l'Histoire maritime de Bordeaux*** *(31, rue Borie)* aménagé autour des grands personnages qui ont marqué la ville.

➢ Retour sur les quais pour la suite de la balade. De part et d'autre de la Garonne, Bordeaux vit, regardant à gauche et à droite, derrière et devant, sans nostalgie.

L'îlot des Chartrons *(entrée au n° 89, quai des Chartrons)* est emblématique du renouveau du quartier. Entre les rues Poyenne et Barreyre, les anciens chais de Luze ont été réhabilités et transformés en un passage contemporain vivant et animé. Les étudiants qui ont cours derrière les vitrines du rez-de-chaussée partagent l'espace avec les mères venues avec leurs poussettes, les artisans et les commerçants.

Le H14, hangar n° 14 : *quai des Chartrons, en face de l'îlot des Chartrons.* C'est une réhabilitation qui a su respecter le patrimoine (les hangars du port de Bordeaux), avec des choix audacieux de matériaux (des escaliers de secours en acier galvanisé, un deck en bois d'ipé...). Une incontestable réussite.

Cap Sciences *(plan détachable, E2)* : *hangar 20, quai de Bacalan. ☎ 05-56-01-07-07. • cap-sciences.net • Mar-ven 14h-18h ; le w-e 14h-19h ; tlj pdt vac scol. Entrée : 5-12 € ; réduc, notamment avec le CityPass.*

On tient là la parfaite adaptation d'une forme et d'un lieu (le hangar des bords de Garonne), de matériaux contemporains (le métal galvanisé), et d'un objet (les sciences et techniques expliquées). Lieu pluridisciplinaire dédié aux sciences, ce superbe bâtiment abrite des expositions à thème – complétées par une animation –, une galerie sur l'industrie et la recherche, et une médiathèque. Ateliers jeunesse qui allient le jeu et la découverte *(sur résa).*
Depuis la spectaculaire terrasse suspendue du 2e étage, on découvre la plus belle des vues sur le port de la Lune... Une réussite.
Par ailleurs, autour de *Cap Sciences* et du *Quai des Marques* ont éclos des cafés avec d'accueillantes terrasses à ne pas bouder aux beaux jours.

Bacalan (plan détachable, E-F1-2) et la rive droite

Le quartier des bassins à flot – 160 ha de friches industrielles et portuaires – qui connut son apogée à la veille de la 1re Guerre mondiale (point névralgique du commerce et de l'activité maritime) est lui aussi en pleine mutation architecturale et sociologique. Pour découvrir l'ampleur et le contenu de cet ambitieux chantier, rendez-vous à la ***Maison du projet*** *(hangar G2, quai Armand-Lalande ; mer-sam 14h-18h),* ou sur le site • *bassins-a-flot.fr* •

La Cité du Vin *(plan détachable, F2)* **:** *134-150, quai de Bacalan. ☎ 05-56-16-20-20. • laciteduvin.com • Ⓣ Cité-du-Vin (ligne B). Avr-août tlj 10h-19h, sept-mars tlj (sauf lun en janv) 10h-18h (19h les w-e, j. fériés et pdt vac scol). Entrée : 21 € (dégustation et audioguide inclus) ; réduc, gratuit moins de 6 ans et avec le* CityPass ***(avt 12h, sinon prévoir 5 €).*** *Achat du billet sur le site internet conseillé. Également des ateliers autour du vin. Compter 2-3h de visite. CONSEIL : les jours de forte affluence, commencez la visite par le belvédère, il peut y avoir la queue à l'ascenseur, surtout en fin de journée.*
C'est le temple du vin, ou plutôt des vins, cette formidable cité n'ayant d'autres frontières que celles du globe. Le bâtiment est à la hauteur des ambitions : un édifice original en bois et aluminium dont les courbes et les rondeurs ont été inspirées par le mouvement du vin dans une carafe, ainsi que par les méandres de la Gironde (le musée du Vin et du Négoce ne traite, lui, que du bordelais). Avec une tour culminant à 55 m de haut, il ne passe pas inaperçu !
Mais ce qui attire les foules d'amateurs et de curieux, c'est son ***extraordinaire expo permanente.*** Portée par une scénographie interactive au top, elle présente la civilisation du vin et de la vigne sur tous les continents en développant les différents aspects techniques, économiques, géographiques, ou encore historiques bien sûr... Muni d'un ***casque audio,*** le visiteur est immergé dans une véritable aventure sensorielle et déambule à sa guise parmi 19 espaces thématiques mis en scène de façon à la fois informative et ludique. Le design assez spectaculaire permet de rêver, de voyager, et même de rencontrer des vignerons par le biais de vidéos à sélectionner sur des écrans tactiles. Plus spécifiquement sur Bordeaux, un film sur grand écran retrace l'histoire du vin dans le port de la Lune, et celle des grands noms qui y sont associés. Intéressant aussi d'observer l'évolution des goûts, des terroirs et des saveurs des vins. À propos d'arômes, justement, saurez-vous reconnaître ceux qui sont proposés dans un amusant et très complet parcours olfactif ? Sinon, dans un registre décalé, on retrouve ensemble à l'écran Pierre Arditi, Jefferson, Nicolas II, Voltaire et Napoléon dégustant un vin de Crimée qui ne réunit pas tous les suffrages ! Dans la foulée, prenez donc place à table avec l'historien Franck Ferrand ou la chef Hélène Darroze pour en apprendre davantage sur l'aspect social et culturel du vin ! Quant à la section « Vin de l'ivresse », elle vient sans surprise jouer les trouble-fête...
Enfin, pour conclure en beauté cette visite hors norme, direction ***le belvédère*** perché au 8e étage (accessible uniquement par ascenseur). On y profite d'une vue exceptionnelle sur le port de la Lune et la ville en dégustant un verre de vin,

à choisir parmi une quinzaine de références (principalement internationales pour rester dans le thème, mais quelques vins de Bordeaux sont également proposés). La Cité du Vin propose également de ***belles expos temporaires*** (« Picasso et le vin » de mi-avril à fin août 2022, explorant la place du vin dans l'œuvre de l'artiste) et abrite le restaurant panoramique ***Le 7*** au 7e étage (voir plus haut « Où manger ? »), la brasserie ***Latitude20*** au rez-de-chaussée (plus accessible et fort correct) et un bar (à vins, évidemment !) pour ceux qui auraient besoin de reprendre des forces après leur périple viticole. Dans une rotonde au rez-de-chaussée, la superbe ***cave-bibliothèque de la Cité*** propose des vins de 90 pays permettant aux visiteurs de repartir avec leur cuvée favorite. Également une boutique avec des ouvrages et des objets pour devenir un vrai sommelier, et un agréable salon de lecture au 1er étage, avec des livres autour du vin en libre accès.

Le musée Mer Marine *(plan détachable, E1)* **:** *89, rue des Étrangers, bassins à flot. ☎ 05-57-19-77-73. • mmmbordeaux.com • Mer-ven 10h30-18h, le w-e 10h30-19h (horaires en principe un peu étendus l'été). Entrée : 14 €, ou 18 € avec l'expo temporaire ; réduc ; expo permanente incluse avec le* CityPass. C'est le dernier-né des grands musées bordelais, un immense vaisseau ancré judicieusement au cœur des bassins à flot. À l'origine du projet, un amoureux de la mer, Norbert Fradin, désireux de partager sa passion et ses collections exceptionnelles amassées au fil du temps. Le résultat ne manque pas de panache : 6 000 m² dédiés au grand large, sur 3 niveaux largement ouverts et organisés autour d'une kyrielle de bateaux façon ex-voto, où les visiteurs butinent parmi les sections selon leurs envies. Car ici, les expositions sont multiples, très diverses et proposées de façon chronothématiques (la marine antique, les conquêtes, les expéditions scientifiques, l'évolution des bateaux, Venise au temps de sa splendeur, Bordeaux d'hier et d'aujourd'hui, la flotte sous Napoléon...), mais aussi transversales. C'est-à-dire que chaque thème abordé donne l'occasion de présenter en parallèle des ***œuvres d'art*** de l'époque ou contemporaine, mais aussi toutes sortes d'objets qui gravitent autour du sujet. Parmi les musts, des ***maquettes superbes*** (certaines mesurent 5 m !), comme celle de la *Belle Poule* qui renferme un fragment du cercueil de l'Empereur, des cartes et des atlas anciens, des marines et des toiles (dont une œuvre de Boudin). Sans oublier une évocation bien appuyée sur le commerce négrier. Ou encore une rare série de clichés sur plaque de verre provenant de l'expédition polaire de Charcot réalisée entre 1903 et 1905. Après les portraits de fameux navigateurs, ne pas rater la section, émouvante, sur les migrants et les destins incroyables de certains d'entre eux. Tout un étage est également consacré à l'***évolution des océans*** et à la faune et la flore des délicats écosystèmes marins... dont certains spécimens ont désormais disparu. Une manière intelligente d'insister sur la fragilité de l'environnement, et la nécessité de le respecter et de le protéger. Enfin, on abandonne les modèles réduits pour découvrir 2 bateaux grandeur nature, les emblématiques *Cupidon Fou* et *Vendredi 13* en cours de rénovation.

Distillerie Moon Harbour *(hors plan détachable par E1)* **:** *492, bd Alfred-Daney. ☎ 05-56-29-86-60. Visites et dégustations sur résa mar et jeu-sam à 11h, 14h30 et 16h30. • moonharbour.fr • Entrée : 15 € ; réduc avec le* CityPass. Il n'y a pas que le vin à Bordeaux, il faut désormais compter avec le whisky *Moon Harbour*, un whisky bordelais déjà récompensé lors de concours internationaux à Chicago et Brême. Plutôt insolite, c'est dans un ancien bunker que la distillerie est installée. Boutique.

La base sous-marine *(plan détachable, E1)* **:** *bd Alfred-Daney, à Bacalan. ☎ 05-56-11-11-50.* Une ancienne base construite pendant la 2de Guerre mondiale, en partie par des prisonniers espagnols, pour abriter des sous-marins... allemands et italiens. Aujourd'hui, c'est un gigantesque espace culturel dans l'environnement du bassin à flot en pleine effervescence. Elle abrite ainsi, dans une ambiance étonnante, voire carrément délirante, toutes sortes de manifestations culturelles mais aussi des soirées événementielles et des expositions temporaires. Mais le must, c'est le tout nouvel espace des ***Bassins de Lumières,*** le plus grand centre d'art numérique au monde, dont les projections (temporaires) habillent de façon féerique 4 anciennes alvéoles. Saisissant. *Ouv tlj 10h-18h (19h le w-e et en saison et jusqu'à 21h ven-sam en haute saison ; compter 13,50 €, réduc).*

Le Garage moderne *(plan détachable, F1) : 1, rue des Étrangers. ☎ 05-56-50-91-33. • legaragemoderne.org • Tlj 9h-18h sauf dim et mar mat. Juste après le pont sur l'écluse des bassins à flot.* Ce vaste espace associatif, abrité par un hangar un peu *roots* qui était avant la guerre une manufacture d'ailes d'avion, permet aux adhérents d'entretenir leur véhicule en apprenant la mécanique (encadrés par des pros) et de profiter d'un atelier pour les vélos. Mais *Le Garage moderne* est aussi un lieu de culture avec, régulièrement, des expos, des soirées, du théâtre, de la danse, des concerts... Consultez le programme ! Le lieu est assez magique avec ses vieux tacots, ses bus des années 1960 qui abritent les bureaux, sa charpente métallique et son éclairage quasi cinématographique.

➢ Retour sur les quais pour changer de rive, cette fois, en empruntant le nouveau ***pont Jacques-Chaban-Delmas*** *(plan détachable, E-F2),* 5e pont routier de Bordeaux, mis en service en 2013. Sa travée centrale levante permet aux navires de croisière et autres grands voiliers d'accéder au port, spectacle très couru des nombreux piétons, cyclistes et sportifs qui font désormais, grâce à lui, le tour complet des 2 rives, avec retour par le pont de Pierre, en attendant le futur pont Simone-Veil, près de l'autre grand chantier de la ville, autour de la gare.

Les sites que vous découvrirez lors de cette balade verte (en dehors de la rive elle-même) ne font pas partie du périmètre de la ville inscrit au Patrimoine mondial de l'Unesco : la caserne de pompiers de la Benauge, que vous apercevrez quai Deschamps, quand vous aurez rejoint le pont de Pierre, ou le multiplex *Mégarama,* à l'emplacement de l'ancienne gare d'Orléans, rue Serr, et ceux que vous verrez en route comme le Garage et les ateliers du tramway, l'espace Darwin (ex-caserne Niel) et le Jardin botanique.

Le parc aux Angéliques *(plan détachable, D-E3)* **:** il permet de rejoindre le Jardin botanique, en longeant la Garonne. Une coulée verte de plus de 40 ha ouvre une perspective originale sur les quais de la rive gauche, même si le sentier reste éloigné du bord de l'eau (à moins de pénétrer dans les derniers chantiers navals ou dans les guinguettes et autres restos dont on vous parle par ailleurs, voir plus haut les rubriques « Où manger ? Rive droite » et « Où boire un verre ? Où sortir ?... Rive droite »). L'aménagement a été réalisé par l'architecte paysagiste Michel Desvigne, qui a choisi d'accorder une place importante au végétal et au développement durable. En même temps, pour l'équilibre financier du projet et le bien-être des petits Bordelais de demain, le béton prend dans le nouveau quartier de la Bastide. Du béton bien intégré dans le paysage, il faut le reconnaître.

Le Jardin botanique *(plan détachable, D-E3-4) : quai des Queyries, rive droite. L'accueil du Jardin se trouve de l'autre côté, esplanade Linné. ☎ 05-56-52-18-77. Ⓣ Jardin-Botanique (ligne A). ♿ Tlj 8h-18h (20h avr-oct). Serres et salles d'expo tlj sauf lun et j. fériés 11h-18h. GRATUIT (sauf pour les serres et salles d'expo : 4 €).* C'est un défi qui n'était pas gagné d'avance, le *hortus botanicus* évoquant plutôt le XVIIIe que le XXIe s, en alliant le plaisir visuel de la découverte au désir de connaissance. Pari gagné ! Des grilles en fonte conçues par Pascal Convert à partir de dessins d'enfants et une clôture constituée de bois récupéré lors de la grande tempête d'il y a quelques années ouvrent sur une scénographie savante, pédagogique, esthétique et résolument contemporaine : plates-bandes thématiques (plantes à alcool, médicinales...), plantes aquatiques, reconstitution de milieux naturels (en relief, chacun sur leur vaste socle géologique, de manière à changer notre regard sur les paysages qui nous entourent : « mauvaises herbes », dune, coteaux, landes, forêts...). En dehors de ces milieux naturels justement, toutes les plantes présentées ont un lien avec l'activité humaine. Il y a même un jardin partagé !

La serre, toute de pin et de verre vêtue, et équipée d'un système photovoltaïque sur le toit, abrite des plantes méditerranéennes de l'hémisphère sud : palmiers, plantes carnivores, hespérides (agrumes)...

Du côté de la gare *(plan détachable, E6)*

FRAC Nouvelle-Aquitaine MÉCA *(plan détachable, E5)* **:** *54, quai de Paludate. ☎ 05-56-24-71-36. • fracnouvelleaquitaine-meca.fr • Mar-sam et 1er dim du mois 13h-18h30 (et en principe jusqu'à 21h le 3e jeu du mois). Entrée à prix libre (1 € min) ; gratuit pour ts le 1er dim du mois.* En plein renouveau, le quartier de la gare a inauguré en 2019 la nouvelle maison du FRAC (Fond régional d'art contemporain) : la MÉCA (Maison de l'économie créative et culturelle de Nouvelle-Aquitaine) à l'emplacement des anciens abattoirs. Impossible de louper cette immense arche anguleuse en béton blond de 37 m de haut. Son créateur, l'architecte danois Bjarke Ingels, a souhaité une boucle, symbole d'une architecture en mouvement, à l'image de la création artistique qu'elle accueille entre ses murs. Lieu de création, de projection et d'exposition, la MÉCA se veut être un endroit vivant où fourmillent les créations artistiques contemporaines. Le FRAC présente des expositions temporaires en plus de son exposition permanente. Un fonds de 1 200 œuvres dont une vingtaine sont exposées aux 5e et 6e étages. La MÉCA accueille aussi l'OARA (l'Office artistique du spectacle vivant) et l'ALCA (l'Agence livre, cinéma et audiovisuel) afin d'en faire une structure multiculturelle. Également un restaurant et une terrasse au dernier étage.

LA GIRONDE

Croisières sur la Garonne

Bordeaux River Cruise : *☎ 05-56-39-27-66. • croisiere-bordeaux.com • Achat de billets face au nº 2, quai des Chartrons mer-ven 12h30-19h, sam 10h-18h. À partir de 15 € la croisière.* Embarquez au départ de Bordeaux sur la Garonne à la découverte des vignobles (Médoc, Blaye-Bourg, Graves-Sauternes), des sites Unesco et des îles de l'estuaire de la Gironde. Autres possibilités depuis Pauillac, Cussac-Fort-Médoc ou Blaye.
Croisières Burdigala : *face au 7, quai de Queyries (rive droite, proche du Jardin botanique) ☎ 05-56-49-36-88. • croisieresburdigala.fr • Ⓣ Stalingrad (ligne A). Avr-oct, balades en bateau-mouche tlj en saison à 14h30, départ du ponton d'honneur quai Richelieu. Tarif : 15 € ; réduc. CB refusées. Durée : 1h30.* Une promenade au fil de l'eau pour découvrir Bordeaux depuis la Garonne. Plusieurs croisières possibles : avec escale à Blaye ou à Cussac-Fort-Médoc.

Manifestations

– **Marché des bouquinistes :** *tte l'année, mer 9h30h-19h, pl. des Grands-Hommes.*
– **L'Escale du livre :** *début avr, dans tte la ville.* Tous les éditeurs locaux à découvrir. • escaledulivre.com •
– **Les Épicuriales :** *ts les ans, 2de quinzaine de juin.* Une fête dédiée aux plaisirs de la table, qui a tout de suite connu un énorme succès depuis sa 1re édition en 1988. C'est vrai que c'est sympa de déambuler dans les allées de Tourny, occupées par les stands de restaurateurs bordelais, sous les tilleuls. On s'offre ici des huîtres, là des tapas, et le vin coule à flots. Animation musicale également. Assez commercial mais très agréable.
– **Bordeaux fête le vin :** *ts les ans, en juin, jeu-dim. ☎ 05-56-00-66-00. • bordeauxfetelevin.com • Sur l'esplanade des Quinconces et les quais. Pass dégustation (13 dégustations) env 16 € en prévente, env 21 € sur place ; valable 4 j.* C'est

devenu le grand événement festif de Bordeaux. Tous les vins de Bordeaux et des terroirs d'Aquitaine y sont représentés. Un verre est fourni avec le *pass*. Le plus de cette fête, c'est que sur les stands de Margaux, de Pomerol ou de Saint-Émilion, on vous sert... du margaux, du pomerol ou du saint-émilion, autant dire des vins que peu de gens peuvent s'offrir régulièrement. Les découvertes ne sont donc pas désagréables ! Arrivez dès le jeudi pour vraiment découvrir les vins. Et pour ne pas rester sans manger, stands des produits régionaux (foie gras, magret, etc.). Les concerts vont du lyrique à la variété.

– ***Bordeaux fête le fleuve :*** *en sept.* • *bordeauxfetelefleuve.com* • Rendez-vous de gros navires et de petits bateaux, concerts, pique-nique géant et beau feu d'artifice sur la Garonne.

– ***Fête du Vin nouveau et de la Brocante :*** *1 w-e fin oct, dans la rue Notre-Dame, aux Chartrons.* Un petit événement sympa avant d'entrer tout à fait dans l'hiver. Beaucoup de monde lorsqu'il ne pleut pas.

DANS LES ENVIRONS DE BORDEAUX

PESSAC (33600)

Accessible par la ligne B du tramway bordelais, Pessac vaut le détour pour ses beaux châteaux (Haut-Brion, vous connaissez ?) qui font la renommée du terroir. Les amateurs d'architecture se presseront à Pessac pour voir la cité Frugès de Le Corbusier, qui fait partie des 17 œuvres de l'architecte (6 en France) classées au Patrimoine mondial de l'Unesco en 2016. Et puis, vous avez tous un peu de Pessac sur vous : l'établissement la Monnaie de Paris, qui frappe les euros, est installé ici.

Où dormir ?
Où manger dans les environs de Pessac ?

■ |●| ***Hôtel-restaurant Spa Au Comté d'Ornon :*** *2, allée de Mégevie.* ☎ *05-56-75-26-85.* • *hotel@aucomtedornon.com* • *aucomtedornon.com* • ♿ *À 20 mn du centre de Bordeaux, et env 5 km au sud de Pessac. Restaurant ouv tlj sauf sam midi et dim. Doubles env 79-145 € ; familiales. Formules midi en sem 16,90-18,90 € ; menus 23-28 € ; carte env 32 €.* C'est ici, à Gradignan, que les comtes d'Ornon, puissants seigneurs aquitains, avaient leur château. En limite de zone d'activités et aux portes de la forêt landaise, l'hôtel est calme et ombragé. Les 38 chambres, rénovées dans un style contemporain, sont parfaitement équipées et certaines, spacieuses, affichent un excellent rapport qualité-prix. Luxueux spa en accès libre pour les clients de l'hôtel et carte de soins complète. Au restaurant, bonne cuisine régionale et burgers, servis en salle ou en terrasse extérieure. Accueil professionnel et cordial.

À voir. À faire

Ⓤ ***La cité Frugès :*** un cas d'école et un des sujets les plus classiques de discussion entre architectes. Dans les années 1920, un industriel pessacais paternaliste et passionné d'art contemporain, Henry Frugès, veut loger ses ouvriers. Il demande donc à ***Le Corbusier*** d'intervenir pour édifier une « cité-jardin ». L'architecte suisse applique ses idées : constructions modulaires, grandes baies vitrées, appartements en duplex, rigueur des lignes, couleurs claires. Théoriquement parfait. Sauf que ça ne plaît pas aux habitants. Au fil du temps, chacun va mettre sa touche, changer les couleurs, ajouter des pots de fleurs et des balcons en fer

forgé, modifier les ouvertures. Balade passionnante, même si on ne peut pas visiter les intérieurs. Les ***50 maisons*** sont réparties en 6 modèles différents : zigzag, quinconce, jumelle, gratte-ciel, arcade et isolée. À vous de les repérer.
Une des maisons gratte-ciel a été rachetée et restaurée par la municipalité et est désormais classée Monument historique ; une belle maquette montre l'état d'origine et permet d'intéressantes comparaisons :
– ***Maison municipale Frugès – Le Corbusier :*** *4, rue Le Corbusier. ☎ 05-57-93-65-40 ou 05-56-36-56-46 (le w-e). Quartier Pessac – Le Monteil, route d'Arcachon. Rocade sortie n° 13 ; ou bus ligne n° 4, arrêt Le Monteil. Ouv mer-sam 10h-13h, 14h-18h (19h avr-sept), dim 14h-18h pdt les visites commentées seulement (sur résa, durée : 40 mn). En principe à 10h, 11h30, 14h, 15h30 et 17h. GRATUIT.*

Le zoo de Bordeaux-Pessac : *3, chemin du Transvaal. ☎ 05-57-89-28-10. ● zoo-bordeaux-pessac.com ● Fléché à partir de la sortie n° 12 de la rocade. Juil-août tlj 9h30-19h, sinon horaires variés, voir le site. Fermé 1er janv et 25 déc. Entrée : 17,50 € ; 3-11 ans 12 € ; gratuit moins de 3 ans.* On peut y voir des flamants roses, panda roux, tigres ou encore des spectacles de perroquets. Également la « plaine africaine » avec girafes, zèbres, antilopes et autruches. Sans oublier les lions blancs, véritables rois du zoo, et les jaguars en vision subaquatique. Enfin, vous pouvez vous aventurer dans la volière des loriquets et le labyrinthe des lémuriens.
– ***Les visites des châteaux :*** on peut visiter ***Haut-Brion*** avec l'office de tourisme de Bordeaux Métropole (voir plus haut), mais il faut s'y prendre plusieurs semaines à l'avance. Plus accessible, ***Pape-Clément*** organise des visites tous les jours à prix plus ou moins démocratique *(résas : ☎ 05-57-26-38-38 ou sur ● luxurywineexperience.com ● ; accès par la ligne B du tram, arrêt Pessac-centre et ligne de bus n° 4, arrêt Le Monteil).* Carmes-Haut-Brion, avec son chai signé Starck, et Haut-Bacalan ont aussi succombé aux sirènes de l'œnotourisme.

MÉRIGNAC *(33700)*

Au départ, c'était une villa gallo-romaine, le domaine d'un certain Matriniacus. Aujourd'hui, c'est d'abord un aéroport. Avec ses 67 700 habitants, c'est aussi la 2e ville de Gironde. On s'y déplace pour ses quelques châteaux viticoles comme le vénérable château Pique-Caillou ou le château Luchey-Halde, qui sert de laboratoire aux nouvelles technologies viticoles.

À voir. À faire

Le parc du Vivier : *☎ 05-56-55-66-00. Tlj 8h-19h30 (avr-mai et sept-oct), 21h (en été), 18h30 (nov-mars). GRATUIT.* Ce magnifique parc de 9 ha accueille la mairie, installée dans un château du XVIIIe s qui mérite le détour. Il cache également de beaux étangs et même des cistudes, des tortues d'eau douce.

Le parc du Bourran : *mêmes horaires que le précédent.* Classé Monument historique, c'est l'archétype des jardins romantiques du Second Empire. Arbres exotiques, rocailles, fausses ruines. Il est aménagé en promenade botanique.

Visite de château viticole

Le château de Luchey-Halde : *17, av. du Maréchal-Joffre. ☎ 05-56-45-97-19. ● luchey-halde.com ● ♿ Accès facile par le Ⓣ ligne A, arrêt Fontaine-d'Arlac à Mérignac et continuer l'av. F.-Mitterrand, jusqu'à la 1re rue à gauche. Visite et dégustation lun-ven sur rdv. Vente directe lun-ven 9h-12h, 14h-17h. Visite à partir de 7 € ; gratuit moins 15 ans.* Le domaine est situé sur l'un des plus vieux et des plus prestigieux terroirs de l'appellation Pessac-Léognan. On prétend que c'était le vin favori de Napoléon. En 1919, l'armée achète le domaine et rase les vignes pour y faire un camp d'entraînement. Il est repris en 1999 par Bordeaux Sciences Agro (ex-ENITA), École nationale supérieure des sciences agronomiques. Des installations modernes et performantes ont été implantées à côté de l'ancienne chartreuse et de ses caves voûtées datant du XVIIIe s.

SAINT-MÉDARD-EN-JALLES *(33160)*

Qu'est-ce qu'une jalle ? Tout simplement un canal de drainage. Ancienne zone marécageuse drainée depuis le Moyen Âge, les Jalles ont été longtemps le jardin et le verger de Bordeaux. La ville est ancienne, très ancienne puisqu'elle remonte à l'époque romaine. Elle commence son ascension au XVIIe s, quand Louis XIV y établit une poudrière. Sous la Révolution, quand on rebaptise les paroisses pour enlever les noms de saints, elle s'appellera Fulminante-sur-Jalles.

Où manger ?

Le Tournebride : *55, rue Alexis-Puyo. ☎ 05-56-05-09-08. • le.tournebride@hotmail.fr • ♿ Fermé lun, mer soir et dim soir. Congés : 3 sem en août. Formule déj en sem 18 € ; menus 22-35 € (apéritif, vin et café compris).* Le resto est une valeur sûre de la cuisine aquitaine, servie dans un décor sans chichis aux portes du Médoc... Au menu, les produits régionaux de saison s'imposent dans l'assiette. C'est bon, copieux et vite servi, avec le sourire.

À voir. À faire

Le Carré des Jalles : *pl. de la République. ☎ 05-57-93-18-93. • carrecolonnes.fr • Sept-juin pour les spectacles. Médiathèque et cinéma fermés 15 j. en août.*

L'église Saint-Médard : cet édifice roman du XIe s, construit sur une nécropole mérovingienne, possède une jolie double nef.

CENON *(33150)*

Si on vient à Cenon (très facile en tram), c'est pour la programmation du Rocher de Palmer *(• lerocherdepalmer.fr •)*, ce monumental espace culturel dédié aux cultures du monde, le plus couru de tout le Bordelais et posé, tel un gros caillou, au milieu d'un parc.

Où dormir ?
Où manger à Cenon et dans les environs ?

De prix moyens à chic

Les Cabanes de la Romaningue : *2, chemin de Bon-Ange, 33370* ***Pompignac.*** *☎ 05-35-54-62-95. • contact@laromaningue.fr • cabanes.laromaningue.fr • À 12 km à l'est de Cenon. Suivre la N 89 en direction de Montussan, prendre la sortie no 4 puis fléché. Fermé nov-janv. Compter 79-249 € (avec spa) pour 2 pers, 20 €/pers supplémentaire. Paniers-repas 30-35 €/pers, vin inclus.* Rêver dans sa bulle, se percher en haut d'un arbre, buller dans un fût... La dizaine d'hébergements, dissimulés au cœur d'une paisible forêt, offrent une belle expérience pour nos routards en quête de nature. Scrutez entre les arbres pour repérer les roulottes et cabanes (tiens, un fût géant là-haut ; oui, oui on peut dormir dedans !), mais aussi les spectaculaires bulles blanches. En partie transparentes, ces grosses sphères vous offriront la plus originale des nuits à la belle étoile. Dépaysement assuré, sans lésiner sur le confort avec de vraies salles de bains à disposition.

Ze Rock : *1 bis, rue Aristide-Briand, à Cenon. ☎ 05-57-54-12-94.* *Fermé dim et j. fériés. Résa conseillée. Plat du jour 12,90 € ; formule en sem 16,90 € ; menus 19,90-32 € ; carte env 35 €.* Une adresse sympa pour les « faims de spectacle ». Du noir, du blanc, du rouge, un grand bar et une belle terrasse plantent un décor contemporain. Carte à mi-chemin du gastro et du bistrot, où l'on pioche des plats de saison malins comme de belles salades gourmandes ou de généreuses pièces de boucher.

LORMONT *(33310)*

C'est l'entrée de la presqu'île, une petite ville qui devait être délicieuse au début du siècle dernier avec ses rues en pente descendant vers le fleuve, ses rives de Garonne et ses guinguettes, où les Bordelais venaient festoyer en empruntant des gondoles à vapeur. Il reste toujours la vieille ville à visiter, avec ses lavoirs et un petit musée un peu nostalgique, tenu par les Amis du vieux Lormont...

À voir. À faire

Une ***visite de la vieille ville,*** pour l'architecture typique des maisons de mariniers du XIXe s et pour aller voir l'*église Saint-Martin,* dont la légende attribue la fondation à Charlemagne. Totalement refaite au XVe s. La tribune du XVIIIe s, avec sa balustrade en fer forgé, a belle allure ! À 500 m de là s'élève le « château du Prince Noir », baptisé ainsi après le séjour présumé d'Edward de Woodstock, prince de Galles et d'Aquitaine au XIVe s. La demeure servait de résidence de campagne aux archevêques de Bordeaux jusqu'à la Révolution. Devenu propriété privée, son parc accueille un restaurant gastronomique. À défaut de vous attabler, jetez un œil à la belle bâtisse.

Le parc de l'Ermitage et les sentiers de Lormont : *dans l'ancienne carrière cimentière.* 28 ha verdoyants au cœur de la ville avec un beau plan d'eau (pour le plaisir des yeux seulement, baignade interdite !) et sentiers de randonnée.

Pousser jusqu'au ***bec d'Ambès,*** une zone humide avec ses villages tapis au creux des bosquets. On peut même aller jusqu'au bec, s'asseoir au bord de la Gironde et regarder passer les navires.

BOULIAC *(33270)*

Un village célèbre pour ses 2 monuments, au style très différent : une église, pur joyau de l'art roman, et un *Relais & Châteaux, Le Saint-James,* pur produit de l'imagination de l'architecte Jean Nouvel. Depuis le parvis de l'église, prenez le temps de laisser traîner vos yeux sur le panorama : la Garonne et Bordeaux en toile de fond, c'est une bien jolie vue qu'on a là.

BÈGLES *(33130)*

Jadis, Bègles était connue pour recevoir et traiter la totalité de la morue qui débarquait à Bordeaux, et comptait des dizaines de petites usines et d'ateliers avec leurs cohortes de travailleurs aux salaires aléatoires, dont de nombreux

immigrés espagnols et portugais. Pendant la 2de Guerre mondiale, la ville fut un véritable vivier de résistants, communistes pour la plupart, dont une bonne partie ne réchappa pas de ses combats avec l'occupant.
On n'eut aucun mal à raser les petites maisons ouvrières pour y construire quelques grands ensembles, nul plan d'urbanisme ne vit jamais le jour : Bègles est une ville sans centre.
Avec l'arrivée de Noël Mamère en 1989, certaines friches sont transformées en zones vertes, et les bords de Garonne sont nettoyés. Aujourd'hui, la ville s'enorgueillit d'un réseau de 30 km de pistes cyclables, et Bègles-Plage a pu s'étendre autour du plan d'eau de Monmousseau. Il reste encore quelques belles propriétés, qui donnent parfois le sentiment d'être déjà à la campagne.

Où manger ?

Restaurant Chiopot : *281, rue des Quatre-Castéra. ☎ 05-56-85-62-41. • chiopot@free.fr • lechiopot.fr • ♿ Tlj sauf sam midi et dim. Résa conseillée. Formules en sem 20,50-24,50 € ; carte 35-45 €. Café offert sur présentation de ce guide.* Une institution béglaise au cadre contemporain teinté de rouge et noir. Classique carte bordelaise avec les incontournables grillades de viande au feu de cheminée. Le magret règne en maître sur la maison. Belle collection d'armagnacs et carte des vins pléthorique. Jardin d'été.

Où assister à un concert ?

BT Club : *rue des Terres-Neuves. ☎ 09-79-16-98-71. Ouv ven-sam et parfois le jeu. Prix variables selon concerts.* Si on vous parle de cette salle de concert en périphérie de Bordeaux, c'est qu'elle est chaudement recommandable ! Les décibels qu'on y crache, comme les soirées communautaires, attirent foule.

À voir. À faire

Le musée de la Création franche : *58, av. du Maréchal-de-Lattre-de-Tassigny. ☎ 05-56-85-81-73. • musee-creationfranche.com •* ***Fermé pour travaux jusqu'à l'horizon 2024.*** *En attendant, expos hors les murs.* La Mecque de l'art brut, née de la collaboration entre un galeriste passionné et la mairie de Bègles. La collection est installée dans une belle maison du XVIIIe s au cœur d'un petit parc constellé de statues.

La piscine municipale : *2-14, rue Carnot. ☎ 05-56-85-86-39. Entrée : 5 €.* D'époque Art déco et classée à l'inventaire des Monuments historiques. De juillet à août, Bègles-Plage !

SUD-GIRONDE ET HAUTE LANDE

Au sud-est de Bordeaux, on quitte le domaine strictement maritime, bien que la marée remonte presque jusqu'à Langon.
Les rives de la Garonne offrent un aspect contrasté. Après Bègles la prolo, Villenave-d'Ornon hésite entre banlieue résidentielle et zone commerciale mais, dès Cadaujac, la campagne reprend ses droits. En face, sur la rive droite, champs et vignobles s'emparent du paysage dès la sortie de Floirac.

LA RIVE GAUCHE DE LA GARONNE

De part et d'autre du fleuve, 2 coteaux se font face. Le coteau sud (celui qui regarde au nord, en fait) est la terre des graves et des sauternes, juste en limite de la forêt landaise. Le coteau nord, pour sa part, profite de son exposition sud (vous suivez ?) pour produire quelques vins sympathiques, sainte-croix-du-mont, loupiac ou saint-macaire. Une flânerie d'une rive à l'autre n'est pas si simple car seuls 3 ponts relient les coteaux opposés : à Langoiran, Cadillac et Langon. La rive gauche est plus active, plus encombrée, mais elle permet d'accéder à presque tous les grands noms de la vallée.

LA BRÈDE ET MARTILLAC

(33650) 4 300 et 3 100 hab. *Carte Gironde, C3*

La Brède, c'est un nom qui évoque quelque chose. Une vague réminiscence scolaire. Voyons... un Bordelais célèbre... Montaigne ? Mauriac ? Montesquieu !

Adresse utile

i *Office de tourisme de Montesquieu-Martillac :* *3, pl. Marcel-Vayssière, à* ***Martillac.*** *☎ 05-24-73-39-90. • tourisme-montesquieu.com • ♿ Juin-sept, lun-sam 10h-13h, 14h-18h ; oct-mai, mar-ven 10h-13h, 14h-17h.* Autres points d'information en saison à Léognan *(mar-sam, de mi-juin à mi-sept).* De Bordeaux à Langon, possibilité de suivre les itinéraires autour du vin, à consulter et imprimer sur le site *• bordeaux-graves-sauternes.com •*

Où manger chic ?

|●| 🍸 *La Table du Lavoir :* *les Sources de Caudalie, chemin de Smith-Haut-Lafitte, à* ***Martillac.*** *☎ 05-57-83-83-83. • reservations@sources-caudalie.com • ♿ Tlj. Fermé janv-mars. Menu 45 €.* C'est la 2de table du très chic complexe hôtelier des *Sources de Caudalie,* une auberge champêtre pleine de charme, à la fois rustique et élégante. Les suggestions, dans un registre classique et traditionnel, sont inscrites sur les battoirs du fameux lavoir et varient au rythme des saisons. Grande cheminée et charpente apparente. Et la terrasse sur les prestigieuses vignes en impose par son panorama ! Carte des vins étendue, du simple bordeaux supérieur au prestigieux château Smith Haut Lafitte, son voisin.

À voir

👥 *Le château :* *à 1 km de La Brède et à 5 km de Martillac, en direction de Saucats. ☎ 05-57-95-96-25. 📱 06-43-24-55-43. • chateaulabrede.com • Mars-juin et sept, ouv mer-dim 14h-18h ; l'été, tlj sauf mar 10h-18h ; d'oct à mi-nov, mer-dim et j. fériés 14h-17h. Visite guidée : 9,50 € pour le château ou 14 €*

château + parc ; réduc ; gratuit moins de 7 ans. Parc seul en visite libre : 4 €. C'est dans cet élégant château entouré de douves en eau, vestiges de la forteresse médiévale d'origine, qu'est né en 1689 Charles Louis de Secondat, baron de Montesquieu. Il y a passé la majeure partie de sa vie. C'était son domaine préféré où, en plus d'écrire, il produisait du vin. La visite, très érudite, permet d'aborder toutes les facettes du grand homme et de sa famille en découvrant la salle à manger (ornée d'une insolite croix de Lorraine), l'office, l'entrée, le salon, et surtout la chambre. Ici, rien n'a changé. Chaises, commode et lit sont ceux de l'écrivain. Il y a même la table de travail sur laquelle il écrivit les *Lettres persanes* ! Moins émouvante mais exceptionnelle, c'est la splendide ***bibliothèque,*** à l'étage, qui constitue le clou du spectacle. L'ancienne salle de justice du château a de l'allure : vaste, impressionnante, et décorée d'un cycle peint du XVe s redécouvert par chance lors de récentes restaurations. Dans le ***parc magnifique,*** relisez *De l'esprit des lois,* ce n'est pas si difficile et ça en dit plus long sur la démocratie que bien des essais bâclés publiés aujourd'hui. Fin de l'intermède culturel.

DANS LES ENVIRONS DE LA BRÈDE ET MARTILLAC

La Ferme exotique : *1932, chemin du Port-de-l'Esquillot, 33140* ***Cadaujac.*** *☎ 05-56-30-94-80. • fermeexotique.com • Tlj nov-mars 13h30-18h (fermé lun hors vac), avr-oct 10h-19h (10h-18h en sem hors vac scol), animations l'ap-m seulement. Entrée : env 11 € (9 € nov-janv) ; enfant 9 € ; pass famille.* Pas vraiment un zoo, pas vraiment un parc d'attractions non plus. Entre les installations rigolotes façon Far West, une épatante collection hippomobile d'une centaine de véhicules (certaines calèches sont même utilisées pour des tournages !), des structures gonflables et même des sculptures de dinosaures, cette ferme assume le mélange des genres dans la bonne humeur. Quant aux animaux, on en trouve près d'un millier, surtout domestiques (poules et canards, chèvres et moutons, chevaux...), mais aussi quelques espèces exotiques. Les enfants aiment bien, les parents aussi. On peut s'y promener, y pique-niquer, se balader à dos de poney ou de dromadaire, embarquer à bord de diligences et de carrosses, et barboter dans une pataugeoire. Très ludique.

Visite de châteaux viticoles

– ***Le château Bardins :*** *chemin de la Matole, 33140* ***Cadaujac.*** *☎ 05-56-30-78-01. • chateaubardins.fr • À 7 km au nord de Martillac. Tte l'année, visite et activités sur résa : 45-119 € selon formule choisie.* On a aimé ce domaine familial où le vin et ses secrets se dévoilent à tous, petits et grands. Au programme : simple visite, balade à pied ou à vélo vers les châteaux alentour, initiation à la dégustation, éveil des sens et jeu de piste au cœur du vignoble pour les enfants, il y en a pour tous les goûts et tous les âges. Accueil chaleureux en prime.

– ***Le château Smith Haut Lafitte :*** *à 3,5 km de Martillac et à 5 km au nord de La Brède. ☎ 05-57-83-11-22. • smith-haut-lafitte.com • Visite sur résa. Entrée : 19 € pour la Forêt des Sens (gratuit moins de 12 ans) ; à partir de 20 € pour la visite avec dégustation, jusqu'à 120 € suivant formule de visite choisie.* Accueil chaleureux et visites dégustation très séduisantes chez ce grand cru classé des Graves qui vous fera découvrir le travail de la vigne et du vin ainsi que les secrets de son château. À quelques rangs de vigne du château se trouvent les *Sources de Caudalie* *• sources-caudalie.com •,* complexe hôtelier 5 étoiles qui abrite le célèbre spa et son programme de soins à base d'eau de source, de vigne et de raisins.

PODENSAC (33720) 3 200 hab. *Carte Gironde, C3*

2 choses à retenir ici. C'est d'abord l'un des sites d'observation d'un phénomène naturel étonnant, le *mascaret,* une vague déferlant à la bascule des marées, et qui remonte la Garonne. Dates et horaires du phénomène disponibles à l'office de tourisme de Cadillac. C'est aussi le lieu de naissance (en 1872) d'un apéritif revenu à la mode, le *Lillet.*

Où dormir ?

Chambres d'hôtes La Chartreuse des Eyres : *7, cours Xavier-Moreau. 06-20-69-60-65. • lachartreusedeseyres@gmail.com • lachartreusedeseyres.com • À quelques mètres du musée Lillet. Doubles et suites 99-149 €. Dégustation de vin offert sur présentation de ce guide.* Bien à l'abri dans son parc clos, cette magnifique demeure du XIXe s et son double escalier ravissant appartenaient autrefois à la famille Lillet (décidément on baigne dedans !). La propriétaire en a fait de vastes chambres d'hôtes élégantes et spacieuses, aux tons sobres et naturels, propices au cocooning. Beau parquet, cheminées et baignoires sur pieds se mélangent au mobilier plus contemporain, toujours avec beaucoup de goût. Une escale raffinée et chaleureuse avec en prime un accueil charmant.

À voir

Le musée Lillet : *8, cours du Maréchal-Foch. ☎ 05-56-27-41-41. • lillet.com • Ouv pour les individuels, mais sur résa seulement. 3 €/pers.* L'ancienne distillerie accueille aujourd'hui un petit musée dédié à la mémoire de cet incontournable régional. La partie historique et la partie production vous en apprendront beaucoup sur cet apéritif au bel assemblage de vins et de liqueurs de fruits, vieillis en fûts.

SAUTERNES (33210) 780 hab. *Carte Gironde, C4*

Le nom de Sauternes est l'un des plus connus de France. Mondialement réputé pour son vin blanc liquoreux, ce joli petit village est environné de châteaux prestigieux ou plus discrets, où l'on peut visiter chais et vignes. La mignonne église et son lavoir méritent une balade.

Adresses utiles

Office de tourisme Sauternes Graves Landes Girondines : *7, rue Principale. ☎ 05-56-63-68-00. • tourisme-sud-gironde.com • Juin-sept, mar-sam 10h-13h, 14h-18h. Fermé le reste de l'année.* Organise des visites de caves et châteaux des appellations Graves et Sauternes *(10-15 €/pers).* En juillet-août, possibilité de réserver la descente du Ciron en canoë combinée avec la visite d'un domaine viticole *(14 €/pers).* Location de vélos. Accueil chaleureux. Boutique.

Maison du sauternes : *14, pl. de la Mairie. ☎ 05-56-76-69-83. • maisondusauternes.com • Juin-sept, tlj*

9h-19h. Le reste de l'année 10h-13h, 14h-18h. Fermé 1er janv et 25 déc. Vend des vins d'une soixantaine de châteaux au même prix qu'à la propriété. Excellents conseils et dégustations.

***Autres boutiques de vin :** la **Maison du Vigneron,** 2, rue Principale, ☎ 05-57-31-00-89 (tlj), et la **Cave des Lauréats,** 19, rue Principale, ☎ 05-56-76-67-89 (tlj).*

Où dormir ? Où manger ?

Prix moyens

***Hôtel le 23 :** 23, rue Principale. ☎ 05-56-27-20-04. • hotelsauternes@orange.fr • hotelsauternesle23.fr • Doubles 80-85 €.* Cachée au fond d'une cour tranquille, cette jolie maison ancienne a fait peau neuve dans un style sobre et épuré. Chambres impeccables, où le contemporain s'harmonise avec les pierres apparentes. Un bon point de chute, d'autant que l'accueil est très sympa.

***Chambres d'hôtes et table du château Trillon :** 13, lieu-dit Cap-Lanne. 📱 06-84-79-22-71. • contact@chateau_trillon.fr • chateau-trillon.fr • Restaurant fermé mar soir, mer, et sam midi. Doubles 65-85 €. Formule déj en sem 15 € ; carte env 30 €. Apéritif maison offert sur présentation de ce guide.* Avec sa curieuse tourelle aux allures de campanile, cette maison du XXe s face aux vignes a plus d'un tour dans son sac. D'abord, elle dispose de chambres thématiques qui ne manquent pas d'originalité (madame aime la déco !). Ensuite, elle propose au restaurant une cuisine traditionnelle toute simple mais bonne, servie dans une petite salle à manger à l'ancienne mode. Pour les résidents, la piscine est un gros plus.

***La Petite Guinguette :** 2, chemin de Pasquette. 📱 06-77-76-97-56. • mariedanielou@hotmail.com • L'été, ouv les soirs sauf mer. Fermé oct-avr. Planches et tapas 7-15 €.* Un endroit insolite planqué au centre du village, dans un jardin privé. Déco de bric et de broc très sympa, avec canapés colorés et guirlandes lumineuses en terrasse ou dans la grange. Ambiance relax, impeccable pour accompagner charcuteries et fromages d'un verre de vin ou d'une bière. Animations et concerts.

Plus chic

***Le Relais du Château d'Arche :** château d'Arche, D 125. ☎ 05-56-76-67-67. • chateau-arche.fr • À la sortie nord de Sauternes par la D 125. Doubles 115-155 €. Apéritif maison offert sur présentation de ce guide.* Noyée dans un océan de vignes, cette belle chartreuse bordelaise du XVIIe s est un excellent point de chute pour une escapade œnotouristique chic et cosy. L'élégante bâtisse, très sobre, ne comprend qu'une dizaine de chambres vastes et douillettes (excellente literie), et un salon commun... où il y a toujours une bouteille de sauternes du domaine à disposition pour l'apéro ou le digestif. La classe !

***Auberge Les Vignes :** 23, rue Principale. ☎ 05-56-76-60-06. • aubergelesvignes@orange.fr • Fermé dim soir-lun. Formule déj en sem 16 € ; menus 28-38 € (48 € mets et vins).* Joli nom pour ce resto intime au cadre élégant et moderne, qui n'en oublie pas d'être chaleureux. Feu dans la cheminée, autant pour le plaisir des yeux que pour la cuisson de la viande aux sarments. À la carte : du terroir de saison et piqué de pointes d'exotisme. Belle carte des vins de la région, évidemment. Terrasse sympathique aux beaux jours.

***Restaurant La Chapelle de Guiraud :** château Guiraud. ☎ 05-40-24-85-45. • contact@lachapelledeguiraud.com • Fermé mar, mer soir et dim soir (plus lun et jeu soir ainsi que mer hors saison). Menus 28 € (déj en sem), puis 55 €.* Dans l'enceinte du fameux château Guiraud, voilà un cadre hors norme pour le restaurant bistronomique du chef Nicolas Lascombes ! Au menu, des plats de tradition à base de produits locaux et bio, et une imposante carte des vins à découvrir dans une ancienne chapelle, ou dans un bâtiment agricole relooké chic. Terrasse pour profiter du bel environnement vigneron.

À faire dans les environs

La base de loisirs de Bommes : *22, Le Tachon, 33210* ***Bommes.*** *À 3,5 km au nord-ouest de Sauternes. ☎ 05-56-76-61-42. • basebommes.e-monsite.com •* Base nautique (canoë et kayak) et accrobranche très complet (dès 2 ans). Nombreux départs de sentiers de randonnée balisés (pédestres ou VTT), en bordure du Ciron, dans la forêt des Landes girondines ou dans les vignes de Sauternes.

Visite de château viticole

Le château de Rayne Vigneau : *4, Le Vigneau, 33210* ***Bommes.*** *☎ 05-56-76-64-05. • raynevigneau.fr • Avr-nov, tlj 10h-12h30, 14h-18h ; déc-mars, lun-ven (mêmes horaires). Visites découverte 15-40 € ; dégustation perchée 49 € ; balade à cheval 85 € ; escape game 30 €.* Ce 1er grand cru classé est bien connu pour la belle qualité de ses vins vegan. Vendanges manuelles, pressurage délicat et vinification en barrique garantissent le meilleur. Mais ce qui le distingue d'un point de vue œnotouristique, ce sont ses activités qui sortent vraiment de l'ordinaire. Ici, la dégustation peut s'organiser... en haut d'un arbre ! En plus de savourer un grand cru, on profite d'un point de vue génial. La palme de l'insolite revient toutefois à l'*escape game*. Là, c'est le fun assuré !

LA GIRONDE

LANGON

(33210) 7 400 hab. *Carte Gironde, C4*

Langon, carrefour économique du Sud-Gironde, a conservé quelques traces architecturales de son passé (vestiges de Notre-Dame-du-Bourg, dont les chapiteaux sont exposés au musée des Cloîtres à New York, des maisons d'époque dans la rue piétonne...). Si le bourg ne présente que peu d'intérêt touristique, il peut être un bon point de départ pour découvrir les vignobles des Graves et du Sauternais ainsi que la Garonne.
Une *véloroute* relie Langon à Castets-en-Dorthe où l'on peut rejoindre le canal de Garonne et la voie verte du *Canal des 2 mers.*

Adresse et infos utiles

Office de tourisme Sauternes Graves Landes Girondines : *11, allées Jean-Jaurès. ☎ 05-56-63-68-00. • tourisme-sud-gironde.com • Mai-sept, lun-ven 10h-13h, 14h-18h ; hors saison, mar-ven (fermeture à 17h30).* Visites guidées du vignoble des Graves et du Sauternais. Organisation de séjours thématiques clés en main pour une journée à la carte. Accueil charmant. Plan disponible à l'office de tourisme pour un parcours pédestre décrit au départ du centre-ville.

– ***Marché :*** *ven et dim mat, tte l'année.* Produits fermiers de 1er choix.

Où dormir ? Où manger à Langon et dans les environs ?

Maison Claude Darroze : *95, cours Général-Leclerc, à Langon. ☎ 05-56-63-00-48. • contact@darroze.com • darroze.com • Doubles 109-140 €. Formule déj en sem 37 € ; menus 62-110 €.* C'est l'adresse gastronomique du secteur, connue et reconnue de longue date (1 étoile Michelin). Une cuisine de tradition et de saison présentée au gré d'assiettes très graphiques, servies dans un cadre moderne ou en terrasse. Pour prolonger l'étape, de belles chambres contemporaines à la déco soignée.

Chambres d'hôtes Villa Cortèrra : *16, route de Mounic, 33210* ***Fargues.*** *☎ 05-57-98-55-17. 📱 06-14-21-11-42. • villacorterra@gmail.com • villa corterra.com • À 5 km au sud-ouest de Langon par la D 8. Doubles 100-140 €. Table d'hôtes 30 € (sur résa).* Cette maison si classique de l'extérieur cache bien son jeu. La sympathique proprio a créé des chambres au charme fou. Beau parquet, pierres et poutres apparentes, et surtout de bonnes idées de déco : quel cachet ! Les pièces à vivre appellent à la détente dans les larges canapés, au coin du feu ou autour du billard, mais l'été c'est la piscine qui fait l'unanimité. En un mot : charmant !

L'Écluse 52 : *9, route du Moulin, port de plaisance, 33210* ***Castets-en-Dorthe.*** *☎ 05-56-62-11-03. • ecluse52@orange.fr • À env 10 km à l'est de Langon. Avr-oct, ouv tlj ; nov-mars, le soir jeu-dim. Menus 17 € (déj en sem), puis 28-40 €. Apéritif offert sur présentation de ce guide.* Le cadre vaut le détour : dans un écrin de verdure, sur les berges du canal où sont amarrés les bateaux. En terrasse, c'est le top. Pour le reste, cuisine classique et bonne, efficace et bien présentée. Le midi, le rapport qualité-prix est impeccable. Accueil souriant.

À voir

L'église Saint-Gervais : une œuvre de Zurbarán, découverte par hasard par un curé de la paroisse, y est exposée.

Manifestation

– ***Paille et ripaille, festival des vins et de la ferme :*** *dernier w-e d'août.* Une foire « spécial régime minceur ». On mange et on boit comme 4, et des vedettes de passage poussent la chansonnette.

DANS LES ENVIRONS DE LANGON

L'Oseraie de l'Île : *33190* ***Barie.*** *☎ 05-56-61-21-50. • oseraiedelile.com • À 15 km à l'est de Langon. Prendre la route de Castets et Castillon, puis suivre le fléchage. Atelier ouv sur résa.* Karen et Corentin, vanniers de formation, se consacrent désormais à la culture de l'osier et à sa transformation. L'osier est ce qu'on a trouvé de mieux pour attacher les pieds de vigne et fermer les barriques de vin. Les grands crus ne veulent que ça !

Le canal de Garonne (prolongement du canal du Midi nord) : il se jette dans la Garonne à Castets et Castillon avec l'écluse de la Garonne. Longé de tout son long par une voie verte, idéal pour des balades à vélo bucoliques et en toute sécurité.

La forteresse médiévale de Roquetaillade : *33210* ***Mazères.*** *☎ 05-56-76-14-16. • roquetaillade.eu • À 7 km au sud de Langon. Juil-août, visite tlj 10h30-18h ; Pâques-juin et sept-oct, à 15h et 16h ; le reste de l'année : dim, j. fériés, vac scol zone A à 15h et 16h. Visite guidée de 1h : env 9,50 € ; 12 € avec la visite de la métairie ; réduc.*

Ce puissant ensemble fortifié en impose. Et pour cause, ce sont 2 châteaux érigés dans une même enceinte, le château Vieux du XIIe s et le château Neuf du XIVe s. Ce dernier fut édifié par le cardinal de la Mothe, neveu de Clément V, 1er pape en Avignon.

Le château Neuf se distingue par son énorme donjon central. Menacé de démolition sous la Révolution, il doit la sauvegarde de ses pierres à M. de Lansac, qui ouvrit sa cave aux membres du comité révolutionnaire de Bazas venus commencer le boulot. Résultat : seul le haut d'une tour fut démantelé.

> **FANTÔMAS CONTRE SCOTLAND YARD**
>
> *Malgré les apparences, ce film marquant des années 1960, dans lequel jouaient Louis de Funès et Jean Marais, fut tourné dans une Écosse factice. Ainsi, le castle écossais de lord Mac Rashley n'est autre que le château de Roquetaillade ! D'autres films ont tiré parti de cette belle fortification, à l'instar du* Pacte des loups, *sorti en 2000.*

En 1864, la famille Mauvesin eut l'idée géniale de faire appel au célèbre architecte Viollet-le-Duc, collaborateur de Prosper Mérimée, pour rendre le château habitable. Roquetaillade est par conséquent le seul exemple dans sa catégorie pour lequel le restaurateur de la cité de Carcassonne, de Notre-Dame de Paris, ou encore de Pierrefonds, intervint à la fois sur l'architecture, la décoration intérieure et le mobilier. Le rêve pour un homme pétri de médiévisme, pouvant ainsi laisser libre cours à sa passion. La guerre de 1870 et le manque d'argent ne permirent pas l'achèvement total du projet, mais en l'état, ça reste un témoignage unique d'une rénovation touchant tous les arts et corps de métier. Son aspect flamboyant et un brin excentrique s'en trouve donc naturellement dépassé et prend même une place historique dans l'évolution de l'art. À certains égards, ces outrances décoratives n'annoncent-elles pas l'Art nouveau ? Impossible de rester de marbre en découvrant l'escalier d'apparat, les chambres, le salon et l'étonnante salle synodale. Ne manquez pas non plus le mobilier d'époque et les imposantes cheminées Renaissance sculptées (par Souffren et Monge), datant de 1599. Quant à la chapelle, isolée dans le parc, elle vaut le coup d'œil pour son exceptionnel plafond à caissons et son décor d'inspiration orientale. Sacré Viollet-le-Duc !

En face de l'entrée du château, la ***Métairie,*** un musée rural vivant. Pour les enfants et ceux qui ne voient pas souvent une vraie vache, un vrai cochon ou un vrai pigeonnier du XIIe s en activité.

BAZAS (33430) 4 800 hab. *Carte Gironde, C4*

Prenez donc le temps d'aller admirer sa superbe *cathédrale* (XIIIe s) dotée d'un splendide triple portail et classée au Patrimoine mondial de l'Unesco dans le cadre des chemins de Saint-Jacques. Goûtez enfin au célèbre bœuf de Bazas, qui est ici un véritable objet de culte.

Adresse et infos utiles

Office de tourisme : *1, pl. de la Cathédrale mais déménagement prévu à 100 m. ☎ 05-56-25-25-84. • tourisme-sud-gironde.com • De mi-juin à mi-sept, lun-sam 9h-12h30, 14h-17h30 ; dim 14h30-18h. De mi-sept à mi-juin, mar-sam 9h-12h30, 14h-17h30 (plus lun pdt les vac scol). Nombreuses visites guidées à 5 €, sur résa pour certaines : de la ville et de la cathédrale (6 €), de l'apothicairerie de l'hôpital Saint-Antoine, ou encore des caves et des souterrains en nocturne.*

– Marché : *sam mat, sur la pl. de la Cathédrale.*

Où dormir ?

Où manger à Bazas et dans les environs ?

Chambres d'hôtes les Gravets : *2, lieu-dit Lagrave, 33690* ***Sigalens.*** *07-83-62-40-57. • lesgravets@outlook.fr • lesgravets.com • À env 20 km au nord-est. Doubles env 75-85 € ; familiale. Apéritif ou digestif maison offert sur présentation de ce guide.* Cette belle maison de caractère est perdue en pleine campagne. L'avantage, c'est qu'on y est bien tranquille pour profiter de la piscine, et qu'on y dort sur ses 2 oreilles dans les chambres joliment aménagées (classique ou rustique, ou façon chalet pour la familiale). Accueil sympathique.

Domaine Ecôtelia : *5, lieu-dit Tauzin, 33430* ***Le Nizan.*** *☎ 05-56-65-35-38. • contact@domaine-ecotelia.com • domaine-ecotelia.com • À env 6 km au nord-ouest. Congés : janv. Compter env 68-255 € pour 2-6 pers selon hébergement, avec petit déj. Apéritif offert sur présentation de ce guide.* Insolite, écolo et dépaysant : c'est ce qui définit le mieux ce domaine spécialisé dans l'hébergement alternatif. Entre les yourtes, les roulottes, les cabanes perchées, les Pods, les tentes safari ou les tentes marocaines, chacun devrait trouver son bonheur ! Les différents espaces ne sont pas isolés en pleine nature, mais l'ensemble est bien pensé et très bien équipé (laverie, location de vélos, BBQ dans un kota finlandais, piscine naturelle, spa...). Quant au confort, c'est selon son envie, du plus *roots* pour les aventuriers, au spa privé pour les amoureux.

Cap Cabane : *route de Lucmau, 33840* ***Captieux.*** *06-79-36-29-01. • info@capcabane.com • capcabane.com • À env 20 km au sud. Ouv de mi-avr à mi-oct. Compter env 98-119 € pour 2 pers, avec petit déj ; tarifs dégressifs. Empl. camping 14-22 € pour 2. Repas le soir 17,50 €.* Oh ! Des pommes de pin géantes ! En fait, ce sont des cabanes perchées très originales, créées pour cet endroit génial et dispersées au cœur d'une forêt bercée par le chant des cigales. En totale harmonie avec la nature, elles possèdent au 1er niveau une terrasse ombragée (avec un coin transats et un hamac), et au 2e une chambre au toit vitré pour admirer les étoiles. Chacune dispose aussi de ses toilettes sèches et de sa propre douche dont l'eau est chauffée à l'énergie solaire. Au cœur du projet : l'écologie. D'ailleurs, la belle piscine naturelle est peuplée de petits poissons ! Bistrot et resto bio, évidemment, à moins de préférer utiliser la cuisine à disposition. Excellent accueil.

Le Bœuf Pop : *30, pl. de la Cathédrale, à Bazas. ☎ 05-56-65-77-56. Fermé le soir lun-jeu, et dim. Plats 15-34 €.* Ce bistrot dynamique et pop'ulaire est le royaume du bœuf de race bazadaise. En tartare, grillée, ou hachée dans un burger, la viande livrée chaque jour par un boucher du coin est un régal, bien cuisinée et servie généreusement avec de bons accompagnements. Autant dire que ça marche fort. En salle, et surtout sur la super terrasse en partie sous les arcades, les places sont chères. Excellent accueil.

Café d'Oc : *13, rue Bragous, à Bazas. ☎ 05-56-25-96-08. • contact@cafedoc.com • Tlj sauf dim-lun et j. fériés. Service continu 9h-17h45. Formules 10,50-12,90 €. Café offert sur présentation de ce guide.* Un petit salon de thé-crêperie à l'ambiance vraiment chaleureuse. L'ancien four à pain et la cheminée donnent du cachet à la salle, où l'on déguste crêpes et galettes dans les bonnes odeurs de café torréfié sur place. Petite épicerie avec des produits régionaux à l'entrée.

Le 21 Gourmand : *21, rue Fondespan, à Bazas. ☎ 05-56-65-20-50. • le21gourmand@yahoo.com • Tlj sauf lun midi et soir. Carte env 15-20 €.* Cette toute petite adresse a un gros avantage : son équipe féminine sympa comme tout se relaie pour ouvrir tous les jours. Dans le coin, c'est appréciable. Pour le reste, une courte carte avec de bons plats maison et des produits frais. Simple et agréable, comme le cadre.

À voir. À faire

La cathédrale : *tlj 9h-18h.* Rebâtie entre les XVIe et XVIIe s par l'évêque Arnaud de Pontac après sa destruction par les huguenots. L'évêque a gardé un plan et une ornementation gothiques avec un triple portail en façade et une remarquable rosace. On y vénérait, paraît-il, le sang de saint Jean-Baptiste (décapité à Jérusalem : le sang des saints ne sèche pas). Elle est inscrite au Patrimoine mondial de l'Unesco dans le cadre des chemins de Saint-Jacques.

➢ **Balade dans la ville et dans les jardins :** *guide à retirer à l'office de tourisme.* Ne ratez pas le jardin médiéval reconstitué le long de la cathédrale. Voir aussi les remparts, ainsi que la grande place en légère déclivité, qui, avec ses arcades et ses ruelles convergentes, a beaucoup de charme et un faux air toscan ou flamand (on hésite !) avec, en son centre, cette maison à pignons dite « de l'astronome ». Sous les arcades, quelques artisans d'art.

Fêtes et manifestations

– ***Fête des Bœufs gras :*** *jeu précédant le Mardi gras.* Très grosse fête locale, où le fleuron du pays, le bœuf bazadais, est dignement honoré.
– ***Feux de la Saint-Jean :*** *23 juin, sur la pl. de la Cathédrale.* 3 grands bûchers sont dressés. Spectaculaire.
– ***Spectacle historique :*** *3 soirées en août au théâtre de verdure.*

LA HAUTE LANDE

Dernières vagues de pins avant les coteaux de Gironde, et après les terres riches de Villandraut et Bazas qui firent la fortune de la région jadis. On n'est plus vraiment en Gironde, on n'est pas encore dans les Landes.
Dans la région, nombre de cafés s'appellent des « cercles » et sont gérés par des associations qui leur donnent un nom en rapport avec leur idéologie : *Cercle de l'Avenir, Cercle du Progrès* ou même *Cercle Démocratique...* Nés des mouvements sociaux et républicains qui ont suivi la Révolution, ces cafés associatifs sont aujourd'hui des lieux de rencontres, de convivialité et, pour la plupart, des lieux d'animations. Certains sont devenus des « cafés de pays » et proposent des « casse-croûte de pays ».

VILLANDRAUT

(33730) 1 020 hab. *Carte Gironde, C4*

Ce gros bourg assez dynamique est le centre d'une région riche en patrimoine historique. Le château de Bertrand de Goth, futur pape Clément V (le 1er à avoir transporté le Saint-Siège à Avignon en 1309), recèle un certain nombre d'inventions dues au génie de son architecte.

À voir. À faire

Le château : ☎ *05-56-25-87-57. Juil-sept, tlj ; mai-juin, tlj 10h-13h, 15h-18h30 ; sur rdv le reste de l'année. Entrée : 5 € ; réduc. Visite guidée (1h).* Colossale forteresse médiévale à l'entrée du bourg, flanquée de tours puissantes abritant des salles voûtées. Édifié vers 1305 par le pape Clément V comme palais pontifical, il servit quelques années de cour papale. Notez les profondes douves empierrées de 15 m de large, enjambées par un pont dormant. De ce remarquable exemple de monument féodal en partie en ruine, les ailes est et ouest sont toujours debout.

– **Canoë-kayak :** *navigation sur le Ciron. Base nautique de Villandraut.* ☎ *05-56-25-38-65.*

À VOS PIOCHES !

Au XIVe s, le pape avignonais Clément V avait le bras suffisamment long pour accorder des charges honorifiques à de nombreux membres de sa famille. Pour tenir leur rang, ils n'hésitèrent pas à construire des châteaux appelés châteaux clémentins, dont Roquetaillade et Villandraut. La tradition prétend qu'une partie du trésor des Templiers serait caché dans ce dernier.

Fêtes et manifestations

– ***Fête des Fous :*** *14 juil, au château. Rens auprès de l'association Adichats :* ☎ *05-56-25-87-57.*
– ***Foire à la poterie :*** *mi-août, dans le village.* Exposition de poteries, sculptures, bijoux en faïence... Démonstration de tournage, atelier de modelage...
– ***Festival musical d'Uzeste :*** *autour du 15 août, pdt 1 sem env. Rens :* ☎ *05-56-25-38-46.* Le musicien Bernard Lubat a développé le plus atypique des festivals français. Jazz, blues, bossa... jusqu'au rap occitan : toutes les musiques se télescopent, dans les villages de Villandraut, Sore, Cazalis, Uzeste, Mazères et Luxey.
– ***Jumping national :*** *le w-e du 15 août.* Au château de Cazeneuve (voir ci-après).

DANS LES ENVIRONS DE VILLANDRAUT

La collégiale d'Uzeste *(33730) : à 5 km à l'est de Villandraut.* 📱 *06-09-92-20-23. • collegiale-uzeste.fr • Accès libre tlj 9h-19h. Visite guidée et accès à la salle du trésor sur rdv : env 5 €.* Une merveille de l'art gothique du XIVe s sur des bases romanes : triple nef, chœur et abside, déambulatoire et chapelles rayonnantes dont la particularité est d'avoir des voûtes sexpartites. Renferme le tombeau de Clément V. Vitraux fin XIXe s de qualité.

Le château royal de Cazeneuve : *33730* ***Préchac.*** ☎ *05-56-25-48-16. • chateaudecazeneuve.com • ♿ (rdc). À 12 km au sud de Villandraut ; direction Préchac, puis à gauche par la D 9. Juin-sept, tlj 14h-18h (dès 11h pour le parc) ; Pâques-mai et oct-Toussaint, w-e et j. fériés 14h-18h. Visite en partie guidée. Entrée : 11,50 € ; 5-12 ans 7 € ; réduc.*
C'est un must dans sa catégorie. D'abord, parce que l'ancienne forteresse médiévale transformée au XVIIe s en un château de plaisance et d'apparat a beaucoup d'allure, en aplomb au-dessus du Ciron. Ensuite, parce qu'elle fut le fief des ducs d'Albret, des rois de Navarre et par conséquent du fameux roi Henri IV. La reine Margot y fut même assignée à résidence en attendant l'annulation de son mariage avec ce dernier ! Quant à Louis XIII et Louis XIV, ils apprécièrent suffisamment Cazeneuve pour y faire un bref séjour. Ici, la petite histoire participe vraiment à la grande ! C'est d'ailleurs ce que les sympathiques propriétaires mettent en avant en faisant découvrir leur formidable héritage. La visite des salons, des chambres (dont celle de Margot), du cabinet du roi (dans son jus, avec le bureau et l'encrier), de la chapelle, ou encore des cuisines, est enrichie d'anecdotes savoureuses. On apprend notamment que c'est une aïeule qui écrivit le conte dont *Raiponce* est inspiré ! Puis on enchaîne seul avec les

caves où vieillissent de prestigieux vins de Bordeaux, avant de s'enfoncer un peu plus sous terre dans les insolites salles troglodytiques...
Mais ce n'est pas fini, car Cazeneuve, c'est aussi un ***parc*** de 40 ha classé Natura 2000. Après une petite expo sur le Ciron (film de 10 mn) et la flore, direction la superbe bambouseraie et les sentiers romantiques qui longent les berges. Enfin, avant de partir, allez donc faire une balade jusqu'à la grotte de la reine Margot. Réputée pour ses amours frivoles, la reine y venait honorer de joyeux rendez-vous galants.

LE PARC NATUREL RÉGIONAL DES LANDES DE GASCOGNE

Carte Gironde, B3-4

La partie girondine du parc naturel régional des Landes de Gascogne est celle du val de Leyre et de son delta.
Sur le bassin d'Arcachon, le delta de la Leyre offre le meilleur de lui-même à ceux qui auront eu l'idée de quitter la route touristique du tour du bassin. Le sentier du littoral longe les petits ports ostréicoles et les marais endigués. Les oiseaux marins se laissent surprendre en toute discrétion sur la réserve ornithologique du Teich. On peut même embarquer sur un kayak de mer et explorer ces chenaux et ces roselières inaccessibles aux autres embarcations et aux piétons.
Plus à l'est, vers la lande chère à François Mauriac, les lagunes, ces étendues d'eau sombres d'origine glaciaire telles qu'à Louchats ou Saint-Magne, laissent imaginer les paysages qui devaient précéder la plantation systématique des pins maritimes (voir en fin de guide la rubrique « Parc naturel régional des Landes de Gascogne » dans « Hommes, culture, environnement »).
– Lire également, plus loin, le chapitre « Les Landes ».

Adresse utile

ℹ ***Maison du parc naturel régional des Landes de Gascogne :*** *33, route de Bayonne, 33830* ***Belin-Béliet.*** *☎ 05-57-71-99-99 (siège). • parc-landes-de-gascogne.fr • Juste à la sortie du village de Belin. Ouv de lun ap-m à ven tte l'année.* Plein d'infos sur l'ensemble du territoire du parc et même sur la région.

Où dormir ? Où manger ?

Prix moyens

🏠 🍽 ***Le Résinier :*** *68, av. des Pyrénées, 33114* ***Le Barp.*** *☎ 05-56-88-60-07. • contact@leresinier.com • leresinier.com • ♿ Resto et hôtel fermés dim soir hors juil-août. Doubles 80-150 €. Menus déj en sem 19-29 €, formule et menu 40 € ; carte 40-54 €. Apéritif offert sur présentation de ce guide.* Une ancienne ferme landaise métamorphosée en un établissement chic et joyeux. Décorées avec beaucoup de goût, les chambres aux tons boisés et acidulés auraient leur place dans un magazine de déco. Celles donnant sur la piscine affichent encore plus haut leurs couleurs, rafraîchissant ! Côté annexe, on joue la carte contemporaine mais tout aussi chaleureuse. On aime le cadre feutré, la piscine tranquille, le boulodrome et surtout l'accueil sympathique. Au resto, la cuisine de terroir ne déçoit pas, on la déguste sur la terrasse ombragée de vigne vierge ou dans une salle rustique qui fleure bon les parfums d'antan.

À faire

➢ ***La descente de la Leyre :*** vraiment extraordinaire, cette descente en pente douce depuis l'une des bases nautiques situées sur la Grande Leyre (voir également plus loin le chapitre « Les Landes »).
On peut embarquer pour une promenade de 1 journée, de 1 soirée (en été) ou une randonnée de 5 jours. Cette excursion s'adresse à tous, même aux enfants de plus de 6 ans, à condition de savoir nager. La Leyre, s'étirant sur 90 km, est plutôt calme mais reste une rivière sauvage à branches, il ne faut pas y embarquer sans s'être renseigné au préalable sur l'état du chemin nautique. En fonction de l'endroit où l'on se trouve, on peut louer un canoë et organiser sa descente. Il existe une vingtaine de bases sur le territoire du parc et certaines d'entre elles sont ouvertes toute l'année. Elles sont présentées sur la carte-guide du parc, diffusée gratuitement, demandez-la.
Dans les centres, des guides de rivière vous aideront à préparer votre parcours en fonction de vos désirs et capacités. Initiation aux manœuvres à la base de départ. Prévoir son pique-nique, bien que les villages ne soient pas loin des bases. 10 ambassadeurs de la Leyre pour vos escales avec accès direct à la rivière.
– Ttes les infos pratiques sur • canoesurlaleyre.com •

– ***La forêt d'art contemporain :*** *• laforetdartcontemporain.com •* Un itinéraire permet de découvrir des œuvres monumentales d'artistes plasticiens, réparties sur le parc naturel régional. Pour les repérer, guettez en bord de route les poteaux en bois de couleur orange.

L'ENTRE-DEUX-MERS

• Carte *p. 116-117*

L'« Inter duo Maria » désigne en fait toute la partie de terre comprise entre la Dordogne et la Garonne remontée par les marées.
Ce triangle de terre produit sous son nom des vins d'appellation de grande renommée, essentiellement des vins blancs secs très aromatiques. Quelques appellations méconnues également, qui valent le détour : côtes-de-bordeaux-saint-macaire (blanc doux), graves-de-vayres (rouge et blanc sec), sainte-foy-bordeaux (rouge et blanc doux). Vous avez pu en déguster déjà quelques-uns en longeant la Garonne...
Vallonné, l'Entre-deux-Mers présente bien plus de variétés que les autres régions de la Gironde, et se distingue aussi par son très riche patrimoine architectural, avec notamment un superbe ensemble de bastides et cités médiévales très bien conservées.
Les coteaux qui plongent vers la Garonne ne sont pas très hauts mais forment quand même une ligne de crête qui permet de distinguer 2 sous-régions, selon que les rivières coulent vers la Garonne ou la Dordogne (et, en plus, orientés différemment, leurs vignobles ne se ressemblent pas du tout).

« ALERTE ROSE »

Les rosiers qui bordent les vignes servaient autrefois de signal d'alarme : touchés par le gel et les maladies avant les vignes (mildiou, oïdium), ils prévenaient les viticulteurs. Aujourd'hui, ces rosiers ajoutent une touche coquette aux paysages girondins.

Adresse utile

Office de tourisme de l'Entre-deux-Mers : *4, rue Issartier, 33580 Monségur.* ☎ *05-56-61-82-73.* • *entredeuxmers.com* • *Tte l'année, lun-ven 9h-12h30, 13h30-17h.* Organisation de séjours à la carte.

Randonnées en Entre-deux-Mers

– Pour les randonneurs, se procurer à l'office de tourisme les cartes-dépliants sur chaque secteur. Informations complètes, adresses utiles, sites à ne pas manquer. Gratuites, en plus !

Balades à vélo

Très belle ***piste cyclable Roger-Lapébie*** (vainqueur du Tour de France en 1937) qui suit le parcours d'une ancienne voie de chemin de fer. Cette longue langue d'asphalte s'étire tout doucement entre Sauveterre-de-Guyenne et Latresne, sur près de 52 km. Carte disponible auprès des offices de tourisme. *Loc de vélos à la Station Vélo de Créon :* ☎ *05-57-34-30-95 ;* • *station-velo-creon.fr* •

Manifestation

– ***Festival « Ouvre la voix » :*** *2 j. début sept.* Festival musical itinérant, qu'on suit à vélo sur plusieurs étapes. Entre pop, rock et chanson française, c'est aussi l'occasion de découvrir l'Entre-deux-Mers de façon peu conventionnelle. Toute l'info sur le site • *rockschool-barbey.com* •

CADILLAC (33410) 2 800 hab. *Carte Gironde, C3*

Une des plus belles bastides de l'Entre-deux-Mers. Il faut absolument visiter, en plus du remarquable château ducal, les vieilles rues et l'église monumentale, ancienne collégiale du XVe s. Mais Cadillac n'est pas qu'un bel ensemble patrimonial. Animée, commerçante, c'est une ville active où l'on fait une halte plaisante pour profiter de ses bonnes adresses.

Adresse et infos utiles

Office de tourisme du Pays de Cadillac et de Podensac : *2, rue du Cros.* ☎ *05-56-62-12-92.* • *destination-garonne.com* • *Avr-juin et oct, mar-dim 9h30-12h30 et 14h-17h30 ; juil-sept, tlj jusqu'à 18h30 ; nov-mars, mar-sam 14h-17h30 plus sam mat.* Panneaux d'interprétation dans la bastide, livrets de visite, rallye pédestre ludique gratuit pour les enfants : *Sur les pistes de Robin,* balades sur la Garonne. Accueil très efficace.

– ***Marchés :*** *traditionnel sam mat et en saison ; également marché des artisans le 1er ven du mois et des créateurs ts les mer.* Animations et restauration sur place.

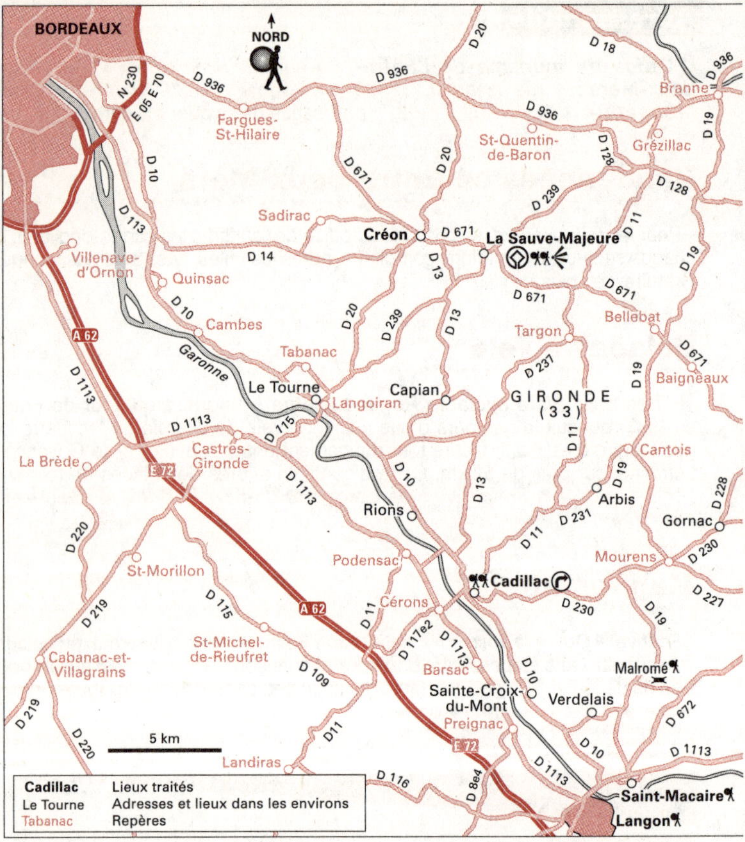

Où dormir ? Où manger ? Où boire un verre ?

La Cabane : *27, av. du Pont. ☎ 05-56-76-96-96. 06-76-04-79-20. • didierbergey1@orange.fr • Ouv seulement juin-sept, le soir mar-sam. Tapas et planches env 4-10 € ; plats env 16-20 €.* C'est une vraie cabane, un genre de guinguette haut de gamme planquée dans le jardin du fameux resto *L'Entrée Jardin* (voir plus loin). Dès que le soleil pointe le bout du nez, habitués et curieux s'éparpillent sous les arbres en dévorant de bonnes tapas et de belles grillades, un verre à la main. Le vendredi, avec les concerts, c'est carrément la fête ! Un must dans sa catégorie.

Restaurant Le Voyageur : *22, av. du Pont. ☎ 05-56-62-65-38. • didier04.navarri@gmail.com • Tlj sauf dim. Doubles 60-65 €. Menu déj 13,90 € ; carte env 30 €. Café offert sur présentation de ce guide.* Un vrai resto d'habitués, face à l'entrée principale de la bastide. Cadre simple, et cuisine traditionnelle efficace et copieuse, d'un bon rapport qualité-prix le midi. À l'hôtel, les petites

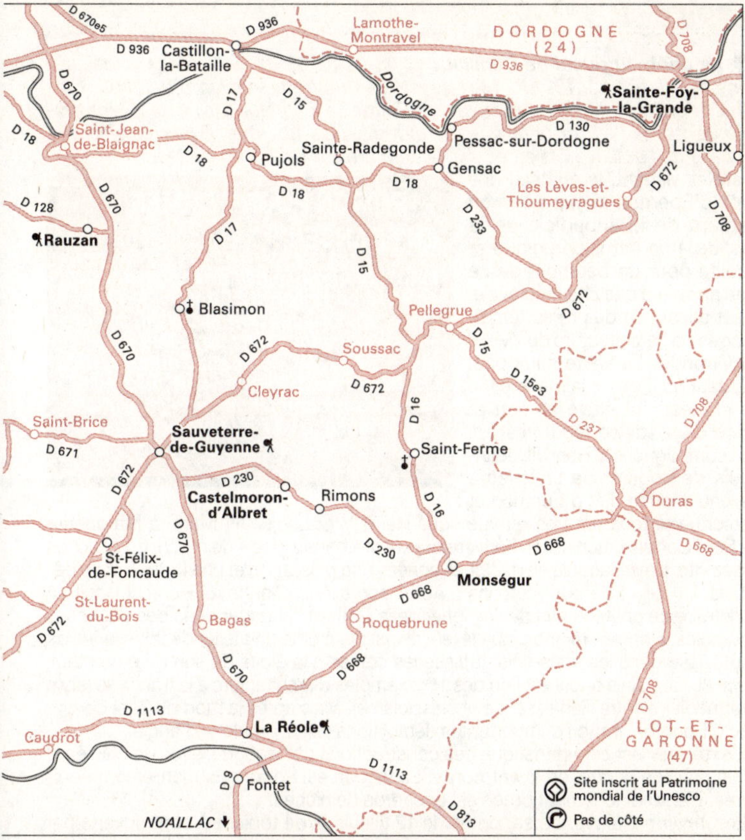

L'ENTRE-DEUX-MERS

chambres rénovées sont impeccables pour l'étape.

Le Cosmopolitain : *16, rue du Cros. ☎ 09-81-74-00-58. • lecosmopolitain@outlook.fr • Tlj sauf dim soir-lun en saison, se renseigner hors saison. Burgers 13-18 € ; carte env 25-30 €.* Ambiance conviviale et relax dans ce resto qui ne manque pas d'énergie. À la carte, de bonnes grillades au feu de bois et des plats simples et classiques bien faits. Mais la vraie surprise, c'est la terrasse aménagée dans le joli jardin. Le soir, on y organise des apéros (cocktails et tapas), et même des concerts à l'occasion. Super ambiance.

L'Entrée Jardin : *27, av. du Pont. ☎ 05-56-76-96-96. • contact@restaurant-entree-jardin.com • restaurant-entree-jardin.com • Fermé dim-lun (plus mer soir hors saison). Formule déj en sem 18 €, et menu midi (sauf dim) 29 € ; carte env 50 €.* Une très agréable terrasse au calme, devant le parc et la Garonne, à quelques enjambées de la bastide. Intérieur clair et contemporain, tout aussi agréable. Mais ce qui lui vaut un franc succès, c'est sa cuisine classique de saison, et surtout de qualité. Une valeur sûre.

À voir

Le château ducal de Cadillac : ☎ *05-56-62-69-58.* • *chateau-cadillac.fr* • *Juin-sept, tlj 10h-13h15, 14h-18h ; le reste de l'année, tlj sauf lun 10h-12h30, 14h-17h30. Fermé 1er janv, 1er mai et 25 déc. Entrée : 6 € ; gratuit moins de 26 ans ressortissants de l'UE et pour ts le 1er dim du mois nov-mai. Billet jumelé avec l'abbaye de La Sauve-Majeure : 9 €. Accès libre aux jardins du château.*

Vaste et élégant, le château des ducs d'Épernon occupe environ un tiers de la superficie de la bastide, une intrusion unique et insolite pour un bâtiment de ce type au sein d'une cité médiévale. C'est aussi l'un des rares témoignages de l'architecture du XVIIe s en Gironde. La visite s'impose, d'autant qu'il y a de la matière !

Le château fut élevé en lieu et place d'un édifice féodal par un des compagnons d'Henri III, Jean-Louis de Nogaret de La Valette, devenu ensuite duc d'Épernon et personnage toujours très en vue sous Henri IV et Louis XIII. Marié à Marguerite de Foix-Candale, richissime héritière qui eut la « bonne idée » de mourir en couches assez vite, il avait acquis en quelques années une puissance et une fortune considérables. Un peu trop pour certains... Après son avènement, le roi Henri IV l'incita à construire ce château afin de l'éloigner de la Cour et l'engager dans des dépenses abyssales. L'ancien mignon joua le jeu, et installa même un atelier de tapisseries de haute lisse dans les sous-sols, tapisseries créées à la gloire de son roi protecteur, Henri III. Ce palais ducal est l'un des 1ers exemples d'architecture à la française (style intermédiaire entre Renaissance et classicisme). Mais après la mort du 2d et dernier duc d'Épernon, il subit d'importantes démolitions (ailes, pavillons d'angle).

1re PRISON POUR FEMMES EN FRANCE !

Le château de Cadillac fut transformé en 1818 en prison d'État pour femmes (la 1re en France). Fin XIXe s, il devint « centre d'éducation surveillée », jusqu'en 1952. Au total, 130 années de vie carcérale féminine, soit un panorama assez complet de l'administration pénitentiaire, à voir au dernier étage du château.

– L'***extérieur*** est caractéristique des constructions de l'époque, avec un plan en U et un pavillon central en avant-corps. La façade est sobre et superbement équilibrée. L'entrée richement ornée est encadrée de niches.

– Les ***jardins à la française,*** ornés de 12 tilleuls et de topiaires, sont ouverts par la ville.

– L'***intérieur*** s'ouvre par un escalier d'honneur conduisant à l'***étage ducal.*** Décorés de superbes plafonds peints et ornés de cheminées monumentales délicatement sculptées, les appartements renferment un trésor : une quarantaine de tapisseries du milieu du XVIe s à la fin du XVIIe s, la plus grande collection de France pour les Monuments nationaux. Ça en jette ! C'était d'ailleurs le but du duc, en mettre plein la vue, et même si une partie de la décoration d'origine a disparu, il en reste bien assez pour se faire une idée du caractère bling-bling de Cadillac. À l'étage supérieur, les ***appartements du roi et de la reine*** ne font pas non plus dans le sobre. Parmi les musts, repérez la belle tapisserie du siège de La Rochelle, tissée vers 1630 au château. Le changement de registre est en revanche radical lorsqu'on grimpe dans les ***combles.*** Laissés dans leur jus, ils rappellent la période sinistre de la prison pour femmes. Au XIXe s, le château renferme jusqu'à 500 pauvresses et connaît des taux de mortalité de 15 à 20 %. Les cellules et les costumes des détenues invitent à la réflexion sur la privation de liberté et l'univers carcéral. Enfin, direction les ***sous-sols*** abritant les cuisines, ainsi qu'un remarquable escalier à vis sans noyau, chef-d'œuvre technique et esthétique.

La Maison des vins de Cadillac : *route de Langon (D 10).* ☎ *05-57-98-19-20.* • *maisondesvinsdecadillac.com* • *À 400 m de la vieille ville en direction de Loupiac. Mai-août, tlj 10h30-13h, 14h30-19h ; sept-avr, lun-ven 9h-12h30, 14h-17h.*

Visite et dégustation de 5 vins : 5 €. Une visite offerte pour une visite achetée sur présentation de ce guide. On s'y arrête bien sûr pour demander des conseils (avisés), prendre les adresses des vignerons de l'appellation et goûter quelques références, mais pas seulement ! Car la Maison renferme également un écomusée interactif et ludique qui aborde tous les sujets essentiels : les différences entre les terroirs, la culture de la vigne, les techniques de vinification... Il y a même un orgue olfactif pour affûter son odorat ! Également un parcours dans les vignes pour découvrir les différents cépages du Bordelais. Impeccable comme introduction au monde du vin. Aire de pique-nique et espace jeu pour les enfants.

Manifestations

– ***Portes ouvertes en Cadillac côtes-de-bordeaux :*** *le w-e de Pentecôte.* Dans les châteaux viticoles de l'aire d'appellation, avec rallye de voitures anciennes.
– ***Festival médiéval :*** *2e w-e de juin, à* ***Landiras.***
– ***Festival « Rues et vous » :*** *2e w-e de juil, à* ***Rions.*** Théâtre de rue dans la cité médiévale.
– ***Rencontre des bateaux en bois :*** *4e w-e de juil, au* ***Tourne.*** Les chantiers de Tramasset, derniers chantiers navals pour bateaux en bois, ouvrent leurs portes pour des rencontres, des concerts, et toutes sortes d'animations festives.
– ***Les Épicu'Rions :*** *1er w-e de nov, à* ***Rions.*** Fête des vendanges.
– ***Les Baladins :*** *1 w-e fin juil et 1 w-e fin août.* Spectacles et théâtre de rue, concerts gratuits (et en août s'ajoute un spectacle pyrotechnique le dimanche soir sur la Garonne).
– ***Ronde de nuit :*** *sam du 3e w-e de sept, pdt les Journées du patrimoine.* Parcours nocturne aux flambeaux avec des étapes musicales et théâtrales dans différents lieux historiques méconnus de la ville.

CADILLAC ET LA CADILLAC

Comment ce village donna son nom aux grosses voitures américaines de la General Motors ? Le fondateur de la ville de Détroit, Antoine Laumet, emprunta en fait le nom d'une famille du Tarn-et-Garonne, Lamothe-Cadillac. Il fonda Détroit en 1701, et la General Motors, en l'honneur du fondateur de la ville (en 1902), donna le nom de Cadillac à une nouvelle série de voitures. C'est un peu usurpé.

Visite de château viticole

Le château Haut Roc : *lieu-dit La Boye, 33760* ***Arbis.*** *06-32-20-89-95.* *• chateauhautroc.com • Lun-sam 9h-19h (fermé autour du 15 août et 1 sem à Noël).* C'est un tout petit domaine en agriculture biologique, porté à bout de bras par un jeune vigneron très motivé. Lorsqu'on lui rend visite, il prend le temps de montrer ses vignes juste en face, et d'expliquer son travail. Une bonne introduction à la dégustation de ses vins, bien faits, dont une cuvée sans sulfites qui se démarque par un bel équilibre.

DANS LES ENVIRONS DE CADILLAC

RIONS *(33410)*

Une petite cité fortifiée adorable dont on peut encore voir les vestiges des éléments de défense, notamment la belle *porte du l'Hyan,* élevée au XIVe s, avec mâchicoulis et créneaux, ainsi que la tour du Guet. Au XIXe s, on surnommait la cité

« la Carcassonne girondine ». Prenez le temps d'arpenter ses jolies rues pavées, de jeter un œil à la grotte Charles VII, l'église Saint-Seurin, la halle aux petits pois...

SAINTE-CROIX-DU-MONT (33410)

Un joli village perché sur un coteau dominant la Garonne. Son vin blanc doux est considéré comme un concurrent du sauternes, car il est également fait de raisins récoltés tardivement après un début de « pourriture noble ». Sous l'église, petite grotte où vous découvrirez que toute la colline est en fait un banc d'huîtres fossiles.

Visite de château viticole

Le château La Rame : *☎ 05-56-62-01-50. • chateaularame.fr • Lun-ven 8h30-17h (fermé autour du 15 août et 1 sem à Noël).* Beau point de vue sur la Garonne et château du XIXe s. Et belle occasion de savourer le divin nectar sainte-croix-du-mont ! Vente de produits de la région et conseils de dégustation.

SAINT-MACAIRE (33490) 2 200 hab. *Carte Gironde, C4*

Du nom d'un des grands évangélisateurs d'Aquitaine. La perle de la région. Un adorable village fortifié sur un promontoire au-dessus de la Garonne. Saint-Macaire fit fortune grâce à son trafic fluvial mais subit évidemment les convoitises de l'ennemi. Les remparts sont une merveille d'équilibre, et le Mercadiou (place du marché, en gascon) vaut le déplacement à elle seule. C'est par ailleurs à Saint-Macaire que la pierre a été extraite pour être acheminée à Bordeaux et utilisée dans la construction de nombreux monuments. C'est aussi une région de vins méconnus, comme le blanc d'appellation Côtes-de-Bordeaux-Saint-Macaire.

Adresse utile

Office de tourisme Sauternes Graves Landes Girondines : *8, rue du Canton. ☎ 05-56-63-68-00. • tourisme-sud-gironde.com • Sept-juin, mar-sam 10h-13h, 14h-17h30 ; juil-août, tlj jusqu'à 18h. Organise des visites de la cité tte l'année, suivies d'une dégustation (juil-août ; 5 €).*

Où manger ?

Le Pampaillet : *5, rue de l'Église. ☎ 05-56-62-33-75. Tlj 15h-21h30. Entrée 9 € ; plats 15-22 €.* C'est la bonne petite halte au cœur de cet adorable village. La salle rustique de ce restaurant-cave à manger est charmante, l'accueil est tout sourire, et les bons produits locaux sont aussi vendus côté épicerie. Dégustations et assiettes à partager dans la bonne humeur.

À voir

L'enceinte et ses portes : en se baladant à travers la ville, on trouve 3 portes bien conservées des XIVe et XVe s. La porte de l'Horloge (dite aussi « de Benauge »), ancien beffroi de la ville, a le plus de caractère.

Le Mercadiou : jolie place entourée de maisons de pierre jaunie, avec arcades de différentes époques, belles demeures bourgeoises des XVe et XVIe s avec baies, fenêtres à meneaux, maison à pignons.

L'église Saint-Sauveur : *au bord des remparts.* Élevée du XIIe au XIVe s, elle ne constitue pas de réelle unité. Elle faisait partie d'un ancien prieuré bénédictin. Portail sculpté, dont le tympan est orné de personnages. Abside curieuse, en forme de pétales. Mais le must, ce sont les peintures murales du chœur, datant du XIVe s, et restaurées, qui représentent des scènes de *La Légende dorée* et de l'Apocalypse. Une vraie bande dessinée d'époque...

Manifestations

– **Un été particulier :** *tt l'été, les années impaires.* Un dispositif artistique original et évolutif qui fait de la cité médiévale de Saint-Macaire une véritable galerie à ciel ouvert.
– **5 marchés des producteurs de pays à Saint-Macaire et Verdelais :** *juil-août.* Repas nocturne en plein air avec les produits du terroir (vin, canard, escargots, fromages, miel...). Animations musicales le soir.
– **Les Médiévales :** *1 journée fin août.* Spectacles, banquet, bal et marché font remonter le temps à la cité.

DANS LES ENVIRONS DE SAINT-MACAIRE

Malagar, Centre François-Mauriac : *entre Saint-Macaire et Verdelais, sur la commune de* ***Saint-Maixant.*** *☎ 05-57-98-17-17. • malagar.fr • Ouv fév-nov. Visite guidée de la maison sur résa. Entrée : 8 € ; réduc ; gratuit moins de 12 ans.* Dans le giron familial depuis 1843, le domaine de François Mauriac fut autrefois une propriété viticole de 14 ha. Le site, qui domine la vallée de la Garonne, offre de superbes paysages. Quant à la demeure de l'écrivain, classée Monument historique, elle fut source d'inspiration pour 3 de ses romans (*Destins, La Chair et le Sang* et *Le Nœud de vipères*). Ne pas hésiter par ailleurs à effectuer une petite promenade sur les traces de l'écrivain, le long de l'allée de cyprès qu'il fit planter à son retour de Toscane. Balade qui s'achève au moulin de Cussol sur un point de vue remarquable. Visite libre également du chai rouge, autrefois consacré à la vinification du vin... rouge (Malagar produisait également du vin blanc). En saison, le centre propose aussi des animations : conférences, théâtre, musique, cinéma, expositions et balades littéraires.

Château Malromé : *à 5 km au nord de Saint-Macaire, 33490* ***Saint-André-du-Bois.*** *☎ 05-56-76-25-42. • malrome.com • Mai-oct, visite mer-dim à 15h (plus 16h juil-août) ; avr-mai et oct, ven-dim, visite œnologique à 11h30 et Toulouse-Lautrec à 14h30 et 16h30. Fermé le reste de l'année (sauf pour les groupes mars et nov-déc). Nov-mars (sauf janv) visite sur résa mar-ven : visite Toulouse-Lautrec 10 € ; visite œnologique 12 € ; 8 € sur présentation de ce guide ou réduc ; gratuit moins de 8 ans. Accès gratuit aux expos temporaires.* La comtesse Adèle de Toulouse-Lautrec, dont le fiston n'est autre que le petit Henri, acheta ce domaine en 1883. Les appartements reconstitués de la Belle Époque et les paysages chers à l'artiste permettent aux visiteurs de se plonger dans son univers. Une cinquantaine d'œuvres originales sont à découvrir. Henri profitait du vignoble familial et se faisait monter du vin à Paris. À 37 ans, il mourut d'alcoolisme à Malromé, son refuge. Également une salle d'exposition présentant quelques originaux du peintre. Le domaine produit toujours son vin, mais on sait rester raisonnable à la dégustation ! Bistrot chic sur place *(Les Abeilles).*

Verdelais *(33490)* **:** *à 3 km au nord de Saint-Macaire.* Basilique dédiée à la Vierge et, au cimetière, tombe de Toulouse-Lautrec. Amusante confrontation... Encore que la basilique mérite le détour. Sanctuaire marial depuis près de 10 siècles, elle est couverte d'ex-voto. Normal : ici, les miracles sont réguliers. Depuis la droite de la basilique et du cimetière, un chemin de croix serpente sur le coteau jusqu'au calvaire qui offre un magnifique point de vue sur la vallée de la Garonne. Moulin à vent de Cussol très bien restauré sur la gauche.

LA RÉOLE (33190) 4 300 hab. *Carte Gironde, D3-4*

Bourgade animée, accrochée à flanc de colline au-dessus de la Garonne. L'activité économique de La Réole a de tout temps été liée au transport fluvial. Nombreux étaient les « gabarriers », bateliers qui s'occupaient d'exporter vins, fruits et légumes.
La ville fut fondée autour d'un monastère bénédictin vers le Xe s. Des enceintes successives protégèrent la ville au cours des siècles, mais elle subit de lourds dommages lors des guerres, étant située à la frontière franco-anglaise. Louis VIII y fit construire un château. Au XVIIIe s, la ville connut un grand essor, tout comme ses voisines des rives de la Garonne, grâce au commerce du vin. Aujourd'hui, c'est l'une des communes de Gironde (avec Bordeaux) labellisées « Ville d'art et d'histoire ». On apprécie se balader dans ses charmantes ruelles pavées.

Adresse utile

Accueil touristique de La Réole : *52, rue André-Bénac. ☎ 05-56-61-13-55. • entredeuxmers.com • Juil-août, ouv tlj 10h-13h, 14h-18h ; mai, juin et sept, mar-sam 9h30-13h, 14h-17h30 ; le reste de l'année, mar 9h30-13h, mer et ven-sam 9h30-13h, 14h-17h.* Circuit pédestre de découverte de la ville. Pour les familles, livret de visite spécifique : *Les Pistes de Robin.*

Où dormir ? Où manger ?

Chambres d'hôtes Les Galantes : *4, rue Bellot-des-Minières. ☎ 05-56-71-32-41. • frederique.binda@orange.fr • les-galantes.com • Double 80 €.* Cachée dans une ruelle tranquille, cette belle maison du XVIIIe s profite d'un emplacement central, mais calme. 3 chambres à l'étage, accueillantes et confortables, à la déco claire qui fleure bon la campagne. On a bien aimé la *Gabrielle* avec sa terrasse privative et sa jolie vue sur le lycée. Le petit déj est servi dans la salle à manger ou dans le jardin clos joliment fleuri si le temps s'y prête. Également une petite piscine où barboter en plein été.

L'Échoppe : *14, rue Peysseguin. ☎ 05-56-61-06-28. • lechoppecafe@gmail.com • L'été, tlj sauf lun (fermé le w-e et le soir lun-mar le reste de l'année). Formules 13-16 € ; carte env 15 €.* Régalez-vous, un coup de biniou souffle sur le Sud-Ouest ! À la carte de cette adresse très conviviale, des crêpes et galettes z'abituelles et z'inabituelles, comme on dit ici. À déguster en salle, entouré de Bigoudens ou en terrasse, dans l'une des plus charmantes rues de la ville. On a craqué pour la classique caramel au beurre salé, arrosée d'une bonne lampée de cidre. *Yec'hed mat !*

Restaurant Aux Fontaines : *8, rue de Verdun. ☎ 05-56-61-15-25. • les-fontaines@orange.fr • Fermé dim soir, lun et mer soir. Formule déj en sem 19 € ; menu 37 € ; carte 51 €.* Cette jolie maison bourgeoise du XIXe s accueille la belle table de la ville. En salle, à la déco fraîche et élégante, ou en terrasse dans le jardin, on se régale d'une savoureuse cuisine de tradition réactualisée, où canard, pigeonneau et ris d'agneau rendent hommage à un terroir riche de saveurs. Les assiettes, colorées et bien dressées, titillent nos sens. Excellent rapport qualité-prix des menus.

À voir. À faire

L'église Saint-Pierre : ancienne église bénédictine du début du XIIIe s. Elle a traversé les guerres de Religion avec beaucoup de difficultés, et la plupart des éléments datent du XVIIe s. À l'intérieur, une chaire et des vitraux colorés.

L'abbaye des Bénédictins : *à côté de l'église. Tlj 9h-18h.* Transformée en édifice administratif. En entrant par la porte principale, on découvre sur la droite un bel escalier monumental avec sa rampe en fer forgé et repoussé, le tout coiffé d'une coupole. Au bout du couloir, un autre escalier et un plafond de bois peint où saint Benoît apparaît en extase.

Promenade en ville : *plan disponible à l'office de tourisme.* En remontant la rue Armand-Caduc, emprunter sur la droite l'adorable rue Peysseguin qui présente de belles maisons à colombages. On parvient à l'*ancien hôtel de ville* (magnifique !), le plus vieux de France, construit vers 1200 à la demande de Richard Cœur de Lion et s'intégrant aux remparts. Il fut remanié au XIVe s. Édifice de style roman, fortifié, massif, qui présente meurtrières, pignons et mâchicoulis. L'un d'eux a servi ultérieurement à soutenir un balcon de style flamboyant. Sous les colonnades se tenait la grande halle. Admirez les chapiteaux massifs, aux styles différents. Les rues Blaise-Charlut et Jean-Delsol possèdent plusieurs belles maisons à pans de bois.

DANS LES ENVIRONS DE LA RÉOLE

Le musée d'Artisanat et de Monuments en allumettes : *33190* ***Fontet****, sur la base nautique, au sud-ouest de La Réole. ☎ 05-56-71-21-17. 06-13-98-58-55. • museeallumettes.com • Mars-sept, tlj 14h-18h. Compter 1h30 de visite. Entrée : 5 € ; enfant 2,50 €.* Dans un bâtiment qui en a vu d'autres, une petite série de maquettes étonnantes. La reproduction de l'abbaye des bénédictins de La Réole nécessita 150 000 allumettes et la cathédrale de Reims (4 m de long, 2 m de haut et 3 ans de boulot)... 350 000. Cette dernière est répertoriée au *Guinness World Records* ! Voir aussi la maquette d'une partie du château de Versailles avec 450 000 allumettes (6 000 h d'effort, quand même), ou encore l'église romane de Fontet. Monsieur Pignon n'a qu'à bien se tenir !

MONSÉGUR (33580) 1 500 hab. *Carte Gironde, D3*

À Monségur, en Gironde, il arrive fréquemment que des touristes se pointent en demandant à voir le château cathare. Or ce dernier est à Montségur, en Ariège... et ce n'est pas vraiment la porte à côté !

Jolie bastide anglaise (XIIIe s) et site défensif dominant la vallée du Drot. Sa vaste place carrée est entourée de galeries couvertes, où l'on cherche la fraîcheur en été, et occupée en son centre par une halle Baltard. Balade sympa à faire en suivant le chemin de ronde qui longe les anciens remparts.

Adresse utile

Point d'informations touristiques : *3, rue Porte-de-la-Réole. ☎ 05-56-61-39-44. • entredeuxmers.com • Mer et ven-sam 9h30-13h, 14h-17h (mar-sam 10h-13h, 14h-18h l'été).*

Où dormir ? Où manger ?

Restaurant Les Tilleuls : *2, pl. des Tilleuls. ☎ 05-56-61-81-95. Double 50 €. Resto au déj seulement, lun-ven, résa souhaitée. Menu ouvrier 15 € (vin compris).* Point de chichis dans ce resto d'habitués, mais un copieux menu du jour en semaine, mettant à l'honneur une cuisine familiale simple et bonne. Et puis, il est bien agréable de se poser l'été sur la terrasse ombragée par quelques tilleuls. Une poignée de chambres toutes simples pour une pause prolongée.

Manifestations

– ***Foire au gras :*** *2e dim de fév.* Au marché : canards, foies gras, vins et fromages des Pyrénées.
– ***Foire aux fleurs :*** *8 mai.* Un beau rendez-vous de fleuristes, pépiniéristes... De quoi redonner des couleurs à votre maison ou votre jardin.
– ***Les 24 Heures du swing :*** *1er w-e de juil. • swing-monsegur.com •* De nombreux concerts animent la ville.

CASTELMORON-D'ALBRET

(33540) 52 hab. *Carte Gironde, D3*

Comment ne pas se laisser tendrement séduire par la plus petite commune de France, qui occupe modestement 3,5 ha ? Perché sur un promontoire depuis le Moyen Âge, ceint de murailles, avec ses ruelles et ses maisons fleuries, c'était alors le chef-lieu d'une sénéchaussée de 80 paroisses ! Aujourd'hui, elle garde quelques traces de son enceinte fortifiée et une tour subsiste encore. On flâne simplement dans ses ruelles étroites en retenant des odeurs, en captant des impressions. Notez le ravissant lavoir médiéval envahi de massettes. 2 originalités également, les balcons suspendus côté route et les génoises, bordures de toit caractéristiques.

UN VILLAGE RIQUIQUI !

Pour donner une idée, la superficie du village de Castelmoron-d'Albret serait égale à la surface de la place de l'Étoile à Paris ! Si le nombre total d'habitants en fait une commune modeste, il n'en va pas de même si l'on considère la densité de sa population, puisqu'on compte à Castelmoron-d'Albret quelque 1 649 hab./km². Par comparaison, la densité en Île-de-France est de 1 010 hab./km².

Où manger dans les environs ?

De bon marché à prix moyens

La Ferme Gauvry : *à 1,5 km de **Rimons** (33580). ☎ 05-56-71-83-96. • lafermegauvry@wanadoo.fr • lafermegauvry.com • À la sortie de Rimons, en direction de Castelmoron, 1re à gauche (fléché). Tlj sauf lun, seulement le midi. Menus 20-43 € ; carte env 30 €.* Une ferme-auberge pittoresque dans une ancienne grange joliment restaurée (salle aux murs de pierre, cheminée où le feu crépite aux mauvais jours). Une franche et bonne restauration qui fait honneur aux produits de la ferme, surtout aux canards gras élevés sur place mais aussi au bœuf de Bazas, le seigneur de la région. Confits, magrets, côtes de bœuf, et même des burgers, accompagnés des légumes du jardin, comme il se doit. Et vin de propriété, il ne manquerait que ça ! Desserts maison. Accueil et service souriants.

DANS LES ENVIRONS DE CASTELMORON-D'ALBRET

L'abbaye de Saint-Ferme : *à env 6,5 km de Castelmoron-d'Albret dans le village de **Saint-Ferme.** Visite guidée mer ap-m sur résa : ☎ 05-56-61-69-92 (mairie) ou 05-56-61-62-10. Tarif : 4 €.*

Aux XIIe et XIIIe s, elle était resplendissante, située sur un chemin de Compostelle et dirigée par un abbé extrêmement puissant. Mais les guerres de Religion l'ont bien ruinée. L'abbaye bénédictine fortifiée se caractérise par la simplicité de son architecture, avant tout massive. On peut encore voir l'abbatiale, le cloître et les salles voûtées du XVIIe s. Les bâtiments conventuels sont aujourd'hui occupés par la mairie et par des particuliers.

Dans l'église, grande croisée de transept avec voûte sculptée. Plafond en berceau. Jolis chapiteaux historiés de style roman, d'une grande richesse de thèmes et d'une réelle finesse d'exécution. Entre autres choses, on reconnaît David tuant Goliath, Daniel et les lions, le Lavement des pieds et bien d'autres scènes de l'Ancien et du Nouveau Testament. À côté, jolie cour qui est, en fait, l'ancien cloître, au rugueux pavement et à l'élégante échauguette. Dans la tour, petit mais riche fonds artisanal.

SAUVETERRE-DE-GUYENNE

(33540) 1 900 hab. *Carte Gironde, D3*

Petit bourg très tranquille, caractérisé par sa bastide fondée en 1281, dont il subsiste 4 portes fortifiées et la place centrale à couverts. Entrée dans la vieille ville par la porte Saubotte. Au niveau de la porte de la Font se trouve le point de départ de la piste cyclable (voie verte Roger-Lapébie) qui pourra vous ramener sur Bordeaux sans croiser une seule voiture...

Adresse utile

Accueil touristique de Sauveterre-de-Guyenne : *28, pl. de la République. ☎ 05-56-71-53-45. • entredeuxmers.com • Mar 9h30-13h, mer et ven-sam 9h30-13h, 14h-17h30 (mar-sam 10h-13h, 14h-18h l'été).* Organise des dégustations de vin en été et vente de vin du secteur. Demandez les clés de la porte Saubotte (visite libre et gratuite). On peut aussi découvrir ce site à l'occasion des visites théâtralisées proposées l'été.

DANS LES ENVIRONS DE SAUVETERRE-DE-GUYENNE

Le moulin-musée du Haut Benauge : *à env 9 km à l'ouest de Sauveterre-de-Guyenne, 33540* ***Gornac.*** *• gornac.com • ☎ 05-56-61-96-15 (mairie). Visite gratuite sur rdv tte l'année.* Au sein de ce moulin du tout début du XVIIe s, une collection de petits outils viticoles et artisanaux qui témoigne des anciens métiers ruraux.

Le château des seigneurs de Pommiers : *à 5,5 km au sud-ouest de Sauveterre-de-Guyenne, 33540* ***Saint-Félix-de-Foncaude.*** *☎ 05-56-71-65-16. Visite et dégustation sur résa.* Place forte féodale, édifice du Xe s, moulin, pont médiéval, chapelle, courtines en font un site chargé d'histoire. L'association du château organise d'ailleurs le 15 août une super journée médiévale haute en couleur. C'est aussi un domaine en bio. La dégustation vaut le coup.

L'abbaye de Blasimon : *à 400 m du village de* ***Blasimon*** *(33540) et à 7 km au nord de Sauveterre-de-Guyenne. Prendre la direction de Rauzan.* Dans le fond d'une adorable vallée apparaissent les ruines de la gracieuse abbaye des XIIe et XIIIe s, qui a fait la renommée du village. Comme de nombreux édifices, elle allie les styles roman et gothique. Les bâtiments conventuels ont été restaurés et l'église reste étonnamment bien conservée. La partie la plus intéressante est sans doute la façade : portail à 5 voussures sculptées. On y reconnaît les Vices et les Vertus, de très beaux entrelacs et une série d'animaux ciselés avec précision, le tout devant dater du XIIe s. La pierre, rongée par endroits, donne à certaines sculptures des formes romantiques, comme un château de sable poli par les vagues. Intérieur sobre.

Le domaine départemental de Blasimon : *33540* ***Blasimon.*** *Fléché depuis le village.* Écrin de verdure de 50 ha avec un lac. Terrains de tennis, beach-volley, pétanque. Aire de jeux pour enfants. Pièce d'eau, périmètre de baignade surveillée.

RAUZAN (33420) 1 200 hab. *Carte Gironde, C3*

Dominant le village et la vallée, le château de Rauzan est un bel ensemble fortifié dont il reste de solides et impressionnants vestiges. Construit entre le XIIIe et le XVe s, il se distingue par son majestueux donjon cylindrique haut de 31 m et percé de meurtrières. Du sommet, belle vue sur les environs, surtout quand la lumière est douce en fin d'après-midi. Notez quelques jolies maisons autour du château, dont une décorée de sirènes sculptées du plus bel effet.

Adresse utile

Bureau d'accueil touristique : *12, rue Chapelle. ☎ 05-57-84-03-88. • tourisme-castillonpujols.fr • Mar-sam 10h-12h30, 14h (15h30 sam)-17h30 (tlj 9h30-12h30, 14h-18h juil-août).*

Où dormir ?

Camping

Camping du Vieux-Château : 6, Blabot-Bas, RD 123. ☎ 05-57-84-15-38. • contact@vieuxchateau.fr • vieuxchateau.fr • Situé en contrebas du village, à 500 m, en empruntant la D 123. Ouv d'avr à mi-oct. Forfait pour 2 env 19-27 €. Loc de truck, tentes, mobile homes et chalets 2-6 pers. 77 empl. Beau camping familial à taille humaine et impeccablement tenu, à 5 mn à pied du village. Calme, ombragé, dans un cadre verdoyant. Emplacements séparés par des haies et sanitaires nickel. Piscine chauffée et pataugeoire, sauna, salle de fitness et tir à l'arc. Et même un espace TV sous un barnum ! Un des meilleurs endroits du secteur pour camper, à seulement 13 km de Saint-Émilion (facile à vélo). Bar et snack.

Chic

Le Manoir de Marie-Lou : 34, rue du Petit-Versailles. ☎ 05-57-84-07-48. 07-57-51-00-61. • lemanoirdemarilou@hotmail.fr • lemanoirdemarielou.fr • Double 100 €, duplex (4 pers) 170 € ; suite. Table d'hôtes le soir 30 €. Marie-Lou et sa fille Anne vous reçoivent comme si vous étiez de la famille dans leur cocon, une maison de ville dotée d'un petit jardin. 2 chambres doubles et 1 suite dans une annexe, le tout meublé à l'ancienne mode. D'aucuns peuvent trouver le mobilier pesant et vieillot, la tapisserie trop envahissante et la déco chargée... mais devant un tel accueil, on se dit que ce n'est pas si mal de voir la vie en rose. Petit déj copieux et cuisine simple et familiale à la table d'hôtes.

LA GIRONDE

À voir

***Le château :** rens et billets à l'office de tourisme (à l'entrée du château). ☎ 05-57-84-03-88. • chateau-fort-rauzan.fr • Juil-août, visite tlj. Fermé lun en sept-mars et dim en nov-mars. Entrée : 4 €. Possibilité de visite guidée (sur résa) : 6 €.*

***La grotte Célestine :** au centre du village, à 200 m du château. ☎ 05-57-84-08-69. • grotte-celestine.fr • Tte l'année, sur résa seulement, conseillé 24h à l'avance. Entrée : 8 € ; réduc. Enfants mesurant moins de 1,20 m non admis.* Vous pouvez vous offrir une balade de 45 mn le long de la rivière souterraine de 13 m pour découvrir de magnifiques décors naturels. Assez spectaculaire et un peu sportif. Les prix sont un peu élevés, car on vous prête l'équipement (casques, bottes, lampes frontales) et vous êtes accompagné par un spéléologue.

L'ABBAYE DE LA SAUVE-MAJEURE

(33670) *Carte Gironde, C3*

C'est pour son abbaye qu'on rendra visite au village de La Sauve, dont le nom proviendrait du latin *silva major,* la grande forêt, défrichée plus tard par les bénédictins. Perchée sur une colline, elle a été fondée à la fin du XIe s par saint Gérard de Corbie sur les fondations d'un oratoire antérieur. Très beau style mêlant le roman et le gothique. En quelques siècles, elle devint très puissante et fut à l'origine de la fondation d'une cinquantaine de prieurés en Aquitaine. Lentement mais sûrement, les guerres provoquèrent le déclin

de l'abbaye, qui fut pillée à la Révolution après la fuite des moines en 1790. Les bâtiments servirent alors de prison pendant la Terreur, puis de carrière de pierre au XIXe s. Les nombreux vestiges sont néanmoins exceptionnels et dégagent un charme romantique. En face du site, remarquez l'église paroissiale : construite en 1084, elle est contemporaine de l'abbaye.

Adresse utile

■ ***Maison des vins de l'Entre-deux-Mers :*** *juste à côté de l'abbaye (accès par la cour). ☎ 05-57-34-32-12. • vinsentredeuxmers.com • Juin-sept, lun-sam 10h-12h30, 14h-17h30 (plus dim lorsqu'un vigneron présente ses vins). Hors saison, lun-ven 10h-12h, 14h-17h.* Dégustation *(4 €)* et vente. Un complément naturel à la visite de l'abbaye.

Où manger ?

Restaurant de l'Abbaye : *6, rue Saint-Jean. ☎ 05-56-23-21-58. Fermé dim soir-lun (plus mar hors saison). Congés : janv-fév et juin. Menu déj en sem 16,50 €, sinon 30 € ; carte env 35 €. Résa conseillée.* Un joli cadre et une petite terrasse plaisante aux beaux jours, à proximité de l'abbaye. La bonne surprise ne s'arrête pas là : à la carte, très courte, la cuisine de saison interpelle. Du goût et des produits de qualité. L'équation est juste.

À voir

L'abbaye de La Sauve-Majeure : *dans le village. ☎ 05-56-23-01-55. • abbaye-la-sauve-majeure.fr • ♿ Juin-sept, tlj 10h-13h15, 14h-18h ; oct-mai, tlj sauf lun 10h30-13h, 14h-17h30 (dernier accès 45 mn avt fermeture). Fermé 1er janv, 1er mai et 25 déc. Entrée : 6 € ; gratuit moins de 26 ans et pour ts le 1er dim du mois nov-mai. Billet jumelé avec le château ducal de Cadillac 9 € et visite + dégustation avec la Maison des vins d'Entre-deux-Mers 8 €.* Demandez à l'accueil le guide illustré de visite, qui commente l'histoire de cette abbaye bénédictine du XIIe s, inscrite au Patrimoine mondial de l'Unesco depuis 1998, au titre des chemins de Saint-Jacques-de-Compostelle.

Au cœur du village s'élèvent les ruines majestueuses de l'abbaye. Les murs de l'église, les voûtes romanes du chœur et des chapelles ainsi que l'impressionnant clocher sont bien conservés et découpent leurs silhouettes dans un paysage à ciel ouvert de toute beauté. Le soir, c'est magique.

Mais ce qui distingue vraiment La Sauve-Majeure, ce sont ses formidables ***chapiteaux sculptés.*** Parfaitement préservés pour certains d'entre eux, ils sont autant d'épisodes religieux et de légendes racontés par coups de ciseau interposés. Les plus beaux sont dans le chevet. Plusieurs sont simplement ornés de feuilles d'acanthe, vignes ou pommes de pin. D'autres présentent des combats d'animaux fabuleux : aspics, basilics, centaures et griffons. Certains symbolisent les récits des prophètes en vue de préserver l'homme de la tentation. Cette bible de pierre avait de quoi effrayer les ignorants par la force d'expression qui s'en dégage. On reconnaîtra Daniel dans la fosse aux lions, Samson, Adam et Ève... La décollation de saint Jean-Baptiste réussit la performance de mêler sur le même chapiteau 4 scènes et 11 personnages sans qu'il y ait confusion. Une vraie B.D. ! En fin de visite, grimpez absolument au sommet du clocher pour admirer le panorama sur la région. Puis intéressez-vous au ***Musée lapidaire rénové en 2020,*** installé dans une ancienne chapelle jésuite. Clés de voûte, vestiges de pavements, fragments de fresques et statue de l'abbé fondateur, Gérard de Corbie (décédé en 1095), trouvés lors des travaux de restauration.

CRÉON

(33670) 4 400 hab. *Carte Gironde, C3*

Dans un joli vallon, à 3 km à l'ouest de La Sauve-Majeure, une bastide d'origine anglaise, au demeurant sympathique et pleine de caractère, et qui possède une ravissante place carrée à arcades. Particularité : on y trouve un cinéma créé à l'initiative d'habitants cinéphiles.

Adresses et infos utiles

Bureau d'information touristique : *La Gare, 62, bd Victor-Hugo. ☎ 05-56-23-23-00. • entredeuxmers.com • Mar 9h30-13h, mer et ven-sam 9h30-13h, 14h-17h.* Information, fiches de randonnées, visites guidées, vente de produits locaux... Accueil vélo.

Station Vélo : *à côté de l'office de tourisme. ☎ 05-57-34-30-95. • contact@station-velo-creon.fr • station-velo-creon.fr • Juin-sept et vac scol tlj, avr-oct les w-e et j. fériés seulement ; fermé nov-mars. Résa conseillée la veille ; 10 € la ½ journée, 15 €/j. pour un VTC.* Le 1er point relais-vélo de France, eh oui ! Idées de sorties vélo, « zone cocooning » et mallette à outils...

– ***Festival cyclo-musical « Ouvre la voix » :*** *tt au long de la piste, 1er w-e de sept. Rens : ☎ 05-56-33-66-00.* Un festival cyclo-musical avec des animations et concerts à chaque étape. Un parcours ponctué de dégustations de vins et produits du terroir.

Où dormir à Créon et dans les environs ?

De prix moyens à chic

Chambres d'hôtes Le Prieuré de Mouquet : *6, chemin du Mouquet, à Créon (limite avec Sadirac). 📱 06-81-94-75-32. • prieure-de-mouquet@bbox.fr • le-prieure-de-mouquet.fr • À la sortie du bourg vers Fargues, tourner à droite. Congés : oct-mars. Selon saison, doubles 85-95 €.* Une adresse comme on en voit peu... Remarquable prieuré du XVIe s tout en pierre dont les bâtiments forment un vaste carré. Par un porche, on entre dans la cour métamorphosée en un beau jardin. Les chambres sont disposées tout autour. À la fois personnalisées et originales, elles sont grandes et en harmonie avec l'élégante simplicité des lieux. Les plus aventuriers opteront pour la roulotte dans le jardin. Également un gîte pour les longs séjours. Et pas mal de petits plus : un coin cuisine à disposition, une piscine, et un excellent petit déj avec confitures maison et fruits du jardin. Une adresse de charme.

Chambres d'hôtes La Monerie : *33550 **Capian,** à env 7 km de Créon. ☎ 05-56-72-36-43. • brigitte.bergeon@free.fr • lamonerie.fr • De Créon, prendre direction Capian-Cadillac. Doubles 45-55 €. Table d'hôtes sur résa 30 €/pers.* Agréable maison girondine isolée dans un hameau paisible. Le cadre et la déco classiques ne manquent pas de charme. Simples et confortables, 2 chambres se partagent une salle de bains, tandis que la 3e possède sa propre salle d'eau. Salon avec cheminée et piano pour les retours de promenade. Bon accueil.

DANS LES ENVIRONS DE CRÉON

Balades à vélo autour de Créon : la piste cyclable qui relie Sauveterre-de-Guyenne à Bordeaux passe par ici. On peut également s'aventurer sur l'un des sentiers pédestres (200 km en tout) ou sur les *boucles vélos* (topoguide en vente

LA GIRONDE

à l'office de tourisme et à la Station Vélo). En suivant la *piste cyclable Roger-Lapébie,* vous ne pourrez manquer les anciennes gares réhabilitées en bar *(Pimpine à Lignan-de-Bordeaux),* brocante... De quoi reprendre des forces dans un cadre bucolique et sympa comme tout.

SAINT-ÉMILION ET LE LIBOURNAIS

Lalande-de-pomerol, pomerol, saint-émilion, montagne-saint-émilion... Des noms qui font rêver, et des prix qui ramènent vite sur terre. Il y a une unité profonde entre toutes ces terres d'outre-Dordogne, vallonnées, traversées par de douces rivières et fières d'un patrimoine architectural remarquable. Ce sont des terres de contact, avec le Périgord, avec les Charentes.

SAINT-ÉMILION (33330) 2 000 hab. *Carte Gironde, C3*

• Plan *p. 131*

La juridiction de Saint-Émilion et ses 8 communes sont inscrites au Patrimoine mondial de l'Unesco. Le remarquable ensemble de paysages viticoles et de Monuments historiques symbolise admirablement la région et permet de découvrir des sites qui ont su traverser le temps en gardant leur caractère d'origine. Cité de pierre fortifiée, perchée au milieu des coteaux en hémicycle d'un des plus nobles vignobles, Saint-Émilion réunit tout ce qui fait le charme d'une cité médiévale à la française : ruelles pentues aux pavés incertains, remparts dévorés par la végétation, églises gothiques à la majestueuse architecture, places blotties au creux du village où il fait bon prendre le frais (grâce aux carrières en sous-sol), cascade de toits rouges qui dévalent vers le vignoble... C'est en fin de journée que la ville se pare de toute sa majesté, quand le rouge enflamme la pierre, dore les coteaux... et quand les cars de touristes sont partis. Dans la cité, beaucoup de monde dans la journée, puis ça se désengorge le soir. Un conseil donc : partez à la découverte des monuments dès le petit matin, quand tout semble figé rien que pour vous.

UN PEU D'HISTOIRE

Une bien jolie histoire que celle d'Émilion, un ermite errant qui, au VIIIᵉ s, trouva refuge dans une grotte de ce site, dans laquelle coulait une source. Il fut rejoint par d'autres ***moines bénédictins,*** ce qui donna naissance à une cité religieuse. Après son décès, on creusa dans la roche l'église monolithe, ainsi qu'un monastère autour duquel le village se développa, sous le nom de Saint-Émilion. Plus tard, de larges remparts, 6 portes et un donjon protégèrent la ville.
Pendant 10 siècles, à partir du IXᵉ s, ***la pierre calcaire de Saint-Émilion est extraite*** pour bâtir la cité médiévale ainsi que plusieurs monuments de Bordeaux (le Grand Théâtre notamment), formant un ***labyrinthe souterrain de 200 km*** ! On aperçoit une infime partie de ces galeries lors de la visite des catacombes.

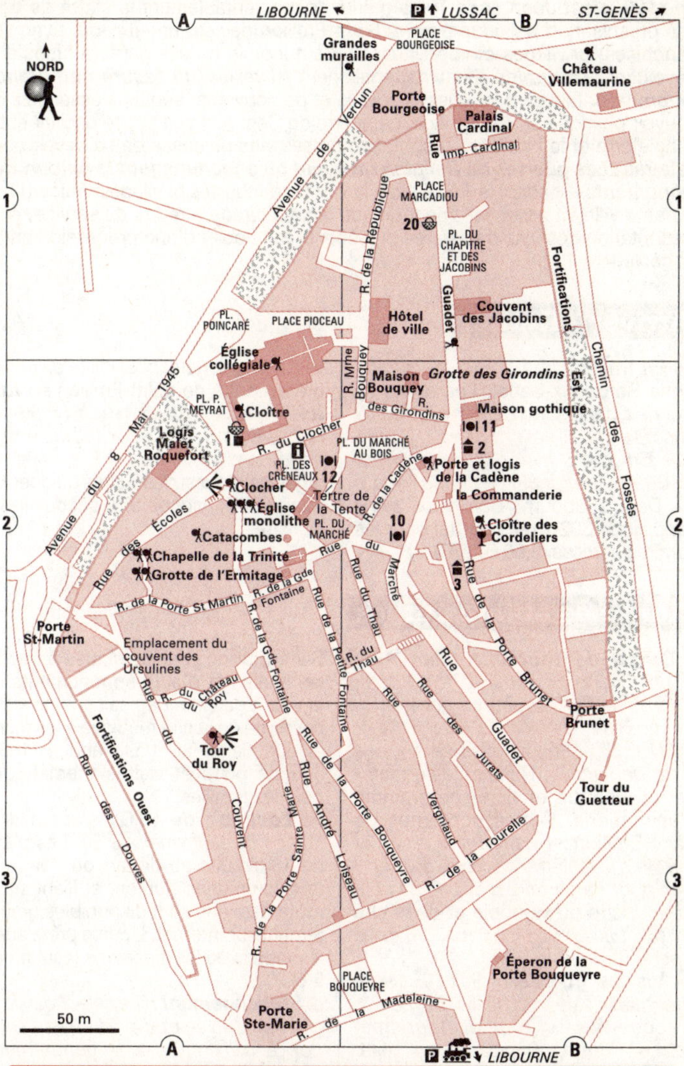

SAINT-ÉMILION

Adresse utile

Office de tourisme (A2)

Où dormir ?

2 Auberge de la Commanderie (B2)
3 Logis des Cordeliers (B2)

Où manger ?

10 Chai Pascal (B2)
11 Lard & Bouchon (B2)
12 Le Tertre (A2)

Où acheter des macarons ?

20 Chez Mme Fermigier (B1)

Où acheter du vin ?

1 Maison du vin de Saint-Émilion (A2)

En 1199, c'est Jean sans Terre qui lui donne véritablement le statut de ville, une organisation politique propre. Saint-Émilion devient une ***jurade,*** avec ses franchises, privilèges et libéralités. Une autonomie qu'elle gardera jusqu'à la Révolution. ***La qualité des vins,*** également surveillée, ***lui assure une grande renommée.*** Elle se pare aussi d'églises et de couvents, soutiens essentiels du pouvoir politique au Moyen Âge. La guerre de Cent Ans voit la cité osciller entre l'Angleterre et la France. La réputation de ses vins ne cesse de se développer. Patatras ! ***Les guerres de Religion ravagent ou endommagent la plupart des monuments.*** Pendant la Révolution, la ville perd tous ses privilèges. Aujourd'hui, la petite ville vit essentiellement de son vin. La jurade a repris du service, et la présentation des vins de l'année précédente fait l'objet d'une procession haute en couleur.

Arriver – Quitter

En train : *gare à 1,5 km du centre.* Ligne Bordeaux-Sarlat. Les billets se prennent dans le train. *Gare de Libourne (ligne Bordeaux-Paris) à 8 km.*

En car : *avec* ***Transgironde.*** *☎ 09-74-50-00-33. • transgironde.fr •* Depuis Libourne/Bordeaux, 2 A/R par j. (ligne 302) : rens par tél pour les horaires et résas (3,60 € l'A/R).

➢ Depuis la gare, possibilité de rejoindre le centre de Saint-Émilion ***en tuk-tuk*** ! *Tlj 9h30-18h sur résa au 06-40-83-62-60 ou sur • tuk.tour.events@gmail.com • Compter 4 € le trajet.* Ils organisent aussi des visites guidées du village et du vignoble, à découvrir sur leur site.

Adresses et infos utiles

Office de tourisme *(plan A2) :* *pl. des Créneaux. ☎ 05-57-55-28-28. • saint-emilion-tourisme.com • En plein centre, au pied du clocher. Juil-août, tlj 10h-18h ; horaires variables le reste de l'année.* Remarquable matériel touristique et riche programme d'animations. Visites nocturnes de Saint-Émilion : *1 visite théâtralisée et 1 visite à la lanterne par sem, de mi-juil à fin août (départ à 21h30, durée : 2h, 15 €).* Visite du vignoble et de la cité en *tuk-tuk (avr-oct, 50 mn, 36 €/1 à 3 pers).*

➢ ***Visites guidées :*** *Saint-Émilion, cité médiévale. ☎ 05-57-55-28-28. • accueil@saint-emilion-tourisme.com • Pâques-Toussaint sur résa. 1 visite/j. à 14h30. Durée : 1h30. Tarif : 13 € ; gratuit moins de 10 ans ; réduc.* Découverte plus complète de Saint-Émilion : balade guidée à travers les ruelles et d'autres monuments de la ville. Également en saison une visite nocturne de la cité médiévale les mardi et jeudi de mi-juillet à fin août à 21h30. Jeu de piste et visites thématiques pour les familles.

Location de VTC : *s'adresser à l'office de tourisme ; 19 €/j.* Les plans de 18 circuits au départ du village et des communes alentour et filant sur la route des Vins sont disponibles gratuitement sur Internet. L'office prête aussi le guide avec les itinéraires (caution de 5 €).

Stationnement : *il existe 2 parkings gratuits. L'un se trouve à l'espace Guadet, à proximité de la gendarmerie (prendre la D 122, en direction de Montagne), et l'autre est à la gare, un peu plus loin du centre (20 mn à pied).*

Où dormir ?

Vu les prix exagérés de l'hôtellerie, peu de gens séjournent en fait à Saint-Émilion. Ne négligez pas les petites adresses charmantes et moins chères à 10 ou 15 km à la ronde. Certains hôteliers et restaurateurs de Saint-Émilion mériteraient en effet des cours de politesse, voire de sympathie !

Camping

⛺ ***Yelloh ! Saint-Émilion :*** *domaine de la Barbanne, lieu-dit Les Combes. ☎ 05-57-24-75-80. • info@camping-saint-emilion.com • camping-saint-emilion.com • ♿ Navette gratuite 2 fois/j. entre le village et le camping proposée aux campeurs. Ouv de fin avr à mi-sept. Forfait 2 pers 20-42 € selon saison. Loc de mobile homes. 183 empl.* Très beau camping de 10 ha tout près de Saint-Émilion, au milieu des vignobles. Des emplacements ombragés et bien délimités par des haies, en partie organisés autour d'un étang où l'on peut s'essayer au canoë et à l'embarcation à pédales. Original : un cottage flottant sur l'étang, tout moderne et équipé avec une terrasse pour se réveiller avec les canards ! Très bien équipé : minigolf, aire de jeux pour les enfants, épicerie, et des piscines chauffées avec toboggans. Sanitaires très bien entretenus. Organise aussi des visites de vignobles. Une bonne option, d'autant que l'accueil est très sympa.

De prix moyens à chic

🏠 ***Auberge de la Commanderie*** *(plan B2,* ***2****) : 2, rue de la Porte-Brunet. ☎ 05-57-24-70-19. • contact@aubergedelacommanderie.com • aubergedelacommanderie.com • Fermé de mi-déc à début fév. Doubles 95-140 € ; familiales. Parking payant (15 €).* C'était autrefois une commanderie templière, mais peu de traces subsistent du passé de cet hôtel relooké dans un esprit contemporain. Un lifting très réussi dans la réception comme dans les chambres, de tailles variables mais toutes impeccables, donnant sur la cité ou le jardin. Jolie déco mêlant vannerie et bois, bon confort notamment dans les salles de bains refaites à neuf. Accueil sympathique et petit déjeuner vraiment copieux. Une adresse comme on les aime !

🏠 ***Logis des Cordeliers*** *(plan B2,* ***3****) : 7, rue Porte-Brunet. 📱 07-82-78-01-55. • contact@logis-des-cordeliers.com • logis-des-cordeliers.com • Fermé de nov à Pâques. Accueil 17h-19h. Doubles 125-175 €. Café offert sur présentation de ce guide.* Face au cloître des Cordeliers, une élégante demeure du XVIIIe s. 4 chambres spacieuses aux murs de pierre et plancher au sol, baignées de lumière. La *Chambre du Roy,* vraiment immense, a aussi un cachet fou avec sa cheminée d'époque. Larges lits dans chacune, salles de bains modernes et vue magnifique sur les toits et la tour du Roy.

Où manger ?

S'il s'agit seulement de prendre un verre ou de grignoter une salade, posez-vous sur la place du Marché, au pied de la superbe église monolithe, au *bar de la Poste* ou au *Bouchon,* qui font terrasse commune.

Prix moyens

🍽 ***Chai Pascal*** *(plan B2,* ***10****) : 37, rue Guadet. ☎ 05-57-24-52-45. • contact@chaipascal.fr • Tlj sauf j. de Noël et 1er janv. Carte env 25 €. Résa conseillée.* Bar à vins où pierre brute et bois traités jouent les contrastes, le tout dans une agréable salle lumineuse en surplomb de la rue. Carte succincte dans laquelle on pioche amuse-bouches ou plateaux de charcuteries, fromages et rillettes pour accompagner le nectar de Bacchus. On peut aussi se laisser tenter par une bonne pièce de boucher ou un plat du jour simple mais bien ficelé. Faites-vous conseiller pour le vin au verre. Accueil aimable.

🍽 ***Lard & Bouchon*** *(plan B2,* ***11****) : 22, rue Guadet. ☎ 05-57-24-28-53. • nos-vins@orange.fr • Fermé dim-lun. Menus 21 € (déj en sem), puis 29 € ; carte env 40 €. Café offert sur présentation de ce guide.* Un restaurant-bar à vins sans terrasse mais au cadre superbe de grotte voûtée, au point qu'on en oublie la foule, la pluie (il pleut souvent dans ce pays de vin, heureusement !) pour se réfugier sous terre et commander les plats du jour, poissons et viandes cuits à basse température.

Pour le vin (jalousement conservé derrière de vieilles grilles), on suit les conseils du patron qui connaît bien sa région.

Chic

Le Tertre *(plan A2, **12**) : 5, rue Tertre-de-la-Tente. ☎ 05-57-74-46-33. • restaurant@letertre.cc • Fermé mer-jeu. Menus 32 € (le midi en sem), puis 39-59 €.* Une adresse chic et élégante installée dans une salle (climatisée) aux murs de pierre au fond de laquelle dorment les bouteilles. Cuisine enlevée, qui conjugue terroir et créativité autour des produits frais de saison. Parfait pour un dîner en amoureux.

Où dormir ? Où manger dans les environs ?

De prix moyens à chic

Château Fleur de Roques : *33570 **Puisseguin.** 07-86-85-20-65. • contact@fleurderoques.com • fleurderoques.com • Congés : nov-mars. Doubles 95-135 €. Formules déj 19 € ; menu bistronomique 35 €.* Ce ravissant château viticole a été transformé en hôtel-resto de charme. Un bel escalier ancien mène à des chambres spacieuses, d'un classique modernisé et agréables, avec vue sur le parc et les vignes. Celles des dépendances sont tout aussi confortables et plaisantes. Au resto *La Table de Margot,* cuisine régionale simple mais très bien réalisée et privilégiant les produits locaux. Piscine.

Le Bistrot de la Gare : *le Bourg, 33570 **Puisseguin.** ☎ 05-57-24-23-63. Fermé dim-lun. Formule déj 17 € ; menu 28 €.* Le bistrot du village a un sympathique cadre et surtout une grande terrasse qui s'étire devant la pelouse du square. On apprécie la cuisine traditionnelle à base de produits du marché, la formule du jour alléchante et les vins de Puisseguin à prix doux eux aussi.

L'Atelier de Candale : *1, Grandes-Plantes, 33330 **Saint-Laurent-des-Combes.** ☎ 05-57-24-15-45. • atelier@mtdecoster.com • Fermé dim-lun (mais ouv à midi en saison). Menus déj et vegan 28 €, puis 38 € ; carte env 46 €. Un verre de vin de leur propriété offert sur présentation de ce guide.* Un repas au milieu des vignes, c'est ce qui vous attend dans cette propriété viticole qui peut se vanter d'avoir un cadre hors du commun. En fin de journée, quand la lumière décline et que les vignes prennent des teintes orangées, c'est tout simplement magique ! Peu de choix au menu, mais à midi, la formule du marché change toutes les semaines. Service peu empressé.

La Terrasse Rouge : *1, château La Dominique, Saint-Émilion. ☎ 05-57-24-47-05. • contact@laterrasserouge.com • Tlj ; hors saison, fermé le soir dim-jeu. Plat du jour 21 € (déj en sem) ; menu 45 € ; carte env 55 €.* Plantés au cœur des vignes, le chai et la terrasse du château La Dominique doivent leur superbe à Jean Nouvel. L'acier rouge du chai reflète le ciel et les vignes, et le restaurant, installé au-dessus, offre une vue panoramique sur le domaine et sur le château Cheval Blanc voisin, dont le chai a quant à lui été dessiné par Portzamparc. Optez évidemment pour une table sur la terrasse qui surplombe le prestigieux vignoble. Au milieu, une piscine remplie de galets de verre rouge et noir évoque des grappes de raisin... En salle, les meilleures tables sont sans surprise le long des baies vitrées. Vous l'aurez compris, le cadre exceptionnel est l'atout phare du resto, qui sert une cuisine du Sud-Ouest de brasserie bien ficelée.

Caffe Cuisine : *7, pl. du Marché, 33420 **Branne.** ☎ 05-57-24-19-67. • caffecuisine@orange.fr • À 10 km au sud-ouest de Saint-Émilion. Tlj sauf dim soir-lun. Formules déj en sem 18 €, le soir et le w-e 32 € ; carte env 45 €.* Pierres, poutres, carrelage noir et blanc, immenses tablées, cheminée XXL et fauteuils en cuir dépareillés se côtoient dans un exquis mélange des styles. Tout aussi élégante, la grande terrasse ombragée fait le plein en été. La carte change tous les jours, en fonction du marché, pour une cuisine de saison, raffinée et joliment travaillée, qui conviendra aux fins gourmets. Pour les appétits d'ogre, mieux vaut passer son chemin.

De chic à plus chic

Chambres d'hôtes Château de Môle : *33570* ***Puisseguin.*** *☎ 05-57-74-60-86. • herbergement@chateaudemole.fr • chateaudemole.fr • Doubles 105-165 €.* Ce château viticole du XVIIIe s abrite 5 chambres aux beaux volumes (entre 35 et 42 m² !), dont 3 avec balnéothérapie et sauna. On apprécie le choix des tissus d'ameublement et le confort ultramoderne jusque dans les salles de bains spacieuses. On a un faible pour les chambres du 2e étage, sous la charpente apparente. Du jardin à la salle de petit déj, tout est impeccable, et la vue plongeante sur le vignoble invite au repos, ainsi qu'à la dégustation (au caveau). Une belle escapade romantique avec, en prime, un excellent accueil !

Où acheter des macarons ?

Chez Mme Fermigier *(plan B1,* ***20****) :* *9, rue Guadet. ☎ 05-57-24-72-33. À côté de la poste. Tlj 8h-19h30. Compter 9,50 € la boîte de 24 macarons.* Une institution qui produit des macarons depuis 1620. Un délice, suave (hmm, sentez cette bonne odeur !), parfumé à l'amande, moelleux. Une recette à l'ancienne proche des *amaretti* italiens, rien à voir avec les macarons de couleur auxquels on veut nous habituer.

Où acheter du vin ?

Partout ou presque, et pas que du saint-émilion. Plein de boutiques attrape-touristes à éviter, sauf si votre carte de paiement a des réserves illimitées.

■ ***Maison du vin de Saint-Émilion*** *(plan A2,* ***1****) : 1, pl. Pierre-Meyrat. ☎ 05-57-55-50-55. Achat en ligne sur • maisonduvinsaintemilion.com • Tlj 9h30 (10h nov-mars)-12h30, 14h-18h30 (18h nov-mars) ; août, tlj 9h30-19h.* Grand choix de vins de Saint-Émilion au prix propriété. École du vin *(tlj de mi-juil à début sept, et le sam de mi-avr à mi-nov, 1h30, 25 €).* Conseils, animations-dégustations par les viticulteurs de Saint-Émilion, pendant les vacances scolaires...

À voir

Hmm ! la merveilleuse visite que vous êtes en passe d'entreprendre. Pour en tirer toute la saveur, faites un petit effort et levez-vous tôt. Attention, les pavés piétinés à longueur de journée sont bien lisses et glissants, malgré les rampes il n'est pas rare d'assister à quelques chutes. Prévoyez des chaussures plates.

Balade à faire seul (!) dans Saint-Émilion

La rue Guadet *(plan B1-2) :* empruntant tout naturellement cet axe principal de la ville, on tombe à droite sur la rue de la Cadène.

La porte et le logis de la Cadène *(plan B2) :* au début de cette ruelle pentue, une porte ogivale fortifiée, autrefois barrée par une chaîne (d'où le nom « cadène »), qui contrôlait le passage de la ville haute à la ville basse. Sur la gauche, une bien belle maison à pans de bois, du XVIe s. Belle vue, depuis la porte, dans laquelle s'encadre la flèche de l'église monolithe.

La place de l'église monolithe *(plan A2)* **:** superbe, ensoleillée, pentue et pavée, avec au centre un acacia. Elle offre un angle de vue unique, exaltant la beauté de l'église monolithe avec ses baies romanes et sa flèche haute de 68 m. De là, on peut lire l'histoire de l'église à travers les siècles, depuis sa partie souterraine des XIe-XIIe s jusqu'à son clocher de style gothique flamboyant du XVe s.

Le clocher (plan A2) **:** *sur la place du même nom, devant l'office de tourisme. Entrée : 2 € ; gratuit moins de 6 ans. Contre une pièce d'identité laissée à l'office, une clé est confiée aux visiteurs.* La montée des 196 marches bien serrées en colimaçon donne un peu le tournis mais une fois là-haut, on domine tout le village, l'ensemble du cloître, la grande muraille et le vignoble. À ne pas manquer.

L'église collégiale (plan A1-2) **:** *entrée derrière la pl. des Créneaux, du côté de l'av. de Verdun. Heures d'ouverture variables.* Édifiée du XIIe au XVIe s, elle a été remaniée à de nombreuses reprises, ce qui explique ses éléments très disparates. Le portail ouest (à côté de la Maison du vin) présente de jolies arcades romanes ; sur le portail nord (du XIVe s), tympan orné d'un Jugement dernier. L'intérieur de l'église s'avère un peu confus. Malgré ses 2 coupoles byzantines et la volée de croisée d'ogives, elle ne possède pas l'élégance attendue. Sur la paroi droite de la nef subsistent quelques fresques du XIIe s avec, dans l'ordre d'apparition dans les médaillons, la Vierge et la légende de sainte Catherine.

Le cloître de la collégiale (plan A2) **:** *les horaires sont ceux de l'église.* Le cloître est l'élément central d'un vaste monastère augustin, construction entre le XIIe et le XIVe s. Cloître gothique entouré d'une série de doubles colonnades tout en finesse, d'arcades romanes et gothiques.

Les remparts : une balade autour des remparts de la cité au petit matin ou en fin de journée ravira les romantiques. En démarrant la promenade depuis la collégiale, juste en face, on remarque une superbe maison du XVIe s, fondue dans le rempart, avec son toit de tuiles, sous lequel court un chemin de ronde. Également créneaux, mâchicoulis et douves. Un assemblage d'une grande harmonie. Le circuit des remparts longe le vignoble, passe par la porte Brunet et offre de beaux panoramas sur les coteaux.

Les grandes murailles (plan B1) **:** *au bout de l'av. de Verdun.* Il nous semble familier, ce pan de mur aux fines arcades gothiques aveugles, fièrement dressées après avoir essuyé les troubles de la guerre de Cent Ans. Il constituait autrefois le pan nord d'une église, celle des dominicains.

Le château Villemaurine (plan B1) **:** *à 2 pas de la cité médiévale. ☎ 05-57-74-74-36. • villemaurine.com • saint-emilion.com • En saison, tlj 9h30-13h, 14h-19h30 ; le reste de l'année, tlj sauf dim-lun, 10h-13h, 14h-19h. 3 parcours de visites guidées, sur résa (à l'office de tourisme ou au château). Plusieurs départs/j. Durée : 1h-1h30 (selon parcours). Entrée : 15 € ; réduc ; gratuit moins de 12 ans.*
La visite des carrières, les plus belles de Saint-Émilion, permet de s'initier de façon originale à l'œnologie et à la géologie. Mises en valeur, elles sont éclairées par un son et lumière ponctué de récits et de passages contés. Une promenade hors du temps, accompagnée par un guide. Organisée en complément de la visite du cuvier et du reste des installations, la promenade s'achève par une dégustation de 2 vins de la propriété.

Le cloître des Cordeliers (plan B2) **:** *rue des Cordeliers. ☎ 05-57-24-42-13. • lescordeliers.com • Mai-sept, tlj 10h30-19h ; le reste de l'année, tlj 14h-18h (19h les w-e d'avr et oct). Congés : janv-fév. GRATUIT ; visite guidée des galeries et dégustation : 11 € à pied, 20 € en tuk-tuk.*
Site privé ouvert au public, qui regroupe à la fois un monument historique, 3 km de caves et un espace de dégustation dans l'ancienne église du XVe s. Du cloître,

il ne subsiste que quelques colonnades romanes. À côté, les vestiges de l'église mêlent styles romans et gothiques. Parmi les curiosités, notez que l'un des angles du clocher repose sur 2 ogives croisées. On retrouve également l'intrigant bas-relief figurant 2 serpents entrant dans un bocal, déjà représentés dans l'église monolithe. Voilà pour la partie historique.
Mais ce qui fait du cloître un lieu atypique, c'est qu'on y a installé un ***bar-restaurant*** permettant de goûter aux vins effervescents élaborés sur place. En terrasse dans le cloître, ou dans le beau jardin ombragé déployé à l'arrière, on s'offre une pause gourmande en dégustant cet insolite crémant de Bordeaux, un vin nouveau créé à partir de sémillon pour le blanc et de cabernet franc ou merlot pour le rosé. Bulles fines, un peu d'amertume, cette curiosité mérite qu'on s'y attarde. Pour en savoir plus, n'hésitez pas à participer aux visites guidées, à pied ou en *tuk-tuk (20 €/pers ; réduc),* qui ont l'avantage d'offrir une présentation générale du cloître, avant de proposer une balade dans les caves bâties à 17 m de profondeur, qui étendent leur réseau tentaculaire sous Saint-Émilion. Après avoir évoqué les étapes de la méthode champenoise nécessaire à son élaboration, dégustation de différents millésimes au comptoir.

La tour du Roy *(plan A3) : juil-août, tlj 11h-18h ; sinon horaires réduits. Entrée : 2 €, gratuit moins de 6 ans ; billetterie sur place.* Du château prévu au XIIIe s, seule cette grosse tour rectangulaire (donjon) fut construite. Du sommet, vue panoramique sur la région.

Balade guidée dans le patrimoine souterrain et caché de Saint-Émilion

➢ ***Visite guidée « Saint-Émilion souterrain » :*** *tlj sur résa. Tarif : 9 € ; réduc ; gratuit moins de 10 ans. Durée : 45 mn-1h.* De l'histoire du moine Émilion et de l'ermitage au creusement de la surprenante église monolithe, on traverse quelques siècles d'histoire. N'oubliez pas votre petite laine pour les catacombes. Le guide vous emmène dans les 4 sites suivants :

La grotte de l'Ermitage *(plan A2) :* c'est ici que le bon saint Émilion se réfugia au VIIIe s, passant dans la grotte les 17 dernières années de sa vie. Ancien régisseur à Vannes, on dit qu'il distribuait en douce du pain aux pauvres. Quand il se fit prendre, le pain se changea en bois. C'était son 1er miracle. Il fuit la popularité naissante et s'installa dans la forêt d'Ascumbas où il s'installa dans une grotte. Dans la paroi, on devine ce qui devait être son siège (auquel on prête aujourd'hui des vertus de fécondité), son lit, ainsi que la source d'eau naturelle qui lui servait à l'occasion de fonts baptismaux.

La chapelle de la Trinité *(plan A2) :* située au-dessus de la grotte, elle date du XIIIe s. Intéressante pour sa double croisée d'ogives qui convergent en une clé de voûte sculptée sur laquelle apparaît l'agneau symbolique. Entre chacune des nervures, vous apercevrez quelques peintures murales du XIVe s. Au centre, le Christ en majesté (dans les tons rouges) ; sur la droite, une Vierge à l'Enfant (ocre et noir) et, encore à droite, un Christ en croix. La partie charpentée de la chapelle date de 1730 ; à la Révolution, l'édifice fut transformé en tonnellerie. Les peintures ont été conservées grâce à la suie qui les a recouvertes, les préservant de l'usure du temps. Au sol, on note encore un sarcophage du VIIIe s, une pierre tombale d'un chevalier (bouclier et épée) et 2 cénotaphes (tombes pour les morts qui n'ont pas été retrouvés) trouvés sur la place du Clocher.

Les catacombes *(plan A2) :* face au flanc de la chapelle, entrée des catacombes du IXe s (couvrez-vous, il y fait 14 °C toute l'année). Lorsque les locataires furent trop à l'étroit dans le cimetière, on utilisa cette galerie funéraire qui accueillit les moines et les notables. La pierre extraite a permis de bâtir la cité, ainsi qu'une partie des monuments bordelais. Curieuse rotonde monolithe taillée à la demande de Pierre de Castillon au début du XIIe s, qui possède de non moins curieuses gravures représentant 3 personnages se tendant les bras. Il s'agirait de la Résurrection.

L'église monolithe (plan A2) : derrière une entrée discrète se cache une église souterraine de 38 m de long et de 12 m de haut, creusée dans le calcaire ! Commandée par Pierre de Castillon, influencé par la Cappadoce, au début du XIIe s, c'est la plus vaste église monolithe d'Europe. De l'extérieur, difficile de soupçonner les proportions impressionnantes et l'audace de cette entreprise incroyable. L'influence orientale se lit autant dans le plan que dans les éléments sculptés. La nef était couverte de peintures murales, détruites en grande partie par le dégagement de salpêtre naturel de la roche. D'ailleurs, l'église fut transformée en salpêtrière à la Révolution. Au-dessus du chœur, beau bas-relief sur lequel on distingue David jouant d'un instrument, au centre il s'agirait du Graal et, sur la gauche, un homme luttant contre un monstre. Dans le chœur, 2 anges séraphins sculptés tétraptères (qui ont 6 ailes) symbolisant l'esprit créateur. Les 2 petites ailes forment une auréole. Une des chapelles abrite un curieux autel sculpté du XVIIIe s et dédié à saint Nicolas, sur lequel apparaissent 2 serpents entrant dans un bocal (symbole de Mercure ?). Bizarre. Les corsets métalliques autour des piliers (sous le clocher) les renforcent afin d'éviter un affaissement.

SACRÉ NOUVELLE STAR

Lors de la fouille archéologique de l'église monolithe en 2003-2004, on trouva un corps intact dont le crâne a été conservé sur place et exposé dans les catacombes. L'équipe de fouilles l'avait placé sur l'autel de l'église pendant toute la durée des travaux, coiffé d'une casquette, et l'avait baptisé Bruno, saint patron protecteur des fouilles. De l'anonymat à la lumière des projecteurs, Bruno surveille désormais les visiteurs.

Fêtes et manifestations

– ***Les Grandes Heures de Saint-Émilion :*** *mars-déc ; rens à l'office de tourisme ou sur le site • grandesheuresdeasintemilion.fr •* Beau programme de musique classique dans les grandes propriétés viticoles.
– ***Portes ouvertes dans les châteaux :*** *1er w-e de mai.*
– ***Festival Philosophia :*** *w-e de l'Ascension. • festival-philosophia.com •* Un thème différent chaque année, de nombreuses conférences au cœur des sites les plus surprenants.
– ***Fête du Solstice :*** *autour du plus grand menhir du sud-ouest de la France, à* ***Saint-Sulpice-de-Faleyrens*** *(à 6 km), autour du 21 juin.* Elle coïncide avec le début de l'été (le solstice d'été, jour le plus long). Danses autour du feu de la Saint-Jean ; groupe de jazz et bal. Le clou de la fête : le lâcher de bougies et le défilé de voiliers illuminés sur la Dordogne.
– ***La Jurade :*** *3e dim de juin (les années impaires, lorsque Vinexpo a lieu, la Jurade se déroule le sam), jugement du vin nouveau, et 3e dim de sept, ban des vendanges.* L'événement de juin est plutôt réservé aux professionnels, toutes les festivités ont lieu en septembre.
– ***Vino Voce :*** *sept.* Concerts de musique vocale dans différents lieux de Saint-Émilion.
– ***Nuit du patrimoine :*** *3e sam de sept. Spectacles gratuits.* Un grand moment.
– ***Les Montgolfiades :*** *oct.* Festival de montgolfières. Vol en ballon sur résa, conférence, animations pour enfants.

DANS LES ENVIRONS DE SAINT-ÉMILION

Petite visite des vignobles

Bon nombre des plus grands châteaux, et donc des crus les plus prestigieux (on ne vous apprend rien si l'on cite le château Cheval-Blanc), ont été rachetés par de grands groupes financiers, qui considèrent avant tout ces acquisitions comme des investissements. Outre l'économie locale et familiale, ces achats remettent en cause la transmission d'un précieux savoir-faire de génération en génération. D'autres châteaux à la renommée internationale résistent malgré tout à l'envahisseur (comme le château Ausone) et des centaines de belles propriétés familiales défendent leur territoire. Bon, cela dit, la visite peut commencer...

– ***Visite des châteaux :*** difficile de faire son choix parmi la centaine de châteaux du territoire ouverts à la visite. Avant de slalomer dans les milliers d'hectares de vignes, arrêtez-vous à l'office de tourisme qui vous conseillera des propriétés en fonction de vos critères : château célèbre, familial... Très bien fait aussi, le *Guide pratique de Saint-Émilion* recense les domaines avec photos et coordonnées. Sinon, on a beaucoup aimé l'accueil du domaine suivant :

Château Vieux Mougnac : *36, Mougnac, 33570* ***Petit-Palais-et-Cornemps.*** ☎ *05-57-69-72-85.* • *vieuxmougnac.com* • *Visite commentée (vignes et chai) de 1h30 sur résa : 10 €, dégustation incluse.* Voilà 5 générations que la famille de Sylvie Milhard travaille en biodynamie de façon traditionnelle, artisanale et bio ! Cette viticultrice passionnée produit, sur ses 10 ha de vigne, rouge, blanc et rosé en appellation bordeaux supérieur. Les rouges sont intenses et complexes. Des vins de garde assurément, et les millésimes vendus ont déjà quelques années de bouteille ! Un petit domaine qui a tout d'un grand.

Circuits à vélo ou à pied : *guide de randonnée pédestre ou de randonnée vélo en vente à l'office de tourisme (4,50 €) ou prêté pour tte loc de vélo.* Une trentaine de boucles pédestres ou à vélo pour tous les niveaux. Possibilité de location de VTT à l'office de tourisme, qui propose aussi une excursion à vélo de 15 km avec visite de 2 châteaux, dégustation de vins et déjeuner dans un château (sur résa à l'office de tourisme).

DE SAINT-ÉMILION À SAINTE-FOY-LA-GRANDE

MONTAGNE *(33570)*

Village tranquille, à 4 km au nord de Saint-Émilion. On y fait aussi du vin, mais ce sont des vins DU Saint-Émilion et pas DE Saint-Émilion (appellation montagne-saint-émilion). Une nuance qui se compte en euros.

Adresse utile

■ ***Maison des vins de Montagne Saint-Émilion :*** *26, Grand-Rue.* ☎ *05-57-74-60-13.* • *montagnesaintemilion.com* • *Tte l'année, lun-ven 9h30-12h, 14h-17h.* Montagne compte 1 600 ha de sols argilo-calcaires comme ceux de sa voisine, mais la gamme de prix reste bien moins élevée. Du cépage merlot à 75 %.

LA GIRONDE

Où dormir ? Où manger ?

Les Marronniers : *2, Grand-Rue. ☎ 05-57-74-60-42. • contact@restaurant-les-marronniers.fr • À la sortie du village, en direction de Puisseguin. Tlj sauf dim soir-lun (fermé dim-lun et le soir mar-jeu hors saison). Congés : vac scol de Noël. Résa conseillée en plein été. Formule déj en sem 14,40 €.* Un joli petit resto-bar à vins, à des prix démocratiques et à quelques encablures à peine de Saint-Émilion ! On aime l'agréable salle à la déco soignée, mais on lui préfère la belle terrasse ombragée par la glycine donnant sur les vignobles. Cuisine de terroir simple et bonne (entrecôte, foie gras et terrines maison...), mais on peut aussi se laisser tenter par des galettes pour une halte sur le pouce. Superbe pour un déjeuner dans un magnifique paysage. La maison dispose aussi de chambres d'hôtes, bien pratiques et à prix moyens.

À voir

Ici commence le ***circuit des églises romanes.*** D'abord, celle de ***Saint-Martin*** à ***Montagne*** (du XIIe s), avec un beau chevet à 3 absides en cul-de-four. L'ensemble, clocher, transepts et absidioles, possède un harmonieux équilibre. À l'intérieur, superbe coupole nervée à la croisée du transept. Celle de ***Saint-Georges-de-Montagne*** (à quelque 800 m de Montagne) date du XIe s et est bâtie sur des ruines romaines. Notez son clocher original, plus étroit à la base qu'au sommet. À l'intérieur, abside plus étroite et plus basse que la nef s'ouvrant sur une immense arche en plein cintre. Porche à fronton triangulaire avec sculptures complètement usées qui lui confèrent une vénérable noblesse. Autour de l'abside, petites arcatures avec chapiteaux historiés ou à motifs végétaux. Et bien sûr, ***Notre-Dame,*** à ***Parsac.***

CASTILLON-LA-BATAILLE (33350)

Castillon reste célèbre pour sa bataille. Tombé aux mains des Anglais, le village fut repris par les troupes de Charles VII.

Adresses utiles

Office de tourisme : *5, allées de la République. ☎ 05-57-40-27-58. • tourisme-castillonpujols.fr • Sept-juin, mar-sam 10h-12h, 14h-18h ; juil-août, tlj sauf dim ap-m 9h30-12h30, 14h-18h30.*

Maison des vins Castillon côtes de Bordeaux : *6, allée de la République. ☎ 05-57-40-00-88. • castillon-cotesdebordeaux.com • Lun-ven 8h-12h30 et 14h-17h, plus sam 9h-12h, 14h-18h juin-sept.* Infos et vente de vins à prix châteaux.

Où dormir ? Où manger dans les environs ?

De prix moyens à chic

Chambres d'hôtes La Petite Provence : *2, Touron, 33350* ***Pujols.*** *06-77-79-54-05. • patrick.dihars@wanadoo.fr • De Castillon, prendre la D 17 en direction de Pujols (6 km). Double 110 €.* Comment ne pas tomber sous le charme de cette adorable ferme ancienne planquée dans une impasse et entourée de lavande ? Les chambres portent les doux noms de *Cerise, Pistache, Karachi* et *Mykonos.* Voilà pour la dominante chromatique. Ensuite, il y a les grands lits, le bon petit déj, la piscine et le jardin fleuri pour compléter le tableau. L'accueil est discret, chaleureux et efficace. Une règle d'or : le calme.

Chambres d'hôtes Le Domaine de Blaignac : *3, lieu-dit de Blaignac, 33350* ***Ruch.*** *☎ 05-57-40-54-57. 06-77-85-47-08. • reservation@domainedeblaignac.com • domainedeblaignac.com • À 10 km de Castillon par la D 17. Congés : déc-janv. Doubles 76-88 €. Table d'hôtes 30 €. Apéritif offert sur présentation de ce guide.* Cette ancienne maison de vigneron, charmante avec ses volets rouges, dispose de 5 grandes chambres nickel et joyeuses, à la déco sans fioritures mais colorée. Ambiance reposante et bon accueil d'Annie et de Nathalie qui ont quitté la ville pour recevoir des voyageurs. Elles concoctent des gâteaux pour le petit déjeuner, de bons repas le soir, et même des paniers pour le pique-nique ! Agréable piscine dans le beau jardin, on barbote presque dans les vignes.

Plus chic

Château de Sanse : *1, lieu-dit Sanse, 33350* ***Sainte-Radegonde.*** *☎ 05-57-56-41-10. • contact@chateaudesanse.com • chateaudesanse.com • À 12 km de Castillon par la D 17. Resto : le midi le w-e ; fermé nov-avr. Doubles 89-160 €. Formule et menu 30-44 €.* Ce beau château du XVIIIe s, magnifiquement décoré et restauré, renferme des chambres et suites spacieuses, claires, soignées et d'un excellent standing. On se régale, le soir sur la terrasse, d'une cuisine classique de qualité rehaussée de pointes d'exotisme, en admirant le superbe panorama sur les vignes et la piscine (cela va de soi !). Avec seulement une quinzaine de chambres, vous aurez l'impression justifiée de faire partie des *happy few.* Une adresse d'exception dans un parc de 5 ha.

Manifestations

- **Fête de la Lamproie :** *1 w-e fin avr, dans la commune voisine de* ***Sainte-Terre.*** Exposants de produits régionaux, dégustations, *bandas,* en présence de la confrérie de la lamproie...
- **Bataille de Castillon :** *certains soirs (jeu-sam en général) de mi-juil à mi-août, à 22h30, dans la commune voisine de* ***Belvès-de-Castillon*** *(33350). Rens : ☎ 05-57-40-14-53. • bataille de castillon.com • Prix : 29 € ; réduc.* Reconstitution grandiose en son et lumière de la bataille de 1453.

LA FIN DE LA GUERRE DE CENT ANS

Cette guerre, qui dura en fait 116 ans, se termina à Castillon en 1453. Les troupes anglaises furent défaites et leur chef Talbot tué à coups de hache. Rapidement, les Français s'emparèrent de Bordeaux. L'Aquitaine fut enfin libérée et les Anglais ne conservèrent en France que Calais.

SAINTE-FOY-LA-GRANDE

(33220) 2 500 hab. *Carte Gironde, D3*

Aux confins du département, rive gauche de la Dordogne et à une vingtaine de kilomètres de Bergerac, la bastide de Sainte-Foy-la-Grande est la plus importante et l'une des mieux conservées du département. Promenade agréable dans l'ancienne cité, avec ses rues tirées au cordeau, bordées souvent de maisons à colombages, et sa belle place à couverts.

Adresses et infos utiles

Office de tourisme du Pays foyen : *102, rue de la République. ☎ 05-57-46-03-00. • tourisme-dordogne-paysfoyen.com • Lun-sam, plus dim mat juil-août, 9h30-12h30, 14h-18h (19h juil-août, 17h30 en hiver).* Expo avec maquette sur l'histoire de la ville. Espace culturel installé au sein de l'office de tourisme : accès à 1 200 œuvres des musées nationaux et internationaux grâce à des tablettes tactiles et un espace de réalité virtuelle : peintures, vidéos, musiques, sculptures en accès libre.

Maison des vins de Sainte-Foy Côtes de Bordeaux : *salle Paul-Broca, 21, rue Pasteur. ☎ 09-61-22-31-91. • bordeaux-cotes.com • Ouv mar et jeu-ven 14h30-17h30 et sam 9h30-12h30.* Renseignements sur les châteaux de l'appellation et vente de vins locaux.

– ***Marché :*** *sam mat.* Classé parmi les 100 plus beaux de France. Levez-vous de bonne heure pour mieux l'apprécier.

Où dormir ? Où manger ? Où boire un verre à Sainte-Foy-la-Grande et dans les environs ?

Prix moyens

Côté Bastide : *4, rue de l'Abattoir. ☎ 05-57-46-14-02. Fermé dim-lun. Congés : vac de fin d'année. Menus 24-30 € ; carte env 30 €.* La maison est discrète, retirée dans une rue résidentielle peu passante. Mais tous les gourmands savent que la chef y concocte une excellente cuisine de saison. On y trouve toujours des plats du terroir français remis au goût du jour, des tartares, sans oublier les desserts colorés, le tout présenté avec soin. Salle claire et moderne, mais le mieux est de s'installer sur la mignonne terrasse ombragée. Quant à monsieur, il maîtrise sa carte de 120 vins sur le bout des doigts et accueille les convives avec le sourire. Une super adresse.

Plus chic

Chambres d'hôtes et Glass House du Château Carbonneau : *33890* ***Gensac.*** *☎ 05-57-47-46-46. 06-83-30-14-35. • carbonneau@orange.fr • chateau-carbonneau.com • À env 13 km à l'ouest de Sainte-Foy-la-Grande, à 2 km avt Gensac par la D 18. Tlj sur résa. Congés : nov-mars. Doubles 115-165 €. Planche env 10 €.* Ambiance relax et familiale dans ce joli petit château perdu dans les vignes. On s'y sent tout de suite bien, entre le jardin d'hiver pour bouquiner, la piscine pour se rafraîchir et le salon de thé-bar à vins très convivial, impeccable pour goûter aux pâtisseries de la propriétaire ou déguster les vins du domaine en picorant des planches de charcut'. Côté chambre, c'est classique et meublé d'ancien. Très coquet.

À voir

La ville bastide : un quadrillage de 10 rues sur 7 compose la bastide de Sainte-Foy-la-Grande. On s'arrêtera d'abord à l'office de tourisme (feuillet de visite gratuit) pour visiter l'exposition sur l'histoire de la bastide. Ce dernier est par ailleurs installé dans une belle maison ancienne à colombages du XVe s ; on en verra de semblables rue Pasteur et rue des Frères-Reclus, ainsi que rue Victor-Hugo. La rue de la République, un axe commerçant, passe par la place Gambetta, place à arcades bien conservée.

Le musée de la Batellerie et la maison du Fleuve : *rue Notre-Dame à* ***Port-Sainte-Foy*** *(de l'autre côté du pont). ☎ 05-53-22-24-10. • port-sainte-foy.com •*

De mi-juin à mi-sept, mar-dim 14h-17h30. Entrée : 3 € ; réduc. Jolie petite exposition avec maquettes et diaporamas sur le commerce du vin à Sainte-Foy et sur le rôle des hommes du fleuve qui amenaient aux négociants bordelais les vins de Dordogne. On a bien aimé les maquettes de couraux, ces bateaux à fond plat communs à toute l'Aquitaine médiévale.

Fêtes et manifestations

– ***Les Musitinéraires :*** *dans le cadre de l'Été girondin, à partir de mi-juil (concerts). Participation libre.*
– ***Vibrations d'été :*** *15 j. mi-juil.* Festival d'art lyrique.
– ***Marchés nocturnes :*** *bienvenue à la ferme ! Ts les jeu soir de mi-juil à fin août.*
– ***Fête de la Rivière et du Vin :*** *1er dim d'août.*

DANS LES ENVIRONS DE SAINTE-FOY-LA-GRANDE

Le moulin de Moustelat : *33890* ***Pessac-sur-Dordogne.*** *☎ 05-57-47-46-77. • moulin-de-moustelat.com • À 12 km de Sainte-Foy-la-Grande. Visite sur résa avr-sept 10h-12h, 14h-18h (sur rdv). Tarif : 4 € (dégustation incluse) ; réduc.* Un moulin à eau du XVIIIe s, modestement restauré par un couple de viticulteurs. La visite s'achève par une dégustation.

Visite de château viticole

Le château Couronneau : *33220* ***Ligueux.*** *☎ 05-57-41-26-55. • chateau-couronneau.fr • À 8 km au sud-est de Sainte-Foy. Lun-sam, visite sur rdv.* Dans un coin complètement perdu, un vrai château féodal. L'endroit est sympa, tout comme le proprio, Christophe Piat, qui pratique la culture en biodynamie.

➢ Pour revenir à Libourne, prenez les chemins des vignes plutôt que la grande route. Des chemins qui font la cour à la Dordogne et vous permettront de repartir, guilleret, pour la suite du voyage.

LIBOURNE

(33500) 25 000 hab. *Carte Gironde, C2-3*

Grosse bourgade qui connut une importante prospérité commerciale, notamment grâce au transport du vin sur la Dordogne. Au XIIIe s, une bastide est construite autour de la place centrale sous l'impulsion du souverain anglais Édouard Ier et de Jean de Grailly. Aujourd'hui, quelques pans de muraille, la porte du Grand-Port et surtout la grande place Abel-Surchamp avec ses arcades demeurent les témoins de cette bastide portuaire.

Arriver – Quitter

Des ***TGV directs*** entre Libourne et ***Paris Montparnasse.*** Compter moins de 3h de trajet.

Également des TER directs pour ***Périgueux*** (1h de trajet), Arcachon (1h30).

Adresse et infos utiles

Office de tourisme du Libournais : *40, pl. Abel-Surchamp. ☎ 05-57-51-15-04. • tourisme-libournais.com • Lun-sam 9h30-12h30 et 14h-18h, plus dim mat juil-août.* De mai à septembre, croisières promenades à thème sur la Dordogne. En juillet-août, visites guidées insolites et visites nocturnes contées.

– ***Marchés :*** *mar, ven et dim mat, sur la pl. Abel-Surchamp (depuis 600 ans !).* Vaut le déplacement, c'est l'un des plus prestigieux de la région !

Où dormir ? Où manger ?

De prix moyens à plus chic

La Tour du Vieux Port : *23, quai Souchet. ☎ 05-57-25-75-56. • latourduvieuxport@free.fr • latourduvieuxport.fr • Double 75 € ; familiales. Formule 15 € ; menu 18 €.* Accolé à l'ancienne porte du port, un hôtel au charme suranné d'une quinzaine de chambres colorées, originales (les fresques ont été réalisées par un artiste local) et plutôt spacieuses. On préfère celles qui donnent sur la rivière pour la vue et la luminosité. Salles de bains un peu étriquées, dommage. Cuisine traditionnelle régionale marquée par les influences du large.

Hôtel de France : *7, rue Chanzy. ☎ 05-57-51-01-66. • hoteldefrance33@aliceadsl.fr • hoteldefrancelibourne.fr • Doubles 78-160 € ; familiales. Parking.* Installé dans un ancien relais de poste, l'établissement a été rénové sobrement en prenant parti pour un style classique, teinté de jaune orangé. Les chambres, de bon confort, sont plus lumineuses à l'étage. Malgré la bonne tenue générale, l'accueil n'est vraiment pas à la hauteur.

Cosy Tourny : *12, cours Tourny. ☎ 05-57-51-68-91. • cosytourny@orange.fr • Tlj sauf dim soir-lun. Formule déj en sem 15 € ; menu 35 € ; carte env 25 €.* Cette belle maisonnette aux volets rouges accueille un joli resto avec une terrasse ombragée au cœur d'un petit jardin bucolique. En hiver, c'est près de la cheminée qu'on se pelotonne. Dans le genre convivial, le menu n'est pas en reste : salades, tartes et tartines, lasagnes, le tout bien présenté et mettant l'accent sur la fraîcheur. Service attentionné et sympa.

Le Bistrot Maritime : *12, quai Souchet. ☎ 05-57-51-66-77. • lebistrotmaritime@gmail.com • Ouv tlj midi et soir. Formule déj en sem 15 € ; carte env 30 €.* Au confluent de l'Isle et de la Dordogne, il souffle un vent de nouveauté avec ce resto animé au bord de l'eau. On plébiscite forcément la terrasse pour la vue imprenable sur la confluence. Surtout à l'heure de l'apéro, quand le soleil décline... L'ardoise suit le marché dans un esprit bistrotier, et le vin du moment permet de baliser les dépenses.

Où dormir dans les environs ?

De prix moyens à chic

Chambres d'hôtes La Chênaie : *chez M. et Mme Jean-Joseph, 16, route de Fonsegrède, 33500* ***Arveyres.*** *06-87-15-91-79. • bordesbr@orange.fr • À 6 km de Libourne (direction Arveyres). Double 89 €, puis 85 € la 2e nuit.* Dans un parc arboré, l'accès à la maison ancienne n'a rien à envier à celui d'un château. 3 chambres personnalisées et tout confort, spacieuses et lumineuses, certaines pouvant accueillir des familles. Petit déj bien servi, avec le même soin qui caractérise la déco. Accueil aussi chaleureux et naturel que le cadre.

Chambres d'hôtes Château Le Baudou : *7, chemin de Jourdennes, Le Baudou, 33230* ***Coutras.*** *06-50-65-56-47. • aubejph@hotmail.com • chateaulebaudou.com • Ouv à l'année.*

À env 19 km au nord-est de Libourne ; à 2,5 km à l'est de Guîtres par la D 10 en direction de Coutras. Doubles 95-145 €. Parking. Un vrai coup de cœur pour cette ancienne propriété viticole du XVIIIe s figée dans le temps. Papiers peints fleuris, volumes impressionnants, cuisine immense avec sa belle cheminée et surtout 5 chambres (immenses aussi !) dans le ton de cette élégante demeure en pierre et brique. Du caractère, chaleureuse, entourée d'un parc de 2 ha, on n'en pense que du bien !

Hôtel Henri IV : *pl. du 8-Mai-1945, 33230* **Coutras.** *☎ 05-57-49-34-34. • contact@hotelcoutras.com • hotelcoutras.com • Doubles 74-90 €. Parking.* Face à la gare, un sympathique petit hôtel d'une quinzaine de chambres (avec clim), installé dans une belle maison du XIXe s. Les chambres ne sont pas immenses mais le confort est bien là et l'accueil aimable. Un point de chute aussi pratique que charmant pour arpenter le vignoble. Salle de petit déj donnant sur le mignonnet jardin.

À voir

La place Abel-Surchamp : le point central de la bastide, construite au XIIIe s. Joliment aménagée, entourée d'arcades et bordée de maisons construites entre le XVIe et le XIXe s.

L'hôtel de ville : *sur l'un des côtés de la pl. Abel-Surchamp.* Édifié au XVe s mais entièrement restauré façon néogothique au début du XXe s. Bel escalier à l'intérieur. Au 2e étage, le ***musée des Beaux-Arts*** *(☎ 05-57-55-33-44 ; ouv mar 14h-18h, mer-sam 9h30-13h, 14h-18h ; GRATUIT).* Dans les 2 galeries, des œuvres de la fin du Moyen Âge au XXe s : Cranach l'Ancien, Manfredi (élève du Caravage), Falconet, Rodin, Dufy... Et focus sur 2 artistes du Libournais : René Princeteau, ami et maître de Toulouse-Lautrec, spécialiste de scènes animalières, et Germaine Lacaze, une autre enfant du pays et élève de Dufy.

La chapelle royale Notre-Dame-de-Condat : *☎ 05-57-51-68-10. À 2 km du centre. • chapelledecondat.fr •* Ancienne chapelle érigée au XIe s et seul vestige du château de Condat, ancienne résidence royale de France, puis d'Angleterre. Au Moyen Âge, la chapelle était une halte importante sur les chemins de Saint-Jacques. En 1367, Du Guesclin y est retenu prisonnier par le Prince Noir, fils du roi d'Angleterre. Édifice à nef unique de style gothique, sur le modèle de la chapelle basse de la Sainte-Chapelle à Paris. Les peintures datent du XIXe s.

Le quai Souchet : il offre une belle vue sur le grand pont de pierre (220 m) et ses 9 arches. Remarquez la porte du Grand-Port avec ses 2 tours (la tour Richard et la tour Barrée) : le dernier vestige des remparts de la ville.

Manifestations

- ***Festival Musikapile :*** *3 j. en juin.* Artistes de renommée nationale et internationale.
- ***Libourne fête la confluence :*** *3 j. en juin.*
- ***Fest'arts :*** *3 j. en août.* Festival des arts de la rue.

DANS LES ENVIRONS DE LIBOURNE

Saint-Pardon : *à 8 km de Libourne, sur la commune de Vayres.* On vient y observer le ***mascaret,*** cette vague étonnante qui survient au moment des forts coefficients, lorsque le courant du fleuve croise la marée montante. On s'amuse même à surfer la vague ! Le mascaret est un spectacle insolite (surtout pendant les grandes marées, de mai à septembre) et un bon but de balade. Pour connaître les dates, lisez *Sud-Ouest.*

Le château de Vayres *(33870) : ☎ 05-57-84-96-58. • contact@chateaudevayres.com • chateaudevayres.com • À 8 km à l'ouest de Libourne, sur l'autre rive de la Dordogne. De Libourne, prendre la N 89 direction Bordeaux, sortie n° 7. Pâques-juin, et de mi-sept à la Toussaint, dim et j. fériés 14h-18h30 (plus mer ap-m pour enfants pdt les vac scol) ; 1er juil-15 sept, tlj 14h (13h30 ou 14h30 selon période)-18h30 (19h30 ou 17h30 selon période). Fermé le reste de l'année. Entrée : 13 € ; tarif réduit appliqué sur présentation de ce guide ; réduc. 2-4 visites guidées/j. Parcours d'énigmes (appli dispo sur smartphones et livrets-jeux) pour découvrir le parc, pour enfants et adultes.* Grand château ayant appartenu à Henri IV, aux allures de forteresse avec ses créneaux et ses douves. Réaménagé au XVIe s sur la base d'une demeure féodale. Bâtiments édifiés autour d'une cour et bordés de galeries. Collection de tapisseries exceptionnelles. Belle façade du XVIIe s, avec un escalier à double révolution, menant à des jardins à la française qui bordent la Dordogne.
– En août, festival de Cape et d'Épée ; animations de juillet à octobre. Un grand moment !

Le château et le moulin d'Abzac : *33230* ***Abzac.*** *06-42-25-82-80. • chateau-abzac.com • À 16 km au nord-est de Libourne. De mi-mai à mi-oct, sur rdv. Sinon, passez à la mairie (à côté de l'église) : avec un peu de chance, le maire (propriétaire) vous fera une visite des lieux. Entrée : 8 € ; gratuit moins de 12 ans.* Édifié au XVIIe s, le château, situé face à l'église, est entouré de 35 ha de vignes. Son harmonieuse silhouette domine la rivière et le moulin, 1re manufacture créée dans le Bordelais au XVIIIe s. Initialement destinée à la meunerie, puis à l'huile d'arachide, elle était équipée de 7 meules, d'une forge et d'une tonnellerie. Ses propres péniches permettaient de livrer la marchandise à Bordeaux. Impressionnant ! La famille d'Anglade, qui en est propriétaire, perpétue l'aventure industrielle : c'est aujourd'hui le siège d'une entreprise de production d'emballages industriels et de cartons. Le meilleur point de vue pour admirer la symétrie du moulin et sa façade classique se situe en face de l'Isle, qu'il suffit de traverser. Avec le château, ils forment un ensemble architectural assez spectaculaire.

AU NORD DE L'ESTUAIRE

La promenade de Saint-André-de-Cubzac à Blaye passe par des villas romaines et des églises romanes. Des promontoires, on domine le bec d'Ambès, où Bordeaux a aménagé ses zones portuaires. Les vieux vignobles, côtes-de-blaye et côtes-de-bourg, surplombent l'estuaire, jalonné de carrelets, ces filets de pêche carrés qui descendent de la cabane en bois au bout d'un ponton. Les vins y ont le mérite du prix. Ils sont même l'archétype du petit bordeaux sympa et pas trop cher.

SAINT-ANDRÉ-DE-CUBZAC

(33240) 10 400 hab. *Carte Gironde, C2*

En passant sur les terres de Jacques-Yves Cousteau, l'homme des grands fonds, les amoureux d'églises visiteront cette église romane fortifiée de la fin du XIIe s, avec meurtrières et mâchicoulis.

Adresse et infos utiles

Bureau d'accueil Bourg-Cubzaguais : *9, allée du Champ-de-Foire, sq. F.-Mitterrand. ☎ 05-57-43-64-80. • grand-cubzaguais.fr • Ouv lun ap-m, mar-ven 9h30-12h30, 14h-18h, sam mat.*

– **Marchés :** *pl. du Champ-de-Foire, le mat jeu et sam.* Producteurs locaux.

À voir. À faire dans le coin

Le pont Eiffel : situé à ***Cubzac-les-Ponts,*** ce pont routier fut construit par le célèbre papa de la tour entre 1879 et 1883. Il a encore belle allure. Normal : détruit par les Allemands, il a été reconstruit à l'identique par le petit-fils de Gustave en 1947. Sa rampe d'accès est supportée par des arcades de pierre qui, vues de dessous, ont une allure de cathédrale gothique. Pour vous y rendre, laissez votre voiture au port de Cubzac-les-Ponts et suivez le sentier de randonnée balisé qui longe la Dordogne.

SON MONDE DU SILENCE

Le commandant Cousteau est né au 83 de la rue Nationale, au-dessus de la pharmacie de son grand-père maternel. Officier de marine, océanographe à bord de la Calypso et membre de l'Académie française, JYC est aujourd'hui inhumé dans le caveau familial. Sa tombe, toujours fleurie, est ornée de cœurs et de bateaux avec les cailloux ramassés dans les allées du cimetière.

Le coteau de Montalon : point culminant du Cubzaguais, haut de 73 m d'altitude, le coteau de Montalon offre un magnifique panorama sur la Dordogne qui s'étend du tertre de Fronsac jusqu'aux Côtes de Blaye en passant par Bordeaux. 5 moulins à vent, datant du XVIIIe s, privés aujourd'hui de leurs ailes, dominent sur ces hauteurs et sont les seuls souvenirs des meuniers qui furent longtemps les seigneurs de ces lieux. Une stèle indique le passage du 45e parallèle latitude nord, soit à mi-chemin entre le pôle nord et l'équateur.

Manifestations

– ***Du quai au chai :*** *en juin.*
– ***Marchés nocturnes :*** *en juin, ts les sam sur la pl. du Champ-de-Foire.*

BOURG-SUR-GIRONDE

(33710) 2 200 hab. *Carte Gironde, C2*

Encore un village tranquille, avec sa ville haute et ses bâtisses qui s'élèvent sur des parois rocheuses couleur de miel. Au soleil couchant, le bourg prend immanquablement des airs de Toscane. De la terrasse, une vue panoramique sur le petit port au bord de l'eau, d'où, autrefois, partaient les gabarres chargées de pierres calcaires. Bourg-sur-Gironde, malgré son nom, n'est plus sur la Gironde, mais sur la Dordogne. L'accumulation d'alluvions au bec d'Ambès a en effet fait avancer la séparation des eaux.

Adresses utiles

Office de tourisme : *hôtel de la Jurade, sur la place centrale. ☎ 05-57-68-31-76. • bbte.fr • Mars-oct, tlj sauf lun ; nov-fév, l'ap-m mar-ven, plus sam.* Expos temporaires. Location de vélos électriques.

Maison des vins des Côtes-de-Bourg : *1, pl. de l'Éperon. ☎ 05-57-94-80-20. • cotes-de-bourg.com •* Environ 152 châteaux dans cette appellation qui prend de plus en plus d'importance. Ici, on vous guidera et on pourra organiser votre visite du vignoble. Dégustation.

Où dormir ? Où manger ?

Chambres d'hôtes : *chez Annick Poissonneau, 5, av. François-Daleau. ☎ 05-57-68-39-73. 06-62-92-50-19. Double 70 €.* Petit château du XIXe s avec une jolie tourelle d'où l'on a une vue imprenable sur Bourg et la Dordogne. Atmosphère élégante et distinguée avec beaux meubles anciens et nombreux tableaux. Les chambres, à l'image de la maison, possèdent un charme suranné et s'avèrent très calmes, malgré la situation en centre-ville. Agréable jardin fleuri et bon accueil. À ce prix-là, on aurait tort de se priver !

Chambres d'hôtes Château de La Grave : *chez Valérie et Philippe Bassereau, 1, lieu-dit La Grave. ☎ 05-57-68-41-49. • info@chateaudelagrave.com • chateaudelagrave.com • Sortir de Bourg en direction de Blaye, prendre la 1re à droite direction Berson, puis la 2e à droite ; suivre le fléchage ! Résa impérative. Doubles 110-140 €. Petit déj 13 €. Apéritif maison offert sur présentation de ce guide.* Dominant le paysage et flanqué de 2 tourelles en pierre blanche, un vrai château, dans la même famille depuis 1904. 4 chambres spacieuses, meublées à l'ancienne et habillées de lourds rideaux, de murs de pierre, de beaux parquets. L'une d'elles, pour 4 personnes, a sa salle de bains aménagée dans la tour. L'été, on prend le petit déj dehors en savourant les fruits du jardin. Tout autour de nous, 44 ha de vignes qui produisent un vin de qualité vendu sur place. Depuis la piscine qui surplombe ce splendide panorama, on se prendrait presque pour des princes et princesses ! Un vrai coup de cœur !

Le Plaisance : *4, pl. Eugène-Marchal. ☎ 05-57-68-45-34. • contact@restaurant-le-plaisance.com • À 100 m du port. Tlj. Congés : 15 j. début janv. Formule déj en sem 16 € ; carte env 25 €.* Resto « à étages » ; de bas en haut : salle de style brasserie, comptoir et piano-bar (samedi soir) suivi de 2 salles modernes et de leurs terrasses attenantes. À la carte, poissons, viandes, burgers, salades composées, le tout étant honnête et bien enlevé. Cuisine ouverte et excellente cave. Une cinquantaine de vins au verre sont en libre-service avec un descriptif pour chacun. Si vous ne savez plus où donner de la tête, demandez conseil aux sympathiques serveurs.

Où manger dans les environs ?

Le Philéas Fogg : *33, le Bourg, 33920* ***Civrac-de-Blaye.*** *☎ 05-57-68-29-20. • restaurantphileasfogg@gmail.com • À 13 km au nord-est de Bourg. Congés : 24 déc-7 janv. Tlj sauf dim-lun. Formules déj en sem 14-16 € ; menu dégustation 34 € ; menu barbecue 25 € ; carte 48 €.* Dans son *Tour du monde en 80 jours,* Jules Verne a fait de Phileas Fogg son héros voyageur. C'est donc tout naturellement que le cuistot nous emmène aux 4 coins de la planète avec ses recettes colorées, épicées et originales. On aime bien la formule avec les 3 entrées dont on ne perd pas une miette et qui évite de piquer dans l'assiette du voisin ! Après les plats savoureux, on plane côté desserts, entre senteurs de rhum, pots d'épices et fruits en mélange tropical. Un parcours stimulant et toujours satisfaisant, où les hôtes sont menés à bon port.

Chambres d'hôtes La Grange : *1, La Dupuise, 33920* ***Civrac-de-Blaye.*** *☎ 05-57-58-90-87. • philisajompi@hotmail.fr • chambres-dhotes-la-grange.com • À 13 km au nord-est de Bourg et à 2,5 km du village. Resto ouv mer-sam midi et soir, mar soir et dim midi. Double 95 € ; familiales. Formules déj 14-17 € ; menus 29-34 €.* En pleine campagne, Isabelle et Philippe ont aménagé un délicieux havre de paix dans cet ancien domaine viticole de plusieurs hectares avec piscine chauffée. 5 chambres aux grands volumes, élégantes et ultraconfortables, mélangeant pierre et bois. Salles de bains modernes et impeccables, douche à l'italienne. Une chambre immense *(Entre ciel et terre)* avec mezzanine permet de loger en famille. Mais la suite n'est pas mal non plus ! Au resto, produits du marché et plats traditionnels belges. Une halte chaleureuse.

À voir. À faire

Musée de la citadelle – souterrains et calèches : *☎ 05-57-68-23-57. Juin-sept, tlj visites guidées à 10h, 11h30, 14h, 15h30 et 17h ; mars-mai et oct, seulement w-e et j. fériés (sauf 1er mai) aux mêmes horaires. Entrée : 5 € ; réduc ; gratuit moins de 10 ans. Compter env 1h15 de visite. 1 entrée adulte offerte à partir de 2 pers sur présentation de ce guide.* De l'ancien château de la citadelle, on peut visiter librement les ***jardins*** plantés de magnolias. À voir également : un souterrain cavalier qui menait de la citadelle, datant du XVIe s, au port. Le site abrite aujourd'hui un musée exposant une trentaine de véhicules hippomobiles (coupés, omnibus, phaétons, etc.) dans un remarquable état de conservation. Également une belle collection de harnais, selles et accessoires de cocher. La visite permet aussi de découvrir les sous-sols de la citadelle de Bourg, ancêtre de celle de Blaye : un souterrain cavalier du XVIe s creusé dans la roche et utilisé par les chevaux pour acheminer les livraisons entre le port et la citadelle. Accompagné d'un guide, on pénètre dans l'une des 7 gigantesques cuves à pétrole construites par les Français, mais utilisées puis en partie dynamitées par les Allemands pendant la 2de Guerre mondiale. À l'origine, c'était ici la résidence d'été des archevêques de Bordeaux (le palais, pas les citernes !), qui, visiblement, n'avaient pas la vie trop dure. Du balcon, belle vue sur la Dordogne et le bec d'Ambès.

Manifestations

– ***« Tous ô chais » :*** *2e w-e de mai. Rens à la Maison des vins des Côtes-de-Bourg. ☎ 05-57-94-80-20. • cotes-de-bourg.com •* Un des temps forts du début de saison. Visites gratuites de chais et dégustations de côtes-de-bourg.
– ***Week-end médiéval*** *(les années impaires)* ***et foire Troque-Sel :*** *1er w-e de sept, dans tt le village.* Une foire à l'ail et à l'oignon, dont l'origine remonte au XIIIe s et qui est toujours populaire. Fête costumée.

DANS LES ENVIRONS DE BOURG-SUR-GIRONDE

La grotte de Pair-Non-Pair : *dans le village voisin de* ***Prignac-et-Marcamps.*** *☎ 05-57-68-33-40. • pair-non-pair.monuments-nationaux.fr • Indications sur la gauche au niveau du panneau d'entrée du village. Visites commentées tlj sauf lun à 10h, 11h15, 14h30, 15h30, 16h30 et 17h30 de mi-juin à mi-sept ; de mi-sept à mi-juin à 10h, 11h15, 14h30 et 16h. Résa obligatoire (max 15 pers/visite). Enfants à partir de 7 ans. Entrée : 8 € ; gratuit moins de 26 ans et pour ts le 1er dim du mois nov-mai.* Parois couvertes de dessins qui se superposent étrangement. On les date de l'âge de la pierre taillée : bisons, mammouths, bouquetins, cervidés et

2 chevaux à tête retournée. Ces gravures vieilles de 30 000 ans, bien antérieures à celles de Lascaux, sont moins impressionnantes mais restent de tout 1er intérêt. Les villageois n'en sont pas peu fiers !

DE BOURG-SUR-GIRONDE À BLAYE

LA ROUTE DE LA CORNICHE

Itinéraire fleuri à ne pas omettre sur la D 669 (E1). La route étroite en corniche longe les rives de la Gironde et de la Dordogne, serpente joliment de Villeneuve jusqu'à Bourg. Plusieurs petites étapes sympa, culturelles ou gastronomiques sur ce parcours méconnu, notamment Roque-de-Thau, Marmisson, Bayon, Pain-de-Sucre, entre fleuve et falaise calcaire. Dans la lumière du petit matin, la route basse de l'estuaire a un charme fou. Ne pas manquer les habitations troglodytiques. Tout le long du parcours, des « fenêtres sur l'estuaire », aménagements touristiques originaux, vous éclairent.

BLAYE (33390) 4 900 hab. *Carte Gironde, C2*

Surtout connue pour sa belle citadelle, perchée à flanc de falaise, dominant l'estuaire de la Gironde. Blaye se révèle une petite ville calme et tranquille – ce qui ne fut pas toujours le cas. Le Blayais produit un vin fort sympathique, coloré, puissant, fruité et rustique. Si vous voulez garder un « souvenir friandises » de Blaye, vous pourrez toujours essayer les *praslines de Blaye,* célèbres et rivales de celles de Montargis, inventées d'ailleurs par le même cuisinier, celui du maréchal de Plessis-Praslin, en 1649.

POUR CEUX QUI CONNAISSENT LA CHANSON !

Au VIIIe s, on édifia sur la falaise de Blaye un château qui fut confié à Roland le Preux. Charlemagne, son empereur d'oncle, vint jusqu'ici le chercher en vue d'une bataille en Espagne contre les Sarrasins. Une histoire qui se termina mal à Roncevaux (en 778). Le brave Charlemagne ramena tout de même la dépouille de son neveu à Blaye. Les vestiges du tombeau subsistent au pied de la citadelle.

UN PEU D'HISTOIRE

Depuis le Paléolithique, la falaise de Blaye fut l'objet de convoitises. Gaulois et Romains s'y réfugièrent. Un castrum fut construit dès le IIIe s.
La citadelle fut plusieurs fois détruite puis reconstruite. Celle d'aujourd'hui fut ***commandée par Louis XIV*** et ***agrandie par Vauban*** pour contrôler l'estuaire et protéger Bordeaux contre l'étranger. En fait, la citadelle ne subit qu'une attaque en 1814. La duchesse de Berry, belle-fille de Charles X, y fut pourtant incarcérée sur ordre de Louis-Philippe pour avoir soulevé la Vendée afin d'établir son fils, le duc de Bordeaux, sur le trône. Au début du XXe s, la citadelle fut désaffectée.

Adresses et infos utiles

i *Office de tourisme de Blaye :* *dans la grande rue, en face de la citadelle. ☎ 05-57-42-12-09. • bbte.fr • Mars-mai et oct, tlj 10h-12h30 et 14h-17h30 ;*

juin-sept 10h-13h et 14h-18h30 ; nov-fév 10h-12h30 et 14h-17h. Accueil très sympa. Plan gratuit de la citadelle, bien pratique. Visite guidée des souterrains, particulièrement intéressante pour comprendre le système de repli mis en place par Vauban *(7,50 € ; réduc).*

■ ***Maison du vin :*** *11, cours Vauban. ☎ 05-57-42-94-20. • info@vin-blaye.com • vin-blaye.com • Dans la grande rue, au pied de la citadelle. Tlj sauf dim 9h-12h30, 14h-19h.* Les vendredi et samedi en juillet-août, dégustation en présence d'un vigneron. Vins aux mêmes prix qu'au château.

■ ***Service maritime départemental « Bacs Gironde » :*** *☎ 05-57-42-04-49. • gironde.fr/bacs • Compter 3,10 €/pers et 18,50 €/voiture. Circule tlj tte l'année. Juil-août, 1er départ à 7h15 et dernier départ à 19h30 (20h30 w-e et j. fériés). Départs ttes les 1h30 en été (service nettement réduit hors saison). Traversée : 25 mn.* Pour tout savoir sur la traversée du Mississippi girondin entre Blaye et Lamarque (Médoc) ! Arriver 30 mn avant, surtout en plein été.

– ***Marchés :*** *le mat mer et sam. Marché nocturne en juil-août.*

Où dormir ? Où manger ?

Camping

⛺ ***Camping municipal :*** *citadelle de Blaye. ☎ 05-57-42-00-20. • blaye.fr • À l'intérieur de la citadelle, face à la porte Royale. Ouv mai-sept. Compter 10,50 € pour 2.* Étonnant : une cinquantaine d'emplacements pour planter sa tente au pied des murs de pierre plusieurs fois centenaires. Certains ont vue sur la Gironde ! Installez-vous au fond, en hauteur, vous aurez pour toile de fond l'estuaire et le bruit de l'eau qui file. Vraiment extra de se réveiller sur un tel site !

Chic

🏠 🍴 ⛱ ***Hôtel La Citadelle :*** *pl. d'Armes. ☎ 05-57-42-17-10. • hotelcitadelle.blaye@orange.fr • hotelcitadelleblaye.com • Au cœur de la citadelle. Congés : déc-janv. Doubles 110-130 €. Petit déj 15 €. Au resto, menu du jour 25 € ; carte env 55 €. Parking.* Admirablement situé, l'hôtel dispose d'une vue superbe sur la Gironde dont on profite depuis la terrasse du resto qui jouxte la belle piscine. Les chambres au style contemporain contrastent avec la citadelle figée dans le temps. Dotées de larges fenêtres, on apprécie leur luminosité même si les moins chères, au rez-de-chaussée, sont un peu trop proches de la piscine. Salles de bains spacieuses. Au restaurant, la carte propose surtout des spécialités locales. Bon rapport qualité-prix.

🍴 ***La Marina :*** *8, rue de l'Hôtel-de-Ville. ☎ 05-57-64-14-19. • lamarina33390@orange.fr • Au cœur de la citadelle. Ouv tlj sauf lun. Menus 14 € (en sem), puis 24 € ; carte env 35-40 €.* Au centre-ville, une adresse qui dépote ! Toujours du monde dans les 2 salles de part et d'autre du bar et, aux beaux jours, en terrasse sur la rue calme. Les habitués savent bien que la qualité est constante, dès le 1er menu qui propose déjà pas mal de choix. Poissons et fruits de mer d'une grande fraîcheur, plats de saison bien ficelés. Et service ultra-efficace ! Parfait en attendant le bac (presque en face) ou avant de partir à l'assaut de la citadelle.

Où dormir ? Où manger dans les environs ?

Camping

⛺ ***Le Maine Blanc :*** *☎ 05-57-42-52-81. • contact@lemaineblanc.fr • ♿ Sur la D 22, à 2 km de Saint-Christoly-de-Blaye. De Blaye, à 15 km, sur la gauche, juste avt l'autoroute (panneau). Ouv tte l'année. Compter 15-17 € pour 2. Mobile homes 4-6 pers. 94 empl.* Sympathique camping de taille modeste, au calme, familial et en pleine forêt (donc très bien ombragé). Piscine. Sanitaires un peu vieillots. Nombreuses activités sur le site des lacs du Moulin-Blanc, à 1 km (baignade, balades à cheval, canoë, tir à l'arc, VTT, accrobranche, etc.). Épicerie, bar et snack.

Prix moyens

L'Escale – Chez Olga : *33390 Cartelègue. ☎ 05-57-64-71-18. • chezolga@orange.fr • chez-olga.com • À 10 km au nord de Blaye, au bord de la N 137. Fermé le w-e. Congés : 15-30 août et 25 déc-1er janv. Menus 16 € le midi, puis 22-32 € le soir ; carte env 30 €.* Une cuisine, simple, savoureuse, décline les saisons, de l'asperge de printemps aux cèpes d'automne, avec des échappées sur le gibier ou la friture de Garonne. C'est le repaire de nombreux viticulteurs du coin, et si vous savez y faire, vous repartirez avec un beau carnet d'adresses.

À voir. À faire à Blaye et dans les environs

La citadelle : *GRATUIT. Possibilité de visite guidée des souterrains et de la ville ; rens à l'office de tourisme, au pied de la citadelle (☎ 05-57-42-12-09 ; tarif : 7,50 €, 5-12 ans 5,50 €).*

Une fois la voiture laissée à l'extérieur de la citadelle (circulation interdite à l'intérieur et c'est tant mieux !), on accède à pied par la porte Dauphine ou par la porte Royale. Voici l'une des plus belles réalisations d'architecture militaire du XVIIe s (voir plus haut la rubrique « Un peu d'histoire ») et aussi la plus grande vallée donnant sur la Gironde. Une vraie ville dans la ville, puisqu'elle s'étend sur 33 ha et possède tout un quartier d'habitations. Les fortifications sont inscrites au Patrimoine mondial de l'Unesco en tant que site majeur de Vauban.

VAUBAN HUMANISTE

Architecte hors pair pour fortifier les villes, Vauban était affligé par les famines qui découlaient des guerres. Dans ses écrits, il préconisa au peuple d'élever une truie, animal très facile à nourrir et particulièrement prolifique. Seul Ho-Chi-Minh suivra son conseil pour le peuple vietnamien.

– On vous conseille d'entrer par la porte Royale. Sur la droite, vestiges du ***château des Rudel*** dont il subsiste 3 tours. Son nom vient de Jaufré Rudel, célèbre troubadour du XIIe s, qui y naquit. Amoureux d'une lointaine princesse, il partit pour les croisades en 1147 et mourut dans les bras de sa belle Mélissinde de Tripoli, qu'il avait chantée toute sa vie sans l'avoir jamais connue. Belle vue depuis le sommet de la tour des Rondes et table d'orientation.

– La ***tour de l'Éguillette,*** surplombant la falaise, offre un large et superbe panorama, tout comme la place d'Armes (devant l'hôtel). Bon point de départ pour une balade le long des fortifications.

– À voir également, la ***Manutention,*** qui abrite le ***musée d'Histoire et d'Archéologie.*** *Tlj, pour les horaires, se renseigner : 06-82-34-72-66. Tarif : 5 € ; réduc.* Au rez-de-chaussée, 2 expos : l'une archéologique, « Blaye, 7 000 ans d'histoire », et l'autre consacrée à la boulangerie (l'ancienne prison a été transformée en boulangerie – manutention – en 1831). À l'étage, « Estuaire vivant » *(expo uniquement sur résa et si assez de monde)* vous fera découvrir les activités humaines passées et présentes de l'estuaire. Non loin, la *maison de la duchesse de Berry,* encore appelée pavillon de la Place.

– À quelques pas, un quartier d'habitation abrite plusieurs échoppes d'artisans qui animent la citadelle et présentent leur production.

– Les ***vestiges de l'abbaye Saint-Romain,*** à côté de la porte Royale (à l'extérieur de la citadelle) : on suppose que c'est l'abbaye qui abritait la sépulture de Roland.

La légende veut qu'une 1re église ait été construite ici par saint Romain, l'un des 1ers évangélisateurs de l'Aquitaine au IVe s. Au Moyen Âge, c'était une importante étape compostellane, avec un hospice confié à l'ordre des augustins. L'abbaye fut rasée pendant les guerres de Religion, et aujourd'hui, il n'en reste presque rien, sauf un site agréable pour faire rêver les passionnés d'histoire médiévale. Des visites commentées peuvent être organisées sur rendez-vous par des archéologues locaux *(📱 06-82-34-72-66).*

Balades en bateau sur l'estuaire : plusieurs excursions et horaires de départ en saison pour les îles de l'estuaire *(billetterie à l'office de tourisme de Blaye : ☎ 05-57-42-12-09).* Au niveau de Blaye, 3 km séparent les 2 rives de l'estuaire (12 km à son plus large niveau : une vraie mer !).

Terres d'Oiseaux : *port des Callonges-estuaire de la Gironde ; 2, les Nouvelles-Possessions, **Braud-et-Saint-Louis.** ☎ 05-57-32-88-80. • terresdoiseaux.fr • Ouv tlj 10h-18h (20h juil-août). Fermé vac de fin d'année. Entrée : 6 € ; réduc ; gratuit moins de 5 ans. Accompagnement possible par un guide naturaliste.* Une réserve ornithologique aménagée, avec de nombreux observatoires pour découvrir les oiseaux sédentaires ou migrateurs de l'estuaire de la Gironde.

Manifestations

- ***Printemps des vins :*** *en avr, dans la citadelle.*
- ***Jumping international de Blaye :*** *autour du 14 juil, dans les fossés de la citadelle.*
- ***Festival Flam*** *(musique classique)* ***:*** *en août.*
- ***Livres en citadelle :*** *en déc.*

LE MÉDOC

Pour les Romains, le Médoc, c'était *Meduli,* le pays au milieu des eaux, un triangle coincé entre l'océan, la Gironde et les marécages des Landes.
Drôle de territoire où les pins commencent là où s'arrête la vigne, classé depuis 2019 parc naturel régional Médoc. Vers l'estuaire, châteaux orgueilleux et vignobles exceptionnels ; vers l'Atlantique, campings, stations populaires et longues plages blondes. Cet ensemble paraît bien hétérogène, et pourtant... Les 2 parties du Médoc partagent un point en commun : le souci de la nature. Dans les 2 cas, il s'agit de la préserver des atteintes de la civilisation. Aux plages sauvages de l'océan largement colonisées par les naturistes du nord de l'Europe répondent les marais de l'estuaire où vivent les hérons. Aux terres calcaires des vignobles répondent les terres sableuses de la *pignada,* qui fut à l'origine d'une vraie manne dans la région jusqu'aux années 1950 (qui dit pins dit exploitation du bois, mais aussi et surtout de la résine et de ses sous-produits, dont la térébenthine).
D'ailleurs, la route principale de Bordeaux au Verdon, la D 1215, marque la limite entre les 2 Médoc et irrigue indifféremment Lacanau et Margaux, Hourtin et Saint-Estèphe. À l'est, elle distribue les appellations viticoles de Listrac et Moulis ; plus loin, elle traverse la capitale du Médoc (Lesparre) et sa tour de l'Honneur médiévale ; et à l'ouest, depuis Castelnau-de-Médoc, autre centre névralgique de la presqu'île, ses villages forestiers (Sainte-Hélène, Saumos ou Carcans, par exemple). Des villages pas forcément touristiques (hormis Carcans) mais qui définissent l'identité médocaine.

Comment y aller ?

➢ ***En bus :*** le réseau *TransGironde* *(☎ 09-70-87-08-70),* au départ de Bordeaux-Saint-Jean, propose plusieurs bus/j. avec la compagnie *Keolis Gironde* pour Le Porge (ligne 701), Lacanau (ligne 702), Carcans-Maubuisson (ligne 710), ainsi qu'avec la compagnie *Citram.* Au départ de Lesparre (ligne 703 depuis Bordeaux), bus pour Hourtin (ligne 711), Vendays-Montalivet (ligne 712) et Le Verdon (ligne 713). Horaires et fréquences sur le site du conseil général • *transgironde.fr* •

➢ ***En train :*** trains quotidiens entre Bordeaux-Saint-Jean et la pointe de Grave *(☎ 36-35).* Desservent également les gares de Lesparre et du Verdon.

LE MÉDOC VITICOLE

De Bordeaux à Soulac, on traverse le fleuron des régions viticoles de France. Le Médoc est divisé en 8 zones d'appellation d'origine contrôlée, sur un territoire d'à peine 80 km de long. Du sud au nord, on découvre Margaux, Moulis, Listrac, Saint-Julien, Pauillac, Saint-Estèphe... Ce secteur est le plus riche en châteaux véritables, classiques ou plus récents, souvent du XIXe s. L'intérêt de cette route du Médoc est donc aussi architectural.
Mais il faut savoir faire la différence entre châteaux et châteaux. D'un côté, les grands crus classés, c'est-à-dire tout au plus une soixantaine de domaines, aux noms qui chantent aux oreilles avant que le prix des vins ne fasse déchanter. On caricature, mais il est vrai que nous sommes là dans le domaine des très grands vins – du moins des plus chers. Et nombre de ces propriétés viticoles sont aujourd'hui de grosses affaires, que les groupes d'assurances, les banques et les investisseurs étrangers s'arrachent à prix d'or. Alors pour le côté bon vivant, convivial et populaire, vous repasserez.
Heureusement, à côté de ces châteaux pour feuilletons de l'été, on trouve des centaines de propriétés familiales où l'on rencontre le propriétaire, sa famille, etc.
Le guide *Destination vignobles en Médoc* facilitera votre découverte du Médoc viticole. Il est disponible gratuitement dans tous les offices de tourisme et maisons du vin et téléchargeable sur • *medoc-bordeaux.com* •
Quant aux propriétaires bénéficiaires de la marque « Vignobles et Chais en Bordelais », ils s'engagent ici, peut-être encore plus qu'ailleurs, à vous accueillir au mieux, en fonction de leurs disponibilités.

DE BORDEAUX À SAINT-ESTÈPHE

Le Médoc viticole va, grosso modo, de Blanquefort à Saint-Estèphe, si l'on reste dans le(s) domaine(s) connu(s), jusqu'à Jau-Dignac et Vensac, soit 25 km plus au nord, et ses versants regardent vers le nord. Sitôt quitté Bordeaux, c'est un paysage de vigne. Les villages n'ont parfois rien d'extraordinaire (on ne parle pas de Margaux ou Pauillac !), mais une incursion sur les rives de la Garonne permet de découvrir de sympathiques petits ports.

BLANQUEFORT *(33290)*

C'est la dernière banlieue de Bordeaux. Après, la campagne est à vous !

Où dormir ? Où manger ?

🏠 |●| ***Hotel-Restaurant des Criquets :*** *130, av. du 11-Novembre. ☎ 05-56-35-09-24. 📱 06-84-49-20-44. ● hotel@lescriquets.com ● lescriquets.com ● ♿ Resto fermé dim-lun. Doubles 130-165 € ; familiale. Formule déj en sem 23 € ; menus 45-60 € ; carte env 65 €. Café offert sur présentation de ce guide. Apéritif maison offert sur présentation de ce guide.* De l'extérieur, la maison ne vous fera pas craquer, mais les grandes chambres contemporaines mixent à merveille couleurs chaudes et tons boisés et s'avèrent vraiment confortables. L'accueil charmant, la piscine intérieure chauffée et le spa finiront de vous conquérir. C'est accueillant, tranquille, classique. Même sentiment au resto, un peu guindé mais la cuisine s'avère inventive, les épices viennent exalter les fruits de mer et les poissons frais, les cuissons sont bien maîtrisées. La qualité et la quantité justifient les prix.

Où acheter ? Où déguster du vin ?

🧺 🍷 ***La Winery :*** *route du Verdon, rond-point des Vendangeurs, 33460* ***Arsac.*** *À 14 km au nord de Blanquefort par la D 1215, direction Castelnau-de-Médoc. ☎ 05-56-69-08-51. ● winery.fr ● Tlj mai-sept 10h-20h, dim 10h-13h30 (19h30 oct-avr).* L'architecture design ultra-contemporaine, voire futuriste, détonne dans cette région où traditions et vieilles pierres ont force de loi. Surtout en matière viticole. Mais cet immense espace recèle une cave d'exception : plus de 1 200 références, du petit vin de producteur à l'étiquette la plus prestigieuse, en passant par des flacons rares, et du monde entier. Et des vins sur ardoise à découvrir chaque jour au comptoir du bar. Également de nombreuses dégustations thématiques sur réservation.

LUDON-MÉDOC *(33290)*

Avant Macau, faites un passage à Ludon, si vous avez un peu de temps, car le ***château d'Agassac*** mérite le détour, tant par la beauté du site (avec ses tourelles, on dirait un château de princesse au milieu de son parc) que par la qualité de son accueil ou de ses visites.

À voir

Tonnellerie Nadalié : *☎ 05-57-10-02-02. ● nadalie.fr ● Le mat en sem, sur rdv. Fermé en août. Visites 12,50-25 €.* Visite des ateliers, démonstration et fabrication de tonneaux.

LE PORT DE MACAU *(33460)*

Le genre de petit port typique que l'on retrouve tout au long des rives de la Gironde, si l'on ne craint pas de temps à autre de bifurquer sur les chemins qui mènent au fleuve. On y découvre (surtout le week-end) une atmosphère de guinguette où la foule se mêle en mangeant des crevettes bien fraîches. À signaler que Macau fête en juin sa spécialité, le « macau », un artichaut de renom !

LE PORT D'ISSAN

À Issan, en prenant sur la droite, une petite route mène au port sur le bord de la Gironde. Jolie vue sur la vigne de Margaux.

Visite de châteaux viticoles dans les environs

Le château Giscours : *juste avt le village de **Labarde.** ☎ 05-57-97-09-09. • giscours.com • Visites guidées avr-oct sur résa, tlj 9h30-12h30, 13h30-17h30 ; fermé dim le reste de l'année. Entrée à partir de 12-15 € (visite et dégustations).* Très intéressante visite des chais de ce château situé dans un cadre admirable et majestueux, avec dégustation. Beau bâtiment du XIXᵉ s et vaste parc boisé à la bordelaise avec des promenades aménagées, ainsi qu'un sentier ponctué d'œuvres d'art contemporain. Le château produit d'excellents vins, parmi les meilleurs de l'appellation margaux. 3 chambres d'hôtes sur place.

Le château Palmer : *à **Cantenac-Margaux.** ☎ 05-57-88-72-72. • chateau-palmer@chateau-palmer.com • chateau-palmer.com • Tte l'année lun-ven, seulement sur rdv. Compter 70 € pour env 2h de visite, dégustation incluse.* Grand cru classé en 1855, certifié bio et biodynamie. Une des plus vastes appellations du Médoc et un des châteaux les plus fréquentés : quelques milliers de visiteurs chaque année. Accueil aimable et visite intéressante (chais dotés d'une superbe charpente en bois).
– D'autres châteaux sont peut-être plus facilement visitables à Cantenac : ***Prieuré-Lichine, Kirwan, Desmirail,*** par exemple. À vous de voir, en fonction de votre passage.

MARGAUX (33460)

Petit village dont l'unique particularité est d'être une commune d'appellation d'un des meilleurs vignobles de France. Bon, on simplifie, mais c'est un peu ça...

Adresse utile

Maison du Vin et du Tourisme de Margaux : *7, pl. de la Trémoille. ☎ 05-57-88-70-82. • vins-de-margaux.fr • Consulter le site internet pour les horaires.* Infos sur les châteaux ouverts à la visite. Exposition et vente d'objets d'une sélection des meilleurs vins d'appellation margaux.

Où dormir ?

Les Chambres de Margaux : *5, av. de la Liberté. 📱 06-20-03-04-79. • domysauze@live.fr • leschambresdemargaux.com • Ouv mai-oct. Doubles 78-85 € ; familiale.* Au cœur du village, cette élégante girondine du XIXᵉ s a été rénovée avec soin par Dominique et Nathalie. Ils ont aménagé à l'étage, dans un esprit très déco, 2 belles et vastes chambres, dont 1 suite familiale. Plancher naturel, cheminée, meubles chinés, elles ont un charme fou ! Petit déjeuner gourmand à base de brioche et de confitures maison pour bien commencer la journée !

Visite de châteaux viticoles

Le château Margaux : *route de l'Église. ☎ 05-57-88-83-83. • chateau-margaux.com • Visite seulement sur résa (s'y prendre 1 mois à l'avance min) lun-ven. Fermé les w-e, j. fériés, août et pdt les vendanges. GRATUIT.* Visite des chais, de la tonnellerie et de la vinothèque. Avec la visite, dégustation de leur 2ᵈ vin. On vous l'indique surtout pour sa renommée (le nouveau chai réalisé par l'architecte Norman Foster est à la hauteur !), mais l'accueil n'a rien de chaleureux.

Le château Lascombes : *1, cours Verdun. ☎ 05-57-88-70-66. • chateau-lascombes.com • Visite dégustation tte l'année sur rdv 9h-18h sauf dim. Visite à* *partir de 12 €/pers selon la formule.* Une exploitation gérée de main de maître. Caveau et chais high-tech ! Un incontournable de la série limitée des 2es grands crus classés. Le château lui-même ne se visite pas.

MOULIS-EN-MÉDOC

(33480) 1 830 hab. *Carte Gironde, B2*

Petite commune à quelques kilomètres à l'ouest de Margaux, qui peut constituer une étape idéale pour rythmer votre traversée des vignobles. Dans le village, ne pas rater la belle église romane du XIIe s, avec ses murs épais et sa grosse tourelle dotée d'un élégant escalier qui grimpe jusqu'au clocher. Sur le pourtour de la belle abside, modillons joliment sculptés. À remarquer encore, les chapiteaux sculptés d'animaux à l'intérieur de l'église.

Adresse utile

Maison du Vin et du Tourisme de Moulis : *423, av. de la Gironde. ☎ 05-56-58-32-74. • moulis.com • De juil à mi-sept, mar-sam 10h-18h (17h sam) ; de mi-sept à juin, lun-ven 9h-12h30, 14h-18h.* Accueil très sympa. La bonne adresse pour visiter les châteaux de l'appellation. Topoguide de chemin pédestre.

Où dormir ? Où manger à Moulis-en-Médoc et dans les environs ?

De prix moyens à chic

***Chambres d'hôtes Domaine de Ludeye :** lieu-dit Ludeye, 33480 **Listrac-Médoc.** 06-13-11-30-34. • info@domainedeludeye.fr • domainedeludeye.fr • Congés : de mi-nov à fin-janv. Double 85 €. Table d'hôtes sur résa 18 €. Réduc de 10 % (hors période 10 juil-15 sept) sur présentation de ce guide.* La sympathique propriétaire n'a pas fait les choses à moitié. Isolée dans un charmant coin de campagne, sa belle maison de caractère, une ancienne ferme, a tout pour plaire : une piscine chauffée en saison, un local à vélos (prêtés si besoin), un hangar fermé pour les motos, et des chambres tout confort (bonne literie, clim réversible...), joliment personnalisées dans un style mêlant l'ancien et le moderne, et réparties entre la bâtisse principale et une dépendance. Dans la salle de petit déj, très copieux par ailleurs, il y a même de quoi se faire un thé et un café à toute heure. Du sur-mesure.

***Domaine Quittignan-Brillette :** 148, av. de la Gironde. ☎ 05-57-88-70-48. • contact@quittignanbrillette.com • quittignanbrillette.com • Doubles 95-155 € (dégressif dès la 2e nuit). Table d'hôtes 40 €.* Une très belle maison de maître du XVIIIe s, tenue par de sympathiques propriétaires dont le tempérament artiste s'épanouit aussi bien dans l'aménagement intérieur des chambres que dans l'accueil. Pierres et poutres apparentes, joli parquet ou carrelage à damier, meubles patinés et déco soignée donnent à la maison un cachet certain. Et les chambres ne donnent pas côté route mais sur le grand jardin, à l'arrière, où se trouve une belle piscine et un terrain de pétanque. Également un grand gîte de charme pour les séjours prolongés.

***L'Embellie :** 8, av. de Soulac, 33480 **Listrac-Médoc.** ☎ 05-56-79-17-13. • brasserie.lembellie@orange.fr • À 2 km au nord de Moulis, sur l'axe* *principal. Ouv au déj lun-sam sauf mer, le soir jeu-sam. Menu déj en sem 17 € ; carte env 45 €.* Bois, inox et murs tapissés de bouteilles plantent le décor de cette grande et belle brasserie au cadre lumineux et contemporain. Dans l'assiette, une cuisine simple, efficace et bonne. À défaut d'un petit rouge au déjeuner, on peut aussi venir y boire son p'tit noir du matin. Ambiance conviviale et accueil très sympa. Terrasse. Une valeur sûre dans sa catégorie.

À voir

Le musée des Arts et Métiers de la vigne et du vin : *château Maucaillou. ☎ 05-56-58-01-23. • visites@maucaillou.com • maucaillou.com • ♿ Fléché. Visites commentées tlj. L'été, ttes les heures 10h-17h. L'hiver, à 10h, 11h, 14h, 15h, 16h. Fermé 1er janv et 25 déc. Entrée : 10 €.* Dans de belles caves du XIXe s, un panorama complet du cycle vinicole et de nombreux objets et machines pittoresques comme ce pulvérisateur à traction animale, les pompes à main, les pressoirs, etc. Plus un passage en revue de tous les métiers liés au vin. La visite comprend aussi la projection d'un film sur la famille et le domaine et passe aussi par le cuvier et les chais.

Visite de château viticole dans les environs

Le château Fourcas Hosten : *33480* ***Listrac.*** *☎ 05-56-58-01-15. • fourcas-hosten.com • Visite sur résa. Entrée et dégustation à partir de 10 €.* On vous indique ce domaine en raison de l'accueil très sympa de son équipe, qui s'efforce de satisfaire au mieux ses visiteurs. Compter environ 1h pour découvrir le parc classé, le vignoble déployé au pied de la propriété, le cuvier et les chais de vieillissement. La visite évoque l'historique du domaine, reprend en détail les techniques de vinification, et s'achève comme de juste par une dégustation. Une bonne entrée en matière dans l'univers du bordeaux.

DE MOULIS À PAUILLAC

LE PORT DE LAMARQUE (33460)

Lamarque, avec son minuscule port, est l'un des 2 points de connexion entre les 2 rives de la Gironde (l'autre se trouve à la pointe de Grave, au Verdon). Le bac transporte véhicules et passagers de Lamarque à Blaye.
– Horaires variables selon saison, mais dernier départ en partance de Lamarque à 18h30 (19h w-e et j. fériés) et en partance de la Blaye à 18h (18h30 w-e et j. fériés). Juil-août, dernier départ à 19h30 depuis Blaye (20h30 w-e et j. fériés) et à 20h de Lamarque (21h w-e et j. fériés). *Rens : ☎ 05-57-42-04-49. • gironde.fr/bacs • Compter selon saison 2,30-3,10 €/pers, et 12-18,50 €/voiture.*

Adresse utile

Point Info Tourisme Médoc Estuaire : *port de Lamarque (près de l'embarcadère du bac). ☎ 05-56-58-76-19. Juil-août, tlj 9h-18h ; mai-juin et sept, mer-dim 9h30-13h, 14h-17h30.*

Où manger à Lamarque et dans les environs ?

La Paillote de Steph : *20, route du Port-de-Lamarque. ☎ 05-56-58-97-25. • lapaillotedesteph@yahoo.com • Ouv avr-oct, tlj sauf mar-mer*

12h-21h (15h lun). Menus du jour 20-22,90 € ; plats 14,90-16,90 €. En bordure de Gironde, au pied de l'embarcadère qui fait les allers-retours avec Blaye, ce resto à l'esprit guinguette propose des fruits de mer, des poissons (notamment de l'anguille), mais aussi des burgers et des viandes très tendres (même le taureau), à moins de se contenter d'une salade. En salle, toute en baies vitrées, ou les pieds dans l'eau en terrasse, c'est un spot idéal pour profiter de la vue. Service pro et sympa.

|●| ***Restaurant Le Lion d'Or :*** *11, route de Pauillac, 33460* ***Arcins.*** *☎ 05-56-58-96-79. À 3 km au sud de Lamarque. Fermé dim-lun. Menu déj 25 € ; carte env 40 €.* Cette belle auberge à l'ancienne s'est forgé une excellente réputation, grâce à un savoir-faire qui ne date pas d'hier, et que le chef actuel perpétue avec talent. Des spécialités du terroir et de saison régalent des clients avertis : gibier à l'automne, alose au printemps, anguille à la persillade, agneau de la région... servis avec des pommes chips maison croustillantes à souhait ! Qualité et service irréprochables. Jetez un coup d'œil aux casiers à vins : les prestigieuses bouteilles appartiennent aux propriétaires de châteaux qui viennent en voisins, et en habitués ! Une excellente adresse.

À voir

Le dôme panoramique de Lamarque : *dans le bourg de Lamarque. ☎ 05-56-58-90-12 (mairie). Entrée libre. Église accessible tte l'année, dôme visitable de fin juin à fin sept.* Une curiosité : l'église Saint-Seurin est coiffée d'un dôme de 35 m de haut percé de 4 œils-de-bœuf offrant une vue dégagée sur l'estuaire et les vignobles. Mais pour y accéder, il faudra emprunter un escalier tout aussi curieux, fait de tours et de détours. Amusant.

CUSSAC-FORT-MÉDOC (33460)

3 édifices étaient censés protéger le fleuve : le fort Médoc, le fort de l'Isle (le fort Paté) et la citadelle de Blaye. Le 1er est en fait une ancienne forteresse édifiée à la fin du XVIIe s par Vauban en vue d'empêcher les Anglais d'attaquer Bordeaux.

Où manger ?

|●| ***Le Bontemps :*** *5, pl. des Commerces. ☎ 09-83-02-14-16. • restaurant lebontemps@gmail.com • Ouv lun-ven au déj. Menu 20 € ; carte env 40 €.* Ne ratez pas cette petite adresse discrète où, effectivement, on prend du bon temps en savourant une excellente cuisine de terroir et de saison teintée d'influences nipponnes. Le chef a du talent : sa courte carte est élaborée avec des produits locaux bio, et garantit des plats bien exécutés aux accords subtils. Le cadre est en revanche tout simple. Accueil charmant.

À voir

Le fort Médoc : *à 2 km de Cussac-le-Vieux. ☎ 05-56-58-98-40. Mai-sept, tlj 10h-19h ; avr et oct, tlj 10h-18h ; fév-mars et nov, 13h-17h, w-e et j. fériés seulement. Congés : déc-janv. Entrée : 4 € ; réduc.* Édifié en 1691, ce vaste fort en partie détruit conserve néanmoins de beaux vestiges, toujours entourés de douves en eau où se baladent les canards. Agréable visite le long de ses bâtiments, face à la citadelle de Blaye. Belle vue sur la Gironde. Superbe porte royale à fronton sculpté ; au-dessus, le Soleil évoquant Louis XIV. En flânant, on passe le corps de garde (qui abrite une courte expo sur Cussac et Vauban), l'ancienne poudrière, la chapelle, la boulangerie et la salle du chirurgien.

Le château Lanessan : *☎ 05-56-58-94-80. • lanessan.com • À 2 km au nord de Cussac-Fort-Médoc, par la D 2. Visite guidée tlj 10h-17h, en été 10h-18h. Résa obligatoire. Plusieurs formules de visite et dégustation 8-30 € ; gratuit moins de 13 ans.*
Une halte agréable dans ce domaine pour visiter le cuvier et les chais, mais surtout pour le petit musée, qui présente une belle collection de 10 voitures hippomobiles du début du XXe s, appartenant à la famille. Un coup d'œil amusé aux mangeoires en marbre et aux paillassons latéraux dans les box pour protéger la robe des chevaux. Après la visite, un petit passage dans le jardin, créé en 1890 par André Delbos, ancêtre des propriétaires actuels, s'impose : la roseraie n'a rien perdu de son charme, ni le parc de son éclat (on adore reprendre cette citation, c'est notre côté Rouletabille). Finir par un tour au cuvier et dans les chais.

PAULLIAC

PAUILLAC (33250) 5 200 hab. *Carte Gironde, B2*

Petite ville dont les quais constituent une balade agréable, surtout en fin d'après-midi quand on peut acheter les bichettes, d'excellentes crevettes que rapportent les pêcheurs. Cette petite ville portuaire est connue au-delà de nos frontières par tous les œnophiles du monde. Normal, elle est la seule à compter sur sa commune 3 premiers crus classés (Mouton Rothschild, Latour et Lafite Rothschild).

Adresse utile

Maison du Tourisme et du Vin de Pauillac : *La Verrerie (au port). ☎ 05-56-59-03-08. • medocvignoble.com • Tte l'année, 9h30-12h30, 14h-18h.* Un lieu incontournable durant tout périple sur la route des vins du Médoc. Une foule d'activités et de services autour du vin : dégustations gratuites *(de mi-juin à mi-sept),* vente (importante vinothèque à prix châteaux), réservation pour les visites *(payantes)* de châteaux viticoles, projection gratuite du court-métrage *Médoc, l'assemblage parfait,* parcours olfactif « le jeu des arômes » *(gratuit, tte l'année).*

Où dormir ? Où manger ? Où boire un verre à Pauillac et dans les environs ?

Attention, en septembre, la ville accueille le célébrissime Marathon du Médoc, et les hébergements sont bookés 1 an à l'avance. Pensez à vous y prendre tôt ou, simplement, évitez cette période !

Camping

Camping Les Gabarreys : *route de la Rivière. ☎ 05-56-59-10-03. • camping@mairie-pauillac.fr • campinglesgabarreys.com • À 1 km du centre. Ouv d'avr à mi-oct. Forfait pour 2 env 15,50-18,50 € ; frais de dossier 14 €. Mobiles homes.* Petit camping municipal sympa comme tout, ne comprenant qu'une soixantaine d'emplacements délimités par des haies, bien herbeux et en partie ombragés. Ceux du fond, avec vue sur la Gironde, sont les plus agréables. Tranquille et familial. Sanitaires nickel. Les mobile homes ont des terrasses en bois bien sympa. Spa et sauna, volley, minigolf et aire de jeux pour les enfants. Accueil charmant.

De prix moyens à chic

Hôtel de France et d'Angleterre : *3, quai Albert-Pichon. ☎ 05-56-59-01-20. • contact@hoteldefrance-angleterre.com • hoteldefrance-angleterre.com • Congés : 3 sem fin déc-début janv. Resto lun-ven, midi et soir. Doubles 80-110 €. Menu déj en sem 17 € et menu découverte 60 € ; carte env 40 €.* Cet hôtel classique déploie sa belle façade sur le quai. Si l'emplacement est bon, les chambres se révèlent inégales. Dans la partie ancienne, elles sont d'un confort standard et parfois datées. Celles situées à l'arrière, dans un bâtiment moderne, sont plus spacieuses et contemporaines, et disposent d'une terrasse. Au resto, cuisine traditionnelle simple. On a aimé la belle terrasse. Excellent accueil.

La Toque Fermière : *Maison des producteurs du Médoc, Z.A.C. Les Beauchênes, 33250* ***Cissac-Médoc.*** *À 10 km à l'ouest par la D 205, juste avt de rejoindre la D 1215. ☎ 05-57-75-38-81. Ouv le midi mar-sam, le soir ven-sam. Congés : 1 sem début janv. Formule déj 17 € ; le soir, menu 28 €.* La localisation est improbable. Mais le détour s'impose pour découvrir une pépite, un restaurant géré par une association de producteurs locaux. Aménagé à l'arrière de la boutique, il ne propose que des plats élaborés avec les viandes, les poissons et les légumes des adhérents. Qualité et fraîcheur garanties ! Et en plus c'est très bon, dans un registre classique et traditionnel. Côté cadre, c'est tout simple mais pas désagréable, avec une salle sobre donnant sur la verdure. Un bon plan.

Café Lavinal : *pl. Desquet, à* ***Bages.*** *☎ 05-57-75-00-09. • cafe@jmcazes.com • Tlj. Congés : de mi-déc à mi-février. Formule plat + café 12,50 € le midi en sem ; menus 29-39 € ; carte env 48 €.* Avec sa belle marquise, sa façade rétro et son sol moucheté, ce café chic rend hommage au Paris des années 1930. Carte classique mais soignée, dans un registre bistronomique : bonnes viandes et plats régionaux. La formule du midi est impeccable, les menus sont d'un rapport qualité-prix convenable, mais à la carte, c'est un peu cher. Le lieu se prête aussi bien pour un verre que pour un café sur l'adorable terrasse.

LA GIRONDE

À voir. À faire

Bages : l'étonnant retour à la vie d'un hameau, au cœur de ce village berceau du château Lynch-Bages. À l'entrée, la jolie chartreuse du château Cordeillan-Bages abrite un hôtel de la chaîne *Relais & Châteaux,* dont le bouillant Thierry Marx fut le chef durant 10 ans. Une grande maison, de grands vins, de grands prix aussi. Sur la place du village, le *Café Lavinal* (voir plus haut « Où dormir ? Où manger ? Où boire un verre ? ») avec sa déco de brasserie parisienne en pleine région viticole. Tout est si propre et si beau qu'on se croirait dans un décor de film. Certains trouveront cette escale romantique, d'autres surfaite. Arrêtez-vous pour savoir de quel côté vous vous rangez !

Excursions en bateau pour la découverte de l'estuaire et ses îles : au départ de Pauillac, plusieurs balades sont proposées avec ou sans escales sur les îles. 2 compagnies (*Bordeaux River Cruise* et *Cœur d'Estuaire*) se partagent les excursions. *Infos à l'office de tourisme Médoc-Vignoble.*

Fêtes et manifestations

– ***Printemps des châteaux :*** *1 w-e début avr.* Animations gratuites, expos (souvent restauration sur résa). *• portesouvertesenmedoc.com •*
– ***Fête de l'Agneau de Pauillac :*** *mai ou juin. Rens auprès de l'office de tourisme Médoc-Vignoble : ☎ 05-56-59-03-08.* Cette fête est l'un des temps forts du Médoc. Restauration et buvettes à la bonne franquette, tonte d'agneaux, etc.

– ***Vendanges du 7e art, Festival international du film en Médoc :*** *mi-juil. • vendangesdu7emeart.fr •*
– ***Music & Cook & Wine :*** *début août.* Concerts gratuits, restauration et dégustation de vin.
– ***Marathon du Médoc :*** *sept.* Départ de Pauillac.

DANS LES ENVIRONS DE PAUILLAC

Visite de châteaux viticoles

Le château Lafite Rothschild : *domaines Barons de Rothschild, à Pauillac. ☎ 05-56-73-18-18. • visites@lafite.com • lafite.com • Prendre rdv au moins 1 mois à l'avance par mail.* Visite des installations techniques mais pas du château. Pas de vente directe.

Le château Mouton Rothschild : *33250* ***Le Pouyalet.*** *☎ 05-56-73-21-29. • chateau-mouton-rothschild.com • Sur rdv seulement, 4 sem à l'avance. Compter min 60 €/pers la visite...* Intéressant musée du Vin et de l'Art.

LE VIN DE BORDEAUX SAUVÉ PAR UN ALLEMAND

Dès 1941, Heinz Bömers fut nommé Weinführer *(chef des vins) afin d'expédier les vins en Allemagne. Grand œnologue et amoureux de la France, il s'arrangea pour envoyer surtout les vins médiocres. Il évita le pillage des grands crus et empêcha la réquisition des vignobles Rothschild. En remerciement, il fut embauché par les Rothschild, à la fin de la guerre.*

Le château Beychevelle : *sur la D 2, 33250* ***Saint-Julien-Beychevelle.*** *☎ 05-56-73-38-01. • visite@beychevelle.com • beychevelle.com • À 4 km au sud de Pauillac. Ouv lun-ven : janv-avr, 9h-12h30 et 14h-17h ; mai-août, 9h-12h30 et 14h-18h30 ; sept-déc, 9h-12h et 14h-18h. Visite sur résa. Dégustation (entre 2 et 4 vins) 18 €/pers (env 45 mn de visite).* Superbe parc. On se contentera de jeter un coup d'œil en passant à cette ancienne chartreuse qui ne se visite pas mais qui possède un très beau fronton sculpté de guirlandes et de palmes du XVIIIe s. Du jardin, en bordure de la Gironde, on pouvait voir les bateaux « baisser leurs voiles », d'où le nom, après transformation, de « beychevelle ». Parcours dans le parc autour des légendes du port de Beychevelle. Visite du nouveau chai suivie d'une dégustation de 2 vins de la propriété.

SAINT-ESTÈPHE

(33180) 1 700 hab. *Carte Gironde, B1*

Le plus septentrional des grands terroirs médocains. Plus au nord commencent les plaines alluviales et marécageuses qui annoncent la pointe de Grave. En face, sur l'autre rive, se détachent les contours grisâtres de l'énorme centrale nucléaire de Braud. Ce village, qui abrite des châteaux d'une valeur incalculable (5 grands crus classés), tire la plus grosse part de ses revenus de la raffinerie installée sur l'estuaire, car le statut fiscal des viticulteurs est tout simplement celui des paysans qui ne paient quasiment pas d'impôts locaux. Ah, le bon Médoc industrieux et brut à la fois, avec ses tribulations et ses contradictions qui font songer tantôt aux privilèges des seigneurs féodaux, tantôt à des westerns sur fond de vignes...

Adresse utile

Maison du vin de Saint-Estèphe : *pl. de l'Église.* ☎ *05-56-59-30-59.* • *saint-estephe.fr* • *Tte l'année. Avr-oct, lun-ven 10h-12h30, 14h-18h et sam ap-m (juil-15 sept 10h-19h) ; en hiver, lun-ven 10h-12h, 14h-17h.* Incontournable. Dégustation gratuite. Vins de l'appellation aux prix châteaux.

Où dormir ? Où manger à Saint-Estèphe et dans les environs ?

De prix moyens à chic

Chambres d'hôtes Château Papounan : *1, rue des Écoles.* *06-59-05-20-47.* • *stephhardy@outlook.fr* • *chateaudepapounan.fr* • *Double 92 € ; familiale. Table d'hôtes 22 €. Apéritif maison offert sur présentation de ce guide.* L'ancienne propriété viticole a toujours quelques arpents de vigne, mais elle dispose surtout dans l'élégante maison de maître de 4 chambres confortables aux larges volumes, dont 1 suite familiale. Celle qui ouvre directement sur le jardin a son indépendance sans avoir le charme de l'ancien comme dans la *Stéphanoise* (mansardée) ou la *Girondine* (cheminée). Le petit déjeuner en terrasse est un moment privilégié, surtout au printemps quand la glycine en fleur parfume le beau jardin. Accueil souriant et disponible.

Camping Lestage Médoc : *10, rue de Lestage, 33180* ***Saint-Seurin-de-Cadourne.*** ☎ *05-56-41-31-12.* • *polderdijkjanna.j@gmail.com* • *camping-lestage-medoc.fr* • *Entrée rue de Belair. Ouv juil-sept. Forfait 2 pers 19 € au camping ; double 60 €, petit déj inclus.* Han et Anneke vous accueillent chez eux, dans leur joli petit jardin aménagé pour caser 6 emplacements sans se serrer. Un gazon bien vert pour planter ses sardines, une grange avec sanitaires nickel et une terrasse où l'on se retrouve le soir. On est bien ici ! Également 2 chambres dans la maison, simples et agréables, avec salle de bains partagée. Ambiance de franche camaraderie.

La Guinguette de la Maréchale : *au port de la Maréchale, 33180* ***Saint-Seurin-de-Cadourne.*** *06-14-94-35-25. Ouv mai-sept : l'été, tlj. Menus env 15-22 €.* Les gens du coin adorent. La cuisine est toute simple mais bonne (moules-frites, crêpes et plats du jour) et l'accueil est très gentil. Mais ce qui motive vraiment le détour, c'est le cadre. En terrasse, ou dans le kiosque s'il vente un peu, on profite d'une superbe vue sur l'estuaire.

Chambres d'hôtes Château Le Souley : *33180* ***Vertheuil-Médoc.*** ☎ *05-56-41-98-76.* • *jpchiama@gmail.com* • *lesouley.com* • *À 6 km de Saint-Estèphe. Fermé nov-avril. Doubles 70-90 €. Table d'hôtes 28 € (boissons comprises) ; assiette gourmande 18 €.* Ne pas confondre avec le château de Souley voisin, qui est un domaine viticole. Après quelques années autour du monde, Jean-Pierre a posé ses valises dans la maison familiale, une grande bâtisse élégante pleine de cachet donnant sur un beau jardin et une bambouseraie bien touffue. Les chambres spacieuses, à l'atmosphère apaisante, se parent de jolies couleurs pastel et de meubles anciens. L'accueil est plus que sympa et l'ambiance détendue, surtout au bord de la piscine.

À voir

L'église de Saint-Estèphe : superbe. La seule église baroque de Gironde. On prétend que vue d'un bateau, elle a la forme d'une bouteille. Dedans, c'est une débauche de marbre et de ferronnerie (curieusement, peu de bois doré). Allez voir le grand autel et son retable encadré de 2 colonnes corinthiennes, et surtout les grilles en fer forgé qui protègent les 2 chapelles latérales.

DANS LES ENVIRONS DE SAINT-ESTÈPHE

La Maréchale : *à 5 km au nord de Saint-Estèphe.* Un chenal au milieu des roseaux, un bateau que la marée basse fait pencher, 2 ou 3 barques ballottées par le mascaret ; plus loin, postés sur la rive, les carrelets (cabanes de pêcheurs) avec leurs filets qui pendent. Rien de spécial, juste l'atmosphère typique d'un petit port de pêcheurs de pibales ou de lamproies des bords de Gironde.

L'abbatiale et l'abbaye de Vertheuil : *à 6 km à l'ouest de Saint-Estèphe. ☎ 05-56-73-30-10. • vertheuil-medoc.com • Abbatiale ouv tlj 9h-17h (18h juil-août) ; logis ouv seulement juil-août, 13h-18h (ou sur résa hors saison). Visite guidée abbatiale et abbaye 4 €.* Belle église des XIe et XIIe s, témoignage précieux de l'art roman poitevin, qui subit quelques transformations au XVe s. Étonnante surtout pour ses 3 nefs, sa voûte en berceau rampant, son déambulatoire et ses 2 curieux clochers. Voûtes d'ogive du XVe s et chœur à nervures rayonnantes.

– Jouxtant l'église, l'abbaye abrita une communauté de chanoines de l'ordre de saint Augustin. Dévastée par les guerres de Religion, elle fut reconstruite en 1766 et vendue en 1792. Elle abrite aujourd'hui un petit musée des Automates *(ouv l'été aux mêmes horaires que le logis).* Nombreuses manifestations en été.

LA GIRONDE

Visite de châteaux viticoles

Le château Beau Site Haut Vignoble : *à **Saint-Estèphe.** ☎ 05-56-59-30-40. Sur rdv seulement.* Un château peu connu, on ne se bouscule donc pas, mais le vin, lui, est réputé.

Le château Loudenne : *33340 **Saint-Yzans-de-Médoc.** ☎ 05-56-73-17-80. Visite avr-sept, sur rdv le reste de l'année. GRATUIT.* Une chartreuse du XVIIe s installée dans un site magnifique. Vaut surtout pour les beaux jardins à l'anglaise (collection de roses anciennes et rares). Le « Château rose » du Médoc, emblématique et intemporel. Promenade libre et balisée dans le vignoble, dans le parc à l'anglaise et en bord de Gironde. Demandez à déguster le vin blanc, 1er vin blanc produit historiquement dans le Médoc depuis 1880.

Le château Grandis : *33180 **Saint-Seurin-de-Cadourne.** ☎ 05-56-59-31-16. Visite libre (sur rdv de préférence) tte l'année.* Depuis son acquisition en 1857, plusieurs générations se sont succédé pour développer ce petit domaine familial de 10 ha, idéalement situé sur un sol grave et argilo-calcaire. Aujourd'hui, c'est Brice Vergez qui vous y accueille chaleureusement, prenant le temps de présenter ses vignes âgées en moyenne de 40 ans (certaines datent même de 1904 !), de détailler son travail (visite du cuvier et du chai), ses choix (le maintien des vendanges manuelles...), avant de vous faire goûter son cru bourgeois, un médoc typique bien équilibré, de garde... et à prix doux.

DE SAINT-ESTÈPHE À LA POINTE DE GRAVE

C'est ce qu'on pourrait appeler le Médoc du Nord, que vous apercevez tout en haut de la carte, mais ce n'est pas le haut Médoc, qui, lui, est en bas ! Longues plaines humides, hérons, petits ports perdus, pas de plages, pas de vignes, mais quelques villages qui en valent la peine.

Où dormir ? Où manger dans le coin ?

De bon marché à prix moyens

Chambres d'hôtes Clos des Hirondelles : *2, chemin de la Hille, à Noaillac, 33590* ***Jau-Dignac-et-Loirac.*** *☎ 05-56-73-97-25. • clos.des.hirondelles@wanadoo.fr • clos-des-hirondelles.com • À 14 km du rond-point situé à la sortie nord de Lesparre-Médoc (sur la N 215), prendre sur la droite (panneau) : c'est à 3 km. Doubles 65-70 €. Jus de fruits offert sur présentation de ce guide.* Isolée en pleine campagne, cette belle girondine de la fin XVIIIe s renferme 4 chambres aménagées sous les combles. Pierres apparentes et poutres leur donnent un joli cachet rustique et champêtre. L'ensemble s'avère très bien tenu. L'été, on aime goûter aux confitures maison lors du petit déjeuner pris dans le beau jardin. Et pour ceux qui restent plusieurs jours, l'accès à une cuisine d'appoint et à un BBQ est un vrai plus. Accueil gentil.

Crêperie du Port de Goulée : *port de Goulée, 33590* ***Jau-Dignac-et-Loirac.*** *☎ 05-56-73-59-18. Juin-août, ouv tlj sauf mer. Avr-mai et de sept à mi-oct, ven soir et w-e seulement. Fermé de mi-oct à fin mars. Carte 18-20 €.* Une super crêperie bretonne idéalement située dans un petit port d'estuaire médocain... Impossible de la louper, le Gwenn-ha-Du (mais si, le drapeau breton !) flotte au vent. La terrasse face aux bateaux ne manque pas de charme, le calme y règne, galettes et crêpes sont délicieuses et bien présentées. Dernier gage de qualité : le sympathique proprio est brestois !

La Petite Canau : *port de Saint-Vivien, 33590* ***Saint-Vivien-du-Médoc.*** *☎ 05-56-09-49-66. • lapetitecanau@wanadoo.fr • Ouv en principe de juil à fin sept, tlj midi (fermé certains jours en sept). En été, résa conseillée. Formules 13-16 € ; carte 20-30 €. CB refusées.* Une ferme aquacole en bord d'estuaire. Sur les rives nichent hérons et autres oiseaux aquatiques. Les gambas viennent grandir dans l'exploitation, à déguster avec de délicieuses huîtres du Médoc et du pâté. On ne peut rêver plus frais !

Où acheter des spécialités locales ?

Noisettines du Médoc : *1, la Landette, 33340* ***Blaignan-Médoc.*** *☎ 05-56-09-03-09. • noisettines.fr • À 500 m du village (fléché). Vente tte l'année, tlj sauf dim et j. fériés ; en été, 9h-12h30, 14h-18h30 ; sept-juin, 10h-12h, 14h-18h. 5 visites/j. en juil-août ; avr-juin et sept, sur résa. GRATUIT.* Prenez un zeste d'imagination et d'audace, un chaudron, de belles noisettes. Plongez-les dans du sirop sucré avant de les enrober de caramel. Ça y est ! La noisettine est née. Laissez-vous tenter par cette p'tite boule de bonheur croustillant, ou conter l'histoire de cette belle aventure menée depuis 1980 par la famille Noyez.

À voir

Le phare de Richard : *passe du Phare, 33590* ***Jau-Dignac-et-Loirac.*** *☎ 05-56-09-52-39. • phare-richard.com • Sur la D 2 entre Saint-Vivien-de-Médoc et Valeyrac. Mars-juin, tlj sauf lun-mar 14h30-18h30 ; juil-août, tlj 11h-19h ; sept-oct, tlj sauf lun-mar 14h-18h ; le reste de l'année seulement sur résa pour les groupes. Droit d'entrée : 2,50 € ; gratuit moins de 10 ans.* Petit phare charmant construit en 1843 et restauré après de longues années à l'abandon. Il abrite un musée de poche présentant la vie de la « rivière » (l'estuaire, en jargon local), la navigation dans le coin, les phares en général... Belle vue depuis la plate-forme (18 m). De retour sur le plancher des vaches, ne manquez pas d'aller jeter un coup d'œil au carrelet, à 2 pas. On peut même assister à une démonstration de pêche pendant la visite guidée. Aire de pique-nique juste à côté.

Quelques idées de visites dans ce secteur si vous rêvez toujours de châteaux en Médoc : ***La Tour de By,*** à ***Bégadan,*** en bord d'estuaire. À voir pour son ancien phare qui offre de superbes points de vue sur la « mer de Garonne », son chemin balisé dans le vignoble, et son accueil très chaleureux. ***Rousseau de Sipian :*** imposante demeure à l'intérêt architectural indéniable. ***Tour Castillon :*** petite propriété familiale au dynamisme et à l'envie de partager sans commune mesure, qui propose balades en bord d'estuaire, rencontres vigneronnes, etc. Vous n'aurez aucun mal à les trouver !

LE LITTORAL MÉDOCAIN

Le Médoc n'est pas connu que pour ses vignes : il forme un triangle dont la partie occidentale est tout entière tournée vers la mer. À la pointe du triangle, c'est le Verdon qui marque la limite entre l'estuaire et l'océan.
Sur cette longue plage sauvage, ininterrompue sur près de 100 km, s'est développé un tourisme familial, sans oublier le naturisme, fort apprécié des Nordiques. Le Médoc est même devenu la 1re destination de France en ce domaine (on considère généralement Montalivet comme la capitale européenne du naturisme, mais il y a 2 autres villages : Le Porge et bien sûr Grayan-et-L'Hôpital). Lacanau est la vraie capitale du surf français, la seule station girondine où le championnat du monde s'arrête chaque année.
Dans l'ensemble, cette côte reste bien préservée, car les villes, d'origine récente, ne représentent en réalité qu'un pourcentage infime du littoral, et si l'on ne connaît pas beaucoup les endroits les plus sauvages, c'est qu'ils sont inaccessibles, tout simplement. La Côte d'Argent a donc de beaux jours devant elle. Mais l'océan n'est pas tout. Ce qui rend aussi cette région intéressante, c'est la présence de ces superbes lacs où l'on peut sans danger pratiquer tous les sports nautiques. Beaucoup de campings au milieu des pins, des endroits sympa où l'on hésite sans cesse entre l'océan et le lac. Et quand on hésite trop, on part dans la forêt faire une balade à vélo ou on rejoint un village viticole pour passer du bleu au rouge et du vert au blanc.

AVERTISSEMENT

La baignade sur cette côte, certes vivifiante grâce aux puissantes vagues, n'est pas sans danger. Il est IMPORTANT de choisir des plages surveillées et aussi de respecter les consignes de sécurité (drapeau vert : tout va bien ; orange : attention ; rouge : baignade strictement interdite). Il y a des NOYADES chaque année sur toute la côte atlantique, et même les bons nageurs se font piéger par ce qu'on appelle ici les « courants de baïnes ».

LE VERDON ET LA POINTE DE GRAVE

(33123) *Carte Gironde, B1*

Le Médoc tire la langue à l'océan ! Un beau paysage : la Gironde s'offre à la mer, ouvrant le plus vaste estuaire de France. Sur l'autre rive pointe le clocher de l'église Notre-Dame de Royan.

Adresses utiles

Office de tourisme du Verdon : *Port-Médoc, au* ***Verdon-sur-Mer.*** *☎ 05-56-09-86-61. • medoc-atlantique.com • Juil-août, tlj 10h-13h, 15h-18h ; mi-saison, lun-ven (horaires réduits). Fermé de mi-sept à mai.*

Service maritime départemental « Bacs Gironde » : *19, av. du Phare-de-Cordouan, au* ***Verdon-sur-Mer.*** *☎ 05-56-73-37-73 (répondeur avec horaires). • gironde.fr/bacs • Juil-août, dernier départ à 20h30 du Verdon, 21h de Royan. Traversées ttes les 50 mn. Tarif aller simple : 2,80-3,60 €/pers selon saison et 18-28 €/voiture.* L'estuaire entre la pointe de Grave, Le Verdon et Royan se traverse en 20 mn. Le lieu d'embarquement à la commune du Verdon se fait à la pointe de Grave (Port-Bloc).

Où manger ?

La Ferme aquacole du Médoc (la Gam'guette) : *15, route de Soulac. ☎ 05-56-09-67-55. • jmbertet-aquaculture.fr • Seulement le soir de mi-juil à mi-sept (en sept ouv selon production). Résa indispensable (parfois 2-3 j. avt). Carte env 25 €.* Une cabane en bois au parfum de guinguette, isolée au bord du marais et des bassins. Idéal pour profiter de la douceur d'un soir d'été dans une atmosphère conviviale et bon enfant. La spécialité du lieu, en plus des huîtres : les gambas ! Et à toutes les sauces : flambées au rhum, au cognac, persillées, à l'anis... Fraîcheur garantie, puisqu'elles sont élevées sur place !

À voir. À faire

Le musée du Phare de Cordouan et des Phares et Balises – Phare de Grave : *à la pointe de Grave. ☎ 05-56-09-00-25. • asso-cordouan.fr • Avr-juin et sept-oct, ven-lun 14h-18h ; juil-août, tlj 11h-19h ; nov-mars, seulement sur rdv pour les groupes. Entrée : 3 € ; réduc.* Au pied du phare de Grave, dans le jardin, on est d'abord accueilli par la puissante vedette de 18 m qui assurait la relève du phare de Cordouan jusqu'en 2006. Puis on enchaîne avec le musée aménagé au rez-de-chaussée du phare : présentation des phares et balises de Gironde, avec bien sûr un focus sur Cordouan. Une excellente animation en 3D permet même de suivre son évolution de 1611 à aujourd'hui. Belles maquettes également, dont une en pierre réalisée par un Compagnon. La grimpette vaut le coup (même si la dernière section est raide) pour découvrir la lanterne, et profiter de la vue sur le port et, au loin, Cordouan.

Le phare de Cordouan : *départ de Port-Médoc (vedette* La Bohème II*, ☎ 05-56-09-62-93). • vedettelaboheme.com • Visite avr-oct. Durée : env 4h (45 mn de traversée). Tarif : env 49 € ; moins de 16 ans 42 €. Prévoir des sandales en plastique ou des baskets pour terminer le trajet à pied, dans l'eau.* Doyen des phares français, érigé de 1584 à 1611, le « Versailles des mers » est le 2e édifice à avoir été classé aux Monuments historiques (en 1862, avec Notre-Dame de Paris). Il est désormais inscrit sur la liste du Patrimoine mondial de l'humanité par l'Unesco. Établi sur le plateau rocheux, à 7 km

MARINS D'EAU DOUCE

Avec quelle eau les gardiens se lavent-ils donc les dents ? 2 fontaines représentant des têtes de lion en bronze, situées au rez-de-chaussée de la tour, récupèrent l'eau de pluie. Un décanteur et un filtre la purifient avant qu'elle ne soit stockée dans des citernes, sous la cour intérieure.

de toute côte, il culmine à 60 m et représente un travail colossal. Il faut dire que son architecte, Louis de Foix, n'était pas un débutant : il a aussi construit l'Escurial de Madrid et détourné le cours de l'Adour en creusant une nouvelle embouchure. C'est le seul phare à posséder une chapelle, située au 2e étage. La luminosité de sa pierre blanche varie selon la journée. Le soir, on tire plutôt sur le rose. Des reflets changeants extraordinaires ! Autre point commun entre Cordouan et Notre-Dame de Paris, le maître verrier, Lobin de Tours, qui a restauré les vitraux de la cathédrale parisienne, et à qui l'on doit la réalisation de ceux de la chapelle. Toute l'année, 2 gardiens présents en permanence sur le phare accueillent les visiteurs. Une excursion exceptionnelle !

Le marais du Conseiller : *aux portes du Verdon. Visites guidées l'été uniquement sur inscription. Rens : • curuma.cpiemedoc.jimdofree.com • ou s'adresser à Curuma, 15 b, route de Soulac (à l'entrée du site), ☎ 05-56-09-65-57. Entrée : 2 € ; gratuit moins de 12 ans.* Un marais d'une grande richesse écologique, avec ses plans d'eau (anciennes salines creusées au XIIe s par les bénédictins) et ses roselières. De nombreux oiseaux y font une halte en période de migration.

SOULAC-SUR-MER

(33780) 2 600 hab. *Carte Gironde, B1*

Jolie petite station balnéaire à la pointe du Médoc, coincée entre l'océan et la Gironde. Un Arcachon modèle réduit, plus populaire et familial. Centre de pèlerinage depuis le milieu du XIVe s, Soulac possède une belle église classée au Patrimoine mondial de l'Unesco et a, dans l'ensemble, échappé au béton. Dans un autre genre, la forteresse des Arros, ensemble de bunkers de la 2de Guerre mondiale, n'est pas triste non plus. Pas mal de charme, donc, avec ses belles rues jalonnées de villas croquignolettes début XXe s, d'un éclectisme architectural toujours réjouissant. Un trip rétro entre la mode des bains de mer qui venait d'Angleterre et l'inspiration coloniale des îles (Réunion, Caraïbes) que la ville fête en juin, lors de la manifestation Soulac 1900.

Adresses utiles

Office de tourisme : *68, rue de la Plage. ☎ 05-56-09-86-61. • medoc-atlantique.com • Près du marché couvert, dans la seule rue piétonne. Ouv tte l'année ; juil-août, tlj 9h-19h, horaires réduits le reste de l'année et fermé dim hors saison (sauf pdt vac scol). Visites guidées du village ancien et de la basilique : 2 fois/sem en été sur rdv. Tarif : 6 €. Avec possibilité de déguster du vin le jeu (compter alors 7 € la visite).*

Location de vélos : ***Cyclo'Star,*** *9, rue Fernand-Lafargue. ☎ 05-56-09-71-38. À partir de 10 €/j. ou de 45 €/sem.* ***Ericycles,*** *5, rue du Cardinal-Donnet. 📱 06-33-63-36-98. 12 €/j. ou 45 €/sem.* La piste cyclable (8 km) qui relie Soulac-les-Arros à la pointe de Grave s'avère très agréable.

Où dormir ?

Hôtel Michelet : *1, rue Bernard-Baguenard. ☎ 05-56-09-84-18. • hotel.michelet@orange.fr • hotelmichelet.fr • Congés : de nov à fin fév. Doubles 70-90 € ; familiale. Parking.* Dans une villa balnéaire typique (dite « soulacaise »), pleine de charme, un peu en retrait du front de mer et donc au calme. Chambres simples, très plaisantes et confortables, aux couleurs gaies et à la déco moderne, vraiment bien tenues. Quelques-unes sont de plain-pied sur un petit jardin de sable, d'autres profitent d'un balcon, et la familiale dispose d'un lit double et d'un lit superposé bien pratique pour les enfants. Bon petit déj servi dans une salle coquette, et partout des bouquins à disposition pour aller lire sur la plage, à 2 pas. Accueil impeccable et plein d'attentions.

Hôtel L'Écume des Jours : *4, rue du Perier-de-Larsan. ☎ 05-56-09-81-34. • hotellecumedesjours@gmail.com • hotelecumedesjours.fr • Congés : déc-mars. Doubles 65-85 € ; familiale.* Ce petit hôtel intimiste et convivial est impeccable pour poser ses valises au calme. Bon confort général : les chambres, à peine une dizaine, sont mignonnes et cosy (toutes différentes, certaines disposent d'un balcon). Quant à la jolie salle à manger, elle donne sur un jardinet où il est bien agréable de se reposer en terrasse. Très bon accueil.

Où manger une glace ?

Judici : *15, rue de la Plage. ☎ 05-56-09-81-48. Tlj 10h-23h l'été ; hors saison, horaires restreints.* Le glacier le plus populaire de la station. Un des points de passage obligés de la rue principale. Les glaces sont réussies, hmm ! celle aux noisettes du Médoc !

À voir. À faire

La basilique Notre-Dame-de-la-Fin-des-Terres : la bien nommée, puisqu'elle fut cernée par les dunes et même complètement envahie par les sables au XVIIe s. Déblayée puis restaurée au XIXe s, elle date du XIIe s (style roman poitevin). Dans le chœur et l'abside, jolis chapiteaux historiés, inspirés de scènes de la Bible : le sacrifice d'Abraham, Daniel dans la fosse aux lions... Intéressants vitraux modernes (1954) qui évoquent l'Eucharistie et la Passion. Elle est inscrite au Patrimoine mondial de l'Unesco depuis 1998 au titre des chemins de Saint-Jacques.

Vélo le long de la Vélodyssée : 130 km séparent Soulac de Cap-Ferret, le long de pistes cyclables entre forêt et océan.

Fête et manifestation

– **Fête du Livre :** *1 w-e fin avr. Rens à l'office de tourisme.* Exposition et vente de livres, dédicaces.
– **Soulac 1900 :** *en principe, 1er w-e de juin. Infos à l'office de tourisme et sur • label-soulac.fr •* Défilés de voitures, calèches et vélos anciens, soirées cabaret, guinguette et bal popu. Pour l'occasion, la population se déguise selon les métiers de la Belle Époque (porteur de lait, petits crieurs...).

DE SOULAC À MONTALIVET

La plage, rien que la plage, à l'infini...

L'AMÉLIE (33780)

Toute petite station à 4 km au sud du bourg, qui fait partie de la commune de Soulac. Connue pour sa dune, moins spectaculaire que celle du Pyla mais protégée (pas d'accès donc). Le sentier de découverte qui la parcourt permet de mieux comprendre cet espace naturel toujours en mouvement et de découvrir flore (comme l'oyat) et faune propres au milieu dunaire.

Où dormir ? Où manger ?

Camping

⩓ ***Camping municipal Les Oyats :*** *bd Guy-Albospeyre. ☎ 05-56-09-78-54. • campinglesoyats@mairie-soulac.fr • soulac-campinglesoyats.com • ♿ Ouv avr-sept. Forfait pour 2 env 19-25 €. Loc de bungalows toilés et chalets.* En pleine pinède et proche de la plage, ce camping à taille humaine, simple et sans chichis, est réparti entre 2 terrains de part et d'autre de la rue. L'ensemble est bien tenu et les sanitaires modernes. Grande forêt de pins des Landes à proximité. Snack, aire de jeux pour les enfants.

De prix moyens à beaucoup plus chic

☗ ***Chambres d'hôtes Au Jardin des Libellules :*** *13, bd Guy-Albospeyre. ☎ 05-56-41-10-91. • contact@aujardindeslibellules.fr • aujardindeslibellules.fr • Doubles 78-96 €.* Une vraie maison de vacances. Les jolies chambres (modernes, colorées et tout confort) sont toutes de plain-pied dans un bâtiment indépendant, et donnent chacune sur un carré de sable et des transats. Au fond, la piscine chauffée et une miniplage pour la pétanque complètent ce tableau estival. Et comme la charmante propriétaire a pensé à tout, il y a même une cuisine d'été et un BBQ à dispo. À 2 pas de la mer et des restos, c'est le top.

☗ |●| ***Hôtel-restaurant des Pins :*** *92, bd de l'Amélie. ☎ 05-56-73-27-27. • info@hotel-des-pins.com • hotel-des-pins.com • Resto tlj le soir uniquement, plus le midi ven-dim ; hors saison, se renseigner. Fermé Toussaint-mars. Résa conseillée. Doubles 75-155 €. Menus env 30-43 € ; carte env 35 €.* C'est l'établissement de référence du secteur. À l'hôtel, les chambres sont de très bon confort (belles salles de bains modernes), situées soit au-dessus du resto, soit dans l'annexe. Les unes ont une atmosphère très classique, les autres bénéficient d'une déco plus coquette. Dans tous les cas, elles sont agréables, surtout celles dotées d'un balcon. Au restaurant, dans une grande salle chic, on se régale d'une cuisine de tradition élégante et bien maîtrisée. Dans le parc de l'hôtel, des transats invitent au farniente et le spa (jacuzzi extérieur) à la détente. Excellent accueil.

LES PLAGES DE LA NÉGADE ET DU GURP

2 plages (la 1re est naturiste) bordées de dunes à la sauvage végétation qui, pour peu qu'on s'éloigne un peu de leurs entrées, cachent quelques endroits épargnés de la foule, même en juillet-août. Ne pas oublier sa provision d'eau. Pour s'y rendre de Soulac, suivre la route côtière vers L'Amélie, puis la pointe de la Négade. Laisser la voiture et suivre le sentier côtier. Accès également par Le Gurp, 4 km plus au sud. L'endroit le plus sympa se situe à mi-chemin du Gurp et de la Négade.

VENDAYS-MONTALIVET

(33930) 2 500 hab. *Carte Gironde, B1*

À une vingtaine de kilomètres au sud de Soulac. Une seule commune, mais 2 villes regroupées par un trait d'union : Vendays concentrant les administrations et Montalivet un littoral long de 12 km. Monta est aujourd'hui une station balnéaire typée années 1960 (sauf la mairie de Vendays, du XVIIIe s)

mais épargnée par le béton, même en front de mer. Les résidences modernes poussent à un rythme lent, et le coin compte de plus en plus d'adeptes par son côté sans façons ; pas vraiment charmant ni animé comme Soulac ou Lacanau mais pas désagréable non plus, surtout ses plages, pionnières du naturisme en Europe. De plus, c'est un spot de surf prisé, car cette partie du littoral est protégée et reste agréablement naturelle et sauvage. La commune compte aussi plus de 40 km de sentiers balisés à parcourir à pied ou à VTT.

Adresses et infos utiles

Office de tourisme de Vendays-Montalivet : *62, av. de l'Océan, à Montalivet-les-Bains. ☎ 05-56-09-30-12. • medoc-atlantique.com • Avr-sept, tlj. Horaires restreints hors saison.*

Location de vélos : ***Loc'vélos,*** *6, rue du Colonel-Ducheze, à Montalivet-les-Bains. 06-10-44-88-98.* ***Multi Bikes,*** *1, av. de l'Europe, à Montalivet-les-Bains. 06-85-55-48-29.*

– ***Marchés :*** *ts les mat, tte l'année.* Très animé et apprécié des touristes en été. Un des musts du genre dans le département.

Où dormir ? Où manger ? Où boire un verre à Vendays-Montalivet et dans les environs ?

Campings

Camping municipal du Gurp : *51, route de l'Océan, 33590* ***Grayan-et-L'Hôpital.*** *☎ 05-56-09-44-53. • contact@campinglegurp.fr • campinglegurp.com • ♿ De Montalivet, accès par la route côtière direction Soulac (fléché). Ouv de juin à début oct. Forfait pour 2 env 20-30 € selon saison.* Sous une belle pinède, suivant les ondulations de la dune et à 200 m de la plage, un camping simple mais charmant, même si les sanitaires sont parfois un peu justes. 1 000 emplacements assez spacieux, donc rarement bondé (d'ailleurs, le camping ne prend pas les réservations). Vers la plage : resto, bar et supérette. Minigolf, piste cyclable, parcours de santé et tennis, à défaut d'avoir une piscine.

Euronat : *33590* ***Grayan-et-L'Hôpital.*** *☎ 05-56-09-33-33. • info@euronat.fr • euronat.fr • ♿ De Montalivet, accès par la route côtière direction Soulac, bien fléché. Ouv 1er avr-31 oct. Forfait pour 2 env 14-41 €. Loc de mobile homes, chalets et tentes équipées.* Le centre de naturistes le mieux aménagé du coin, c'est même l'un des plus grands d'Europe. Sur 335 ha : tentes, mobile homes et cabanes en bois pour 2 à 4 personnes, tous sous des pinèdes parfaitement protégées et entretenues. Vu la taille du camping, mieux vaut enfourcher son vélo pour se déplacer. Sanitaires nickel, resto, bar, supermarché, laverie... rien ne manque. Belle plage, pistes cyclables autour et dans le site et 4 bassins, dont 2 grandes piscines, l'une extérieure et l'autre couverte et chauffée. Et un centre de thalasso de qualité dont nos voisins allemands raffolent... avec raison ! Dommage que le côté mer soit réservé aux chalets familiaux.

Bon marché

Relax Café : *17, rue Bernaches, 33590* ***Grayan-et-L'Hôpital.*** *☎ 05-56-09-43-28. • relaxcafe33590@hotmail.com • ♿ Ouv au déj lun-ven, plus le soir ven-dim. Congés : 2 sem fin déc. Formules déj 14-18 € ; carte env 25-30 €.* Après une bonne journée de glisse, les surfeurs du coin se retrouvent dans cette grande cabane colorée un peu *roots* pour casser la croûte, ou descendre quelques verres en profitant des éventuels concerts. À la carte, des pizzas, des magrets de canard grillés et le meilleur burger du

Médoc, dixit le sympathique et accueillant patron. Minigolf et billard pour que chacun trouve son bonheur.

Prix moyens

Hôtel de France : *1, route de Lesparre, à Montalivet-les-Bains. ☎ 05-56-41-70-34. • bernaud.gilles@chezgillesetmarika.fr • chezgillesetmarika.com • Tlj en saison ; hors saison, fermé lun et le soir mer et dim. Double 64 €. Formule déj en sem 13,90 € ; menus 19,90-31,90 € ; carte env 35 €.* Gilles et Marika ont donné du style (ou plutôt des styles !) à ce petit hôtel-resto à la jolie façade en pierres apparentes, installé au cœur du village face à l'église. Les chambres, douillettes, arborent chacune une couleur dominante et des touches 100 % féminines. Et dans le paysage médocain où les originalités ne courent pas la vigne, ça détonne. Côté cuisine, les menus offrent un bon rapport qualité-prix, copieux et avec quelques surprises dans les mélanges d'épices et la présentation.

Hôtel Le Marin : *18, av. de l'Océan, à Vendays. ☎ 05-56-09-99-90. • info@hotellemarin.com • hotellemarin.com • Congés : vac scol de Noël. Doubles 58-90 €. Un petit déj/chambre et nuit offert sur présentation de ce guide (oct-avr).* Ce petit hôtel simple offre une douzaine de chambres épurées, claires et fonctionnelles à défaut d'être grandes ou avec vue sur la mer. L'ensemble est bien tenu, l'accueil sympathique et la plage à 2 pas.

Les Cinq Sens : *31, av. de l'Océan, à Montalivet-les-Bains. ☎ 09-67-46-02-60. • les-cinq-sens@orange.fr • Tlj midi et soir sauf mar-mer. Menu 27 € ; carte env 45 €.* Pour l'ouïe, on ne sait pas, mais les 4 autres sens sont bien mis à contribution, et de belle manière. Les assiettes florales annoncent la couleur : la cuisine de saison est soignée, et même parfois un brin sophistiquée, avec quelques associations inédites sucrées-salées. Qu'il s'agisse d'un *ceviche*, de *pluma* de porc plus classiques, ou du poisson du moment, tout est bon. Une adresse qui plaît beaucoup : mieux vaut réserver, la salle chaleureuse est petite.

À faire

Le Parc de l'Aventure : *rue Andrée-Goulé, à 300 m avt l'entrée de Montalivet. ☎ 05-56-09-07-88. • laforet-aventure.com • Juil-août, tlj 10h30-19h ou 20h ; avr-juin et sept-oct, ouv seulement le w-e l'ap-m ; vac de Pâques et de la Toussaint, tlj seulement l'ap-m. Fermé nov-mars. Tarif : adulte 18-26 € selon parcours ; réduc enfants et ados.* Parmi les pins, le parc propose différents niveaux de parcours pour évoluer d'arbre en arbre en empruntant ponts, passerelles, tyroliennes, etc. Terrain de minigolf, chasse au trésor, recherche de pierres précieuses, combat de sumo, location de vélos, kart...

LE LAC D'HOURTIN-CARCANS

Carte Gironde, B2

L'océan, les pins, un lac. Parce que c'en est un, même si l'on persiste à l'appeler « étang » ! C'est même, avec ses 6 200 ha, le plus grand lac d'eau douce de France ! 18 km de long sur 4 km de large.

HOURTIN (33990)

Station balnéaire familiale au bord du plus grand lac d'eau douce de France. En fait, 3 stations en une : un gros bourg typique du Médoc (Hourtin) articulé autour de sa place centrale, un port sur les rives du lac (Hourtin-Port) et un village au bord de l'océan (Hourtin-Plage). Hourtin-Port a acquis une solide réputation dans l'accueil des enfants. Parmi les réalisations les plus significatives :

L'île aux enfants : espace de jeux librement ouvert aux enfants de tous âges, sous la surveillance des parents. Château fort en bois. Strictement interdit à tout véhicule motorisé.

Adresses et infos utiles

Office de tourisme Médoc Atlantique : *1, rue de Lachanau. ☎ 05-56-03-21-01. • medoc-atlantique.com • Ouv juil-août, tlj 9h-19h ; avr-juin et 1re quinzaine de sept, tlj sauf dim ap-m 9h30-12h30, 14h-17h30 ; fermé le reste de l'année (se rendre à l'office de tourisme de Lacanau).* Propose différents types d'excursions (visite des rives est de Hourtin, lagune de Contaut, sortie en bateau...).

Location de vélos : Le Garage à Vélos, *108, av. du Lac. ☎ 05-56-09-69-60. • legarageavelo.com • Tlj avr-sept, fermé le dim oct-mars mais possibilité de résa.*

– ***Marchés :*** *jeu mat, tte l'année à Hourtin-Ville, au niveau de l'église ; juil-août, mar, jeu et sam mat. Marché artisanal à Hourtin-Port ven 19h-minuit, et à Hourtin-Plage lun soir.*

Où camper ?

Aire naturelle de camping L'Acacia : *182, lieu-dit Sainte-Hélène-d'Hourtin, route de Carcans. ☎ 05-56-73-80-80. • camping.lacacia@orange.fr • camping-lacacia-hourtin.com • À 5 km au sud d'Hourtin, en direction de Carcans (D 3), petite route sur la droite (fléché). Ouv de mi-juin à fin sept. Forfait pour 2 env 18-26 € selon période.* Charmant camping très nature et très calme, bien situé en pleine campagne, mais proche des rives du lac. À peine une trentaine d'emplacements agréables. Sanitaires modernes et nickel. Activités sportives pas loin. Vélos et *bodyboard* en location. Attention, ici, le silence est d'or, perturbateurs et fêtards s'abstenir !

Le Village Western : *chemin de Bécassine. ☎ 05-56-09-10-60. • mail@village-western.com • village-western.com • Ouv de mi-avr à mi-sept (jusqu'à début oct pour certains hébergements). Forfait pour 2 env 24-42 €. Yippie yeah !* Ici, on joue à fond la carte Far West. Ranch, saloon, bureau du shérif, chaque bâtiment est dans le thème. Mieux, les cow-boys pourront même monter à cheval, le site comprenant un vaste centre équestre ! Et pour dormir, direction les tipis, à moins de préférer planter sa propre tente du côté des paddocks, ou d'opter pour le confort d'un mobile home classique. Bonne ambiance et bon confort (piscine, location de vélos...) : de quoi se faire de super souvenirs !

À voir. À faire

La rive du lac : *à 5 km d'Hourtin en direction de Carcans, route à droite, puis piste forestière.* Encore sauvage, d'ailleurs classée « Espace naturel sensible ».

– Le lac est un espace privilégié pour la pratique du ***nautisme*** : dériveur, catamaran, planche à voile, kitesurf, etc. ***Club de voile d'Hourtin*** *(au lieu-dit Piqueyrot ; 06-86-43-90-89)* et ***Centre nautique UCPA*** *(☎ 05-56-09-20-69).*

– Hourtin propose une foule d'autres ***activités sportives ou de loisirs*** : pêche (dans le lac ou en mer), kayak, surf, équitation, tennis, tir à l'arc, etc. *(rens à l'office de tourisme).* Sans oublier Hourtin-Plage et les balades dans la forêt de pins.

➢ ***Randonnée au départ de Contaut :*** *balade de 2 km à pied, 1h A/R sans les arrêts. Circuit en boucle sur sentier à pilotis en partant de Contaut (4 km à l'est d'Hourtin-Plage, sur la D 101). Balisage : panneaux. Accès libre.*

LA GIRONDE

Évitez de faire du bruit pour permettre l'observation des oiseaux. Référence : *Les Sentiers d'Émilie en Gironde,* éd. Rando. Carte IGN 1434 Ouest. Étang ou lagune ? Le nord du lac d'Hourtin et de Carcans se transforme en paluds et marais au lieu-dit Contaut, où l'on se gare. Remarquez sur le bord de la route la réserve de pommes de pin pour le séchage des pignons.
Commencez par prendre le chemin qui borde la lagune. Plus loin, un poste d'observation, sous la maison forestière, permet l'approche des nombreux oiseaux. Puis faites le tour de la lagune, sous les arbres, en empruntant le chemin construit sur pilotis qui surplombe sur 600 m le marais. Attention, les planches de bois humides sont parfois glissantes.
Certaines fougères ont plus de 200 ans. Quant aux osmondes royales, on les classe tout simplement dans les espèces préhistoriques (si, si !). Le drosera carnivore pousse près des massettes, et les énormes touffes de carex donnent une impression de bayou en plein cœur de la Gascogne. Panneaux d'interprétation pour découvrir cette réserve naturelle peu connue.
– *Visite guidée de la lagune de Contaut : gratuite l'été. Inscriptions à l'office de tourisme d'Hourtin.* L'idéal pour découvrir flore et faune, avec un guide naturaliste.

CARCANS-MAUBUISSON *(33121)*

Sur l'océan, Carcans-Plage n'a pas la réputation de Lacanau. Hors saison, l'activité reste celle d'un village. Mais l'été, c'est une agréable petite station dont les 15 km de plage de sable permettent de trouver une solitude relative.
Maubuisson, au sud du lac, offre plus de choix : le vélo (150 km de pistes), les sports nautiques, le tennis, l'équitation, etc. Un excellent endroit pour se refaire une santé.

Adresses et infos utiles

Office de tourisme Médoc Atlantique : *127, av. de Maubuisson, dans la Maison de la station à Maubuisson. ☎ 05-56-03-21-01. • medoc-atlantique.com • Juil-août, tlj 9h-19h ; avr-juin et 1re quinzaine de sept, tlj 9h30-12h30, 14h-17h30 ; fermé le reste de l'année (se rendre à Lacanau).* En saison, propose de nombreuses visites et activités pour adultes et enfants (découverte du milieu dunaire, de la sylviculture, visite de châteaux, etc.). Topoguides pour les randos et le vélo.

Location de vélos : *plusieurs loueurs à Maubuisson.* ***Bicy'cool,*** *111, av. de Maubuisson (☎ 05-56-03-43-23 ; • location-velo-carcans.com •).* ***Fun Bike,*** *109, av. de Maubuisson (☎ 05-56-82-96-74 ; • funbike.fr •).* ***He'enalu,*** *1, rue des Sapins-Verts (☎ 05-56-03-42-72 ; • he-enalu-surfshop.com •). Ouv Pâques-Toussaint.*

Écoles de surf : ***Carcans Océan Surf Club,*** *• carcansoceansurfclub.com • Ouv tte l'année.* ***Les Loubines,*** *• lesloubines.onlc.fr •* ***He'enalu,*** *☎ 05-56-03-42-72.* ***UCPA,*** *☎ 05-56-03-95-93 ou 05-62-65-45-52 (juil-août).*

– ***Marchés :*** *à Maubuisson, mer mat en saison seulement. À Carcans-Plage, lun mat en saison ; à Carcans-Ville, ven mat tte l'année.*

Où camper ? Où manger ?

Camping

Camping de l'Océan : *1, rue du Camping à* ***Carcans-Plage*** *et à 300 m de l'océan. ☎ 05-56-03-41-44. • campingocean.carcans@orange.fr • camping-carcans-ocean.com • ♿ Ouv d'avr à début oct. Forfait pour 2 env 18-32 € selon saison.* Toutes les installations nécessaires. Préservé du béton, super bien ombragé mais très grand et bondé en été. Emplacements agréables, à moins d'opter pour les lodges toilés. Idéal pour être au cœur de l'animation estivale : le camping est à 2 pas du centre de Carcans-Plage (restos, concerts, théâtre, etc.).

Bon marché

Chez Heidi : *13, av. des Dunes, à **Carcans-Plage** (en bordure du parking sud). ☎ 05-56-03-42-92. Seulement w-e et j. fériés de Pâques à mi-juin, puis tlj jusqu'à fin sept. Fermé oct-Pâques. Carte env 20-25 €. Kir offert sur présentation de ce guide.* On y va pour l'ambiance super sympa, et pour la spécialité de la maison : le jambon grillé à la broche, pommes au four, beurre persillé, à arroser d'une bière de Munich. Si vous trouvez ça trop lourd pour l'été, Heidi fait aussi... du jarret grillé ou une choucroute garnie ! Terrasse couverte.

Où manger une glace ?

Le Salon de la Glace : *142, av. de Maubuisson, à **Maubuisson.** ☎ 05-56-03-30-80. Ouv de mars à mi-sept (à emporter jusqu'à mi-oct).* Succulentes glaces au goût parfois surprenant comme celles au cannelé, au cidre, ou bien au poivron rouge.

À voir

Le musée des Arts et Traditions populaires : *129, av. de Maubuisson, à **Carcans.** ☎ 05-56-03-41-96. • musee.matp.carcans.free.fr • Ouv avr-oct, se renseigner pour les horaires. Entrée visite libre : 3 € ; gratuit moins de 17 ans ; visite guidée à partir de 20 pers sur résa.* Créé en 1976 par quelques habitants soucieux de sauvegarder le patrimoine local, le musée veut faire revivre l'histoire de l'homme de la lande médocaine à travers son activité laborieuse faite d'ingéniosité et de courage. Topos et expos sur la région, où l'on apprend qu'autrefois la lande n'était qu'un vaste marais. Ce n'est que sous Louis XVI qu'un certain Brémontier pensa à fixer la dune avec les oyats (graminées). Au siècle suivant, Chambrelent plante le pin maritime et fait creuser les fossés d'irrigation. Et voilà comment est née la plus grande forêt d'Europe. Outillage agricole, intérieur médocain... Expo sur les abeilles, la faune, les chemins de Saint-Jacques-de-Compostelle et les bergeries de Carcans.

À faire dans les environs

Le domaine de Bombannes : *à 3 km de Maubuisson, sur la rive ouest du lac. ☎ 05-57-70-12-13. • bombannes.ucpa.com • Ouv tte l'année.* Stages de tennis, kayak, tir à l'arc, escalade, catamaran, planche à voile, *wakeboard* et surf. Minigolf. Location à l'heure des courts de tennis, des voiliers et des planches à voile. Sans oublier un parcours aventure (à partir de 3 ans) avec tyrolienne de 120 m, pont de singe, saut de Tarzan... Camping et bungalows donnant droit à des réductions sur les activités. Restauration rapide sur place. Plage surveillée.

Balades à vélo : près de 120 km de pistes sillonnent la forêt entre Hourtin-Plage (au nord de Carcans-Maubuisson) et Lacanau-Océan (au sud). Une balade très sympa consiste à partir de Maubuisson, près du lac de Carcans, et à rejoindre le Moutchic sur le lac de Lacanau, en s'arrêtant à la réserve naturelle de l'étang de *Cousseau* (voir « Dans les environs de Lacanau », plus loin). Se procurer le plan détaillé des pistes cyclables auprès des offices de tourisme de Carcans-Maubuisson, Hourtin ou Lacanau.

– Et planche à voile, dériveur, catamaran, char à voile, parachute ascensionnel, ski nautique, etc. Procurez-vous le *Guide pratique* auprès de l'office de tourisme.

LACANAU

(33680) 4 600 hab. *Carte Gironde, B2*

Distante d'à peine 53 km de la capitale d'Aquitaine, Lacanau s'illustre comme Bordeaux-Plage.
Très fréquentée et animée en été, le charme opère à nouveau au printemps et à l'automne, quand le calme revient : la mer et la plage ; les balades à pied, à vélo, à cheval ; la nature verdoyante ; les voiliers sur l'étang...

Adresses et infos utiles

Office de tourisme Médoc Atlantique : *pl. de l'Europe, Lacanau-Océan. ☎ 05-56-03-21-01. • medoc-atlantique.com • Juil-août, tlj 9h-19h ; hors saison, tlj 9h30-12h30, 14h-17h30 (oct-mars fermeture à 17h, et le dim).* Efficacité et sourire garantis ! Propose différents types d'excursions et des balades en bateau.

Location de vélos : ***Locacycle,*** *11, av. de l'Europe, Lacanau-Océan ; ☎ 05-56-26-30-99 ; • locacyclelacanau.fr • ; ouv avr-oct, tlj.* ***Nomade,*** *4, av. Plantey ; ☎ 05-56-03-06-99 ; • location-velo.org • ; ouv avr-sept.* ***Central Garage,*** *23 bis, av. Plantey ; ☎ 05-56-26-99-65 ; • centralgarage-lacanau.fr • ; ouv fév-oct.*

■ **Location de surfs ou de bodyboards :** ***Matahari Surf Shop,*** *2, rue Jules-Ferry ; ☎ 05-56-03-13-01.* ***Surf City,*** *6, bd de la Plage ; ☎ 05-56-03-12-56.* Charme et professionnalisme.

■ **Écoles de surf :** *entre autres,* ***Lacanau Surf Club*** *(☎ 05-56-26-38-84 ; • lacanausurfclub.com •).* Organisateur du Lacanau Pro. ***École de glisse de l'UCPA*** *(☎ 05-56-03-27-60).* Prix très intéressants hors saison. ***Aola Surf School*** *(📱 06-60-21-99-99 • aolasurfschool.com •).* Cours personnalisés.

■ **École de kitesurf :** ***Évolution,*** *2, plage du Moutchic ; 📱 06-08-34-59-07 ; • evolution2.com •* Également *paddle* et *wakeboard.*

■ **École de ski nautique :** ***Sports-Service Lacanau Ski Club,*** *route de l'Océan ; ☎ 05-56-03-09-01 ; • sports-service.fr •* Des stages de ski nautique et de *wakeboard* encadrés par des pros.

■ **Promenades en catamaran :** *accueil ponton de la baie Longarisse. 📱 06-61-21-38-09. • le-mahi-mahi.com • De mi-mai à mi-oct. Plusieurs formules de balades 1h45-5h45 (repas inclus). Compter 25-50 € selon type de sortie ; réduc.* Pour des sorties à travers les îles sauvages de l'étang de Lacanau.

– **Marchés :** *à Lacanau-Océan, le mer mat tte l'année et ven soir en été. À Lacanau-Ville, sam mat tte l'année et jeu soir en été.*

Où dormir ? Où manger ? Où boire un verre ?

Camping

Yelloh ! Village Les Grands Pins : *plage Nord. ☎ 05-56-03-20-77. • reception@lesgrandspins.com • lesgrandspins.com • ♿ Ouv de fin avr à mi-sept. Forfait pour 2 env 30-67 €. À noter : min 2 nuits en basse saison et min 7 nuits en hte saison. Parking.* Cadre super et aménagements top niveau pour ce camping haut de gamme noyé dans une pinède de 12 ha. En pleine saison, on paie cher son emplacement mais les prestations valent la dépense. Rien ne manque : un club pour les enfants, une école de surf, 2 terrains multisports, un vaste espace aquatique (toboggans, jeux d'eau...), une piscine zen (réservée aux adultes), un espace bien-être, et une ribambelle d'offres pour garantir des vacances festives (resto, bar, soirées à thème...). Tout a été prévu, jusqu'au vrai supermarché pour faire ses emplettes. Côté hébergements, qu'il s'agisse des emplacements ou des beaux cottages, on a le choix entre différents secteurs bien ombragés et plus ou moins vallonnés, avec ou sans voiture. Un plus pour les familles !

De bon marché à prix moyens

La Villa Zénith : *16, av. de l'Adjudant-Guittard. ☎ 05-56-26-36-49. • contact@lacanau-zenith.com • lacanau-zenith.com • Nuitée en dortoir env 26-31 € ; doubles sans ou avec sdb privée 59-108 €.* Cette villa comprend en réalité plusieurs petites maisons mitoyennes, formant un ensemble bien pensé, coloré et très convivial. Le plus épatant, c'est qu'ici on s'adresse à tout le monde. Les petits budgets choisissent l'option *hostel* (dans de petits dortoirs de 4 et 6 lits), tandis que ceux qui ont un peu de sous s'installent dans de jolies chambres à la déco personnalisée. La plus insolite, c'est une cabane toute mignonne dans le jardin. Et pour tout le monde, des cuisines à dispo, une salle à manger, des coins lecture... le tout dans un esprit zen et surf. Un super point de chute.

Le Banana Surf Café : *16, bd de la Plage. 06-85-87-86-63. Tlj 9h-23h. Plats env 10-20 €.* Ce bar-resto en bois et haut en couleur est un spot du tonnerre face aux vagues, surtout le soir pour admirer le coucher du soleil en terrasse. Ambiance relax, jeune et festive, en adéquation avec l'esprit surf de la station. Quant à la cuisine, métisse, elle est bonne et copieuse, qu'il s'agisse d'un burger classique (et frites fraîches), d'un *poke bowl,* ou d'un *chirashi* de saumon mariné.

Le Bistrot des Cochons : *1, rue du Docteur-Darrigan. ☎ 05-56-03-15-61. • lebistrotdescochons@sfr.fr • Ouv ts les soirs sauf mer (ts les soirs plus dim midi l'été). Congés : nov-mars. Carte env 33 €. Apéritif maison offert sur présentation de ce guide.* C'est une adresse qui marche fort, et depuis longtemps. Son cadre de bistrot coloré, chaleureux et festif plaît beaucoup, de même que sa cuisine. À la carte, des plats de terroir typés Sud-Ouest, mais aussi des propositions plus originales aux tonalités ibérico-asiatiques. Dans tous les cas, c'est bon et bien fait. Agréable terrasse ombragée.

Chic

Chambres d'hôtes la Villa Ô Lac : *20, allée Pierre-Jean-Rozie. 06-10-20-36-31. • olacdelacanau@gmail.com • olaclacanau.fr • Doubles env 100-230 € (en principe à la sem juil-août).* Un must dans sa catégorie. Planquée dans une impasse résidentielle au bord du lac, cette grande villa moderne en bois renferme des chambres hyper confortables décorées dans un esprit zen et voyageur. Prestations haut de gamme : petits déj gourmands, salle de détente (billard et tout le tralala), piscine, jacuzzi, vélos à dispo, et même une cuisine d'été. Installé sur les transats, un œil sur les statues de bouddha, on se dit qu'il faudra se faire violence pour quitter un tel cocon !

DANS LES ENVIRONS DE LACANAU

La réserve naturelle de l'étang de Cousseau : *située entre les 2 grands étangs du Médoc, à 3 km de Lacanau-Océan. Accès à pied (45 mn) ou à vélo depuis le parking en bordure de la D 6E, au lieu-dit « Marmande ». GRATUIT. Possibilité de visite avec un guide naturaliste. Compter 2h30 à 4h30. Résas à l'office de tourisme de Lacanau, Carcans, ou Hourtin.* Une quinzaine de kilomètres de sentiers balisés, au hasard desquels on peut croiser (avec un peu de chance) chevreuils, sangliers, rapaces divers, tortues, serpents et même des loutres, ainsi que 70 espèces d'oiseaux nicheurs. Une balade aussi apaisante qu'instructive, grâce aux guides bénévoles qui vous éclaireront sur l'environnement et l'histoire locale. Depuis les belvédères, vue magnifique sur le sud du marais.

LE PORGE (33680)

Dernière station du Médoc avant Arcachon. Très familiale, petite et sympa. Peut-être la station la plus naturelle de ce Sud-Médoc. Aussi un coin pour les naturistes. La plage se trouve à 11 km du village.

Adresse utile

Office de tourisme : *au Porge-Océan, av. des Gressier. ☎ 05-64-31-07-77. • medocpleinsud.com • Juil-août, lun-ven 9h30-12h30 au Porge-Village et 13h-17h au Porge-Océan, sam 9h30-17h30 et dim 9h30-14h au Porge-Océan ; avr-juin et sept, mar-sam.* C'est un office de tourisme mobile, aménagé dans un camion. Accueil très sympa.

Où camper ?

Camping municipal de La Grigne : *35, av. de l'Océan. ☎ 05-56-26-54-88. • camping-leporge.fr • Ouv avr-oct. Forfait pour 2 env 16-31,70 €. Loc de mobile homes.* Grand camping de 700 emplacements sur une trentaine d'hectares, à 2 pas de la plage, dans la pinède (bien ombragé, donc). Accueil sympa. Bien équipé. Activités en tout genre (basket, tir à l'arc, yoga, zumba, pilates...). Location de vélos.

LE BASSIN D'ARCACHON

• Carte *p. 193*

Aujourd'hui, tout incite à privilégier le vélo pour faire le tour du bassin : plus de 200 km de pistes cyclables, de nombreux points de location de vélos, un relief plat et une bonne odeur de pins...
D'abord, il y a Arcachon, qui s'avère moins snob qu'elle n'y paraît. Ancien petit bout de lande déserte que La Teste-de-Buch vendit au XIXe s aux banquiers Pereire pour créer une station climatique, ses rues commerçantes et son animation l'ont transformée en destination, sinon popu, au moins accessible. En fait, la faune chic du bassin se concentre surtout à Cap-Ferret (dites simplement « Le Ferret » pour faire plus local) et Pyla-sur-Mer où se trouvent les villas de week-end de la bourgeoisie bordelaise.
Le bassin d'Arcachon, c'est aussi et surtout d'incontournables excursions vers des sites uniques comme l'île aux Oiseaux, le banc d'Arguin, la dune du Pilat et les ports ostréicoles.

ARCACHON

(33120) 11 700 hab. *Carte Gironde, B3*

• Plan *p. 180-181*

« **Celui-là a eu du courage, qui a été le 1er à manger une huître.** »

Jonathan Swift

On l'assimile un peu à la résidence secondaire des Bordelais. Ville sympathique et aérée où réside une population plutôt bourgeoise, même si les

touristes s'y croisent en nombre. Elle possède en effet de nombreux atouts : le site tout d'abord, profitant à la fois de la forêt, de l'océan et du bassin, et puis un climat serein, une lumière unique, une atmosphère animée. Une ville d'été aux plages de sable fin, promenade piétonne ombragée, glaciers faisant la joie des petits et des grands, et quelques jolies places organisées autour de l'hôtel de ville et de son marché couvert. Une ville d'hiver, avec ses superbes villas au décor de bois, cachées dans les pins. Une ville d'automne marquée par son caractère de petit village de pêcheurs qui abrite ports de pêche et de plaisance. Enfin une ville de printemps, quartier résidentiel, où sont implantés la plupart des ensembles sportifs ou de loisirs tel le centre de thalassothérapie. On y trouve aussi la source des Abatilles, découverte en 1923 alors qu'on cherchait du pétrole.

LE SAVIEZ-VOUS ?

Arcanson est le nom gascon de la colophane, le produit transformé de la résine du pin (qui fut longtemps exploité dans les Landes pour améliorer les vibrations des instruments à cordes). Il est à l'origine du nom d'Arcachon.

UN PEU D'HISTOIRE

Ce n'est qu'au milieu du XIXe s que les ***frères Pereire,*** qui venaient de racheter la ligne de chemin de fer de Bordeaux à La Teste, décidèrent de créer un ***sanatorium*** à ciel ouvert à Arcachon. Ils achetèrent donc des terrains et bâtirent villas et casino susceptibles d'accueillir la riche bourgeoisie. Très vite, Parisiens et bourgeois de province se virent prescrire par leur médecin une cure de bon air dans la ville naissante. Des médecins bordelais avaient alors découvert que les essences dégagées par les pins et l'air iodé du bassin étaient favorables à la guérison des maladies pulmonaires dont on souffrait à l'époque.

Dès lors, Arcachon se para d'établissements de bains et de superbes demeures aux styles très différents, enfouies dans les pins. La ville reçut de riches tuberculeux et des artistes de renom, se forgeant ainsi une réputation qui ne devait plus la quitter. C'est à cette époque que la cité fut divisée en quartiers : la ville d'été, au tracé rectiligne, longeant le bord de l'eau, et la ville d'hiver, à l'abri du vent et de l'animation trépidante, sous la forêt de pins.

Arriver – Quitter

En train : plusieurs liaisons quotidiennes avec Bordeaux (TER) et TGV pour Paris.

En bus : *à la gare.* ● *bus-baia.fr* ● Navettes offrant plusieurs itinéraires pour rayonner dans la ville d'Arcachon et aux alentours. En rotation continue, arrêts à la demande. Les lignes desservent la dune du Pilat et les plages océanes en été, mais aussi La Teste (centre commercial et hôpital) jusqu'aux parcs de loisirs de Gujan-Mestras, ainsi que le sud du bassin en combinaison avec les TER.

Adresses et infos utiles

Office de tourisme *(plan C1)* ***:*** *au MA.AT, 22, bd du Général-Leclerc.* ☎ *05-57-52-97-97.* ● *arcachon.com* ● *Tte l'année ; détails des horaires sur le site* ● *arcachon.com* ● Bien documenté et efficace. Propose des visites guidées de la ville à pied, en petit train et en liberté grâce aux audioguides, visites nature, visite du bunker 502 (vestige de la 2de Guerre mondiale)...

Traversées maritimes : *liaisons assurées par l'**UBA** (Union des*

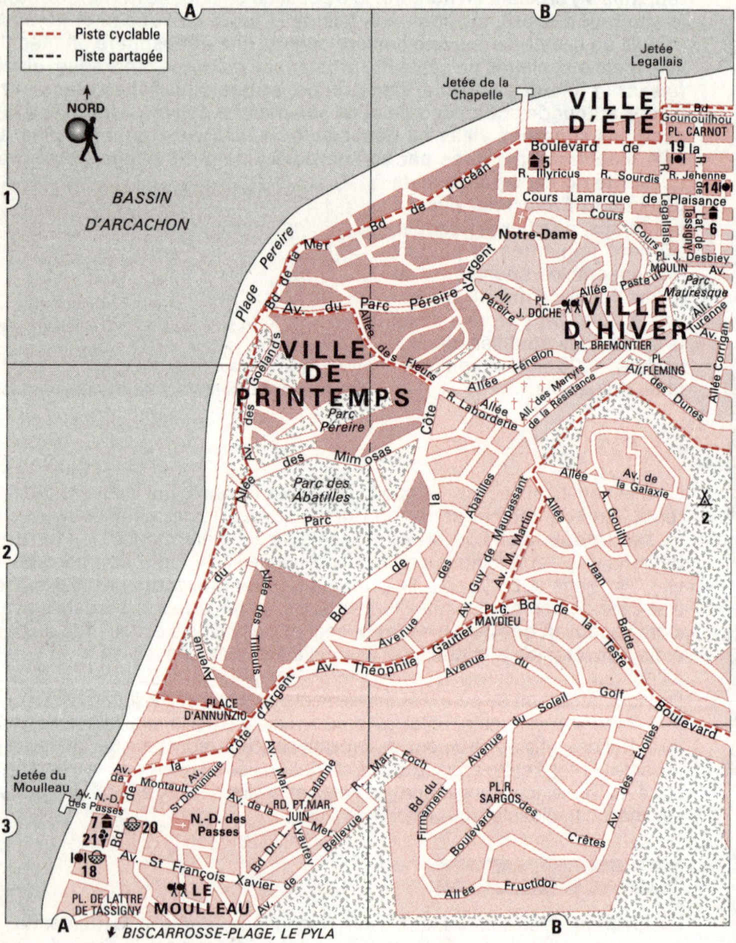

Adresse utile	3 Hôtel de la Plage (C1)
Office de tourisme (C1)	4 Hôtel Ville d'Hiver (C1)
	5 Hôtel Home (B1)
Où dormir ?	6 Hôtel La Pergola (B1)
	7 Yatt Hôtel (A3)
1 Hôtel L'Ostréi (D1)	8 Hôtel le B d'Arcachon (C1)
2 Le Camping d'Arcachon (B2)	9 Hôtel Le Nautic (D1)

bateliers arcachonnais). ☎ *05-57-72-28-28.* • *bateliers-arcachon.com* • *Arcachon (jetée Thiers) – Cap-Ferret (14 € l'A/R en journée) tte l'année et en juil-août ttes les heures 9h-19h, puis service nocturne à 20h, 21h30 et 23h ; Le Moulleau-Cap-Ferret de mi-juin à mi-sept ; Arcachon-Andernos*

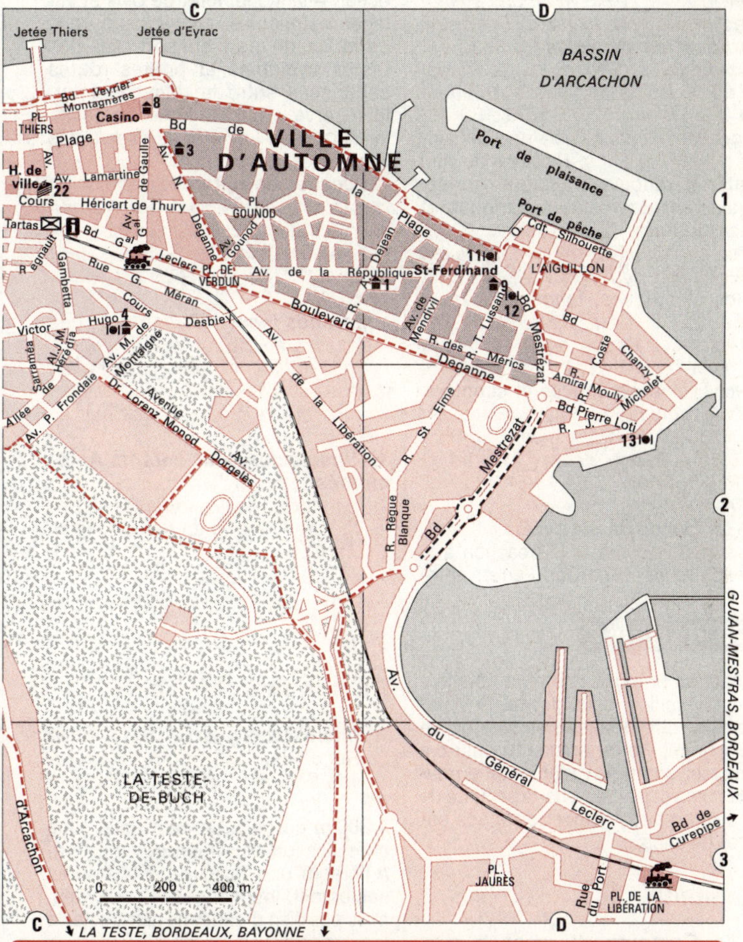

ARCACHON

Où manger ? **11** Kraken (D1) **12** Le Patio – Thierry Renou (D1) **13** La Cabane de l'Aiguillon (D2) **14** L'Oyster Bar d'Olivier Laban (B1) **18** Le Crakoï (A3)	**19** Les Pizzas du Bassin (B1) **Où acheter des douceurs ?** **20** Pâtisserie Alain Guignard (A3) **21** Aux Délices Glacées (A3) **22** Les Dunes Blanches de Pascal (C1)

en juil-août (selon les marées) ; Arcachon-Le Canon, dune du Pilat-Cap-Ferret ou banc d'Arguin de mi-juin à mi-sept. Également des services de bateaux-taxis. Renseignements à l'office de tourisme.

Bus de mer : *circule en juil-août seulement, dessert le port de pêche, la* *jetée Thiers et Le Moulleau. Une alternative sympa aux bus sur roues ! Ticket : 1 €.*

Location de vélos : *env 13 €/j.* ***Locabeach :*** *326, bd de la Plage, ☎ 05-56-83-39-64 ; au débarcadère du Moulleau, ☎ 05-56-83-69-29. • locabeach.com • Également présent à La Teste-de-Buch.* Propose du bon matériel renouvelé chaque année. Également des vélos électriques et des scooters. ***Dingo Vélos :*** *1, rue Grenier ; ☎ 05-56-83-44-09 ; • dingovelos.bike.com • Ouv avr-oct.* VTT, vélos électriques, tandems... ***Arcabike :*** *52, bd de la Plage ; 📱 07-82-89-63-44.* ***2 Roues Loc :*** *29, bd du Général-Leclerc ; ☎ 05-57-16-58-15.* Vélos, vélos électriques et scooters. ***À l'eau vélo :*** *livraison à la demande ; 📱 06-83-93-24-30. • aleauvelo-arcachon.fr •* ***Beach Bikes :*** *241, bd de la Plage. ☎ 05-46-68-13-67. • beachbikes.fr •*

Le Tour du Bassin à vélo : *• bassin-arcachon-velo.com •* D'Arcachon à la presqu'île de Lège-Cap-Ferret, entre océan Atlantique, forêt de pins et villages ostréicoles, ce parcours vous conduira de port en port, sur des pistes cyclables et petites routes sécurisées entre la dune du Pilat, la réserve ornithologique du Teich, le delta de la Leyre et la réserve des Prés-Salés d'Arès.

Location de voitures : ***Hertz,*** *7, bd Mestrézat. ☎ 05-56-54-88-12. Tlj sauf dim 8h-19h. Autres loueurs à la gare (**Avis,** ☎ 05-56-83-49-57 ; **Rent a car,** ☎ 05-56-54-01-02 ; **Europcar,** ☎ 05-56-54-01-02).*

– **Marchés :** *halle Baltard, pl. des Marquises au centre-ville ; juil-août, tlj 7h30-13h30, 17h-20h et dim mat ; le reste de l'année, le mat mar-dim. Marché bio au Moulleau mar mat en juil-août.*

Spectacles pour enfants Arcamômes : *mer à 20h30 en juil-août, au parc mauresque (déplacé à 21h au théâtre Olympia en cas de pluie). GRATUIT.*

Où dormir ?

Arcachon propose une offre hôtelière très diversifiée. Vous devriez finir par trouver votre bonheur, en ville ou en périphérie. Petite astuce : pensez à anticiper une réservation, même pour une nuit, vous aurez ainsi la sécurité de trouver un hébergement dans vos critères de choix.

Camping

Le Camping d'Arcachon *(Les Abatilles ; plan B2,* ***2****) : 5, allée de la Galaxie. ☎ 05-64-09-10-13. • info@campingarcachon.fr • campingarcachon.fr • À 2 km du centre-ville. De la gare, bus boucle B : arrêt à 2 pas du camping. Forfait pour 2 env 17-40 €. Loc de chalets, roulottes et mobile homes.* Le camping le plus proche du centre d'Arcachon, dans une forêt de pins sur les hauteurs. Front de mer à 2 km par la route mais à 1 km à pied (demander le raccourci). Piscine, terrain de volley, aire de jeux pour enfants et location de vélos. Un vrai petit village !

De bon marché à chic

Hôtel L'Ostréi *(plan D1,* ***1****) : 22, av. de la République. ☎ 05-56-54-05-32. • ostrei@orange.fr • lostrei-arcachon.fr • Doubles 60-120 €. Congés : Noël.* À 300 m du port, un petit hôtel sans complication et sympa comme tout. À l'étage, une dizaine de chambres seulement, mignonnes et colorées, mais pas bien grandes (la plus petite, la moins chère aussi, ne fait que 9 m²). Pas de clim : l'été, il peut faire un peu chaud. Dans l'ensemble, c'est un bon rapport qualité-prix pour le coin.

Hôtel La Pergola *(plan B1,* ***6****) : 40, cours Lamarque-de-Plaisance. ☎ 05-56-83-07-89. • pergola.hotel@hotmail.fr • arcachon-hotellapergola.fr • Doubles 85-125 €.* En plein centre, au cœur de la jolie rue commerçante, ce petit hôtel convivial est un bon plan. Ses chambres, certes simples et pas immenses (surtout les *top budget*), ont été rénovées et se révèlent fonctionnelles et au final agréables. Accueil souriant et serviable en prime.

Yatt Hôtel *(plan A3, **7**) : 253, bd de la Côte-d'Argent, Moulleau-Village. ☎ 05-57-72-03-72. • information@yatt-hotel.com • yatt-hotel.com • ♿ Fermé de mi-oct à mi-mars. Doubles 89-180 €. Apparts 79-300 €. Réduc de 10 % sur le prix de la chambre (sauf août) sur présentation de ce guide.* Avec sa façade Art déco pimpante, il trône en plein cœur du quartier animé du Moulleau, à 2 pas de la plage. Certains trouveront l'endroit bruyant, mais les fêtards seront ravis, d'autant que les prix ne flambent pas trop en été. Chambres classiques et modernes sans surprise, mais convenables. Excellent accueil.

Hôtel Le Nautic *(plan D1, **9**) : 20, bd de la Plage. ☎ 05-56-83-01-48. • contact@lenautic.fr • lenautic.fr • Doubles 70-150 €. Parking. Apéritif offert sur présentation de ce guide.* Il faut 20 mn à pied pour rallier le centre-ville. C'est peu... mais suffisant pour que cet établissement moderne à taille humaine garantisse des prix raisonnables. On profite donc de chambres contemporaines, sobres et tout confort, certaines avec une belle vue sur le port depuis leur balcon. Il y a même un parking ! Excellent accueil.

De chic à plus chic

Hôtel de la Plage *(plan C1, **3**) : 10, av. Nelly-Deganne. ☎ 05-56-83-06-23. • contact@hotelarcachon.com • hotelarcachon.com • Doubles 99-155 € ; familiales. Parking. Réduc de 10 % sur le prix de la chambre sur présentation de ce guide.* Stratégiquement située à 100 m du front de mer et du casino, cette grande structure moderne propose une cinquantaine de chambres de bon confort. Si les parties communes affichent un style contemporain, les chambres revendiquent plutôt l'esprit bassin avec murs lambrissés, tons clairs et belles salles de bains (douches dans la plupart). Le bleu y est roi bien sûr ! Billard, salle de fitness en accès libre, location de vélos et, gros plus, un parking. Dans ce secteur, c'est crucial ! Bon accueil et petit déj aussi bon que copieux.

Hôtel Home *(plan B1, **5**) : 8, allée de la Chapelle. ☎ 05-56-83-38-53. • home-hotel-arcachon@hotmail.com • home-arcachon.com • ♿ Doubles 125-240 €.* À 40 m de la plage, ce petit hôtel intimiste a tout de la maison d'hôtes. Tout de bois vêtu, le patio s'ouvre sur une dizaine de chambres pas bien grandes, mais superbement décorées et lumineuses. L'ambiance est au naturel avec du bois flotté et des plantes, tandis que des pointes d'exotisme apportent des touches colorées : un joli tapis, un coussin à figure géométrique, des mosaïques, chaque détail compte. Une adresse atypique !

Beaucoup plus chic

Hôtel Ville d'Hiver *(plan C1, **4**) : 20, av. Victor-Hugo. ☎ 05-56-66-10-36. • contact@hotelvilledhiver.com • hotelvilledhiver.com • Ouv tte l'année. Doubles 150-300 €. Menu déj en sem 25 € ; carte env 45 €. Parking. Café offert sur présentation de ce guide.* On prend de la hauteur et on respire ! D'abord, le parfum suranné de ce quartier de belles villas arcachonnaises, ensuite les senteurs nouvelles qui s'échappent du spa installé dans ce ravissant hôtel occupant l'ancien bâtiment de la Compagnie des eaux. Réparties entre différents petits bâtiments pleins de charme, les chambres sont spacieuses, aux couleurs raffinées, au style campagne-chic soigné, avec balcon et rocking-chair. Le resto de style bistrot chic, le bar à vins et les salons sont tout aussi élégants et chaleureux, avec piano, guitare et cheminée suspendue. Belle piscine. Accueil décontracté et prévenant. Une adresse pour les amoureux !

Hôtel le B d'Arcachon *(plan C1, **8**) : 4, rue du Professeur-Jolyet. ☎ 05-56-83-99-91. • reservations@hotel-b-arcachon.com • hotel-b-arcachon.com • Doubles 95-300 € ; suites. Parking.* Ambiance estivale dans cet hôtel moderne posé à 2 pas de la plage. Chambres impeccables, contemporaines et design, dont les tarifs grimpent en fonction des étages et de la vue (sur mer pour les plus chères). Côté confort, c'est au top (excellente literie), de même que l'accueil, sympa et efficace.

Où manger ?

De très bon marché à prix moyens

🍽 ***Les Pizzas du Bassin*** *(plan B1, **19**) : 330, bd de la Plage. ☎ 05-56-54-44-95. Fermé lun soir, mar et mer midi l'été (lun midi, mar-mer, et jeu midi hors saison). Congés : nov-janv. Compter env 13 €.* Il y a souvent la queue dans cette petite boutique de pizzas à emporter. Ça vaut le coup de patienter car, préparées avec de bons ingrédients, elles sont généreuses, croustillantes et vraiment savoureuses. Impeccable pour un pique-nique à la plage.

🍽 ***L'Oyster Bar d'Olivier Laban*** *(plan B1, **14**) : dans le marché couvert. ☎ 05-56-83-29-42. • oysterbar-laban@orange.fr • huitres-laban.com • Tlj jusqu'à env 14h (en hiver, fermé lun). Formule env 21 €.* Ambiance garantie sous la belle halle Baltard, où le producteur d'huîtres Olivier Laban, très connu dans le coin, a disposé une poignée de tables hautes et de banquettes pour accueillir les amateurs de bivalves bien iodées. En fonction de l'arrivage, on peut améliorer le menu avec des bulots, des crevettes et des gambas, à moins d'opter pour de la terrine. Avec un verre de vin, c'est impeccable pour l'apéro, ou un excellent repas sur le pouce.

🍽 ***Kraken*** *(plan D1, **11**) : 55, bd de la Plage. ☎ 05-56-22-66-18. • krakenarcachon@gmail.com • ♿ Tlj sauf mar et dim. Formule et menu déj en sem 24 € ; autre menu 44 € ; carte env 40 €. Digestif maison offert sur présentation de ce guide.* Accueil détendu et convivial dans ce petit resto d'angle tenu par une équipe jeune et dynamique. En salle, ou dans la jolie véranda, on se sent tout de suite à l'aise pour profiter pleinement du repas. Et quel repas ! Ici, on revisite la tradition avec brio : en fonction du marché, ris de veau aux légumes de saison, turbot rôti et risotto, ou carpaccio de daurade sont parfaitement exécutés et présentés avec soin. Bravo !

Plus chic

🍽 ***Le Patio – Thierry Renou*** *(plan D1, **12**) : 10, bd de la Plage. ☎ 05-56-83-02-72. • contact@lepatio-thierryrenou.com • Tlj sauf dim-lun. Menus 53 € (sauf w-e et j. fériés), puis 78-120 €.* Thierry Renou fait partie des grands chefs. De ceux qui offrent dans l'assiette un mélange de savoir-faire, d'amour des produits, de parfums d'ici et de subtiles notes asiatiques, créant surprise et plaisir. Ses compositions graphiques s'admirent, avant d'être dégustées sans hâte dans un intérieur sobre et classe, entre salons chics et patio lumineux coiffé d'une grande verrière. Idéal pour un repas de fête.

Où acheter et manger des huîtres sur le pouce ?

🍽 ⛱ ***La Cabane de l'Aiguillon*** *(plan D2, **13**) : tt au bout du bd Pierre-Loti. ☎ 05-56-54-88-20. • aloir-et-fille@orange.fr • Cabane et vente tlj d'avr à mi-oct 11h-20h30 (mar-sam 9h-17h en demi-saison). Hors saison, vente seulement, tlj sauf dim ap-m et lun. Compter 20 €.* En bordure des viviers, on s'installe en terrasse sous une tonnelle pour déguster des huîtres tout droit sorties de l'eau. Avec du pâté et un verre de blanc, c'est le bonheur ! Accueil chaleureux et fraîcheur sans reproche. M. Aloir, l'ostréiculteur, est régulièrement médaillé d'or ou d'argent au Salon de l'agriculture de Paris pour la qualité de ses huîtres.

🍽 🧺 ***Le Crakoï*** *(plan A3, **18**) : 17, rue Saint-François-Xavier, Moulleau-Village. 📱 06-45-01-06-05. Ouv mer-dim 9h30-20h en été, seulement w-e et j. fériés jusqu'à 18h hors saison. Compter env 20 €.* Cette minuscule échoppe propose arguin, plates, et gillardeau de toute fraîcheur, à emporter principalement. Il y a tout de même 2 ou 3 tables pour ceux qui veulent déguster sur place, avec un verre de blanc évidemment.

Où acheter des douceurs ?

Pâtisserie Alain Guignard *(plan A3,* ***20****) : 11, av. Notre-Dame-des-Passes, Moulleau-Village. ☎ 05-56-54-50-92. Tlj juil-août ; fermé lun le reste de l'année.* Tout simplement délicieux ! Les cannelés sont divins et on revient pour goûter les biscuits (aux pignons notamment) et les pâtisseries.

Aux Délices Glacées *(plan A3,* ***21****) : 257, bd de la Côte-d'Argent, Moulleau-Village. ☎ 05-56-54-55-54. Tlj 10h-minuit l'été ; tlj l'ap-m en demi-saison, et w-e seulement hors saison.* Dans la famille Guignard, je demande la sœur... On se régale ici de glaces (cornet craquant à souhait), de gaufres ou de crêpes. Hmm !

Les Dunes Blanches de Pascal *(plan C1,* ***22****) : 21, av. Gambetta. ☎ 05-56-22-87-11. Tlj 10h-19h30.* Elle est toute petite, mais cette dune-là est presque aussi célèbre à Arcachon que celle du Pilat ! Le secret ? Une crème fouettée ultralégère garnissant une chouquette bien moelleuse, le tout du jour. C'est frais, aérien, hyper gourmand... et irrésistible. D'ailleurs, malgré le tarif, il y a toujours la queue.

Où boire un verre ? Où sortir ?

Dans le ***quartier du Moulleau,*** le long de l'avenue Notre-Dame-des-Passes *(plan A3),* piétonne, quelques ***bars*** alignent leurs terrasses. Elles sont prises d'assaut le soir (en journée aussi d'ailleurs), en saison, par une jeunesse plutôt branchée. Quelques concerts parfois.

À voir. À faire

Balade dans la ville d'hiver (plan B1) : *juil-août, visites guidées de la ville sur résa (programme sur ● arcachon.com ●) ; 14 €/pers ; se renseigner pour les horaires et les thèmes des visites auprès de l'office de tourisme. Le reste de l'année, ou s'il n'y a pas assez de participants, visite avec audioguide (7 €).*

Les amoureux de romantisme et les romantiques amoureux seront ravis de cette promenade à travers les quartiers d'hiver de la ville, où se cachent des petits bijoux d'architecture. On dessina ce quartier aux allées sinueuses afin de briser l'élan du vent. Il fait d'ailleurs toujours 3 °C de plus ici qu'au bord de la mer.

On construisit un casino de style mauresque dans le parc du même nom, puis les chalets virent le jour, reprenant tous dans leur décoration cette frise de dentelles de bois sur les toits et les balcons. Plutôt que chalets, on préféra appeler ***villas*** ces demeures pour aristocrates en vacances. À partir de 1870, de nombreux architectes de renom vinrent à Arcachon assouvir sans complexe quelques fantasmes architecturaux : maison coloniale, chalet suisse, style italien, château belvédère... tous les styles sont représentés !

Voici une des balades possibles, parmi tant d'autres. Au passage, vous verrez bien d'autres villas intéressantes que nous ne citons pas. Ouvrez l'œil.

– Départ de l'esplanade Pompidou. Emprunter l'avenue Regnault, puis prendre l'escalier à gauche. Arrivée dans l'allée Rebsomen où apparaît la ***villa Térésa*** (nº 4), du XIXᵉ s. On traverse ensuite le *parc mauresque* dont le nom rappelle l'ancien casino de style mauresque qui s'y élevait. Les architectes de l'époque voulaient rappeler l'Alhambra de Grenade et la mosquée de Cordoue. Rien que ça ! Il fut détruit par le feu en 1977.

– Sortir par l'allée du Moulin-Rouge pour voir la ***villa Toledo*** (nº 7), grande bâtisse de brique et pans de bois, décorée de belles dentelles de boiseries ciselées. Avez-vous remarqué l'escalier sur la droite, dont la rampe externe est sculptée en trompe l'œil simulant une courbe par la déformation des motifs décoratifs ?

– Poursuivre par l'***allée Faust*** pour aller voir la villa du même nom au nº 3. À travers les arbres, on l'aperçoit, sorte de minichâteau fort où habita Gounod. L'œil averti aura d'ailleurs déjà remarqué la référence à Méphisto dans le masque situé au-dessous du pignon. En face, l'***allée Marie-Christine*** et une maison au nº 2 (à l'angle de l'allée Faust) où Marie-Christine de Habsbourg-Lorraine a séjourné. C'est ici qu'elle a rencontré son fiancé Alphonse XII. Reprendre l'allée Faust. À 2 numéros de la villa Faust, la ***villa Marguerite,*** dans le style chalet suisse, entourée d'une végétation quasi tropicale. Au bout de l'allée, au croisement de l'allée Brémontier, la ***villa Brémontier*** (milieu du XIXe s), dont le style hésite entre le château fort et la pagode. En face, la ***villa Graigcrostan,*** dans le style « colonie des Indes ». Normal, c'est un Anglais qui la réalisa.

TOULOUSE-LAUTREC... NATURISTE

À Arcachon, l'allée du Moulin-Rouge s'appelle ainsi en hommage à Toulouse-Lautrec. Le peintre, qui possédait une maison au bord du bassin, avait l'habitude de se baigner nu. Comme les voisins protestaient, il construisit une palissade pour se cacher... qu'il peignit de dessins obscènes. Les gens qui rachetèrent ensuite la maison brûlèrent le tout ! Depuis, leurs héritiers n'ont plus assez de doigts pour se les mordre...

– S'engager dans l'***allée Docteur-Festal.*** Au nº 4, ***villa Monaco,*** toute de brique vêtue, avec ses hautes cheminées. C'est ici que vécut incognito Alphonse XII sous le nom de marquis de Covadonga, en 1879. Retour par l'allée Pasteur... À l'angle avec l'allée Alexandre-Dumas, imposante ***villa Alexandre-Dumas*** justement, d'un style mi-mauresque mi-pagode avec ses élégantes fenêtres de brique et céramique et son toit original. Alexandre Dumas passa par ici, sans pour autant habiter la maison.

– Prendre l'allée qui mène au petit monticule où se dresse un ***observatoire*** : tour métallique avec escalier en colimaçon réalisé par Paul Regnault en 1863. Quand le ciel est clair, panorama complet sur tout le bassin. Emprunter la passerelle à droite de l'observatoire, qu'il a réalisée avec Gustave Eiffel. Sur la gauche, descendre l'escalier et entrer dans le parc mauresque. Se diriger vers le balcon où est installé un des ascenseurs les plus sympa qui soient (gratuit). Il permet de rejoindre la ville d'été sans fatigue.

Le quartier du Moulleau *(plan A3)* **:** *au sud de la ville, en allant vers la dune du Pilat.* On a bien aimé ce petit coin de ville qui s'anime au fil de la journée jusque tard le soir. Une douce atmosphère teintée d'un vague petit air de Montmartre avec son église, Notre-Dame-des-Passes (XIXe s), qui domine la jetée du Moulleau de son promontoire. À l'intérieur, ne pas manquer la statue de la Vierge de l'Avent (enceinte du divin enfant), une rareté. Le long de l'allée piétonne qui descend jusqu'au bassin, des terrasses pour se poser et profiter de la fraîcheur estivale. Remarquer l'alignement parfait entre les 2 clochers de l'église, la jetée et le phare du cap Ferret.

Balade en bord de plage : en suivant la piste cyclable qui longe tout le littoral arcachonnais sur 7 km. Ceux qui se sentent en jambes pousseront jusqu'à Gujan-Mestras, à une dizaine de kilomètres.

Dans les coulisses de la criée : visite proposée par l'office de tourisme (résa indispensable). Déchargement du poisson et visualisation de la vente informatisée *(tte l'année, lun et jeu 6h30-8h15 ; 7 €, gratuit moins de 12 ans).*

MIGRANTS

Arcachon a toujours produit des huîtres. L'espèce cultivée aujourd'hui est l'huître japonaise : les portugaises qui avaient remplacé l'huître locale ont été détruites par une épidémie. Alors, on a fait venir d'autres immigrées pour assurer la continuité. Plutôt que de manger des huîtres au restaurant, allez dans les cabanes au bord du bassin. C'est en général moins cher qu'au resto, plus frais et tellement plus sympa !

Les plages : bien sûr, on peut se baigner en plein centre-ville, mais la plus réputée est la *plage Pereire (plan A1),* que l'on trouve en longeant l'eau vers le sud. Surveillée sur toute sa longueur.

Excursions en bateau

Outre les traversées maritimes (voir précédemment « Adresses et infos utiles »), plusieurs compagnies organisent en toute saison de belles excursions sur le bassin. Départs de la jetée d'Eyrac ou de la jetée Thiers *(plan C1)* et du Moulleau l'été *(plan A3).* Au programme :

Le tour de l'île aux Oiseaux : *tte l'année et 4-5 départs mai-sept. Prix : 17-19 € ; 4-12 ans 12-14 €. Durée : env 2h.* L'île aux Oiseaux, c'est ce petit banc de terre au beau milieu du bassin avec 2 maisons en bois sur pilotis où les ostréiculteurs font halte. On les appelle cabanes « tchanquées », car leurs pieds rappellent les tchanques, échasses des bergers landais. Quelques infos intéressantes sur l'ostréiculture et les parcs à huîtres.

La Littorale : *tlj à 14h30 avr-oct, le w-e seulement oct-nov. Prix : 26 € ; 4-12 ans 19 €. Durée : 2h30.* Une balade comprenant les plus beaux sites du bassin : île aux Oiseaux, cap Ferret, dune du Pilat, banc d'Arguin et le littoral du Pyla.

Pescatourisme : *proposé par le SIBA (Syndicat intercommunal du bassin d'Arcachon). • bassin-arcachon.com • Les sorties s'effectuent suivant les horaires des marées et durent 4-5h selon la marée (45 €/pers). Résa obligatoire 48h avt.* Des pêcheurs et ostréiculteurs vous embarquent pour une découverte authentique de leurs métiers.

POURQUOI LES HUÎTRES SONT-ELLES VENDUES À LA DOUZAINE ?

Dès l'Antiquité, on pouvait calculer par douzaines sans être allé à l'école. En effet, le pouce permet de compter sur les 4 doigts de la main qui possèdent 3 phalanges chacun et qui servent de boulier. Total : 12 au maximum. Ce comptage perdure pour beaucoup de produits d'alimentation.

Fêtes et manifestations

– ***La Plage aux écrivains :*** *fin avr-début mai.* Rassemblement littéraire sur la plage, rencontre avec les auteurs, dédicaces...
– ***Jumping des Sables :*** *1 w-e en mai ou juin, se renseigner.* Concours hippique sur la plage de Pereire, à marée basse.
– ***Les 18 Heures à la voile d'Arcachon :*** *1er ou 2e w-e de juil.* Régate de voile endurante de 18h.
– ***Fêtes de la Mer :*** *14-15 août.* Pique-nique géant sur le front de mer, concerts, régate de voile traditionnelle, feu d'artifice tiré sur l'eau... Oh, la belle bleue !
– ***Festival Cadences :*** *sept.* Danses sur le sable...

PYLA-SUR-MER

La vedette bien sûr, c'est la dune du Pilat (classée Grand Site) ! Incongrue, superbe, pied de nez formidable à la végétation qui était censée fixer ce

sable rebelle. Absolument unique en son genre, cette immense dune toujours en mouvement s'étend sur 2,7 km de long et 500 m de large. Avec 60 millions de mètres cubes de sable et culminant entre 100 et 115 m selon les années, c'est la plus haute d'Europe. Elle a 8 000 ans et aurait pris son temps pour se former puisque, au XVIIIe s, elle n'était encore qu'un gros pâté.

SABLE MOUVANT...

La dune du Pilat accumule le sable apporté par la mer et le vent, dévorant la forêt à l'est, laissant réapparaître d'anciens vestiges à l'ouest. Elle se déplace vers l'est (côté forêt) de 1 à 5 m par an sous l'influence des vents et des marées ; la tempête de janvier 2009 lui a fait faire un sacré bond de 8 m. Elle a déjà englouti des dizaines d'emplacements de camping et même une piscine !

Adresse utile

Espace accueil Dune : *sur le parking de la Dune. ☎ 05-56-22-12-85. • ladunedupilat.com • Ouv tte l'année. En principe, ouv tlj 9h-30-17h (jusqu'à 20h l'été). Fermé ven-sam l'hiver.* Infos sur le site, accueil vélos et un programme d'animations bien fourni (activités pour les enfants, randonnées, balades contées, commentées, en journée ou au coucher du soleil...).

Où dormir ? Où manger ?

Campings

Nombreux campings qui s'enchaînent au sud de la dune, sur la route de Biscarrosse. Bus « Baïa » (ligne 1) depuis la gare d'Arcachon.

Camping Le Petit Nice : *route de Biscarrosse. ☎ 05-56-22-74-03. • petit-nice@capfun.com • capfun.com • Au sud de la dune, sur la route de Biscarrosse. Ouv avr-sept. Forfait pour 2 pers 26-43 €. Loc de chalets, mobile homes et tentes.* Au bout de la dune, avec accès direct à la plage, mais au retour, ça grimpe fort ! Il faut dire que le terrain est très en pente côté Atlantique, et donc peu praticable pour les personnes à mobilité réduite. De ce camping familial, on apprécie la situation dans la pinède, la très belle vue sur la mer et les activités pour enfants (animations, piscine chauffée avec toboggan, pataugeoire, ping-pong, foot, basket...). Avec une préférence pour les mobile homes récents (avec clim, mais plus chers) ou les tentes sahariennes. Bonnes prestations dans l'ensemble (bar, resto, épicerie, location de vélos...). Accueil sympathique.

Camping de la Dune, alias Les Flots Bleus : *route de Biscarrosse. ☎ 05-56-22-72-17. • reception@campingdeladune.fr • campingdeladune.fr • Au sud de la dune, sur la route de Biscarrosse. Ouv d'avr à fin oct. Forfait pour 2 pers 20-40 €. Loc de chalets, tentes lodges et mobile homes.* Alors, on n'attend pas Patrick ? Eh oui, c'est ici qu'a été tourné en partie le film *Camping* avec Franck Dubosc. Quelques décors du tournage persistent, le camping surfe logiquement sur le succès de la comédie et ne désemplit pas. Il y a même la boutique de souvenirs ! Pour le reste, l'ensemble n'est clairement pas tout jeune (les sanitaires et les mobile homes notamment), mais c'est un camping sympa et sans chichis où l'on est bien accueilli. Au pied de la dune, on s'installe dans le sable (et les épines de pin !). En haute saison, de nombreuses animations étant organisées, ça peut être un peu bruyant. D'ailleurs, ne cherchez pas le *Shogun,* la boîte de nuit n'existe que dans le film ! Piscine et location de vélos.

De bon marché à prix moyens

🍽 ***Aux Deux Chênes :*** *56, bd de l'Océan. ☎ 05-57-72-00-68. • phil.delage@orange.fr • Ouv tlj sauf lun en juil-août ; hors saison, fermé le soir. Congés : Noël-1er janv. Formules déj en sem 12,90-18,90 € ; menu 28,90 €. Kir offert sur présentation de ce guide.* Un resto à la déco de villa de plage, avec son coin jardin. Bonne cuisine dans la tradition régionale et joli choix de poissons et fruits de mer selon arrivage. Accueil sympa et efficace.

🍽 ***La Maison Blanche :*** *sur la route de Biscarrosse. ☎ 05-56-22-71-48. • ldellos@wanadoo.fr • ♿ En face du camping* Le Petit Nice. *Congés : nov-mars. Compter env 25 €. Digestif offert sur présentation de ce guide.* Ambiance vacances dans cette grande maison au milieu des pins, genre cabane landaise version XXL avec vaste terrasse et ventilateurs au plafond. On vient ici pour les bonnes pizzas au feu de bois. Également des pâtes, des huîtres, des moules, des salades et quelques plats régionaux, le tout convenable. L'été, ça dépote. Mieux vaut réserver.

De plus chic à beaucoup plus chic

🏠 ***Hôtel Ttiki Etchea :*** *2, av. Louis-Gaume. ☎ 05-56-22-71-15. • Hotel-ttiki-etchea.com • Ouv mai-sept. Doubles 84-125 € ; familiales. Petit déj-buffet 10 €.* Sur la route des grandes plages océanes, cet hôtel 2 étoiles niché sous les pins échappe à tous les radars. Nul besoin de pub, les fidèles (certaines familles depuis l'ouverture !) sont chaque été au rendez-vous. On les comprend, *Ttiki Etchea,* « petite maison » en basque, est toute simple mais truffée de charme. Construite dans les années 1930, à la même époque que le mythique et luxueux *Ha(a)ïtza,* juste en face, cette jolie bâtisse de style basque aux volets verts coche bien des cases : excellente tenue, chambres joliment rénovées dans un style bord de mer coloré, certaines vue mer, vaste jardin-terrasse, plage à 30 m, accueil discret et bienveillant de la propriétaire. Excellent rapport qualité-prix, comme on dirait !

🏠 🍽 🍸 ***Hôtel-restaurant Etche Ona :*** *255, bd de l'Océan. ☎ 05-56-22-72-18. • etcheonapylasurmer@orange.fr • etche-ona.com • Doubles 90-135 €. Formules 13-17 € ; menu 30 € ; pizzas 13-19,50 €.* À moins de 1 km de la dune et 100 m de la plage face au banc d'Arguin, l'hôtel a des airs de grosse villa familiale. Rien de clinquant derrière les volets bleus mais un cachet discret dans la quinzaine de chambres joliment rénovées et de bon confort, sans être immenses. La terrasse du resto est à retenir pour ses pizzas (aussi à emporter) et pour ses *piña colada* mémorables servies par Coco en été, une Antillaise enjouée qui sait entretenir l'ambiance du bar à rhum !

🏠 ***La Guitoune :*** *95, bd de l'Océan. ☎ 05-56-83-00-00. • reception@laguitoune-pyla.com • laguitoune-pyla.com • Doubles 120-400 €.* Cet ancien hôtel en vogue dans les années 1950 a été entièrement rénové, dans un esprit rétro et décalé très *fifties.* Un retour en couleur très remarqué : façade landaise orangée, moquette homard et téléphones à l'ancienne, mais confort contemporain dans les chambres, qui ont presque toutes un balcon ou une terrasse. Les « guitounes », à l'arrière, ont un peu plus d'espace. Les curieux viennent boire un verre le long du bar ou dans le salon James-Bond. La maison fait aussi resto, mais ce n'est pas son principal atout.

🍽 ⛱ ≮ ***La Co(o)rniche :*** *46, av. Louis-Gaume. ☎ 05-56-22-72-11. • contact@lacoorniche-pyla.com • Tlj midi et soir. Plats 23-32 € au déj en sem ; formule et menu 73-78 €. Compter env 60-70 €/pers sans se laisser aller sur le vin.* Au pied de la dune du Pilat, cette auberge célèbre surplombant la mer et le cap Ferret a été réveillée par la baguette magique de Starck. Celle qui transforme tout en or. Résultat : le resto ne désemplit pas. Le décor est exceptionnel, la vue sur le bassin simplement splendide, voire magique, depuis la terrasse au coucher du soleil ! Clientèle branchée et bien installée dans la vie, personnel souriant même s'il a un peu tendance à pousser sur les boissons. Et dans les assiettes ? Des plats de bistrot le midi, à moins de se laisser tenter par les plateaux de fruits de mer (très bons et frais, mais chers). Le soir, c'est plus abouti, dans un registre terre-mer classique.

Café Ha(a)ïtza : *312, bd de l'Océan. ☎ 05-56-54-02-22. Tlj midi et soir. Formules 37-42 € ; brunch dim à l'*Hôtel Haïzta, *en face.* L'insatiable Stark a relooké cette magnifique villa néobasque, située en 2e ligne. En salle, chaleureuse dans un esprit bistrot, ou en terrasse, on y savoure une cuisine de marché simple, fraîche et bonne. À l'ardoise, un choix succinct qui change tous les jours, avec systématiquement des propositions de grillades et de rôtisseries. Ambiance chic mais pas guindée.

Où déguster une pâtisserie ?

La Pâtisserie de Famille : *1, av. Louis-Gaume. Tlj 8h-19h.* D'une pierre 2 coups. On profite du cadre du superbe *Hôtel Ha(a)ïtza,* et on se régale de gâteaux top niveau comme le délicieux Paris-Pyla (une version géniale du Paris-Brest), les cannelés de compet', ou la redoutable tarte au citron. Le tout sans se ruiner.

Où boire un verre ? Où sortir ?

Le Balap : *242, bd de l'Océan. 06-81-50-36-75. • contact@lebalap.com • Ts les soirs en saison.* Le « Bal à Papa » est l'un des incontournables du coin. Un bar à l'ambiance sympa et conviviale, où tout le monde trouve sa place. Déco colorée avec terrasse et bars extérieurs. Sur de vieux tubes ou lors de soirées DJ, les habitués mettent le feu !

À faire

L'ascension de la dune du Pilat : *parking principal payant (6 €/4h en saison ; 1 €/4h l'hiver, à 400 m de la dune env). Gratuit pour les piétons et les cyclistes ; stationnement gratuit : au rond-point de la dune du Pilat, prendre la direction Arcachon puis prochain rond-point à gauche direction « La Corniche ».* Après avoir dépassé l'espace d'accueil, les panneaux de présentation et les boutiques (c'est bien organisé !), un court sentier conduit à la dune. Un escalier (amusez-vous à compter le nombre de marches : il varie chaque année, selon la hauteur de la dune) facilite l'ascension de ce gros château de sable d'avril à début novembre. C'est juste avant le coucher du soleil qu'il faut venir. D'abord, la montée sera moins pénible ; ensuite, la vue sur la mer d'un côté, la forêt de l'autre, n'en sera que plus belle. Le sommet offre certainement l'un des plus beaux spots de pique-nique de France, mais attention, c'est nettement moins fun lorsque c'est venteux, et pensez bien sûr à ramasser vos déchets ! Les courageux dévalent la dune jusqu'à l'océan. Sensation super, mais garder un peu d'énergie pour la remontée.

PILAT OU PYLA ?

On a toujours parlé de la dune du Pilat (de « pile » : tas, entassement ; on dit d'ailleurs dans le pays « une pile de cons » quand ils sont nombreux !). Et c'est à la création de la station, au début du XXe s, qu'il a été décidé d'écrire Pyla, par snobisme. En fait, la dune du Pilat a gardé son orthographe gasconne, et on écrit Pyla pour parler de la station balnéaire.

Se baigner : il y a d'abord la *plage du Petit-Nice,* à 6 km de la dune, surveillée et bien aménagée, avec un chemin sur caillebotis permettant l'accès à la plage aux personnes handicapées. La *plage de la Lagune* est après, avec un périmètre pour les naturistes. 2 km plus loin se trouvent les *plages de La Salie Nord et Sud,* idéales pour la pratique des sports de glisse (mais ***baignade très dangereuse pour celle du Sud***). Côté bassin d'Arcachon, les plages de Pyla-sur-Mer (non surveillées, exceptée celle de la Corniche, au pied de la dune) offrent des eaux tranquilles et une jolie vue.

Balade à vélo : nombreuses pistes cyclables qui permettent de faire le tour complet du bassin. Carte disponible dans les offices de tourisme.

LE TOUR DU BASSIN D'ARCACHON

Un must ! Petits ports de pêche, haltes gastronomiques, balade sur des sentiers oubliés... et puis le cap Ferret face à la dune du Pilat. Le bassin, avec ses 85 km de pourtour et seulement 3 km de passe qui le connectent avec l'océan, a permis le développement de l'ostréiculture et de petits villages charmants. À marée basse, les bateaux se reposent, pris dans la vase, en attendant la prochaine marée. On y entend souvent parler de « pinasse », nom donné au bateau local, autrefois uniquement construit en bois de pin, utilisé par les ostréiculteurs.
Vous trouverez dans les offices de tourisme du bassin les informations sur les sorties avec pêcheurs et ostréiculteurs « pescatourisme » ainsi que la liste des manifestations, festivals, etc. Voir aussi le site • *bassin-arcachon.com* •

LA TESTE-DE-BUCH *(33260 et 33115)*

Immense commune qui possède en son sein la grande dune du Pilat (voir précédemment), ainsi que le vaste lac de Cazaux (partagé avec les Landes, voir le chapitre Biscarosse). La Teste a par ailleurs un mignon petit port ostréicole avec ses typiques cabanes en bois. Mais le dimanche, c'est le marché qui attire les foules. La halle regorge de comptoirs pour le brunch (huîtres, tapas...), tandis que les étals investissent toute la grande place à l'extérieur. Super ambiance.

Adresses utiles

Office de tourisme : *13 bis, rue Victor-Hugo. ☎ 05-56-54-63-14.* • *tourisme-latestedebuch.com* • *Juil-août, lun-sam 9h-18h30, dim et j. fériés 10h-13h ; le reste de l'année, lun-sam 9h-12h30, 14h-17h30.* Visites guidées en saison et pendant les vacances scolaires d'avril.

Location de vélos : *env 13 €/j.* ***Locabeach,*** *2, av. de Verdun, ☎ 05-57-15-31-90.* Également des vélos électriques et des scooters.

Où dormir ? Où manger ? Où boire un verre ?

Le Bistrot du Centre : *3, av. Charles-de-Gaulle. ☎ 05-57-15-11-11.* • *sasgridel@gmail.com* • *bistrotducentre.wordpress.com* • *Tlj midi et soir. Formule déj en sem 15 € ; menus 20-30 € ; carte env 40 €. Studios 75-125 €.* Un chouia excentrée, cette petite auberge qui ne paie pas de mine est pourtant très appréciée des locaux. Son secret ? Une vraie cuisine de tradition préparée avec rigueur. Magret, ris et rognons de veau, les carnassiers connaissent l'adresse. Quant à la déco, elle fait aussi dans le rustique, avec son lot de nappes à carreaux rouges et blancs et des bibelots plantés sur les étagères ! Terrasse. Accueil et service souriants. Également 3 studios fonctionnels, sans charme particulier, mais pouvant accueillir jusqu'à 4 personnes.

Oh Marché : *2, rue François-Legallais. ☎ 05-56-22-97-56. • ohmarche@orange.fr • Ouv tlj 8h-17h (minuit jeu-sam). Formules déj en sem 17-23 € ; carte env 25-35 €.* Aux 1res loges pour assister le dimanche à l'animation trépidante du marché, cette grande brasserie attire les foules pour son ambiance très conviviale, sa terrasse agréable, et sa salle chaleureuse décorée de bibelots rigolos. Côté cuisine, c'est efficace. Qu'il s'agisse d'un menu du jour bien ficelé, de planches et de tapas pour l'apéro, ou d'un plat classique et consistant (burgers, tartares, boudin noir, salades...), c'est simple et bon. Concerts très sympa à l'occasion.

La Petite Marée : *25, rue Victor-Hugo. 06-76-41-15-41. • la.petite.marée@orange.fr • Tlj midi et soir en été, fermé dim soir-lun hors saison. Fermé de mi-nov à début fév. Menus 20-25 € ; carte env 25 €. Résa conseillée.* La Petite Marée mène bien sa barque et décline les produits de la mer sous toutes leurs formes : plateaux de fruits de mer, tartinables, beignets, tartares, burgers... Du fait maison et des produits frais (miam-miam le *tataki* de thon !), mêlant parfois une pointe d'exotisme. Si la façade ne paie pas de mine, la salle tout en bois est chaleureuse et l'ambiance bonne franquette. Le tout à prix vraiment démocratique. Possibilité de vente à emporter.

La Cave Saint-Vincent : *19, rue Victor-Hugo. ☎ 09-67-07-23-94. • cave.saint.vincent33@gmail.com • Tlj sauf dim ap-m 9h-13h, 14h30-20h, non-stop en hte saison.* C'est d'abord un caviste, très orienté bio et nature. Mais comme il a eu la riche idée de disposer 2 ou 3 tables en terrasse, c'est aussi une bonne piste pour prendre l'apéro en profitant de conseils avisés.

Où acheter et déguster des huîtres ?

Le Cailloc : *77, av. Ovide-Rousset. 07-67-14-21-57. En saison, tlj 10h-22h ; hors saison, 10h-14h, 17h-20h. Formules à partir de 9 €.* Pas de salle ici. On se pose sans chichis dans le jardin, ou le long des bassins côté quai pour profiter de la vue sur les bateaux. Ambiance conviviale pour se régaler d'huîtres pleines de saveurs.

À voir

La chocolaterie Les Gourmandises d'Aliénor : *Z.I., 251, av. du Parc-des-Expositions. ☎ 05-56-54-10-83. • contact@alienorchocolat.com • alienorchocolat.com • Ouv sur résa seulement mar-ven 9h-12h, 14h-18h30 ; sam à partir de 10h. GRATUIT.* Cet atelier artisanal propose une visite de la chocolaterie. Expo sur l'histoire, la culture et la transformation du cacao. Vente de chocolats (encore heureux !).

Le zoo du Bassin d'Arcachon : *route de Cazaux. ☎ 05-56-54-71-44. • zooland@orange.fr • zoodubassindarcachon.com • D'avr à mi-sept, tlj 10h-19h (dernière entrée à 17h30) ; le reste de l'année, tlj mais horaires réduits. Congés : début janv à début fév. Entrée : adulte env 23,90 € ; 3-11 ans 16,90 €. Aire de jeux et snack-bar (pique-nique autorisé).* C'est vaste. Au total, on emprunte plus de 4 km de sentiers, aménagés dans une belle pinède d'une vingtaine d'hectares. Et surtout, on ne s'ennuie pas ! Avec près de 800 animaux des 5 continents, il y a de quoi faire : des fauves, des ours, des éléphants, des girafes, des okapis, des ribambelles de singes, aucune star ne manque à l'appel. Des passerelles surplombent même certains enclos, tandis que des volières (où l'on pénètre) permettent de s'approcher au plus près de dizaines d'espèces d'oiseaux. En famille, c'est un must.

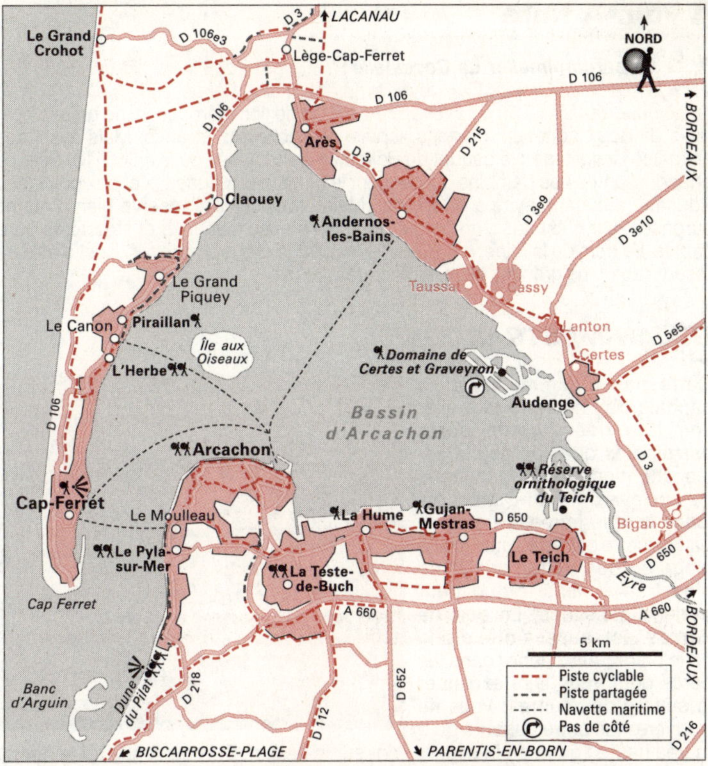

LE BASSIN D'ARCACHON

LA HUME *(33470)*

La Hume dépend de la commune de Gujan-Mestras. Un coin qui développe les parcs d'attractions pour enfants : à part celui de *La Coccinelle* (voir ci-après), on trouve un *Aqualand,* un *Kid Parc,* un *Max'Golf* et un *Bassin Aventures.* Son principal attrait, c'est sa jolie petite plage (surveillée en été) près du port de plaisance, très familiale et populaire.

Où manger ?

Les Richesses d'Arguin : *12, quai du Port-de-la-Hume. ☎ 05-56-22-19-82. • richessesdarguin@gmail.com • Ouv tlj 12h-14h30, 19h-21h30 de mi-fév à mi-nov. Compter env 15-30 €.* Posée sur les quais, cette adresse très populaire attire aussi bien les locaux que les touristes pour ses plateaux de fruits de mer, bien sûr, mais aussi pour 2 spécialités plus originales : les moules *a la plancha* et les huîtres gratinées, servies chaudes. En terrasse, avec des frites maison et un verre de blanc, c'est imparable !

À voir. À faire

Le parc animalier La Coccinelle : *135, route des Lacs. ☎ 05-56-66-30-41. • la-coccinelle.fr • Ouv de mi-avr à début nov. Tlj 10h-19h en été, sinon se renseigner. Tarifs : 15,50 € ; 2-11 ans 14 €.* Pas de lions féroces, ni de gras rhinos, mais de doux agneaux, dindons, lapins, oies, chèvres et ânes. Mais aussi des animaux « insolites » : le baudet du Poitou, le porc laineux ou le chinchilla. Scènes attendrissantes des bambins qui donnent le biberon aux agneaux et aux porcelets. Éducatif, amusant, sympa et original. Mais La Coccinelle réserve bien d'autres surprises, car c'est aussi un parc d'attractions avec manèges et structures gonflables. Le train de la mine, par exemple, est digne des grands sites. Il est d'ailleurs réservé aux plus grands ; taille minimum : 0,95 m !

GUJAN-MESTRAS *(33470)*

Cette petite commune est la capitale de l'huître. Il faut aller voir l'un des 7 petits ***ports ostréicoles*** que l'on gagne par les chemins perpendiculaires au boulevard Pierre-Dignac qui longe la voie ferrée. Le port de La Hume possède une belle plage bordée de tamaris et de pins francs, ainsi qu'un petit port de plaisance. Le port de ***Larros*** est aussi doté d'une belle plage. Allez flâner dans les parcs pour vous faire expliquer la culture des huîtres. Vous ne trouverez les ostréiculteurs qu'à marée haute ; à marée basse, ils sont sur le bassin. Si vous venez tôt le matin, peut-être l'un d'eux vous proposera de l'accompagner.

COMMENT LES HUÎTRES FONT-ELLES DES BÉBÉS ?

Le bassin d'Arcachon est un grand centre d'élevage car la mer est presque fermée et les courants faibles. Fin juillet, les huîtres lâchent des millions d'œufs qui restent quelques jours en suspension dans l'eau. Les larves se fixent sur des tuiles chaulées pour devenir des naissains. Ceux-ci sont ensuite placés dans des parcs d'élevage, et les huîtres deviennent consommables en 3 ou 4 ans.

La légende du barbot

Au XIXe s, les vignes furent ravagées par ce qu'on définira plus tard comme le phylloxéra. À défaut d'accuser ces pucerons ravageurs, on montra du doigt les régiments de coccinelles qui s'abattirent au même moment sur les vignes. Des messes furent célébrées dans les vignobles pour se débarrasser de la bête à bon Dieu. Les habitants des communes voisines surnommèrent les habitants de Gujan-Mestras les « barbots » (coccinelles en gascon).
Plus tard, on découvrit que ce n'était pas les coccinelles qui étaient responsables de la destruction du vignoble, mais les pucerons phylloxéras dont elles raffolaient. Il fallut donc une bonne dose d'humour aux Gujanais pour finalement tirer parti de cette histoire en arborant ostensiblement, lors d'un match de rugby en 1922, un écusson représentant une coccinelle, et faire entrer définitivement la légende du barbot dans les mœurs. Aujourd'hui, on retrouve la petite bête sur les armes de la ville.

Adresse utile

Office de tourisme : *37, av. Maréchal-de-Lattre-de-Tassigny. ☎ 05-56-66-12-65. • gujanmestras.com • Juil-août, tlj sauf dim ap-m ; le reste de l'année, lun-sam.* Propose des visites guidées.

Où dormir ?

Chambres d'hôtes du Sud Bassin : *13, allée du Sable. 07-67-36-07-20. • contact@pascaleetmarc.com • pascaleetmarc.com • Congés : oct. Doubles 75-85 € ; familiale. Réduc de 10 € sur présentation de ce guide.* Ça rassure de dénicher des adresses à prix raisonnables dans le coin. Cette maison moderne cachée dans une impasse pavillonnaire a tout pour plaire : un accueil au top, un petit jardin avec piscine chauffée, un insolite green de poche (pour golfeurs débutants !), et des chambres sobres et nickel. La plus sympa, c'est la familiale, aménagée dans une jolie annexe sur pilotis façon cabane tchanquée.

Où acheter et déguster des huîtres ?

Le Routioutiou : *154, port de Larros, digue Ouest, cabane 154. ☎ 05-56-66-97-40. En saison, tlj (sauf dim soir) 9h-22h ; hors saison, 9h-18h. Formules 9-23 €.* Dégustation d'huîtres à la cabane, sur une vaste terrasse colorée donnant sur le petit port. Bourriches à emporter. Ambiance conviviale et belle qualité des produits.

Où acheter un bon pastis landais ?

Le Bellis : *11, cours de la République. ☎ 09-86-47-77-70. Tlj 6h-20h.* Cette boulangerie-pâtisserie vise l'excellence. Maintes fois récompensée, adulée par les gourmands, c'est l'adresse incontournable pour se régaler d'un vrai pastis landais, mais aussi de viennoiseries maison, ou de pâte à tartiner artisanale. Hmm...

À voir

La Maison de l'Huître – Musée ostréicole : *au port de Larros. ☎ 05-56-66-23-71. • maison-huitre.fr • Juil-août, tlj 10h-13h, 14h30-18h30 (fermeture billetterie 1h avt) ; sept-juin, tlj sauf dim 10h-12h30, 14h30-18h. Entrée : env 5,90 € ; réduc.* Un site bien conçu. Après un film de 20 mn en introduction, un guide prend le relais et présente les 4 salles thématiques et interactives sur la culture de l'huître et son histoire, les outils et le travail des ostréiculteurs. Après les questions d'usage, on enchaîne seul à l'extérieur avec un petit parcours qui présente des bateaux traditionnels, ainsi que la faune et la flore du bassin d'Arcachon. Très sympa.

LE TEICH *(33470)*

Où dormir ?

Chambres d'hôtes les Rives du Bassin : *35, rue de la Chêneraie. 06-02-05-88-65. • jacques.soulhane@wanadoo.fr • chambre-hotes-bassin-arcachon.fr • Congés : de mi-déc à mi-fév. Doubles 79-94 €.* Ici, on aime la déco. Une déco tendance balnéaire évidemment, chaque chambre arborant de belles couleurs et du mobilier *ad hoc*. Ravissant et très cosy ! Gros plus, elles sont toutes de plain-pied et donnent sur la piscine chauffée. Quant à l'accueil, il est attentif et souriant. Un excellent point de chute, au calme, à 2 pas de la réserve ornithologique.

À voir

La réserve ornithologique du Teich : *suivre les panneaux depuis Le Teich. ☎ 05-24-73-37-33. • reserve-ornithologique-du-teich.com • Tte l'année. Ouv 10h-20h juil-août, jusqu'à 19h avr-juin et sept, et 18h oct-mars (fermeture guichet 1h30 avt). Entrée : 9,70 € ; 5-14 ans 7,50 €. Possibilité de restauration rapide sur place.*

Un conseil : allez-y à marée haute car, à marée basse, certains oiseaux vont se nourrir dans le bassin d'Arcachon. Pensez aussi à vos jumelles, sinon vous pouvez en louer à l'entrée *(selon disponibilité, 3 €).* La réserve ornithologique est située sur l'une des plus importantes voies migratoires d'Europe, délimitée par le delta de l'Eyre sur la rive la plus sauvage du bassin d'Arcachon. Sur 120 ha, environ 320 espèces d'oiseaux peuvent être observées dans leur milieu naturel. Certains spécimens ne viennent ici que quelque temps, comme les grèbes castagneux en hiver et les petits gravelots en été, alors que d'autres y séjournent à l'année comme les cygnes, hérons cendrés, spatules blanches, cigognes...

Ce vaste milieu naturel se présente comme un splendide paysage de transition entre la forêt de pins maritimes et la lagune arcachonnaise : un milieu humide d'une exceptionnelle richesse naturelle. Le parcours s'achève par le sentier du Rouge-Gorge, spécialement aménagé pour sensibiliser les plus jeunes.

➢ Pour explorer la réserve, un parcours fléché de 6 km (environ 3h), jalonné de 20 affûts, traverse toutes les zones. Le parcours comprend une plus petite boucle de 2 km (environ 1h30).

➢ La Maison de la nature, à l'entrée de la réserve, organise par ailleurs toute l'année des sorties pour observer les oiseaux, des balades et des randonnées en kayak de mer sur le bassin d'Arcachon et en canoë sur la rivière de l'Eyre (label « Point kayak de mer »).

LES OISEAUX ? DES ANIMAUX PRÉHISTORIQUES

Leurs plumes en sont la preuve. Elles proviennent des écailles de reptiles marins. En sortant de la mer, voilà des millions d'années, certains ont pris la voie des airs. Peu à peu, les écailles se sont transformées en plumes, bien plus légères.

AUDENGE (33980)

Le village n'a rien de particulier, mais allez faire un tour vers le port plein de charme avec ses barques et petits voiliers pris dans la vase à marée basse. Et puis, on aime bien cet endroit pour sa piscine d'eau de mer en plein air, près de la jetée, qui se renouvelle avec la marée. Rien de moins que la plus grande piscine du genre en Europe, avec un grand bassin bétonné long de 170 m et large. Gratuit et ouvert à tous (une partie est prévue pour les enfants) ; il y a même un maître nageur en juillet-août.

Adresse utile

Office de tourisme : *20, allées Ernest-de-Boissière. ☎ 05-57-70-67-56. • tourisme-coeurdubassin.com • Tte l'année. Ouv lun-ven 9h30-12h30, 14h-17h30. Horaires élargies en été, se renseigner. Loc de vélos.* Pour les enfants, jeux de piste et ateliers créatifs.

À voir

Le domaine de Certes et Graveyron : à la sortie nord d'Audenge, fléché sur la gauche. ☎ 05-56-82-71-79. • gironde.fr/nature • Tte l'année. Visite libre ou guidée gratuite par des naturalistes ; sur résa. Vélos interdits, balades à pied seulement. D'Audenge à Lanton, sur 14,5 km, un sentier en boucle traverse le domaine, espace naturel préservé de 400 ha environ. Une autre boucle de 6 km autour de Graveyron. Propriété du Conservatoire du littoral et des rivages lacustres, c'est un lieu magique : marais, réservoirs à poissons, végétation typique (cotonnier, carotte sauvage, lavande de mer...) et riche faune avicole avec plus de 200 espèces d'oiseaux qui vivent ou transitent ici. On peut faire la boucle entière (13,5 km ; compter 4h) ou en partie (6 km, soit une petite heure pour aller du château de Certes au Piquet, d'où l'on a une vue sur le domaine et tout le bassin).

ANDERNOS-LES-BAINS *(33510)*

« Pays béni pour les esprits rêveurs et les corps endoloris », disait Sarah Bernhardt, une inconditionnelle de la région. C'est peut-être un peu exagéré aujourd'hui, mais cette petite station balnéaire traditionnelle située au fond du bassin dégage une poésie particulière, avec son paysage lunaire à marée basse. La petite église romane, le charme rétro de la plus longue jetée du bassin d'Arcachon et le port ostréicole typique font partie des jolies surprises.

Adresses et infos utiles

***Office de tourisme :** esplanade du Broustic. ☎ 05-56-82-02-95. • contact@andernos-tourisme.fr • andernos-tourisme.fr • Nov-mars, lun et mer-sam 10h-12h30, 14h-17h ; avr-oct, lun-sam 9h30-12h30, 14h-18h ; juil-août 9h-19h ; dim et j. fériés 9h30-13h ; fermé mar, dim et j. fériés nov-mars.* Très bon accueil. En juillet, visites commentées de la ville en vélo-taxi sur résa *(durée : 30 mn, 30 €/pers).*

***Location de vélos :** **Delort Sports,** 125, bd de la République ; ☎ 05-56-82-11-45. **Westside,** 61, bd de la République ; ☎ 05-56-26-32-86. **Vélocation,** 25, bd de la République ; 06-62-89-58-62.*

***Traversée Andernos-Arcachon-Cap-Ferret : UBA,** ☎ 05-57-72-28-28. 06-88-77-33-78 (résas). • bateliers-arcachon.com • Août-sept, horaires selon marées et envasement. Attention, ne circule pas tlj. Ou **Le Passe-Marée,** 06-45-03-37-09. • passemaree.fr •*

Où dormir ? Où manger ?

Campings

***Camping Les Arbousiers :** 134, av. de Bordeaux. ☎ 05-56-82-12-46. • lesarbousiers@yahoo.fr • camping-les-arbousiers.fr • À 2,5 km du centre sur la route de Bordeaux, près de l'aérodrome. Bus Citram (ligne 601), reliant Andernos à Bordeaux, arrêt Le Lycée. Ouv d'avr à début oct. Compter 16-25 € selon saison pour 2 avec voiture et tente. Loc de mobile homes. 170 empl.* Le camping le moins cher d'Andernos, aux vastes emplacements, même si certains manquent un poil d'ombre et que l'avenue est très passante. Bien équipé avec piscine, terrain de volley, ping-pong, trampoline et snack. Dépôt de pain. Animations en juillet-août.

***Camping Fontaine-Vieille :** 4, bd du Colonel-Wurtz. ☎ 05-56-82-01-67. • contact@fontaine-vieille.com • fontainevieille.fr • Au bord du bassin. Ouv d'avr à début nov. Compter 19-42 € selon saison pour 2 avec voiture et tente. Loc de mobile homes et lodges. 664 empl.* Étendu et bien ombragé, il est aussi très bien équipé. Les meilleurs emplacements ont vue sur le bassin d'Arcachon, mais il faudra payer le prix fort. Resto, bar, piscines couverte et extérieure, ping-pong, jeux pour enfants, location de vélos. Avec en prime la bonne odeur des pins !

De prix moyens à chic

Villa Teranga Hôtel : *20, av. Thiers. ☎ 05-57-17-50-30. 06-40-98-63-93. • villaterangahotel@gmail.com • villaterangahotel.com • Fermé de janv à mi-mars et en nov. Doubles 105-145 € ; familiales. Petit déj 13 €. Apéro maison offert sur présentation de ce guide.* L'air frais marin souffle sur ce petit hôtel. Bois clair, tableaux de mer et poissons en bois flotté habillent les murs de cette coquette villa balnéaire. Les plus grandes chambres sont à l'étage avec douches à l'italienne. Les plus petites restent malgré tout claires et confortables avec salles de bains ouvertes. Un bon point aussi pour le petit déj bio fait maison et pour l'accueil chaleureux. Ah, on respire !

Chambres d'hôtes L'Escale : *chez Dominique Fauze, 15, rue des Grillons. 06-06-50-58-41. • contact@escale-andernos.com • escale-andernos.com • Ouv tte l'année. Doubles 69-79 €. À partir de 3 nuitées en basse saison, réduc de 10 % sur présentation de ce guide.* Dans un quartier résidentiel, cette charmante cabane en bois, de plain-pied, propose 2 chambres de bon confort de part et d'autre de la maison. Elles sont joliment décorées, dans un esprit maritime. Chacune dispose d'une terrasse privée, entourée de plantes, et d'une entrée indépendante. Une charmante adresse et un accueil aux petits soins.

Villa Sainte-Catherine : *chez Geoffrey et Catherine Ledagre-Hoge, 30, av. de Taluque. 06-47-30-46-97. • vscandernos@gmail.com • villasaintecatherine.com • Doubles 90-129 €. Réduc de 10 % sur le prix de la chambre sur présentation de ce guide (sauf juil-août).* Un écrin de verdure entoure la maison des années 1920 qui abrite 2 grandes chambres entièrement et soigneusement retapées, avec vestibule ouvrant directement sur le jardin. Pas de déco marine, mais des touches Art déco un peu chic, des rangements et une excellente literie pour des nuits dans un calme absolu. Dans la *Grange*, une 3e chambre avec un lit XL et une terrasse privée. Piscine extérieure chauffée. Accueil charmant d'un couple de jeunes retraités pas avares en conseils.

Fish Head : *promenade de la Piscine. ☎ 05-56-82-32-24. • fishheadandernos@gmail.com • Fermé lun-mar hors saison. Menu déj 16 € ; carte env 30 €.* Très belle situation en terrasse, avec vue splendide sur le bassin. Lors des soirées fraîches, on se replie dans la salle qui manque de cachet, et on se concentre sur l'ardoise, essentiellement tournée vers le large. Plantureux plateaux de fruits de mer, tapas pour accompagner un apéro qui s'étire agréablement en longueur... À midi, la formule change tous les jours, et c'est un bon plan.

Au port ostréicole, plusieurs **cabanes** le long des darses proposent des dégustations *(compter 10-14 € la douzaine d'huîtres).* À vous de trouver votre perle. La nôtre, c'est **Perlostrea** *(cabane 37-38, quai Lahillon ; 06-77-71-18-81).* Au bout du quai, sa terrasse en bois sur le bassin est idyllique, en particulier au crépuscule. En plus des huîtres et bulots à déguster avec un verre de vin blanc comme il se doit, ces ostréiculteurs sympathiques proposent des sorties sur leur chaland (bateau avec un faible tirant d'eau) ostréicole. Quai Lucasson, la cabane **n° 68** abrite un petit musée de l'Huître.

À voir

L'église Saint-Éloi : *rens à l'office de tourisme. ☎ 05-56-82-02-95. Tlj 9h-18h.* Cette église romane du XIe s repose sur une villa gallo-romaine du Ve s, dont les vestiges sont en partie visibles à côté de l'édifice. Elle abrite des peintures murales du XVe s dévoilées lors de la dernière restauration. Des œuvres contemporaines complètent l'ensemble. Au plafond notamment, la mer déchaînée symbolise les tourments de la terre et de l'enfer. Le campanile d'origine, abattu par la foudre, a été remplacé par un clocher édifié à côté du bâtiment principal.

La maison Louis-David : *14, av. Pasteur. ☎ 05-56-82-02-95 (office de tourisme). Tlj mars-oct, horaires en fonction des expos. GRATUIT.* Joli jardin et superbe villa, typique de l'architecture balnéaire fin XIXe. Collection permanente sur l'histoire ancienne d'Andernos (plus de 2 000 objets, de la Préhistoire à l'époque gallo-romaine) et fréquentes expos temporaires d'artistes locaux.

Manifestations

– ***Andernos Jazz Festival :*** *• andernos-jazz-festival.fr • Dernier w-e de juil.* Un des plus anciens (il existe depuis 1968) du genre en France. Concerts en ville, sur la jetée...
– ***Cabanes en fête :*** *1er sam de déc, au port ostréicole.* Défilés et animations sur le thème de l'huître et du vin.

ARÈS *(33740)*

Classique petite station balnéaire au parfum fin XIXe, dotée d'un charmant port ostréicole et qui abrite la plus grande réserve naturelle de prés salés d'Aquitaine, à découvrir le long de sentiers balisés.

EXTRATERRESTRES BIENVENUS

Sur l'esplanade Dartiguelongue, Arès abrite, avec son ovniport, le seul terrain d'atterrissage pour soucoupes volantes du monde ! Cette piste circulaire a été créée en 1976, partant du principe que si les extraterrestres ne posaient pas leurs engins spatiaux sur terre, c'est qu'aucun lieu n'était prévu pour. Mais, comme l'indique ici un message gravé sur une stèle : Arès les attend toujours...

Adresse utile

Office de tourisme : *pl. Weiss. ☎ 05-56-60-18-07. • ares-tourisme.com • Tte l'année ; juil-août, tlj 9h-19h, horaires réduits le reste de l'année.* En saison, propose des balades à la journée : en bateau sur le bassin, dans la réserve naturelle des Prés-Salés mais aussi une initiation à la pêche à pied à marée basse. Jeux de piste pour les enfants.

Où dormir ? Où manger ?

Camping

Camping Les Goélands : *64, av. de la Libération. ☎ 05-56-82-55-64. • campinglesgoelands@gmail.com • goelands.com • Ouv avr-oct. Forfait pour 2 pers 17-33 € selon saison. Loc de mobile homes. 400 empl.* En bord de route, mais le terrain s'étend en profondeur vers la forêt. Très bien ombragé, plein de mousse. Le GR 8 passe à proximité, la piste cyclable aussi et les mobile homes se fondent parfaitement dans la nature. Nombreuses animations pour petits et grands l'été. Piscine, jeux pour enfants, bar, snack, location de vélos... Accès direct à la plage.

De prix moyens à chic

Le Grain de Sable : *37, av. de la Libération. ☎ 05-56-60-04-50. • hotelgraindesable@gmail.com • hotelgraindesable.com • ♿ Doubles 65-95 € ; familiale. Parking.* La vaste villa de style landais abrite une quinzaine de chambres confortables, avec chacune une atmosphère différente (provençale, indienne, marocaine, british, etc.). Pour les familles, la suite du rez-de-chaussée est idéale, car composée de 2 chambres donnant sur une terrasse privée, prolongée par le jardin. Salle de petit déj conviviale, à l'image de la maison. Accueil chaleureux.

Le Boïate : *11, bd de l'Aérium. ☎ 05-56-60-20-46. • contact@leboiate.fr • leboiate.fr • Fermé : vac de Noël. Doubles 69-102 €. Formule déj en sem 19 € ; carte env 35 €.* Entre pinède et plage (à 100 m) dans un quartier résidentiel très calme, un petit hôtel à l'élégance marine. Les 8 chambres coquettes affichent un style contemporain. Elles sont sobres et agréables, certaines avec une grande terrasse. Et le resto n'est pas en reste : cuisine traditionnelle à partir des produits du terroir, et rapport qualité-prix impeccable. Service aimable et compétent.

Où dormir dans les environs ?

Chambres d'hôtes Le Clos D'Ignac : *9 ter, av. de la Mairie, 33950* ***Lège-Cap-Ferret.*** *☎ 05-56-60-84-05. • leclosdignac@gmail.com • leclosdignac.fr • À env 2 km au nord d'Arès, en arrivant dans la ville (panneau). Tte l'année. Doubles 88-98 €. Table d'hôtes 45 € (min 6 pers, sur résa ; tt compris, de l'apéritif au digestif !).* Cachée au fond d'une allée résidentielle, cette villa moderne bordée d'hortensias a belle allure. Salon accueillant et très lumineux donnant sur un vaste jardin avec piscine, et chambres soignées et confortables où l'on pose ses valises avec plaisir. Une adresse de choix, tenue par des hôtes très chaleureux, et pas avares en bons conseils. Carole et Jean-Marie concoctent des petits déj tout bons tout bio et des repas garantis 100 % produits frais et locaux. On s'y sent bien !

LE GRAND CROHOT (33950)

En venant d'Arès et en arrivant sur Lège, après le pont du canal, à env 4 km de Claouey, prendre à droite direction « Le Grand Crohot » ; puis 6 km de forêt à traverser. Sur le territoire de Lège-Cap-Ferret, Le Grand Crohot est une plage océane de toute beauté, très courue dès les 1ers (ou derniers) rayons de soleil. C'est ***la plage la plus proche de Bordeaux,*** donc parfois dur, dur d'y trouver une place pour se garer (voire d'y poser sa serviette)... Au fait, *crohot* en gascon, désigne un trou, entre 2 dunes par exemple.

Où camper ?

Camping Brémontier : *☎ 05-56-60-03-99. • contact@campingbremontier.fr • campingbremontier.fr • ♿ Bien indiqué. Ouv de mi-mai à mi-sept. Compter 19-24 € pour 2 avec voiture et tente. Hébergement locatif. 125 empl.* Au beau milieu de la forêt, un camping traditionnel, bien tenu, aux blocs sanitaires propres. Ici pas d'animations, c'est la nature et vous ! Bar, resto, supérette à proximité, location de vélos et plage surveillée en été.

CLAOUEY (33950)

Sur la route de Cap-Ferret, c'est un arrêt presque obligatoire pour son port ostréicole typique, ses petites plages de sable avec vue sur le bassin et la dune du Pilat. Les 3 campings alentour offrent les mêmes prestations à des prix très voisins.

Adresses utiles

Office de tourisme de Lège-Cap-Ferret : *1, av. du Général-de-Gaulle. ☎ 05-56-03-94-49. • lege-capferret.com • Juil-août, tlj 9h-18h30 (dim 10h-13h, 15h-18h30). Le reste de l'année, lun-sam 9h-12h30, 14h-18h.* Propose des visites guidées des sites de la presqu'île (tarifs selon visite). Aimable et compétent.

Location de vélos : ***Vélo Loc 33,*** *6, av. du Général-de-Gaulle. 06-82-86-82-02. De mi-mai à fin sept, ouv tlj 9h-13h, 15h-19h.*

PIRAILLAN (33950)

Ravissant petit port ostréicole du début du XXe s avec ses maisons en bois, qui semble ignorer toute l'agitation du monde autour de lui. Il faut laisser la voiture au parking et aller se balader à pied. Un régal ! Tout comme le village voisin, **Le Canon,** et son pittoresque quartier des pêcheurs, aux étroites rues piétonnes et adorables maisonnettes colorées.

Où camper ?

Camping du Truc Vert : *route du Truc-Vert. ☎ 05-56-60-89-55. • info@trucvert.com • trucvert.com • Ouv de mai à fin sept. Compter 19-27 € pour 2 selon saison.* Pour une fois, un vrai camping sans locatif. Bien équipé mais plein à craquer l'été. Cela dit, très belle situation, sous une vaste forêt de pins. Location de surfs sur la plage et de vélos côté terre. Pêche, balades à cheval autour du bassin... Petit bémol pour l'accueil.

Où déguster des huîtres à Piraillan et au Grand Piquey ?

Sylvie Latrille – La Cabane 57 : *dans le village ostréicole, cabane 57. 06-13-29-87-60. • latrille.sylvie@neuf.fr • Ouv tlj 11h-22h. Formule (la douzaine d'huîtres) 14 €.* L'une des rares ostréicultrices du bassin, également biologiste de formation. Sa terrasse, posée sur les flots, est un véritable enchantement ! Les huîtres se dégustent avec un incontournable verre de blanc, en écoutant le clapotis de l'eau. Le genre d'adresse qu'on aimerait garder secrète !

Chai Nous : *24, allée du Grand-Piquey (village ostréicole),* ***Le Grand Piquey.*** *06-63-13-84-70. Ouv tlj avr-sept ainsi que les w-e d'oct (avr-mai, midi seulement). Compter 7-17 € pour une douzaine d'huîtres.* Une cabane de dégustation un peu confidentielle pour s'envoyer une douzaine d'huîtres de la dernière fraîcheur. Aux beaux jours, un vrai coin de paradis les pieds dans le sable, face aux bateaux qui tanguent et à la jetée. Avis aux amateurs, la pêche à la ligne est tolérée. Comme dans les autres cabanes, pas de café ni de dessert.

Où acheter des douceurs au Grand Piquey ?

Chez Pascal : *46, route du Cap-Ferret,* ***Le Grand Piquey.*** *☎ 05-56-60-96-90. Ouv tlj 7h-13h, 16h-19h30, en continu l'été.* Avec ses délicieuses Dunes blanches, des choux garnis de crème légère, Pascal a fait un tabac ! On se les arrache ici, dans sa boulangerie historique mais aussi dans ses autres points de vente : *159, route du Cap-Ferret au Canon. Ouv avr-oct, le*

LA GIRONDE

mat et sam tte la journée et au marché du Cap-Ferret (24, av. du Monument-Saliens, mer et sam, tlj en été). Que les citadins se rassurent, Pascal a aussi ouvert une boutique à Bordeaux et à Paris.

À faire

Les réservoirs de Piraillan : *juste à l'entrée, à droite en venant du nord. Visites libres tte l'année, ou guidées juin-sept mer 10h-12h (4,50 € ; réduc), rens à l'office de tourisme.* Ces anciens réservoirs piscicoles, aujourd'hui « Site naturel protégé », hébergent une grande diversité d'espèces animales et végétales. 2 circuits à découvrir en visite libre ou guidée 1 fois par semaine.

L'HERBE *(33950)*

Ce village de pêcheurs superbe et authentique a, lui aussi, son quartier ostréicole et ses maisons en bois hautes en couleur. Il est d'ailleurs inscrit à l'Inventaire des sites pittoresques. On gare la voiture et on part flâner dans ses ruelles qui mènent à la plage...

Où dormir ? Où manger ?

Hôtel de la Plage : *☎ 05-56-60-50-15. • contact@hoteldelaplage-cap-ferret.fr • Resto fermé dim soir-mar sept-juin. Double 80 €. Carte env 45 €.* Cette belle bâtisse a été construite à la fin du XIXe s pour les ouvriers forestiers. Devenue hôtel-restaurant, elle a gardé son âme et son look rétro, avec ses balcons en bois et ses volets rouges. Au cœur du joli village, l'endroit a un charme fou ! Une poignée de chambres, simples, meublées à l'ancienne, avec w-c et douche sur le palier. Côté resto, en salle ou en terrasse, on sert une bonne cuisine de bistrot mer et terre. Les plats sont bien servis, les prix honnêtes, avec, pour arroser le tout, une carte des vins à faire tourner la tête ! Seul bémol, l'attente parfois un peu longue.

Au bord de l'eau, plusieurs ***cabanes à huîtres,*** dont celle de Thierry Despujol, *Émile et Une Huître,* avec sa terrasse peuplée d'astucieuses sculptures faites avec des objets récupérés.

Parmi les autres cabanes de dégustation, nous aimons aussi ***Le Ponton*** *(105, av. de l'Herbe ; 06-87-74-88-56 ; juin-août tlj 11h30-20h30, hors saison le w-e 11h30-15h),* dont la terrasse est prolongée par la plage. Devant les bateaux, avec une douzaine d'huîtres et un petit blanc, elle n'est pas belle la vie ?

À voir

La chapelle de la Villa algérienne : *bd de la Plage.* Restaurée en 2011, cette chapelle construite en 1885 dans un style mauresque associe les inscriptions latine et arabe, la croix et le croissant. Et pour cause, elle a été conçue par Léon Lesca, l'entrepreneur, né à La Teste, qui a construit le port d'Alger. Admirez ses 2 minarets, ses tuiles étoilées et ses pierres de taille qui entremêlent le bleu, le rouge et l'ocre. Architectes des bâtiments de France et artisans spécialisés ont travaillé pendant 8 mois pour lui rendre son éclat d'origine. Superbe !

CAP-FERRET (33970) 8 106 hab. *Carte Gironde, B3*

La pointe de la presqu'île a d'abord été occupée par des pêcheurs saisonniers qui s'y installent de manière durable quand l'ostréiculture se développe.

Les 1ers habitants arrivent au XXe s avec la mise aux enchères du quartier des 44 Hectares en 1908 pour la chasse, la pêche et les activités nautiques. C'est aujourd'hui la destination chic du bassin, où il est bon d'avoir sa résidence secondaire. Sous les pins se dissimulent de belles villas où séjournent quelques stars de l'écran, petit ou grand, de la chanson, du design... Le 1er à avoir succombé au charme de l'endroit fut Jean Cocteau, qui s'y arrêta avec Raymond Radiguet. Cap-Ferret aurait pu devenir le Saint-Tropez du bassin, mais la petite station huppée a conservé un côté sauvage, et, même s'il y a du monde l'été, on peut encore y trouver de petits coins paisibles. Très belles balades jusqu'à la pointe du cap au milieu des ondulations des dunes et face à celle du Pilat.

Comment y aller ?

➢ Bus *Citram* tlj depuis Bordeaux-Saint-Jean avec la ligne 601 *(☎ 0974-500-033). • transgironde.fr •* Compter env 2h.

Adresses utiles

Office de tourisme : *12, av. de l'Océan. ☎ 05-56-60-63-26. Ouv avr-sept, plus vac de la Toussaint et de fin d'année : juil-août, lun-sam 10h-18h30, dim et j. fériés 10h-13h, 15h-18h30 ; avr-juin et sept, tlj 10h-13h, 15h-18h.*

Traversées maritimes : *liaisons assurées par l'**UBA** (Union des bateliers arcachonnais). ☎ 05-57-72-28-28. • bateliers-arcachon.com • Vers Arcachon (14 € l'A/R en journée) tte l'année et en juil-août ttes les heures 9h30-19h30, puis service nocturne jusqu'à 0h30 ; vers Le Moulleau de mi-juin à mi-sept et vers la dune du Pilat en juil-août (26 € l'A/R). **Le Passe-Marée** assure des liaisons avec Andernos-les-Bains (20 € l'A/R en journée) 06-45-03-37-09. • passemarée.fr •*

Location de vélos : Western Flyer, *à l'embarcadère Bélisaire. ☎ 05-56-60-49-46. Ouv Pâques-Toussaint. Également **Cycl'Océan, Girocap** et **Cyclo-Cap.***

Où dormir ?

De prix moyens à chic

Chambres d'hôtes La Cabane de Bébert : *105, av. de Bordeaux. 06-70-34-69-87. • philippe.dupouy@orange.fr • Ouv tte l'année, mais pas de petit déj nov-mars. Double 85 €.* Dans la famille Dupouy, je voudrais le grand-père ! Bébert a construit cette cabane en 1965 et son petit-fils Philippe l'a transformée en 3 sympathiques chambres d'hôtes. Dans un cadre familial et chaleureux, il entretient le style cabane de pêcheur, où le bois domine toujours. Accueil prévenant. Une adresse pleine de charme et un rapport qualité-prix imbattable !

Hôtel des Pins : *23, rue des Fauvettes. ☎ 05-56-60-60-11. • contact@hoteldespins.eu • hoteldespins.eu • Fermé de nov à début mars. Doubles 85-140 €. Dîner 37 € ; carte env 42 €.* Dans un quartier paisible à 100 m du bassin, un hôtel de caractère installé dans un ancien théâtre du début du XXe s. On aime son style rétro et son cachet. Les chambres meublées années 1930 se révèlent lumineuses et très bien tenues. Dans les couloirs, une succession de portraits XIXe s. On peut aussi dormir dans le joli jardin où une roulotte et un chalet ont été aménagés, mais les plus grands s'y sentiront à l'étroit. Petit déj et resto sous l'agréable véranda. Également une terrasse et un salon bien chaleureux, avec billard et piano. Détente assurée !

Hôtel La Frégate : *34, av. de l'Océan. ☎ 05-56-60-41-62. • resa@hotel-la-fregate.net • hotel-la-fregate.net • ♿ Congés : de mi-nov au 1er fév.*

Doubles 105-230 € ; familiales. Parking. Idéalement située (à 400 m du bassin), cette *Frégate* se pare de belles couleurs marines et offre tout le confort recherché en vacances. Une vingtaine de chambres dans le bâtiment principal, claires et bien tenues, et des supérieures (lits plus larges, clim, frigo et dressing) dans les 2 extensions. Les plus sympa ont un grand balcon-terrasse face à la piscine, un atout de l'hôtel.

Beaucoup plus chic

La Maison du Bassin : *5, rue des Pionniers. ☎ 05-56-60-60-63. • contact@lamaisondubassin.com • lamaisondubassin.com • ♿ Dans le quartier des pêcheurs. Congés : de janv à mi-fév. Doubles 155-290 €. Carte env 50 €.* Dans un quartier pittoresque, un hôtel de charme installé dans une superbe maison en bois, presque coloniale. Excellent accueil, déco léchée. Chaque chambre a été pensée différemment, avec comme ligne conductrice un certain esprit de Cap-Ferret : détails marins, abondance de bois... Certaines s'apparentent même à de luxueuses cabines de bateaux. 4 chambres également dans une annexe, juste à côté. Atmosphère délicieusement intemporelle.

Où manger ?

De prix moyens à chic

L'Escale : *jetée Bélisaire. ☎ 05-56-60-68-17. • l-escale-ferret@wanadoo.fr • Tlj midi et soir en continu. Formule déj env 20,50 € ; menu 35 € ; carte env 45 €.* Les pieds dans l'eau, ou presque ! Située juste au pied de la jetée, la terrasse de ce resto ne désemplit pas. Il faut dire que la vue sur les parcs à huîtres est exceptionnelle. Le must : dégoter une table au bord de l'eau (bon courage !). À la carte, un très grand choix de poissons et crustacés mais aussi quelques plats de brasserie. On se lèche les doigts après les bonnes moules-frites. Les desserts, soignés et gourmands, se défendent très bien aussi. Bref : une adresse au cadre privilégié et qui n'a pas pris la grosse tête. Service pro et sympa.

Le Père Ouvrard : *4, rue des Pionniers ; près du quartier ostréicole. ☎ 05-57-18-75-61. En été, ouv ts les soirs ; le reste de l'année, tlj sauf mar. Plat du jour env 18 € ; carte env 45 €.* Une salle moderne et décontractée, parsemée de clins d'œil déco au-dessous de la ceinture. Voilà pour le cadre chic et décalé ! Le midi, une formule bon marché pour le Ferret. Le soir, c'est certes plus cher à la carte, mais c'est bon, raffiné et frais. Côté vins, on va chercher sa bouteille à la cave ! Sans surprise, accueil détendu.

Le Mascaret : *17, rue des Goélands. ☎ 05-56-03-75-74. • lemascaretcapferret@yahoo.fr • Fermé lun hors saison. Formules déj env 15-18 € ; menu 25 € le midi le w-e ; carte env 40 €.* À côté du phare, en centre-ville, pas de vue fracassante sur la mer, mais un *rooftop* assez exceptionnel dont on profite en juillet-août. Aux 1ers frimas, on se réchauffe près du feu de cheminée, dans la jolie salle. Cuisine enlevée qui suit les saisons et menu du jour d'un bon rapport qualité-prix.

Plus chic

Chez Hortense : *av. du Sémaphore, à la pointe. ☎ 05-56-60-62-56. • chezhortense@orange.fr • ♿ À la pointe du Cap, face au bassin. Tlj en saison (zone Bordeaux et Paris) ; ouv ven soir-dim soir hors saison. Congés : de début nov à début mars. Carte env 60-80 €. Résa indispensable.* Un classique de Cap-Ferret, tenu par la même famille depuis 4 générations ! Décor de cabane chic et atmosphère de guinguette, avec belles tables en bois, murs de brique et pieds de vigne. Le poisson grillé et les fruits de mer sont à l'honneur, mais la spécialité, ce sont les moules... Leur prix va de pair avec leur qualité, immuable. En prime, vue privilégiée sur la dune depuis la vaste terrasse devant les flots.

Où déguster de bonnes huîtres ?

Au déjeuner ou à l'apéro, le quartier ostréicole et ses cabanes alignées font le plein. Difficile de choisir parmi tous les producteurs, elles méritent toutes qu'on s'y arrête boire un p'tit coup ! Une terrasse, une ambiance, allez-y au flair. Même régime pour tout le monde : huîtres du producteur, crevettes, bulots, palourdes, bigorneaux, pâté, 1 ou 2 vins blancs ou rosés de la région, pain, beurre, mayo et basta. Pas de sodas, ni de menu enfant aucune cuisson n'étant autorisée. Et c'est bien ce qui fait le charme de ces cabanes ! ***Hortense*** a désormais sa cabane *(☎ 05-56-60-62-56)* avec une cheminée en complément de la terrasse. Coup de cœur pour l'emplacement de ***La Cabane du Mimbeau*** *(28, av. de la Conche ; ☎ 05-56-60-61-67),* dont l'immense terrasse en bois face à la langue de sable et à la dune du Pilat est un enchantement.

Où boire un verre ?

Le Wharfzazate : *port de la Vigne. ☎ 05-56-60-90-18. Jeu-dim midi et soir, plus ts les soirs en été et vac scol.* Ça bouge sur le charmant port de plaisance ! Déco exotique (allée de palmiers, tente bédouine...) et ambiance branchée. DJ à partir de 23h. Fait également resto.

Le Tchanqué : *bar de l'hôtel* La Maison du Bassin *(voir précédemment). ☎ 05-56-60-49-84. Ts les soirs 18h-2h. Congés : de janv à mi-fév.* Atmosphère jazzy, assez B.C.B.G. La jeunesse dorée bordelaise vient y débuter la soirée, après quoi les parents les remplacent.

Où acheter des douceurs ?

Salon de thé Frédélian : *33, bd de la Plage. ☎ 05-56-60-60-59. Tlj 8h-19h30 en été ; jeu-dim hors saison. Fermé nov et janv-mars.* La pâtisserie légendaire du Ferret ! Glaces, cannelés, train de plaisir (biscuit amande et kirsch), crêpes, pâtisseries, gaufres à déguster en salle, en terrasse ou à emporter. De nombreux plaisirs sucrés à vous faire fondre ! Pas donné mais excellent.

À voir. À faire

➢ ***L'abécédaire des dunes :*** un sentier dunaire de 6,5 km, qui part de l'allée des Dunes pour arriver aux plages de la Pointe. Avec 26 étapes pour découvrir dans l'ordre alphabétique des photos évocatrices de cet univers marin toujours en mouvement et de la faune des dunes.

Le phare : *☎ 05-57-70-33-30. • pharecapferret.com • Juil-août, tlj 10h-19h30 ; avr-juin et sept, tlj 10h-12h30, 14h-18h30 ; oct-mars, mer-dim 14h-17h (18h oct). Fermeture des guichets 30 mn avt. Entrée : 6 € ; réduc ; gratuit moins de 4 ans.* D'une portée de 50 km grâce au fameux système optique de Fresnel, construit en pur cristal de roche, le phare signalait de son éclat rouge l'entrée du bassin d'Arcachon et ses passes, prévenant ainsi les bateaux du danger. Aujourd'hui, c'est le sémaphore qui assure le rôle de gardien. Après une petite introduction, on prend son souffle pour affronter les 258 marches qui conduisent au sommet, où la vue est éblouissante. La descente est plus relax, jalonnée de petites expos interactives (écrans tactiles, films 3D) sur l'évolution de la cartographie marine, le relief marin, ou encore la navigation dans le bassin. Après la visite, profitez-en pour aller jeter un coup d'œil au blockhaus situé au pied du phare, dont les casemates, exhumées depuis 2010, sont accessibles.

➢ ***P'tit train du cap Ferret :*** *à prendre à la jetée Bélisaire. Résas au ☎ 05-56-60-60-20. 06-13-21-86-73. Circule avr-oct. • petittrain-capferret.com • Tarifs : 6 € l'A/R ; réduc.* Cet adorable petit train relie le bassin à l'océan (plage de l'Horizon) depuis plus de 50 ans. Un parcours de 2 km, très agréable pour les enfants. 6 rotations par jour tout l'été. Pour info, la plage de l'Horizon est la seule plage océane surveillée.

➢ ***Excursions en bateau :*** l'*UBA* propose de Cap-Ferret les mêmes excursions qu'au départ d'Arcachon (voir rubrique « Excursions en bateau » à Arcachon).

Les « 44 Hectares » : l'une des particularités de Cap-Ferret. Après le Second Empire, la IIIe République a privatisé une partie de la forêt domaniale des Landes. Ainsi 44 ha furent-ils vendus à Cap-Ferret à prix modique. Des propriétaires de grands crus, mais aussi des gens modestes achetèrent les parcelles et y construisirent une centaine de maisons au style le plus souvent simple, sans prétention, dissimulées parmi les pins. Aujourd'hui, héritiers et successeurs défendent fermement leur exceptionnel mode de vie. On peut s'y aventurer à pied mais attention, sentiers cabossés et absence de noms de rue ne facilitent pas la balade et il n'est pas rare de s'y perdre. Intéressant pour découvrir un quartier resté dans son jus mais si c'est les stars que vous cherchez, passez votre chemin, elles n'habitent pas ici !

LES LANDES

• Carte *p. 210-211*

ABC des Landes

- ***Superficie :*** 9 243 km^2.
- ***Population :*** 409 325 hab. (7 % de la population de la région Nouvelle-Aquitaine)
- ***Préfecture :*** Mont-de-Marsan.
- ***Sous-préfecture :*** Dax.
- ***Activités économiques :*** bâtiment et travaux publics, agriculture (maïs ; 8 % du territoire landais couvert par des surfaces agricoles), sylviculture (1re forêt cultivée de France), industrie (bois, aéronautique), tourisme, thermalisme (1er département thermal de France avec 5 stations thermales).
- ***Le vélo en chiffres*** : 630 km de pistes cyclables et voies vertes. La Vélodyssée traverse les Landes sur 160 km avant de terminer son itinéraire à Hendaye.
- ***Nombre de sources :*** 256 (un record) !

Une autoroute qui joue les funambules entre 2 océans, l'un de pins, l'autre de houle, également profonds. Perdu dans l'immensité calme de ce grand triangle (230 km de long pour une centaine de large), difficile d'imaginer les Landes pour ce qu'elles sont : un gigantesque chantier naturel d'eau, de vent et de sable, ivre de mouvement, où l'homme a mis son grain de sel. La faute en est aux alluvions déversées par les fleuves pyrénéens. Violemment (les tempêtes du golfe de Gascogne sont célèbres), l'océan les restitue au rivage où le vent se charge de les disperser très loin.
Même si cette image d'eau et de pins s'impose dès que l'on parle des Landes, il ne faudrait pas réduire le 2e département français en superficie à cette vision. Certes, les 106 km de côtes (la plus longue plage d'Europe !) et le parc naturel régional des Landes de Gascogne occupent plus de 70 % du pays, mais l'intérieur du pays fera le bonheur des amoureux du tourisme vert et des gastronomes qui, en été, quel que soit leur âge, ont bien le droit de porter des culottes courtes.
Prise entre le Bordelais, le Gers et le Pays basque, jamais à plus de 1h de l'océan, cette terre de surf, de thermes et de balades à vélo est aussi le pays des contrastes.
Les étendues de pins se transforment vers le sud en un relief vallonné faisant face aux Pyrénées, un changement de paysage que découvrent chaque année les marcheurs en route pour Saint-Jacques-de-Compostelle. Des bords de l'Adour au bas Armagnac, des « maisons capcazalières » de Chalosse aux villes-bastides créées lors de l'occupation de l'Aquitaine par l'Angleterre, découvrez le véritable art de vivre landais. Non seulement dans la gastronomie, dans ces foies gras dont vous savourerez, loin des grandes surfaces et des pièges à touristes, le parfum d'authenticité, mais aussi dans les fêtes et dans les traditions, à commencer par les fameuses courses landaises dans les arènes.

Plus surprenant encore, vous traverserez en pays d'Orthe la 1re région kiwicole de France avec plus de 300 producteurs, bordée par l'Adour, ce fleuve long de plus de 300 km oublié des manuels scolaires. Les Landes, ce sont aussi une dizaine de lacs, étapes des oiseaux migrant vers l'Afrique, dont les eaux rejoignent l'océan, via ces « courants » typiques de la côte landaise. Le département se distingue aussi par ses vignes : les plus grands armagnacs y ont souche et les vins du cru (chalosse, vins des sables et tursan, désormais labellisé AOC) gagnent à être connus. Bienvenue dans les Landes !

UNE FORÊT PAS SI VIEILLE QUE ÇA !

MAI, C'EST CONVIVIAL !

Quand vient le joli mois de mai, dans les Landes, devant les maisons, les cours des fermes, les façades de mairies se dressent des pins « fleuris » décorés de façon artisanale. Hommage républicain aux nouveaux maires, aux récents retraités, aux jeunes mariés... Tous les moyens sont bons pour faire la fête et se retrouver autour d'un verre, ou plus si affinités. Ce sont les heureux élus qui régalent, comme il se doit...

Il y a encore un peu plus de 2 siècles, cette région n'était que peu boisée et vivait au rythme des aléas de l'océan et du sable marin qui gagnait du terrain sur les terres. Jadis, comme les dunes avançaient de 15 à 20 m par an, recouvrant les villages, créant des ***marécages*** en ensablant les rivières, la Grande Lande n'abritait qu'une poignée de bergers, qui surveillaient leurs troupeaux, perchés sur les fameuses échasses. De vrais « solitaires » qui habitaient une terre « hostile » ou les « fièvres » (le paludisme...) faisaient rage, d'après les récits presque inquiétants des voyageurs de l'époque. Au début du XIXe s, les 1ers docteurs arrivent et on tente de fixer les dunes littorales avec une herbe tenace, le gourbet. Mais ce n'est qu'en 1857 que ***Napoléon III ordonne aux communes d'assainir et de boiser leurs terres.*** En acquérant l'immense domaine de Solférino, il donne lui-même l'exemple que suivront les grands propriétaires, en transformant cette lande en une immense forêt privée. Propriétaires dont les descendants pèsent aujourd'hui encore un vrai poids dans l'économie du département.

Parce que les pins sont un ***enjeu*** autant ***écologique*** (fixation des dunes mais aussi réservoir de biodiversité) qu'***économique*** : une armée d'exploitants forestiers les gère, les surveille, les protège du risque de départs de feu. Mais la plus grande forêt cultivée d'Europe est aujourd'hui confrontée à de nouveaux challenges : s'adapter au changement climatique, se défendre contre les incendies, et continuer à fournir l'ensemble des industriels depuis le scieur jusqu'au papetier alors que près de la moitié de sa ressource a été impactée par 2 tempêtes (Martin en 1999 et Klaus en 2009). Grâce à une organisation économique, scientifique et privée très performante et réputée au niveau mondial, nul doute que la forêt saura relever le défi en préservant l'emploi de 35 000 personnes...

TERRE DE GASTRONOMIE, DE FÊTES ET DE SPORTS

Rugby, surf, ferias, *bandas*, pastis landais, tourtière, foie gras... sont des mots ancrés depuis des générations dans la culture landaise. La ***course landaise*** est mentionnée dès le XIIIe s comme une coutume immémoriale, et sa forme moderne

www.tourismelandes.com
ADN N°40
Prendre la route des possibles
LES adn
LANDES
Terre des possibles
© OT Capbreton - Conception : Agence Les Conteurs

Biscarrosse Lieux traités
Sanguinet Adresses et lieux dans les environs
Labouheyre Repères
Pas de côté
NORD
A
B
1
2
3
4
OCÉAN
ATLANTIQUE
Mios
Lac de Sanguinet
Sanguinet
Biscarrosse-Plage
Ispes
Mayotte
Biscarrosse
Parentis-en-Born
Lac Nord
Gastes
Liposthey
Ste-Eulalie-en-Born
Pontenx-les-Forges
Mimizan-Plage
Mimizan
Aureilhan
Labouheyre
Bias
Escource
Solférino
Contis-Plage
Mézos
St-Julien-en-Born
Uza
Lit-et-Mixe
Morcenx
Garosse
Réserve d'Arjuzanx
CÔTE LANDES NATURE
Lévignacq
Vielle-St-Girons
Rion-des-Landes
Courant d'Huchet
Linxe
Saint-Michel-Escalus
Moliets-et-Maâ
Castets
Léon
Moliets-Plage
Laluque
Gourbera
Vieux-Boucau-les-Bains
Messanges
Herm
Port-d'Albret
Pontonx-sur-l'Adour
Berceau de St Vincent de Paul
Magescq
Préchacq-les-Bains
Soustons
Étang Blanc
St-Paul-lès-Dax
Dax
Montfort-en-Chalosse
Seignosse
Étang Noir
Saint-Geours-de-Maremne
Lac d'Hossegor
Hossegor
CHALOSSE
Angresse
Saubusse
Clermont
Capbreton
St-Vincent-de-Tyrosse
Adour
Mimbaste
St-Lon-les-Mines
Labenne
Marais d'Orx
St-Étienne-d'Orthe
Pomarez
Orthevielle
Peyrehorade
Pouillon
Ondres
Port-de-Lanne
Château d'Aspremont
Ste-Marie-de-Gosse
Hastingues
Sorde-l'Abbaye
Bayonne
Biarritz
D 218
D 652
D 216
D 46
D 43
N 10 E 5 E 70
D 626
D 44
D 38
D 167
D 66
D 41
D 27
D 42
D 142
D 947
D 16
D 150
D 824
D 116
D 10
N 124
D 32
D 79
N 10
D 6
D 810
D 12
D 15
D 817
A 63
A 64
E 80
D 312
D 936

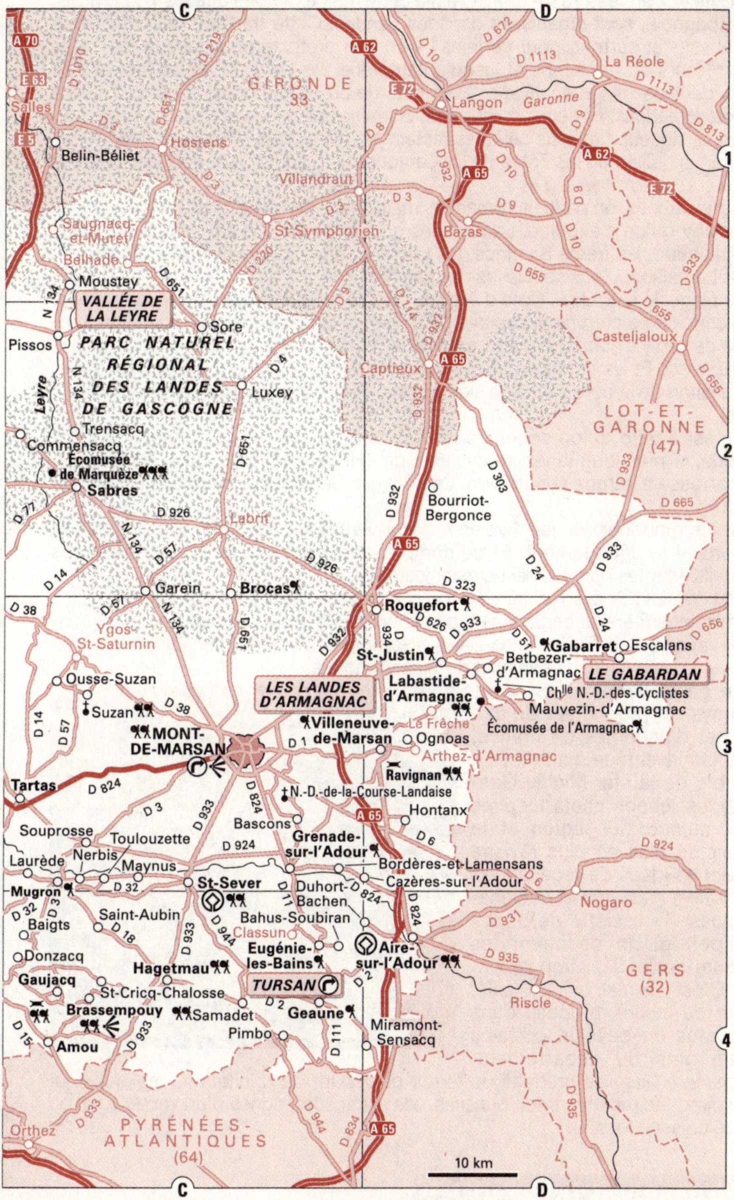
GIRONDE
33
LOT-ET-GARONNE
(47)
GERS
(32)
PYRÉNÉES-ATLANTIQUES
(64)
VALLÉE DE LA LEYRE
PARC NATUREL RÉGIONAL DES LANDES DE GASCOGNE
LES LANDES D'ARMAGNAC
LE GABARDAN
TURSAN
Salles
Belin-Béliet
Hostens
Villandraut
Langon
La Réole
Garonne
St-Symphorien
Bazas
Saugnacq-et-Muret
Belhade
Moustey
Pissos
Sore
Luxey
Captieux
Casteljaloux
Trensacq
Commensacq
Écomusée de Marquèze
Sabres
Labrit
Bourriot-Bergonce
Garein
Brocas
Roquefort
Ygos-St-Saturnin
St-Justin
Gabarret
Escalans
Betbezer-d'Armagnac
Chlle N.-D.-des-Cyclistes
Mauvezin-d'Armagnac
Labastide-d'Armagnac
Écomusée de l'Armagnac
Ousse-Suzan
Suzan
Villeneuve-de-Marsan
Le Frêche
Ognoas
Arthez-d'Armagnac
MONT-DE-MARSAN
Ravignan
Tartas
N.-D.-de-la-Course-Landaise
Hontanx
Bascons
Souprosse
Toulouzette
Grenade-sur-l'Adour
Laurède
Nerbis
Maynus
Bordères-et-Lamensans
Cazères-sur-l'Adour
Mugron
St-Sever
Duhort-Bachen
Nogaro
Baigts
Saint-Aubin
Bahus-Soubiran
Classun
Donzacq
Eugénie-les-Bains
Aire-sur-l'Adour
Hagetmau
Gaujacq
St-Cricq-Chalosse
Riscle
Brassempouy
Samadet
Geaune
Amou
Pimbo
Miramont-Sensacq
Orthez
Leyre
10 km
A 70
A 62
A 65
E 5
E 63
E 72
N 134
N 524
D 824
C
D
1
2
3
4

LES LANDES

remonte aux années 1830-1840. C'est à cette même période que les 1res corridas, à l'espagnole, sont organisées dans les Landes. Cette tradition tauromachique est aussi – et surtout, pour certains ! – un bon prétexte pour faire la fête : dès les 1ers jours du printemps et jusqu'à l'automne, les ferias et autres festivals se succèdent de village en village. Avec plus de 300 communes, c'est tout autant de fêtes : *bandas, bodegas* en nombre, chemises blanches et foulards rouges ou bleus de rigueur. Les plus célèbres restant les fêtes de la Madeleine à Mont-de-Marsan en juillet, ou les Fêtes de Dax autour du 15 août. Calendrier des courses sur • *courselandaise.org* •

Dans les arènes, on parle tauromachie, mais sur les terrains, c'est par des mêlées de ***rugby*** qu'on s'exprime. La liste des grands de l'ovalie est longue : Thomas Castaignède, les frères Boniface, les Lacroix, Olivier Roumat, Pierre Albaladejo, Titou Lamaison... tous sont issus des Landes.

Côté plage, le long de la Côte d'Argent, c'est le royaume du ***surf***. Hossegor peut être considérée comme la capitale française de la discipline : la Fédération française de surf y a établi son siège, comme les plus grandes marques internationales de *surfwear.* Et les autres sports de glisse ne sont pas en reste : skateboard (pas une station de la côte sans son skatepark), kitesurf (planche de surf tirée par une voile)...

Ici, c'est à ***vélo*** qu'on découvre les dunes et autres forêts de pins. La Vélodyssée, le plus long itinéraire cyclable de l'Hexagone, relie, dans les Landes, Biscarrosse à Tarnos sur 160 km. La nouvelle Scandibérique passe également par ici.

Pour les randonneurs, les 4 voies menant vers Saint-Jacques-de-Compostelle traversent le département. Et de nombreuses réserves mettent en place des accueils adaptés pour les pêcheurs en eau douce *(rens auprès de la Fédération de pêche des Landes : ☎ 05-58-73-43-79 ; • peche-landes.com •).* Cette eau qui a permis par ailleurs au département d'occuper le 1er rang en France pour le thermalisme, avec Dax et Eugénie-les-Bains notamment. Des villes qui aujourd'hui n'en cultivent pas moins un certain art de la gastronomie.

Côté gastronomie, c'est dans ce pays, 1er producteur de foie gras et d'asperges de France, qu'a été inventé le magret. Et à l'ombre de la star Michel Guérard, les jeunes chefs inspirés sont aujourd'hui légion et le terroir de plus en plus revisité (quelques idées de recettes sur • *qualitelandes.com* •). À signaler aussi, l'« assiette de pays » qui permet de découvrir les saveurs locales sans trop dépenser. C'est un plat unique (salé, sucré ou mixte), proposé dans les cafés de pays et certains restaurants du département. Préparée à base de produits du terroir provenant d'exploitations régionales et s'inspirant de recettes traditionnelles, elle est accompagnée d'un verre de vin ou d'une boisson locale.

L'ORIGINE DU FOIE GRAS

Tout vient de l'Égypte antique. Les oies sauvages qui migraient d'Europe en Afrique se surnourrissaient pour résister à ce vol éprouvant. Ayant abattu quelques spécimens, les Juifs égyptiens se régalèrent de leur foie bien gras et décidèrent, par la suite, de gaver leurs oies domestiques. Si l'Aquitaine est aujourd'hui le 1er producteur français de foie gras, cette technique est d'abord apparue en Alsace, transmise par des familles juives en exil.

Adresses et infos utiles

🅸 *Comité départemental de tourisme des Landes :* *4, av. Aristide-Briand, 40000 Mont-de-Marsan.* *☎ 05-58-06-89-89.* • *tourismelandes.com* • Pour consulter les itinéraires à pied, à cheval ou à vélo sur le département, et à côté de votre emplacement grâce à la géolocatisation • *rando.landes.fr* • Carte interactive avec les circuits balisés.

■ ***Relais départemental des Gîtes de France :*** *Espace du tourisme vert, 137, av. du Maréchal-Foch, 40000 Mont-de-Marsan et 1, av. Eugène-Milliès-Lacroix, 40100 Dax. ☎ 05-58-85-44-44.* • *gites-de-france-landes.com* • *Ouv lun-ven 8h30-13h, 13h30-18h, plus sam mat de janv à fin juin et sam tte la journée juil-sept.*

■ ***Comité départemental de la randonnée pédestre des Landes :*** *maison des associations Joëlle-Vincens, 39, rue Martin-Luther-King, 40000 Mont-de-Marsan. ☎ 05-58-90-12-84.* • *cdrp.40@wanadoo.fr* • *cdrp40.fr* • *Ouv lun-jeu 8h30-16h.* Pour obtenir toutes les infos sur les 2 000 km de PR et GR des Landes.

■ ***Société landaise des amis de Saint-Jacques :*** *2, rue Augustin-Lesbazeilles, 40000 Mont-de-Marsan. ☎ 05-58-93-38-33.* • *compostelle-landes.org* • Pour tout savoir sur les 4 voies de Saint-Jacques qui traversent le département.

■ ***Informations sur les plages :*** *☎ 05-58-06-89-89.* • *contact@cdt40.com* • *plages-landes.info* • Possibilité de télécharger les infos sur son smartphone sur • *leslandes.mobi* •

MONT-DE-MARSAN

(40000) 32 300 hab. *Carte Landes, C3*

• Plan *p. 215*

À 1 heure de route de l'océan, la préfecture des Landes est une grosse bourgade fondée au Moyen Âge au confluent de 2 rivières : le Midou et la Douze qui forment la Midouze. Si le trafic fluvial a cessé, on flâne toujours avec plaisir sur les berges joliment réhabilitées. Et on s'attarde pour découvrir au fil des rues des sculptures contemporaines exposées en plein air, avant une halte au musée Despiau-Wlérick, dédié à la sculpture contemporaine de l'entre-deux-guerres. Ceux qui trouvent la ville un peu endormie à leur goût s'y arrêteront le samedi matin pour l'ambiance du marché, ou la 2de quinzaine de juillet pour les fêtes de la Madeleine, parmi les plus spectaculaires de la région (et des plus fréquentées : 650 000 personnes au moins...).

UN PEU D'HISTOIRE

Pierre de Laubaner est, en 1133, à l'origine de la fondation du « castelnau » protégé par des murailles et d'un château, aujourd'hui disparu. ***Au XIVe s, la cité devient un port prospère*** d'où partent l'armagnac et le blé. Mont-de-Marsan accueille les protestants avant d'être assiégée et conquise par les catholiques durant les guerres de Religion.

CAPITALE PUNK

Les arènes de Mont-de-Marsan ont accueilli, en août 1976, le tout 1er festival punk d'Europe. Rebelote l'année suivante avec, à l'affiche, pas mal de groupes dont certains deviendront des plus célèbres comme les Clash, Police ou Damned.

La cité retrouve une ***belle prospérité au XVIIIe s grâce au commerce des gabarres*** qui descendent vers Dax et Bayonne. Mais le train met un coup d'arrêt à cette activité. ***Au début du XXe s,*** c'est l'***aviation civile et militaire*** qui marque la ville de son empreinte et lui donne son image actuelle de cité militaire et administrative. D'ailleurs, il n'est pas rare d'entendre vrombir les escadrons de chasse qui décollent de la base aérienne.

Arriver – Quitter

➢ ***En TER et bus :*** liaisons TER avec Bordeaux et en bus avec Agen, Dax, Pau, Tarbes, Auch, Toulouse...
➢ ***En TGV*** jusqu'à Dax puis ***bus*** avec ***RRTL (Régie départementale de transport des Landes) :*** *99, rue Pierre-Benoît. ☎ 05-58-05-66-00. • rrtl.fr •* Dessert tte l'année de nombreuses villes du département.

Adresse et infos utiles

ℹ ***Office de tourisme*** *(plan A-B1) : 1, pl. Charles-de-Gaulle. ☎ 05-58-05-87-37. • montdemarsan-tourisme.fr • Juil-août, lun-sam 9h30-18h, dim 10h-14h ; le reste de l'année, mar-ven 10h-12h30, 14h-17h30, sam 9h-13h et lun ap-m (15 juin-15 sept, 18h en sem, 17h le sam).* Boutique et billetterie spectacles et activités. Dépliant de visite et livret chasse au trésor (gratuit). Visites avec les *greeters* toute l'année (sur résa).

– ***Marché Saint-Roch :*** *le mat mar et sam, pl. Saint-Roch (déplacé au stade Guy-Boniface pdt le festival Arte Flamenco et les fêtes de la Madeleine).* Un marché comme on n'en fait plus beaucoup, considéré comme l'un des 100 plus beaux de France, avec petits producteurs, produits frais du terroir (charcuterie, asperges, produits fermiers...). Le samedi matin surtout : un grand moment à vivre en direct !

– ***Stationnement :*** sans difficulté en ville. 2h gratuites ; sinon, parking gratuit devant le parc Jean-Rameau ou sur la place des Arènes.

Où dormir ?

De prix moyens à chic

🏠 🍽 ⛱ ***Hôtel Richelieu*** *(plan B1, **1**) : 3, rue Wlérick. ☎ 05-58-06-10-20. • le.richelieu@wanadoo.fr • hotel-richelieu-montdemarsan.com • ♿ Resto tlj sauf sam et le soir dim et j. fériés. Congés : 1re sem de janv. Doubles 78, 96 ou 100 €. Formules déj en sem 22-28 € ; menus 39-52 €. Parking payant. Réduc de 10 % sur le prix de la chambre sur présentation de ce guide (hors juil).* L'hôtel historique du centre-ville. Derrière une façade classique, des chambres contemporaines donnant toutes sur l'arrière, donc plutôt calmes. Assez spacieuses (notamment les salles de bains), certaines avec balcon. Également des suites. Agréable salle pour le petit déj. Par ailleurs, la table, qui met en avant les bons produits landais, est assurément l'une des meilleures de la ville.

🏠 ***Chambre d'hôtes Le Logis d'Augustin*** *(plan B2, **2**) : 55, rue Augustin-Lesbazeilles. 📱 06-22-85-81-31. • lelogisdaugustin@gmail.com • Double 90 € ; familiale.* Derrière la discrète façade, la 1re surprise, c'est le jardin clos de hauts murs de pierre, insoupçonnable depuis l'extérieur. Quant aux chambres, retapées avec la même minutie que l'ensemble de la maison, elles gardent leur patine (beau plancher d'origine, cheminées), le confort en plus (lits de 160, voire de 180, plateau d'accueil, magnifiques salles de bains). Pour ne rien gâcher, elles sont décorées avec des meubles chinés et des touches personnelles de très bon goût. Carole et David apportent le même soin à l'entretien de leurs chambres qu'à l'accueil des hôtes. Et ce n'est pas peu dire ! Tout est fait pour se la couler douce, entre le jardin, la salle de sport et la petite piscine intérieure. Un havre de paix !

🏠 🍽 ⛱ ***Hôtel Le Renaissance*** *(hors plan par B1, **3**) : 225, av. de Villeneuve.*

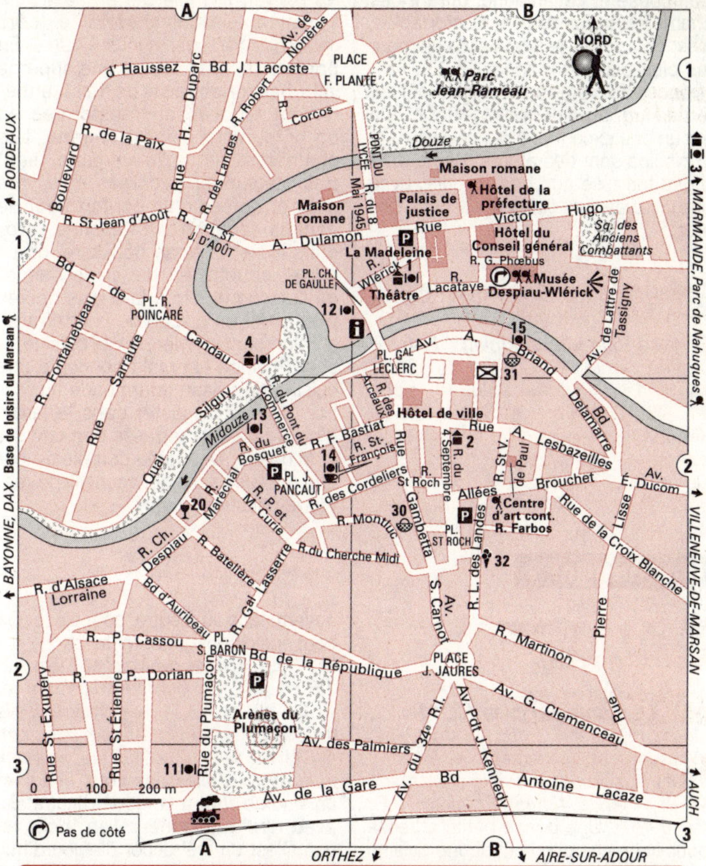

MONT-DE-MARSAN

■ **Adresse utile**

- Office de tourisme (A-B1)

Où dormir ?

1 Hôtel Richelieu (B1)
2 Chambre d'hôtes Le Logis d'Augustin (B2)
3 Hôtel Le Renaissance (hors plan par B1)
4 La Villa Mirasol (A1)

Où manger ?

11 Le Plumaçon (A3)
12 Le Divan (A-B1)
13 Le Bistrot de Marcel (A2)
14 L'Atelier à T (B2)
15 Le Donjon (B1)

Où boire un verre ?

20 Babao (A2)

Achats

30 Foie gras Lafitte (B2)
31 La Tourtière (B1)
32 Diogo Vaz (B2)

À 2 km du centre. ☎ 05-58-51-51-51. • hotel@le-renaissance.com • le-renaissance.com • ♿ Resto tlj sauf w-e. Doubles 100-115 € ; suites. Menus 23,50-72 € Parking. Apéritif maison offert sur présentation de ce guide. À l'écart du centre donc, un bâtiment moderne à la façade quelque peu pompeuse et palladienne, offrant des chambres spacieuses et confortables, avec balcon sur le jardin et le lac pour les plus plaisantes (nos 21 à 23). Préférer ces dernières à celles donnant sur le parking, à peine moins chères. On est un peu excentré, mais la verdure et la piscine sont des atouts. Resto doté d'une terrasse aux beaux jours, avec une jolie vue sur l'étang. Belle carte des vins.

Plus chic

La Villa Mirasol *(plan A1, **4**) : 2, bd Ferdinand-de-Candau. ☎ 05-58-44-14-14. • contact@villamirasol.fr • villamirasol.fr • ♿ Bistro tlj sauf dim-lun ; resto gastronomique ouv le soir jeu et ven, plus sam midi et soir. Congés : 2 sem en janv, 1 sem en nov. Doubles 115-175 € ; familiales. Au bistrot, formule déj en sem 25 € et menus 35-48 € ; carte 50 € ; côté gastro* (Le Mirasol), *menus 68-90 €.* En bordure de la Midouze, une superbe villa basco-landaise de 1912 entièrement rénovée et transformée en un hôtel-resto chic et charme. Les chambres, de taille variable, sont très élégantes, décorées d'œuvres d'art et dotées d'un confort haut de gamme (douche à l'italienne, produits Nuxe, minibar, bouilloire, draps bio et couette en duvet de canard de Gascogne, etc.). Les plus chères possèdent un balcon ou une terrasse surplombant la rivière. Côté cuisine, le chef Philippe Lagraula concocte une cuisine de saison gourmande au *Bistrot 1912,* à déguster dans le jardin d'hiver ou sur la terrasse donnant sur la Midouze. Une table complétée par une nouvelle salle qui accueille le restaurant gastronomique.

Où manger ?

De très bon marché à prix moyens

Le Plumaçon *(plan A3, **11**) : 20, rue du Plumaçon. ☎ 05-58-06-17-56. • leplumacon@gmail.com • À droite à côté des arènes. Le midi seulement, lun-ven (11h30-13h45). Formule 10 € ; menu 15 €.* Une bonne petite adresse pour qui recherche le midi une cuisine familiale à base de produits frais. Une institution locale qui a su rester, de chef en chef, une adresse populaire depuis... 1937 ! On vient toujours là pour, entre autres, une solide entrecôte servie avec des frites maison. Belles salades composées l'été. 2 terrasses, plutôt agréables.

Le Divan *(plan A-B1, **12**) : 5 bis, pl. Charles-de-Gaulle. ☎ 05-58-75-00-87. • cafeledivan@orange.fr • restaurant-le-divan.fr • Tlj le midi 8h30-15h, plus le soir ven-sam 8h30-23h. Formule déj en sem 17,90 € ; carte 35-40 €.* On y va le midi pour la salle donnant sur la Midouze autant que pour la carte de brasserie, simple, fraîche et bonne : tartare, risotto du chef, etc. Et pour l'ambiance, terrasse ouverte face au théâtre, côté place. On peut également grignoter au bar.

Le Bistrot de Marcel *(plan A2, **13**) : 1, rue du Pont-du-Commerce. ☎ 05-58-75-09-71. • contact@lebistrotdemarcel.fr • Tlj sauf sam midi, dim et j. fériés. Menus 12,90 € (déj en sem), puis 34 €.* N'allez pas vous imaginer un vieux bistrot à la mode d'autrefois, avec des camionneurs en tricot au bar. C'est un vrai décor d'aujourd'hui, bénéficiant d'une salle mêlant vieilles pierres et mobilier contemporain, sans oublier l'une des plus belles terrasses de la ville surplombant la Midouze. Des spécialités qui ont le goût du pays et de l'époque (salade landaise, magret de canard, assiette fraîcheur).

L'Atelier à T *(plan B2, **14**) : 4, rue Saint-François. ☎ 05-58-75-93-89. Tlj sauf dim 10h-19. Plat du jour 9,90 € ; carte env 15 €. Brunch 1 dim/mois 25 €.* Quelle surprise de trouver dans cette ruelle les larges volumes d'un ancien atelier, retapé et converti en salon de thé inspirant. Au déjeuner, la cuisine simple et bien mitonnée fait des heureux : plat du jour extra (parmentier de canard, risotto au canard et cabillaud...), savoureuses galettes de blé noir (à la farine bio), tartes salées ou salades font des heureux ! Tout comme les cakes, madeleines, tarte tatin et autres gourmandises maison (forcément) dont on se régale jusqu'au goûter, avec un thé ou une infusion.

Le Donjon *(plan B1, **15**) : 2, av. Aristide-Briand. ☎ 05-58-46-09-09. • ledonjon40@yahoo.fr • Tlj sauf dim et le soir lun-jeu (plus le soir ven-sam hors saison). Congés : 1 sem en février, 3 sem début août et 1 sem fin déc. Plat du jour env 10 € ; carte 15-25 €.* Une brasserie tout indiquée pour un repas rapide (le service assure...) le midi. Cuisine toute simple mais maison, plats du jour sous influence régionale, grosses salades aux beaux jours et desserts maison... Vaste terrasse.

Chic

3 tables hautement recommandables : le ***restaurant de l'hôtel Richelieu, La table « Mirasol » de la Villa Mirasol*** et le ***restaurant de l'hôtel Le Renaissance*** (voir « Où dormir ? »).

Où boire un verre ?

Aux beaux jours, le ***Babao*** *(plan A2, **20**)* étire son agréable terrasse sur le quai de la Midouze.

Où acheter de bons produits ?

Foies gras Lafitte *(plan B2, **30**) : 62, rue Léon-Gambetta. ☎ 05-58-06-06-91. Mar-sam 8h30-12h30, 14h30-19h.* Excellents produits en provenance exclusive de la région (foies gras, magrets, confits...).

La Tourtière *(plan B1, **31**) : 7, allée Raymond-Farbos. ☎ 05-58-75-77-00. Mar-sam 8h-19h, dim 7h-12h30.* Pour goûter ces 2 incontournables desserts du pays que sont les tourtières et le pastis landais. Autre boutique : *676, av. du Maréchal-Foch.*

Diogo Vaz *(plan B2, **32**) : 1, rue Léon-des-Landes. ☎ 05-58-93-90-14. Mar-sam 9h-19h. Fermé dim-lun. Boule de glace 2 €.* En provenance directe de l'île de São Tomé, le chocolat produit sur la plantation Diogo Diaz est élaboré à partir de son cacao bio. À déguster sur place en terrasse ou à emporter, des glaces artisanales délicieuses, au chocolat mais pas seulement (vanille, banane flambée au rhum, vanille de São Tomé), quelques gâteaux sans gluten et des tablettes de grands crus dont une au lait de coco.

À voir. À faire

Le musée Despiau-Wlérick *(plan B1) : 6, pl. Marguerite-de-Navarre. ☎ 05-58-75-00-45. **Fermé pour travaux jusqu'à fin 2024.** Expos temporaires et jardin des sculptures accessibles jusqu'à fin 2022.*

Dans une belle maison forte du XIVe s bâtie en pierre coquillère, le musée regroupe une collection unique de sculptures figuratives de la 1re moitié du XXe siècle, unique en France dans ce domaine. Le musée, en rénovation, met en avant le travail de Wlérick et de Despiau, 2 Montois qui firent partie du groupe des « sculpteurs indépendants » et de la bande à Schnegg, qui réunit autour de Gaston Schnegg des sculpteurs à contre-courant de l'académisme de l'époque.

En attendant la réouverture du musée, rien n'empêche de partir à la découverte de la quarantaine de sculptures qui se dévoilent aussi dans les rues et les jardins de la ville. Plan et livret pour les enfants disponibles à l'office de tourisme.

Dans le quartier, quelques belles maisons bourgeoises dans la rue Victor-Hugo, avec notamment l'***hôtel de la préfecture*** *(plan B1),* construit au XIXe s dans un style néoclassique et précédé d'une statue d'Apollon (de Charles Despiau). Jetez aussi un œil sur l'***église de la Madeleine,*** étape sur le chemin de Saint-Jacques-de-Compostelle (voie de Vézelay) dont le style architectural a été copié sur celui de la préfecture (ancien couvent des clarisses). À droite avant le chœur, une statue en bois de Marie-Madeleine est déplacée en procession au-dessus de la chapelle des toreros lors des fêtes de la Madeleine (juillet). Devant, l'altière sculpture *La France* de Bourdelle (qu'on retrouve aussi au Palais de Tokyo à Paris). Faites une embardée ***rue Maubec,*** en face, pour découvrir une maison romane du XIIe s bâtie en pierre coquillère (roches sédimentaires) sur les remparts de la ville.

Le centre d'art contemporain Raymond-Farbos *(plan B2)* **:** *3, rue Saint-Vincent-de-Paul. ☎ 05-58-75-55-84. • cacraymonfarbos.fr • Mer-sam 14h-18h, plus sam 10h-13h. Entrée : 2 € ; gratuit moins de 18 ans et étudiants.* En centre-ville, cet ancien entrepôt à grains, aménagé par un mécène montois, expose des artistes locaux et internationaux (peinture, sculpture, photo...) à travers plusieurs expos annuelles. On y a vu, par exemple, les œuvres de Ben, Miró, Braque, Hans Arp... À l'étage, la collection permanente d'art moderne et contemporain s'est constituée grâce aux dons des artistes.

Les berges de la Midouze *(plan A1-2)* **:** agréable balade piétonne accessible également à vélo. On est d'ailleurs sur le tracé de la *Scandibérique,* véloroute qui relie la Norvège à Saint-Jacques-de-Compostelle en traversant la France et Mont-de-Marsan. Du pont Gisèle-Halimi (immanquable *Plongeuse,* une des sculptures contemporaines qui jalonnent la ville) descendre sur le quai de la Midouze : sur l'autre rive, le bâtiment abritant l'office de tourisme, un ancien moulin à eau du Xe s transformé en minoterie au XIXe s, surplombe la confluence ; une vraie carte postale ! En longeant le quai, on découvre ensuite un beau ***lavoir-abreuvoir*** semi-circulaire et les traces de plusieurs cales, ultimes souvenirs de l'ancien port. Notez au passage la pierre calcaire coquillière, dorée au soleil, issue des carrières locales et ayant servi aux principaux bâtiments de la ville. Quelques terrasses de café et des bancs publics pour se poser (voir « Où boire un verre ? »).

Le parc Jean-Rameau *(plan B1)* **:** *pl. Francis-Planté.* Un joli parc floral de 4 ha, créé à la fin du XVIIIe s. Longeant la Douze, il est ouvert gratuitement au public. Dans le kiosque, protégée des balles (!), une fascinante et monumentale statue équestre du maréchal Foch. Il s'agit d'une maquette en peuplier de la grande statue du Trocadéro, haute de 4,60 m ! Éclairée le soir... Jardin japonais et théâtre de verdure au fond.

Le parc animalier de Nahuques *(hors plan par B1)* **:** *av. de Villeneuve. ☎ 05-58-75-94-38. À 3 km à l'est du centre. Juil-août, lun-ven 9h-11h45, 15h-18h45 ; w-e et j. fériés 15h-19h. Le reste de l'année, horaires restreints. GRATUIT.* Agréable balade dans cet espace arboré de 4 ha, où l'on croise au détour d'un chemin canards, daims, ânes, chèvres naines, moutons, lamas, poneys, wallabies, lièvres de Patagonie... Sur place, snack, aire de pique-nique et de jeux pour enfants ; balade à poney mercredi, samedi et dimanche après-midi *(5 €).*

La base de loisirs du Marsan *(hors plan par A2)* **:** *à 4 km à l'ouest par la D 824. ☎ 05-58-05-87-37. • basedeloisirsdumarsan.fr • Navettes gratuites depuis le centre. Ouv tte l'année 7h-23h. GRATUIT.* Petit lac où faire trempette (baignade surveillée en été). Un autre plan d'eau pour les pêcheurs, un parcours d'orientation (14 circuits), un parcours sportif, quelques kilomètres de sentiers pédestres et de pistes cyclables. Également, accrobranche, *air-bubble, laser game,* balades à poneys *(payants)...* Restaurant et aire de pique-nique.

Fêtes et manifestations

– ***Le Mounride :*** *fin mai-début juin.* • *mounride.fr* • Course assez déjantée à travers toute la ville. Les candidats doivent tour à tour nager, ramper, pagayer, franchir des obstacles... l'essentiel est de finir la course !
– ***Festival Arte Flamenco :*** *1 sem début juil.* • *arteflamenco.landes.fr* • Pour les amateurs de flamenco dans la plus grande tradition. Nombreux concerts et spectacles de danse.
– ***Fêtes de la Madeleine :*** *pdt 5 j. après le 14 juil.* • *fetesmadeleine.fr* • On tient à le préciser, ça n'a rien à voir avec la madeleine, le gâteau, Proust, etc. Le seul point commun, ce pourrait être le « petit marcel », et encore, car il y a une tenue conseillée, en blanc et bleu... C'est une feria avec corridas, *bandas* et grosses fêtes plutôt arrosées, qui s'achève par une nuit de folie le dimanche soir et transforme Mont-de-Marsan en cité piétonne pour accueillir plus de 650 000 visiteurs. Le meilleur moment pour découvrir la ville si on veut la voir s'animer. Sachez toutefois que, vu l'effervescence, nombre de commerces baissent leur rideau pour l'occasion et que la plupart des bars et restos se transforment en *bodegas.*
– ***Festival des Tréteaux :*** *mi-août.* Spectacles de *commedia dell'arte* dans des lieux historiques.
– ***La routes des Imaginaires :*** *pdt les Journées du patrimoine (sept).* Festival cyclo culturel familial organisé par le *Café Music* pour découvrir la piste cyclable, la voie verte du Marsan et de l'armagnac.

LES LANDES D'ARMAGNAC

Verdoyante et vallonnée, cette petite région encore peu exploitée touristiquement a beaucoup d'atouts dans son jeu : une nature préservée, de grandes forêts, des cours d'eau mais aussi, et surtout, des chais qui s'ouvrent à la visite, de petits châteaux qui accueillent des hôtes, 2 bastides incontournables et de vastes vignobles. Terre de la célèbre eau-de-vie « l'armagnac », la plus ancienne de France (on en trouve trace dès 1348), et du « floc » (mariage entre armagnac et jus de raisin frais), elle revendique les coutumes ancestrales landaises tout en ressemblant de façon troublante au Gers voisin. D'ailleurs, si l'ancienne appellation de « bas Armagnac » englobe la partie gersoise, ce n'est pas un hasard... Forcément, pendant longtemps ces terres dépendaient des seigneurs voisins, jusqu'à une délimitation administrative et la création des départements qui finit par rattacher Labastide-d'Armagnac aux Landes. Beau cadeau dans l'escarcelle !

VILLENEUVE-DE-MARSAN

(40190) 2 480 hab. *Carte Landes, D3*

À 13 km à l'est de Mont-de-Marsan, cette ancienne bastide, rebâtie au XIIIe s sur les ruines d'une bourgade détruite par les invasions barbares, abrite une curiosité, l'église Saint-Hippolyte.
Porte d'entrée du pays d'Armagnac, cette petite ville plus que tranquille donne une idée de ce qu'était le pays avant d'entrer dans la voie du tourisme vert. Mais tout autour, dans le canton, ça bouge, heureusement. Vous n'aurez aucun mal à découvrir des sites, des gîtes et des caves méritant toute votre attention...

Adresse utile

Bureau d'accueil : *181, Grand-Rue. ☎ 05-58-03-40-31. • tourisme-landesdarmagnac.fr • Juil-août, mar-sam 10h-13h, 15h-18h.* Plan de ville et documentation. Demandez le *Guide touristique des Landes d'Armagnac.* Très bien fait, avec une liste des chais et des fermes à découvrir dans les environs, sans parler des curiosités locales.

À voir

L'église Saint-Hippolyte : une église édifiée à la toulousaine, en brique rouge, dans un style gothique du XIIIe s. Tour carrée caractéristique, épais contreforts. À l'intérieur, fresques du XVIe s racontant la vie et le martyre de Catherine d'Alexandrie et jolis vitraux contemporains.

DANS LES ENVIRONS DE VILLENEUVE-DE-MARSAN

Les chais du domaine d'Ognoas : *40190* ***Arthez-d'Armagnac.*** *☎ 05-58-45-22-11. • domaine-ognoas.com • (accès partiel). Fléché depuis Villeneuve-de-Marsan. Mai-sept, tlj sauf le w-e et lun mat, 10h-12h, 14h-17h30 (visites guidées – compter 1h – à 10h et 15h) ; le reste de l'année, jeu-ven 13h30-17h (visite guidée à 15h). Tarif : 2 € (avec dégustation).* Cette belle exploitation rénovée, aujourd'hui sous la responsabilité du conseil départemental, produit un excellent armagnac. On vous explique, de façon très pédagogique, le système plutôt complexe de la distillation. Superbes murs dans la pièce où trône l'alambic, le plus ancien de Gascogne (1804). Il continue de chauffer au bois, chaque année, quelque 2 600 hl de vin qui, une fois distillés, vont fournir ces 500 hl d'armagnac appelés à vieillir 10 ans au moins, 40 ans au plus. Durant le long vieillissement en pièces de chêne d'environ 420 l, l'eau-de-vie s'enrichit en effet de toutes les senteurs des fûts : arômes de pruneau, de vanille, de fruits confits... Dégustation en fin de parcours de floc et d'armagnac millésimé. Visite hautement recommandable.

Des ***sentiers de randonnée pédestre et VTT*** sont accessibles depuis le domaine d'Ognoas en direction du moulin de la Gaube – magnifique moulin à eau (non visitable), étang et aire de pique-nique aménagés – et du manoir de Tampouy, grande bergerie aujourd'hui restaurée et maison forte où François Ier a séjourné lors de son mariage au couvent de Beyries situé dans le village voisin Le Frêche. Prévoyez du temps pour visiter l'ensemble du domaine, classé « Site remarquable du goût », qui s'étend en fait sur 620 ha, avec sa forêt de chênes pédonculés (290 ha) pour la tonnellerie, sa ferme expérimentale et sa polyculture : vignes (50 ha), maïs, tournesol et soja.

Le château de Ravignan : *40190* ***Perquie.*** *06-24-58-42-59. • armagnac-ravignan.com • En principe de mi-juil à fin août, parc ouv tlj 14h-20h et visites guidées du château à 15h et 17h ; mai-juin, visites w-e et j. fériés à 17h ; 1er-20 sept, visite tlj à 17h. Durée : 1h. Tarif : 8 € (parc et château) ; réduc ; gratuit moins de 6 ans. 1 € pour le parc seul. Visite du chai tte l'année, tlj 8h-12h, 14h-17h30 sur rdv.* Entouré d'un parc à la française, un intéressant château classique du XVIIe s, l'un des mieux conservés de la région. Jolies fenêtres à meneaux. À l'intérieur, on perçoit bien la marque laissée par chacune des générations qui vécut ici. Mobilier de toutes les époques, toujours très beau. Salle à manger au plafond peint et tapisseries du XVIIe s. Dans un couloir, belle collection de 500 ans de gravures sur Henri IV, constituée par un aïeul persévérant. Visite chaleureuse assurée par un membre de la famille et pleine d'authenticité.

Les chais du domaine de Lassaubatju : *4, rue du Métier, 40190* ***Hontanx.*** *☎ 05-58-03-23-01. • armagnac-lassaubatju.com • Visites sur rdv tlj 14h-18h. GRATUIT.* Frédéric et Véronique Blondeau sont de petits producteurs intéressants à tous points de vue : ils sont passés au 100 % bio et prennent du temps pour faire partager leurs connaissances et leur amour de l'armagnac. Boutique joliment aménagée, mettant en valeur les spécialités de la région ainsi que des produits dérivés dont la présentation sort de l'ordinaire. Gîte de charme (2 personnes) aménagé dans le pigeonnier du XIXe s et 3 chambres d'hôtes dans la maison de famille *(double 84 € ; table d'hôtes 25 €).* Pierre, poutres à l'intérieur, avec une baignoire en bois en forme de tonneau, et jardin privatif à l'extérieur. Piscine, spa et VTT à la disposition des hôtes. Réserver longtemps à l'avance.

LABASTIDE-D'ARMAGNAC

(40240) 680 hab. *Carte Landes, D3*

Plantée au milieu de douces collines boisées, médiévale au possible, la plus jolie bastide des Landes a conservé intacte toute sa force romantique. Elle a été créée en 1291, pour protéger Bernard VI d'Armagnac alors en conflit avec le comté de Foix. Et si les guerres de Religion ont affaibli la bastide, sa place royale est demeurée intacte. Ce bel ensemble, avec quelques charmantes maisons à colombages et murs de brique, posées sur des arcades, est dominé par la massive tour fortifiée de l'église, à la fois clocher et donjon.

La bastide a été labellisée *Cittaslow.* Ce label inspiré du mouvement *Slow Food* – avec le même escargot comme emblème – fait l'éloge de la lenteur, de la quiétude et mise sur la convivialité et la douceur de (bien) vivre. Comme le site n'est pas encore trop encombré par la foule, surtout hors saison, on a toutes les raisons d'en profiter pleinement !

Adresse utile

Bureau d'accueil : *53, pl. Royale. ☎ 05-58-03-40-31. • tourisme-landesdarmagnac.fr • Sous les arcades, à gauche de l'église. Juil-août, lun-sam 10h-13h, 15h-18h, plus dim 15h-18h ; demi-saison mar-sam 10h-13h, 15h-18h.* Demandez le parcours du Patrimoine. Également la chasse au trésor géocaching Terraventura.

Où dormir ? Où manger ?

Chambres d'hôtes La Villa des Remparts : *16, rue de la Chaussée. ☎ 05-58-52-33-67. • lavilladesremparts@yahoo.fr • À quelques mètres de la place centrale (mais accès en voiture par la D 11, se garer à l'extérieur de la bastide, à 50 m de la maison). Tte l'année. Doubles 69-89 €. Table d'hôtes à partir de 26 €.* Cette belle maison bourgeoise aux amples volumes est un des petits trésors qu'offre l'arrière-pays landais. Rénové au goût du jour dans un esprit très déco, cet ancien hôtel particulier s'avère aussi douillet que charmant. Il s'ouvre à l'arrière sur un joli jardin de ville avec terrasse, petite piscine finlandaise et recoins ombragés. À la table d'hôtes, Bertrand et Greg sortent le grand jeu, avec recettes raffinées et belle vaisselle, même quand la table est dressée dehors... Mais l'ambiance reste amicale, conviviale... Bref, une (très) belle adresse dans une (très) belle bastide.

Au Bastignac : *29, pl. Royale. ☎ 05-58-75-11-24. • alain.baillou@laposte.net • Tlj le midi sauf dim. Menus 18 € (déj en sem)-30 €.* Terrasse sous les arcades et salle plutôt design mais raccord avec la place avec murs de pierre ou de brique et poutres anciennes. Très généreuse cuisine de région (garbure, confit, tête de veau et autre piperade) à base de bons produits (de région !). Et accueil des plus sympathique.

Où dormir dans les environs ?

Chambres d'hôtes Domaine de Paguy : *40240 **Betbezer-d'Armagnac.** 07-86-48-00-03. • m.darzacq@gmail.com • domaine-de-paguy.com • À 5,5 km au nord-ouest. Tte l'année sur résa. Doubles 70-95 € ; suite.* Dans une ancienne et belle demeure de maître du XVIe s, rachetée par la famille en 1933, 5 chambres vraiment plaisantes dont 1 suite. On peut lézarder au bord de la piscine. À moins de préférer faire la visite du domaine (77 ha, dont 13 de vignes) en compagnie des proprios qui vous emmèneront au chai et vous feront sans doute déguster leur floc et leur armagnac... Bel accueil d'ailleurs, par des gens du cru remplis d'amour pour leur terre.

À voir

La place Royale : la plus pittoresque et la mieux conservée des Landes. En 7 siècles, elle n'a pratiquement pas bougé. Henri IV (qui, racontent les mauvaises langues, rendait souvent visite, ici, à une de ses maîtresses) s'en serait même inspiré pour l'aménagement de la place des Vosges à Paris... Cette place est d'ailleurs royale en hommage à ce roi-là. Des courses landaises s'y déroulaient il n'y a encore pas si longtemps, avant que l'on ne cède (à juste titre) à la nécessité de préserver les lieux, en ayant désormais recours à des arènes mobiles pour les fêtes de la Saint-Jean.

LE GRAND SOMMEIL

En passant devant la maison Jeanton, au cœur du village, ayez une pensée pour cet homme qui, entre 2 courses, restait dans son atelier de menuiserie, à travailler... ou à faire la sieste, dans le cercueil qu'il s'était lui-même confectionné et dans lequel on l'enterra d'ailleurs en 1954 !

L'église Notre-Dame : *sur la pl. Royale. Tlj 10h-18h.* Construite au XIVe s. Le clocher actuel était – on le dit ici... – autrefois le donjon de la bastide. À l'intérieur, sous une voûte plutôt spectaculaire, émouvante pietà en bois polychrome du XVe s et, dans le chœur, bel autel classé et trompe-l'œil de 1831 restauré en 2018.

L'écomusée de l'Armagnac : *château Garreau. ☎ 05-58-44-84-35. • ecomusee-armagnac.fr • (accès partiel). À l'entrée de Labastide-d'Armagnac en venant de Barbotan, sur la D 209. Nov-mars, du lun ap-m au ven 9h30-12h30, 13h30-17h30 ; avr-juin et sept-oct, du lun ap-m au ven 9h30-12h, 14h-18h30, w-e et j. fériés 14h-18h ; juil-août mar-ven 10h-19h et lun et w-e 14h (15h-18h dim)-19h. Entrée : 5-10 € (selon la visite choisie) ; réduc. Sur présentation de ce*

LES LANDES

guide, réduc de 0,50 € pour les individuels et 2 € pour les familles. Escape game *« Mission distillation ».* Les visites du petit musée du Vigneron (dans une belle grange landaise du XVIIe s) et du musée des Alambics (distillerie du domaine) permettent de tout comprendre sur les origines, la fabrication ou le vieillissement de ladite eau-de-vie. Expositions à l'auditorium, vidéo sur le travail de la vigne et de la distillation, circuit nature dans un domaine de 82 ha (labellisé Haute Valeur Environnementale) incluant étang, bois à cèpes et vignoble. Au pavillon d'accueil, vente de produits régionaux et dégustation gratuite de floc et d'armagnac. Marché nocturne le 1er jeudi d'août ; en novembre, repas et animations au pied de l'alambic en fonctionnement...

Fêtes et manifestations

– ***Floc en fête :*** *début août.* L'apéritif star du pays est fêté comme il se doit avec marché gourmand, ateliers cocktails, dégustation... Si vous voulez vous faire introniser (les dames sont les bienvenues) chevalier du Floc, c'est le moment !
– ***Armagnac en fête :*** *dernier w-e d'oct.* Pour célébrer le début de la distillation, Labastide rassemble tous les amateurs d'armagnac : pieds de vigne répartis sur la place Royale, grand repas autour des barriques, cérémonies d'intronisation...
– ***L'Oreille en place :*** *une dizaine de jours fin juil-début août. • loreilleenplace.net • Payant.* « Le festival de tout ce qui s'écoute » comme ils disent : du jazz, du classique, du folk, du lyrique...

LES LANDES

DANS LES ENVIRONS DE LABASTIDE-D'ARMAGNAC

La chapelle Notre-Dame-des-Cyclistes : *sur la D 626, à 4 km au sud de Labastide-d'Armagnac (route de Cazaubon). Juil-août, tlj sauf mat dim-lun 10h-12h, 15h-18h ; mai-juin et sept-oct, tlj sauf lun 15h-18h. Visites commentées sur résa 2 €.* Cette modeste chapelle templière du XIIe s a été dédiée à la petite reine, à l'initiative de feu l'abbé Massie, lui-même ardent cycliste et avec l'assentiment du pape Jean XXIII. L'abbé sera même décoré du « mérite cycliste » par la Fédération française ! Inspiré de la chapelle italienne du col de Ghisallo, ce lieu, sanctuaire national du cyclisme, reste unique en France. Ici, les maillots (plus de 400) de champions ou de clubs remplacent les ex-voto.
Dans le jardin, la statue de Notre-Dame représente la Vierge portant le globe terrestre sur son cœur, avec ce texte à ses pieds : « Marie reine du Monde, protège la terre parcourue en tous sens par les cyclistes amoureux de la belle nature du Seigneur. » Râteliers pour poser son vélo autour de l'abside ! Et, à l'intérieur, véritable fresque de maillots presque encore dégoulinants de sueur. Poulidor, Virenque, Longo et bien d'autres y ont laissé des signes de leur passage. Luis Ocaña s'y est marié. Plusieurs vélos exposés évidemment dont un

UNE CHAPELLE CONTRE LES JAMBES... LOURDES ?

En 1989, pour son 30e anniversaire, le Tour de France honora la chapelle de son passage. « En jaune » ce jour-là, Greg Lemond, y laissa son maillot en guise d'ex-voto. Est-ce ce don qui explique pourquoi il remporta le Tour avec 6 secondes d'avance sur Laurent Fignon dans la dernière étape des Champs-Élysées ? Lemond lui-même a considéré que c'était un vrai miracle !

qui a participé au 1er Tour de France (1903 ; Bourvil l'enfourcha dans le film *Les Cracks*), une bicyclette toute en bois de 1864, le vélo le plus léger du monde...
– Le lundi de Pentecôte, grande fête dédiée aux cyclistes.

Le domaine d'Espérance : *à* ***Mauvezin-d'Armagnac.*** *☎ 05-58-44-85-93. • armagnac-esperance.com • À 8 km sur la route d'Eauze puis la D 381. Accueil, dégustation et visite : de mi-juil à fin août, lun-ven 8h-12h, 14h-18h ; hors saison, lun, mer et ven 8h-12h.* Une ancienne bastide dans les coteaux où se distinguent quelques belles maisons à colombages... À la sortie du village, un domaine assez exceptionnel côté pierres comme côté vignes. Claire de Montesquiou a gagné son pari, les médailles reçues comme la satisfaction des amateurs justifient le combat mené au quotidien en vue d'élaborer ici des vins et des armagnacs assez exceptionnels. Très beau gîte, au beau milieu des vignes, comme il se doit.

SAINT-JUSTIN

(40240) 1 000 hab. *Carte Landes, D3*

Une bastide érigée en 1280, joliment restaurée mais moins impressionnante que Labastide-d'Armagnac. Saint-Justin accueillait d'importantes foires régionales au Moyen Âge. Mais les temps ont changé et la vie y est, aujourd'hui, tout simplement paisible et agréable. Pour les amateurs, plusieurs tracés VTT et parcours de randonnée au départ de Saint-Justin, situé sur l'une des routes de Saint-Jacques-de-Compostelle.

Adresse utile

Bureau d'accueil : *23, pl. des Tilleuls. ☎ 05-58-03-40-31. • tourisme-landesdarmagnac.fr • Juil-août, tlj sauf dim 10h-13h, 15h-18h ; juin et sept, mar-sam 10h-13h, 15h-18h ; hors saison, lun-ven 10h-12h30, 14h-17h30.* Demander le parcours du Patrimoine.

Où dormir ? Où manger ?

Camping

Le Pin : *route de Roquefort. ☎ 05-58-44-88-91. • camping.lepin@orange.fr • campinglepin.com • À 2 km du centre, sur la gauche après le pont. Ouv mars-nov. Forfait pour 2 pers 17-21 €. Hébergement locatif.* Sous les pins (normal !), un camping à taille humaine (88 emplacements), bien équipé et où se côtoie une clientèle d'habitués venant de toute l'Europe. Ambiance familiale autour d'un airial typiquement landais. Piscine avec toboggan aquatique, étang de pêche... Resto ouvert à tous. Proprios des plus accueillants (et qui fourmillent d'idées pour leur camping).

De bon marché à prix moyens

Hôtel Le Cadet de Gascogne : *6, allées Gaston-Phoebus. ☎ 05-58-51-84-59. • lecadetdegascogne@hotmail.com • le-cadet-de-gascogne.fr • Au centre. Resto tlj sauf mer, lun midi et dim soir hors saison. Doubles 69-89 €. Formule déj en sem 17 € ; menu 30 € ; carte env 45 €.* À l'enseigne, on s'attend à une adresse un peu engoncée dans la tradition. Mais on balaie cette idée reçue dès la terrasse sous les frondaisons. Une jeune équipe des plus accueillante conduit aujourd'hui à la destinée de cet hôtel-resto. La poignée de chambres s'avère plutôt déco et la cuisine est de terroir, inventive juste ce qu'il faut, dès le menu du jour. Au final, une bonne adresse au goût d'aujourd'hui (et à prix d'amis).

À voir. À faire

Balade dans la bastide : elle a été construite à la fin du XIIIe s dans un village qui, lui, remonte au Ve s. Bien que largement rénové, le centre ancien de Saint-Justin possède encore quelques belles maisons à pans de bois, des corniches sculptées et des écussons. Au hasard de la balade, vous tomberez inévitablement sur la place à arcades et découvrirez la prison, la maison forte, les remparts et la tour des Templiers. Dans l'*église Saint-André,* qui était au cœur du système défensif de la bastide, nef gothique et jolis vitraux.

Le chai de Soube, musée du Paysan : *chez Philippe Escoubet, à l'entrée de Saint-Justin en venant de Mont-de-Marsan. ☎ 05-58-44-64-37. • chaidesoube.fr • chaidesoube@gmail.com • Tte l'année, tlj en saison. GRATUIT. Café servi sur présentation de ce guide.* Pour découvrir une étonnante bâtisse prise dans les vignobles, un chai, un petit musée rempli de vieilles machines et de vieux outils, et finir par une dégustation. Ces producteurs d'armagnac, plusieurs fois récompensés, reçoivent très gentiment. Et vous feront sans doute déguster leur rafraîchissant *suprême de Jeanne,* un vin pétillant mélangé à de l'armagnac. Également 2 chambres d'hôtes *(double 60 €).*

Fêtes et manifestations

– ***La foire du 1er mai :*** survivance des grands rassemblements commerciaux d'antan, elle accueille près de 6 000 visiteurs au son des trompes de chasse autour de ses étals. Foire aux chevaux, ânes et poneys, horticulture, produits régionaux, artisanat d'art, camelots et bradeurs.
– ***La route de la Transhumance :*** *3e sem de sept.* Cette fête des traditions accueille le passage de la dernière transhumance hivernale de France, avec un troupeau de 600 brebis.

ROQUEFORT (40120) 1 930 hab. *Carte Landes, D3*

Un bourg qui peine à sortir d'une longue léthargie, due au couperet qui est tombé sur l'activité papetière locale... Mais il pourrait se réveiller grâce à la récente A 65 qui dessert Roquefort (sortie no 3). Nombreux vestiges mis en valeur et contant l'histoire tourmentée du « fort sur le Roc » depuis le IXe s : pont gothique, tour du Pijorin, église romane Notre-Dame installée dans les murs de l'ancien château... Du bourg partent de belles balades à faire à pied ou à vélo. Tiens, la voie limousine du chemin de Saint-Jacques passe ici.

Où dormir ? Où manger ?

Hôtel Le Saint-Vincent : *76, rue Laubaner. ☎ 05-58-45-75-36. 07-80-93-84-30. • contact@lestvincent.com • lestvincent.com • Au centre-ville. Tlj sauf dim soir (hors juin-août). Doubles et suites 70-100 €. Menus 24-35 €.* Superbe bâtisse en pierre pour cet hôtel aux chambres confortables et à la déco contemporaine. Mais surtout une table à conseiller pour son originalité, la fraîcheur de ses produits locaux et le savoir-faire du chef. De la salle, on l'aperçoit s'affairer en cuisine, dressant minutieusement chaque assiette que son épouse apporte fièrement en salle.

Où dormir dans les environs ?

Chambres d'hôtes La Maillade : *Bernadet, 40120* ***Bourriot-Bergonce.*** *☎ 05-58-93-39-63. 06-26-99-24-04. • la-maillade@wanadoo.fr • chambredhoteslandes.com • À 13 km au nord-est de Roquefort. Double 60 €. Avr-oct, possibilité de camper (10-15 € pour 2). Table d'hôtes 23 €. Apéritif ou café offert sur présentation de ce guide.* À l'entrée du village, dans un airial, avec une prairie naturelle de 2 ha, à l'orée de la forêt (cela dit pour ceux qui craindraient le bruit des voisins !). Authentique maison landaise. Accueil très familial, chambres agréables avec vue apaisante sur l'ancienne bergerie, le four à pain et la forêt. Piscine. Cuisine régionale, à la table d'hôtes.

À voir

Les Armagnacs Darroze : *av. de l'Armagnac (à la sortie du village direction Saint-Justin). ☎ 05-58-45-51-22. • contact@darroze-armagnacs.com • darroze-armagnacs.com • Accueil, dégustation et visite tte l'année, lun-ven 8h30-12h et 13h30-17h. GRATUIT.* Cette belle maison qui existe depuis 3 générations s'est mise au goût du jour, en créant un espace visite original. On découvre les spécificités de l'armagnac à travers le chai et la dégustation. Diaporama déjà d'un autre temps mais passionnant. Vous pourrez même découvrir quel genre d'armagnac est fait pour vous !

Les arènes La Monumental des Pins : *av. de l'Armagnac. Visite guidée en été, sam à 10h30. Rens à la mairie. ☎ 05-58-45-50-46.* Tout en bois (joli travail de charpentiers locaux) et classées Monuments historiques.

Canoë Loisir : *chemin de Cousseillat. 06-71-06-81-46. • canoe-loisir.fr • Mai-sept, tlj 9h30-16h. Parcours 14-23 €.* Sur un site Natura 2000, évadez-vous au fil de 3 cours d'eau : l'Estampon, la Douze et la Midouze.

GABARRET

(40310) 1 540 hab. *Carte Landes, D3*

Gabarret est le chef-lieu de canton du Gabardan, une microrégion oubliée des touristes, petite pointe située aux confins des Landes, à cheval sur le Gers et à la frontière du Lot-et-Garonne. L'ancienne vicomté de Pierre de Gabarret, rattachée au XIIe s à la maison de Béarn, fut fréquentée par le pas encore Henri IV qui s'empressera de l'inclure dans le royaume de France avant qu'elle ne soit oubliée de ses successeurs. On y trouve aujourd'hui la plus grande ferme solaire d'Europe et l'une des 14 *ganaderias* des Landes.

Adresse utile

Bureau d'accueil : *111, rue Armagnac. ☎ 05-58-03-40-31. • tourisme-landesdarmagnac.fr • Juil-août, lun-sam 10h-13h, 15h-18h ; le reste de l'année, lun-ven 10h-12h30, 14h-17h30.* L'office de tourisme est logé dans une belle maison en brique et colombages du XVe s, la « Maison du Gabardan ». Boutique de produits locaux.

Où camper ?

Parc touristique de la Chêneraie : *parc touristique de la Chêneraie, 454, av. de la Chêneraie. ☎ 05-58-44-92-62. • la-cheneraie@orange.fr • Ouv mars-oct (loc tte l'année). Forfait pour 2 env 11,80 €.* 40 emplacements semi-ombragés dans un cadre de verdure en lisière de forêt. Un seul bloc sanitaire, petit mais propre. Également des gîtes en brique et des mobile homes à louer. Piscine municipale juste à côté *(3 entrées/sem offertes).*

À voir dans le coin

La ganaderia de Buros : *route de Gabarret-Nérac, 40310* ***Escalans.*** *☎ 05-58-44-36-57. 📱 06-86-94-24-48. • ganaderiadeburos.fr • Visite guidée en juil-sept jeu à 17h30. Entrée : 9 € ; réduc. Sur résa (au moins la veille), soirée gasconne jeu juil-sept env 32 €/adulte, 18 €/enfant (visite et repas).* Fondée par Joseph Barrère en 1902, la ferme originelle est aujourd'hui l'une des 14 *ganaderias* des Landes, soit un élevage de vaches sauvages destinées à la course landaise. Elle est dirigée par Jean Barrère, ancien écarteur (nom du torero landais), actuel maire du village et champion du monde de *roucoulayre* (imitation du chant de la palombe !). Il accueille sur des échasses les groupes de visiteurs avant de leur faire visiter la *ganaderia.* Visionnage d'une vidéo, visite de l'écomusée, des arènes et enfin de l'élevage (80 à 100 têtes) qui fournit régulièrement les courses landaises du département.

LE PARC NATUREL RÉGIONAL DES LANDES DE GASCOGNE

À cheval sur les Landes et la Gironde, le parc naturel régional des Landes de Gascogne est délimité au sud par l'écomusée de Marquèze et monte, au nord, jusqu'au delta de la Leyre qui se jette dans le bassin d'Arcachon, où se situe la réserve ornithologique du Teich. Le parc s'articule autour des axes de la Grande et de la Petite Leyre, qui devient l'Eyre après sa confluence, sur la commune de Moustey.

La partie en aval du fleuve côtier est la plus sinueuse. Son exploration en canoë offre un véritable dépaysement au cœur d'une forêt préservée. Cette rivière, dans l'ancienne lande, faisait figure d'artère de vie : elle a longtemps été utilisée pour le flottage du bois avant que ses berges ne retrouvent un caractère sauvage. Les villages se sont implantés à la limite de ces vallées, s'adossant à la lande humide, laissée libre au parcours des innombrables troupeaux de brebis conduits autrefois par des bergers sur échasses.

HISTOIRE DE LA FORÊT LANDAISE

Étonnante histoire que celle de ce pays dont le paysage, la culture, l'économie ont été intégralement bouleversés dès lors que ***Napoléon III a ordonné l'assainissement des landes.*** Les bergers ont alors cédé la place aux résiniers. La concurrence chinoise ou portugaise, mais surtout les produits dérivés du pétrole ont eu raison à leur tour d'une économie qui a marqué l'âge d'or des Landes. La forêt de production actuelle fournit essentiellement – et péniblement, depuis quelques années... – des parquets, des lambris et de la pâte à papier issue des coupes d'éclaircie et d'entretien.

L'*écomusée de Marquèze* et son *pavillon* à Sabres sont un passage obligé pour comprendre l'évolution de cette Grande Lande, pays qui a longtemps fasciné chroniqueurs et voyageurs.
La Maison du parc à Belin-Béliet et la Maison de la Nature du Bassin d'Arcachon au Teich proposent également un programme d'activités pour partir à la découverte du patrimoine original des Landes de Gascogne. Ces équipements importants sont relayés par d'intéressants sites témoins d'une histoire singulière ou de savoir-faire originaux, aux portes sud du parc : *musée des Forges* de Brocas, *Graine de forêt* à Garein...
Pour vous héberger, certains villages possèdent des gîtes et chambres d'hôtes engagés dans une démarche écotouristique. Idéal pour partir ensuite en famille à la découverte de cette forêt de pins qui, sur plus de 100 km, compose la physionomie du parc.
Une forêt entièrement exploitée par l'homme, dont petits et grands peuvent suivre l'évolution, au hasard des routes : ici, des graines sont semées, là, de jeunes pousses font l'objet de soins attentifs. On débroussaille un peu partout pour ne garder que les pins les plus solides. C'est vers 50 ans en effet qu'ils atteignent leur pleine maturité, offrant ces teintes de vert qui se détachent sur le bleu du ciel. Au coucher du soleil, les couleurs flamboient et la forêt s'embrase. Magique !

DES CERCLES QUI TOURNENT ROND

Dans les Landes (comme dans la Gironde voisine), les cercles sont des bistrots nés des mouvements républicains qui ont suivi la Révolution. Si le gérant est salarié, les cercles appartiennent à leurs adhérents qui ne dédaignent pas, aujourd'hui comme hier, y jouer aux cartes et, naturellement, y écluser quelques verres ! Les femmes en ont été longtemps exclues : « le cercle des femmes, c'est le lavoir », disait-on avec finesse ! Le but d'un cercle était avant tout « le progrès moral et civilisateur de ses membres », d'où la nécessité de leur fournir « toutes les distractions honnêtes et les agréments possibles ». Florissants sous la IIIe République, il n'en reste plus, dans le territoire du parc, que quelques-uns d'« historiques » (dont on vous invite, quelques pages plus loin, à pousser la porte !). Mais, aujourd'hui, de nouveaux cafés associatifs ont repris le flambeau et, comme autrefois, s'affichent comme des lieux de rencontre, d'échange, voire d'entraide. Ils proposent également expos, animations, concerts et autres spectacles dédiés à la découverte d'artistes régionaux. Certains sont classés « cafés de pays ». Programme et agenda sur ● *cercles-gascogne.fr* ●

UNE FORÊT QUI NE MANQUE PAS D'ART

Depuis 2004, l'association culturelle ***La Forêt d'art contemporain*** (● *laforetdartcontemporain.com* ●) sème des œuvres d'art (contemporain donc !) dans le parc. Une vingtaine aujourd'hui (et une dizaine d'autres sont en projet) de sculptures et autres installations qu'on découvre en bord de route, au cœur d'un village ou dans la forêt, au terme d'une courte balade ou d'une rando un peu plus sportive. Plan disponible sur leur site internet ou en version papier dans les offices de tourisme, à l'écomusée de Marquèze ou à Graine de forêt à Garein (2 sites où sont installées des œuvres).

Adresses utiles

ℹ *Maison du Parc naturel régional des Landes de Gascogne :* *33, route de Bayonne, 33830* ***Belin-Béliet.*** ☎ *05-57-71-99-99.* ● *parc-landes-de-gascogne.fr* ● *canoesurlaleyre.com* ● *rando-landes-de-gascogne.com* ● *Lun ap-m et mar-ven 9h-12h30, 13h30-17h.* À l'accueil, sont disponibles brochures (carte, agenda) et conseils pour découvrir le territoire. Toutes les infos (sur place mais aussi sur les différents sites web) pour des balades à pied, à VTT ou en canoë et pour organiser son séjour, notamment dans des hébergements écotouristiques.

■ ***Écomusée de Marquèze :*** *40630 Sabres.* ☎ *05-24-73-37-40.* ● *marqueze.fr* ● Voir ce chapitre.

Où monter à cheval dans le parc ?

Plusieurs centres équestres proposent des stages et des randonnées à la journée ou de plusieurs jours.

– ***À Trensacq :*** *Le Ranch d'Elvire, route de Sore.* 📱 *06-10-50-67-26.* ● *leranch-elvire.ffe.com* ● *Réservé aux enfants de 3 à 17 ans et sur rdv seulement. Fermé w-e en juil-août. Congés : 1er-15 sept. Compter env 20 €/h.* Pour des balades en forêt.

– ***À Pissos :*** *centre équestre de Pissos.* 📱 *06-78-97-44-33. Tte l'année. Compter env 24 €/h.* Nombreuses activités, tous âges et tous niveaux.

Randonnées à vélo

Pour les amoureux du VTT, possibilité d'emprunter, dans les Landes, des chemins forestiers petit à petit balisés. Attention, le sable étant le support naturel de toute la région, jarrets d'acier recommandés ! Les centres qui louent les VTT proposent des circuits en boucle à la demi-journée. On vous fournira les cartes sur place. En vente, sinon : *Le Parc à vélo,* paru aux éditions Sud-Ouest. Il y a même un circuit « Écocyclo » en partenariat avec les hébergements engagés dans la démarche Écotourisme (à retrouver sur le site ● *rando-landes-de-gascogne.com* ●).

Location de vélos et VTT

– ***À Hostens :*** *à l'accueil du domaine départemental de loisirs d'Hostens.* ☎ *05-56-88-70-29. Mai-juin et sept, mer et w-e ; juil-août, tlj. Compter 7 €/1h30, 10 € la ½ journée (3h), 20 €/j.* 6 boucles de 9 à 20 km.

– ***À Pissos :*** *à la base de loisirs de Testarouman.* ☎ *05-58-08-91-58 ou 05-58-04-41-40 (mairie).* ● *sejour-pissos.fr* ● *Compter 10 € la ½ journée, 15 €/j.* Circuits balisés de 5 à 15 km.

BROCAS (40420) 773 hab. *Carte Landes, C2-3*

Porte d'entrée du parc naturel des Landes de Gascogne pour qui vient de Mont-de-Marsan (à une vingtaine de kilomètres) ou de l'Armagnac. L'occasion aussi d'entrer peut-être dans le 1er cercle de votre vie, celui « des Travailleurs », ouvert depuis 1930.

À voir

Le musée des Forges : *à la sortie du village.* ☎ *05-58-51-44-56.* ● *museeforges-brocas.fr* ● ♿ *Ouv juin-sept. Juil-août, mer et w-e 15h-19h ; juin et sept, w-e 15h-18h. Entrée : 4,50 € ; réduc ; gratuit moins de 12 ans.* Brocas fut un des hauts lieux de la métallurgie dans les Landes au XIXe s. Ce musée, installé dans une ancienne minoterie, explique de façon simple le processus de la fonte, la vie des forgerons d'autrefois et présente une collection d'objets en fonte (plaques de cheminée, ustensiles du quotidien, outils ...) de l'époque. La pomme de pin, marque de fabrique de Brocas, peut se voir sur nombre d'entre eux. Particularité, ce musée est établi sur l'ancien site industriel, à l'ombre du haut fourneau.

DANS LES ENVIRONS DE BROCAS

GAREIN *(40210)*

À environ 10 km à l'est de Brocas, un tranquille village, riche de quelques maisons traditionnelles (dont l'une accueille depuis 2009 le cercle des Associations) et d'une curieuse église fortifiée (XIIe-XVe s). Un rendez-vous annuel à ne pas manquer, le 1er week-end de mai : ***Les Floralies,*** une manifestation autour des plantes, pas comme les autres...

À voir. À faire

Graine de forêt : *au centre du village. 06-30-67-60-76. • grainedeforet.fr • Visite guidée seulement sur résa. Entrée : 7,50 € (10 € avec la visite guidée au long du sentier) ; réduc ; gratuit moins de 4 ans.* Ce centre de découverte de la forêt des Landes est le lieu de référence sur la thématique de la forêt et de son environnement. Une exploration guidée par un médiateur dans une nouvelle scénographie. Un large panel d'outils interactifs (maquettes, films d'animation, jeux) pour s'initier à la forêt cultivée et découvrir la forêt naturelle. Un sentier d'interprétation en boucle à suivre sur 4 km en se posant des questions. 2 parcours différents, en boucle et balisés en jaune, sont agrémentés de panneaux d'information sur la faune et la flore. Une exploration immersive au cœur du massif forestier landais.

LE PAYS MORCENAIS

À env 40 km de Brocas. « Ça coule de source », voici comment se définit cette terre d'eau et de forêts, rattachée aux « Landes de Gascogne », avec ***Morcenx*** pour petite capitale, et qui jouxte le parc régional. Au cœur du département, on l'apprécie doublement pour sa tranquillité et ses aménagements naturels comme le ***site départemental d'Arjuzanx,*** avec ses 5 lacs (nés d'une mine de lignite exploitée des années 1950 aux années 1990), dont celui d'Arjuzanx destiné aux pratiques de pleine nature, dont vous pourrez parcourir les abords à pied, à vélo ou à cheval. Baignade (surveillée l'été). Les autres plans d'eau forment une réserve naturelle qu'on découvre en compagnie des gardes naturalistes qui expliquent en détail faune et flore. C'est une halte migratoire et un site d'hivernage essentiels pour des milliers d'oiseaux migrateurs (quelque 20 000 grues cendrées passent dans le coin chaque année !).

Adresse et infos utiles

Maison de la réserve : *route de Choux, 40110* ***Arjuzanx.*** *☎ 05-58-08-11-52. • reserve-arjuzanx.fr • Tlj. Juil-août 10h-20h ; le reste de l'année 10h-12h30, 13h30-17h (10h-18h le w-e mai-juin et sept). Maison de site avec exposition, boutique, buvette. Sentier de découverte en libre accès. Visites* *guidées de la réserve, mar soir et jeu mat en été (6,60 € ; réduc ; gratuit moins de 6 ans). Observation des grues d'oct à fin fév, sur résa.*

Nombreux ***circuits à faire à vélo*** autour des lavoirs, des fontaines, des sources... Dépliants auprès de la ***maison du Pays morcenais*** *(4, pl. Jean-Moulin à Morcenx, à côté de la gare ; ☎ 05-58-04-79-50 ; • paysmorcenais.fr •).*

Où dormir ? Où manger dans le Pays morcenais ?

Camping Le Clavé : *860, route de Rion, 40110* ***Morcenx-Bourg.*** *☎ 05-58-07-83-11. 07-55-14-07-26. • contact@camping-leclave.com • camping-leclave.com • Par la N 10, sortie n° 14. Ouv avr-oct. Forfait pour 2 pers 15-22,50 €. Hébergement locatif. Réduc de 10 % (sauf août) sur le prix des emplacements sur présentation de ce guide.* Au cœur du Pays morcenais, à une trentaine de kilomètres au nord-ouest de Mont-de-Marsan. Sur 6 ha de verdure, un camping frais et ombragé (certains emplacements près de la rivière), tout confort, avec piscine, mobile homes, terrain de pétanque, minigolf, laverie, snack-bar...

Auberge du Lavoir : *21, rue de l'Airial, 40110* ***Garrosse.*** *☎ 05-58-08-16-20. • auberge-du-lavoir@orange.fr • Ouv mar-dim midi et ven-sam soir (plus jeu soir en été). Menus 20-25 € ; carte env 25 €.* Surprenante adresse dans ce village franchement hors des sentiers battus. La maison, derrière une tranquille et verdoyante terrasse, est typiquement landaise (avec colombages et tout et tout) et la salle a le cachet rustique d'une auberge de campagne. Mais dans le menu du jour comme à la – courte – carte renouvelée très régulièrement, la cuisine est bien d'aujourd'hui, en phase avec son terroir et soignée.

LES LANDES

À voir. À faire

Site d'Arjuzanx : *GRATUIT.* Nombreuses activités sur plus de 400 ha accessibles toute l'année. Pêche, randonnée et VTT sur les 27 km d'itinéraires. En été, baignade et nautisme, équitation.

La chapelle de Suzan : *à* ***Ousse-Suzan.*** Perdue entre champs et pinède, cette petite chapelle d'origine romane respire la tranquillité. Vouée à saint Jean-Baptiste, elle est ornée d'une clé de voûte à croix de Malte, d'un curieux clocher et surtout d'une peinture murale datée du XVIe s, où sont représentés les 7 péchés capitaux dans une harmonie de teintes pastel et de formes naïves.
– Incroyable ***foire annuelle*** autour de la chapelle, datant du Moyen Âge, pour la Saint-Michel, le 29 septembre (s'étale sur 2 km).

Tout près, balades à faire dans les forêts de pins ou jusqu'aux sources avoisinantes.

SABRES ET L'ÉCOMUSÉE DE MARQUÈZE

(40630) 1 350 hab. *Carte Landes, C2*

On ne s'arrête vraiment à Sabres que pour visiter l'écomusée de Marquèze. Du bourg, un train à l'ancienne mène à ce site, point de passage obligé de toute visite dans la Grande Lande.

Info utile

Point d'infos touristiques : *juil-août dans la gare.*

Où dormir ? Où manger à Sabres ?

Puisque vous venez avant tout à Sabres pour visiter l'écomusée, vous pouvez déjeuner sur le site (lire plus loin « À voir »).

Camping

Domaine de Peyricat : *route de Luglon. ☎ 05-58-07-51-88. • campingvvsabres@gmail.com • camping-sabres.com • À 400 m du bourg. Ouv avr-oct. Forfait camping pour 2 pers 15 €. Hébergement locatif. Double 53 €.* Dans un vaste domaine, un camping et un village vacances qui constituent une bonne halte pour rayonner et descendre la Leyre. Une soixantaine de vrais beaux emplacements en bordure de forêt mais assez peu ombragés. Bungalows toilés, mobile homes, tipis, cottages, de confortables chalets de bois et des chambres (service hôtelier). L'été, accès gratuit à la piscine municipale (à 100 m) et aux terrains de sport (foot, rugby, badmington, tennis...). Aire de jeux, animations payantes (canoë, accrobranche...). Bar. Engagé Écotourisme.

De bon marché à chic

Auberge des Pins : *70, route de Luglon. ☎ 05-58-08-30-00. • contact@aubergedespins.fr • aubergedespins.fr • Tlj sauf dim soir-lun hors saison (lun midi seulement en saison). Doubles 75-150 €. Au bistrot, menu déj en sem 14 €. Au resto, menus 25 € (déj en sem), puis 36-75 € ; carte env 50 €. Apéritif maison offert sur présentation de ce guide.* Grosse maison landaise à pans de bois, au balcon fleuri et au large toit. Chambres plutôt charmantes pour les plus chères, désuètes (moquette au sol...) pour les plus anciennes. Mais que vous logiez dans la demeure principale ou dans l'annexe, vous bénéficierez du parc de 1 ha, planté de chênes (et de pins, évidemment !). Et la table est à la hauteur du cadre : cuisine soignée comme on dit, dans la grande tradition, à base de bons produits du pays. Également un bistrot, nettement moins cher, avec des plats aussi rustiques que forts en goût.

Au Petit Resto : *158, rue Pascal-Duprat. ☎ 05-58-04-85-49. • aupetitresto@yahoo.fr • Dans une rue perpendiculaire à l'artère principale du bourg. Congés : vac de Noël et de la Toussaint. Ts les midis sauf dim-lun, plus le soir dim-mer en saison. Formule et menu déj en sem 17 € ; carte env 30 €.* Toute petite salle (naturellement) et terrasse riquiqui aussi. Un certain charme (la maison, typiquement landaise, accuse quelques siècles), une ambiance très familiale pour une cuisine dans le même esprit pour le menu du jour, avec quelques bonnes petites idées à la carte. C'est simple mais bon, frais, local, sympa quoi, comme l'accueil.

À voir

L'écomusée de Marquèze : *☎ 05-24-73-37-40. • marqueze.fr • Ouv avr-sept. Juil-août, tlj 10h-18h ; avr, juin et sept, guichet fermé 12h-13h40 ; mai, mar-ven 14h-18h (fermeture du guichet à 16h10), w-e et vac scol 10h-18h (guichet 9h45-12h, 13h40-16h10). Navettes en train entre Sabres et Marquèze ttes les 40 mn. Entrée : 14 € ; forfait famille et réduc, notamment sur présentation de ce guide. Tarif pavillon seulement : 6 €.*

Compter au moins 3h de visite. Visite guidée gratuite de 1h env, facultative mais passionnante, plusieurs fois/j., départ à l'arrivée du train. Application pour tablettes ou loc de tablette (2 €) avec parcours ludiques dont un pour les enfants.
– ***Le pavillon :*** *face à la gare.* C'est toute l'histoire des occupations humaines sur le territoire du parc qui se raconte derrière la fine résille de pin maritime de ce bel exemple d'architecture contemporaine intégrée à l'environnement. Sa « peau de bois » le protège du soleil, adoucit les contrastes, incite à traverser les voies, où le train est au repos, pour entamer un 1er voyage dans le temps, dans un bel espace destiné aux générations présentes et à venir. Exposition permanente sur la construction des landes de Gascogne du XIXe au XXIe s : de la lande rase qui inquiétait beaucoup les voyageurs d'hier à la forêt de pins et aux grands champs de maïs d'aujourd'hui, la métamorphose d'un pays. Instructives vitrines (tout ce qu'il est possible de fabriquer avec le bois des pins, jusqu'aux couches pour bébés !), projections, témoignages, pages d'histoire oubliées comme les grandes grèves des gemmeurs... Vous êtes même invité à donner votre avis sur les sujets d'actualité en participant de façon virtuelle et ludique à l'« assemblade », conseil citoyen d'autrefois remis au goût du jour. Belles expositions temporaires, renouvelées chaque année.
– ***Le quartier de Marquèze :*** prêt pour un 2d voyage dans le temps et dans l'espace ? Prenez place dans les bons vieux wagons (de la ligne Montpellier-Palavas, de 1913 et classés Monuments historiques...). À l'arrivée du train en gare, un guide vous accueille et vous présente brièvement le site. Vous pouvez faire la visite en sa compagnie et découvrir ainsi, commentées, les différentes maisons composant un authentique ***quartier de la Grande Lande au XIXe s*** : superbe maison de maître, beaucoup plus modeste logement des métayers, bergeries, moulin ou surprenants poulaillers sur pilotis... À moins que vous ne préfériez remonter le temps à votre rythme, plan en main.
Marquèze était un ancien quartier agricole dépendant de Sabres. On y élevait des brebis pour leur fumier, ce qui permettait la production de seigle sur ces terres pauvres où même le blé ne rend pas. Beaucoup de maisons disposées sur cette grande aire naturelle (l'« airial ») étaient là au XIXe s, même si certaines ont été entièrement démontées pour être installées ici. Ce quartier rappelle aujourd'hui la période de transition quand ces landes sèches et autres marécages ont été plantés de pins...
Au hasard de jolis sentiers, entre les pins ou sur les berges de la rivière, riches en essences botaniques, les différentes maisons que vous visiterez abritent des expos, du mobilier et, surtout, expliquent la mutation de la région et le mode de vie des paysans éleveurs de l'époque avec des créations sonores, qui redonnent vie aux lieux, racontent les faits et gestes des anciens habitants, les grands moments de leur existence. Pour petits et grands, quelques maisons accueillent les *Maquinas Poéticas,* des univers visuels et sonores originaux (mention spéciale à la sombre borde des Sorcières...). Au quotidien, un animateur explique le gemmage tandis que le ***moulin*** fonctionne et moud la farine de seigle qui servira à la fabrication du pain dans le four. Délicieux d'ailleurs, ce pain (goûtez celui au jambon !), à moins que vous ne craquiez pour la brioche ou le pastis landais (c'est une pâtisserie). D'autres activités permettent de s'initier à la lessive à l'ancienne, au tissage, aux plantes médicinales, etc.
Le parc se bat pour donner à ses habitants comme à ses amoureux d'un jour une raison de croire en l'avenir de cette terre qui échappera toujours aux visiteurs pressés. Même si des concessions ont été faites pour permettre aux jeunes et aux moins jeunes de voyager plus facilement dans le temps, ici, on revendique plus que jamais une certaine quête d'authenticité.
Et même si on est loin d'un « Disney Landes », profitez des heures creuses en été pour parcourir tranquillement cet espace si attachant, tôt le matin ou en fin de journée, avant le dernier train.

– Si vous avez apporté votre panier, espace pour pique-niquer à 2 pas de la gare d'arrivée avec des tables bien ombragées.

Sandwichs, burgers et autres salades à ***La Buvette*** (juste à côté de la *Table de Marquèze,* mêmes proprios).

L'Estanquet : *dans une des maisons de l'écomusée. Ouv 12h-14h (restauration) et 14h30-17h30 (buvette). Assiettes du jour, chaudes ou froides, 8-10 €. Plat gascon 15 €.* Au déjeuner, des petits plats dans la tradition landaise à accompagner d'un verre de tursan ou de chalosse. Pour le goûter, un pastis landais et un bon jus de pomme du coin. Idéal pour faire une pause, la définition même d'un estanquet ! Service en costume traditionnel.

La Table de Marquèze : *face à l'arrivée du train. ☎ 05-58-07-59-44. Mêmes jours d'ouverture que le site, service du midi 12h-15h. Menu du terroir 20 € ; assiette de pays 20 € avec un verre de vin ; carte env 35 €.* Les produits proposés viennent des fermes alentour : garbure, confit, salade landaise, poulet fermier, millas ou pastis... tous les classiques – ou presque – sont au rendez-vous. Service sympa.

Fêtes et animations

– ***Fête du Printemps et des Bergers :*** *dim et lun de Pâques.* À la fin de l'hiver, les bergers se rassemblaient et partageaient l'omelette et les potins du quartier avant d'aller de nouveau arpenter la lande. Musiques traditionnelles, bal gascon, omelette pascale.
– ***Journée des enfants :*** *8 mai.* Spectacles, jeux et animations.
– ***Tonte des moutons :*** *fin mai.* On les soulage de leur lourde toison ; la laine est ensuite lavée, cardée, puis éventuellement teinte, grâce à des plantes tinctoriales trouvées dans la lande.
– ***Battage du seigle :*** *mi-août.* Céréale vivrière de l'ancien pays landais, elle est récoltée à la faucille et à la « claudinette » (une invention du cru), puis livrée à la batteuse.
– ***Week-end des chasses anciennes :*** *fin août.* Présentation des techniques traditionnelles de chasse dans la lande.
– ***Cuisine d'automne :*** *mi-oct, pdt la Semaine du goût.* Réalisation de recettes traditionnelles de saison (citrouille, tourin, confit, millas...), avec dégustation.

DANS LES ENVIRONS DE SABRES

SOLFÉRINO (40210)

Sur la D 44, prendre à gauche vers Morcenx, à env 14,5 km de Sabres. Le village, au lieu-dit *Les Cottages,* mérite le détour en ce qu'il symbolise l'avènement de la forêt de Gascogne et l'expérimentation d'un nouveau modèle de société et d'économie rurale initié par Napoléon III, qui y possédait 700 000 ha. Pour être exact, précisons que c'est Napoléon Ier qui, au début du XIXe s, avait voulu transformer cette étendue inculte, marécageuse et insalubre en « un jardin pour la vieille garde ». Son neveu eut le mérite d'accélérer l'histoire et créa cet insolite alignement parfait de petites maisons identiques de part et d'autre d'une allée barrée par l'église. Ce village, expérimental à l'époque, était destiné à héberger des citoyens modèles chargés de développer une sylviculture moderne. Aujourd'hui, il semble se trouver là comme par erreur, et étonne par son caractère désuet, à 2 mn de la N 10. Le nom de « Solférino » lui fut donné en l'honneur des Landais qui s'étaient illustrés en Italie à la bataille du même nom.

LA VALLÉE DE LA LEYRE

Carte Landes, C1-2

La vallée de la Leyre *(la la li la lère)*, ou plutôt les vallées des 2 Leyre, la Grande et la Petite, roulent leurs eaux et s'unissent en une seule vallée, vouée au canoë, sur une centaine de kilomètres. Ceux qui ont connu la Leyre plus maritime côté delta (voir plus haut le chapitre « La Gironde ») entreront vraiment dans son intimité dans sa partie haute, côté landais. Les villages de la vallée vous offriront le gîte et le couvert, avant que vous n'entamiez une descente en canoë, de Commensacq à Saugnac.

LUXEY (40430)

Ravissant village où se cache, derrière l'église, le petit ensemble de bâtiments d'un atelier de produits résineux. Quelque peu endormi en temps ordinaire, Luxey s'anime 3 jours durant, autour du 15 août, en une multitude de scènes en plein air pour le festival Musicalarue. Un rendez-vous d'amis fidèles et de curieux conquis par un esprit de fête propre à la région et un étrange mélange de grosses têtes d'affiches, de création, d'impertinence et de déambulations extravagantes. ● *musicalarue.com* ●

EX-COLOPHANE DES SIXTIES

La récolte de la résine du pin des Landes n'est plus qu'une lointaine tradition disparue dans les années 1960-1970... Pourtant, dans ce marché aujourd'hui dominé par la Chine, son produit transformé, la colophane, se retrouvait dans les pneus, le savon, la peinture, mais aussi pour sécher les mains des sportifs (handball, rugby, escalade), sous les chaussons des danseurs et sur les archets des instruments à cordes.

Où dormir ? Où manger ? Où boire un verre ?

Aire naturelle de camping Le Hariet : *route de Lencouacq. ☎ 05-58-04-70-70. ● mairie@luxey.fr ● Sur la D 9, en direction de Lencouacq ; à env 200 m du centre. Ouv d'avr à fin sept. Camping géré par la mairie. Forfait pour 2 pers 5 €. CB refusées.* Très calme, au milieu des pins. Installations minimales mais suffisantes (1 bloc sanitaire pour 25 places). En principe, de mi-juillet à début août, réservé aux bénévoles du festival « Musicalarue » et donc inaccessible.

Cercle de l'Union : *11, pl. Saint-Roch. ☎ 05-58-08-05-01. ● cercledeluxey@gmail.com ● Tlj 9h30-15h, 17h-21h (le w-e 11h30-13h30, 17h-21h30). Menu déj en sem 13,50 €.* Ouvert depuis 1897 et dans cette petite maison depuis 1946, c'est le plus vieux cercle des Landes encore en activité. La salle a été rénovée (et n'est pas des plus charmante, dommage...), mais les habitués – papis du village comme jeunes un brin alternatifs – suffisent pour installer une sacrée ambiance ! Menu genre ouvrier le midi, tapas le soir, régulières parties de belote ou de tarot et concerts de temps à autre.

SORE (40430)

Derrière sa porte médiévale (ultime vestige des remparts), un tranquille village traversé par la Leyre (la petite !). Dans la forêt voisine se cache le marais du Plata, espace naturel sensible.

Où dormir ?

À **Sore,** possibilité de dormir dans l'un des 9 gîtes forestiers ou sur l'aire naturelle de camping. S'adresser à la mairie : ● *mairie@sore.fr* ● ☎ *05-58-07-60-06.*

Aire naturelle de camping : *16 empl. Juin-sept, 6-11 € pour 2.*

Chambres d'hôtes Le Cercle de la Paix : *av. Bernard-Martin.* ☎ *05-58-07-60-06 (géré par la mairie). Doubles 40-50 €.* À l'étage de l'un de ces cercles typiques du coin, 3 chambres toutes simples, avec kitchenette. Le petit déj est servi en supplément au café d'à côté.

MOUSTEY (40410)

Petit village, dont l'originalité tient à ses 2 églises côte à côte, datant de la fin du XVe-début du XVIe s : l'*église Saint-Martin,* toujours ouverte au culte, et l'*église Notre-Dame,* rattachée à un hôpital (détruit en 1872) autrefois destiné aux pèlerins de Saint-Jacques-de-Compostelle, et qui abrite aujourd'hui un espace d'exposition.

Où dormir ?

Gîte d'étape de l'Airial de Lavigne : *quartier de Lavigne.* ☎ *05-58-07-75-60.* *06-80-92-03-59.* ● *tarisnaturloisir@aol.com* ● *taristourisme.net* ● *Tte l'année sur résa. Nuitée 21-25 €/pers en gîte (couchage complet ou gestion libre), 13-17 €/pers en tipi ; emplacement tente 9,50 €/pers.* À 200 m de la rivière, 3 bâtiments réaménagés : la maison de maître, pleine de charme mais restée nature, celle des métayers et le four à pain. Au total, des gîtes de 4 et 14 places, dotés de chambres et d'un dortoir. Des tipis pour les amateurs. Activités sur résa : attelage, canoës, club hippique, ânes bâtés, ferme découverte. Location de canoës pour descendre la Leyre et équitation (voir plus loin « Attelages des vallées de la Leyre » dans la rubrique « À faire »). Engagé Écotourisme.

À faire

➢ **Attelages des vallées de la Leyre :** *quartier de Lavigne.* ☎ *05-58-07-75-60. Tte l'année.* Proposent des randonnées en attelage pour découvrir le milieu forestier. Louent également des canoës *(32 € la ½ journée pour 2).* Autre variante : des ânes bâtés accompagnent les promeneurs munis d'une fiche itinéraire *(35 € la ½ journée, 52 €/j., ou plus si affinités).* Club hippique sur place. Et hébergements (voir « Où dormir » ?)

PISSOS (40430)

Pas un charme fou, ce village (et si quelqu'un, un jour, pouvait éviter que les camions ne franchissent en nombre son pont sur la Grande Leyre...). Mais pas mal d'authenticité notamment avec son ***cercle*** encore en activité. Depuis quelques années, Pissos soigne son image de station pleine nature, avec comme activité phare le canoë sur la Leyre, qui passe par ici. À l'écart du village, entourée de platanes, la petite église romane *Saint-Jean-Baptiste-de-Richet* dégage, elle, une sérénité très particulière. Remarquez son clocher en bardeaux de châtaignier et, si vous avez la chance qu'elle soit ouverte, allez contempler ses fresques des XIVe et XIXe s.

Où dormir ? Où manger ? Où boire un verre ?

Camping

⛺ ***Camping municipal L'Arriu :*** *525, chemin de l'Arriu. ☎ 05-58-08-90-38. • mairie@pissos.fr • pissos.fr • ♿ À l'orée du village. Ouv de juil à mi-sept. Forfait pour 2 pers env 12,80 €.* Environ 70 emplacements ombragés par une pinède, à proximité d'un petit ruisseau (l'Arriu). Piscine municipale (gratuite pour tout séjour de plus de 5 jours) à côté. Diverses activités à la base nautique de Testarouman, toute proche : location de vélos, tir à l'arc, canoë sur la Leyre, accrobranche, balade à cheval ou VTT.

De bon marché à prix moyens

Le Café de Pissos : *42, rue du Pont-Battant. ☎ 05-58-08-90-16. • cafedepissos@wanadoo.fr • cafe-de-pissos.com • En plein centre. Ouv variable, se renseigner. Menu déj en sem 15 € ; menu et formule 26 €.* La bonne affaire familiale où goûter à une cuisine de terroir, généreuse mais pleine d'allant. Jolie terrasse, sous les platanes, ou salle suffisamment désuète pour plaire aux Britanniques de passage et aux commerciaux en déplacement, qui trouvent là une bonne table à prix doux. Accueil des plus agréable.

Cercle de l'Union : *105, route de Daugnague. ☎ 05-58-08-90-85. Au centre. Tlj, sauf lun et mar soir hors saison, 10h-13h, 18h-21h (jeu à partir de 9h).* Un café historique (ouvert depuis 1907) mais toujours bien vivant : des expos, des conférences, du théâtre et de nombreux concerts animent la salle (moderne mais qui a conservé poutres et boiseries) ou la terrasse ombragée. Repas festifs de temps à autre.

LES LANDES

LA DESCENTE DE LA LEYRE EN CANOË

Vraiment extraordinaire, cette descente au rythme de la pagaie depuis l'une des bases nautiques situées sur ce fleuve côtier, en partie désormais classé « rivière sauvage » : il en existe 4 dans les Landes. La Leyre, navigable sur 95 km, est un fleuve tranquille, sans barrage ni rapide, sans aucun danger donc surtout l'été (attention toutefois aux orages qui peuvent subitement faire monter le niveau de l'eau). Il suffit de louer un kayak ou un canoë pour s'embarquer pour une balade qui s'adresse à tous, même aux enfants à partir de 6 ans (seule condition : savoir nager et porter un équipement adapté). Paysages préservés : forêt-galerie, petites plages de sable au hasard d'un méandre, loutres et palombes... La partie la plus sauvage (à découvrir en 1 à 3 jours) se trouve entre Commensacq et Moustey, sur la Grande Leyre (la Petite Leyre ne se pratique pas en canoë). La descente complète se fait en 5 jours et l'arrivée dans le delta de Leyre, à l'orée du bassin d'Arcachon, est tout simplement magique !

Infos utiles

– Prix des canoës : *env 20 €/j. et pers, navette comprise.*
– Ne partez pas le nez en Leyre : préparez votre parcours et vos étapes en fonction de vos désirs et capacités. À l'une des bases, des guides de rivière vous aideront.
– Initiation aux manœuvres à la base de départ. Aucun danger en été car pas de courant fort ; le reste de l'année, plus de prudence est requise.
– Possibilité de sorties encadrées.
– Prévoyez votre nourriture, bien que les villages ne soient pas loin des bases.

– Possibilité de venir vous chercher après la descente de la rivière, d'échanger votre canoë contre votre vélo, dont le transport est assuré par la base de location, ou de vous faire accompagner en camionnette en amont de la Leyre.

– Site internet • *canoesurlaleyre.com* • avec pdf explicatif.

– Camping sauvage et feux interdits : on est dans un espace naturel protégé.

Où dormir ? Où louer un canoë ?

Vous avez la possibilité de passer la nuit sous tente ou en gîte forestier. Les centres disposent souvent de tentes pour ceux qui n'en ont pas. Voici les principales bases d'accueil d'où il est possible de démarrer la balade. La distance entre chaque base équivaut à 1 journée de canoë (environ 20 km).

– ***Base nautique de Mexico :*** *au pont de la Pouloye, à* ***Trensacq.*** *☎ 05-58-07-05-15. • contact@mexicoloisirs.com • mexicoloisirs.com • Ouv avr-oct.* Lieu idéal pour le départ de la descente intégrale de la Leyre, rando nautique sur 3 à 5 jours et 90 km (location d'embarcations). Pas d'hébergement sur place mais à 10 mn *Domaine de Peyricat* à Sabres, voir plus haut. Nombreuses autres activités : tir à l'arc, VTT, *paintball,* course d'orientation, olympiades, *stand-up paddle...* Très bon accueil et conseils sur les hébergements tout au long du parcours.

Base nautique de Testarouman : *1370, route de Sore, 40410* ***Pissos.*** *☎ 05-58-08-91-58 ou 05-58-04-41-40 (mairie). • sejour-pissos.fr • Ouv avr-oct. Possibilité de camper pour les pers en itinérance (en canoë, à pied, à vélo, à cheval). Compter 9 €/pers sous une tente (déjà montée) ou 7,50 €/pers avec sa propre tente.* Un camp de base bien situé sur la Grande Leyre, idéal pour la pratique d'activités pleine nature. Tentes réparties sur un airial qui surplombe la rivière, cuisine collective. Location de canoës et kayaks, vélos, tir à l'arc, centre équestre, parcours acrobatique forestier, piscine municipale à 5 mn à pied. Les commerces (supérette, boulangerie) sont au centre, à 10 mn à pied par le chemin de Saint-Jacques. Super pour les familles !

LA CÔTE LANDAISE, DE BISCARROSSE À LÉON

Au sud d'Arcachon, où le courant vous a entraîné si vous avez descendu la Leyre en canoë (voir le chapitre précédent), commence ce qu'on peut appeler la plus longue plage d'Europe. Plus de 100 km de sable fin, et une côte que vous pourrez facilement parcourir à vélo. C'est aussi la région des grands lacs, ces étangs côtiers souvent enserrés de vastes forêts de pins, à découvrir, de préférence, en dehors du mois d'août. Pour les amoureux de la plage, en revanche, la saison estivale est le moment idéal pour profiter d'une côte qui, entre Biscarrosse et Léon, a toujours la cote auprès des familles comme des surfeurs.

SE METTRE AU COURANT

Le courant est, sur cette côte, une vraie spécialité locale ! On appelle ainsi ici les exutoires des lacs qui se jettent dans l'océan. Ces cours d'eau sont des mondes à part avec une faune et une flore propres que l'on peut découvrir en les descendant, en barque pour le courant d'Huchet, ou en canoë-kayak pour celui de Pontis, voire en s'y baignant, à Mimizan.

LES LANDES

BISCARROSSE

(40600) 14 700 hab. *Carte Landes, B1*

La plus importante station estivale des Landes en termes de capacité d'accueil. Plutôt agréable, Bisca (comme on dit ici) a le mérite de ne pas avoir été défigurée par le béton. C'est la variété des sites naturels qui la caractérise le mieux : immenses plages océanes de sable blond et fin, grands lacs d'eau douce et limpide, pinèdes qui s'étirent entre dunes et vallons... Et au centre, un gros bourg qui, s'il n'a pas un charme immédiat, vit comme un village. Le vaste lac de Biscarrosse-Cazaux-Sanguinet (le lac Nord pour faire court !), à l'intérieur des terres, est à fréquenter pour qui aime les sports nautiques et les plages de sable sans vagues. Plus au sud, le Petit Lac est le paradis des pêcheurs et le lac Sud (Biscarrosse-Parentis) idéal pour s'initier à la voile (ou à l'hydravion !).
Sachez toutefois que les distances (surtout à vélo) ne sont pas des moindres : 10 km du bourg à la plage ou à l'extrémité du lac Nord. Et que Biscarosse voit sa population décupler en pleine saison. Mais la plage est longue et il fait bon aller se promener à pied ou à vélo dans les vastes forêts (13 510 ha) sur les 125 km de pistes réparties en 14 circuits différents.

Adresses et infos utiles

Office de tourisme Bisca Grands Lacs : *55, pl. G.-Dufau, à Biscarrosse-Plage. ☎ 05-58-78-20-96. • biscagrandslacs.com • Juil-août, tlj 9h-20h ; avr-juin et sept, lun-ven 9h30-12h30, 14h-18h, w-e et j. fériés 9h30-12h30, 14h-17h ; le reste de l'année, lun-ven 9h30-12h, 14h-17h, sam 9h30-12h. Annexe à Biscarosse-Ville au cinéma Le Renoir face à la mairie (juil-août).* Demandez les documents sur les circuits rando et les pistes cyclables à faire aux alentours. Visite avec un *greeter* (guide bénévole) sur inscription. Nombreuses visites guidées et séances de sport et bien-être.

Biscabus : *tte l'année.* Une ligne régulière qui relie le bourg à la plage via les rives du lac. Pour info, parkings payants côté lac...

Location de vélos : très nombreux loueurs entre la ville et la plage. Liste à l'office de tourisme.

– ***Marchés :*** *ven mat, à Biscarrosse-Ville, sur la place du marché (petit marché dim). Ts les mat en juil-août (seulement sam mat hors saison); marché artisanal ts les soirs en juil-août dans les rues de Biscarosse-Plage.*

Où dormir ?

Campings

Yelloh ! Village Maguide : *870, chemin de Maguide, à Biscarosse-Lac. ☎ 05-58-09-81-90. • contact@campingmaguide.fr • camping-maguide.com • Sur la gauche, en arrivant au bord du lac, au bout du port. Ouv avr-sept. Forfait pour 2 pers 20-55 €. Hébergement locatif.* Pas trop grand et idéalement situé, dans un coin tranquille mais à 5 mn à pied (accès direct) de la plage. Emplacements ombragés. Cottages (vue lac, dans la verdure pour certains) et cabanes. Bien équipé : épicerie, jeux et club pour enfants, pétanque, beach-volley, espace balnéo couvert et chauffé, bar-restaurant en bord de plage...

Camping En Chon Les Pins : *600, chemin d'En-Chon à Biscarosse-Lac. ☎ 05-58-78-16-00. • contact@campingenchonlespins.com • campingenchonlespins.com • Ouv de juin à mi-sept. Forfait pour 2 pers env 26-35 €. Hébergement locatif. 89 empl.*

Beaucoup de locatifs (coquettement arrangés) mais qui ne gâtent en rien le bon esprit familial de ce camping, spacieux (mais à taille humaine) et verdoyant. Paisible et sans animations. Terrain de volley et badminton, pétanque, aire de jeux, minigolf et piscine. Lac à proximité immédiate.

Camping Campeole Le Vivier : *681, rue du Tit, à Biscarrosse-Plage. ☎ 02-53-81-70-00. • reservation@ms-vacances.com • ms-vacances.com • ♿ Ouv de fin-mai à mi-sept. Forfait pour 2 pers env 24-50 € ; frais de dossier 12-30 € (moins cher via internet). Hébergement locatif.* Avec plus de 686 emplacements largement occupés en été, pas franchement la petite adresse confidentielle ! Mais ce grand terrain plat ombragé par des pins est à 800 m de la plage via un chemin forestier. Piscine. Aire de jeux. Snack-bar et animations pour toute la famille en saison.

De prix moyens à beaucoup plus chic

Logis Le Relais : *216, av. du Maréchal-Lyautey, à Biscarrosse-Ville. ☎ 05-58-78-10-46. • contact.hotellerelais@gmail.com • hotel-le-relais.com • ♿ Tte l'année. Doubles 70-110 € ; familiales. Parking.* D'accord, l'hôtel est en face d'un rond-point mais le double vitrage fait son boulot. D'ailleurs les chambres, si elles ne sont pas immenses, sont d'un vrai confort (clim...) et d'un sobre style contemporain que tout le monde devrait trouver à son goût. Accueil familial et réjouissante ambiance populaire au bar-tabac du rez-de-chaussée où les habitués du boulodrome d'en face rejouent leurs parties.

Chambres d'hôtes Côte et Dune : *675, av. Gabriele-d'Annunzio, à Biscarrosse-Plage. 📱 06-08-96-31-73. • contact@cotedune.fr • cotedune.fr • ♿ Accès fléché. Fermé nov-avr. Doubles 112-165 €. CB acceptées.* Face aux dunes, comme son nom l'indique, une superbe maison d'architecte avec 5 chambres à la déco sobrement contemporaine, inspirée par les éléments naturels de cette côte, chacune baptisée du nom d'un spot de surf célèbre : 3 à l'étage, 2 au rez-de-chaussée avec patio couvert et accès direct à la terrasse et sa jolie piscine chauffée entourée d'un deck. Vous en voulez encore ? Toit-terrasse de 100 m² avec chouette vue (évidemment) et sur demande, panier pique-nique spécial coucher du soleil, avec foie gras et champagne à emporter sur la dune !

Chambres d'hôtes Le Comptoir des Sables : *34, av. de la Libération, à Biscarrosse-Plage. ☎ 05-58-78-35-20. 📱 06-61-47-89-89. • lecomptoirdessables@gmail.com • lecomptoirdessables.fr • Suivre les panneaux de l'Hôtel des Vagues, c'est à côté. Tte l'année. Doubles 100-185 €.* Derrière la palissade grise, une belle villa rénovée et 5 chambres tout confort (clim, TV...), contemporaines pour certaines, plus néobaroques pour d'autres, toutes charmantes. Jacuzzi dans le jardin. Accueil souriant.

La Villa Sunshine : *114, rue des Grives. 📱 06-43-78-77-87. • surf-hebergement-biscarosse.fr • villasunshine40@gmail.com • Doubles 55-110 €.* À 400 m de la mer, une petite maison de 3 chambres et un dortoir avec cuisine équipée à disposition et barbecue dans le jardin. Une formule combine 6 nuits et 5 demi-journées de surf, pour apprendre ou se perfectionner. Super cours dispensés par Julien et possibilité de « séjour sportif » avec *paddle* et pêche. Une adresse au top pour faire des rencontres et profiter de la mer.

Hôtel-restaurant La Caravelle : *5314, route des Lacs, Ispe, à Biscarrosse-Lac. ☎ 05-58-09-82-67. • lacaravelle.40@orange.fr • lacaravelle.fr • Resto tlj sauf le midi lun-mar. Ouv mars-oct. Doubles 85-160 €. ½ pens souhaitée en juil-août 95-125 €/pers. Formules 28-35 €. Parking gratuit.* Un bel hôtel à la situation privilégiée, niché au creux de la baie d'Ispe. Une quinzaine de chambres confortables et à la déco classique. Choisissez-en une avec petit balcon et vue sur le lac, tant qu'à faire, même si, au printemps, le chant nocturne des grenouilles peut en indisposer certains. Petite plage artificielle créée par la charmante patronne. Au resto, bonne cuisine à base de beaux produits régionaux. En salle, quelques tables vite prises près de la baie vitrée, côté lac comme, aux beaux jours, la terrasse.

Hype Hotel : *40, rue du Lieutenant-de-Vaisseau-Paris, à Biscarrosse-Ville. ☎ 05-58-07-36-35. • info@hypehotel.fr • hypehotel.fr • Au centre. Congés : de mi-déc à mi-janv. Doubles 76-150 €. Parking gratuit.* En plein centre (et dans un coin pas des plus glamour), voilà une adresse qui (d)étonne. Ce récent hôtel, très architecturé, joue (comme on pouvait s'y attendre à son enseigne) résolument la carte du design, de l'art contemporain, voire du *street art*. Déco à la fois sobre et ludique. Chambres et suites (avec clim) dans le même esprit, avec ou sans balcon, d'un indéniable confort. Buffet varié au petit déj. Ambiance des plus décontractée.

Où manger ?

Chez Camette : *532, av. Latécoère, à Biscarrosse-Ville. ☎ 05-58-78-12-78. Entre le centre et le quartier Latécoère. Tlj sauf mar soir, mer et dim soir hors saison, dim en saison. Menus 15 € (déj en sem), puis 18,50-27,50 € (ardoise). Apéritif maison offert sur présentation de ce guide.* La petite auberge populaire et authentique, avec sa façade blanche et ses volets rouges, qui tient bon la route depuis 1943. Ouvriers, VRP et gens de passage s'y ruent le midi, c'est donc vite plein ! Idéal l'été sous l'érable.

La Siesta : *rond-point Nord, à Biscarrosse-Plage. ☎ 05-58-78-36-75. • lasiesta.restaurant40@gmail.com • En surplomb de la plage, à droite du poste de surveillance quand on fait face à l'océan. Ouv avr-sept, tlj midi et soir en continu. Carte 25-30 € ; sardines grillées (à volonté ven en juil-août) le soir env 18 €.* Juste une immense terrasse avec la plage et l'océan pour seul horizon. Grandes tables et bancs en bois pour une cuisine toute simple façon brasserie d'aujourd'hui (tartares, moules-frites, burgers...) pas mal tournée, un poil chère toutefois (la vue semble être comprise dans l'addition). Service jeune, très décontracté, mais pro. Un peu plus de vins du coin (ce n'est pas ce qui manque pourtant !) à la carte et on serait mûrs pour la « siesta ».

Histoires de... : *18, chemin de Maguide, à Biscarosse-Lac. ☎ 05-58-78-57-43. • histoiresde.maguide@gmail.com • Au bord du lac, vers Port-Maguide. Ouv tlj d'avr à mi-nov. Carte 30 €.* En plein air mais bien abrité et surplombant la plage (belle vue, ici ou là, sur le lac). Très jolie déco où tout a été pensé pour le confort des hôtes : feu de cheminée, fourrures et plaids pour les soirées fraîches, et même une table perchée pour les amoureux. Sur une carte qui tourne régulièrement, des produits du coin (cochon noir de Bigorre, au hasard) pour des plats qui font voyager : tartare de bœuf à l'italienne, *tataki* de thon, risottos... le tout joliment présenté et servi par une équipe jeune et souriante.

Ne pas oublier le resto de l'hôtel ***La Caravelle*** (voir « Où dormir ? »).

Où dormir ? Où manger dans les environs ?

Campings

Les Prés Verts : *657, av. du Lac, 40160* ***Gastes.*** *☎ 05-58-09-74-11. 06-18-39-37-82. • camping@presverts.net • presverts.net • À 17 km au sud de Biscarosse-Ville. Ouv de mi-mars à oct. Forfaits pour 2 pers 15-32,50 €. Hébergements locatifs 252-1 281 €/sem. Cadeau de bienvenue offert sur présentation de ce guide.* Un « petit » camping de 100 emplacements, fleuri et qui mérite bien son nom. Vue sur un plan d'eau et un jardin aromatique. Accès direct au lac, à la plage surveillée (juillet-août) et à la piste cyclable. Piscine chauffée (mai-octobre). Location de vélos. Aire de jeux. Resto avec possibilité de plats à emporter.

⛺ ***Camping Sanguinet Plage :*** *1039, av. de Losa, route du Lac, 40460* ***Sanguinet.*** *☎ 05-58-78-61-74. • sanguinetplage@sandaya.fr • sandaya.fr • ♿ À 10 km de Biscarrosse-Ville, presque à l'extrémité du lac de Cazaux-Sanguinet. Ouv avr-sept. Compter 19-62 € pour 2. Hébergement locatif.* Situé dans un lieu au calme, à 2 pas du lac. Pas mal de locatifs (mobile homes et roulottes) et ambiance plus « club » que camping... mais parfait dans son genre. Confort 5 étoiles avec sanitaires impeccables, piscine, toboggans, tennis, animations, club enfants...

Prix moyens

La Résinière de Pirique : *2908, route de Lüe, 40160* ***Parentis-en-Born.*** *📱 06-07-96-66-64. • laresinieredepirique@gmail.com • À 4 km du centre. Doubles 92-121 €. Plateau tapas en été 25 € ; table d'hôtes en hiver 17 €.* Avec sa belle façade en brique recouverte de vigne, cette maison de 1848 entourée d'un grand jardin ne manque pas de charme ! Rémy et Valérie l'ont retapée avec goût : 2 chambres spacieuses avec poutres au plafond et couleurs apaisantes. Au rez-de-chaussée, la chambre *Hapchot* a une grande salle de bains (double vasque, douche et baignoire). Les familles optent pour l'*Airial,* à l'étage, où un lit gigogne se déploie dans l'espace salon. Quant au petit déj, il est servi dehors près de la piscine dès les beaux jours. Kitchenette à disposition des hôtes, prêt de vélos (sympa pour une balade jusqu'au lac de Parentis) et location de paddles. Dur de repartir !

Chez Flo : *9, rue Saint-Barthélemy, 40160* ***Parentis-en-Born.*** *☎ 05-58-78-40-21. • chezflorestaurant@outlook.fr • Tlj sauf dim-lun hors saison. Formule midi en sem 17 € ; menu-carte 32 €.* Avec ses airs de bistrot de village, ce petit resto rétro propose une cuisine « à l'ancienne » tout à fait actuelle... Chipirons, foie gras, jambon serrano, gambas, confit ou porc basque, pas de doute, on est bien dans le Sud-Ouest, et la carte change régulièrement ! Les prix sont doux, la cuisine savoureuse, l'accueil souriant... autant de bonnes raisons pour accepter de quitter momentanément la côte. En face, l'équipe de *Chez Flo* a ouvert ***La Kahut,*** un bar à vins avec tapas élaborées et coin épicerie fine.

Où boire un verre ?

Nadal : *14, pl. Dufau, à Biscarosse-Plage. 📱 06-12-58-17-29. Sur la place centrale. Avr-sept, tlj 11h-14h, 18h-minuit.* Un petit kiosque carrelé, à l'ancienne (mais construit au début des années 1990) où l'on boit debout au comptoir de petits vins gouleyants que propose, chaque été (et depuis belle lurette !), une famille de viticulteurs installée en Dordogne. Un genre d'institution locale largement fréquentée par les locaux qui l'appellent « chez Monba » pour... Monbazillac !

Le Grand Hôtel de la Plage : *2, av. de la Plage, à Biscarosse-Plage. ☎ 05-58-82-74-00. • contact@legrandhoteldelaplage.fr •* En plus d'un resto (assez cher) et d'un hôtel (très cher), cet élégant bâtiment Art déco, récemment rénové, abrite un bar superbe, doté d'une terrasse sur la digue tout ce qu'il y a de plus incontournable.

L'Idylle: *sur la plage de Port-Maguide, à Biscarosse-Lac. ☎ 05-58-09-87-14. • event@idylle.club • De mi-mai à fin sept, tlj 9h-2h. Carte 25-35 €.* Bar-resto de plage, un peu branché, un peu classe avec tables basses, profonds fauteuils et plantes vertes, le tout posé à même le sable. Musique électro, carte fun, avec tapas et plats présentés de manière ultra-contemporaine, plus une longue liste de cocktails pour les lève-tôt ou les couche-tard.

La Siesta *(voir la rubrique « Où manger ? »).* Terrasse idéale pour un cocktail au coucher du soleil.

À voir

Le musée de l'Hydraviation : *332, av. Louis-Bréguet. ☎ 05-58-78-00-65. • hydravions-biscarrosse.com • Dans le quartier Latécoère, vers le lac Sud. Juil-août, tlj 10h-19h ; hors saison, tlj sauf lun et certains j. fériés 14h-18h ; fermeture billetterie 1h avt. Congés : janv. Entrée : env 8 € ; réduc ; gratuit moins de 6 ans. Visite ludique avec « Carnet de bord » (dès 4 ans). Boutique.* Après la formidable aventure toulousaine de l'Aéropostale, le célèbre Pierre-Georges Latécoère choisit, en 1930, d'installer au bord de ce tranquille lac une base de montage et d'essais en vol d'hydravions, qu'il juge plus sûrs qu'un avion classique pour les liaisons transatlantiques. Biscarrosse devient, entre les 2 guerres, le centre du trafic aérien international vers le Nouveau Monde. Plus de 120 de ces « paquebots des airs » reliaient alors le lac de Biscarrosse à New York, Natal au Brésil ou Fort-de-France. Aux manettes, Guillaumet, Saint-Exupéry ou encore Mermoz... L'hydravion devenu coûteux, dangereux et obsolète, l'aventure s'acheva vers 1954... Ce superbe musée (unique en son genre en Europe) retrace, dans une série de maisonnettes, toute l'histoire des hydravions et de l'Aéropostale. Nombreux souvenirs de pilotes, uniformes, photos et objets divers (émetteur radio, hélices, moteurs, etc.) ; mais aussi plusieurs hydravions dont certains restaurés (Thruston Teal, Grumman Widgeon, Donnêt-Lévêque datant de 1912, Romano R1 de 1922). Dernière acquisition qui accueille le visiteur sur l'esplanade : un Grumman Albatross (30 m d'envergure !), sauvé de la casse et minutieusement rénové.

Le musée des Traditions : *216, rue Louis-Bréguet. ☎ 05-58-78-77-37. • museetraditions.com • Dans le quartier Latécoère, vers le lac Sud. Juil-août, tlj sauf dim mat 9h30-13h, 14h-18h30, fermé 14 juil et 15 août ; mai-juin et 1er-15 sept, tlj sauf dim-lun 14h30-18h. Entrée : 5 € ; réduc. Ferme pédagogique : 1 €, sachet de graines 1 €. Promenade en barque (mai-sept ; sur résa 24h avt) à 10h (14h30 et 16h30 selon météo) : 10-22 € selon circuit (2h-3h30). Forfait musée + barque (circuit de 2h) : 13 € ; réduc.* Agréable petit musée qui retrace l'historique de la région avec, entre autres, la reconstitution d'une cabane de résinier, l'archéologie aquatique et la chapelle ensevelie dans le lac de Biscarrosse, les mœurs d'autrefois... Possibilité de balade commentée en barque. Prévoyez aussi d'emmener vos enfants voir les animaux de la ferme.

L'église Saint-Martin : *212, av. Latécoère, au centre de Biscarosse-Ville.* C'est l'intérieur, du XVe s et gothique, le plus intéressant. Voûte en brique rose qui forme un intéressant contraste avec les murs de garluche, la pierre de la région. Belle structure à 3 nefs avec jolies croisées d'ogives.

Le musée du Lac : *112, pl. de la Mairie, 40460* ***Sanguinet.*** *☎ 05-58-78-02-33. • musee-lac-sanguinet.fr • Au centre du bourg. Juil-août, tlj sauf mar 10h-12h30, 14h-18h. Mai, juin et sept, mer 10h-12h30, 15h-17h30, sam 14h-17h30. Entrée : 4,50 € ; réduc ; gratuit moins de 6 ans et pour ts le 1er dim du mois (juil-août). Résa en ligne.* Vous n'êtes pas les 1ers à apprécier les rives du lac Nord : pas moins de 5 sites archéologiques sublacustres (engloutis quoi !) ont été découverts ici. Le résultat de 40 années de fouilles est joliment exposé dans ce musée : monnaies, bijoux, poteries... Et 3 grandes pirogues de bois des âges du... bronze et du fer. Également des informations sur la formation des dunes et des lacs ainsi que sur leur écosystème actuel.

À faire

Surf : une foule d'écoles de surf à « Bisca ». Renseignements à l'office de tourisme.

LES LANDES

Promenades en barque dans les marais : *mars-oct, promenade guidée avec un batelier. Compter 2h-3h30 de balade. Résas au musée des Traditions (voir plus haut).* Une balade à l'ombre et à la fraîche, pour découvrir la faune et la flore des marais avoisinants.

Baptême de l'air et survol de la côte en hydravion : ***Le Vol des Aigles,*** *aérodrome de Biscarrosse-Parentis, rue Costes-et-Bellonte. ☎ 05-58-82-88-42. • levoldesaigles.fr • Tte l'année, selon conditions météo. Compter 65-200 €/pers selon circuit ; vols de 20 mn-1h.* Seul endroit en France où s'offrir cette fantaisie ! Survol de la côte, de la dune du Pilat, du banc d'Arguin, des plages ou du bassin d'Arcachon... Unique ! Magique ! Juste « waouh ! ». L'idéal est de partir à marée basse pour profiter des couleurs jade et émeraude et de leurs reflets changeants. Et aussi des baptêmes en hydravion depuis le lac de Biscarosse sur les traces des pionniers de l'hydravion. Pas donné certes, mais c'est une expérience réellement inoubliable. Merveilleux accueil de la part de passionnés. *Et* ***Aquitaine Hydravion,*** *aérodrome, aéroclub régional Henri-Guillaumet. 06-07-36-59-33. • aquitaine-hydravions.fr • À partir de 130 € les 30 mn.*

LES LANDES

Manifestations

– ***Rue des Étoiles :*** *4 j. autour du 14 juil sur les berges du lac Sud site Latécoère. • crabb.fr •* Festival de cirque contemporain en plein air ou sous chapiteau.
– ***Jazz in Sanguinet :*** *4 j. mi-juil à...* ***Sanguinet.*** Festival de jazz (et musiques assimilés) dans un cadre des plus champêtre. Bon plan : la plupart des concerts sont gratuits...
– ***Rassemblement International d'Hydravions :*** *3 j. fin mai au lac Latécoère.* Un grand spectacle aérien qui rassemble les curieux et passionnés d'hydravions venus de toute la France. Sur place, buvette et animations pour enfants autour de l'hydraviation.

MIMIZAN

(40200) 7 030 hab. *Carte Landes, B2*

Grand point de ralliement des estivants sur la côte, la station de Mimizan se compose (comme toutes ses consœurs de la côte landaise...) de 3 pôles distincts : Mimizan-Plage, Mimizan-Bourg et le lac de Mimizan-Aureilhan. Le courant de Mimizan, bras d'eau long de 7 km, relie ce lac à l'océan en frôlant le bourg. Mimizan-Plage, avec ses 10 km de plage, doit son existence à la mode des bains de mer lancée par Napoléon III à Biarritz. Les bourgeois landais voulaient leur lieu de villégiature.
Aujourd'hui très familiale, cette station se découvre tranquillement, à vélo ou à pied, de la plage à la forêt. Une forêt qui a également transformé Mimizan en un petit centre industriel avec les impressionnantes usines des papeteries de Gascogne...

LES AMANTS, LES AMIS...

En 1924, Coco Chanel loua sur le front de mer de Mimizan une villa qu'elle n'habita en fait jamais, la laissant à la disposition des cousettes (couturières) et mannequins de sa maison de couture. « Mademoiselle » préférait largement séjourner chez son amant de l'époque, le duc de Westminster, qui établissait ses quartiers d'été dans son château de Woolsack, sur la rive du lac. Coco y noua avec Churchill une amitié qui lui fut, a priori, bien utile pour éviter la prison à la Libération...

Adresse et infos utiles

Office de tourisme : 38, av. Maurice-Martin, à Mimizan-Plage. ☎ 05-58-09-11-20. • mimizan-tourisme.com • En arrivant à Mimizan-Plage, juste sur la gauche. Juil-août, lun-sam 9h-18h30, dim 10h-12h30, 16h-18h30 ; avr-juin et sept, lun-sam 10h-12h, 15h-17h30 ; oct-mars, lun-mar et jeu-ven 10h-12h, 15h-17h30, sam (sauf déc-fév) 9h-12h. Cyclistes bienvenus : dispositifs d'accueil des touristes à vélo, d'un label et de quantité d'itinéraires.

– ***Marché de producteurs :*** *sam mat sur la pl. Charles-de-Gaulle.*

Où dormir ?

Camping

Camping de la Plage : *bd de l'Atlantique, à Mimizan-Plage. ☎ 05-58-09-00-32. • contactplage@destinationmimizan.com • destinationmimizan.com • À 800 m de la plage env. Ouv de début avr à fin sept. Forfait pour 2 pers 22-50 €. Hébergement locatif. 608 empl.* Entre Mimizan-Plage et les kilomètres de forêt de pins, un vaste camping, agréable et calme. Espace aquatique avec toboggans, jacuzzi, restaurant... Supérette, snack et quelques animations.

De prix moyens à plus chic

L'Émeraude des Bois : *66-68, av. du Courant, à Mimizan-Plage. ☎ 05-58-09-05-28. • reservation@emeraudedesbois.com • emeraudedesbois.com • Resto tlj, le soir seulement. Fermé de fin oct à fin mars. Doubles 69-105 € ; cabanes 129-179 €. Menu 25 €.* Un petit hôtel d'antan, bordé de gros arbres (dont l'un accueille désormais une cabane perchée), le long de la piste cyclable et à 10 mn à pied du centre. En donnant un coup de jeune et de frais bien appréciable à ce lieu de villégiature, les propriétaires en ont toutefois conservé le charme et le cachet basco-landais. Excellent accueil et jolie atmosphère.

Hôtel Atlantique : *38, av. de la Côte-d'Argent, à Mimizan-Plage. ☎ 05-58-09-09-42. • hotel-atlantique@wanadoo.fr • atlantique-mimizan.fr • Ouv de mai à début oct. Doubles 60-105 € ; familiale. Parking payant.* Sur le front de mer, une sympathique adresse familiale, modeste mais qui a su se renouveler. En témoigne la rénovation d'une partie des chambres, dans la vieille et grande bâtisse en bois derrière laquelle est venue se greffer une annexe. Terrasse en rez-de-chaussée ou balcon pour certaines.

Hôtel de France : *18, av. de la Côte-d'Argent, à Mimizan-Plage. ☎ 05-58-09-09-01. • hoteldefrancemimizan@orange.fr • hoteldefrance-mimizan.com • Ouv d'avr à fin oct. Doubles env 75-125 €. Parking.* Bordant la dernière rue avant l'océan, un hôtel familial, avec des petites chambres rénovées récemment mais sans réel cachet. Seules quelques-unes (les plus chères évidemment) donnent sur l'océan (nos 24, 25 et 26), les autres sont sur cour (un peu tristounes) ou sur rue. Petit bar-glacier à la déco branchée surf comme le reste des parties communes de la maison. Bon accueil.

Où manger ?

Très bon marché

Aloha Beach Burger : *2, av. du Courant, à Mimizan-Plage. ☎ 09-83-03-13-14. De Mimizan-Plage, traverser le pont sur le courant, c'est juste en face. Ouv tlj en juil-août, jeu-lun hors saison. Fermé de mi-déc à début fév. Formule 12 €. Café offert sur présentation de ce guide.* Reconstituants burgers cuits à la minute, hot-dogs et frites maison... Quelques tables de bois pour manger tout ça avec les doigts et dans un coin, une vieille estafette où se ravitailler en liquides (bière artisanale, vin au verre...).

De bon marché à prix moyens

Le Wiz : *12, rue Brémontier, à Mimizan-Plage. ☎ 05-58-09-05-16. • restaurantlewiz@gmail.com • Dans une rue perpendiculaire à la rue principale, juste avt la plage. Tlj juil-août, fermé dim soir et mar-mer hors saison. Fermé nov-déc. Menus 13,50 € (déj en sem), puis 29 €.* Accueil des plus amical, petite terrasse sur rue, véranda et salle plutôt design. Mais aussi et surtout, une jolie cuisine, entre ici et ailleurs, pleine d'imagination dès le menu du jour. Cette adresse, qui ouvre pratiquement toute l'année, a tout bon !

Ô Courant : *2, rue de la Marine. ☎ 05-58-09-16-56. Sur la promenade du front de mer, tt près de l'embouchure du courant (normal !). Tlj sauf lun en saison. Fermé lun soir-mer hors saison. Fermé déc-fév. Assiette-repas (déj en sem) 15 € ; menu 30 € ; carte env 35 €. Café offert sur présentation de ce guide.* Jolie salle dans l'esprit « atelier » et grande terrasse sur deck, tranquille dans cette partie de la promenade piétonne et avec une petite vue sur le courant et l'océan. Produits d'une belle fraîcheur pour une cuisine entre terre et mer, inventive et nourrie d'influences piochées entre l'Italie et l'Asie.

Où dormir ? Ou manger dans les environs ?

Campings

Camping Le Tatiou : *1791, route de Lespecier, 40170* ***Bias.*** *☎ 05-58-09-04-76. • campingletatiou@bias40.fr • letatiou.bias40.fr • Sur la route de la plage de Lespecier. À 6 km de l'océan et 2 km de Bias. Ouv de début avr à fin sept. Forfait pour 2 pers 14-26 €. Loc de mobile homes, lodges...* Au cœur d'une pinède de 10 ha, un gros (490 emplacements quand même !) camping municipal, à l'ambiance toutefois encore familiale. Confort 3 étoiles tout à fait correct (épicerie, snack, congélateur). Petite piscine, équipe d'animation.

Camping Tohapi Aurilandes : *1001, promenade de l'Étang, 40200* ***Aureilhan.*** *☎ 05-58-09-10-88. • accaurilandes@tohapi.fr • tohapi.fr • À 3 km de Mimizan. Ouv juil-août. Forfait pour 2 pers 17-32 €. Hébergement locatif. 440 empl.* Au bord du lac d'Aureilhan et à 10 mn en voiture de l'océan. Emplacements spacieux, plus ou moins ombragés. Bon équipement : épicerie, laverie, sanitaires bien tenus, vaste piscine, terrains multisports, ping-pong, pétanque. Également des tentes équipées.

De bon marché à prix moyens

Chambres d'hôtes la Guirosse : *1305, route de la Guirosse, 40200* ***Sainte-Eulalie-en-Born.*** *06-81-76-27-26 ou 06-45-99-82-00. • info@chambredhotelaguirosse.com • laguirosse.com • À 10 km au nord-est de Mimizan. Doubles 80-110 €.* En pleine nature, dans un airial typique, entouré par les bâtiments d'une ancienne tuilerie-briqueterie. Soigneusement réhabilité, le site est charmant, les chambres aussi : 3 au total, dont 2 avec terrasse. Petite piscine et accueil vraiment cool. Un chemin conduit en 1 km au lac d'Aureilhan.

Bistrot Jeanot : *142, pl. Charles-de-Gaulle, 40200* ***Pontenx-les-Forges.*** *☎ 05-58-07-34-11. • bistrotjeanot@gmail.com • À 10 km au nord-est de Mimizan ; au centre du village. Fermé lun-mar, mer midi et dim soir. Formule déj en sem 15 € ; carte env 40 €.* Installée dans l'ancienne poste du village, une récente adresse dont on peut fréquenter le comptoir du petit noir du matin à l'apéro (avec quelques bonnes petites choses à grignoter). En n'oubliant pas de passer à table : épatant menu du jour et toute petite carte de plats malins pour le soir. Très chouette déco à la fois d'hier et d'aujourd'hui, terrasse à l'ombre devant le marché de producteurs (le samedi), bel accueil et belle ambiance. Huîtres du bassin, le dimanche matin !

Où boire un verre ?

L'Orchestra : *16, rue du Casino, à Mimizan-Plage. ☎ 05-58-09-02-42. • orchestrabar@hotmail.fr • Tlj juil-août, 12h-15h, 17h30-2h ; le soir seulement hors saison et sam soir seulement en très basse saison. Fermé nov-mars.* Grand bar à vins prolongé de 2 terrasses (celle du patio sur l'arrière est la plus agréable). L'adresse sympa pour apéro du soir, accompagné de généreux tapas ; l'Espagne n'est pas loin ! Musique live certains soirs.

Le Bock Trotter : *48, pl. du Marché, à Mimizan-Plage. ☎ 05-24-27-63-06. • bulle.compagnie@gmail.com • Fermé de fin déc à mi-janv. En saison, tlj 11h-2h ; hors saison, ven-dim, le soir seulement.* Pour les amateurs de bières ! La carte compte au moins 200 références, à consommer sur place ou à emporter ! En cas d'hésitation, l'équipe fort conviviale saura vous orienter. Terrasse sur la place.

LES LANDES

À voir

Le musée-prieuré de Mimizan : *16, rue de l'Abbaye, à Mimizan-Bourg. ☎ 05-58-09-00-61. • musee.mimizan.com • De mi-juin à mi-sept, mar-ven, visites à 10h, 11h, 14h, 15h, 16h, 17h ; de mars à mi-juin et de mi-sept à oct, mar-ven, visites à 14h, 15h, 16h et 17h (plus 10h et 11h mer et ven). Pour le prieuré, visite guidée seulement, sur résa de préférence. Entrée : 5 € ; réduc ; gratuit moins de 18 ans.* Le clocher-porche de l'église Sainte-Marie est le dernier vestige d'un important prieuré bénédictin du XIIe s. Derrière les murs en brique de ce monument, inscrit au Patrimoine mondial au titre de jalon sur « les chemins de Saint-Jacques-de-Compostelle en France », se cache l'un des plus beaux portails sculptés du Sud-Ouest. Réalisé au début du XIIIe s, il a conservé ses polychromies et abrite une des plus vieilles représentations françaises de l'apôtre Jacques le Majeur. Au-dessus du portail, quelques peintures murales du XVe s. Dans l'ancien presbytère, un espace muséographique avec des vidéos sur le prieuré et son portail (qui passent en revue, et dans le détail, toute sa statuaire), et quelques vitrines qui retracent l'histoire naturelle et humaine du territoire, de la Préhistoire au Moyen Âge.

La maison du Patrimoine : *06-27-17-14-40. Tte l'année sur rdv. Entrée : 2 € ; gratuit moins de 14 ans. Jeu 10h-12h, démonstrations de gemmage à* ***Les-lurgues.*** Collection d'outils et de maquettes qui racontent la société rurale traditionnelle de la région, les anciennes activités locales ou en rapport avec la forêt aujourd'hui pour certaines disparues : gemmeur, berger, résinier, charbonnier, briquetier... Évocation de la révolte des résiniers en 1907, ainsi que des expos temporaires.

Les papeteries de Gascogne (Gascogne Papier) *: seulement mer en juil-août. Inscription à l'office de tourisme plusieurs jours à l'avance (☎ 05-58-09-11-20). Les moins de 15 ans ne sont pas admis pour raison de sécurité ; pièce d'identité et chaussures fermées obligatoires. Tarif : 8,50 €.* Implantée ici depuis 1925, cette usine est spécialisée dans la fabrication de papier kraft naturel (c'en est même le leader mondial). La visite permet de découvrir toutes les étapes du processus : du tronc d'arbre au papier.

À faire

À Mimizan... Plage, 6 plages surveillées et nettoyées très régulièrement en saison : la plus tranquille s'appelle *Remember* (vous devriez vous en souvenir !), c'est la plus au nord du centre. Attention, au-delà, c'est un domaine militaire donc interdit d'accès. Celle du *Courant* est la plage familiale par excellence car à l'abri des vagues. Tout au sud, à 6 km de Mimizan-Plage, s'étend la plage *Lespecier,* la plus « sauvage ». Sympa pour passer la journée : aires de jeux, de pique-nique... Une piste cyclable la relie à Mimizan (Plage ou Bourg). Côté lac, oubliez : baignade interdite !

PASSAGER CLANDESTIN

En 1929, l'avion français L'Oiseau Canari *décolla d'une plage du Maine, pour réitérer l'exploit de Lindbergh : traverser, sans escale, l'Atlantique. Mais l'avion eut du mal à prendre de l'altitude. Et les pilotes découvrirent alors, caché dans la soute, un certain Arthur Schreiber, qui devint le 1er passager clandestin de l'histoire ! Autre mésaventure que rappelle le monument des Ailes, en surplomb de la plage : l'avion, en vol pour Paris après son exploit, a dû atterrir en catastrophe à Mimizan, en panne d'essence...*

Surf : plusieurs écoles et des hébergements destinés aux surfeurs à Mimizan *(se renseigner à l'office de tourisme).*

Activités nautiques : ***Cercle nautique,*** *au bord du lac de Mimizan, quartier Woolsack.* ☎ *05-58-82-41-82. Tlj en juil-août.* Voile, canoës, bateaux électriques... Et ***All Water :*** *06-66-14-98-44. Avr-oct. Stand-up paddle,* pirogue hawaïenne, *wave ski,* kayak.

Randonnées en forêt : près de 40 km de sentiers balisés. L'originalité ? Ce sont des sentiers de découverte, comme celui de l'étang de Mailloueyre (3,6 km) ou celui de Pontenx-les-Forges (7 km) ou encore celui de Bias (5 km) ou du tour du lac (14 km).
– *Visites guidées et commentées :* en forêt et en entreprise de la filière bois. *Rens et inscriptions à l'office de tourisme de Mimizan :* ☎ *05-58-09-11-20 ; ● reservation.mimizan-tourisme.com ●.*

Balades à vélo : un réseau de 38 km jalonne Mimizan et ses environs. Prenez la piste des Dunes (5 km), entre le bourg et la plage, puis la piste de l'Océan entre Mimizan-Plage et Lespecier (5 km), avec possibilité de poursuivre vers le sud, le long de la côte. Cette piste fait partie de l'itinéraire de la *Vélodyssée.* La piste qui relie Mimizan-Plage à Pontenx-les-Forges à l'est passe par Aureilhan et Saint-Paul-en-Born, petits villages de l'arrière-pays agréables et fleuris (18 km). Possibilité aussi de rejoindre Sainte-Eulalie-en-Born et d'autres villages situés au nord de Mimizan. Enfin, une piste relie Mimizan-Bourg à Bias (6 km). Plusieurs locations de vélos (renseignements à l'office de tourisme).

La promenade fleurie : départ du bord du lac de Mimizan-Aureilhan, au bout de l'avenue du Lac. Agréable chemin aménagé et fleuri longeant le lac. Balade bucolique et sympathique, avec quelque 400 espèces de fleurs et d'arbustes. Jolis points de vue, surtout le soir, et très belle lumière le matin.

Fêtes et manifestations

– ***Printemps des Landes :*** *vac de Pâques-21 juin.* De nombreuses animations, sportives ou culturelles, pour découvrir et profiter des plages des Landes en famille.
– ***Fête de la Mer :*** *1er mai.* Activités nautiques, concerts sur la plage, jeux pour enfants, cerfs-volants...
– ***Nuit des Étoiles :*** *1er jeu d'août, à l'aérodrome.* Ateliers, baptêmes, observations.

CÔTE LANDES NATURE

Carte Landes, A-B2-3

Méconnue, cette petite communauté de communes de 11 500 habitants (soit 19 habitants au km² !) est un territoire bien préservé du littoral néo-aquitain. En effet, dès les années 1970, les 27 km de la bande côtière allant de Contis à Léon ont été classés « Secteur d'équilibre naturel » permettant de créer des zones de respiration le long de la côte. Cette classification, accentuée par la loi Littoral de 1986, a permis de maîtriser toute tentative de modifier l'aspect originel de cette côte.

Paradis des amoureux de la nature avec son important réseau de sentiers pédestres et à VTT, mais également de pistes cyclables dont la célèbre *Vélodyssée* qui longe tout le territoire d'arrière-dune entre océan et forêt. La photo, devenue emblématique de la côte aquitaine, représentant une interminable plage de sable longée par l'océan Atlantique où débouche le célèbre courant d'Huchet, c'est là.

– Pour en savoir plus : • *cotelandesnaturetourisme.com* •

En été, des navettes gratuites (4 lignes) relient les bourgs aux plages.

CONTIS-PLAGE ET SAINT-JULIEN-EN-BORN (40170)

Station balnéaire depuis le XXe s, Contis est très apprécié pour son côté familial, son immense plage de sable fin et ses vagues. On adore l'ambiance un peu Far West, assez *wild* avec ses petites maisons en bois et ses dunes toujours prêtes à s'engouffrer dans les rues (difficile d'ailleurs d'y circuler en voiture quand soufflent les vents d'hiver...). Même si Saint-Julien-en-Born est indissociable de sa plage, ce village des plus paisible est moins connu (normal, il ne fait pas de vagues, lui !). Pourtant, c'est dans ce secteur que poussent les délicieuses asperges blanches qui font notre bonheur au printemps.

Et avec la forêt landaise en fond de décor, il est vraiment agréable de se promener sur ses pistes cyclables ou ses parcours VTT.

Adresses et infos utiles

i *Bureau d'information touristique :* *201, route des Lacs, 40170 Saint-Julien-en-Born.* ☎ *05-58-42-89-80.* • *cotelandesnaturetourisme.com* • *Juil-août, lun-sam 9h-13h, 14h30-18h30, dim et j. fériés 9h-13h ; horaires restreints lun-sam hors saison.* Ils vous donneront même le programme du seul cinéma d'art et d'essai de la côte, à 2 pas de la plage !

– ***Marchés :*** *mer et dim mat en juil-août sur l'esplanade de Contis. Ts les sam mat à Saint-Julien-en-Born, pl. de la Mairie et mer sous la halle.*

Où dormir ? Où manger dans le coin ?

Campings

Aire naturelle La Téouleyre : *route de Contis, 468, chemin de Jean-de-Paul, Saint-Julien-en-Born.* *06-03-03-15-81.* • *info@lateouleyre.com* • *lateouleyre.com* • *Ouv de mi-mai à fin sept. Forfait pour 2 pers 22 €. Hébergement locatif. CB refusées.* Pour les amateurs de camping nature et authentique. Entre chênes et pinède, une trentaine d'emplacements classiques et 2 tentes lodges tout équipées pour ceux qui aiment la vie au grand air sans pour autant sacrifier au confort. Chambres d'hôtes et gîtes sur la propriété. Aire de jeux, barbecues, cuisine à disposition et location de casiers réfrigérés. Livraison sur place de location de vélos. Idéal en famille.

Camping Yelloh ! Village Lous Seurrots : *606, av. de l'Océan, à Contis-Plage. ☎ 05-58-42-85-82. • info@seurrots.com • lous-seurrots.com • Ouv avr-sept. Forfait pour 2 env 22,50-80 €. Hébergement locatif. 516 empl.* Un grand camping 5 étoiles au bout de la route, entre océan et rivière, entre dune et pinède, ayant misé sur le bois pour mieux l'intégrer au paysage. Plus proche du village vacances que du camping de papa, cela dit ! Espace aquatique avec 2 bassins (dont 1 couvert) et une foule d'activités : beach-volley, tir à l'arc, pétanque, spa (payant)... Clubs enfants et ados, nombreuses animations estivales... Bar-resto avec vue sur la rivière.

Prix moyens

La Pibale : *90, av. de l'Océan, 40170 Contis-Plage. ☎ 05-58-42-79-64. • ricopibale@gmail.com • Juste avt la plage, sur la gauche. Ouv tlj avr-nov. Menu déj en sem env 15 € ; carte env 30 €.* Bar-resto mi-popu, mi-touristique avec une terrasse qui ne paie franchement pas de mine, un accueil chaleureux mais sans chichis. La surprise, c'est la cuisine, diablement bonne, de la simple omelette à des plats beaucoup plus inventifs en passant par la fameuse *faena,* roborative recette (gésiers, champignons, lardons et pommes de terre) inventée ici pour rassasier les surfeurs. Et, surprenant aussi : la présentation des assiettes est digne d'un gastro.

La Forge d'Uza : *36, route du Lac, 40170* ***Uza.*** *☎ 05-35-37-14-00. • epicerie@laforgeduza.com • À 4,5 km au sud-est de Saint-Julien. Juin-sept, tlj 10h-22h ; hors saison, ouv jusqu'à 18h et fermé lun-mar. Menu midi 15 € ; carte env 25 €.* Dans les beaux volumes d'un ancien (1764) magasin aux vivres de la forge voisine, où l'on a coulé le métal jusqu'en 1981. Jolie déco d'aujourd'hui qui se marie bien avec ces vieux murs. Grande épicerie avec des produits choisis d'ici ou de beaucoup plus loin. Petite salle contemporaine ou adorable terrasse au bord d'un petit lac pour boire un verre (bons cocktails sans alcool) ou goûter à des petits plats du terroir ou plus exotiques.

De chic à beaucoup plus chic

Hôtel de la Plage : *62, av. de l'Océan, 40170 Contis-Plage. ☎ 05-58-42-70-15. • hotelplage@orange.fr • hotelplagecontis.com • Fermé d'oct à fin mars. Doubles 125-195 €.* Dans un environnement qu'on se prend à rêver, un amour de petit hôtel, certes pas à petit budget mais dans l'esprit de ce qu'une nouvelle clientèle recherche sur cette côte : du bois à profusion, du blanc et des photos d'antan et, dans l'annexe, une déco décalée qui mixe bois (toujours), graphs, mobilier vintage... On a bien aimé... Accueil adorable.

À voir. À faire

Descente du courant de Contis : *avr-sept. Départs tlj en été 10h-16h30 de la base de Contis-Plage (☎ 05-58-42-84-51) ou de la base de Lit-et-Mixe (☎ 05-58-42-47-38), sur résa. Compter 36 € pour 2 adultes (3 pers max/canoë). À partir de 5 ans.* On ne peut que vous conseiller d'attaquer en canoë, à la fraîche, la descente du courant de Contis, rivière riche par sa végétation et sa faune (d'ailleurs classée zone Natura 2000) : il n'est pas rare, au cours d'une descente en canoë, d'y voir loutres et cistudes d'Europe (des tortues, si vous préférez !). Accessible à tous.

Le phare de Contis : *chemin de la Lanterne. ☎ 05-58-42-80-08. Visites en juil-août tlj sauf lun 10h-18h ; avr-juin et sept, ven-dim et j. fériés 14h-18h. Entrée : 3 € ; réduc ; gratuit moins de 3 ans.* Ce phare, surnommé le « *barber pole* » (il évoque effectivement – en noir et blanc – une enseigne de barbier américain), haut de 38 m et de 183 marches, est l'unique garde vigilant de Capbreton à Cap-Ferret. Aujourd'hui, en plus de son code lumineux (4 éclats en 25 s), il sert de relais à un système de radionavigation. Chouette vue de là-haut, jusqu'aux sommets pyrénéens par beau temps. Le jeudi à 10h30 (l'été) et le vendredi à 15h hors saison, au pied du phare, démonstration de gemmage (récolte de la résine) par un ancien résinier. Gratuit.

UN PHARE TRÈS TERRE À TERRE

Le phare de Contis, singulier par sa déco, l'est aussi parce que situé à l'intérieur des terres. 2 raisons à cela : les côtes landaises ne sont pas escarpées et par conséquent peu dangereuses pour les bateaux ; et en front de mer, la mobilité des dunes aurait rendu sa construction problématique. Il domine ainsi 2 immensités, l'océan et la forêt de pins.

LES LANDES

Manifestation

– ***Festival international du film de Contis :*** *juin ou sept sur 5 j. • cinema-contis.fr •* Rendez-vous de cinéastes, musiciens, peintres et artistes de tout poil pour cet événement qui laisse une place importante au cinéma : courts et longs-métrages diffusés dans le cinéma de Contis, classé art et essai, concerts, expos...

MÉZOS *(40170)*

À 15 km au sud de Mimizan, charmant village fleuri, avec ses vieilles maisons à pans de bois et ses fermes aux toits plats et très larges. Jolie église du XIVe s en pierre de garluche.

LIT-ET-MIXE *(40170)*

Ce bourg de 1 600 habitants se trouve à l'intérieur des terres, à 8 km de l'océan. Lit, dont le nom vient de « littoral », était un port, qui fut rattrapé par les sables au XVIIIe s. Mixe, dont l'origine remonte à l'établissement d'un camp romain, fut rattaché à Lit après la Révolution. Belle église gothique de Lit, avec une porte intérieure du XVe s à battants de bois sculpté. L'accès à la plage surveillée sur l'océan se fait par la route qui mène au cap de Lhomy ou bien par la piste cyclable.

Adresses utiles

Bureau d'information touristique : *23, rue de l'Église. ☎ 05-58-42-72-47. • cotelandesnaturetourisme.com • Juil-août, lun-sam 9h-13h, 14h30-18h30, dim et j. fériés 9h-13h ; horaires réduits lun-sam hors saison. Vente de guides de randonnée.* Petit musée derrière l'office : ***Landes d'Antan*** *(☎ 05-58-42-70-14 ; juil-août, tlj sauf dim ap-m 10h30-12h30, 16h-18h30 ; juin, ouv jeu mat ; sept, lun-ven, mat seulement ; GRATUIT).*

Location de vélos : *À Bicyclette,* *69, av. du Marensin. 06-30-97-93-99.* Également un *musée du Vélo (3 € ; gratuit moins de 12 ans). À partir de 9 € la ½ journée et 13 €/j.*

Où manger ?

L'Estanquet : *37, route du Gemié, à* ***Mixe*** *(5 km au sud de Lit). ☎ 05-58-42-83-97. • restaurant@estanquetmixe.com • ♿ Tlj sauf lun. Fermé de mi-nov à mi-mars. Formule déj en sem 13 € ; menus env 20-27 € ; carte env 30 €.* La grande tradition landaise, côté assiette (anguilles, foie gras) comme côté décor. Poussez la porte de cette vieille maison à colombages typiques. Aux beaux jours, c'est sur la terrasse couverte que tout se passe. Cette adresse est assez prisée des associations locales qui aiment s'y réunir à l'occasion de grands déjeuners (quelque peu bruyants !). Chênes-lièges tout autour.

LÉVIGNACQ (40170)

Hors circuits touristiques, un joli village aux rues bordées de basses maisons anciennes, de fermes en brique et à pans de bois, dans l'ensemble soigneusement rénovées. Délicieuse église au toit effilé, légèrement penché. Dans la nef, belle voûte de bois, entièrement peinte de fresques (Nativité, Trinité, Transfiguration...) au XVIIIe s. Plafonds peints dans les chapelles également. Retable et maître-autel baroques, donc richement décorés.

VIELLE-SAINT-GIRONS (40560)

Une seule commune, 2 noms, mais 3 villages : Saint-Girons, Vielle non loin du lac de Léon et Saint-Girons-Plage, une petite station agréable, plus sauvage, et plus calme que certaines de ses voisines et qui ne s'anime guère qu'en juillet-août. Belles balades sur la plage qui étend son sable fin sur 13 km. 20 km de pistes cyclables sillonnent par ailleurs la commune située sur la *Vélodyssée.*

Où camper ?

Les hébergements sont constitués en quasi-totalité par des campings qui vont de l'aire naturelle au 4-étoiles. Sans oublier un camping naturiste réputé : *Arnaoutchot.*

Campings

Camping Sandaya Le Col Vert : *lac de Léon, 1548, route de l'Étang. ☎ 05-58-42-94-06. • colvert@sandaya.fr • sandaya.fr • ♿ Dans Vielle-Saint-Girons, sur la D 382, tourner route de l'Étang. Ouv avr-sept. Forfait pour 2 pers env 17-78 €. Hébergement locatif.* Un vaste camping au bord du lac de Léon, véritable ville de tentes et de bois en été, long de 1 km, et visité par les pèlerins en route vers Compostelle, car traversé par le GR 8. Cottages à tous les prix, et il y a même des tentes *écolodges* comme en Afrique. Tennis, piscine, tir à l'arc, ping-pong, club enfants... Marché des producteurs jeudi soir en été... Piscine.

Camping L'Océane : *route des Lacs. ☎ 05-58-42-94-37. 📱 06-47-78-38-42. • campingloceane@wanadoo.fr • camping-oceane.fr • ♿ À 6 km de la plage (navette). Ouv juil-août. Forfait pour 2 pers env 30-46 €. Hébergement locatif.* Calme, ombragé et bien entretenu. Belle piscine chauffée et jeux pour enfants avec structures gonflables. Machines de muscu ludiques. Location de vélos.

CASTETS (40260)

C'était le 1er village landais que traversait la Nationale 10. C'est toujours le cas, désormais à la sortie « sud » de l'A 63 (n° 12). Castets est un bourg animé en toute saison, ou presque. Quelques belles maisons bourgeoises, témoins d'une période plus faste qu'on découvrira (entre autres curiosités) à travers le parcours en 16 étapes mis en place par le bureau d'information touristique. Et un pharamineux projet de complexe aquatique où les surfeurs pourront glisser sur une vague artificielle devrait bientôt voir le jour.

À faire

➢ ***Descente de la Palue en canoë-kayak :*** ***club de canoë-kayak La Palue,*** *rond-point Castets/Léon.* *06-79-13-38-79. • canoe-kayak-castets.fr • Juil-août, départs continus 10h-16h30. Compter 14 € pour un kayak, 28 € pour un canoë.* 7 km accessibles à tous, sur une petite rivière qui se jette dans le lac de Léon : jolis paysages, zone naturelle protégée à la faune et la flore préservées.

LÉON ET LE COURANT D'HUCHET (40550)

Avec son lac et la jolie descente du courant d'Huchet, Léon s'avère une étape particulièrement plaisante. Non contente d'abriter quelques jolies maisons à colombages, typiques du Marensin, cette petite ville, prise entre marais, lac et forêt, offre, dans ses environs, une vraie bouffée de nature. On savourera la piste cyclable du littoral à travers la pinède, qui descend vers le sud. Son centre reste animé avec ses commerçants plutôt souriants (il faut l'avouer) et son marché d'été des plus vivant.

Adresses et infos utiles

Bureau d'information touristique : *65, pl. Jean-Baptiste-Courtiau. ☎ 05-58-48-63-36. • cotelandesnaturetourisme.com • Juil-août, lun-sam 9h-13h, 14h30-18h30, dim et j. fériés 9h-13h ; sinon horaires réduits lun-sam 9h-12h30, 14h-18h, oct-mars lun-ven 9h-12h, 14h-17h30 et sam 9h-12h.* Cartes de circuits VTT, de sentiers pédestres, de pistes cyclables, topoguide de la réserve naturelle du courant d'Huchet.

■ ***Maison de la réserve :*** *374, rue des Berges-du-Lac, au bord de l'étang de Léon. ☎ 05-58-48-73-91. • reservenaturelle-couranthuchet.org • Ouv tte l'année. Avr-sept, tlj 10h-12h30, 14h-17h ; oct-mars, fermé le w-e.* Cet espace à l'architecture en bois originale se divise en 2 : un espace d'accueil et d'information sur la réserve naturelle et les sentiers pédestres, doublé d'une expo permanente, plus le bureau des bateliers (lire plus loin « À voir. À faire »).

– ***Marchés :*** *gros marché très animé ts les mat de mi-juin à fin sept ; plus tranquille et seulement mar et dim le reste de l'année. Marché nocturne mer soir de début juil à fin août.*

Où dormir ?

Où manger à Léon et dans les environs ?

Camping

Camping Huttopia Landes Sud : *450, route de Léon, 40550* ***Saint-Michel-Escalus.*** *☎ 05-58-90-26-30. • landes-sud@huttopia.com • huttopia.com • À 6 km à l'est de Léon. Ouv de mi-mai à fin sept. Forfaits pour 2 pers 20-45 €. Hébergement locatif.* Traversé par la très nature petite rivière de la Palue, un récent camping lui aussi très nature, en pleine forêt, sous les pins, au calme. Côté locatif, c'est plaisant, avec notamment des roulottes, tout bois. Piscine, épicerie de dépannage, pizzeria-grill.

De prix moyens à beaucoup plus chic

Clos 85 : *85, route de l'Océan, 40260* ***Linxe.*** *☎ 05-58-42-92-08. • clos85.linxe@gmail.com • À 8 km au nord-est de Léon ; au centre du bourg. Resto tlj sauf dim soir-lun. Doubles 65-75 € ; familiales. Menu déj en sem 14 € ; carte env 32 €.* Cette bonne vieille maison dans l'esprit du pays avait déjà un certain charme : grosse cheminée, carrelages à l'ancienne, des poutres partout... L'accueillant jeune couple qui l'a reprise lui en a donné encore plus. Chambres d'un confort suffisant avec quelques sympathiques idées de déco. Et bonne cuisine, fraîche et maligne, à apprécier, si le soleil est de sortie, dans un très joli petit jardin sur l'arrière. Apéro-tapas, concerts de temps en temps...

Les Cabanes du Menoy : *68, chemin du Menoy. 06-71-72-99-68. • lescabanesdumenoy@orange.fr • cabane-aquitaine-lescabanesdumenoy.com • Congés : de mi-nov à mi-fév. Compter 142-176 € la nuit pour 2, 200-323 € pour 3-5 pers ; tarif dégressif à partir de la 2e nuit ; petit déj inclus.* Après avoir descendu le courant d'Huchet, il ne vous reste plus qu'à grimper aux arbres ! Bien sûr, il faudra y mettre le prix. Mais ces 2 cabanes huchées, pardon, perchées dans les arbres ont vraiment du cachet ! Coup de cœur pour *Léonie,* qui n'est pas la laitière du champ voisin mais la cabane pour 2 personnes, perchée à 7 m, que l'on atteint par un superbe escalier en colimaçon. Tout en bois, il va sans dire... Pour les familles, *Léontine* est la cabane sur pilotis à 4 m de haut, avec 2 chambres avec une grande terrasse. Pour les amoureux, le *Lov'nid* est un véritable cocon en apesanteur. Le matin, vous trouverez le petit déj dans le panier accroché à une corde reliée à une poulie. Une belle adresse pour se fabriquer des souvenirs.

À voir. À faire

La descente du courant d'Huchet : au départ du lac de Léon, une balade en barque à ne pas manquer. La descente de ce déversoir du lac a été lancée en 1911 par le journaliste Maurice Martin, créateur de l'appellation Côte d'Argent. 1 bon siècle plus tard, la descente du courant reste une vraie révélation. ***Réserve naturelle*** oblige, la descente ne se fait qu'accompagnée. Le batelier fait avancer la galupe (barque à fond plat) avec une longue perche, glissant en silence au milieu d'une nature luxuriante, qui crée des ombres magiques au sein d'un couloir végétal. On se sent transporté au milieu d'un bayou de Louisiane, ou en plein cœur de l'Amazonie. Cyprès chauves, hibiscus sauvages, fougères arborescentes, chênes-lièges, saules pleureurs, pins maritimes, sans parler des 250 espèces d'oiseaux, c'est un dépaysement total. Le retour est peut-être encore plus beau.
Plusieurs balades tlj avr-oct, de 2, 3 ou 4h. Bureau des bateliers situé à côté de la Maison de la réserve, au bord de l'étang de Léon, ☎ 05-58-48-75-39 ou 06-27-82-19-36. • bateliers-courant-huchet.fr • Tarifs : 15-25 € selon distance ; réduc. Résa min 15 j. à l'avance en été.

Possibilité de suivre le courant à pied, seul ou en visite guidée. Sur la (sublime) D 328, au lieu-dit du pont de ***Pichelèbe*** (parking sur place), un sentier longe le courant sur 8 km à travers une belle forêt de pins et de chênes-lièges. Côté ouest, le sentier forestier mène en 4 km (1h20) à l'embouchure du courant d'Huchet à Moliets en passant par le marais de la Pipe (observatoire pour guetter les oiseaux). Vers l'est, on se dirige vers l'étang de Léon, à 4 km. Petit pôle d'accueil à Pichelèbe pour détailler les sentiers pédestres *(avr-juin, tlj 14h-17h ; avr-sept, tlj 10h-12h30, 14h-17h30 (17h w-e). Tarifs des balades accompagnées : 6 € ; enfant 3 € ; gratuit moins de 6 ans. Rens sur la réserve naturelle : ☎ 05-58-48-73-91.*

Balade en canoë, Au Pont Neuf : *272, route de Linxe, 40550* ***Saint-Michel-Escalus.*** *☎ 05-58-48-75-07. • aupontneuf.fr • Tarifs : 17 €/pers ; 10 € moins de 12 ans ; forfait famille 50 €. Min 6 départs/j. en juil-août.* Balade de 2h en canoë sur la Palue, qui abrite une flore et une faune préservées. Familial et sympathique. Ou **Canoë Land :** *235, route de Linxe, 40550* ***Saint-Michel-Escalus.*** *☎ 05-58-72-61-78. • canoeland.com • Tlj juil-août. Tarifs : 16 €/pers ; 11 € moins de 12 ans ; forfait famille 50 €.* Au cœur d'une nature préservée et classée Natura 2000. Accessible à tous, embarcations 1-3 places, acheminement en bus. En été, possibilité de descentes accompagnées en nocturne, sur résa.

Depuis le lac de Léon, Canoë Surfing : *rue des Berges-du-Lac, 40550* ***Léon.*** *06-87-70-65-55. • canoe-surfing.fr • Tarifs : 15 €/pers pour la loc de kayak (descente de la Palue jusqu'au lac de Léon).* Baptême en pirogue hawaïenne et location de *stand-up paddle,* « Instant zen » (1h30-2h de balade sur le lac au coucher de soleil). Également des cours de *kayak surf* à l'océan.

LE SUD DE LA CÔTE LANDAISE

C'est le moment de laisser la voiture reposer en paix et de se procurer, dans un office de tourisme, une carte des sentiers pédestres et autres pistes cyclables. Il y en a partout, et accessibles à tous publics, sur cette côte sud des Landes, qui parcourent la forêt, bordent la côte... Et les grands itinéraires cyclistes européens traversent cette partie des Landes : la *Vélodyssée* entre Moliets-et-Maâ et Labenne, et la *Scandibérique* entre Saubusse et Sainte-Marie-de Gosse. Le vélo est donc le véhicule idéal pour découvrir le sud de la côte landaise (Landes Atlantique Sud, si vous préférez l'appellation officielle !).
Sinon, vous êtes également ici au royaume du surf (pas un hasard si la Fédération française de la discipline s'est installée à Hossegor).

MESSANGES (40660) 987 hab. *Carte Landes, A3*

Discret village avec ses 2 plages et les services habituels (nombreux campings), qui mérite l'arrêt pour qui aime les stations de taille moyenne. Également 2 viticulteurs de « vin des sables-de-l'océan », ce vignoble implanté depuis le XIIIe s sur 4 communes et composé des cépages cabernet franc et cabernet-sauvignon. À une certaine époque, ce petit vin fut même exporté jusqu'en Angleterre et aux Pays-Bas via le port d'Albret (Vieux-Boucau).

Adresses utiles

Office de tourisme : *3, route des Lacs. ☎ 05-58-48-93-10. • ot-messanges.fr • landesatlantiquesud.com • Juil-août, lun-sam 9h30-13h, 14h30-18h et dim 10h-13h ; hors saison, fermé sam ap-m et dim ; ouv l'ap-m seulement en hiver.*

Piscine municipale : *dune de Moïsan. ☎ 05-58-48-98-90. Juil-août, tlj ; fermé 12h30-14h15.* On n'a pas pour habitude de recenser les piscines municipales, mais celle-ci, en plein air, est particulièrement agréable, vaste, entre la plage et le bourg, sous les pins.

Où dormir ? Où manger ? Où boire un verre ?

Camping à la Ferme Chez Cazou : *1900, route de la Côte-d'Argent. ☎ 05-58-48-50-47. 📱 06-30-87-59-94. • chezcazou@gmail.com • campingcazou.e-monsite.com • ♿ Le long de la D 652, à mi-chemin entre Messanges et Moliets-et-Maâ. Ouv d'avr à mi-oct. Forfait pour 2 pers env 14 €. Hébergement locatif. CB refusées.* Au cœur d'une exploitation agricole, un petit camping pour ceux qui fuient l'ambiance club et survoltée des campings de la côte ! Confort rudimentaire et c'est bien ce qui fait son charme... La plage n'est jamais qu'à 3 km.

Hôtel La Maison de la Prade : *16, av. de l'Océan. ☎ 05-58-48-38-96. • lamaisondelaprade@orange.fr • lamaisondelaprade.com • ♿ Fermé nov-avr. Doubles 105-240 € ; familiale.* Wouah, la belle adresse... Comme le rappelle encore l'inscription en façade, c'est une ancienne colonie de vacances des années 1930 métamorphosée en hôtel de charme. Toutes les chambres ouvrent sur la forêt de pins ou sur la piscine chauffée (ou parfois les 2). Décor contemporain sobre et de grande classe à la fois, pour un séjour au milieu de golfeurs pas tous en herbe : le propriétaire est un pro du golf, qui exerce à Moliets. C'est le moment de vous mettre au green ! Plage à 900 m, sinon piscine sur place et soins. Location de vélos.

Snack-bar de la Plage : *plage de Messanges, sur la dune. ☎ 05-58-48-98-84. • snackbardelaplage@gmail.com • ♿ Tlj midi et soir de fin avr à mi-oct (non-stop en été). Carte env 16 €.* Ce snack-bar offre une terrasse et une vue imprenable, aux beaux jours, sur des kilomètres de plages et d'océan, ainsi qu'une cuisine honnête. Mieux vaut venir hors juillet-août, mais pensez à y dîner ou à y prendre un verre : taux maximal de romantisme au coucher du soleil ! Ou à y prendre un petit déj : ils ouvrent dès 8h30 en juillet-août.

Achats

La Bergerie des Vignerons du Tursan : *route des Lacs. ☎ 05-58-97-33-35. • tursan.fr • De mi-avr à sept, tlj sauf dim-lun 10h-13h, 16h-19h ; tlj en juil-août.* Belle vitrine de l'ensemble des appellations landaises, avec l'AOP Tursan en tête. Sans oublier les Coteaux de Chalosse, et le très local IGP Sables de l'Océan... Peu de petits producteurs dans la liste des adhérents mais des vins de terroir et de qualité malgré tout. Prix départ cave ! Autres points de vente à l'année à Geaune, Mugron et Pouillon...

À faire

La plage : évidemment. Une des plus belles, une des plus sauvages, une des plus préservées... Une de nos préférées ! Baignade surveillée.

MOLIETS-ET-MAÂ ET MOLIETS-PLAGE

(40660) 1 140 hab. *Carte Landes, A3*

On vient à Moliets pour sa station balnéaire éminemment familiale, Moliets-Plage, qui s'est agrandie à travers de nombreux aménagements tout en restant à taille humaine. La plage centrale possède un certain charme, même si

en été la foule est bien plus présente. Belles infrastructures sportives (golf classé dans le *top ten* des golfs français, tennis, vélo, surf, accrobranche...) et nombreuses structures d'hébergement.

Adresse utile

Office de tourisme : 20, rue du Général-Caunègre. ☎ 05-58-48-56-58. • moliets.com • landesatlantiquesud.com • Juil-août, lun-sam 9h30-13h, 14h30-19h, dim 10h-13h ; sept-oct, lun-sam 9h30-12h30, 14h-18h, fermé dim. Hors saison, horaires restreints. Vous y trouverez toutes les infos utiles, notamment la liste des loueurs de vélos.

Où dormir ? Où manger ?

***Hôtel Grill l'Océan :** rue de la Balise, à Moliets-Plage. ☎ 05-58-48-51-19. • reservation@l-ocean.fr • l-ocean.fr • Fermé nov-mars. Hors saison, resto fermé mar. Doubles 70-130 €, familiales. Formule et menu déj en sem 12,50-15 € ; autre menu 28 €.* À 200 m de la plage et de son animation, un petit hôtel simple et agréable, dans une copie de maison traditionnelle entièrement rénovée, avec une quinzaine de chambres au goût du jour (mais sonores), et des prix abordables pour la côte. Quelques-unes sont idéales pour les familles. Bonne et généreuse cuisine de tradition, entre terroir et océan, à prix tout autant abordables.

***La Cave aux Moules :** av. de l'Océan, à Moliets-Plage. ☎ 05-58-48-54-05. • martine.sansas@wanadoo.fr • Dans le centre commercial Saint-Martin. Ouv de fin mai à fin sept. Fermé en général lun en juin et sept. Pas de résa. Carte env 20 €.* Dans un décor style tables de camping en bois, avec du bleu un peu partout parce qu'on est au bord de l'océan. Un monde fou pour déguster des moules à toutes les sauces, à la saison. Ici, c'est le produit qui détermine l'ouverture du snack. Également des pizzas et des salades. Bon et pas cher.

À faire

La plage du courant d'Huchet : c'est ici que le courant d'Huchet, dans un dernier langoureux méandre, se jette dans l'océan. Le site, quasi sauvage, est sublime et comme la baignade y est interdite, cette plage est aussi beaucoup plus tranquille. Superbe balade ! Que l'on peut prolonger le long des rives du courant d'Huchet, pour découvrir la richesse de cette réserve naturelle !

VIEUX-BOUCAU

(40480) 1 600 hab. *Carte Landes, A3*

Vieux-Boucau, dont le nom signifie « vieille bouche » (dans le sens d'embouchure, bien sûr !), s'appelait autrefois Port-d'Albret. Le village aurait donc pu être l'un des 1ers ports du département, dans le delta de l'Adour, si ce fleuve n'avait pas été détourné en 1578 sur Bayonne. Aujourd'hui, Vieux-Boucau est une station balnéaire, flanquée d'une jolie plage. Dans les années 1970, le nom de Port-d'Albret a refait surface avec un complexe touristique – plutôt bien conçu – aménagé autour d'un lac marin artificiel de 60 ha que Vieux-Boucau partage avec Soustons. Agréables promenades à faire sur les pontons de bois aménagés autour du lac marin, sur le mail fleuri, dans les rues piétonnes du village et les allées de tamaris menant aux plages.

Adresses et infos utiles

Office de tourisme : *11, mail André-Rigal. ☎ 05-58-48-13-47. • tourisme-vieuxboucau.com • landesatlantiquesud.com • Juil-août, tlj 9h-13h, 14h30-19h, dim 10h-13h ; hors saison, lun-sam 9h30-12h30, 14h-18h.* Carte et guide (payants) des circuits « Promenade à la carte » et « Rando cyclo ». Visite guidée à thème *(mar mat en été ; 5 € ; gratuit moins de 12 ans).*

Location de vélos : *rens à l'office de tourisme.*

– **Marché :** *ts les mat sauf dim de mi-juin à mi-sept, av. de la Liberté, le reste de l'année, mar et sam mat.* Beaucoup de producteurs locaux.

Où dormir ? Où manger ?

Camping

Camping municipal Les Sablères : *bd du Marensin. ☎ 05-58-48-12-29. • contact@camping-les-sableres.com • camping-les-sableres.com • Ouv avr-oct. Forfait pour 2 pers env 14-27 €. Hébergement locatif.* À 5 mn de la plage mais très peu ombragé, dommage. Plus de 530 emplacements sur l'herbe ou sur le sable (côté groupes). Laverie. Aires de jeux et terrain multisport. Peu d'infrastructures par volonté municipale, afin de faire vivre le village tout proche. Nombreux tennis à 400 m. Supérette en face.

Prix moyens

Côté Sable : *51, av. de la Plage. ☎ 05-58-48-17-10. • rdelage.cotesable@gmail.com • Sur la gauche, juste avt la plage. Ouv mars-oct. Juil-août, ouv tlj ; le reste de l'année, fermé mer-jeu. Pas de résa. Carte env 30 €.* Un genre de brasserie contemporaine (jolie déco, design juste ce qu'il faut) à la cuisine largement tournée vers le large. Bons produits, travaillés simplement. Immense terrasse des plus agréable avec vue panoramique sur l'océan. Service décontracté-pro. Tapas et cocktails.

Où boire un verre ?

Le Captain et ***La Frégate*** **:** *au-dessus de la plage.* 2 bars-restos aux terrasses accrochées aux dunes... incontournables au coucher du soleil ! Tout comme *Côté Sable* (voir ci-dessus « Où manger ? »).

À faire

Les plages : évidemment. Baignade surveillée sur la grande plage, les plages des Sablères (côté mer) et du lac marin (côté lac, comme son nom l'indique).

Les arènes : importantes arènes où ont lieu tous les ans, de juin à septembre, de nombreuses courses landaises. Dates et infos auprès de l'office de tourisme.

SOUSTONS (40140) 7 850 hab. *Carte Landes, A-B3*

À 2 pas d'un vaste étang, une charmante petite cité, dotée de quelques vieilles fermes du XVe s. Latché, la bergerie de François Mitterrand (il y est venu durant 31 ans), est posée quelque part au milieu de la forêt.

Ne vous étonnez d'ailleurs pas du nombre de touristes qui, vers l'office de tourisme, s'arrêtent pour se faire photographier à côté de la statue de l'ancien président. François Mitterrand est représenté avec sa fidèle chienne Baltique, ce qui en a fait le 1er chien statufié... de son vivant.

Adresse et infos utiles

Office de tourisme : *grange de Labouyrie. ☎ 05-58-41-52-62. • soustons.fr • landesatlantiquesud.com • Juil-août, lun-sam 9h30-13h, 14h30-19h, dim 10h-13h ; le reste de l'année, lun-ven 9h30-12h30, 14h-18h (17h nov-mars) plus sam mat ; fermé jeu hors saison.*

Location de vélos : *rens à l'office de tourisme.*

Où dormir ? Où manger ?

Campings

Camping de Bathurt : *route de l'Étang-Blanc. ☎ 05-58-41-21-59. 06-88-96-02-23. • campbathurt@yahoo.fr • À 4 km du centre ; prendre la route de Tosse et tourner à droite sur la D 189. Ouv de mi-juin à mi-sept. Forfait pour 2 pers env 26 €. 30 empl.* Un tout petit camping familial en pleine nature, à 2 pas d'un étang où l'on peut se baigner. De l'herbe et des arbres, un petit bloc sanitaire et un accueil authentique qui suffisent à notre bonheur.

L'Airial : *61, av. de Port-d'Albret. ☎ 05-58-41-12-48. • contact@campinglairial.fr • campinglairial.fr • À 4 km à l'est du centre. Ouv avr-sept. Forfait pour 2 pers 17-35 €. Loc de chalets et mobile homes.* Un camping convivial, calme et ombragé, point de départ de pistes cyclables et de sentiers pédestres rejoignant l'océan à travers la forêt. Bien équipé (piscine couverte et chauffée, épicerie, tennis, barbecues collectifs, resto-bar, laverie...). Location de vélos en saison.

De bon marché à prix moyens

Hôtel-restaurant Dehiou : *quartier Costemale. ☎ 05-58-41-57-02. • monique.montus@gmail.com • dehiou.com • À env 5 km du centre sur la route de Magescq, puis à gauche. Hôtel ouv avr-oct. Resto tlj sauf sam et le soir hors saison. Double 56 €. Formule déj en sem 14,50 € ; menus 29,50-35,50 € ; carte env 30 €.* L'auberge de campagne comme on les aime... Un petit bout du monde que ces quelques maisons traditionnelles posées au cœur d'un vaste jardin avec petit étang privé. Salle forcément rustique ou terrasse ombragée pour une solide cuisine, bien locale, qui fait le bonheur des habitués au déjeuner. Bon menu du jour d'ailleurs pour les budgets un peu courts ou, mieux, assiette landaise, magret et confit pour les autres, ce qui ne les ruinera pas non plus. Chambres pas compliquées, toutes en rez-de-jardin (un peu façon motel), éminemment tranquilles. Une bonne maison, comme on dit.

La Part des Anges : *1, pl. du Commerce. ☎ 05-58-47-92-98. • lapartdesangessoustons@gmail.com • Au centre. Ouv le midi jeu-lun et le sam soir. Fermé mar-mer. Le midi (sauf dim), formules et menus 15-25 €, le soir 32 € ; carte env 37 €.* Au cœur du bourg, un « restaurant de qualité » à la déco agréable mais somme toute banale et à la cuisine fraîche et savoureuse. Accueil et service jeunes et souriants. Un excellent rapport qualité-prix.

De chic à beaucoup plus chic

Auberge Batby : *63, av. de Galleben. ☎ 05-58-41-18-80. • contact@aubergebatby.fr • aubergebatby.fr • Au bord du lac. Tlj sauf dim soir, lun*

LES LANDES

et mar midi (plus jeu soir hors saison). Doubles 85-155 €. Menus 16-19 € (déj en sem), puis 37-45 € ; carte env 45-60 €. Bien bonne cuisine, finement préparée et mettant les produits du cru de saison à l'honneur : asperges, cèpes, jambon, canard, cacahuète ou poissons de la côte toute proche. Salle élégante et moderne avec une belle véranda donnant sur le lac. L'hôtel dispose aussi d'une poignée de chambres furieusement contemporaines, avec balcon sur le lac.

Où manger dans les environs ?

lol ⛱ ***Côté Quillier :*** *26, av. de Maremne, 40140* ***Magescq.*** *☎ 05-58-47-79-50. • coussau@wanadoo.fr • À 10 km au nord-est de Soustons. Ouv tlj sauf lun midi et mar hors saison. Formule déj en sem 23 € ; menus-carte 27-37 €. Côté Quillier* est la petite table de la célèbre *Auberge de la Poste.* Le parc est commun aux 2 établissements. Située dans l'ancienne maison des parents, joliment restaurée, l'auberge ne ferait peut-être pas tant parler d'elle s'il n'y avait la griffe du grand chef Jean Coussau ! Bonne cuisine bourgeoise avec une pointe de modernité. Quant au quillier, c'est un jeu qu'on trouvait autrefois dans toutes les auberges landaises : son nom, comme les plats savoureux de la carte, apporte une note de nostalgie... Terrasse aux beaux jours.

LES LANDES

Où acheter de bons produits ?

Ferme Darrigade : *sur la D 17, à 2 km de Soustons, direction Saint-Geours-de-Maremne. ☎ 09-77-73-60-56. • contact@ferme-darrigade.fr • ferme-darrigade.fr • ♿ Tlj sauf dim.* On trouve tout ce qu'on aime à la *Ferme Darrigade,* à commencer par des gens et des produits qui ont du caractère. Vente des produits de la ferme, ça, vous l'auriez deviné, d'asperges en conserves et de foie gras toute l'année. Plus insolite, ils cultivent (et ça, vous ne pouviez pas le deviner !) des cacahuètes ! Avec le chef de l'*Auberge Batby,* ils ont d'ailleurs mis au point le *cassouhuète,* un cassoulet aux cacahuètes ! Vous trouverez également de nombreux nouveaux produits à base de cacahouètes, sucrés comme salés ! Et si vous voulez éviter de vous faire piéger sur la façon de les récolter, regardez leur site... ou les photos à l'entrée du local de vente.

À voir. À faire

Descente du courant de Soustons : *location de canoës, kayaks ou paddles* ***au centre sportif de l'Isle Verte,*** *av. Labouyrie. Résas au ☎ 05-58-41-43-00 ou 📱 06-45-62-81-00. • centrenautique-soustons.com • ou au* ***pôle nautique de Soustons Plage,*** *av. de la Pêtre, plage du Lac-Marin. ☎ 05-58-41-54-00. 📱 06-73-23-99-16. • ecole-voile-soustons.com • ♿ Ouv avr-oct, sur résa. 2 départs/j. en été ; se renseigner hors saison. Tarif pour 2h env : 15-20 € ; réduc.* Descente du courant de Soustons en autonomie. À vos rames ! 7 km de balade paisible en canoë-kayak (à 2 par bateau) ou *paddle,* jusqu'au lac où l'on vient vous chercher. Avis aux sportifs : ils peuvent faire le retour à contre-courant ! Au fil de l'eau, découverte de la flore (cyprès chauve, hibiscus, osmonde royale...) et la faune pour les plus chanceux (martin-pêcheur, chevalier guignette, héron bihoreau, tortue cistude...).

Le port miniature : *au lac marin, à Soustons-Plage, Port-d'Albret sud (indiqué). 📱 06-75-14-70-56. • loisirs-soustons.com • Juil-août, tlj 11h-19h ; avr-juin et sept, tlj sauf lun-mar 14h-18h (ouv j. fériés). Tarif : à partir de 5 €/pers les 15 mn ; prix dégressif à partir de 3 pers.* Faites-vous piloter dans une reproduction (sommaire) d'un chalutier, d'un ferry ou d'une police maritime sur ce petit lac. Distrayant et a le mérite d'initier les plus jeunes aux balbutiements du pilotage.

La promenade du parc de la pointe des Vergnes : *à 1 km du centre, sur les bords de l'étang.* Un grand parc agréable pour une promenade sous les cyprès chauves et autres vergnes. Beaux points de vue sur l'étang.

Club de voile Soustons Marensin : *route d'Azur, base de Laurens. ☎ 05-58-41-11-95. • cvsm.org •* ♿ Pour ne pratiquer que la voile, sur le lac marin. Location de dériveurs. École des sports et régates. Cours, stages pour tous les âges. Balades familiales avec ou sans skipper.

Le musée des Traditions et des Vieux Outils : *château de la Pandelle, av. du Général-de-Gaulle. ☎ 05-58-41-39-09 ou 52-62 (office de tourisme). Ouv de mi-juin à mi-sept, tlj sauf mar 15h-18h30. Entrée : 4 € ; réduc ; gratuit moins de 12 ans.* Dans une maison de maître du XIXe s, dotée d'un parc, près de 1 000 outils font revivre des traditions que les plus anciens ont connues. Certains sont vraiment originaux, voire insolites. Également une section consacrée aux métiers liés à l'exploitation de la résine et des chênes-lièges. Explications intéressantes données par une équipe de bénévoles.

Fêtes et manifestations

– ***Fête de la Tulipe :*** *début avr.* Point d'orgue le dimanche avec le grand corso fleuri où défilent une douzaine de chars.
– ***Opéra des Landes :*** *2de quinzaine de juil. • opera-des-landes.com •* Un « grand » opéra du répertoire mis en scène pour l'occasion (plusieurs représentations) mais aussi des petites pièces de musique baroque, classique ou traditionnelle... Et même des chanteur(euse)s aux terrasses des bistrots !
– ***Festiv'Cornemuses*** : *3-4 j. fin juil.* Soustons reçoit des groupes landais et internationaux. Concerts de rue, fanfares...
– ***Fêtes de Soustons :*** *début août.* 5 jours d'animations, *bandas, bodegas,* courses de vaches landaises, spectacles d'échassiers...

DANS LES ENVIRONS DE SOUSTONS

Le conservatoire avicole du Puyobrau : *2695, route de Dax, 40140* ***Magescq.*** *☎ 06-30-69-05-36. À 6 km du centre. Tlj 10h-12h30, 14h-19h. Fermé mar oct-mars. Entrée : 7 € ; réduc ; gratuit moins de 6 ans.* Dans une chênaie, une centaine de races anciennes en voie de disparition ! Si la poule landaise tient la vedette, on croise dans ce poulailler géant toutes sortes d'espèces de volailles qui peuplaient autrefois les basses-cours des campagnes françaises. Des oies, des canards, des pigeons, des dindons, des coqs et des poules... Tous semblent concourir pour le prix du plumage le plus chamarré ou le plus farfelu. À côté de l'accueil, la poussinière ne manquera pas d'émouvoir les plus petits. La visite se poursuit avec une prairie réservée aux vaches landaises « marines » qui vivaient à l'état sauvage dans les zones marécageuses.

Artiga – Magasin d'usine : *5, rue Brémontier, 40140* ***Magescq.*** *☎ 05-58-47-62-34. • artiga.fr • Juil-août, lun-mar 10h-13h, 14h-19h, mer-sam 10h-19h ; sept, mai-juin, lun-ven 10h-12h30, 14h-18h, sam 10h-12h30, 14h30-18h ; oct-avr, idem mais fermé lun.* Voilà LA belle adresse de linge basque, qui confectionne ses produits sur place. Quant aux toiles, elles sont tissées en France, principalement dans les Pyrénées. Torchons, linge de table, espadrilles et quantité d'accessoires en toile de transat... Pour voir la vie en bayadère. Il s'agit ici du magasin d'usine, le choix est donc limité mais à prix attractif.

SEIGNOSSE (40510) 3 925 hab. *Carte Landes, A4*

Si vous nous avez suivi jusqu'ici, au long de la côte landaise, vous commencez à avoir l'habitude de ces petites bourgades de l'intérieur des terres, séparées de la plage par quelques kilomètres d'une profonde forêt qu'on sillonne avec plaisir à vélo. Seignosse-Bourg est ainsi à 6 km de Seignosse-Océan. Entre les 2, les pins et un golf réputé. Seignosse-Océan se répartit en 3 quartiers : Le Penon, Les Bourdaines et Les Estagnots, au nord des plages de sa voisine Hossegor. Boisée (sur près des trois quarts de sa superficie), avec des étangs dont un est classé « réserve naturelle », Seignosse devrait séduire les amoureux de la nature. Et c'est, avec Biarritz et Hossegor, un des lieux de naissance du surf en France.

Adresses et infos utiles

Office de tourisme : *1, av. des Lacs, à Seignosse-Océan. ☎ 05-58-43-32-15. • seignosse-tourisme.com • Juil-août, lun-sam 9h30-13h, 14h-18h, dim et j. fériés 10h-13h, 15h-18h ; le reste de l'année, lun-sam 9h-12h, 14h-18h (horaires variables selon saison).*

Navette gratuite l'été, entre le bourg et les plages.

Le Tube Les Bourdaines : *• le-tube-les-bourdaines.com •* Une étonnante salle de concert de 2 500 places avec une programmation éclectique et de qualité, et ce toute l'année !

Location de vélos : *nombreux loueurs, demander la liste à l'office de tourisme.* Plusieurs prestataires proposent à la location des *fat bikes* électriques qui permettent de rouler dans le sable.

– ***Marchés :*** *à Seignosse-Bourg, marché alimentaire mer tte l'année 8h-13h. À Seignosse-Océan, marché saisonnier dim mat de mi-avr à mi-sept ainsi que mar et jeu en juil-août ; juil-août marché nocturne sam 18h-23h.*

Où dormir ?

Campings

Les Chevreuils : *2338, route de Vieux-Boucau (D 79). ☎ 05-58-43-32-80. • info@chevreuils.com • chevreuils.com • Juste avt la route de la plage des Casernes. Ouv avr-Toussaint. Forfaits pour 2 pers env 24-44 €. Loc de mobile homes.* À 1 500 m de la plage, un grand camping en bordure de forêt, à l'esprit assez familial et sans trop de structures bruyantes. Petite touche écolo : le toit du resto-bar-épicerie est végétalisé et le resto est rafraîchi par un puits canadien. 3 blocs sanitaires, laverie. 2 piscines, une pataugeoire, aire de jeux et ping-pong.

Les Oyats : *route de la Plage-des-Casernes. ☎ 05-58-73-53-96. • contact@campinglesoyats.fr • campinglesoyats.fr • Ouv mai-sept. Forfait pour 2 pers 20-43 €. Hébergement locatif. 505 empl.* Immense mais agréable quand on aime ce genre de camping. À 500 m de l'océan, sous les pins, des emplacements dans un cadre idéal. Bien équipé : piscine, resto, supérette... et beaucoup d'activités. Cinéma en plein air et balades à poney de temps en temps (prestataires extérieurs). Location de vélos et de surfs.

De prix moyens à plus chic

Hôtel-restaurant la Côte d'Argent : *1, av. du Tuc-Dou-Brocs, à Seignosse-Bourg (6 km de l'océan).*

☎ 05-58-72-80-01. ● contact@hotelcoteargent.com ● hotelcoteargent.com ● Doubles 60-75 € ; petit déj 8 €. Ouv tte l'année. Resto fermé le soir lun-mer. Au resto, formule déj en sem 13,50 €, vin ou café inclus ; carte env 30 €. Au cœur du bourg, une adresse conviviale avec une poignée de chambres à l'étage (pas d'ascenseur), un bar et un resto bien connu des habitués. Pas immenses certes, les chambres sont néanmoins propres et fonctionnelles, avec petite terrasse sur rue ou donnant sur l'arrière (donc plus calme). Une halte à prix serrés, pratique pour un court séjour.

Chambres d'hôtes L'Orée de la Forêt : *536, impasse des Tonnes, à Seignosse-Bourg. ☎ 05-58-49-81-31. ● info@loreedelaforet.com ● loreedelaforet.com ● À 6 km des plages. Ouv mai-oct. Doubles 85-108 € ; familiales. Réduc de 10 % à partir de 7 nuitées sur présentation de ce guide.* Très beau site en bordure de la réserve naturelle de l'étang Noir. Cette maison d'hôtes est contemporaine mais construite dans le style landais, et presque planquée au milieu d'une forêt de pins de 5 ha avec étang privé. 5 chambres, dont une suite pour les familles, lumineuses et très joliment aménagées. Cuisine d'été, grande piscine et possibilité de pêcher la carpe gratuitement ! Très bon accueil.

La Villa de l'Étang Blanc : *2265, route de l'Étang-Blanc. ☎ 05-58-72-80-15. ● contact@villaetangblanc.fr ● villaetangblanc.fr ● Au bord de l'étang Blanc (pardi !). Resto ouv tlj sauf mar-mer en hiver et lun en juil-août. Congés : nov. Doubles 110-160 € ; suites à partir de 150 €. Menu déj jeu-ven 40 € ; menus dégustation le soir 75-87 €.* Dans une station balnéaire où les regards convergent le plus souvent vers l'océan, on lui tourne volontiers le dos, tout en gardant les pieds dans l'eau (douce, cette fois-ci) ! Imaginez une élégante villa d'autrefois dans un environnement naturel sauvage et apaisant. Une belle adresse de charme pour amoureux gourmets. L'été, on profite de la magnifique terrasse et de la vue sur le lac. Formé à bonne école chez les grands toqués du pays, le chef est de cette génération qui parie sur la fraîcheur, le marché, les producteurs, les saisons, privilégiant une carte courte et une assiette allant à l'essentiel. C'est net, précis, goûteux. Également de belles chambres aux tons poudrés pour ceux qui souhaiteraient séjourner dans ce petit paradis.

LES LANDES

Où manger ?

De très bon marché à bon marché

Pour une douzaine d'huîtres sur le pouce, arrêtez-vous à l'une des cabanes ostréicoles à l'extrémité nord du lac d'Hossegor (à la limite de Seignosse) ! Voir donc à Hossegor pour se régaler à pas cher.

Les Cabanes de plage : *ouv de mi-avr à mi-oct, tlj du lever au coucher du soleil (sauf pluie).* Un emplacement de rêve face à l'océan et une cuisine fraîche à prix abordable. Chaque cabane a sa spécificité. Petit tour des plages pour vivre la *dolce vita,* les pieds dans le sable.

– ***L'autre endroit*** *(plage des Casernes)* **:** poissons frais a la plancha.

– ***La Cabane du Penon*** *(plage du Penon)* **:** cuisine landaise traditionnelle, salades, tapas.

– ***Couleur locale*** *(plage des Bourdaines)* **:** cuisine fusion, poke bowls, tapas végétariennes, salades « healthy ».

– ***La cabane des Estagnots*** *(plage des Estagnots)* **:** cuisine basco-landaise et tapas raffinées.

De prix moyens à chic

Les Roseaux : *4, route Louis-de-Bourmont. ☎ 05-58-72-80-30. ● restaurantlesroseaux@wanadoo.fr ● Sur une rive de l'étang Blanc. Tlj sauf mar et le soir hors saison (reste ouv le sam soir). Résa obligatoire en saison (1 sem avt !). Menu 29 € ; carte*

30-40 €. Une adresse depuis longtemps (elle a ouvert en 1926...) dans le cœur des habitués de la côte sud. Il y a toujours la vue sur le lac, sauvage et superbe, et le chef, formé à bonne école, reste dans la lignée de son grand-père et propose une savoureuse cuisine rustique revisitée à sa façon : (remarquable) poêlée d'anguilles en persillade, caneton confit, escalope de sandre en basquaise de légumes, salmis de palombe aux pruneaux... Un coup de cœur !

Chez Monette : *5, av. Jean-Moulin, Les Estagnots, à Seignosse-Océan. 06-43-21-43-20. • flo.kell@hotmail.fr • Mai-sept, tlj sauf lun 19h-2h ; juil-août, ts les soirs. Carte env 25 €. Pas de résa.* Un resto largement ouvert sur le monde : dans le jardin, les huttes indonésiennes, varangue avec fauteuils exotiques et la décoration d'inspiration asiatique donnent le ton. Plats japonais, indonésiens ou encore thaïlandais, pleins d'authenticité et de parfums. Plat traditionnel, le curry vert poulet coco est légèrement pimenté. Rhum arrangé ou rhum vieux offert en fin de repas.

Excellente table à ***La Villa de l'Étang Blanc*** (voir la rubrique « Où dormir ? »).

LES LANDES

Où manger chic dans les environs ?

Le Hittau : *1, rue du Nouaou, 40230* ***Saint-Vincent-de-Tyrosse.*** *☎ 05-58-77-11-85. • contact@lehittau.fr • À 8 km au sud-est de Seignosse, fléché dans le bourg. Fermé dim-lun. Congés : vac scol de la Toussaint et de fév. Menus 36 € (déj en sem), puis 72-92 € ; carte env 75 €.* Cette belle ferme landaise, située à quelques encablures de la côte, est l'une des adresses les plus gourmandes des Landes. Le chef puise dans son jardin aromatique ses plantes, se fournit auprès de producteurs locaux et revisite le terroir avec sincérité et talent, sans esbroufe. En hiver au coin du feu ou aux beaux jours dans le jardin fleuri, un lieu authentique où l'on vient parfois de loin pour une expérience gustative exceptionnelle.

Où boire un verre ? Où écouter de la musique ? Où danser ?

Booboo'zzz : *av. de la Grande-Plage, Le Penon, à Seignosse-Océan. • booboozzz2018@gmail.com • Programmation sur la page Facebook et Instagram. Vers la plage, à côté du skatepark. Avr-oct, mer-sam ; juil-août, tlj 17h-2h (3h sam). Entrée gratuite.* Façon bar de plage aux influences indonésiennes et caribéennes (même si elle est de l'autre côté de la dune). Des cocktails, des concerts (avec du reggae, souvent), des DJs.

L'Escargot : *4, pl. de Castille, Le Penon, à Seignosse-Océan. ☎ 05-58-48-82-09. • lescargot-seignosse.fr • Ouv mai-oct, tlj en août, sinon le midi ven-sam et ts les soirs de minuit à l'aube. Entrée payante.* Quasi mythique, ce club ouvert depuis 1968. Très pop à l'époque, il confie aujourd'hui ses platines à la crème des DJs hip-hop ou électro avec une programmation des plus pointue. Bonne musique donc et ambiance à la cool.

À voir. À faire

Galerie – Fonds Labégorre : *2, impasse de la Lande, ZA Laubian. ☎ 05-58-43-10-15. 06-45-34-94-89. • fondslabegorre.com • Ouv tte l'année, lun-ven 9h-17h30, sam 11h30-17h30. GRATUIT.* Galerie consacrée à Serge Labégorre, célèbre peintre expressionniste aquitain. 3 à 4 expositions temporaires par an. Restaurant sur place : le *Zouzou Petals* (« fait maison » et bon marché).

Balades en pleine nature : Seignosse mise sur un accueil familial et privilégie la nature, avec ses grands espaces de forêts de pins, sa *Vélodyssée,* ses pistes cyclables et ses 40 km de sentiers balisés. L'office de tourisme propose d'ailleurs des visites guidées nature une fois par semaine de fin juin à mi-septembre, sur résa.

Atlantic Park : *2, av. de la Grande-Plage.* ☎ *05-58-43-15-30.* • *atlantic-park.com* • *Ouv juin-sept. Entrée : 14-20 € ; vente en ligne.* Le plus grand parc aquatique du coin, caché derrière une dune. Bassins chauffés à 27 °C sur 2 800 m². Cascade de piscines, toboggans pour petits et grands, bassin de nage, bain à bulles, pataugeoire... Aires de pique-nique, snack. Un lieu qui plaira aux plus jeunes. Beaucoup de monde les jours où le drapeau vert ne flotte pas sur la plage.

La réserve naturelle de l'étang Noir : *600, av. du Parc-des-Sports, à l'ouest du centre-ville.* ☎ *05-58-72-85-76. Accès libre tte l'année. Maison de la réserve (au début de la passerelle de découverte, à l'entrée de l'étang) juil-août, lun-ven 10h-18h30, le w-e 10h-13h, 14h-17h30 ; visites guidées mar et jeu à 10h et 14h30, mer et ven à 10h ; le reste de l'année, lun-ven 10h-12h, 14h-17h ; visites guidées payantes sur résa, réduc ; gratuit moins de 6 ans.* Classé « réserve naturelle » il y a une trentaine d'années, l'étang Noir est une réserve biologique étonnante. On y trouve plus de 400 espèces de plantes. Un véritable éden pour les poissons et les oiseaux, à découvrir grâce aux passerelles qui s'enfoncent dans la végétation sur les eaux de l'étang. On peut aussi profiter de plusieurs points de vue à l'***étang Blanc*** voisin, bien qu'il ne soit pas classé « réserve naturelle ».

4 plages le long de Seignosse-Océan, quartier construit à partir des années 1970 (pas toujours un bon millésime pour l'architecture...) : *Le Penon, Les Bourdaines* et *Les Estagnots* (spots de surf renommés également). Tout au nord, plus sauvage, s'étend la longue *plage des Casernes.*

Surf : des hébergements spécialement destinés aux surfeurs et beaucoup d'écoles de surf dont l'office de tourisme se fera un plaisir de vous donner les adresses.

LES LANDES

Manifestation

– ***Little Festival :*** *3-4 j. début août.* Festival de musique électro et *street art.*

HOSSEGOR

(40150) 3 930 hab. *Carte Landes, A4*

• Plan *p. 267*

Soorts-Hossegor de son nom officiel ! Si sur une carte Hossegor et Capbreton semblent ne faire qu'un, les 2 stations, séparées par la passe et le port de Capbreton, savent cultiver leurs différences !
Entre son centre et l'océan comme autour du lac, Hossegor, bourgeoise, élégante, soignée, prend des allures de « petit Arcachon du Sud » avec ses villas au style basco-landais édifiées pendant l'entre-deux-guerres sur de vastes terrains plantés de pins.
Côté océan, Hossegor représente l'un des pôles incontournables du surf depuis qu'il a déferlé sur la côte dans les années 1950 : ses vagues accueillent d'ailleurs 1 étape du championnat du monde, elle abrite les sièges de la Fédération française de surf et de célèbres grandes marques d'équipementiers du secteur.

Arriver – Quitter

En train + car :

– Depuis les ***gares TGV de Bayonne*** et ***Dax*** *(respectivement à 25 et 35 km), bus nº 7 de la RRTL. • rrtl.fr • 5-6 liaisons/j. lun-sam. 2 €/trajet. Pas de résa à l'avance.* Compter env 35 mn de bus depuis Bayonne, 1h15 depuis Dax. On paie directement dans le bus.

– Depuis les ***gares TER de Labenne*** ou ***Saint-Vincent-de-Tyrosse*** *(à 7 et 15 km), bus nº 1A du réseau Yego. • mobi-macs.org • Env 8 liaisons quotidiennes en saison (3 le dim). Gratuit en été ; le reste de l'année, 1 €.* Compter 30 mn de trajet depuis Saint-Vincent-de-Tyrosse et 15 mn depuis Labenne.

Adresses et infos utiles

Office de tourisme *(plan A1, **1**) : 166, av. de la Gare. ☎ 05-58-41-79-00. • hossegor.fr • En été, lun-sam 9h-19h, dim et j. fériés 10h-13h, 16h-19h ; en demi-saison, lun-sam 9h-12h30, 14h30-18h ; hors saison, fermé dim-lun.*

Location de vélos : liste à l'office de tourisme.

– ***Marchés :*** *d'avr à début nov, dim mat ; juin-sept, mer, ven et dim 9h-13h30. Marché de pays au fronton de **Soorts** sam 8h-13h.*

Où dormir ?

De bon marché à chic

Jo & Joe Hossegor *(plan A1, **10**) : 458, av. de Gaujacq. ☎ 05-58-35-68-55. • hossegor@joandjoe.com • joandjoe.com • Ouv mars-oct. Tlj sauf lun hors saison. Dortoirs (10-14 lits) 20-50 €/pers (draps fournis) ; doubles 80-150 € ; familiales. Petit déj 6-7 €. Resto (tlj 7h-23h) et bar ouv à ts (jusqu'à minuit). Carte env 20 €. Parking.* Le baron de Gaujacq ne reconnaîtrait sans doute pas sa villa cossue, entièrement revisitée par un célèbre designer anglais : murs partout confiés à des *street artists,* matériaux bruts (métal et contreplaqué) pour des chambres ou dortoirs au design aussi épuré que malin : rideau pour s'isoler dans les lits doubles, liseuses, port USB... Vaste espace commun sous arcades, la *Happy House* avec grands canapés pour s'affaler, espace cuisine équipé et même des rétroprojecteurs en libre-service pour se faire un film le soir. Au resto, que du frais (tapas, burgers et salades toute la journée). Dans le jardin, tables de ping-pong, billard, terrain de pétanque, *slackline* et beach-volley. Location de vélos, skates et cours de yoga ou de surf. Ni vraiment auberge de jeunesse, ni vraiment hôtel, c'est effectivement une « maison ouverte » à tous, voyageurs comme locaux, toutes générations confondues et que l'on y dorme ou non.

Hôtel La Paloma *(plan A1, **12**) : 156, av. de la Côte-d'Argent. ☎ 05-58-43-46-00. • contact@hotel-hossegor-lapaloma.com • hotel-hossegor-lapaloma.com • Entre l'océan et le lac. Ouv avr-oct. Doubles 80-120 €. Parking.* Ce petit hôtel bien situé et dans un environnement arboré propose des chambres colorées sans confort superflu. Certaines au rez-de-chaussée, avec petite terrasse privative, sont moins lumineuses, ce qui peut s'avérer un atout en été. Pas mal de charme mais côté isolation, ça pêche un peu. Petite piscine à l'arrière avec un joli deck, bar et salle de petit déj agréables. Bien pour un court séjour.

De chic à beaucoup plus chic

Hôtel 202 *(plan A1, **15**) : 202, av. du Golf. ☎ 05-58-43-22-02. • contact@hotel202.fr • hotel202.fr • ♿ Congés : de janv à mi-fév. Doubles 145-250 € ; familiale. Beau petit déj 16 € (20 € pour les extérieurs). Parking gratuit. Réduc de 10 % sur le prix de la chambre sur*

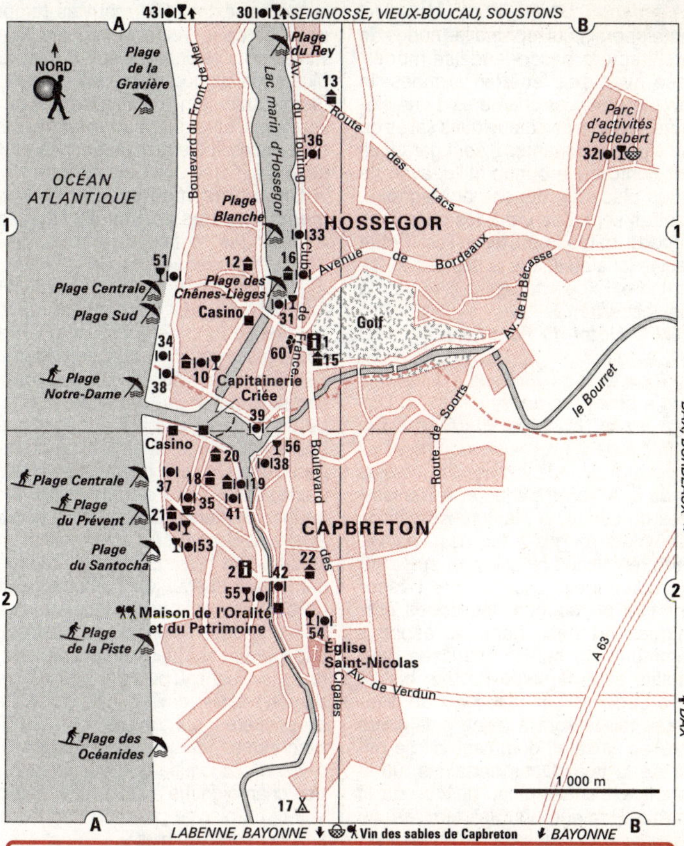

HOSSEGOR ET CAPBRETON

Adresses utiles

- 1 Office de tourisme d'Hossegor (A1)
- 2 Office de tourisme de Capbreton (A2)

Où dormir ?

- **10** Jo & Joe Hossegor (A1)
- **12** Hôtel La Paloma (A1)
- **13** Lo Rey du Lac (A1)
- **15** Hôtel 202 (A1)
- **16** Hôtel du Parc (A1)
- **17** Camping municipal La Civelle (A2)
- **18** Hôtel La Baïne (A2)
- **19** Hôtel du Cap (A2)
- **20** Hôtel Océan (A2)
- **21** Baya Hôtel & Spa (A2)
- **22** Chambres d'hôtes Madan'hôte (A2)

Où manger ?

- **19** Le Va et Vin (A2)
- **30** Cabanes ostréicoles (hors plan par A1)
- **31** Le Mango Tree (A1)
- **32** Les restos de la zone Pédebert (B1)
- **33** La Tétrade côté Lac (A1)
- **34** Jean-des-Sables (A1)
- **35** Les Douceurs de Léa (A2)
- **36** Le Bistro Balnéaire (A1)
- **37** L'Équinoxe et le Munda Kfe (A2)
- **38** Le Perchoir Notre-Dame (A1)
- **39** Chez Minus – La Taverne du Petit Homme (A1)
- **41** MB Restaurant (A2)
- **42** La Cuisine (A2)
- **43** Lou Cabana (hors plan par A1)

Où boire un verre ?

- **51** Le Café de la Plage (A1)
- **53** Cabane Terramar (A2)
- **54** Café de la Gare (A2)
- **55** Casa Beltza (A2)
- **56** Rosny Rockin' Bar (A2)

Où déguster une bonne glace ?

- **60** Glaces Romane (A1)

présentation de ce guide. Un hôtel contemporain qui reprend les codes de l'architecture basco-landaise modernisée avec ses fenêtres arquées, le bow-window. Les chambres d'une élégante sobriété (avec quelques salles de bains plus détonantes !) sont garanties tout confort. De bonne taille, avec de larges placards, douche et baignoire, toilettes séparées (pour les chambres confort), balcons ou terrasses. Petite piscine (chauffée), bar et sauna pour se détendre. Excellent petit déj, et patron très accueillant.

Hôtel du Parc *(plan A1,* ***16****) : 911, av. du Touring-Club. ☎ 05-58-35-27-10. • contact@hotelparc-hossegor.com • hotelparc-hossegor.com • Ouv tte l'année. Doubles 90-163 €. Côté bistrot (ouv tlj), formules déj 18-23 € ; au resto (ouv le soir mer-sam), menus 43-55 €.* Au bord du lac et à 2 enjambées du centre, la plantureuse bâtisse aux volets rouges a fait peau neuve. Cette rénovation réussie met en valeur la traditionnelle architecture basco-landaise et récupère les codes graphiques Art déco dans les espaces communs du rez-de-chaussée (vert anglais dans le salon de thé, bistrot Belle Époque). Les chambres de différentes tailles sont à peine plus chère côté lac : il serait dommage de se priver de la vue ! Dans certaines, un lit enfant est encastré au-dessus du lit double. Pratique pour les familles. Au déjeuner côté brasserie, la terrasse sur le lac est extra ! Par mauvais temps, on le garde à l'œil à travers les baies vitrées de la véranda. Le soir, la carte est plus sophistiquée et les prix grimpent. Sauna, hammam et bain à remous pour les clients. Et les soins du spa 5 mondes sont accessibles aux personnes extérieures à l'hôtel. Une belle adresse !

Chambres d'hôtes et hébergements insolites Lo Rey du Lac *(plan A1,* ***13****) : 251, route des Lacs. ☎ 05-58-43-91-20. • anne@loreydulac.com • loreydulac.com • Doubles 150-240 €.* À 200 m du lac, ce domaine boisé de 7 ha est une perle rare à l'écart de l'effervescence d'Hossegor ! On vous dévoile cette discrète pépite, ancien camping dans une autre vie. En plus de 3 chambres d'hôtes, 2 magnifiques bulles transparentes disséminées entre les arbres avec spa privatif, confortable literie, salle d'eau et toilettes, micro-ondes, cafetière et bouilloire ; la géode, avec son lit rond suspendu, est même chauffée en hiver. Également 2 lodges (tentes safari) pour jouer aux trappeurs, un chaleureux kota finlandais tout en bois à la déco soignée, une spacieuse cabane perchée dans un chêne et une roulotte. Quant au petit déj, il est déposé dans un panier devant votre porte. Les propriétaires, qui travaillent en famille, bichonnent leurs hôtes ! Aucun vis-à-vis, on ne croise que des faisans et des champignons à l'automne. Pas de télé ni de piscine pour vivre en Robinson, le confort en plus !

Où manger ?

De très bon marché à bon marché

Cabanes ostréicoles *(hors plan par A1,* ***30****) : Le Fond du Lac, av. du Tour-du-Lac. Tte l'année, en fonction de la météo, jusqu'en soirée en fonction de l'affluence.* 4 cabanes ostréicoles (***Lou Casaou de le Ma,*** tenue par la famille Labarthe pour qui on a un faible parce que leurs huîtres ne sont pas génétiquement modifiées ; ***Chez Pif, Chez Jérôme, Les huîtres Vergez***) pour déguster en terrasse et face au lac des huîtres accompagnées d'un bon petit verre de blanc, mais aussi des bulots, des crevettes ou des planches de charcuteries... On ne peut rêver circuit plus court ! Typique, authentique, magique, surtout au coucher du soleil ! Et pas cher...

Lou Cabana *(hors plan par A1,* ***43****) : plage des Culs-Nus, 952, bd du Front-de-mer. 07-69-03-21-33. • loucabana.hossegor@gmail.com • Tlj mai-oct 9h-22h. Carte env 25 €.* Parmi les cabanes de plage, on a un faible pour celle-ci, posée sur la magnifique plage des Culs-Nus. Pas sectaires, puisque les textiles sont aussi les bienvenus. Notre moment préféré ? Le crépuscule

LES LANDES

quand le soleil flamboyant darde ses derniers rayons avant de plonger dans l'océan. Avec une assiette de chipirons, un *poke bowl* ou des moules *a la plancha* et un verre de blanc, les pieds dans le sable, le paradis n'est pas loin !

Le Mango Tree *(plan A1, **31**) : pl. du Commandant-Lauwick. 06-89-61-68-70. • contact@lemangotree.com • À 2 pas du centre, sur les rives du lac, derrière le parc Rosny. Tlj (selon météo). Ouv avr-oct 9h30-18h. Plat du jour env 13 € ; carte 15 € ; brunch dim sur résa 22 €.* Petite cabane de bois colorée, posée, avec quelques tables, à l'orée d'une plage du lac. Un snack végétarien avec jus de fruits ou de légumes fraîchement pressés, *bowls*, tartines à consommer sur place ou à emporter... Légumes et herbes viennent au maximum du jardin des proprios, le pain est (comme l'essentiel des produits) bio. Une qualité-fraîcheur qui se paie (un peu)...

Les restos de la zone Pédebert *(plan B1, **32**) : à 4 km du centre-ville.* Ce parc d'activités s'étend chaque année un peu plus, et c'est désormais ici, entre les boutiques, que se concentrent la majorité des restos bon marché, fréquentés principalement par les locaux entre 2 emplettes. Pas de vue sur l'océan, mais c'est compensé par des adresses confidentielles qui misent sur une cuisine saine à prix serrés. Voilà quelques lieux qu'on aime bien : ***La Brasserie les 3 Hippocampes*** *(93, av. des Tisserands ; ☎ 05-58-42-90-53 ; tlj sauf dim ; formules déj 12-16 €, menu-carte 35 €, carte env 20 €)* propose un large éventail de plats et de généreuses salades ; le ***Magnolia Café*** pour ses plats frais et bio, le ***Spot Palace*** *(251, av. des Menuisiers ; ☎ 05-58-91-02-47 ;* bowls *et plats env 15 €),* sympa pour se régaler d'une une cuisine saine dans un ancien hangar ou d'un burger au *food truck* ; ***Dame Mouss'tache*** *(99, av. des Sabotiers)* est prisé pour ses concerts et ses burgers, *bo-buns* et *fish & chips* servis sur la terrasse en bois tandis qu'on voyage au ***Mexiko*** qui décline *tacos, burritos* et *quesadillas,* à arroser d'une margarita du tonnerre ! Sans oublier ***Margherita*** *(270, av. des Rémouleurs ; ☎ 05-58-43-00-60)* où l'on se régale de fameuses pizzas, comme en Italie.

De prix moyens à plus chic

La Tétrade côté Lac *(plan A1, **33**) : 1187, av. du Touring-Club-de-France. ☎ 05-58-43-51-48. • latetrade-hossegor@wanadoo.fr • Ouv tlj. Menus 30-32 €. Ven soir, formule fruits de mer à volonté 49 €.* Une salle pimpante qui rajeunit avec les années, la veinarde, et un emplacement au bord du lac qui laisse rêveur, surtout au crépuscule. Pas de doute, les fruits de mer sont d'une fraîcheur constante, et on en abuse volontiers le vendredi soir quand le plateau est servi à volonté : des crevettes au tourteau en passant par les palourdes et les huîtres (d'Hossegor, mais pas seulement), on a l'océan dans l'assiette, dans un cadre très reposant. Belle terrasse.

Le Bistro Balnéaire *(plan A1, **36**) : 1830, av. du Touring-Club. ☎ 05-58-43-54-95. Résa en ligne • lebistrobalneaire.fr • Ouv tlj (2 services) sauf mer (tlj vac scol). Carte 25-35 €.* Posée au bord du lac (mais de l'autre côté de la route), cette belle villa rénovée dans le style Art déco fait mouche. Il faut dire que depuis la magnifique terrasse à l'étage, la vue plongeante sur le lac a de quoi séduire ! Comme la cuisine ouverte, où s'affaire une brigade qui envoie sans discontinuer poissons fumés ou grillés, fruits de mer, côte de bœuf à partager, plats de terroir et sushis, réalisés avec des produits du Sud-Ouest. C'est bon, et la carte au large spectre permet de satisfaire toutes les bourses. Un bistrot à haut potentiel, comme le révèle son succès.

Jean-des-Sables *(plan A1, **34**) : 121, bd de la Dune. ☎ 05-58-72-29-82. • table@jeandessables.com • Fermé lun-mar et dim soir. Menus 35 € (déj en sem), puis 55-80 €.* Clément Pichard, talentueux poulain du grand chef Jean Cousseau a repris les rênes de cette table marine. Face à la plage Notre-Dame et à l'océan, dans une salle épurée ou sur la terrasse soumise aux caprices du vent, on apprécie autant la beauté du cadre que le contenu de l'assiette. Parce que cette cuisine, essentiellement tournée vers la mer, s'avère particulièrement créative, surtout si l'on opte pour le menu découverte (servi pour l'ensemble de la table). La pêche locale est mise à l'honneur : la bonite comme le maigre sont un régal. Que les carnivores se rassurent, le filet de canard des Landes est fondant. Desserts gourmands en diable. Une très belle adresse pour soirée gastronomique...

Où boire un verre ?

C'est place des Landais, devant la plage centrale, qu'il y a le plus d'ambiance le soir.

Le Café de la Plage *(plan A1,* ***51****) : 94, pl. des Landais. ☎ 05-58-41-76-54. Tlj sauf jeu hors saison 9h30-23h. Carte env 25 € ; brunch dim 23 €.* Aux 1re loges face à la centrale, une adresse relancée grâce à un lifting réussi. Une belle déco aux notes vintage, des cocktails vitaminés, et une cuisine bistronomique originale pour émoustiller les curieux. Les inconditionnels de burgers se frotteront les mains, leur version créative est concluante. Avec la vue époustouflante sur l'océan en bonus, tous les voyants sont au vert pour passer un super moment !

Où déguster une bonne glace ?

Glaces Romane *(plan A1,* ***60****) : 31, av. Paul-Lahary. 06-61-61-06-31. Ouv avr-oct. 3 € la boule, 5 € les 2.* Crèmes glacées et sorbets maison. En plus des parfums classiques comme vanille, mangue, tiramisù-speculoos, quelques spécificités comme la cacahuète de Soustons par exemple. Fabrication artisanale pour ces onctueuses glaces à l'italienne qui débordent généreusement du cornet !

Achats

Parc d'activités Pédebert *(plan B1) : à* ***Soorts-Hossegor,*** *autour des av. des Tisserands, des Charpentiers, des Artisans, des Rémouleurs, des Forgerons (c'est bien fléché)...* Pour amateurs de *surfwear* (*skatewear, streetwear,* etc.) ! En lisière de forêt, tout un quartier s'est développé avec l'implantation de magasins d'usine *(Rip Curl, Billabong, Oxbow, Quiksilver, Carhartt, Hurley, Picture, Dickies, Globe...)*, de *surfshops* multimarques comme SB3 *(Volcom, Vans, Patagonia)* répartis sur plusieurs rues. Cette zone s'est tellement étendue au fil des années qu'on vous conseille de vous procurer un plan (gratuit et disponible dans les boutiques ou à l'office de tourisme) pour vous repérer dans cette jungle ! Les ados et adeptes des marques branchées de surf et de *sportswear* seront aux anges : sweats, articles de sport (tout le matos de glisse *of course*), mais aussi chaussures et vêtements de ski. Avec des ***réduc de 20 à 70 %*** (en période « destock »), on surfe sur les économies !
Ce parc d'activités qui compte aussi des boutiques de décoration, une immense cave à vins *(Le Chai)* avec un intéressant rayon de vins nature et plein de trouvailles régionales, des bars et restos de qualité (voir plus haut « Où manger ? »)... Une étape shopping incontournable dans ce qui est devenu un quartier bien vivant.

À voir. À faire

Petite balade architecturale : entre le cœur de la ville et l'océan, comme sur les hauteurs du lac, se cachent au milieu des pins et des chênes-lièges de splendides villas, pour beaucoup des années 1930, et de style basco-landais, pour le moins original mélange d'influences hispaniques et d'Art déco. Immanquable dans le genre, le *Sporting-Casino (119, av. Maurice-Martin).* Belles maisons contemporaines au milieu de quelques bâtisses 1950 préservées également. Et plus récentes aussi, les maisons autour du golf sont tout autant cossues. Des quartiers où Hossegor peut effectivement revendiquer son « élégance océane »...

Les plages : 5 plages réparties sur 7 km. Les plus proches du centre sont la plage ***Sud*** et la plage... ***Centrale,*** au pied de la place des Landais. À côté, la ***Nord*** est le Q.G. des surfeurs expérimentés : c'est au large de cette plage que se termine le gouf de Capbreton, une immense faille sous-marine grâce à laquelle se forment des vagues bien creuses, idéales pour le surf. À côté, la ***plage de la Gravière,*** célèbre pour accueillir les championnats de surf. Tout au nord, au long de la bien nommée côte sauvage, la tout aussi bien (sur)nommée ***plage des Culs-Nus*** (naturiste évidemment, même si les « textiles » y sont admis). Baignade surveillée.

Le lac *(plan A1)* ***:*** plusieurs plages sont aménagées autour du lac marin d'Hossegor (plage des Chênes-Lièges, plage Blanche à l'ouest, plage du Parc et plage du Rey à l'est). La plus paisible, car bien en retrait de la route, est la *plage Blanche* (club pour les enfants dès 4 ans). On peut aussi y ***déguster des huîtres*** tout au long de l'année (voir « Où manger ? »).

Yacht Club Landais : *2897, av. du Touring-Club-de-France, Hossegor-Lac. ☎ 05-58-43-96-48. • yachtclublandais.fr • Sur la rive nord du lac. Ouv Pâques-Toussaint.* Une école tout public pour s'initier ou se perfectionner sur le lac à la pratique du dériveur, de l'optimist, du kayak, du canoë, du catamaran, du *stand up paddle,* de la planche à voile. Enseignement ou mise à disposition de matériel.

Surf : une foultitude d'écoles et d'hébergements spécifiés, forcément, au pays du surf ! Toutes infos disponibles à l'office de tourisme.

Trinquet : *av. du Centre,* ***Soorts-Hossegor.*** *☎ 05-58-41-90-16.* Espace de jeu couvert pour jouer (à 4) à la pelote basque. Location à l'heure. Avoir ses raquettes (en vente au supermarché *E. Leclerc*) ou prêt.

Manifestations

- Matchs de ***pelote courses landaises*** et spectacle de chevaux aux arènes *(ts les mer et jeu en été).* Renseignements auprès de l'office de tourisme.
- ***Little Festival :*** *fin juil-début août à* ***Seignosse, Hossegor*** *et* ***Capbreton.*** *• little-festival.fr •* De la musique électronique avec groupes et DJs et des *street artists* à l'œuvre en public.
- ***Latinossegor :*** *début sept.* En bord de mer, place des Landais, Cuba est en France ! Concerts, animations DJ, initiation aux danses latines et stand avec les fameuses *casetas...*

CAPBRETON

(40130) 9 080 hab. *Carte Landes, A4*

• Plan *p. 267*

À peine séparé d'Hossegor par le canal du Bourret, Capbreton est surtout l'unique port des Landes, célèbre pour sa vente directe de poissons. Au Moyen Âge, c'était un port actif, et les Capbretonnais sont bel et bien les aïeux directs des Acadiens du Canada. Le lien entre Capbreton et la Bretagne ? Le

commerce, pardi ! En échange de poissons séchés, la gemme, la résine, le goudron partaient vers la Bretagne.

Port d'attache ou simple escale, le port de Capbreton accueille aujourd'hui les plaisanciers toute l'année. Sur les quais, la cité marine a été victime de quelques poussées immobilières qui ne sont pas des plus heureuses. Mais on peut s'offrir une agréable balade dans le centre-ville, avec ses quelques vieilles maisons autour de la Grand'Rue commerçante (piétonne en été) et surtout, faire le tour des plages, en évitant la voiture.

AU BORD DU GOUF

Le gouf est un canyon sous-marin (2 100 m de profondeur et 150 km de long, quand même) qui débute vers Capbreton. Avec ses méandres, ses plateaux, ses éperons rocheux et ses falaises vertigineuses, il est considéré comme le plus grand et le plus impressionnant du genre, au monde ! Cette merveille géologique est une zone privilégiée pour les pêcheurs car paradoxalement moins sujette aux remous lors des intempéries. Elle est également très riche en poissons. Quant à la célèbre « vague de la Nord », elle se formerait sur la tête du gouf, avant de se jeter sur la plage d'Hossegor.

Adresses et infos utiles

Office de tourisme *(plan A2, **2**) : av. Pompidou. ☎ 05-58-72-12-11. • capbreton-tourisme.com/landesatlantiquesud.com • Ouv tte l'année : juil-août, lun-sam 9h30-13h, 14h30-19h ; dim 10h-13h. Le reste de l'année, lun-sam 9h30-12h30, 14h-18h (17h nov-mars) ; fermé jeu et sam ap-m hors saison.* 2 circuits autoguidés (à consulter sur le Net ou dépliant 1 €).

Gare routière : bus XLR entre Dax et Bayonne (TGV) (ligne 7). Compter 2 €/trajet. *• transports.nouvelle-aquitaine.fr •*

– Les lignes de bus Yego 1A et 1B relient Labenne, Saint-Vincent-de-Tyrosse et Bénesse-Maremne en passant par Hossegor. *Trajet gratuit en été ; 1 € le reste de l'année. • mobi-macs.org •*

Location de vélos et cyclos : liste disponible à l'office de tourisme.

– ***Marchés :*** *marché traditionnel mar, jeu et sam en saison ; marché nocturne lun, mer et ven en juil-août. Enfin, ne pas manquer le **marché aux poissons** sur les quais du port de Capbreton (selon la météo, tlj 8h-12h, 15h-18h).* Haut en couleur !

Où dormir ?

Camping

Camping municipal La Civelle *(plan A2, **17**) : rue des Biches. ☎ 05-58-72-15-11. • campinglacivelle@capbreton.fr • campinglacivelle.fr • ♿ Ouv tte l'année sauf janv (tentes jusqu'à la Toussaint). Forfait pour 2 pers 17-42,50 €. 279 empl.* À 1 km de la plage (20 mn à pied), un camping agréable et au calme si les voisins de tente ne font pas la java. Emplacements sous les pins, sanitaires propres. Bien équipé : barbecues collectifs, terrain multisport, épicerie, resto sympa. Piscine. Location de vélos (en été). L'itinéraire de la Vélodyssée passe devant.

De prix moyens à chic

Hôtel La Baïne *(plan A2, **18**) : 4, rue de Madrid. ☎ 05-58-41-38-63. • labaine-hotel-capbreton.com • Fermé d'oct à début avr. Doubles 69-179 €.* À 2 pas de l'océan, du port et de l'animation, un hôtel 2 étoiles entièrement rénové. Les chambres et salles de bains ont été repeintes avec sobriété et charme. Bien qu'un peu plus chères, préférez celles avec balcon. Location de vélos.

Hôtel du Cap (plan A2, **19**) : *29, av. Georges-Pompidou. ☎ 05-58-72-13-47. • hotelducap.capbreton@orange.fr • hotel-ducap-capbreton.com • ♿ Doubles 59-144 € ; familiale.* Un sympathique 2 étoiles sur le canal, à la déco fraîche et contemporaine. Plaisantes petites chambres, pimpantes et agréablement aménagées (bureau, penderie, télé). À choisir côté port pour le balcon et la vue ou sur cour, à l'arrière, pour le calme. 2 pièces dans la familiale qui peut accueillir jusqu'à 3 enfants. Le petit déj est servi sous la véranda. Attenant, le resto *Va et vin* est tenu par le fiston.

Hôtel Océan (plan A2, **20**) : *85, av. Georges-Pompidou. ☎ 05-58-72-10-22. • hotelocean.info@gmail.com • hotel-capbreton.com • Ouv tte l'année. Doubles 65-250 € ; studios 5 pers. Parking 7 €/j.* Dans un joli bâtiment d'angle, des chambres immaculées, relookées dans un esprit balnéaire, quelques-unes avec balcon côté canal (les plus sympa, celles côté cour, sont plus petites). On est tout proche du marché aux poissons et de la plage centrale.

Chambres d'hôtes Madan'hôte (plan A2, **22**) : *8, rue Madan. ☎ 07-86-52-45-37 ou 📱 06-77-60-44-96. • mora.v@wanadoo.fr • madanhote.fr • Doubles 60-86 € ; familale (3 pers). Petit déj 8 €.* En plein centre et à 2 km des plages, cette maison de ville a été retapée avec soin par les charmants propriétaires. À l'étage, 4 chambres avec salle de bains, impeccables et très calmes. Coté confort, rien ne manque : TV, placards, douche à l'italienne. Difficile d'imaginer qu'on est dans une ancienne imprimerie ! Très bon petit déj et frigo/micro-ondes à disposition pour ceux qui préfèrent le préparer eux-mêmes. Accueil vélo. Même si on aurait rêvé d'un espace extérieur, l'adresse reste excellente dans sa catégorie !

De chic à beaucoup plus chic

Baya Hôtel & Spa (plan A2, **21**) : *85, av. Maréchal-de-Lattre-de-Tassigny. ☎ 05-58-41-80-00. • contact@baya-hotel-capbreton.com • baya-hotel-capbreton.com • ♿ Tte l'année. Doubles 110-310 €, petit déj inclus ; suites plus chères. Au resto, menu déj 26 € ; le soir 39 €.* Cet imposant hôtel en front de mer, avance sa façade arrondie de pierre rouge et de baies vitrées vers l'océan. Avec son emplacement unique face aux vagues, il a de sérieux atouts : larges volumes, déco discrètement design, terrasse en teck très sympa pour un cocktail avec des tapas en fin de journée, spa *huajai* (à la thaïlandaise ; fitness et sauna inclus dans le prix), avec possibilité de massages, et une piscine extérieure (chauffée de mai à octobre). La majorité des chambres, spacieuses, bien insonorisées et ultra-confortables ont vue sur l'océan, les autres sur la piscine. Leur déco est apaisante et les suites bénéficient de larges baies vitrées. Le resto ouvert à tous est une valeur sûre. Service très pro.

LES LANDES

Où manger ?

De très bon marché à bon marché

Les Douceurs de Léa (plan A2, **35**) : *30, rue de Madrid. ☎ 05-58-72-14-41. • lesdouceursdelea@orange.fr • ♿ Ouv midi et soir en saison, fermé mer hors saison. Formule 12,50 € ; carte env 15 €. Café offert sur présentation de ce guide.* À 2 pas du front de mer, une petite adresse d'angle ensoleillée, où l'on vient dès le petit déj pour grignoter sur le pouce. Tartes salées, pâtes, salades, plat du jour, *crumbles* pour une pause en terrasse, en gardant l'océan du coin de l'œil ou à l'intérieur, près du bar. Tartes sucrées, glaces artisanales, jus de fruits frais et smoothies pour une pause sucrée.

L'Équinoxe (plan A2, **37**) : *bd Mitterrand, résidence Le Grand Large. ☎ 05-58-41-05-68. • didoucin@hotmail.fr • Tlj sauf mer. Fermé en hiver. Menu 18 €. Pas de résa.* Sur le front de mer, devant la plage centrale. Des moules, du poisson, des chipirons et des plats sympathiques d'un excellent rapport qualité-prix, servis sur des sets vichy, dans la petite salle ou mieux, en terrasse. Pas de résa (hormis au 1er service) mais ça tourne vite. Service performant.

Le Munda-Kfé *(plan A2, **37**) : 38, bd Mitterrand. ☎ 05-58-72-10-20. Fermé lun et nov-fév. Menu midi sem 16 € ; carte env 25 €.* Face à la plage centrale, la terrasse qui regarde vers le large fait des heureux, surtout au déjeuner avec l'intéressante ardoise. Au choix : 2 plats de viande ou poisson. Merlu, moules, chipirons, sauté de porc... En dessert, les délicieuses profiteroles au chocolat méritent bien une entorse côté ligne. Et comme c'est copieux, on partage son assiette sans rechigner. Les jours de tempête, on se réfugie dans la salle joliment décorée. Accueil très sympa.

Le Perchoir Notre-Dame *(plan A1, **38**) : Terrasses de l'Océan. ☎ 05-58-43-42-64. Formule déj 18,50 € ; menu du soir (4 plats) 32 €.* Il faut se faufiler entre les maisonnettes qui surplombent la plage Notre-Dame pour dégoter ce perchoir à proximité des flots. Le décor rafraîchissant avec son papier peint chamarré et ses tables bistrot donne le sourire. On se frotte les mains avec la formule déjeuner où pointe déjà la créativité du chef. La fratrie aux manettes de ce jeune resto assure avec bonne humeur en cuisine comme en salle. Une adresse sympathique, informelle, qu'on se refile de bouche à oreille.

Chez Minus – La Taverne du Petit Homme *(plan A1, **39**) : quai du Bourret. ☎ 05-58-41-74-81 (pas de résa). • chezminus@yahoo.fr • Tlj sans résa. Fermé d'oct à début avr. Carte env 17 €.* C'est sans manières qu'on se pose chez *Minus,* dans la grande salle où s'alignent bancs et tables en bois. Le brouhaha, les assiettes en carton et les verres Duralex confirment l'esprit cantine, mais peu importe, on s'y presse en famille depuis 25 ans pour un plat de moules-frites, des sardines ou une assiette de gambas. Terrasse avec vue sur le port (qui profite à la fois de la fête foraine voisine et de la circulation sur la route...).

Voir aussi la ***Casa Beltza*** dans la rubrique « Où boire un verre ? ».

De prix moyens à chic

MB Restaurant *(plan A2, **41**) : 17, av. Georges-Pompidou. ☎ 05-58-72-12-02. • mbrestaurant@orange.fr • Ouv tlj sauf dim soir-lun (ainsi que mar, mer soir et jeu soir oct-avr). Formule et menu déj en sem 25 € ; autres menus 35-60 €.* MB, alias Marc Buffet, fait partie de ces chefs formés à l'école des grands, et qui a préféré aux importantes brigades officier dans son propre resto. Ici, dans une belle maison Art déco le long du canal, avec une jolie terrasse sous le platane à l'arrière. La carte est courte, renouvelée tous les mois, permettant au chef de réaliser une cuisine à base de produits landais, forte en goût et de belle allure.

Le Va et Vin *(plan A2, **19**) : 29, av. Georges-Pompidou. À côté de l'Hôtel du Cap. ☎ 05-58-91-30-57. • vaetvincapbreton@gmail.com • Fermé mar ainsi que le midi lun-jeu et dim soir hors saison. Plat du jour env 15 € (déj en sem) ; menus 24-29 € ; carte env 30 €.* Face au port, une belle découverte pour se faire plaisir sans coup de bambou à l'addition grâce à un menu gourmand et soigné. À la carte, des poissons joliment travaillés accompagnés de légumes de saison, des *pintxos* (en été) à arroser d'un verre de vin, des salades alléchantes, de généreuses pièces de viande. Une adresse méritante, entre le centre et les plages.

La Cuisine *(plan A2, **42**) : 26, rue du Général-de-Gaulle. 06-41-75-22-61. En plein centre. Tlj juil-août ; hors saison, fermé lun-mer. Formule et menu déj en sem 25-30 € ; autre menu 50 € ; carte env 45 €. Résa conseillée.* Dans la principale rue piétonne du centre : un tout petit bout de terrasse et pas de vue sur l'océan. Pas grave, l'important ici c'est la cuisine, justement, inventive sans en faire des tonnes, à base de superbes produits soigneusement choisis. De belles assiettes (2 viandes et 2 poissons au choix, qui tournent régulièrement), servies avec le sourire. Mais ne pas être trop pressé, tout est préparé minute et le couple aux manettes se démène en cuisine comme en salle...

Où boire un verre ?

Cabane Terramar *(plan A2, **53**) : plage de Santocha, rue de la Savane. 06-15-81-51-23. En saison, ouv tlj 9h-23h (sauf pluie).* Un bar-resto les pieds dans le sable, qui domine la plage et l'océan. Un spot de rêve pour siroter un verre à l'apéro ou grignoter un *poke bowl* face aux surfeurs toujours plus nombreux à défier les vagues. Spectacle garanti quand la houle se lève !

Café de la Gare *(plan A2, **54**) : 50, bd du Maréchal-Juin (pl. de la Gare). ☎ 05-58-72-13-26. Tlj sauf lun-mar hors saison. Menus 17-23 €. Digestif maison offert sur présentation de ce guide.* Au rond-point de la gendarmerie, un comble car c'est sans doute ici que se déroule le plus bel apéro de la région chaque vendredi soir ! Joli décor bariolé, y compris en terrasse, plus tapas, moules-frites et une petite cuisine antillaise bien sympathique (boudin à la cannelle).

Casa Beltza *(plan A2, **55**) : 4 bis, allées Marines. 07-83-00-39-00. • casabeltza40@gmail.com • Congé : janv. Tlj en saison ; hors saison, fermé du dim soir au jeu. Carte 15-20 €. Apéritif maison offert sur présentation du guide de l'année.* Le long du Boudigau, la rivière de Capbreton, un bar à vins idéal pour un apéro gourmand en terrasse... Vins bio, bières locales, charcutailles de Chalosse et d'ailleurs, bons fromages et bonne ambiance !

Rosny Rockin' Bar *(plan A2, **56**) : 2, quai Bonamour. ☎ 05-58-97-62-46. • contact@rosny-bar.com • Ts les soirs. Happy hours 18h-20h.* Le bar de la brasserie artisanale Rosny installée à Seignosse. Ses bières sont – à notre avis... – parmi les meilleures de la côte, et il y a aussi cocktails, gins arrangés, vins nature au verre. L'enseigne comme le logo de la marque, en forme de médiator de guitare, donnent une idée de l'ambiance musicale du lieu ! Concerts réguliers.

LES LANDES

À voir. À faire

Le port *(plan A1-2) :* petit tour obligatoire, d'abord, sur le port de pêche ! Les étals des bateaux, aux noms hauts en couleur, proposent dès 8h (selon la météo) leur pêche du jour. Pas des chalutiers, mais des fileyeurs (le poisson est en meilleur état à l'arrivée). Pas de criée à Capbreton : les marins-pêcheurs fixent eux-mêmes le prix du poisson. Un spectacle unique, que vous ne verrez ni à Arcachon ni à Saint-Jean-de-Luz, où la vente à quai n'est pas autorisée (dérogation datant de Napoléon III)... Marchez ensuite jusqu'à l'***estacade,*** jetée de bois construite sous Napoléon III, que les Capbretonnais appellent (en toute modestie) « la tour Eiffel »... Et, sur les quais, plusieurs bateaux proposent des initiations à la pêche en mer *(rens à l'office de tourisme).*

Le centre-ville *(plan A2) :* pas faciles à dénicher, les traces du riche passé de Capbreton, plusieurs fois ravagé par les guerres, notamment avec l'Espagne. Pour retrouver un peu de l'âme du « port aux Cent-Capitaines », il faut arpenter la ***rue du Général-de-Gaulle,*** artère piétonne (en été) et commerciale du centre, qui a conservé quelques maisons des XVe et XVIe s, la grande époque de Capbreton, pousser jusqu'à la rue du Prieuré pour découvrir la maison dite « du Rey » (Henri IV, alors roi de Navarre). ***L'église Saint-Nicolas,*** si elle a été reconstruite au milieu du XIXe s, possède encore un porche gothique (XVIe) et, à l'intérieur, une pietà du XVe s. Intéressantes fresques monumentales (notamment dans le chœur) qui évoquent la mer et les marins. Étonnant ensemble de plaques gravées au nom de tous ceux qui ont été enterrés dans l'église du XVIe au XVIIIe s. Sa tour de guet était affectée à plusieurs usages : phare pour les bateaux, tour de surveillance des feux de forêt, elle permettait aussi, dit-on, de surveiller les déplacements des baleines, qui foisonnaient dans le golfe de Gascogne... Et profitez de votre passage au centre pour faire un tour au ***marché,*** derrière l'église, le long de la rivière Le Boudigau, qui suit l'ancien cours de l'Adour (détourné en 1578).

***La Maison de l'Oralité et du Patrimoine** (plan A2) : 54, rue du Général-de-Gaulle. ☎ 05-58-72-96-05. Juil-août, mar-sam 10h30-12h30, 16h-20h ; sept-juin, mer-ven 15h30-19h sauf j. fériés, sam 10h-12h30, 15h30-19h. Vac scol de Pâques et de la Toussaint, mar 15h30-19h, mer-sam 10h30-12h30, 15h30-19h. GRATUIT.* Capbreton s'est doté de cette Maison de l'Oralité, consacrée à la tradition orale et à la transmission culturelle. Installée dans la maison Brebet, l'une des plus belles de la ville, datant du XVIe s, elle s'intéresse également à l'histoire locale. Vous saurez tout sur l'histoire de la ville et de ses habitants, sur ses traditions, sur le mystérieux gouf (ce remarquable canyon sous-marin) et sur le fameux vin des sables produit sur ses dunes ensoleillées. Expositions, animations et spectacles sont organisés tout au long de l'année.

***Vin des sables de Capbreton** (hors plan par A2) : domaine Les Dunes de la Pointe. ☎ 05-58-73-81-57 et 📱 06-45-97-23-52. • info@domainelapointe.fr • vindesdunes.com • Prendre la direction de Labenne par la D 652 et à droite 1 km après la sortie de Capbreton. Avr-oct tlj 17h-19h ; sinon visite sur rdv.* Pas un château, ou alors un château de sable : un hangar, au milieu des vignes, et un point de vente. Aéré, tranquille. Sur 10 ha protégés, Julie et Cyril produisent ce fameux vin des sables dans le plus pur esprit de la grande histoire à laquelle il appartient. Un vin millénaire qui n'aura connu qu'une interruption de 100 ans (une broutille). Visite passionnante pour qui veut tout savoir des cépages historiques (cabernet et tannat pour les rouges, chenin pour les blancs) et des conditions bien particulières du travail de la vigne, au fil des saisons. Pour finir, dégustation d'un vin que les bonnes tables du pays s'arrachent. Cuvées en blanc, rouge et rosé, mais seulement 15 000 bouteilles par an, dont plus de la moitié sont vendues en direct. Pour renouer avec une vieille tradition, plusieurs barriques (la cuvée Expérience) ont vieilli 6 mois, enfouies sous le sable de la dune.

Environ 6 km de plages. Les plus fréquentées se trouvent aux abords de l'animation du port avec les plages ***Centrale*** et ***du Prévent.*** La toute petite ***plage de l'Estacade,*** contre la jetée et protégée des vagues, est prisée des familles. De l'autre côté du canal (détour à prévoir, plus rapide avec le bateau passeur : pas d'accès direct depuis la plage), la ***plage Notre-Dame*** jouxte Hossegor. Plus de place pour étendre sa serviette en suivant la côte vers le sud avec, surmontées par de hautes dunes où subsistent quelques ruines de blockhaus, les plages sauvages de ***Santocha,*** de ***la Piste*** puis des ***Océanides.*** Attention, c'est aussi là qu'il y a les plus grosses vagues.

***Skatepark :** complexe sportif, av. du Maréchal-Leclerc. Accès libre. Cours et stages possibles avec le **Santocha Skate Club.** • santocha.org • 📱 06-95-04-04-85.* Un des plus grands skateparks des Landes, partiellement couvert. Les amateurs de glisse apprécient les courbes du *bowl,* les plans inclinés, modules et mobilier urbain, parfaits pour réaliser des figures renversantes. Quand les champions de la discipline s'y entraînent, le spectacle est garanti !

***Sorties en mer :** avec **Xcat**, av. du Président-Pompidou (sur le port). 📱 06-34-33-27-74. • xcat.fr • À partir de 25 € la balade en vedette (1h) jusqu'à 65 € pour la matinée pêche de découverte.* À bord d'un magnifique catamaran de 14 m (18 passagers) ou d'une vedette (12 passagers), des sorties de 2h à la demi-journée pour admirer le coucher de soleil avec un apéro tapas ou observer les dauphins au large.

Fêtes et manifestations

- ***Fête de la Mer :*** *pdt 2 j. en juin.* Animations autour du thème de la mer et sorties en mer.
- ***Festival du conte :*** *en août.* Théâtre, spectacles de rue, cinéma... Le conte dans tous ses états.

– ***Août of Jazz :*** *en août.* Programme de tous les concerts de jazz disponible sur *• capbreton.fr •*
– ***Fête du Chipiron :*** *en sept.* Réunion des restaurateurs pour cuisiner le chipiron, appellation locale du calamar.

DANS LES ENVIRONS DE CAPBRETON

LABENNE (40530) ET LE MARAIS D'ORX

Adresses utiles

Office de tourisme de Labenne : *☎ 05-59-45-40-99. • tourisme-labenne.com • Ouv lun-ven tte l'année, plus sam juil-août.*
Gare ferroviaire : Labenne est situé sur la ligne 51 du TER Bordeaux-Hendaye.
Gare routière : bus XLR entre Dax et Bayonne via Labenne (ligne 7). *• transports.nouvelle-aquitaine.fr •* Dessert Capbreton, Hossegor, Seignosse... Compter 2 €/trajet.
– La ligne de bus Yego 1A relie Labenne à Saint-Vincent-de-Tyrosse en passant par Capbreton, Hossegor et Angresse. *• mobi-macs.org • Trajet : 1 € (gratuit en juil-août).*

LES LANDES

Où camper ? Où manger à Labenne ?

Camping municipal Les Pins Bleus : *av. de l'Océan. ☎ 05-59-45-41-13. • camping@lespinsbleus.com • lespinsbleus.com • ♿ (1 chalet). Ouv avr-oct. Forfait pour 2 pers 11,40-27,30 €. Forfait cycliste 7 €/pers (sans résa). Hébergement locatif. 120 empl.* Dans la verdure, un camping paisible avec des emplacements spacieux. Belle piscine, jeux pour enfants, terrain de basket, cuisine commune pour les cyclistes. Chalets pour les nostalgiques du bois, bungalows toilés, coco sweet et tipis. Bar-resto. Base de canoë. Et animations sympa, genre cours de cuisine ou atelier arts plastiques. Amis cyclistes, la Vélodyssée passe devant.
Yelloh ! Village Sylvamar : *59, av. de l'Océan. ☎ 05-59-45-75-16. • camping@sylvamar.fr • camping-sylvamar.com/fr • ♿ Ouv avr-oct. Forfait pour 2 pers 18-90 € ! Hébergement locatif. 300 empl.* À 1,2 km de l'océan et sur 25 ha de pinède ! Plein d'activités : aquagym, musculation, cours de step, aérobic, stretching... Location de vélos, pataugeoire, espace aquatique avec toboggans, balançoires, jeux. Différents types d'hébergement : tentes, cottages jusqu'à 16 personnes, chalets et même une palombière, pour les amoureux. Un vrai village vacances, idéal pour les familles. Pas donné, même pour un 5-étoiles.
Restaurant Aberico : *à l'entrée du camping Sylvamar. 06-19-44-00-01. • albericdejourdan@gmail.com • Ouv juil-août tlj sauf dim soir. Formule sandwich 10 € au déj ; carte env 20 €.* Un *food truck* à l'entrée, une terrasse en bois, une chistera dans un coin, un hamac dans l'autre et une ambiance tamisée le soir, on s'évade entre les Landes et les rives du Mékong ! Mais les tapas comme la courte carte nous ramènent dans le Sud-Ouest : saucisson basque, foie gras, piperade, magret, planche de charcuteries, poulet rôti. Une sympathique petite adresse.

Où manger dans les environs ?

Restaurant So Beach : *63, promenade de l'Océan, 40440* ***Ondres.*** *☎ 05-59-63-19-16. Fermé mar et le soir hors saison. Congés : de janv à* *mi-fév. Formule midi en sem 16,90 € ; menu 23,90 € ; carte env 28 €.* Un super emplacement face à la plage, avec vue imprenable sur l'océan ! Pas de grain de sable dans la cuisine qui navigue entre poissons (chipirons, merlu, moules), salades, *bowls* et viandes aux cuissons justes. Vous ne serez pas déçus des frites maison, fines et croustillantes. Service efficace et petite déco sympa à l'intérieur.

À voir. À faire

La réserve naturelle du marais d'Orx : *1005, Maison du marais, à Labenne. ☎ 05-59-45-42-46. • marais-orx.fr • ♿ Circuit découverte GRATUIT et accès libre. Maison Béziers (accueil de la réserve naturelle du marais d'Orx) ouv juil-août tlj 9h-18h ; mai-juin et sept 9h-12h30, 14h-17h ; oct-avr 9h-12h, 14h-17h. Visites guidées sur résa à partir de 2 pers (juil-août mar-jeu mat et pdt vac scol mer et dim mat ; 7,50 € la ½ journée, réduc) ; animations et expos. Visites guidées avec guide naturaliste 60 € (jusqu'à 4 pers). Loc de jumelles (5 €) et longue-vue (10 €). Balade de 6,2 km A/R.* Depuis Henri IV, on a toujours voulu assécher ces marais pour cultiver à la place. Seul Napoléon III y parvint. Mais avec le temps, les frais d'entretien étant astronomiques, et les propriétaires successifs ont englouti leurs fortunes. La nature a repris ses droits sur l'homme, et c'est à nouveau une halte privilégiée pour les oiseaux migrateurs, qui trouvent ici un joli lieu pour se reposer et se nourrir. Depuis 1989, le domaine appartient au Conservatoire du littoral et est en partie financé par le WWF. Bienvenue donc au paradis des oiseaux ! Restaurés et réaménagés, les 800 ha de marais permettent l'observation et la découverte de la flore et de la faune dans des conditions idéales (passerelles, sentiers autour des marais, observatoires, amplificateurs de sons). On peut y admirer, par exemple, la spatule blanche, un oiseau rare devenu l'emblème du site, ou encore la cistude d'Europe, une tortue protégée qui s'offre au regard des visiteurs dès le printemps, et même des flamants roses qui semblent apprécier le climat de plus en plus doux. En longeant l'étang, on arrive aux pompes Napoléon III où l'on fait demi-tour, à moins de prolonger la balade vers le marais Burret (en été, pour ne pas s'enliser, prendre un plan gratuit à l'accueil). Du haut de l'observatoire des pompes, en haut duquel on peut grimper, on domine le marais. Les panneaux pédagogiques aident à comprendre le mécanisme des travaux d'assèchement et la création du polder. Au 1er étage de la maison, expo sur le marais. Les meilleures périodes pour l'observation des oiseaux sont le printemps et l'automne. Tables de pique-nique face à l'étang.

À signaler 6 beaux ***gîtes*** (anciennes métairies napoléoniennes rénovées) pour 4 à 8 personnes, au cœur de la réserve. *• gites.reserve-naturelle-marais-orx.fr •*

ENTRE GAVES ET FORÊT LANDAISE

On quitte le sud de la côte landaise pour l'arrière-pays riche en découvertes, des barthes de l'Adour aux villages du pays d'Orthe, entre Peyrehorade et Dax. Un carrefour de plus en plus fréquenté entre le Béarn, la Chalosse et la forêt des Landes, mais où l'on reste encore loin des embouteillages. Le pays d'Orthe est traversé par les gaves d'Oloron et de Pau, qui se réunissent à Peyrehorade pour se jeter dans l'Adour au bien nommé bec du Gave, à Port-de-Lanne.

LES BARTHES DE L'ADOUR

Carte Landes, B4

Petite balade au fil de l'eau, ou presque, entre Saubusse et Port-de-Lanne, porte d'entrée du pays d'Orthe. Vallonné et verdoyant, ce pays caché et tranquille fera le bonheur des randonneurs, à pied ou à VTT, qui pourront découvrir à leur rythme les barthes de l'Adour, un milieu humide naturel à la faune et à la flore exceptionnelles.

« Barthes » est un terme typiquement gascon utilisé pour désigner ces prés-bas ou terres inondables situées sur les rives. De grandes plaines couvertes d'une herbe rase qu'on voit surgir, tout à coup. Un milieu humide et marécageux qui constitue un biotope exceptionnel, sur fond de patrimoine architectural préservé. La Camargue du Pays landais, comme on le lit parfois, ignorée des hordes estivales.

Le fleuve autrefois très poissonneux permettait la capture de saumons et surtout d'aloses (alors très prisées malgré leurs arêtes à profusion !). Les pêcheurs utilisaient un cabestan, sorte d'énorme treuil qui facilitait le halage du filet jeté au large de l'Adour et permettait des prises exceptionnelles.

RUSES DE SIOUX !

Une chasse très originale par sa technique s'était développée dans les barthes. Pour mieux se fondre avec l'environnement, les chasseurs s'approchaient du gibier cachés derrière un cheval... une vraie astuce de Sioux. Appelés barthais, ces chevaux de petite taille étaient réputés pour leur robustesse. Ils sont toujours présents dans les barthes voisines de Saubusse, Rivière, Tercis...

SAUBUSSE *(40180)*

Un village pittoresque au bord de l'Adour, à une vingtaine de kilomètres d'Hossegor. Église classée du XIIIe s, époque où Saubusse était un port très actif : sa population était composée aux deux tiers de mariniers. Plusieurs sentiers balisés et ponctués de panneaux explicatifs sur les barthes de l'Adour et au long du chemin de halage entre Saubusse et Sainte-Marie-de-Gosse. Un bon moyen d'appréhender, à votre rythme, ces paysages typiques et leurs milieux naturels préservés. La *Scandibérique* (véloroute) suit également le cours de l'Adour.

PORT-DE-LANNE *(40300)*

Ce village a connu une importante activité de fret jusqu'au début du XXe s. Son joli port était le point de ralliement de tous les gabariers des Landes. 2 curiosités : l'église Sainte-Madeleine et son clocher-tour du XIIe s, et, à environ 3 km au sud-ouest, le fameux bec du Gave où les Gaves réunis se jettent dans l'Adour. Si vous passez par Port-de-Lanne, les 14 et 15 août, levez-vous tôt pour trouver votre bonheur à la *fête des Brocs,* qui rassemble plus de 300 brocanteurs !

À voir à Port-de-Lanne et dans les environs

Le musée de la Batellerie et de la Pêche professionnelle : *pl. du Fronton. ☎ 05-58-89-16-29. 📱 06-07-63-78-96. Visites sur rdv. Entrée : 4 €.* Musée privé retraçant l'histoire de la pêche professionnelle, la batellerie de l'Adour, présentant également les arts et traditions populaires. Une visite qui vaut aussi pour la personnalité attachante de son guide, mémoire vivante de son pays, et qui développe seul le thème peu connu de la batellerie fluviale.

La fabrique du Sabotier : *Le Berna, 162, route de Castéra, 40300* ***Saint-Étienne-d'Orthe.*** *☎ 05-58-89-16-81. 06-88-36-85-48. • lesabotdeslandes.com • À 3 km au nord. Lun-sam 9h-12h, 14h-19h (17h sam) ; démonstration à partir de 15h. GRATUIT.* Depuis 7 générations, la famille Labarthe donne dans le sabot. On peut encore voir l'artisan façonner les sabots et admirer « le plus grand sabot d'Occitanie » (3,60 m sur 1,04 m pour 1 t). Bon accueil et visite sympa pour les enfants. Petite boutique à côté.

SAINTE-MARIE-DE-GOSSE (40390)

Un des seuls villages du pays à avoir gardé une vraie vie... dans le village comme dans les barthes, qui sont cultivées. Belle balade le long du chemin de halage : 13 km de berges avec l'Adour, où se croisent pêcheurs, chasseurs, agriculteurs.

Achats

Ferme de La Barthote : *274, route de la Barthote. ☎ 06-33-62-25-29. • ferme-la-barthote.com • Parking sitôt passé le pont (suivre le panneau). Tte l'année, tlj sauf dim.* Une maison traditionnelle au bord de l'Adour, où l'on travaille dur, et en famille. Francis Betbeder vend directement les produits de la ferme : foie gras, confits de canard, rillettes...

LE PAYS CHARNEGOU

Ne le cherchez pas sur les cartes. Et pourtant, il existe ! Petite région qui s'étale de part et d'autre de l'Adour, depuis son confluent avec les Gaves réunis jusqu'à Bayonne. Si l'Adour fait « frontière » entre Landes et Pays basque, avant la construction (par Eiffel) du pont d'Urt en 1886, nombreux étaient les bacs, qui traversaient le fleuve et faisaient que, d'une rive à l'autre, ***Landais et Basques se mêlaient joyeusement.*** De là vient ce surnom de « charnegou », un mot gascon qui peut se traduire par « chair mêlée » et que revendiquent aujourd'hui encore hommes et femmes du fleuve, Basques comme Landais.
Côté Landes, le meilleur moyen de découvrir le Pays charnegou, c'est, à hauteur du pont d'Urt, de suivre la D 74 (dite « route de l'Océan ») qui longe l'Adour rive gauche, et permet de rejoindre Bayonne, à une quinzaine de kilomètres, en évacuant toute trace de stress. Idéal en fin de journée. Les ***vues sur le fleuve*** sont parfois à couper le souffle, les maisons sont cossues, basses, intégrées au paysage (surtout habitées par la bourgeoisie locale et les éleveurs de chevaux). Le trait caractéristique du paysage, ce sont les îles fluviales et, bien sûr, toujours ces fameuses ***barthes,*** terres alluviales inondées par la marée, pratiquement pas cultivables et riches d'une faune et d'une flore aquatiques remarquables. Attention à ne pas troubler les libellules ni la cistude, seule tortue indigène de France, qui se cache dans les marais.

PEYREHORADE (40300) 3 794 hab. *Carte Landes, B4*

Peyrehorade (« pierre trouée »), chef-lieu de canton au club de rugby centenaire, dominé par les ruines du château d'Aspremont, arrosé par les Gaves réunis, constitue une délicieuse halte aux frontières du département. La cité

eut longtemps une vocation portuaire, puisque denrées et textiles y transitaient. Aujourd'hui, il faut absolument faire un tour au souriant marché du mercredi matin, actif depuis 1358 ! Au passage, ne manquez pas d'admirer le château dit « de Montréal » ou « des vicomtes d'Orthe » : ce logis aux 4 grosses tours, avec sa belle grille de fer forgé, ne se visite pas puisqu'il a été transformé en mairie.

Adresse utile

Office de tourisme du pays d'Orthe et Arrigans : *147, allée des Évadés (bâtiment des anciens « Bains-Douches »). ☎ 05-58-73-00-52. • tourisme-orthe-arrigans.fr • Juil-août, lun-sam 9h30-13h, 14h30-18h, dim et j. fériés 10h-13h ; le reste de l'année, mar-ven 9h30-12h30, 14h-17h30. Fermé pdt vac de fin d'année et certains j. fériés.* De nombreuses idées de balades à pied ou à VTT avec notamment 9 parcours de randonnée. Boutique avec vente de produits locaux.

Où manger ?

Les Pieds de cochon : *223, rue du Château. ☎ 05-58-73-00-45. ♿ Tlj sauf les soirs dim-jeu. Congés : 15 j. en octobre. Formule déj en sem 13 € ; menu 23 €. Apéritif maison offert sur présentation de ce guide.* Dans cette grande salle au décor digne d'un PMU des années 1970, on vous servira une solide cuisine régionale, dès l'heure du petit déj pour les lève-tôt du mercredi matin, jour du traditionnel marché. La clientèle d'habitués se retrouve autour des tables pour se taper pied de cochon, langue de bœuf, tête de veau ou entrecôte-frites... C'est simple mais bon et servi sans façon.

Restaurant de l'Hôtel Central : *pl. Aristide-Briand. ☎ 05-58-73-01-44. • contact@hotel-le-central.fr • ♿ Sur la place centrale, face à l'église. Tlj sauf lun, ven soir et dim soir hors saison. Congés : fêtes de fin d'année et vac d'hiver. Menu déj en sem 18 € ; menu 32 €. Double 70 €.* Un ancien relais de poste, situé comme il se doit en plein centre-ville. Il a le mérite d'offrir une cuisine de terroir, à la fois élégante et originale, joliment exécutée par le fils de la maison. On se régale, mais quel bonheur ce serait si l'atmosphère était un peu plus joyeuse...

Où dormir ? Où manger dans les environs ?

Chambres d'hôtes Maison Basta : *335, chemin de Basta, 40300* ***Orthevielle.*** *☎ 05-58-42-16-40. 📱 06-64-13-23-33. • tur-laurent@orange.fr • maison-basta.fr • À env 6 km au nord-ouest de Peyrehorade. Congés : de mi-déc à début fév. Double 75 €. Table d'hôtes 28 €. Réduc de 10 % sur le prix de la chambre sur présentation de ce guide.* Une belle demeure du XVIIIe s. Accueil authentique et chaleureux. Chambres spacieuses et originales. Table d'hôtes en terrasse ou sous la véranda, à base de bons produits du terroir, venus tout droit du marché de Peyrehorade ou des environs proches. Une cuisine qui prend parfois des saveurs d'outre-mer. Piscine, vélos, ping-pong à disposition. Depuis la maison, des sentiers vous mèneront aux abords de l'Adour en passant par des barthes et des forêts de pins.

La Ferme d'Orthe : *9, rue de la Fontaine, 40300* ***Orthevielle.*** *☎ 05-58-73-01-03. • lafermedorthe@orange.fr • ♿ Au centre du village. Tlj sauf dim soir-lun et mar soir, plus mer soir hors saison. Formule déj en sem 14 € ; menu-carte 33 €.* Une bonne vieille affaire familiale (la ferme a été transformée en 1948 en bar-dancing par les arrière-grands-parents des actuels proprios) où l'on se régale de produits du terroir cuisinés dans la tradition, avec un vrai respect du produit : selon la saison, vraie entrecôte-frites, palombe ou assiette de la mer digne de ce nom. Copieux menu du jour, quart de vin inclus, pour un prix incroyablement doux. Agréable terrasse en été.

Achats

Marché : *pl. Aristide-Briand, le mat mer ou sam.* À ne pas manquer. Un des plus authentiques de la région.

Les Gourmandises de Nicolas : *pl. Aristide-Briand. ☎ 05-58-73-79-08. • gourmandisesnicolas@gmail.com • Ouv mar-dim 7h-19h (plus lun en juil-août et déc).* Une bonne pâtisserie-salon de thé. Ce jeune pâtissier-chocolatier a créé la Kiwiwette, tranche de kiwi de l'Adour Label Rouge enrobée de chocolat noir. À déguster en terrasse. À moins que vous ne préfériez une boule de sorbet kiwi !

Maison du Saumon : *378, route d'Hastingues. ☎ 05-58-73-00-78. • barthouil.fr • Lun-ven 9h-12h30, 14h-17h30. Visites gratuites sur résa de mi-fév à oct, lun-ven à 11h et 15h. GRATUIT.* La maison Jacques-Barthouil, installée ici depuis 1929, est la dernière à fumer le saumon à l'ancienne et à le trancher à la main. Une passionnante visite guidée et commentée. Créé en collaboration avec l'INRA, c'est un véritable espace de découverte (cycle de vie du saumon, migration, pêches du saumon sauvage).

LES LANDES

Manifestation

– **Marché gascon :** *1er mer d'août.* La ville fête l'instauration de son marché le mercredi en 1358. Vieux métiers, jeux anciens, artisans viennent animer le marché.

DANS LES ENVIRONS DE PEYREHORADE

HASTINGUES (40300)

Village créé par les Anglais au Moyen Âge suite à un deal entre l'abbaye d'Arthous qui cherchait protection et Édouard Ier. C'est son sénéchal John de Hastings qui s'est chargé, entre 1303 et 1306, de la construction de cette minuscule bastide à laquelle il a, en toute modestie, laissé son nom. C'est l'une des mieux préservées, l'une des plus jolies du coin. On y pénètre en passant sous la voûte de pierre d'une massive tour rectangulaire. En enfilade, la rue principale, bordée de nombre de belles maisons anciennes, débouche sur la place centrale : là encore, quelques demeures dignes d'intérêt dont la maison des Jurats (XVe-XVIe s) avec arcades (murées, dommage...) et fenêtres à meneaux.

À voir dans les proches environs

L'abbaye d'Arthous : *à env 3 km d'Hastingues (bien fléché). ☎ 05-58-73-03-89. • arthous.landes.fr • ♿ Avr-mai, mar-dim 14h-17h30 ; juin-sept, mar-dim 10h30-13h, 14h-18h ; oct-15 nov, mar-dim 14h-17h30. Fermé lun et 1er mai, 1er et 11 nov, ainsi que de mi-nov à mars. Tarif : 5 € ; + 3 € avec atelier ; réduc ; gratuit moins de 18 ans et pour ts le 1er w-e du mois. Ateliers pdt les vac scol.*
Nichée aux confluences des Landes, du Pays basque et des Gaves réunis, l'abbaye d'Arthous, fondée en 1167 par l'ordre des Prémontrés, est aujourd'hui propriété du département des Landes. Sa vocation était d'évangéliser les populations locales, d'offrir un hébergement aux pèlerins sur la route de Saint-Jacques-de-Compostelle et de contrôler un territoire âprement disputé par plusieurs

seigneuries : Navarre, Béarn et Gascogne. Prospère jusqu'au XVIe s grâce aux revenus des activités agricoles, elle fut dévastée au cours du XVIe s lors des conflits contre l'Espagne et des guerres de Religion. Son activité décline au cours des siècles suivants et elle n'abrite plus que 3 religieux en 1791. Vendue à la Révolution comme bien national, l'abbaye est transformée en exploitation agricole. Aujourd'hui restaurée et reconvertie, elle raconte l'histoire de son territoire. Dans le parcours permanent : l'un des plus beaux ensembles romans de Gascogne, l'exposition « Il était une fois Arthous » dans les anciennes cellules des chanoines, la cour et l'ancienne église romane.
Par ailleurs, l'abbaye propose d'avril à novembre une programmation culturelle avec une offre artistique variée, accueille régulièrement des expos temporaires et des événements au long de l'année (voir le site).

Le centre d'exposition Saint-Jacques-de-Compostelle : *sur l'aire d'Hastingues de l'A 64, à 1,5 km en contrebas de la bastide (c'est fléché). Mai-sept, tlj 8h-20h30 ; le reste de l'année, 9h-18h. GRATUIT.* Un espace qui vieillit doucement mais qui, en quelques vitrines et écrans, permet de comprendre comment le Sud-Ouest est devenu le carrefour européen des itinéraires des pèlerins vers la Galice espagnole. Les Landes, avec 425 km, est le département français possédant le plus de kilomètres de chemins de Saint-Jacques-de-Compostelle.

LES LANDES

Manifestation

– ***Parade des 5 sens :*** *13-14 juil. Rens : ☎ 05-58-73-68-66 (mairie).* Tout le village d'Hastingues s'anime de concerts, de marchés et d'expositions pour tenir en éveil les 5 sens. Grande animation pour petits et grands, à ne pas manquer.

SORDE-L'ABBAYE (40300)

Très belle abbaye romane à l'origine, plusieurs fois remaniée au cours des siècles. Elle a été choisie par l'Unesco comme jalon lors du classement des chemins de Compostelle au Patrimoine mondial de l'humanité... On est ici sur la voie de Tours. Plusieurs édifices sont à visiter : l'église, les ruines de l'abbaye et le monastère. Et si la fatigue se fait sentir, goûtez donc au ***kiwi de l'Adour*** ! Parce que ce village est celui qui produit le plus de kiwis en France, avec plusieurs centaines de producteurs.
Berceau historique du kiwi de l'Adour, le pays d'Orthe a été le témoin d'une révolution culturelle dans le milieu agricole. Lorsque, dans les années 1960, Henri Pédelucq rapporte de Nouvelle-Zélande en Europe cette liane étonnante, il est le seul à croire à une nouvelle production dans les petites exploitations.
Le coup d'essai mettra toutefois peu de temps à se développer, la production se met en place, et pendant une quinzaine d'années, aucune réglementation ne vient réguler le marché. Il faut attendre 1992 pour voir la création d'un signe de qualité supérieure avec le Label Rouge, et à ce jour, ce sont 25 000 t de production qui s'exportent dans le monde entier. La Chine, particulièrement friande du kiwi made in France, fait figure d'eldorado pour les producteurs landais.

LE KIWI, J'ADOUR !

Les vergers de kiwis sont aujourd'hui une spécificité du pays d'Orthe. Implanté dans les années 1960, le kiwi de l'Adour concerne aujourd'hui plus de 350 producteurs. Récolté début novembre, vous le trouverez sur les étals tout l'hiver jusqu'au début du printemps. Si vous manquez de vitamine C, faites une cure de kiwis de l'Adour. Le seul kiwi ayant reçu le Label Rouge !

Cet arbre à lianes, non traité, aux fleurs pollinisées par les abeilles, est cultivé sous la forme de pergolas : il nécessite un entretien très régulier, puisqu'au mois de juin ses branches peuvent pousser de 20 cm par jour ! Autre particularité du kiwi : la présence de pieds mâles et de pieds femelles. Un pied mâle a le beau privilège de féconder 6 à 8 femelles, mais la réalité de la vie le rattrape très vite, puisqu'il est taillé dès son travail terminé. *Plus d'infos sur • qualitelandes.com •*

Où dormir ?

Chambres d'hôtes Maison Cantin : *142, rue Lesplaces. ☎ 05-58-73-28-68. 07-81-08-32-71. Double 55 €.* Grande maison du XVIIIe s avec beau parc paysager et piscine (accessible de juin à août). 2 chambres avec un certain charme mais avec cabinet de toilette seulement (salle de bains et w-c communs). Accueil agréable.

Où acheter de bons produits ?

Kiwis Délices : *168, chemin Pedelalanne, route Saint-Criq-du-Gave. 06-73-73-22-15. • kiwis-delices.com • Mieux vaut appeler avt de passer.* Stéphane Malfatti, kiwiculteur, a repris l'exploitation familiale en diversifiant sa production (kiwi vert et jaune). Délicieuses, ses confitures fondent dans la bouche, pas sur le pain. Également des jus, des huiles de pépin de kiwi qu'il utilise dans une gamme de cosmétiques (savon, shampooing, crème hydratante).

À voir

L'église abbatiale : *tlj 7h-19h. GRATUIT.* Dommage que l'église ait été profondément remaniée au XIXe s. Mais de l'édifice initial subsistent, dans le chœur, derrière l'autel, de superbes mosaïques du XIe s et, dans les absidioles, des chapiteaux sculptés de toute beauté. Notez encore, dans le bras droit du transept, le balcon réservé aux malades. Intéressante maquette reconstituant le site (abbaye, église et cloître) au XVIIIe s, avant sa destruction.

L'abbaye Saint-Jean de Sorde : *☎ 05-58-73-09-62. • abbaye-sorde.fr • Ouv mars-nov, horaires variables, consulter le site internet. Entrée : 4 € ; réduc ; gratuit moins de 18 ans. Visite guidée des mosaïques tlj sur résa. Expos temporaires.* ***Terrasse, galerie souterraine et grange batelière fermées pendant les travaux jusqu'à l'horizon 2023.*** Pour être resté des années à l'abandon, cet édifice bénédictin est encore méconnu. À tort, même si la visite est assez rapide pendant les travaux de restauration. À découvrir pendant la visite guidée, des pavements de mosaïques des IIIe et IVe s récemment restaurés. Ils proviennent d'une villa gallo-romaine sur laquelle le logis abbatial a été construit. On y découvre une salle capitulaire avec des stèles celtes. Vivement la fin des travaux pour apprécier la magnifique vue depuis la terrasse sur l'île aux kiwis et le gave d'Oloron. Ainsi que la façade du XVIIIe s et un cryptoportique (galerie souterraine) de 70 m de long avec 14 granges batelières (qui servaient aux moines à abriter les barques de pêche). Un peu de patience...

SAINT-LON-LES-MINES (40300)

Ce bourg ancien se serre au pied de son église Saint-Barthélemy (XIIe-XIIIe s), un peu perchée (102 m d'altitude). Saint-Lon est devenu Saint-Lon-les-Mines en 1918, à cause du gisement de lignite (charbon primitif) qui faisait alors sa notoriété. De cette mine, fermée en 1949, on ne voit plus aucune trace mais, face à l'église, un modeste petit musée en évoque le souvenir *(s'adresser à l'agence postale ; tlj sauf sam ap-m et dim, 9h-12h, 14h-15h30 ; GRATUIT).*

Où dormir ? Où manger ?

Gnàc é Pause : *284, route de Peyrehorade. ☎ 05-58-77-20-77. • contact@gnac-e-pause.fr • gnac-e-pause.fr • Au pied du village. Tlj sauf dim soir-lun. Doubles 65-125 € ; familiales. Formule déj en sem 14 € ; carte env 35 €.* Dans un bâtiment rectangulaire, un accueillant et très contemporain bistro (sans « t », ici on y tient !) avec cuisine ouverte. Produits d'une belle fraîcheur simplement mais habilement travaillés, jolies assiettes dès le menu du jour. Terrasse. Chambres, contemporaines elles aussi, pour prolonger l'étape.

Où camper dans les environs ?

La Comtesse : *lieu-dit Claquin, 40300* ***Bélus.*** *☎ 05-58-57-69-07. 06-07-68-99-24. • campinglacomtesse@orange.fr • campinglacomtesse.com • Ouv avr-oct. Forfait pour 2 pers 19-22 € ; frais de résa 10 €. Hébergement locatif.* Camping familial dans un parc de 6 ha. 99 emplacements spacieux, délimités et ombragés. Animations, étang de pêche, piscine avec toboggan aquatique, location de vélos pour enfants ; snack-bar en saison.

DAX

(40100) 21 650 hab. *Carte Landes, B3-4*

• Plan *p. 287*

La 1re destination thermale de France doit, depuis l'Antiquité romaine, sa renommée à ses boues curatives. Les curistes affluent au printemps et à l'automne (l'été est un tout petit peu trop chaud...), et ça parle bien-être un peu partout. Cela écrit, la ville mérite qu'on s'y arrête, qu'on soit curieux ou curiste. Pour son hôtel Art déco *Le Splendid,* entièrement rénové, ses fontaines rappelant que l'eau contribue toujours à la richesse de Dax, sa promenade agréablement aménagée sur les berges de l'Adour, ses allées plantées de liquidambars et de lagerstroemias, les 2 arbres fétiches du Sud-Ouest, et jalonnées de villas d'antan. Et le samedi matin, jour de marché, Dax redevient une ville heureuse de vivre, à l'inverse des dimanche après-midi et lundi matin, où elle semble plutôt endormie. Et puis, comme à Mont-de-Marsan, quand l'Espagne pousse un peu ici sa corne, les grandes fêtes patronales font, mi-août, l'objet de réjouissances débridées et d'une sympathique animation diurne comme nocturne.

AU FIL DE L'EAU, AU FIL DU TEMPS

Il y avait déjà ici une cité lacustre au Néolithique. Les **Romains** préfèrent garder les pieds sur terre et créent en 56 av. J.-C., autour des sources, une petite ville, cernée d'impressionnants remparts ajoutés au milieu du IVe s. La ville prend doucement son essor sous la domination anglaise, grâce aux privilèges accordés, pour se faire bien voir des Dacquois, par Henri Plantagenêt. En 1356 s'installent les 1ers étals d'un marché qui existe toujours ! ***Grand centre d'échanges commerciaux,*** ville-étape prospère, Dax accueille au milieu du XVIIe s la Cour, Anne d'Autriche et Mazarin en tête, en partance pour Saint-Jean-de-Luz et Hendaye afin de signer le traité de paix avec l'Espagne et le contrat de mariage de Louis XIV avec l'infante Marie-Thérèse. Mais la Révolution qui préfère choisir Mont-de-Marsan comme préfecture, plonge la ville dans une certaine léthargie.

C'est le ***XIXe s,*** l'apparition du ***chemin de fer*** et la construction des 1ers ***établissements thermaux*** qui transforment considérablement Dax. Les remparts sont en grande partie rasés, de cossues villas sortent de terre puis de superbes bâtiments Art déco sont construits pour accueillir une clientèle haut de gamme : on croise dans les rues de Dax têtes couronnées, hommes politiques de 1er plan, comédien(ne)s en vue... Aujourd'hui, la ville vit toujours essentiellement du thermalisme, avec une fréquentation annuelle de près de 50 000 curistes pour 13 établissements thermaux. D'ailleurs, son nom viendrait du latin *Civitas Aquensium* (la ville des eaux), transformé en *Acqs* après l'époque romaine pour devenir finalement *Dax* vers le XIIIe s.

Par ailleurs, dans la lignée de nombreuses villes, le *street art* investit les murs de la ville. Ouvrez l'œil pour découvrir les fresques murales.

PILIER DE COMPTOIR

C'est à Dax qu'est installé l'atelier Nectoux, l'un des derniers fabricants de comptoirs, qui perpétue un savoir-faire ancestral de comptoirs en étain et non en zinc ! La méprise vient des Boches qui ont utilisé l'étain (zinn en allemand) des comptoirs pour en faire des obus. Depuis, le zinc est resté en français par erreur. Dans cette entreprise du patrimoine vivant, on découvre l'envers du comptoir, ce cachet des bistrots parisiens.

Arriver – Quitter

En train : les TGV des lignes Paris-Tarbes et Paris-Hendaye-Irun s'arrêtent en gare de Dax.

Trans'Landes *(hors plan par B1)* **:** *11, av. de la Gare.* ☎ *05-58-56-80-80.* ● *trans-landes.fr* ● *À gauche en sortant de la gare SNCF.* Dessert tte l'année de nombreuses villes du département et les stations balnéaires de la côte (Hossegor, Capbreton).

Adresses et infos utiles

Office de tourisme et du thermalisme *(plan A2)* **:** *11, cours Foch.* ☎ *05-58-56-86-86.* ● *dax-tourisme.com* ● *Juil-août, tlj 9h30-13h, 14h-18h ; sept-oct, lun-sam 9h30-13h, 14h-18h, dim 9h30-13h ; mars-juin et nov, lun-sam 9h30-12h30, 14h-18h ; déc-fév, lun-ven 9h30-12h30,14h-18h.*
– Visites guidées (payantes) de la ville, avec plusieurs thématiques : Art déco, Thermalisme, Patrimoine, Tauromachie, Nocturne.

COURALIN : réseau de transport du Grand Dax ; 6 lignes lun-sam, une ligne spécifique dim et j. fériés.
– ***Parkings :*** nombreux et gratuits la 1re heure. Également des emplacements gratuits en ville.
– ***Marchés traditionnels :***
– Tlj sauf lun sous les halles.
– Sam mat : marché piéton avec de nombreux étals entre pl. Roger-Ducos, carreau des halles. Volailles, fromages, fruits et légumes. Le plus ancien marché des Landes attire certains jours

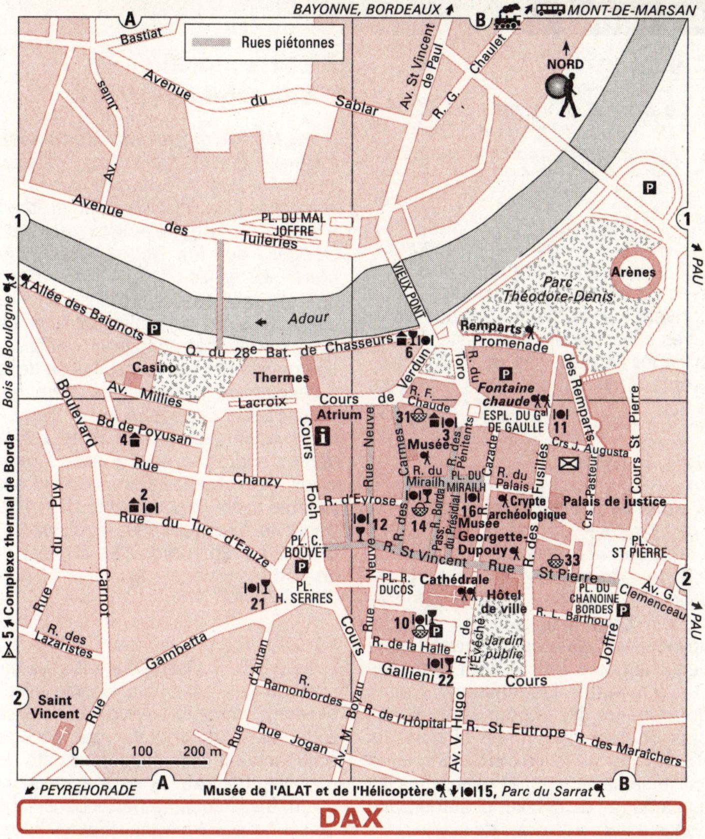

Adresse utile	
	Office de tourisme et du thermalisme (A2)
Où dormir ?	
2	Hôtel-restaurant Beausoleil (A2)
3	Hôtel de Jouvence (B2)
4	Chambres d'hôtes Vill'Adour (A2)
5	Le Bascat (hors plan par A2)
6	Le Splendid (B1)
Où manger ?	
3	Le Grand Café de Bordeaux (B2)
10	Les halles de Dax (B2)
11	La Cuisine (B2)
12	Le Bistrot des Vignes (B2)
14	Le Marché Friand (B2)
15	Le Bistroteka (hors plan par B2)
16	La Guitoune en ville (B2)
Où grignoter un morceau ? Où boire un verre ?	
21	El Mesón (A2)
22	Mojo (B2)
Achats	
31	Madeleines de Dax – Maison Cazelle (B2)
33	Le Canard chez Degert (B2)

l'équivalent de la moitié de la population de la ville ! À ne pas manquer si vous êtes dans le coin.
– Dim mat : sous le marché couvert, pl. Camille-Bouvet (plan A2). Fruits, légumes, produits régionaux, etc.
– Brocante : *tte l'année, 1er jeu du mois, au carreau des halles.*

Où dormir ?

Camping

⛺ ***Le Bascat*** *(hors plan par A2, **5**) : rue de Jouandin. ☎ 05-58-56-16-68. • infolebascat@orange.fr • campinglebascat.com • ♿ À 1,5 km du centre-ville et pas loin du bois de Boulogne. Ouv de mars à mi-nov. Forfait pour 2 pers 13-23 €. Loc de mobile homes. 120 empl.* Un camping convivial avec de grands emplacements à prix convenables. Laverie, 2 blocs sanitaires chauffés, épicerie, plats du jour et dépôt de pain. Aire de jeux, boulodrome et animations, mais ni piscine ni bar.

Prix moyens

🏠 ***Hôtel de Jouvence*** *(plan B2, **3**) : 18, rue Fontaine-Chaude. ☎ 05-58-90-16-46. • contact@hoteldejouvence.fr • hoteldejouvence.fr • ♿ Doubles 55-69 € ; familiale. Parking vélos et motos.* Devant la fontaine chaude, un hôtel en plein centre piéton avec des chambres fraîchement rénovées sur 3 niveaux (ascenseur). Celles qui donnent sur la cour sont un poil plus chères, mais c'est la garantie d'échapper au joyeux brouhaha de la fin de semaine. Pas de resto mais il y a l'embarras du choix tout autour. Une bonne adresse au cœur de la ville.

🏠 ***Chambres d'hôtes Vill'Adour*** *(plan A2, **4**) : 6, bd de Poyusan. 📱 06-32-33-59-98. • chambresdhotes-dax.fr • alavilladour@yahoo.com • Doubles 78-98 €. Table d'hôtes 28 €.* À 2 enjambées du casino et de l'Adour, cette maison de 1900 abrite 4 jolies chambres au calme, sur rue (peu passante) ou sur cour. De bonne taille, elles sont confortables (toilettes séparées de la salle de bains) et joliment arrangées. Aux beaux jours, petit déj servi dans le jardin. Accueil charmant de Guylaine et Stéphane, à l'écoute de leurs hôtes.

De prix moyens à beaucoup plus chic

🏠 🍽 ***Hôtel-restaurant Beausoleil*** *(plan A2, **2**) : 38, rue du Tuc-d'Eauze. ☎ 05-58-56-76-76. • nicolas.soleil@wanadoo.fr • hotel-beausoleil-dax.fr • ♿ Resto fermé le soir mar-mer. Congés : déc-fév. Doubles 83-109 €. Menu déj en sem 18 € ; autre menu 32 €.* Installé au calme dans une villa début XXe s, un hôtel d'un autre temps avec ses affiches de Pagnol, sa collection de santons provençaux et sa déco à l'ancienne. À l'étage, des chambres modestes à la moquette élimée. Le resto, ouvert aux non-résidents, est ce genre d'endroit où, sous le lustre à pampilles, votre bouteille vous attend sur la table avec votre serviette dans une pochette. Mais vous vous régalerez.

🏠 🍽 🍸 ***Le Splendid*** *(plan B1, **6**) : 2, cours de Verdun. ☎ 05-58-35-20-10. • splendid@vacancesbleues.fr • splendid-hotel-spa.com • ♿ Doubles 90-300 €. Formule et menu déj 27-32 € ; carte env 50 €.* Assurément le plus bel hôtel de Dax, dans un splendide (effectivement) immeuble Art déco – classé Monument historique – qui occupe pratiquement la surface d'un pâté de maisons. Ce luxueux palace, inauguré en 1928 et fréquenté par le beau linge de l'époque (Hemingway, Sacha Guitry, Joseph Kessel, Jean Cocteau...), a été réhabilité à grands frais par la ville de Dax. Et il a retrouvé toute sa superbe, dès le hall d'entrée à l'extravagante hauteur sous plafond éclairé par un impressionnant plafonnier et une verrière murale dorée qui semble ruisseler sur le mur. Ce chef-d'œuvre des maîtres verriers de l'époque a retrouvé tout son lustre depuis la rénovation. Chambres spacieuses au confort d'aujourd'hui mais qui conservent l'esprit du bâtiment. Même si vous n'y dormez pas, passez au moins y boire un verre. Ou profitez du superbe spa (Art déco, vous l'auriez deviné).

Où dormir dans les environs ?

🏠 ***Chambres d'hôtes Les Sables :*** *168, route de Herm, 40990 **Gourbera**. ☎ 05-58-91-31-31. • lessables40@free.fr • lessables40.free.fr • À 10 km* *au nord de Dax. Dans le village. Doubles 77-87 €.* Un site enchanteur : une belle maison landaise bicentenaire avec sa piscine, son petit parc et ses chambres aux teintes reposantes. Il y a même une volière à colombes. Bel accueil. Kitchenette commune à disposition.

Où manger ?

De très bon marché à prix moyens

Les halles de Dax *(plan B2,* ***10****) : pl. de la Cathédrale. Ouv mar-dim 8h-14h (jusqu'à 18h w-e).* Rénovées, les nouvelles halles de Dax abritent sous ses colonnes une vingtaine de commerçants de bouche de qualité, fleurons de la gastronomie landaise : foie gras *Lafitte,* boucherie *Lavigne* (charcuteries, saucisses et conserves maison), *maison Balme* (épicerie fine), producteurs fermiers, mais aussi une microbrasserie, *Experiment'Halle,* une crêperie, *Au P'tit Dolmen,* et un bar-resto avec une sympathique terrasse qui déborde en extérieur, *Ô Marcat*. Super pour se préparer un pique-nique à emporter ou à grignoter sur place.

La Guitoune en ville *(plan B2,* ***16****) : 14, rue du Miraílh. ☎ 05-58-74-37-46. Mar-sam à midi. Formule 12,50 € ; paella 10 € (1er ven du mois, résa conseillée). Sangria offerte sur présentation de ce guide.* Cuisine des plus traditionnelle (bavette ou entrecôte-frites, moules...). Venir de préférence le samedi : c'est là que se retrouvent les Dacquois, prenant le prétexte du marché pour un casse-croûte entre amis ou en famille. En saison, ruée sur les huîtres, avec un verre de vin blanc pour faire passer.

Le Marché Friand *(plan B2,* ***14****) : 2, rue de Borda. ☎ 05-58-49-94-40. Tlj sauf lun 9h-15h (23h ven-sam).* Une grosse dizaine de commerçants de bouche pour ces minihalles où l'on peut évidemment faire son marché. Mais qui fonctionnent également comme un *food court* : on choisit son plat (une salade chez le primeur, des huîtres ou des sushis à la *Pêcherie Pom,* une omelette à la truffe de la *Maison Balme...*) et un verre (chez *Plaisirs du Vin,* par exemple) puis on se pose à un comptoir ou sur une des tables disposées ici et là (petite terrasse également). Un endroit convivial, idéal pour un déjeuner rapide, un brunch ou un apéro qui peut s'éterniser : concerts, diffusion de matchs...

Le Bistrot des Vignes *(plan B2,* ***12****) : 40, rue Neuve. ☎ 05-58-58-45-39. • contact.bistrotdesvignes@gmail.fr • Ouv au déj tlj sauf mar-mer, salon de thé l'ap-m jusqu'à 18h30. Menu déj en sem 16 € ; carte env 35 €. Café ou thé offert sur présentation du guide de l'année.* L'adresse familiale comme on l'aime. Une petite terrasse dans la rue, une salle digne d'un caviste (100 références de vins), avec une mezzanine pour les 1ers frimas, et un accueil vraiment gentil du patron. Côté cuisine, c'est madame qui s'y colle. Des plats originaux et bien ficelés, comme le tournedos de canard au fromage de chèvre. Thés et vins à emporter.

Le Bistroteka *(hors plan par B2,* ***15****) : 86, av. Francis-Planté. ☎ 05-58-74-04-60. • lavilladacquoise@yahoo.fr • lavilladacquoise.fr • Fermé dim soir-lun et mar soir. Formule et menu déj en sem 13,50-16 € ; soir et w-e, carte env 20-30 €.* Ce resto, situé à l'écart du centre, a tout pour plaire : une architecture néo-landaise, rétro à souhait, une belle terrasse fleurie, une bibliothèque où il fait bon bouquiner au coin du feu quand le temps s'y prête. Les proprios ont donné un coup de jeune à la déco et c'est très réussi. Un petit vent de fraîcheur bienvenu à Dax, et une démarche écolo à saluer ! Belle cuisine, plutôt imaginative à base de produits locaux et de saison, le tout fait maison. Bar avec tapas (terre et mer) et vins nature ou bio.

Sans oublier ***Mojo*** (voir la rubrique « Où boire un verre ? ») et la table de l'***hôtel Beausoleil*** (voir la rubrique « Où dormir ? »).

De prix moyens à chic

La Cuisine (plan B2, **11**) : *2, pl. de la Course (face à la Poste). ☎ 05-58-73-77-50. Ouv jeu-dim et mer midi. Fermé lun-mar et mer soir. Formules déj en sem 12,50-16 € ; carte 25-35 €.* Les grands volumes, la verrière au cachet contemporain, le long bar et l'agréable terrasse installée dans la cour attirent l'œil. Au déjeuner, les menus qui incluent le potage sont un bon plan pour un repas régional à prix contenus. Dans l'assiette, on retrouve le canard de la ferme familiale située en Chalosse, à 20 km à peine, ou la viande de producteurs voisins. Ici, le burger est garni à l'effiloché de canard, voire au foie gras ! Les produits de la ferme sont vendus dans leur boutique attenante, ***Le Marché*** (foie gras, confits, plats cuisinés en conserve...). Simple et bon !

Le Grand Café de Bordeaux (plan B2, **3**) : *8, pl. de la Fontaine-Chaude. ☎ 05-58-97-80-60. Ouv tlj. Plat du jour 15 € ; carte env 30 €.* Une affaire qui tourne rond depuis 1908, c'est presque une institution ! Salle aux touches Art déco, nappes bien mises et serveurs en tablier, mais une ambiance brasserie pas guindée pour autant. Savoureuse cuisine de tradition et des plats pour tous les budgets depuis le croque-monsieur jusqu'à la sole meunière en passant par les huîtres et les escargots. En dessert, les crêpes Suzette sont flambées sous vos yeux ! Une belle adresse.

Où grignoter un morceau ? Où boire un verre ?

Les amateurs de terrasses iront tout droit vers celles de la place du Général-de-Gaulle *(plan B1-2)*, autour de la fontaine chaude. Quelques-unes également sur les berges de l'Adour *(plan A1)*.

El Mesón (plan A2, **21**) : *18, pl. Camille-Bouvet. ☎ 05-58-74-64-26. Tlj sauf lun midi, sam midi, dim et j. fériés. Compter min 15 € pour un apéro-tapas, min 30 € pour un repas.* Installez-vous au comptoir pour débuter la soirée en dégustant de bonnes tapas chaudes ou froides avec un verre de vin espagnol ou une sangria *mesón*. Dans la salle du fond, resto d'authentiques spécialités espagnoles mais à des prix beaucoup plus élevés.

Mojo (plan B2, **22**) : *10, rue de l'Évêché. ☎ 05-58-56-98-79. • mojo.dax@gmail.com • Tlj sauf dim-lun, jusqu'à minuit (2h jeu-sam). Formule déj en sem 13 € ; formules tapas 5-22 € ; carte le soir env 20 €.* Jeune équipe et clientèle pas bien vieille non plus pour ce bar à cocktails, entre grands classiques (gentiment revisités) et créations maison. Sobre mais très chouette déco : des murs de grosses pierres, du bois, des Chesterfield dans un coin. La formule à midi est une vraie aubaine. Terrasse mais un peu en bord de route.

Achats

Madeleines de Dax – Maison Cazelle (plan B2, **31**) : *6, rue Fontaine-Chaude. ☎ 05-58-74-26-25. • madeleines-dax.com • Tte l'année, lun-sam 9h-12h15, 14h-19h.* Une recette que l'on se transmet ici, et depuis 1906, de génération en génération. Ces madeleines légèrement citronnées sont fabriquées tous les matins avec des produits frais et naturels, et vendues dans des boîtes à l'ancienne, dans cette boutique familiale au charme suranné.

Le Canard chez Degert (plan B2, **33**) : *23, rue Saint-Pierre. ☎ 05-58-74-65-73. Mar-sam 9h30-12h30, 14h30-18h30.* Vente des produits issus de l'exploitation familiale située à Clermont, en Chalosse. Des médailles partout.

À voir

Au centre

Les remparts *(plan B1)* **:** Dax n'a malheureusement conservé qu'une toute petite partie de ses remparts gallo-romains (IVe s) qu'on peut découvrir depuis le parc Théodore-Denis. Ils délimitaient la ville sur 1 465 m (38 tours) et constituaient une enceinte de 4 m d'épaisseur, d'une dizaine de mètres de hauteur. La démolition des remparts au XIXe s ouvrira la ville sur ses faubourgs. La promenade des remparts surplombe les arènes.

La fontaine chaude *(plan B1-2)* **:** grand bassin, entouré d'arcades, qui – même si les Romains utilisaient déjà cette source chaude – ne sont pas antiques mais du XVIIIe s... Signalons au passage que l'eau y coule à 64 °C (attention, en passant vos mains sous un des robinets !), que les Dacquois s'en servaient pour cuire leurs œufs et plumer leurs volailles (si, si !), que son débit était de 2 400 m^3 par jour (l'eau étant désormais captée par forage thermal) et qu'elle se place ainsi dans le top 5 français des fontaines dites « d'eau chaude ». On l'appelle également la source de la *Nèhe,* du nom d'une déesse des Eaux. L'émergence des sources de Dax résulte d'une faille datant de l'époque de la formation des Pyrénées. On est donc en présence d'un circuit souterrain où la température élevée de l'eau est acquise à une grande profondeur (2 000 m).

Le musée de Borda *(plan B2)* **:** *11 bis, rue des Carmes, dans la chapelle des Carmes. ☎ 05-58-74-12-91. Ouv mar-sam et 1er dim du mois (gratuit) 14h-18h. Entrée : 3 € ; gratuit moins de 18 ans et pour ts le 1er w-e du mois ; visite commentée mar, sam et 1er dim du mois à 15h (1 €).* La chapelle des Carmes abrite un espace d'expositions temporaires consacré à l'histoire, aux sciences et aux arts. Chaque année, des thèmes différents.

La crypte archéologique *(plan B2)* **:** *24, rue Cazade.* ***Fermée pour travaux jusqu'à l'horizon 2023/24.*** *Rens au musée Borda, à 200 m (☎ 05-58-74-12-91).* Elle renferme les fondations d'une basilique civile gallo-romaine datant des 1ers siècles de notre ère, lieu public et de réunion où l'on rendait notamment justice à l'époque d'*Aquae,* Dax antique.

Le musée Georgette-Dupouy *(plan B2)* **:** *2, pl. du Présidial. ☎ 05-58-56-04-34. • ass.gdupouy.free.fr • ♿ Tlj 14h (15h w-e)-18h. Entrée : 2,50 € ; 2 € sur présentation de ce guide ; gratuit moins de 20 ans.* Sympathique petit musée associatif consacré à cette artiste décédée en 1992, dacquoise d'adoption (son mari était originaire de la ville) qui a côtoyé (et a été exposée au côté de) nombre de peintres célèbres, dont Utrillo. Aujourd'hui, son âme créative perdure à travers cette petite collection : natures mortes, portraits surprenants, paysages d'Europe (d'inspiration impressionniste)... Expos temporaires d'artisanat d'art également.

La cathédrale *(plan B2)* **:** *visite guidée avr-oct, jeu à 16h (rdv devant la cathédrale).* Construite à la fin du XVIIe s dans un style classique, après l'effondrement – faute de fondations solides – d'un édifice gothique. La façade, massive mais harmonieuse, n'a été achevée qu'en... 1894. Intérieur vaste, style jésuite, donc un peu austère.

QUI VEUT NOYER SON CHIEN...

Un légionnaire romain qui partait guerroyer en Espagne avait, pour lui épargner trop de souffrances, jeté dans l'Adour son vieux chien perclus de rhumatismes. À son retour, surprise : le chien que le courant avait poussé vers les boues de la rive, gambadait gaiement à sa rencontre. La réputation thermale de Dax était faite ! Et le légendaire légionnaire comme son chien sont désormais statues de bronze, devant la cathédrale.

Autel baroque italien, splendide buffet d'orgue et stalles du XVIe s dans le chœur, aux sculptures originales. Mais le must de la cathédrale est, dans le bras gauche du transept, le portail des Apôtres, seul vestige (XIIIe s) du précédent bâtiment : tympan représentant le Jugement dernier et voussures gothiques richement sculptées. Quelques tableaux de bonne facture du XVIe s, comme *L'Adoration des bergers* ou *Jésus et ses deux disciples*.

Petite balade architecturale *(plan A1-2, B1)* **:** commençons par le Dax Art déco avec l'immanquable (dans tous les sens du terme) hôtel *Le Splendid* (voir la rubrique « Où dormir ? »). À 2 pas, à l'angle du cours du Maréchal-Foch, autre intéressante construction Art déco : *L'Atrium* (1928), qui abrite toujours un théâtre, une salle d'expo et une brasserie (classique mais à l'intérieur conservé dans son jus). Changement d'univers juste en face avec l'audacieux bâtiment contemporain des thermes signé du célèbre Jean Nouvel. Les amateurs de villas basco-landaises (entre autres styles architecturaux) pousseront jusqu'à l'ombragé boulevard Carnot.

Un peu plus loin

Le bois de Boulogne *(hors plan par A1)* **:** *à 2 km à l'ouest du centre. On peut s'y rendre à pied en suivant – pour partie – les berges de l'Adour, agréablement aménagées.* Le poumon vert de la ville. Une petite forêt de chênes (pour changer des pins !) et un paysage typique de barthes (prairies inondables, on vous le rappelle !) en bord de fleuve. 4 sentiers de découverte pour s'y balader, un parcours santé, un grand étang, un centre équestre. Et des expos nature à la *Maison de la barthe (tlj sauf lun, 9h-12h, 14h-18h ; avr-nov, visite guidée le ven à 15h ; GRATUIT).*

Le musée de l'ALAT et de l'Hélicoptère *(Aviation légère de l'armée de terre ; hors plan par A2)* **:** *58, av. de l'Aérodrome. ☎ 05-58-74-66-19. • museehelico-alat.com • Ouv mars-nov. À env 3 km au sud-ouest du centre, derrière la base de l'ALAT (fléché). Tlj sauf dim en juil-août (et sam hors saison), 14h-17h45. Fermé j. fériés. Entrée : 6 €. Visite guidée mar et ven à 14h30.* Installé tout à côté d'une base militaire, ce musée retrace l'histoire de l'observation aérienne et en particulier de l'hélicoptère, tant dans sa conception et son fonctionnement que dans ses usages militaire et civil. Une trentaine de beaux spécimens d'avions et d'hélicoptères de combat anciens, sur plus de 2 500 m² d'exposition. Unique en son genre, un musée passionnant pour les passionnés des Piper-Club, des Super Frelon et autre H-21, dit « banane volante ».

Le parc du Sarrat *(hors plan par B2)* **:** *rue du Sel-Gemme. Visite guidée seulement à 15h30 mar, jeu et sam (env 2h ; sauf j. fériés). Fermé de nov à mi-mars et pdt la feria mi-août. Entrée : 4,20 € ; gratuit scolaires et étudiants.* Ce jardin botanique est un compromis intelligent entre le style classique (jardin à la française) et le style paysager. Ce site exceptionnel, véritable conservatoire naturel, classé « Jardin remarquable » par le ministère de la Culture, regroupe, sur plus de 3 ha, 1 245 arbres de 27 familles différentes, pour la plupart locales, à découvrir au fil des saisons.

À faire

– **Le complexe thermal de Borda** *(hors plan par A2)* **:** *30, rue des Lazaristes. ☎ 05-58-74-86-13. Ouv de fév à début déc, tlj sauf dim 15h-19h (17h accueil). Entrée : 8 €/h ; 12 €/h en couple ; réduc.* Détente aquatique en piscines de loisirs, piscine intérieure climatisée et piscine extérieure en eau chaude, bains californiens, cascades, jacuzzi, rampes de massage, nage à contre-courant et banquettes bouillonnantes...
– **Spa Cinq Mondes de l'hôtel Le Splendid** *(plan B1,* **6***)* **:** *2, cours de Verdun. ☎ 05-58-35-20-14. • splendid-hotel-spa.com • Ouv tlj 10h-13h30, 14h30-19h45. Entrée au parcours aqua-sensoriel : 25 €/pers ou 45 € à 2. Soins à la carte sur résa.*

Le lifting de fond en comble de l'hôtel *Le Splendid* n'a pas négligé le spa, niché sous les voûtes en pierre de l'ancien château. Le parcours aqua-sensoriel est le ticket d'entrée pour un moment de relaxation total ! On s'immerge dans le grand bassin avec jets massants, avant un passage au jacuzzi, sauna et hammam. Si vous craquez : large gamme de soins, gommages et enveloppements...

Fêtes et manifestations

Voici les principaux rendez-vous, mais Dax propose tout au long de l'année de nombreuses autres animations (spectacles, marchés nocturnes, expositions gourmandes, fêtes de quartiers, concerts, conférences, ateliers, visites...). Pour ne rien manquer, procurez-vous dès votre arrivée, à l'office de tourisme, l'agenda mensuel des animations.
– ***Carnaval :*** *mi-mars.*
– ***Dax Motors'n Blues :*** *début juil.* ● *dmbf.fr* ● Un rassemblement de motos (toutes marques...) et des concerts de blues (gratuits).
– ***Les berges éphémères :*** *juil-août.* Les bords de l'Adour sont transformés en espaces de détente et de loisirs (ciné plein air, danse, gym...).
– ***Feria :*** *autour du 15 août.* ● *daxlaferia.fr* ● La feria constitue ici un temps hors du temps, un des moments forts de l'année. 5 jours et 5 nuits pendant lesquels la vie quotidienne reste suspendue, pour ne laisser place qu'à la fête avec un grand « F ». Fanfares, groupes folkloriques, *bandas* et *tunas* s'ajoutent aux applaudissements du public et aux acclamations des aficionados en blanc et rouge, tenue de rigueur. Le 1er soir, le maire livre les clés de la ville aux jeunes en leur recommandant d'en faire bon usage. Le dernier soir, avant que les bombes du feu d'artifice explosent, ils rendront les clés.
S'il est parfois difficile de trouver à se loger à cette époque, on peut toujours camper sur les bords de l'Adour. Des sanitaires sont même installés pour l'occasion, ce qui, en ces temps de libations, n'est pas un luxe...
– ***Festival Toros y Salsa :*** *2e w-e de sept, pdt 3 j. et 3 nuits, dans le parc Théodore-Denis. Rens auprès du service culturel de la ville : ☎ 05-58-56-80-07.* Cette manifestation résulte de l'heureux mariage de la tauromachie espagnole et de la musique afro-cubaine, cette dernière ayant pris, en quelques années, autant d'importance que la 1re. Concerts, cours de danse latine, corrida, *novillada...* Une « re-fête », comme on dit dans les villages, pour célébrer la fin de l'été.
– ***Festival international des artistes de cirque :*** *autour du 11 nov à* ***Saint-Paul-lès-Dax.*** ● *festivalcirquesaintpaul.com* ● *Rens à l'office de tourisme : ☎ 05-58-56-86-86.* Avec, comme son intitulé l'indique, des artistes du monde entier !

DANS LES ENVIRONS DE DAX

SAINT-PAUL-LÈS-DAX (40990)

On ne vous fera pas le coup du charme, mais vous aurez du mal à échapper à l'attraction de Saint-Paul-lès-Dax, commune d'un dynamisme certain, qui abrite notamment un espace de remise en forme plus ludique que ceux de sa voisine. Et entre sa jolie petite église romane et les rives du lac de Christus, on peut se surprendre à s'y attarder...

Adresse et infos utiles

ℹ ***Bureau d'information touristique :*** *68, av. de la Résistance. ☎ 05-58-56-86-86.* ● *dax-tourisme.com* ● *Mêmes horaires qu'à Dax.*
– ***Marché :*** *jeu mat, pl. du Marché.*

Où dormir ?

Camping

L'Étang d'Ardy **:** *2564, allée d'Ardy. ☎ 05-58-97-57-74. • info@campingardy.com • camping-ardy.com • À 6 km à l'ouest du centre, en direction de Magescq, c'est fléché ensuite. Ouv avr-oct. Forfait pour 2 pers 18-24 €. Hébergement locatif. 118 empl.* Au milieu de 8 ha de chênes et de châtaigniers (difficile à croire que l'autoroute est toute proche !), un 3-étoiles plutôt confort (la plupart des emplacements avec sanitaires privés) au bord d'un vaste étang. Accueil sympa. Pêche, snack, barbecues, ping-pong, pétanque, piscine et spa.

À voir dans les environs

Le berceau de saint Vincent de Paul : *à 6 km au nord-est de Saint-Paul-lès-Dax.* C'est dans cette petite demeure à colombages (reconstituée de toutes pièces) que saint Vincent de Paul aurait vécu. Pas grand-chose à voir, mais d'adorables religieuses vous racontent la vie du saint. À côté, une église a été édifiée en style néobyzantin. En face, une grange où est présentée une vidéo sur saint Vincent.
À 6 km au nord-est du « berceau » se dresse ***Notre-Dame-de-Buglose,*** célébrissime lieu de pèlerinage, dont l'église est dotée d'un exceptionnel carillon de 60 cloches (le seul de type Maisonnave encore en activité dans le monde) grâce à un évêque du diocèse, originaire du nord de la France, terre de carillons.

À faire

Sourcéo : *355, rue du Centre-Aéré, au lac de Christus. ☎ 05-58-90-66-66. • sourceo-dax.com • Tlj 10h-20h30. Entrée : 15 € (pour 2h) ; plusieurs autres forfaits possibles.* Un vaste espace de remise en forme aquatique qui réconcilie avec la pratique de ce genre d'exercice, pour qui n'est pas curiste. Dans 4 000 m^2 d'installations assez exceptionnelles, on peut réellement se détendre en toute liberté, au milieu d'une population de tous âges. 5 bassins au total, intérieurs comme extérieurs, d'eau minérale chaude (33 °C en moyenne) toute l'année. Sauna et hammam, jacuzzis, cascades, nage à contre-courant, cours d'aquagym gratuits... On vient là en famille ou entre amis, on se laisse masser par les bulles des geysers, on tonifie son corps (du moins, on essaie...) avec les jets à haute pression.

POUILLON *(40350)*

Entre Dax, le pays d'Orthe et la Chalosse, un village qui surgit au milieu des champs de maïs, poussé par la renommée de son restaurant et de son vin de pays. Le pays alentour annonce déjà les collines de la Chalosse (voir ce chapitre).

VIVEMENT LA QUILLE !

L'Auberge du Pas de Vent *abrite un des rares quilliers privés des Landes encore en exercice (autrefois, chaque auberge avait le sien). C'est ici que se retrouvent les mordus de la terre battue, des « quillayres » ayant à cœur de perpétuer une tradition remontant aux bergers pyrénéens. Faites-vous expliquer sur place ce sport d'adresse et de souplesse consistant à renverser les 9 quilles dans un ordre précis tout en maintenant la boule (du noyer pesant 6 kg) dans l'aire de jeu.*

Où manger ?

Auberge du Pas de Vent : *281, av. Pas-de-Vent. ☎ 05-58-98-34-65. • aubergedupasdevent@hotmail.com • Tlj sauf mer et le soir dim-mar (tlj sauf dim soir en août). Congés : 2 sem en oct. Menus 14 € (déj en sem)-28 € ; carte env 45 €.* La terrasse sous les glycines annonce l'auberge de campagne immémoriale. C'en est une, ouverte depuis les années 1900, et avec un quillier – voir l'encadré – attenant. Un jeune chef y maintient la tradition, avec une cuisine de région (des « plats de grand-mère » qu'il dit), à base de superbes produits made in terroir, mais en y ajoutant quand même sa touche personnelle (il n'a pas été formé chez quelques très grands pour rien !). Remarquable rapport qualité-prix (ah ! le « petit » menu du midi), mais ça se sait... Réservez !

Achats

Domaine du Tastet : *2350, chemin Aymont. ☎ 05-58-98-28-27. • domaine-du-tastet.com • Vente et dégustation tlj sauf dim (et j. fériés hors saison) 8h30-12h, 14h-18h30 ; visite sur rdv.* Ferme typique datant de 1685, au cœur d'un vignoble replanté dans les années 1970 par Jean-Claude Romain, sur 15 ha. Vins de pays assez remarquables, dont vous apprécierez encore plus, sur place, le fruité, la fraîcheur et le caractère. Coup de cœur pour le blanc, 30 % colombard, 70 % baroque !

LA CHALOSSE ET LE TURSAN

Entre l'Adour et les Gaves, jouxtant le pays d'Orthe, la Chalosse, rattachée au département des Landes par la Révolution, est un vieux pays de bocage qui a su conserver les traces du passé : maisons capcazalières, plaines maïsicoles et coteaux verdoyants, villages typiques clairsemés au beau milieu de douces collines coiffées d'herbe grasse et de panoramas sans fin. Au détour d'une place, vous ne serez pas surpris de découvrir une arène aux couleurs pimpantes, de faire halte dans des bastides de caractère comme Montfort-en-Chalosse ou Geaune, de vous émerveiller à l'abbatiale de Saint-Sever, ou de remonter le temps à Brassempouy. Ces paisibles bourgades où prime la douceur de vivre s'animent au rythme des *bandas* (orchestres de rue ne passant pas inaperçu, généralement) lors de fêtes de village...
Et puis, lancez-vous à pied, à vélo ou à cheval sur la voie verte qui relie Hinx à Saint-Sever, via Montfort et Mugron. Pour vous en remettre, le soir, arrosez le tout d'un bon p'tit vin de Tursan, désormais AOC.

DES MAISONS DE CHEF

Dès le Moyen Âge, les riches propriétaires terriens de Chalosse, affranchis – c'est une particularité des plus locale ! – des seigneurs du coin, ont pris l'habitude de se faire construire ces maisons dites « capcazalières » (de « cap » pour chef, et « cazaou », l'habitation), beaucoup plus chics que la traditionnelle ferme landaise : trottoir caladé (pavés de galets), portail abondamment sculpté et étable bien à l'écart de la maison. On ne mélange pas les bœufs – fussent-ils de Chalosse... – et les humains !

Balades à pied, à VTT ou à cheval sur la voie verte de Chalosse, longue de 44 km et reliant les environs de Dax à Saint-Sever.

Manifestation

– ***Les Moments musicaux :*** *début juil-début août. • festivalmusiquechalosse.com* • Festival de musique classique dans les églises et châteaux de la Chalosse.

MONTFORT-EN-CHALOSSE

(40380) 1 220 hab. *Carte Landes, B4*

Belle petite route pour quitter Dax (qui se veut plus que jamais la porte de la Chalosse, surtout les jours de marché) et pour rejoindre Montfort, un des plus importants villages du nord de cette région. Située dans un environnement riant, fait de collines qui ondulent gentiment et de vallées sinueuses, cette ancienne bastide abrite une église fortifiée du XIIe s et un intéressant musée.

Adresse utile

Office de tourisme Terres de Chalosse : *55, pl. Foch. ☎ 05-58-98-58-50. • chalosse.fr • Juil-août, tlj sauf w-e 10h-12h30, 14h-17h30 ; hors saison, mar-ven mêmes horaires sauf l'ap-m 15h-17h30.* ***En travaux jusqu'à fin 2022.*** Profitez-en pour jeter un œil à l'ancien plan de la bastide (circuit de découverte disponible). Également, visites de la bastide, de l'église, des maisons capcazalières avec des *greeters (sur résa).* Des énigmes à résoudre à travers l'application du jeu de piste Tèrra Aventura.

Où dormir ? Où manger à Montfort-en-Chalosse et dans les environs ?

Aux Tauzins : *547, route Raphaël-Lonné. ☎ 05-58-98-60-22. • auxtausins@wanadoo.fr • auxtauzins.com • ♿ À 1,5 km de Montfort sur la route d'Hagetmau. Tlj sauf ven soir et dim soir-lun. Congés : de mi-fév à mi-mars et 1re quinzaine d'oct. Doubles 75-120 €. Menus 26-46 €.* Bel exemple d'hôtel-resto traditionnel qui a su garder sa clientèle d'habitués depuis 4 générations. Familial et confortable, avec des chambres rénovées donnant sur le parc, au calme garanti. Piscine très agréable. Côté déco, autant vous dire qu'ici, on aime la couleur... toutes les couleurs ! Côté table, c'est une vraie cuisine du terroir, servie dans une salle dominant la vallée de Chalosse ou sous une tonnelle de glycine l'été. Tournedos landais d'une rare tendreté, civet de gibier en saison, foie frais aux raisins... Accueil vélo.

L'Auberge : *380, rue Abbé-Bordes, 40380* ***Gamarde-les-Bains.*** *☎ 05-58-98-62-27. • hotel-gamarde@orange.fr • hotel-auberge-gamarde.com • ♿ À 4 km au nord-ouest de Montfort-en-Chalosse ; au cœur du village. Ouv ts les midis sauf sam. Congés : oct. Double 58 €. Menus 13,50 € (sauf dim), puis 25-28 €.* Une bonne auberge proposant une goûteuse cuisine de région : salade landaise, magret de canard cuit au feu de bois, ris de veau financière... En saison et sur commande, anguilles et lamproie. C'est la 5e génération de femmes de la même famille qui est en cuisine, les enfants prenant le relais avec gentillesse, et tout va bien. Terrasse sympa façon patio. Et des chambres, très classiques, pour qui veut prolonger cette pause riche en authenticité chalossaise.

Achats

La ferme du Haut-Clouzet : *05-58-98-51-85.* Et la ***ferme de Guimont*** : *05-58-98-58-10.* Visite de ferme et vente directe (production de canards gras).

À voir. À faire

Le musée de la Chalosse : *domaine de Carcher. 05-58-98-69-27. • museedelachalosse.fr • À 500 m du centre, bien indiqué. Mars-oct, tlj sauf lun 10h-18h. Fermé nov-fév. Entrée : 8 € ; 4 € sur présentation de ce guide ; réduc ; gratuit moins de 6 ans. Visite libre ou guidée (sur résa). Jolie boutique de produits locaux à prix producteurs.*
Un formidable retour sur le passé vous attend dans cette maison de maître du XVIIe s, ancienne propriété viticole de Jean de Planter, juge royal de Montfort, qui possédait 12 métairies et un hôtel particulier (l'ancien hôtel de ville de Dax !). Richement meublée, la maison est devenue un superbe musée restituant la vie quotidienne et domestique au XIXe s.
On accède aussi aux dépendances : pièce noire (le garde-manger), beau pressoir tricentenaire, en fonctionnement jusqu'en 2019, chai, conservatoire de vignes, jardin, potager, ferme et étable (avec bœuf de Chalosse et porc gascon), four à pain encore en activité (pain vendu à la boutique)... Visite également de la belle maison du métayage au mobilier cossu : on passe de la chambre du maître séparée de celle de madame à la salle à manger où la table est dressée avec une vaisselle en faïence de Samadet, en passant par la cuisine (la cheminée en impose !) et la souillarde (arrière-cuisine). Joli point de vue sur la campagne chalossaise. Un lieu de mémoire bien vivant qui met un coup de projecteur sur le métayage qui a perduré dans les Landes jusqu'à la 1re moitié du XXe s. Une résurgence d'un système féodal qui rendait le métayer dépendant du maître avec qui il devait partager ses récoltes. Très belles expos temporaires.

Petite balade dans la bastide : impossible de ne pas suivre d'abord la *Grand-Rue,* jalonnée de boutiques aux vieilles devantures de bois. Si vous ne vous égarez pas dans une ruelle typiquement médiévale comme l'*Escaraillette,* vos pas devraient vous conduire jusqu'à l'adorable petit *jardin de Payot,* avec son carré des simples médiéval, son jardin de métayer. Juste en face, sur la place F.-Dupaya, un belvédère s'ouvre sur la Chalosse et au loin la forêt landaise. En contrebas de la bastide se cache la *fontaine aux 100 marches.* Il y a, en fait, quelques marches de plus pour descendre, au travers d'une forêt de bambous, jusqu'à ce vieux lavoir, mais le site vaut l'effort : d'une tranquillité absolue et complètement dépaysant avec sa végétation luxuriante (bambous donc, palmiers, fougères arborescentes...). Table de pique-nique à l'ombre des arbres. De la fontaine, un sentier monte pour rejoindre, en dehors de la bastide, la jolie *église Saint-Pierre* (XIIIe s), mi-romane, mi-gothique et fortifiée.

LA MUSE DU SURRÉALISME

À Montfort, le château de Montfleury, propriété familiale de Lise Deharme, écrivain et poète, a été, au cours des années 1920-1930, un des phares du surréalisme : Breton – Lise avait inspiré un personnage de Nadja – y écrit, Man Ray y débute le tournage d'un film, Dalí y pointe ses moustaches... Picasso, Cocteau, Aragon ont également séjourné dans ce château dont Lise Deharme souhaitait faire un centre culturel voué au surréalisme. Des problèmes de succession en ont décidé autrement. Dommage...

Le rucher de Chalosse : *101, chemin de Laplante. ☎ 05-58-98-56-88. À 1,5 km au sud-est du centre. Visite sur rdv.* André Lataste est un artisan apiculteur-récoltant capable de vous faire partager son savoir-faire, sa passion pour les abeilles à travers la découverte de son rucher et de sa miellerie. On termine par une dégustation de ses douceurs. Vente sur place, naturellement.

DANS LES ENVIRONS DE MONTFORT-EN-CHALOSSE

Le thermalisme et la remise en forme : *établissement de la* Chaîne thermale du Soleil, *40465* ***Préchacq-les-Bains.*** *☎ 05-58-57-21-21. • chainethermale.fr • Ouv de mi-mars à fin nov. Résa conseillée (au moins 24h à l'avance).* Vous croyez être arrivé en pleine campagne, et vous voilà aux portes d'un centre un peu chic, qui s'ouvre aux visiteurs désireux de découvrir le thermalisme. Pour retrouver du tonus, le centre thermal propose des minicures, avec 4 ou 6 soins quotidiens.

Le « Trou de Madame » : *à 1 km des thermes.* Un ancien lieu de cure où subsiste un bassin d'eau à 30 °C, tapissé de boue.

MUGRON (40250) 1 564 hab. *Carte Landes, C3*

Situé au nord de la Chalosse, Mugron est en quelque sorte le chef-lieu de canton du pays du foie gras, puisque c'est dans ce terroir que se trouve l'une des plus fortes concentrations de producteurs fermiers en conserves de canard. Cette Chalosse-là vous enchantera par la richesse de son patrimoine naturel et historique.
Un parcours du patrimoine a été mis en place pour vous guider à travers les ruelles et l'histoire du village, vous invitant à découvrir ses arènes, son chai du XVIIe s. De l'église, panorama admirable sur toute la région et la forêt de pins des Landes. Et pour faire passer tout ce foie gras, rien ne vaut une petite rando sur la voie verte qui passe par ici...

Adresse utile

Office de tourisme Terres de Chalosse : *8, rue Vincent-de-Paul. ☎ 05-58-98-58-50. • chalosse.fr • Avr-oct, mar et jeu-ven 15h-17h30.*

Où dormir ? Où manger ?

Prix moyens

Chambres d'hôtes La Terrasse de la Grand-Rue : *4, rue Frédéric-Bastiat. ☎ 05-58-97-66-27. 06-64-27-00-70. • mh.dangoumau@wanadoo.fr • terrasse-grand-rue.com • Doubles 65-70 € ; familiale. Table d'hôtes 20 €.* Une jolie maison de maître du XVIIIe s, bien retapée, terrasse (naturellement) avec une magnifique vue sur les Pyrénées. À l'intérieur, 2 salons agréables et un bel escalier menant aux 3 chambres : lits en alcôve pour l'une, balcon pour une autre, et la suite pour les familles. Toutes avec vieux parquet, cheminées à l'ancienne et décoration au goût du jour. Table d'hôtes à base de produits régionaux et de légumes du jardin. Accueil très gentil.

Ferme-auberge Marquine : *1109, route d'Hagetmau. ☎ 05-58-97-74-23.*

Sur résa. Congés : 2 sem fin déc. Tlj midi, soir uniquement en été sur résa. Menus 14-32 €. Une allée ombragée et fleurie conduit à cette ancienne étable transformée en une jolie salle rustique avec poutres. On y déguste des plats authentiques, bien implantés dans le terroir, comme la garbure landaise. Vente de produits de la ferme, essentiellement à base de canard gras.

Où manger dans les environs ?

De bon marché à prix moyens

Ferme-auberge du Haza : *40250 Saint-Aubin. ☎ 05-58-97-72-35. 06-12-26-12-94. • contact@ferme-du-haza.fr • À env 7 km au sud-est de Mugron. De mi-mars à mi-oct, tlj midi et soir sur résa. Menus 15-27 €.* Accueil chaleureux au milieu des foins, du tracteur qui passe et des habitués qui se retrouvent. Bonne cuisine qui fait sa fête au canard, évidemment, à prix très raisonnables. Le menu du laboureur, avec l'assiette landaise ou le pot-au-feu en gelée et les côtes de canard grillées avec des haricots verts, est un régal.

Achats à Mugron et dans les environs

Boucherie Bignalet : *3, pl. Frédéric-Bastiat. ☎ 05-58-74-82-90. • bignalet.com • Tlj sauf dim-lun 8h-12h30, 15h30-19h (uniquement mat le jeu). Autres adresses à Habas (la maison mère), Pouillon, Orthez et Saint-Vincent-de-Tyrosse.* Une boucherie réputée pour ses viandes de Chalosse médaillées mais aussi pour ses canards landais et ses jambons de Bayonne.

Voici aussi quelques adresses de fermes où l'on ne vous prendra pas pour un pigeon ni pour une oie blanche. Foies gras, confits, rillettes...

Ferme Pouys : *425 chemin du Spouys, 40250* ***Nerbis.*** *☎ 05-58-97-74-89. Accueil et visite tlj. Résa conseillée.*
Ferme Birouca : *40250 Mugron. ☎ 05-58-97-70-30. Tte l'année, tlj sauf dim 9h-19h. Boutique à Bayonne, Biarritz et Dax.*
Ferme Lebasque : *40380* ***Baigts.*** *07-86-64-85-65. Tte l'année, tlj sauf dim (sur rdv de préférence).*
Ferme Labouyrie : *1787, route de Saint-Sever, 40250* ***Toulouzette.*** *☎ 05-58-97-74-04. Tte l'année. Repas à la ferme 13-27 € sur résa (vin en sus).*
Ferme Loupret : *40250* ***Toulouzette.*** *☎ 05-58-97-90-42. Tte l'année sur rdv.*

Et pour accompagner tout cela, un côtes-de-chalosse, un fromage de chèvre et quelques fruits...

Cave des Vignerons de Tursan : *17, av. René-Bats, 40250 Mugron. ☎ 05-58-97-70-75. Mar-sam 9h-12h, 14h-17h30 (14h30-18h30 en été).* Des vins à (re)découvrir, dans les 3 couleurs. Bon domaine-de-l'hoste rouge. Pour le foie gras, une douceur-de-chalosse qui fond dans la bouche.
Les Chèvres du Prince : *1050, route de la Chênaie, 40250* ***Laurède.*** *06-14-50-36-12. Fermé de mi-déc à mars.* Chez Jean-Luc Gaillard, éleveur et producteur caprin. Vente directe de fromages de chèvre.

DANS LES ENVIRONS DE MUGRON

Le moulin de Poyaller : *40250* ***Saint-Aubin.*** *☎ 05-58-97-95-72. • moulin-poyaller.com • À 4 km au sud de Mugron. Ouv Pâques-Toussaint ; juil-août, tlj 13h-19h ; vac de Pâques et de la Toussaint, tlj 14h-18h30 ; sinon w-e seulement, mai-juin 14h-18h30 et sept-oct, 14h30-18h. Entrée : 8 € ; réduc. Visite libre des* *animaux et visite guidée du moulin (compter 1h30) à 14h30 et 16h30. Visites et animations en tte saison.* Les proprios, tombés amoureux de ce moulin à eau vieux de 4 siècles, le font revivre avec des visites hautes en couleur. Tout est resté en état de fonctionnement, et on voit même sortir la farine. Le site abrite aussi un élevage de cerfs comptant une vingtaine de spécimens rares à poils blancs, provenant du parc de Copenhague. Ils cohabitent tranquillement avec les biches, les alpagas, les ânes miniatures, les chèvres naines et autres wallabies (albinos ou gris) ! Possibilité de promenades en barque sur la rivière alimentant le moulin, pour compléter agréablement la visite.

L'abbaye Notre-Dame de Maylis : *à env 9,5 km au sud-est de Mugron. Église ouv des vigiles aux complies ! Boutique, mar-sam 10h-11h30, 15h-18h15 et dim 9h45-10h45, 15h-16h, 17h15-18h30.* Un haut lieu de pèlerinage, avec une église du XIVe s restaurée par les bénédictins... Si vous voyez des moines en bleu de travail affairés à travailler la terre alentour, c'est qu'ici, appliquant à la lettre la règle de saint Benoît, les membres de la congrégation cultivent une plante aux multiples vertus, qui devient, entre leurs mains, la fameuse « tisane de Maylis ». Ils produisent aussi de la cire naturelle dite de « Benedit » ou du « Père Fulgence ». En vente au magasin, avec d'autres produits monastiques.

TARTAS

(40400) 3 299 hab. *Carte Landes, C3*

Depuis Mugron, de petites routes permettent de rejoindre Tartas, en passant par les bords de l'Adour. Découverte des producteurs de kiwis à Souprosse, charme de la campagne et des anciens chemins de halage longeant les rivières de l'Adour et de la Midouze. Autrefois empruntés par les gabarres de Mont-de-Marsan à Bayonne, ces itinéraires ont été aménagés en circuits de randonnées pédestres, équestres et à VTT. L'économie locale est tournée vers la filière bois, mais ça, vous le comprendrez très vite en arrivant en ville...

Adresses et infos utiles

Office de tourisme du Pays tarusate : *151, pl. Gambetta. ☎ 05-58-73-39-98. • lecoeurdeslandes.com • Juil-août, lun-sam 9h30-12h30, 13h30-17h30 ; le reste de l'année, lun-ven 10h-12h30, plus mer ap-m. Loc de vélos : 5 € la ½ journée, 7 €/j.* Descente en canoë (résas et location sur place) et résa de vols en paramoteur. La *Scandibérique* passe devant l'office.

– ***Marchés de Tartas :*** *marché traditionnel lun mat. Petit marché fermier sam mat tte l'année, aux allées Marines.*

– ***Marché de Pontonx :*** *dim mat au bourg.*

– ***Marché de Rion-des-Landes :*** *sam mat au bourg.*

Où dormir ? Où manger dans les environs ?

Chambres d'hôtes Domaine de Sengresse : *544, route de Gouts, 40250* ***Souprosse.*** *☎ 05-58-97-78-34. • sengresse@hotmail.fr • sengresse.com • À env 12 km au sud-est de Tartas. Ouv tlj. Congés : Noël. Doubles 130-140 €. Table d'hôtes franco-britannique 40 €. Apéritif et café offerts sur présentation de ce guide.* Une maison de charme à l'anglaise (à l'écossaise en l'occurrence !), cossue, rassurante, avec plein de recoins, de vraies bonnes odeurs de cuisine (idéal pour « sengresser », non ?), des objets de famille, des bibliothèques un peu partout et des tableaux sur les murs. 5 chambres cosy, forcément, des salles de bains contemporaines et des literies d'un grand confort. Également un beau gîte indépendant pour 6 personnes, la *Petite Maison*. Sublime jardin vous coupant du reste du monde et une piscine cernée d'une roseraie. Bel accueil.

Le Val Fleuri : *40465* ***Pontonx-sur-l'Adour.*** *☎ 05-58-57-20-75. • pozuelo@wanadoo.fr • À 8 km de Tartas. Tlj sauf dim soir-lun et mer soir. Menus 16 € (déj en sem) ; carte env 35 €.* Un grand classique de la restauration régionale, qui joue aussi la carte assiette de pays. Une carte gourmande pleine de bonnes idées : tournedos rossini, foie mi-cuit, brochettes de veau ou de porc, mais aussi des poissons.

Achats dans les environs

Cap Blanc coopérative de kiwis : *364, route de Gouts, 40250* ***Souprosse.*** *☎ 09-64-42-58-76.* Pour ceux qui n'auraient pas encore eu leur dose de kiwis.

Au Bon Pastis Landais : *58, av. du 11-Novembre-1918, 40250* ***Souprosse.*** *☎ 05-58-44-23-95. Tlj sauf dim ap-m et lun, 7h30-19h (tlj juil-août).* Fabrication artisanale de pastis (dessert landais, pour ceux qui ne suivraient pas). On y trouve aussi tourtière, merveilles...

LES LANDES

À faire

Balades à pied ou à VTT : 50 km en direction des bords d'Adour, avec vues imparables sur l'Adour (gouts), ses pêcheurs d'alose en saison (mai), et boucles à travers la forêt de pins en direction d'Arjuzanx. En tout, une quinzaine de circuits pour découvrir le Pays tarusate, dont 3 passant par Tartas. Possibilité de louer des VTT à l'office de tourisme.

Descente accompagnée en canoë sur la Midouze : 2 ou 4h de descente au calme, sous la voûte de chênes constituant la « forêt galerie » (milieu spécifique des bords de rivière). *Rens et loc à l'office de tourisme. Compter 15 € pour 2h (rdv à 14h) ou 21 €/j. (rdv à 10h).*

SAINT-SEVER

(40500) 4 985 hab. *Carte Landes, C3*

Petite cité historique installée sur un plateau, à la lisière de la plaine des Landes et des vallons de la Chalosse. Le long des quelques rues à arcades, il est plaisant de se balader en devinant la richesse des intérieurs derrière les sobres façades des hôtels particuliers.
Édifiée aux Xe et XIe s par le comte de Gascogne autour du tombeau du saint, elle devient un des hauts lieux de la chrétienté et, inévitablement, une étape importante sur la route limousine qui mène les pèlerins à Saint-Jacques-de-Compostelle ; l'abbatiale, distinguée à ce titre par l'Unesco, a été restaurée et mérite largement le détour. Capitale de la Gascogne pendant 1 siècle, Saint-Sever est également la patrie du général Lamarque (1770-1832), grand républicain dont les obsèques ont tourné à l'insurrection (souvenez-vous, dans *Les Misérables,* c'est à cette occasion que Gavroche meurt sur les barricades).
Aujourd'hui, la ville est réputée pour ses poulets haut de gamme, élevés en liberté et nourris à 80 % au maïs landais. Et oies et canards sont aussi de la partie : leurs plumes sont d'ailleurs utilisées ici pour fabriquer les doudounes Pyrenex depuis 1940 !

Adresse et infos utiles

Office de tourisme : *pl. du Tour-du-Sol. ☎ 05-58-76-34-64. • landes-chalosse.com • En été, lun-sam 10h-13h, 14h-18h, dim 10h-13h ; reste de l'année, lun 14h-17h, mar-ven 9h-12h30, 14h-17h et sam 9h-12h30.* Propose différentes visites guidées de la ville en été (plutôt originales, voire décalées...), visite ludique de la ville sur tablette numérique, « Le voyage de Guilhem » *(loc de tablette numérique 5 €)* ; visite du clocher de l'abbaye sur résa hors saison ; nocturnes en été. Boutique de produits locaux. Billetterie spectacle et sites touristiques.

– **Marché du terroir :** *sam mat.*

Où dormir ? Où manger ?

De bon marché à prix moyens

Hôtel des Arceaux : *23, rue des Arceaux. ☎ 05-58-76-03-43. • hotel arceaux@gmail.com • hotel-arceaux-saint-sever.com • Brasserie fermée dim. Doubles 45-55 € ; familiale. Formule déj 12 €.* Devant le clocher de l'abbatiale, ce petit hôtel-restaurant on ne peut mieux situé abrite une poignée de chambres nettes et climatisées, avec parquet au sol. Pas de nuisances sonores côté rue, on dort sur la cour, au calme. Une adresse chaleureuse et vivante.

L'Art des Mets : *1, chemin du Prouyan. ☎ 05-47-87-90-41. • contact@lartdesmetssaintsever.com • Dans le bas du village. Tlj le midi plus le soir ven-sam. Menus 14 € au déj (sauf dim), 32 € le soir et dim. Café offert sur présentation de ce guide.* Dans leur cuisine grande ouverte sur la salle, le chef et sa brigade s'en donnent à cœur joie et proposent une cuisine de terroir plutôt créative, réjouissante et à prix tout doux. Parmi les spécialités phares, le *tataki* de blonde d'Aquitaine et des préparations autour du canard. Le petit menu, quant à lui, change tous les jours. Terrasse tranquille.

Le Touron : *12, rue du Docteur-Louis-Fournier. ☎ 05-58-76-03-04. • restaurantletouron@orange.fr • Prendre la rue en face de l'abbaye, c'est au fond, passé l'une des anciennes portes de la ville. Tlj sauf mer au déj et le soir ven-sam. Menu 14,90 € (déj en sem) ; assiettes complètes 20-27 €, verre de vin et tourtière inclus ; carte env 25 €.* On emboîte volontiers le pas des travailleurs locaux, de l'ouvrier au cadre qui s'y donnent rendez-vous. Du coup, il est prudent de réserver dans l'une des jolies salles ou en terrasse ! La cuisine de terroir connaît ses classiques : les ris de veau sont fameux et le canard est forcément à l'honneur.

À voir à Saint-Sever et dans les environs

L'abbaye bénédictine : *pl. du Tour-du-Sol. Tlj 9h-18h (19h hte saison). Visite du clocher tlj sauf sam en juil-août. Tarif : 5 € ; gratuit moins de 10 ans.* Fondée au Xe s donc romane, l'église abbatiale a bénéficié d'une importante rénovation. Derrière sa façade stricte, on peut à nouveau admirer un intérieur aux dimensions imposantes et à l'admirable décor sculpté. L'abbatiale se caractérise par un chœur à 7 absides échelonnées et par la richesse de ses 140 chapiteaux, dont certains ont été sculptés entre les XIe et XIIe s. La polychromie (joliment rénovée) quant à elle date du XIXe s. Le ***chevet*** flanqué d'absidioles (petites chapelles semi-circulaires) a été pensé par Grégoire de Montaner au XIe s dans l'esprit de Cluny II (disparue) pour permettre à la foule de déambuler dans les différentes chapelles où étaient exposées les reliques. Il faut imaginer l'afflux de pèlerins : 150 reliques de saints sont passées par Saint-Sever, dont le crâne de Severus, détruit au XIVe s pendant les guerres de Religion, quand la ville fut mise à sac.

Levez les yeux vers les ***chapiteaux*** du chœur : certains sont surmontés de lions avec des serres d'oiseaux et de félins, symbole de la puissance du Christ. D'autres sont classiques ou corinthiens, de style mozarabe (à gauche du chœur) et les plus anciens, en marbre des Pyrénées, sont gallo-romains. À côté, la marque des tâcherons est gravée dans la pierre ! Pour observer les chapiteaux de plus près et détailler les sculptures des scènes de l'Apocalypse, réservez une visite des tribunes (par l'office de tourisme).
À droite du chœur, sous une vitre, regardez le fragment de mosaïque du XIe s. Et sous l'estrade en bois (à soulever), on découvre la cache reliquaire où était entreposé le crâne de Severus.
Une centaine de marches étroites mènent en haut du ***clocher.*** Vue à 360° sur les toits de tuile et la Chalosse. Accès possible en été (mais limité).
Dans le joli cloître du XVIIe s qui jouxte l'abbatiale, salle du trésor *(mêmes horaires que l'église ; GRATUIT).*

Le couvent des Jacobins et le musée d'Art et d'Histoire du cap de Gascogne : *rue du Général-Lamarque. ☎ 05-58-76-34-64 (office de tourisme). Musée : juil-sept, tlj sauf lun, 14h30-18h30. Visite guidée 4 € mais accès GRATUIT au cloître 9h-20h.* Du XIIIe s mais ravagé par les huguenots, ce couvent a été en grande partie reconstruit au XVIIe s. Seul le cloître peut se découvrir hors visites guidées. Et dans une des ailes du bâtiment, un musée en cours de rénovation raconte l'histoire – religieuse notamment – de la cité : vestiges archéologiques d'une villa du IVe s, moulages des chapiteaux de l'abbatiale... 2 salles (avec projection d'un film) retracent la fabuleuse histoire du *Beatus* de Saint-Sever. C'est au XIe s qu'a été enluminé ce manuscrit (l'un des plus beaux de l'art roman), autour du thème de l'Apocalypse. L'original, d'une qualité exceptionnelle et d'une valeur inestimable, est conservé à la Bibliothèque nationale de France. Mais on en découvre ici une version virtuelle : on feuillette les 500 pages du livre numérique qui restitue les couleurs lumineuses des enluminures originales !

Maison Sentex : *9, pl. de Verdun. Résa auprès de l'office de tourisme. Juil-août, visites guidées en principe lun à 15h et jeu à 10h30 ; début sept, seulement jeu. Entrée : 5 € ; réduc ; gratuit moins de 10 ans.* Si vous passez à Saint-Sever un jour d'ouverture à la visite, cette demeure privée du XIXe s vaut le coup d'œil pour ses mosaïques gallo-romaines du IVe s découvertes à quelques kilomètres d'ici.

La ganaderia de Maynus : *à* ***Maynus-Augreilh.*** *06-07-96-64-18. • ganaderia.maynus@orange.fr • ganaderia-maynus.fr • À env 7 km à l'ouest de Saint-Sever, par la D 352 (fléché sur la gauche). Visite mer 16h-18h de juil à mi-sept. Entrée : 8 € ; gratuit moins de 10 ans.* Les ganadères passionnés accueillent les visiteurs avec une grande gentillesse. Ils gèrent l'une des 14 *ganaderias* des Landes, avec un cheptel d'environ 120 têtes qui fournit régulièrement les fameuses courses landaises. Ils partent même en tournée dans toute la France. Sur place, vous aurez droit à une visite guidée, coup d'œil aux taureaux, aux arènes en bois, et projection d'une vidéo sur les courses. Location également de jolis gîtes indépendants.

Manifestations

- ***Fête de la Saint-Jean :*** *fin juin, sur 5 j.* Particulièrement animée ici ! Course landaise, comice agricole, guinguette, bal, défilé, *novillada* ou corrida, course des cuisinières, tout y passe !
- ***Exposition artisanale et de peintures :*** *sem du 15 août, aux Jacobins.* Une quarantaine d'artisans présentent leur travail au public, qui assiste ainsi à la création des objets. Priorité est donnée aux métiers d'autrefois, mais les créateurs d'artisanat plus moderne ne sont pas oubliés.

GRENADE-SUR-L'ADOUR

(40270) 2 612 hab. *Carte Landes, C3*

Bastide fondée en 1322 par les Anglais, ravagée par les huguenots puis par Wellington. Reste aujourd'hui un paisible bourg qui mérite le détour pour sa jolie place centrale. On y trouvera aussi la maison natale de Jean Cassaigne, dernier évêque de... Saigon, où il est décédé de la lèpre en 1973.

Adresse utile

Office de tourisme du Pays grenadois : *14, pl. des Tilleuls. ☎ 05-58-45-45-98. • cc-paysgrenadois.fr/tourisme • Ouv tte l'année, lun-ven et sam mat, 9h-12h, 14h-17h ; juil-août 9h-12h30, 14h-18h.* Sous les arcades de la place centrale, dans une bâtisse du XVe s, terrasse avec tables et chaises donnant sur l'Adour.

Où manger ?

De bon marché à prix moyens

Aux 3 Petits Cochons : *6, pl. des Tilleuls. ☎ 05-58-45-19-02. • cochons@auxtroispetitscochons.fr • Ouv tlj au déj et le soir ven-sam. Menus 12,90-21 € (déj en sem), 23-27 € le w-e.* Sur la place principale, cette jeune adresse qui a gardé l'enseigne de l'ancien « hôtel de France » s'appuie sur un menu-carte qui tourne tous les jours. Peu de choix, et pas forcément du cochon, mais des produits frais cuisinés sans esbroufe, en direct des fermiers du coin : canard, palombe en automne et un poisson pour garder la ligne. À arroser d'un verre de tursan pour rester couleur locale. Jolie salle au décor soigné et agréable terrasse devant les tilleuls. Accueil sympathique.

À voir

La place des Tilleuls : ancienne place centrale de la bastide, bordée de quelques belles maisons à arcades des XIVe et XVe s. Du pont sur l'Adour (ou de la terrasse de l'office de tourisme), on découvre l'envers du décor : balcons de bois et pittoresques jardins-terrasses au-dessus du fleuve. Mais à cet endroit, les bords de l'Adour ne sont pas aménagés et ne permettent pas de se balader. Sur un des côtés de la place, on peut également jeter un œil à l'église, plutôt austère. Les rues à l'architecture typique des bords de l'Adour plongent dans l'histoire du village : colombages, torchis et galets de l'Adour.

La chapelle Notre-Dame-du-Rugby : *à 1,5 km au sud-est du centre ; passer le pont sur l'Adour, en direction de Larrivière puis prendre, sur la gauche (indiqué), une route qui grimpe sec. Ouv 9h-19h. GRATUIT.* Il fallait bien, en Ovalie, une chapelle consacrée au rugby ! Nombreux maillots sur les murs, de grands noms comme de petits clubs, qui lui donnent un air de vestiaire. Vitraux assez drôles dédiés au rugby. À l'extérieur, la statue de Jésus tendant un ballon ovale à la Vierge a été sculptée par un ancien capitaine du stade montois. À côté, une petite salle contemporaine expose également, dans quelques vitrines, maillots du monde entier, ballons (et cravates d'arbitres).

Le petit musée de l'Histoire landaise : *20, pl. des Déportés. ☎ 05-58-76-05-25. 06-70-45-24-20. • musee-landais.blogspot.fr • Ouv mer-ven 14h-18h (tlj sur résa). Visite : 3 € ; réduc ; gratuit moins de 12 ans.* Environ 1 200 objets et maquettes liés à la vie familiale et rurale des XIXe et XXe s, racontée par mamie Marina, bénévole passionnée qui a créé le musée. Il retrace aussi l'histoire locale pendant la 2de Guerre mondiale ; les actes de résistance et leurs conséquences sur la population...

DANS LES ENVIRONS DE GRENADE-SUR-L'ADOUR

Les saligues de l'Adour : *à env 10 km de Grenade-sur-l'Adour, à **Cazères-sur-l'Adour, Bordères-et-Lamensans.** Visites libres ou accompagnées ; rens auprès de l'office de tourisme (☎ 05-58-45-45-98).* Site naturel d'une grande richesse, pour les amoureux de la faune et de la flore. Au milieu des chênaies, les différents lacs accueillent nombre d'animaux : tortues, crapauds, loutres, ragondins... On y croise également beaucoup d'oiseaux. On peut continuer la visite avec l'observatoire de l'avifaune *(à **Bascons,** rens à l'office de tourisme).*

AIRE-SUR-L'ADOUR (40800) 6 654 hab. *Carte Landes, D4*

Le saviez-vous ? Aire-sur-l'Adour, ancienne cité romaine, était l'une des plus importantes villes wisigothiques avec Toulouse. C'est de cette période, à la fin du Ve s, que remonte la légende de Sainte-Quitterie, vénérée par les pèlerins sur la route de Saint-Jacques.

Comme on s'en doute, la petite ville s'est construite au bord de l'Adour. Le vieux moulin, le canal, la halle aux grains octogonale, le marché couvert témoignent d'une activité marchande intense depuis le XIXe s, quand le fleuve était utilisé pour le transport en galupe.

À l'écart du centre, sur une colline, se dresse l'église Sainte-Quitterie, inscrite au Patrimoine mondial de l'humanité par l'Unesco en tant que jalon sur « les chemins de Saint-Jacques-de-Compostelle en France » mais malheureusement ouverte seulement à certains horaires.

Aire est aujourd'hui une petite bourgade pleine de charme avec son animation matinale, notamment les jours de marché. Y arrivent les produits non seulement de la Chalosse et du bas Armagnac voisins, mais surtout du Tursan qui commence ici, pays de vin, de vallons et de verdure, fiancé désormais officiellement avec la Chalosse. *Feria du toro* réputée à la mi-juin.

Adresses et infos utiles

Office de tourisme : *pl. du 19-Mars-1962. ☎ 05-58-71-64-70. • tourisme-aire-eugenie.fr • Lun-ven 9h-12h30, 14h-18h (17h nov-mars), plus sam 9h-13h avr-oct et dim 9h-13h juil-août. 9h-13h j. fériés en fév-oct.* Demander le circuit de visite de la ville. Nombreuses visites guidées de la ville et des environs. Application Tèrra Aventura à télécharger : le jeu de piste passe par Aire-sur-l'Adour.

Cycles Abadie : *2155, av. de Bordeaux. ☎ 05-58-71-63-40. À 3 km au nord de la ville. Résa par tél ou sur • ouibike.net • Compter 15 €/j. pour un VTT ou 45 €/j. pour un vélo électrique.*

– ***Stationnement*** gratuit sur le parking devant l'office de tourisme, le long de l'Adour.

– ***Marchés :*** *mar et sam.*

Où dormir ? Où manger ?

Camping

⛺ ***Les Ombrages de l'Adour :*** *rue des Graviers. ☎ 07-72-13-64-84. • contact@camping-adour.com • camping-adour.com • ♿ Ouv mars-nov. Forfait pour 2 pers 14-17 €. Hébergement locatif. 100 empl.* Derrière les arènes, un camping calme et ombragé, sur les bords de l'Adour, non loin du centre-ville. Location de mobile homes, bungalows toilés, caravanes et hébergements insolites (bulle avec terrasse et jacuzzi, cabane de trappeur, diligence, saloon et chariot). Pêche, aire de jeux, minigolf.

Sur le pouce

|●| ***Buenos Aire :*** *3, rue du Moulin. 📱 07-86-08-54-99. • b.aires40restaurant@gmail.com • Ouv mar-sam au déj et jeu-dim jusqu'à 22h. Empanadas 3,50-4 € ; formule 13,50 €.* Les bons vents ont semé une touche d'exotisme au bord du petit canal, pourtant bien éloigné du rio de La Plata ! De Buenos Aires, Pablo a rapporté quelques recettes familiales dont les fameux empanadas, chaussons typiques de l'Argentine fourrés à la viande ou revisités au jambon serrano et au fromage. Également un sandwich de porc braisé et un plat du jour, servis dans sa baraque colorée, comme à la Boca, *Che* !

Prix moyens

🏠 ***N'Atura :*** *28, av. du 4-Septembre. ☎ 05-58-71-66-17. • naturahotel@yahoo.fr • naturahotel.fr • ♿ Double 68 €. Parking gratuit.* Si le bâtiment années 1970 ne déborde pas de charme, les chambres avec vue sur l'Adour sont à demander en priorité puisqu'elles sont toutes au même prix. Fonctionnelles, lumineuses, standard et identiques mais confortables, elles ont un gros atout : l'environnement verdoyant et l'accueil très gentil. Jolie vue sur le jardin et la piscine. Aux beaux jours, une pause lecture dans l'herbe est bien appréciable. Une adresse pratique.

|●| ***La Villa toscane :*** *33, rue Carnot. ☎ 05-58-71-31-81. Fermé dim-lun. Formule déj 13,50 € ; carte env 15-25 €.* Une enclave italienne dans le centre-ville, où les savoureuses spécialités de la Botte font voyager. Des pâtes aux pizzas en passant par les lasagnes et l'escalope milanaise, une cuisine maison réconfortante, généreusement servie. Gardez une place pour le fameux tiramisù aux framboises, souvent proposé dans la formule déjeuner. On en ferait bien notre cantine pour vivre la *dolce vita* au quotidien !

|●| ***Les Platanes :*** *2, pl. de la Liberté. ☎ 05-58-45-87-27. • lesplatanes.aire@gmail.com • lesplatanes-aire.com • ♿ (resto). À peine à l'écart du centre-ville, sur la droite, après le pont sur l'Adour. Menu déj en sem 15,50 € ; formule et menu 29-37 €.* En bord de route mais dotée d'une sympathique terrasse, une bonne table connue des gens du coin. Comme eux, on apprécie le menu du jour : une vraie affaire au déjeuner. Le soir, c'est plus gastro, avec une cuisine de terroir d'une belle maîtrise, mais pleine d'imagination Un conseil : réservez votre table !

Chic

🏠 |●| ***Chambres d'hôtes Le Mas :*** *17, rue du Château. 📱 06-15-44-36-82. • pascale.bertho757@orange.fr • le-mas.net • À env 1 km au sud-ouest du centre, tt près de l'église Sainte-Quitterie. Doubles 90-135 € ; familiales. Table d'hôtes (hors hte saison) 28 €. CB acceptées.* Sur les hauteurs, 5 chambres d'hôtes de charme dont 2 suites familiales, avec terrasse sur jardin pour la plus grande. Les accueillants propriétaires ont respecté le cachet de cette belle demeure du XVIIIe s tout en lui offrant le confort de notre temps. Piscine dans le jardin où peut se prendre le petit déj. Belle terrasse pour l'apéro. À la table d'hôtes, une cuisine de tempérament (cervelas lyonnais, souris d'agneau, lapin à la moutarde) servie dans la chaleureuse salle à manger, près du feu de cheminée en hiver...

Où manger dans les environs ?

Les Arcades : *232, pl. de la Mairie, 40800* ***Duhort-Bachen.*** *☎ 05-58-71-85-59. • lesarcades40@orange.fr • À 5 km d'Aire et à 7 km d'Eugénie. Ouv mer-dim, fermé lun-mar. Résa conseillée 24h avt nov-mars. Formule déj en sem 13,50 € ; carte env 30 €.* L'archétype de l'auberge de campagne avec sa façade noyée sous la vigne vierge. Mais le patron a passé un bon paquet d'années à Tahiti où sa femme est née. Le service, charmant, est donc un peu dépaysant. Mais la cuisine est, elle (à quelques spécialités polynésiennes près), d'une stricte orthodoxie régionale, avec une pointe d'inventivité en plus : canard sous toutes ses formes, ris de veau à l'ancienne... Large carte de vins régionaux. Terrasse couverte sous les arcades (évidemment !). Intérieur vieillot mais chaleureux. Excellent accueil.

Où acheter de bons produits ?

Les Petits Gascons : *37, rue Carnot. ☎ 09-88-40-90-06. Ouv mar-sam 9h-13h, 15h-19h.* Une jolie épicerie locale qui propose sur ses rayonnages des produits en circuit court : savon de Pomarez, porc noir de Gascogne, limonade des Landes, armagnac, bières artisanales, conserves et vins du Tursan, jus de fruits du Pays basque... De bonnes trouvailles pour un pique-nique ou un souvenir gourmand.

À voir

L'église Sainte-Quitterie : *rue Félix-Despagnet (quartier du mas, sur la colline). Visite guidée seulement, de juin à mi-sept, lun-ven à 10h, 11h, 16h et 17h (rdv dans le local devant l'église) ; le reste de l'année, sur rdv uniquement. 06-77-02-43-44. GRATUIT.*

Lors de la visite commentée de l'église et de la crypte vous sont (en principe) présentées les richesses de cet imposant édifice alliant éléments romans et gothiques, bien que sa crypte soit encore antérieure. La façade du XIVe s présente un magnifique portail gothique, un clocher carré percé de nombreuses baies. Étonnant tympan où apparaissent des scènes du Jugement dernier. À l'intérieur, le chœur accuse (sans preuves !) un style baroque italien avec colonnes de marbre polychrome et chapiteaux à feuilles d'acanthe mêlées d'arcatures romanes. Tous ces chapiteaux ont été masqués de la fin du XVIIIe s à la fin du XIXe s, ce qui explique leur état.

EAU MIRACULEUSE

Selon l'histoire, sainte Quitterie, princesse wisigothique, a été décapitée vers 476 pour avoir refusé d'abjurer sa foi chrétienne. Selon la légende, une fontaine a soudainement jailli à l'endroit où sa tête est tombée au sol. Il se raconte aussi que, depuis, tous les 22 mai, jour de la fête de Quitterie, l'eau de cette fontaine se met à bouillonner et déborde du bassin. Réputée pour ses vertus miraculeuses, cette eau guérit, paraît-il, des maux de tête et de la rage.

– ***La crypte :*** une des plus vastes d'Europe. La source au cœur de l'édifice a sans doute déterminé la construction de l'église primitive. Il reste un puisard

alimenté par cette source dans la crypte. Superbe sarcophage de sainte Quitterie, du IVe s et en marbre blanc. Véritable œuvre d'art totalement historiée, où l'on peut reconnaître dans les différentes sculptures la Création, la Chute après le péché originel, le Bon Pasteur, la Résurrection de Lazare...
En face, chapelle du XIe s avec des peintures du XIVe s. La chapelle possède une incroyable acoustique : placez-vous devant l'autel et murmurez quelques mots...

La cathédrale Saint-Jean-Baptiste : *à l'angle des rues Gambetta et René-Mericam. Tlj 8h30-18h.* L'évêché d'Aire-sur-l'Adour est connu depuis le VIe s. Cette cathédrale a, elle, été construite à la fin du XIe s puis transformée à plusieurs reprises et décorée d'un plafond peint au XIXe s. Une grande partie de son mobilier mérite le coup d'œil : chaire, stalles et boiseries dans le chœur... Même si le buffet d'orgue des tribunes (XVIIIe s) reste l'élément le plus marquant.

À faire

Randonnées entre Adour et Tursan : *rens et vente de topoguides (2 €) à l'office de tourisme. • rando.landes.fr •* De nombreux chemins balisés vous permettront de découvrir les vallons, les lacs, les orchidées... Parcours ornithologique et découverte de la flore autour du lac du Brousseau, sur la route de Geaune ou aux saligues de Prentigarde. Promenade autour des étangs de la Saligue. Le GR 65, ou chemin de Saint-Jacques-de-Compostelle, fait également étape à Aire-sur-l'Adour : suivre les coquilles au sol en centre-ville. Le *Sentier de l'Adour* passe aussi par là, possibilité de faire un tronçon à pied, à cheval ou à VTT.

Canoë-kayak : *loc de début juil à fin août, en fonction du niveau du fleuve. 06-89-13-00-84.* Petite balade tranquille au milieu des champs, des bosquets, des renoncules d'eau, et des berges sauvages de l'Adour.

EUGÉNIE-LES-BAINS (40320) 457 hab. *Carte Landes, C4*

Si les eaux sulfureuses de la source Les Aygues sont connues depuis les Romains, c'est Henri IV qui a permis leur exploitation. Mais la commune n'apparaît vraiment sur une carte qu'en 1861, avec l'impératrice Eugénie pour marraine. On s'en doutait un peu !
Elle renaît 100 ans plus tard, avec l'arrivée du grand chef Michel Guérard. Non, les Guérard n'ont pas racheté TOUT Eugénie. Mais vous aurez du mal à échapper à l'empereur de la diététique qui en a fait le « 1er village-minceur de France », ou du moins à ses établissements : *Les Prés* et *La Ferme aux Grives*. Il gère aussi plusieurs hôtels : *Le Couvent aux Herbes, La Maison Rose,* une école de cuisine... Tout cela fonctionne autour d'un établissement thermal dont le fleuron est la *Ferme Thermale,* installée dans une ferme landaise entièrement repensée. C'est la cure thermale telle qu'on la rêve. Bien sûr, ce n'est pas donné, mais pour un week-end, on peut se laisser tenter par cette petite folie... Tout pour rester en bons thermes.

Adresse et infos utiles

Office de tourisme : *pl. Gaston-Larrieu. ☎ 05-58-51-13-16. • tourisme-aire-eugenie.fr • Lun-ven 9h-12h30, 14h-18h (17h nov-mars), plus sam 9h-13h avr-oct.* Y récupérer 3 parcours de randonnée ou le circuit

découverte pour visiter le village. Visites guidées sur résa d'avril à octobre. Location de vélos classiques et électriques (via le camping).
– ***Marché :*** *mer.*

Où dormir ? Où manger ?

Évitez de venir entre décembre et février, quand la saison des cures est terminée : tout ferme !

■ |●| ***Hôtel-restaurant Le Relais des Champs :*** *339, route Nicolas. ☎ 05-58-51-18-00. Ouv tlj. Doubles 82-88 €. Menu du jour 15,90 €.* Assurément une bonne adresse pour lever le pied et vivre au rythme de la nature, dans un cadre paisible. Avec les arbres et les oiseaux comme voisins immédiats, une piscine entourée de larges pelouses, la vue depuis les chambres est évidemment très reposante. Si on ajoute à l'environnement champêtre une literie confortable, de vastes placards et un personnel aux petits soins, on tient là une excellente halte à 200 m des thermes. Pour ne rien gâcher, on se régale au restaurant.

|●| ***Mère Poule & Cie :*** *262, rue René-Vielle. ☎ 05-58-03-83-83. Dans la rue principale. Mer-dim 12h-18h30. Formules 16-29 €.* Michel Guérard a investi l'ancien bistrot du village pour y créer un « café culinaire ». Pour une fringale rapide, des bocaux chauds ou froids joliment travaillés (blanquette marine sur lit de quinoa, parmentier de volaille, rillettes de poisson...), servis sur la terrasse ombragée ou dans la salle boisée, près de la cheminée en hiver.

|●| ***Chez Léonie :*** *113, rue René-Vielle. ☎ 05-58-51-19-19. • chezleonie@yahoo.fr • Ouv tlj sauf dim-lun. Formule déj en sem 15 € ; carte env 30-35 €.* Dans la rue principale, une affaire familiale qui conjugue habilement l'objectif plaisir et le culte de la minceur. Côté comptoir, parfois animé par des groupes musicaux, en salle ou sur la terrasse côté cour, on se laisse aller sans rechigner vers une terrine de foie gras, des ris de veau, ou une salade. L'ardoise saisonnière fait la part belle aux produits locaux et les glaces artisanales valent bien une entorse au régime, comme la croustade pommes-framboises ! On reviendra.

|●| ***La Ferme aux Grives :*** *à l'entrée des Thermes d'Eugénie. ☎ 05-58-05-05-06. • reservation@michelguerard.com • ♿ Tlj sauf mer et jeu midi (et soir hors été). Menu unique 52 €.* Encore une adresse de l'empire Guérard, ici façon Gascogne d'antan. Sur une solide table paysanne s'étalent les légumes du jardin que vous retrouverez dans votre assiette, les jambons sèchent au plafond, le cochon de lait tourne doucement sur la broche de la cheminée, les barriques qui l'entourent ont le parfum d'autrefois. Et on est heureux dès que l'on s'assied ici entre amis autour d'amples tables d'hôtes, avec cette cuisine de terroir, rustique et élégante tout à la fois. Terrasse-jardin.

Où manger dans les environs ?

|●| ***Ferme-auberge Lacère :*** *Fléton, 40320* ***Bahus-Soubiran.*** *☎ 05-58-44-40-64. • ferme.lacere@wanadoo.fr • ♿ À 5 km d'Eugénie. Indiqué. Tlj sauf dim soir-mar en hte saison ; ouv ven soir, sam et dim midi en basse saison. Congés : 20 déc-15 fév. Résa obligatoire. Menus 18-32 € ; carte env 20 € ; soirées carcasses le jeu ts les 15 j. 16 €.* Faites un détour pour aller goûter, dans cette solide ferme entourée de champs, foie gras et confit de canard cuisinés par les frères Lacère (après avoir été élevés à la ferme, en plein air... on parle des canards, suivez un peu !). Du copieux et à bon prix ! Sous les poutres apparentes, les viandes rôtissent dans la cheminée sur des rafles de maïs. Super ambiance lors des soirées carcasses : on gueuletonne avec des carcasses de canard grillées sur le barbecue géant. Produits de la ferme en vente sur place.

À voir. À faire

Les jardins d'Eugénie : vous découvrirez, en suivant le parcours de l'eau, une multitude d'espèces de fleurs, d'arbres et d'arbustes dans un décor bucolique, sans oublier le parc thermal où il fait bon flâner.

Circuits pédestres : 3 itinéraires balisés de 3 à 7 km, en boucle au départ de l'office de tourisme (plan à disposition). Sympa pour découvrir les chemins vallonnés du Tursan.

La source Impératrice : un robinet accessible à tous à l'extérieur des thermes. L'eau, qui coule à une température de 19,5°, est réputée pour ses vertus diurétiques et faciliterait la perte de poids. Avec son petit goût soufré, on la boit avec modération !

GEAUNE (40320) 690 hab. *Carte Landes, C4*

Bienvenue dans le Tursan, terre de tradition dont les collines portent sur leurs flancs des vignes de grande souche. Geaune, la porte d'entrée, est une bastide de caractère au style gothique. Créée en 1318, elle doit son nom à un représentant du roi d'Angleterre, d'origine génoise, qui la baptisa donc *Genoa.* Au passage, jetez un œil à la place centrale avant d'aller découvrir et acheter du vin du pays.

Adresse et infos utiles

Bureau d'informations touristiques : *durant la saison touristique, accueil touristique à la **cave des Vignerons de Tursan**, 30, rue Saint-Jean.*

Géocaching Tèrra Aventura : une grande chasse au trésor familiale à travers la région avec un parcours qui passe par Geaune. • *terra-aventura.fr* •

Où acheter du tursan ?

Cave des Vignerons de Tursan : *30, rue Saint-Jean. ☎ 05-58-44-51-25. • tursan.fr • Tlj sauf dim et j. fériés hors saison, 9h-12h, 14h-17h30 (14h30-18h30 juil-août). Visite de la cave et dégustation sur rdv de mi-juin à fin août, mar à 10h et 14h30 : 5 €.* La vigne et ses fruits sont ici à l'origine des très bons vins de Tursan (blancs secs, rosés fruités et rouges généreux), heureux lauréats de l'appellation AOC, depuis 2011. Des vins que l'on peut acheter et déguster dans ce lieu convivial, véritable vitrine du terroir et de la culture locale. Après les vendanges, vente de bourret, jus de raisin pétillant et légèrement fermenté.

Vous pouvez également rendre visite à la ***maison Dulucq*** : *château de Perchade, à **Payrots-Cazauzets.** ☎ 05-58-44-50-68. Lun-ven 9h-12h et 14h-18h et w-e sur résa.*

DANS LES ENVIRONS DE GEAUNE

PIMBO (40320)

En voiture ou à vélo, une jolie route prise dans les vallons et les coteaux à orchidées sauvages (ça change des pins) gagne cette bastide perchée, la plus ancienne des Landes, posée sur le chemin de Saint-Jacques-de-Compostelle.

Imposante collégiale du XIIe s, fortifiée au XIVe avec un mignon petit jardin ancien en contrebas. Superbe vue sur les Pyrénées par beau temps et sur le point culminant des Landes, une colline qui, vers Lauret, pointe à 234 m d'altitude !

Où dormir dans les environs ?

Chambres d'hôtes La Maison du Bos : *378, chemin Dubos, 40320* ***Miramont-Sensacq.*** *☎ 05-58-79-93-18. 06-42-79-84-26. • info@maisondubos.com • maisondubos.com • À env 8 km au nord-est de Pimbo et à 7 km de Geaune. Tte l'année. Doubles 70-115 € ; gîte 4 pers.* La maison du Bos ou du Beau ? En tout cas, une très belle propriété, pleine de charme et restaurée avec beaucoup de goût ! 9 ha de bois et de prairies tout autour. 5 chambres à la hauteur dont 3 de plain-pied et un beau gîte avec colombages. De l'étage, vue sur les collines du Tursan. Petit déj en terrasse ou dans le séjour, frigo et micro-ondes à disposition des hôtes. Piscine joliment intégrée dans le paysage, pour se détendre en fin de journée entre bananiers et palmiers. Pour les pèlerins, la maison se trouve sur le chemin de Saint-Jacques.

SAMADET *(40320)*

À env 11 km de Geaune. Samadet a connu son heure de gloire au XVIIIe s avec sa faïencerie royale de grande réputation. Créée en 1732, elle réalisait des services de grande facture, colorés, aux motifs floraux aux teintes violettes, vertes, jaunes. Son activité prit fin en 1831. Si vous êtes par là à la Pentecôte, ne manquez pas la fête du village avec ses 3 courses landaises vraiment authentiques !

À voir

Le musée de la Faïence et des Arts de la table : *2378, route d'Hagetmau. ☎ 05-58-79-13-00. • landes.fr/musee-faience-samadet • À 3 km de la ville. Tlj sauf lun. Juil-sept, 10h-12h, 14h-18h30 ; de mi-fév à mi-nov 14h-18h seulement. Fermé de mi-nov à mi-fév. Entrée : 4,50 € ; réduc ; gratuit moins de 18 ans et pour ts le 1er w-e du mois. Compter 1h30 de visite. Animations et ateliers en famille.* Le musée fait revivre l'histoire de la manufacture royale détruite au XIXe s et expose plus de 300 faïences. On y raconte l'évolution des arts de la table et de la gastronomie depuis le Moyen Âge... Belles tables mettant en scène les différents styles de services (Renaissance, « à la française », « à la russe »...). Expositions temporaires et boutique.

La Maison de la céramique du Tursan : *centre culturel du Tursan, pl. de la Manufacture. ☎ 05-58-79-65-45. Juin-sept, tlj sauf lun 14h30-19h. GRATUIT.* Dans un surprenant espace contemporain greffé sur une maison ancienne, ce centre accueille chaque année, en plus de sa collection permanente, une exposition de céramique contemporaine et une antenne de l'office de tourisme.

Un peu plus loin dans le village de Samadet, Muriel perpétue encore ce savoir-faire dans son atelier : *88, rue de Tursan. ☎ 05-58-79-61-39. • atelierdemuriel @orange.fr • atelierdemuriel-samadet.com • Tte l'année, mar-sam 14h30-18h30 (ouvre le mat sur rdv uniquement).* Pour suivre le déroulement de la fabrication ou contempler quelques belles pièces réalisées à l'ancienne.

HAGETMAU

(40700) 4 756 hab. *Carte Landes, C4*

Hagetmau est une petite ville sympathique, ancienne capitale française de la chaise, comme le prouve ce rond-point surmonté… d'une chaise géante ! Mais le plus gros producteur a fermé et il ne reste plus que quelques petites unités de fabrication.
Diane d'Andouins, dite « la belle Corisande », abrita ses amours avec Henri de Navarre, pas encore IVe du nom, dans le château d'Hagetmau où elle était née. Elle y mourut aussi, non sans avoir sacrifié son argent et ses diamants au service du grand homme afin d'enrôler des troupes de Gascons. Ah, l'ingrat, qui oublia tout simplement de l'épouser !

Adresse et infos utiles

Bureau d'informations touristiques Landes Chalosse : *pl. de la République. ☎ 05-58-79-38-26. • landes-chalosse.com • Mar-ven, 9h-12h30, 14h-17h, sam 9h-12h30, Juil-août, lun-sam 10h-13h, 14h-18h (17h sam).*

– **Marché :** mer.

Où dormir ? Où manger ?

De prix moyens à plus chic

Hôtel-restaurant Le Jambon : *245, rue Carnot. ☎ 05-58-79-32-02. • hotellejambon@orange.fr • hotel-restaurant-lejambon.com • Tlj sauf dim soir-lun, j. fériés et ven soir. Garage privé gratuit. Doubles 70-80 € ; appart 110 €. Formule déj 16 € (sauf dim) ; menus 30-40 €. Apéritif offert sur présentation de ce guide.* Derrière la façade de cette belle maison de centre-ville se cache une adresse réputée pour son confort autant que pour ses mets. Le long du lumineux couloir, des chambres impeccables (moulures, placards, toilettes séparées) et sobrement relookées. Vous dormirez sur vos 2 oreilles, elles donnent toutes sur l'arrière. Pour les familles, le plus pratique reste l'appartement attenant, spacieux et refait à neuf avec cuisine équipée, séjour, douche et baignoire. La table mérite des éloges (oh, le soufflé au Grand-Marnier !). Agréable piscine à l'arrière dans un charmant patio aux allures andalouses.

Hôtel des Lacs d'Halco – Restaurant La Table d'Annie : *route de Cazalis, les lacs d'Halco. ☎ 05-58-79-30-79. • contact@hoteldeslacsdhalco.fr • hotel-des-lacs-dhalco.fr • ♿ À 2 km du centre-ville, route d'Orthez (indiqué). Tte l'année, tlj. Resto fermé dim soir. Doubles 115-135 € ; suites. Formule déj en sem 24 € ; menus 34-66 € ; carte env 50 €.* Un des hôtels les plus insolites de la région, au cœur d'un immense parc. L'architecture contemporaine peut surprendre mais ce sont des matériaux naturels de la région qui ont été utilisés pour la construction de ce bâtiment signé Éric Raffy, l'architecte du PréhistoSite de Brassempouy (et du restaurant de Michel Bras à Laguiole, dans l'Aveyron !). Peut-être un peu froid au départ, mais on s'y habitue dès qu'on a goûté au confort des chambres avec vue sur le lac… Le resto, LA bonne table du coin, est très prisé par les locaux, mais les prix s'envolent vite. Le voyageur se tournera plutôt vers la formule du midi d'un meilleur rapport qualité-prix. Les repas sont servis dans une rotonde très *sixties* tout en baies vitrées et à fleur d'eau… Piscine intérieure chauffée et court de tennis.

Où dormir ? Où manger dans les environs ?

🏠 ***La Petite Couronne :*** *route d'Amou, 40700* ***Saint-Cricq-Chalosse.*** *☎ 05-58-79-38-37. • info@lapetitecouronne.com • lapetitecouronne.com • ♿ Congés : 1 sem à Noël. Doubles 94-112 €, (très beau) petit déj inclus ; lodges 125-165 €.* Inattendu, cet hôtel séduisant construit en bois est fondu dans la campagne chalossaise. Le couple de proprios, d'origine hollandaise, l'a conçu dans la perspective d'une « détente active ». Les 11 chambres colorées sont spacieuses et modernes, toutes avec balcon ou terrasse, douche à l'italienne, machine à café et larges baies vitrées qui ouvrent sur l'immense jardin. On respire ! Excellent confort, piscine et *pool house,* un espace de loisirs à l'écart. Lodge avec *Dutchtub* (bain chauffé au bois) extérieur, jeux pour enfants. Une adresse élégante mais pas sophistiquée. Avec le (bon) resto, juste en face (voir ci-après), un vrai coup de cœur ! Location de vélos classiques et électriques.

🍽 ***L'Auberge du Laurier :*** *1459, route d'Amou, 40700* ***Saint-Cricq-Chalosse.*** *☎ 05-58-75-08-05. • info@aubergedulaurier.fr • ♿ Tlj sauf mar et au déj lun-jeu de janv à Pâques. Formules 34-43 €.* Dans l'ancien hôtel-resto de la gare du village que les trains ont depuis longtemps désertée. Une jolie adresse au cœur de la Chalosse... La déco est ravissante, en salle (avec cheminée) comme en terrasse. Et la cuisine moderne est raffinée, à base de produits du cru, en provenance des meilleures fermes... Accueil souriant, service impeccable et soirées à thème.

À voir

👁👁 ***La crypte Saint-Girons :*** *av. Corisande. À l'entrée d'Hagetmau, au croisement de la D 933 et de la D 918. Juil-sept, mar-dim 14h30-18h30 ; fermé lun ; le reste de l'année, s'adresser à l'office de tourisme : ☎ 05-58-79-38-26. Entrée : 4 € ; réduc ; gratuit moins de 10 ans.* Saint Girons, contemporain de saint Sever, était chargé, comme lui, d'évangéliser les peuplades tribales qui habitaient les Landes à l'époque. Mais comme il ne faisait pas bon être chrétien en ces temps-là et en ces terres wisigothes, Girons finit en martyr, vers 407. C'est, a priori, sous Charlemagne que les reliques d'un Girons devenu saint sont placées dans cette crypte, sur laquelle s'élève, au XIIe s, une abbaye, point de passage obligé pour les pèlerins de Saint-Jacques. S'il ne reste plus rien aujourd'hui de l'abbaye (son tracé est juste évoqué sur le parvis), la crypte est toujours là, lieu un peu magique avec, posés sur des colonnes dont les 4 centrales sont de marbre gallo-romain, 14 sublimes chapiteaux romans, pratiquement à hauteur d'yeux. Ils sont tous joliment sculptés : parabole du riche et de Lazare, chimères et sur 3 d'entre eux, d'étonnants combats entre hommes et bêtes.

D'HAGETMAU À DAX PAR LES CHEMINS DE TRAVERSE

Pour ceux qui aiment les petites routes ou cherchent des lieux tranquilles où se poser, un itinéraire qui devrait vous sortir du droit chemin...

BRASSEMPOUY (40330)

Joli et tranquille village de 285 habitants dont le nom se prononce « Brassempouille » ! C'est dans une grotte des environs qu'Édouard Piette et Joseph de Laporterie, préhistoriens amateurs, ont découvert en 1894 la célèbre « Dame à la capuche ». Mesurant 36,5 mm de haut (!), elle reste de nos jours le 1er visage sculpté humain de la Préhistoire. Elle a été taillée il y a plus de 25 000 ans dans de l'ivoire de mammouth, à l'aide de silex. Même si l'original se trouve au musée de Saint-Germain-en-Laye, un intéressant musée raconte son histoire et celle des nombreuses autres statuettes féminines trouvées ici.

Où manger ? Où acheter de bons produits ?

Le Bistroquet de la Dame : *388, rue du Musée (à côté du musée). 07-85-30-55-55. • lebistroquetdeladame@gmail.com • Fermé lun-mar et dim soir. Formules déj 13,80-19 € ; le soir, menu 28 € ; carte env 30 €.* Si vous prévoyez de visiter le PréhistoSite, il vous faudra désormais compter avec cette pépite ! Plus récente et moins célèbre que la « Dame à la capuche », elle régale les yeux et les papilles des gourmands qui n'hésitent pas à faire un détour pour se régaler. De l'entrée au dessert, les assiettes débordent de talent et la vue apaisante sur l'esplanade du musée et les douces collines en toile de fond participe à la joie du moment. L'ardoise ne s'égare pas : elle laisse le choix entre poisson et viande, comme ce convaincant *tataki* de canard accompagné de pickles ou en dessert, l'envoûtant crémeux armagnac et ganache chocolat. À l'apéro, on picore volontiers quelques charcuteries (de Chalosse évidemment) pour accompagner un verre de tursan. Service jeune et sympa.

La fermé Moulié, ferme-auberge l'Estanquet deu guit : *250, chemin du Moulié. 06-32-25-27-45. • ferme-moulie@orange.fr • Menus 18-26 € ; carte env. 20 €. Repas à la ferme ts les midis, plus le soir mer-dim en juil-août ; de mi-avr à juin et de sept à mi-oct, ouv le soir jeu-sam et dim midi. Boutique ouv lun-ven 15h-18h.* Sur cette exploitation traditionnelle sont (bien) élevés les canards de la famille Ducamp, en plein air. Ils sont nourris au maïs qui pousse autour et gavés sur place. Pas étonnant que la carte transpire le canard, préparé en confit, en burger, en foie gras frais poêlé, en magret... La cuisine de terroir simple et authentique est servie dans la grange ou sur la terrasse. Visite de la ferme le dimanche (sur résa), et boutique pour rapporter les bons plats en conserve. Accueil très sympathique.

À voir

PréhistoSite de Brassempouy : *404, rue du Musée. 05-58-89-21-73. • prehistoire-brassempouy.fr • Vac d'été, tlj 10h45-19h ; de mi-fév à début juil et sept-nov, mar-dim et j. fériés 13h45-18h. Fermé de fin nov à début fév. Visite libre (ou guidée, ttes les heures env). Entrée musée + parc d'animation archéologique : 9 € ; réduc ; gratuit moins de 6 ans. Ateliers (payants) pdt les vac scol, sur résa. Pour se creuser les méninges, escape game sur résa dans un bâtiment classé (06-48-31-44-84).* On doit l'espace muséographique de la « maison de la Dame », on ne peut plus original, à l'architecte Éric Raffy. Un musée ***en forme de monument funéraire égyptien*** sur le toit duquel on

GARE AU MAMMOUTH

La célèbre « Dame à la capuche » a été sculptée dans une défense de mammouth. Mais contrairement à pas mal d'idées reçues, l'homme de Cro-Magnon chassait plutôt le renne que le mammouth. Quelques jeunes animaux peut-être (on a retrouvé en Sibérie des os qui portaient des traces de sagaies) mais pas d'adultes, vu leur taille, l'épaisseur de leur peau et le nombre de chasseurs nécessaire (les clans comptaient peu d'hommes) pour encercler l'animal...

trouve des reproductions géantes de 3 des 9 statuettes retrouvées sur place. La célèbre « Dame à la capuche » n'est pas ici mais au musée d'Archéologie national de Saint-Germain-en-Laye et pour tout dire, les « collections » de ce musée sont assez modestes. Mais animé par une équipe passionnée, il mérite assurément une visite... guidée ! Depuis l'esplanade qui domine un vallon (accessible gratuitement quand le musée est fermé), belle vue dégagée sur les Pyrénées et les collines de la Chalosse. À l'intérieur, on découvre la vie de l'homme de Cro-Magnon, l'histoire des fouilles des XIXe et XXe s, des copies de Vénus préhistoriques provenant du monde entier.
En complément de l'espace muséographique, l'***ArchéoParc*** (parc d'animations) en plein air accueille quelques restitutions d'habitats préhistoriques, 2 ou 3 bestioles de l'époque en résine (hyène des cavernes, mammouth, mégacéros), des démonstrations de taille de silex et d'allumage du feu et une initiation à la chasse au propulseur ! Pendant les vacances (et moyennant finances), petits (surtout) et grands peuvent expérimenter d'autres gestes et techniques de la Préhistoire (peinture sur paroi, fabrication de parures préhistoriques, sculpture...) ou jouer à l'archéologue. Expos temporaires chaque année.
– Un sentier d'interprétation de 2 km va permettre d'accéder au site archéologique des ***grottes du Pape,*** en cours d'aménagement. C'est là qu'ont été découvertes les statuettes féminines.

LES LANDES

L'église Saint-Sernin : construite au XIIe s, de style romano-gothique, elle a été fortifiée au XIIIe s puis modifiée jusqu'au XIXe s. Joli clocher-porche et, à l'intérieur, dans la 1re chapelle à gauche, notez la clé pendante représentant un ange aux ailes repliées.

GAUJACQ (40330)

Les 2es week-ends de mai et d'octobre, il y a foule sur les routes qui mènent au château de Gaujacq. Ne vous étonnez pas de voir, comme dans un dessin de Dubout, des plantes sortir de toutes les vitres, et même des coffres : c'est le rassemblement annuel des pépiniéristes collectionneurs !

Adresse utile

Location de vélos à assistance électrique : *1221, chemin de la Coume. • chalosse-evasion.com • 06-71-54-72-21.*

À voir

Le château de Gaujacq : *2, route de Brassempouy (D 58). ☎ 05-58-89-01-01. • chateau.de.gaujacq.free.fr • À 1 km du village. De mi-juil à fin août, ouv tlj sauf lun 11h-12h, 14h30-18h30 ; visite aux chandelles certains lun sur résa (10 €). Entrée : 7-10 € ; réduc ; gratuit moins de 12 ans. Compter 1h de visite.*
Belle demeure seigneuriale du XVIIe s, encore habitée, et même très animée en juillet-août (présentation de costumes d'époque, visite aux chandelles, etc.). Un château assez unique en son genre, curieusement construit à l'image d'un palais italien, pour un lieutenant général des armées de Louis XIV. Visite de la galerie du XVIIe s avec ses 4 corps de bâtiment et ses appartements, meublés et habités. L'ensemble vieillit mais garde son harmonie intacte. De superbes lambris. Du balcon au bout du cloître, délicieux panorama qui s'étend par beau temps jusqu'aux Pyrénées.

En sortant, rendez-vous au ***Plantarium,*** c'est la porte à côté. *125, route de Bastennes. Ven-sam 14h-19h, autres j. sur rdv. Fermé de mi-déc à fin janv. ☎ 05-58-89-06-62. 06-73-67-23-00. • plantarium.eco • Entrée : 7 € (pour le*

plantarium). Vente et accès gratuit aux pépinières. Conférences et musique des plantes le sam à 15h 24 € (• musiquedesplantes.fr •).
Côté pépinière et plantarium, véritable laboratoire à ciel ouvert, les clématites côtoient les camélias... Magnifique pergola. Une multitude d'idées pour toutes les saisons. Un échange avec Jean Thoby, maître des lieux et pépiniériste passionné, ouvre les portes d'un monde végétal captivant. Depuis plus de 20 ans, il travaille avec la maison Chanel. Les 2es week-ends de mai et d'octobre, expo-vente de pépiniéristes collectionneurs venus de toute la France, et en août, Festival international de la musique des plantes.

AMOU *(40330)*

Agréable petite bourgade où l'on peut jeter un œil à travers la grille au très classique *château* du XVIIe s construit selon les plans de Mansart (se visite, mais seulement pour les groupes...), découvrir la petite église du XIIe s, assister à une course landaise, ou, début août, ouvrir grandes ses oreilles pour le festival Chansons & Mots d'Amou.

Adresses et infos utiles

Bureau d'informations touristiques Landes Chalosse : *28, rue Saint-Pierre. ☎ 05-58-89-02-25. • landes-chalosse.com • Mar-ven 9h-12h30, 14h-17h ; juil-août lun-ven 10h-13h30, 14h-17h30, dim 10h-13h. Appli de visite du village • visite-amou.com •*

– **Marché :** *dim mat.*

– **Baptêmes en ULM :** *931, chemin de Bienabe. 06-62-15-37-67. • landes-ulm.com •* Plusieurs circuits de 20 à 60 mn au-dessus de la Chalosse ou des Pyrénées.

Où dormir ? Où manger ?

Hôtel-restaurant Le Commerce : *pl. de la Poste. ☎ 05-58-89-02-28. • lecommerceamou@orange.fr • hotel-commerce-darracq.com • Tlj sauf dim soir, plus lun juil-août et mar hors saison. Congés : 2 sem en fév-mars et 3 dernières sem de nov. Doubles 55-90 € ; familiales. Menu du jour midi en sem 18 € ; assiette de pays 29 € (sauf dim et j. fériés) ; autres menus 30-49 € ; carte env 45 €.* La bonne auberge de village dans la même famille depuis 6 générations (d'ailleurs, on dit ici « chez Darracq »). Les chambres récemment rénovées ont hérité des jolis meubles de famille. Préférer celles qui donnent sur l'arrière, côté église : c'est plus calme. Excellente halte également pour goûter une cuisine de terroir soignée, en salle près de la cheminée où l'on faisait autrefois rôtir les viandes ou sur la terrasse. Beaux produits dès le petit déj. Excellent accueil.

POMAREZ *(40360)*

Pomarez est connu surtout pour être la véritable Mecque de la *course landaise*, sport traditionnel des Gascons, qui, selon la légende, viendrait des Crétois. Ces derniers pratiquaient déjà les jeux taurins et, ayant émigré en Espagne et dans le sud de ce qui n'était pas encore la France, ils seraient venus avec leurs traditions. Une autre théorie attribue aux Maures l'apparition de la tauromachie au VIIIe s. Mais l'histoire prouve qu'ils n'ont jamais taquiné le taureau ! Ce qui est sûr, c'est que la course landaise reste l'événement principal des fêtes de village dans le département. C'est à Pomarez qu'est jalousement préservée toute l'âme de la course landaise. Ce petit village fut le 1er de France à faire construire des arènes couvertes. Et ici, on sait faire perdurer cette tradition.

À voir. À faire

Visite des arènes : *en été, sur rdv (compter 2h de visite). Tarif : 14 € ; gratuit moins de 12 ans. Possibilité d'escape game.* Visite historique et architecturale des arènes, des torils et visionnage d'une vidéo sur les courses landaises, casque de réalité virtuelle. Boisson offerte.

La Ferme Ducazaux : *40360* ***Donzacq,*** *sur la D 3, en direction de Saint-Sever. ☎ 05-58-89-88-17. • ducazaux.com • Seulement juil-août, tlj 14h30-19h. Entrée : 5 € ; réduc ; gratuit moins de 3 ans.* Un joli « voyage dans n'autre monde », qu'ils disaient. La visite de leur ferme d'élevage traditionnelle est conçue en fait comme une découverte à la fois ludique et artistique, avec balade nature et parcours-jeu. Expos de sculptures interactives en plein air. Goûters paysans. Dégustation et vente des produits de la ferme.

CLERMONT-DES-LANDES (40180)

Un village de Chalosse idéal pour se mettre au vert...

Où dormir ?

Camping à la ferme Lagareste : *1173, route du Haut-de-Pouy. ☎ 05-58-89-80-42. Fermé oct-mars. Forfait pour 2 env 12 €. Chalets (2-4 pers) 250-350 €/sem ; également quelques apparts.* Une vingtaine d'emplacements dans un cadre ombragé à l'arrière de la ferme (exploitation de maïs mais on peut à l'occasion s'y procurer d'autres produits fermiers : œufs frais, poulet rôti...). 2 blocs sanitaires. Ping-pong et baby-foot. Très calme et excellent accueil.

Chambres d'hôtes La Camiade : *1152, route de Pomarez (D 15). 06-77-66-44-40. • marie-hebrard@orange.fr • camiade.fr • Double 62 €. Table d'hôtes 25 €.* Cette plantureuse maison familiale du XIXe s agrandie au siècle suivant (la façade a été rajoutée) a une âme. Certes, la propriété borde la route principale, mais les chambres sont tournées vers l'arrière, au calme, au point qu'on en oublie vraiment l'agitation extérieure. Et puis, la demeure a bien du charme avec son bel escalier en bois, ses planchers d'origine et sa mosaïque du XIXe s. 2 chambres, plus une suite familiale, avec du cachet, surtout celle du rez-de-chaussée, de plain-pied avec le jardin. Une belle adresse. Quant à l'accueil, il est formidable.

LE LOT-ET-GARONNE

• Carte *p. 320-321*

ABC du Lot-et-Garonne

- ***Superficie :*** 5 384 km^2.
- ***Population :*** 333 235 hab. ; soit 62,2 hab./km^2.
- ***Préfecture :*** Agen (35 200 hab.).
- ***Sous-préfectures :*** Villeneuve-sur-Lot, Marmande et Nérac.
- ***Voies navigables :*** plus de 200 km répartis entre le Lot, la Baïse et le canal latéral de la Garonne.
- ***Activités économiques :*** agriculture (2/3 de la superficie du département ; 1er producteur français de pruneaux et de noisettes), industrie agroalimentaire et tourisme (bastides, croisières fluviales...).

Le Lot-et-Garonne, département rural situé entre Bordeaux et Toulouse, se compose d'un petit morceau de Gascogne et de Landes au sud, de Périgord au nord. Il est traversé par de belles rivières et le canal de Garonne, et reste parsemé de forêts et de vallons où se découvrent bastides et châteaux perdus dans les vergers. Il s'offre aux amoureux du tourisme vert et à ceux qui fuient les concentrations touristiques. Marchés ancestraux, foires traditionnelles, tables gourmandes ne manquent pas à l'appel dans ce département, considéré comme lieu de passage, trop méconnu et insuffisamment reconnu. Le Lot-et-Garonne est l'un des départements les plus agricoles du Sud-Ouest : il collectionne les 1res places en production de pruneaux, fraises, asperges, maïs, noisettes, etc., et possède plusieurs petits vignobles intéressants (duras, buzet, côtes-de-brulhois et côtes-du-marmandais). Résultat, le Lot-et-Garonne offre une qualité de vie et d'assiette très appréciable... Il était déjà décrit par Stendhal comme la « Toscane française ».
Le département s'enorgueillit également d'être une terre d'accueil. Les travaux des champs ont toujours attiré des bras, venus de provinces moins riches, puis de pays étrangers. Italiens, Espagnols, Nord-Africains et même Vietnamiens (Sainte-Livrade) font cohabiter sur les marchés nems, tapas et foie gras. Ce mélange culturel apporte une saveur supplémentaire à la région, que d'autres habitants, Anglais, Belges et Néerlandais, n'ignorent pas. Aujourd'hui, le soleil, le bien-être, la tranquillité n'ont plus de prix.

UN TOURISME DE PLEIN AIR

Rivières, forêts, vallons, champs, routes bucoliques, la nature ici se découvre et s'apprécie à tous les instants.
En bateau, sur l'un des plus beaux réseaux navigables de France, le visiteur profite de plus de 200 km de voies navigables aménagées le long du Lot (72 km pour 5 écluses), de la Baïse (45 km pour 16 écluses) et du canal latéral de la Garonne (87 km pour 16 écluses). Les compagnies de location restent nombreuses et proposent d'agréables formules de découverte de 1 journée à 1 semaine. Les bases d'Agen, de Buzet et du Mas-d'Agenais figurent parmi les plus importantes.

Ces croisières se couplent facilement avec des promenades ***à vélo.*** Le Lot-et-Garonne compte 5 grands itinéraires vélo. Le ***Canal des 2 mers à vélo*** relie l'Atlantique à la Méditerranée en traversant le Lot-et-Garonne d'est en ouest, sur une piste de 87 km, le long du canal. ***La véloroute,*** la *Vallée du Lot à vélo,* relie Fumel à Aiguillon ou Villeton (jonction avec l'itinéraire du *Canal des 2 mers à vélo*), parcours plat et tranquille de 86 km sur des petites routes. En outre, un label « Accueil vélo » est en plein essor.
Les amateurs de ***randonnées*** sont également servis avec une multitude de sorties à cheval, à VTT ou à pied, et de nombreux sentiers balisés (plus de 4 500 km entretenus) à travers bois et vergers. Ces balades s'accompagnent de haltes dans de vieux villages, parés de bastides aux halles anciennes et à l'architecture tellement caractéristique du Sud-Ouest. Des fiches rando sont disponibles auprès du comité départemental de tourisme (voir ci-après).
Enfin, dans ce pays agricole, la nature se décline jusque dans les ***jardins*** : jardin des nénuphars (où Monet se fournissait déjà pour Giverny), sentiers botaniques, jardin médiéval...

Adresses et infos utiles

ℹ ***Comité départemental de tourisme (CDT) :*** *271, rue de Péchabout, BP 30158, 47005 Agen Cedex.* ☎ *05-53-66-14-14.* • *tourisme-lotetgaronne.com* • *Lun-ven 8h-13h, 14h-18h (17h ven).* Nombreuses infos pratiques sur le département (hébergement, restauration, loisirs...), les mini-croisières, les balades à vélo...

ℹ ***Gîtes de France :*** *169, bd de la République, 47000 Agen.* ☎ *05-53-47-80-87.* • *gites-de-france-47.com* • *Lun-ven 9h-13h, 14h-19h ; sam 10h-12h, 14h-17h.*

➢ ***Randonnées en Lot-et-Garonne :*** plus de 400 circuits à parcourir à pied ou à VTT sillonnent le département. Durée variable (de 1h à la journée) et différents niveaux de difficulté. Pour chaque circuit, fiche technique téléchargeable gratuitement sur le site du comité départemental de tourisme : • *rando.tourisme-lotetgaronne.com* •

– ***Les Raconteurs de pays :*** ils accompagnent les visiteurs en balade autour de thèmes variés tels que l'architecture, l'histoire, la faune, la flore, le vin, les étoiles, etc. C'est une rencontre entre un lieu et un passionné qui transmet son savoir. Pour plus d'infos, et les portraits des raconteurs, consulter le site : • *raconteursdepays47.com* •

Tèrra Aventura – Géocaching : le département compte une quarantaine de circuits *Tèrra Aventura,* de 5 km environ. Grâce à des énigmes, il s'agit de trouver des caches dissimulées dans la nature qui contiennent des trésors et dans lesquelles vivent des Poï'z, de petites créatures qui peuplent les contrées. Pour jouer, il suffit de télécharger l'appli correspondante ou la feuille de route sur le site • *terra-aventura.fr* • Renseignements également dans les offices de tourisme. Une façon ludique (et gratuite) de découvrir le patrimoine culturel en famille !

AGEN ET LE PAYS DE L'AGENAIS

Agen représente la ville emblématique de ce pays, associée au célèbre pruneau, et reste la capitale historique et administrative du département. Au sud-est de la ville se déploie le pays de l'Agenais, aux plateaux argilo-calcaires et aux bas coteaux qui rappellent la Gascogne. On y produit de bons petits vins du pays de l'Agenais (IGP), abordables et légers, en rouge et rosé essentiellement. Mais il existe aussi les côtes-du-brulhois qui étaient déjà connus du temps de la guerre de Cent Ans et appréciés des Templiers. Il s'agit de vins charpentés et de caractère, à la robe foncée, proches du cahors et du madiran. Parfaits avec un gibier, des viandes riches ou du fromage. Au pays du « vin noir », les rosés et les blancs sont devenus les ambassadeurs de charme.

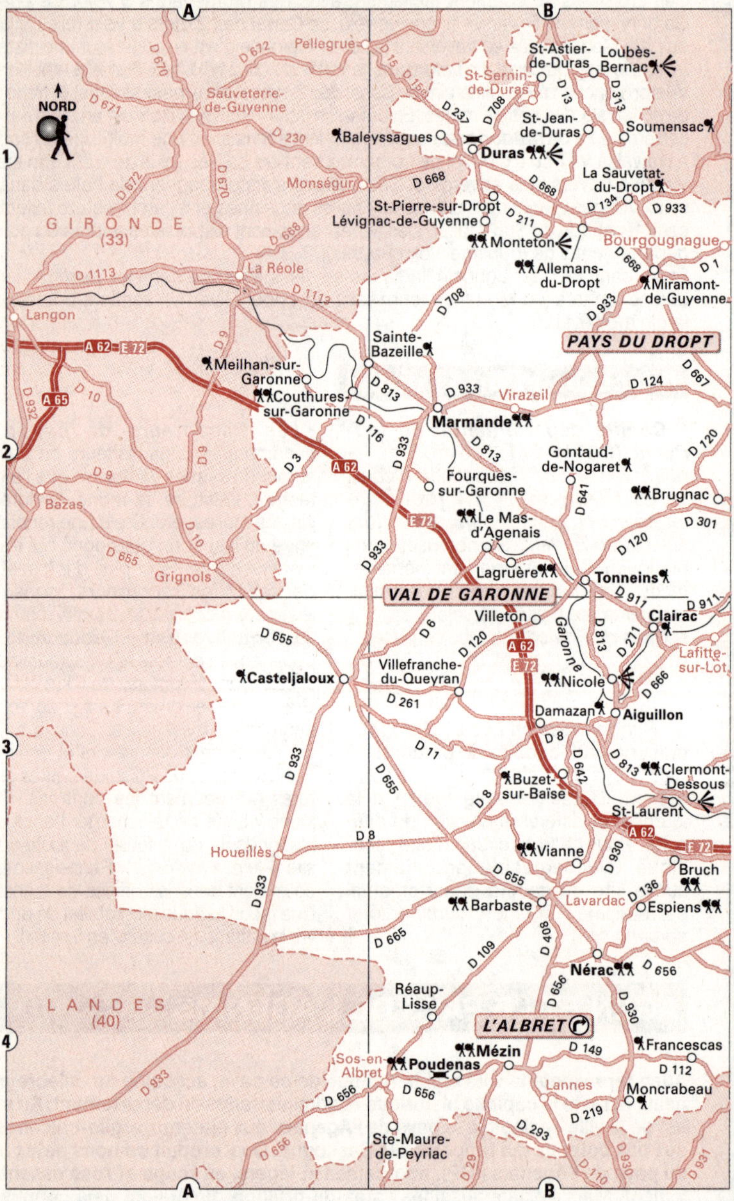
A
B
NORD
1
2
3
4
GIRONDE
(33)
LANDES
(40)
PAYS DU DROPT
VAL DE GARONNE
L'ALBRET
Pellegrue
Sauveterre-de-Guyenne
Monségur
La Réole
Langon
Bazas
Grignols
Meilhan-sur-Garonne
Couthures-sur-Garonne
Sainte-Bazeille
Marmande
Virazeil
Fourques-sur-Garonne
Le Mas-d'Agenais
Lagruère
Tonneins
Villeton
Clairac
Lafitte-sur-Lot
Nicole
Aiguillon
Damazan
Villefranche-du-Queyran
Casteljaloux
Houeillès
Buzet-sur-Baïse
Clermont-Dessous
St-Laurent
Vianne
Bruch
Barbaste
Lavardac
Espiens
Nérac
Réaup-Lisse
Francescas
Mézin
Poudenas
Sos-en-Albret
Lannes
Moncrabeau
Ste-Maure-de-Peyriac
Gontaud-de-Nogaret
Brugnac
Baleyssagues
Duras
St-Astier-de-Duras
St-Sernin-de-Duras
Loubès-Bernac
St-Jean-de-Duras
Soumensac
La Sauvetat-du-Dropt
St-Pierre-sur-Dropt
Lévignac-de-Guyenne
Monteton
Allemans-du-Dropt
Bourgougnague
Miramont-de-Guyenne
Garonne
A 62
E 72
A 65
D 670
D 672
D 671
D 230
D 668
D 1113
D 15
D 158
D 237
D 708
D 13
D 313
D 134
D 933
D 211
D 1
D 9
D 10
D 932
D 655
D 813
D 116
D 3
D 667
D 124
D 120
D 641
D 301
D 911
D 6
D 271
D 666
D 261
D 11
D 8
D 642
D 930
D 136
D 665
D 109
D 408
D 656
D 149
D 112
D 219
D 293
D 29
D 110
D 931

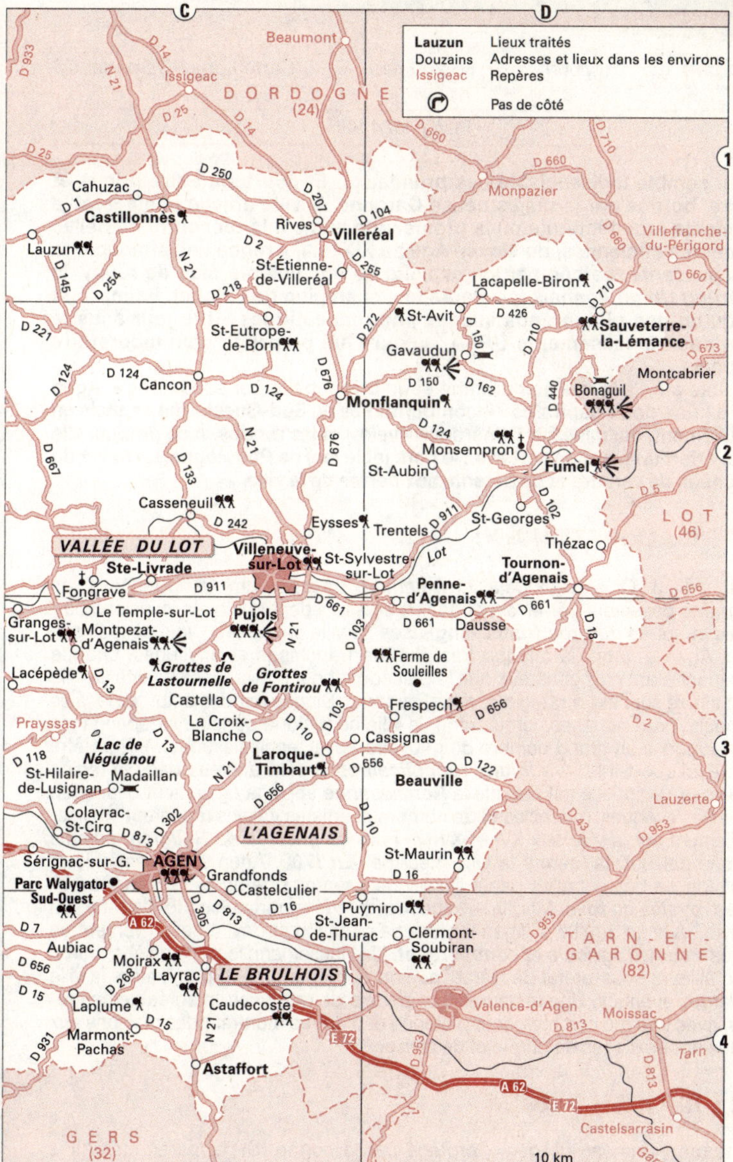

LE LOT-ET-GARONNE

AGEN

(47000) 35 200 hab. *Carte Lot-et-Garonne, C3*

• Plan *p. 324-325*

Agen semble indissociable des pruneaux... Et pourtant, entre brique et pierre, bordée par la majestueuse Garonne, la ville affiche une agréable harmonie architecturale où la promenade mène à la rencontre de belles demeures anciennes, du Moyen Âge au XIXe s. Il y règne une atmosphère très plaisante, bercée par les exploits de son célèbre club de rugby, le *Sporting Union Agenais* (plusieurs fois champion de France). Enfin, c'est ici qu'un des plus grands succès pharmaceutiques vit le jour sous le nom des établissements *UPSA,* aujourd'hui propriété d'un laboratoire japonais.
Paisible cité, à la fois épicurienne et un brin rebelle par son histoire, Agen reste l'une des « capitales » incontournables du Sud-Ouest. Une capitale en mouvement, qui mise sur l'itinérance « vélo » et les randos. À ce propos, elle s'est offert un poumon vert avec le parc (et le lac) de Passeligne, un havre de fraîcheur, de verdure et de détente aux portes de la ville.

UN PEU D'HISTOIRE

Au IIe s av. J.-C. existait déjà ici *Aginnum,* un oppidum celtique. Puis les ***Romains*** passèrent par-là, avant que ne se succèdent quelques invasions barbares et autres ***guerres franco-anglaises*** (la ville changea 11 fois de mains !). Mais Agen y gagna à chaque fois plus de franchises et privilèges, chaque occupant étant plus généreux que le précédent pour s'assurer sa fidélité (la ville était située sur l'axe stratégique de la Garonne). Dirigée par des autorités locales (consuls, prud'hommes, jurats, etc.), la ville acquit une certaine indépendance par rapport à un grand nombre de pouvoirs (royal, ecclésiastique...). Peut-être cela explique-t-il les ***traditions républicaines*** si bien ancrées dans la région depuis le XIXe s ? Le fait est que la ***Renaissance*** apporta également beaucoup à la ville : évêques, médecins et de nombreux artistes italiens régnèrent intellectuellement sur la ville aux XVe et XVIe s. Puis les ***guerres de Religion,*** comme un peu partout, laissèrent la ville meurtrie. ***En 1789,*** Agen s'était enrichie et couverte de beaux hôtels particuliers, grâce, en grande partie, aux ***manufactures royales de toile.*** Mais la révolution industrielle porta un coup d'arrêt à son activité. À la fin du XIXe s, Agen termina sa mutation et devint définitivement un « gros » ***centre agricole et commerçant.*** Un Haussmann local (le célèbre baron fut d'ailleurs sous-préfet de Nérac, au sud du département) perça alors la ville de larges avenues. Une restauration a permis de retrouver un agréable centre-ville, avec une rue commerçante piétonne et d'autres montrant des maisons aux beaux appareillages de brique et de pierre.

LE PRUNEAU D'AGEN

Le terme « pruneau d'Agen », protégé par la norme IGP, apparaît au XVIIIe s et souligne surtout le fait que la production était autrefois expédiée vers Bordeaux par la Garonne, via le port d'Agen. Avec près de 1 500 producteurs dans la région, représentant 65 % de la production française, il reste toujours ***l'une des principales industries du Lot-et-Garonne,*** et près de 20 000 personnes vivent de sa production. La prune dite « d'ente » en est la variété principale, et se reconnaît à sa couleur violette, sa bonne qualité de séchage, sa richesse en

fibres, glucides, magnésium et vitamine E. Au-delà des fameux pruneaux secs, d'autres spécialités ont été élaborées comme les pruneaux au sirop, les pruneaux fourrés, ceux à l'armagnac, la crème de pruneau, etc.
À Granges-sur-Lot (voir plus loin), un musée retrace et explique tout sur le fruit, de son séchage jusqu'aux recettes.

TOUT ÇA POUR DES PRUNES !

La prune arriva de Perse, via Damas, rapportée par les croisés de la région, survivants de l'expédition lamentable de 1148... Les hommes revenus au pays après cette croisade n'avaient rapporté que... des prunes ! De là vient l'origine de la fameuse expression.

Arriver – Quitter

Gare SNCF *(plan C1)* **:** *bd Carnot.* • *oui.sncf* • Env 6-7 TGV/j. vers et depuis Paris (relié en 3h20).
Gare routière *(plan C1)* **:** *juste à droite en sortant de la gare SNCF.* Horaires disponibles à l'office de tourisme. Possibilité d'achat des billets à bord des bus.

***Tempo-Bus* :** ☎ *05-53-48-90-10.* • *tempobus.fr* • Lignes régulières sur l'agglomération d'Agen, lun-sam 7h-20h, sauf j. fériés. Navettes gratuites en centre-ville depuis le parking du Gravier. Possibilité de transport à la demande sur résa.

Adresses et infos utiles

Office de tourisme « Destination Agen » *(plan B1-2)* **:** *38, rue Garonne.* ☎ *05-53-47-36-09.* • *destination-agen.fr* • *Juil-août, lun-sam 9h-19h, dim 9h30-12h30 ; sept-juin, tlj sauf dim et mar mat 9h-12h30, 14h-18h.* En juillet-août, visites guidées payantes de la ville sur plusieurs thématiques (historique, culturelle, nocturne aux flambeaux...). Vente de billets à tarifs réduits pour les parcs *Walygator* et *Aqualand.*
***Taxis* :** ☎ *05-53-98-32-33.*
***Stationnement* :** *parking Le Gravier (plan A2), cours Gambetta.* Grand parking gratuit du centre-ville. Départ de la navette gratuite.
***Location de vélos* :**
– ***Fées du Sport*** *(plan C1,* **1***)* **:** *rue Rempart-Sainte-Foy.* ☎ *05-53-68-78-60.* 📱 *06-40-46-94-71.* • *fees-du-sport.com* • *En principe, lun-sam 9h-12h, 14h-18h, plus dim sur résa mai-sept.* Pas très loin de la gare, cette association loue des vélos de récupération révisés à prix sages. Adhésion demandée.
– ***Tempo Vélos*** *(plan C1,* **2***)* **:** *1, pl. Rabelais ; à la gare routière, juste à côté de la gare SNCF.* ☎ *05-53-48-90-10.* • *tempobus.fr* • Les vélos électriques de l'agglo, en location classique à l'agence ou en libre-service sur le parvis de la gare SNCF (avec ou sans abonnement).
– ***Café Vélo*** *(plan A1,* **10***)* **:** *207, rue du Duc-d'Orléans.* ☎ *05-53-96-15-51.* • *cafe-velo.net* • *En contrebas du Pont-Canal. Fermé de mi-nov à mi-mars. Juil-août, tlj 9h30-12h30, 14h30-19h ; fermé lun-mar hors saison.* Vélos électriques, VTT, remorques enfants et bagages. Atelier de réparation.
– Également à l'***office de tourisme*** *(plan B1-2)* : *mai-sept.* Vélos électriques et poussettes.
Port de plaisance *(hors plan par D1)* **:** *loc de bateaux sans permis et appontement auprès de* ***Locaboat Plaisance*** *(quai de Dunkerque ;* ☎ *05-53-66-00-74 ;* • *locaboat.com* •*).*
– ***Marchés* :** *marché fermier, mer et dim mat, pl. du Pin ; sam mat, pl. Jasmin. Marché biologique : sam mat, entre le bd de la République et la pl. Castex. Marché couvert : tlj sauf dim ap-m et lun.*

Adresses utiles

- Office de tourisme « Destination Agen » (B1-2)
- 1 Fées du Sport (location de vélos ; C1)
- 2 Tempo Vélos (C1)
- 10 Café Vélo (A1)

Où dormir ?

- 10 Café Vélo (A1)
- 11 Chambres d'hôtes des Ambans (C1)
- 13 Chambres d'hôtes Villa Saint-Vincent (hors plan par B1)
- 14 Résidence Astoria (hors plan par B2)
- 15 Hôtel-château des Jacobins (B2)

Où dormir ?

Bon marché

Café Vélo (plan A1, **10**) : *207, rue du Duc-d'Orléans. ☎ 05-53-96-15-51. • info@cafe-velo.net • cafe-velo.net • En contrebas du Pont-Canal. Fermé de mi-nov à mi-mars (sauf résa). Résa conseillée. Compter 20 € en dortoir*

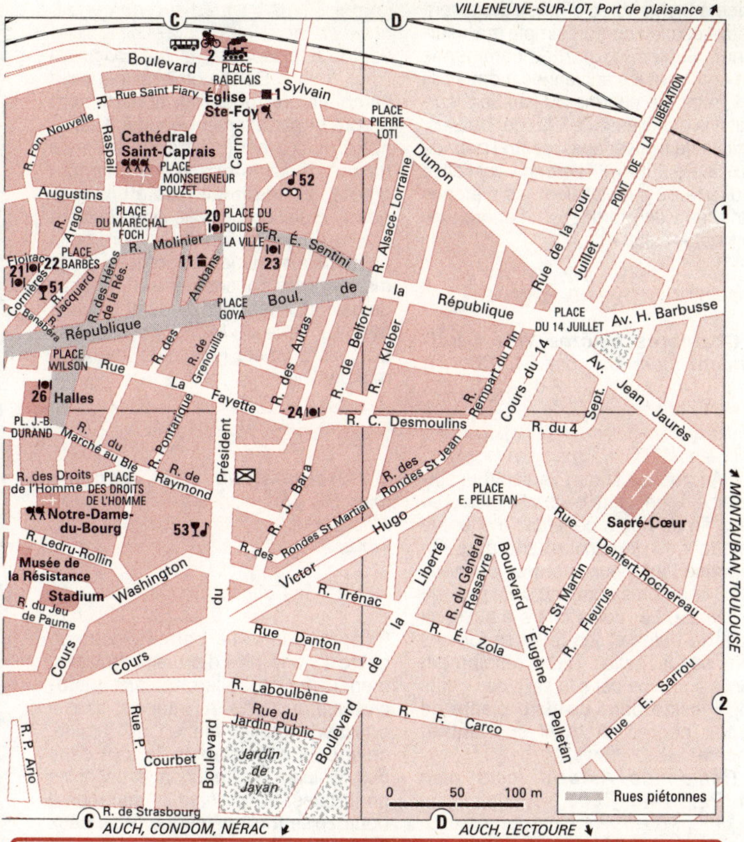

AGEN

Où manger ?	**27** La Table de Michel Dussau (hors plan par B2)
10 Café Vélo (A1)	**28** Le Margoton (B2)
20 Quarts Coffee-Kitchen (C1)	**Où boire un verre ? Où sortir ?**
21 L'Arti Show (C1)	**50** L'Indé (B2)
22 L'Affranchi (C1)	**51** L'Endroit (C1)
23 La Part des Anges (C1)	**52** La Tannerie (C1)
24 L'Imprévu (C1-2)	**53** Le Florida (C2)
26 Gueuleton du Marché (C1)	

(dégressif dès la 2e nuitée) ; loc de draps en sus. Cet ancien château d'eau transformé en halte vélo au bord du canal propose un dortoir de 12 places, ouvert à tous. On peut aussi y manger (voir « Où manger ? », plus loin).

Chambres d'hôtes des Ambans *(plan C1, **11**) : 59, rue des Ambans. ☎ 05-53-66-28-60. À 2 pas de la gare. Résa conseillée. Doubles 43-49 €. Réduc de 2 € sur présentation de ce guide.* Cet ancien petit hôtel a laissé place à 3 chambres d'hôtes gentiment restaurées, au confort simple mais suffisant. Seules les parties communes ont conservé les anciennes moquettes aux murs. Le charme du lieu tient surtout à la gentillesse de Claude. De plus, difficile de trouver aussi central pour ce prix-là. Pour info, l'« amban » est l'allée couverte où s'installaient les marchés dans les villes fortifiées... l'endroit où on « déambulait » !

De prix moyens à chic

Chambres d'hôtes Villa Saint-Vincent *(hors plan par B1, **13**) : 21, av. de Courpian. 06-56-83-62-30. • villasaintvincent@bbox.fr • villasaintvincent.wixsite.com/villasaintvincent • Doubles 70-100 € ; suite. Parking gratuit.* Accrochée sur un versant qui surplombe Agen, cette belle villa restaurée de la fin du XIXe s bénéficie d'une vue de choix sur le canal et son port. On apprécie l'intérieur sobre et lumineux des 3 chambres dont une suite parfaite en famille. La moins chère a aussi sa salle de bains et les toilettes (privés) sont sur le palier. Déco résolument contemporaine dans la salle des petits déj. Piscine dans un parc planté de beaux cèdres. Accueil souriant et sincère.

Résidence Astoria *(hors plan par B2, **14**) : 1350, av. du Midi. ☎ 05-53-69-65-10. • contact@residenceastoria.com • residenceastoria.com • À 1,5 km au sud du centre, près du parc des Sports. 2-pièces 94-135 €. Possibilité de petit déj. Parking gratuit.* Dans cette résidence à l'architecture moderne, appartement propre et parfaitement équipé (kitchenette, micro-ondes, grande salle de bains...) pour le prix d'une chambre d'hôtel. L'endroit fait face à un rond-point, mais on l'oublie vite, surtout aux beaux jours, installé au bord de la petite piscine du jardin intérieur. Dommage que les appartements n'aient pas de balcon. Possibilité de demi-pension avec *La Table de Michel Dussau,* très bon resto voisin (voir plus loin « Où manger ? »).

Plus chic

Hôtel-château des Jacobins *(plan B2, **15**) : pl. des Jacobins, 2, rue Maurice-Jacob. ☎ 05-53-47-03-31. • hotel@chateau-des-jacobins.com • chateau-des-jacobins.com • Face à l'église des Jacobins. Doubles 120-130 € (réduc de 10 % dès la 2e nuit). Parking gratuit.* Le portail électrique ouvre sur une allée d'arbres séculaires, menant à une belle demeure aristocratique du XIXe s. À l'intérieur, salons cossus, mobilier ancien de famille, chambres confortables, le tout dans des couleurs qui tranchent et osent les contrastes. Surprenant ! Atmosphère bourgeoise mais détendue. Pour ceux qui aiment.

Où manger ?

De fin avril à début septembre, la rue Voltaire *(plan B2)* est fermée à la circulation du mardi au dimanche à partir de 19h. Si le temps le permet, elle se transforme alors en terrasse géante.

De bon marché à prix moyens

Quarts Coffee-Kitchen *(plan C1, **20**) : 63, rue Molinier. ☎ 05-53-96-63-74. • quarts.coffeekitchen@gmail.com • Tlj sauf lun 8h30-18h (ouv dim 11h-15h sauf juin-août). Carte 18-20 €.* Dans cette agréable rue piétonne, ce petit resto du midi qui fait salon de thé le reste de la journée a ses fidèles. En terrasse ou dans la jolie salle en mezzanine, on apprécie la cuisine spontanée et parsemée de fantaisie british (origine de la jeune patronne). Salades d'une belle fraîcheur, planches gourmandes, assiettes végétariennes, plat du jour original, gâteaux maison (*crumble* aux fruits, *brownies, cheesecake*, etc.).

L'Arti Show *(plan C1, **21**) : 25, rue des Cornières. ☎ 05-53-99-72-62. • contact@restaurant-larti-show.fr • Tlj sauf dim. Formule et menu déj 15-18 € ; carte le soir env 30-35 €.* La cuisine parcourt le registre régional tout en affichant une belle originalité et offre un repas abouti dès le menu du midi. Et quand le chariot de desserts quitte la scène, on a vraiment envie d'un rappel ! Un show de qualité. Terrasse sous les cornières.

La Part des Anges *(plan C1,* ***23****) : 14, rue Émile-Sentini. ☎ 05-53-68-31-00. • lapartdesanges47@orange.fr • ♿ Fermé dim-lun et j. fériés. Menu déj en sem 19 € ; le soir, menu 40 € ; carte 35-44 €.* Dans une petite rue piétonne, un couple corso-agenais tient les manettes de cet établissement où l'on goûte une cuisine de pays faite de bons produits du marché. Sur les murs, belle collection de plaques en bois des plus grands châteaux viticoles. Agréable terrasse aux beaux jours.

L'Imprévu *(plan C1-2,* ***24****) : 7, rue Camille-Desmoulins. ☎ 05-53-66-39-31. • imprevuagen@gmail.com • ♿ Tlj sauf dim-lun et j. fériés. Plats 9 € le midi ; formule et menu 14-19 € (sauf sam soir) ; carte env 25 €.* À l'écart du centre-ville, avec sa terrasse sur le trottoir, cette adresse maintient le cap depuis des années. La cuisine régionale est toujours servie avec générosité, comme le magret aux cerises ou les ris de veau.

Café Vélo *(plan A1,* ***10****) : rue du Duc-d'Orléans. ☎ 05-53-96-15-51. • info@cafe-velo.net • ♿ Tlj juil-août ; fermé lun-mar et dim soir hors saison. Fermé de mi-nov à mi-mars. Menu déj 18 € ; carte le soir 22 €. Kir maison offert pour un repas sur présentation de ce guide.* L'ancien château d'eau de 1899 a trouvé une nouvelle vocation. On peut y dormir, y louer un vélo, mais aussi y manger. Cuisine à base de produits bio et locaux. Terrasse au bord du canal ou tables disposées en surplomb des anciennes machines conservées en l'état. Sympa !

Gueuleton du Marché *(plan C1,* ***26****) : pl. J.-B.-Durand (marché couvert). ☎ 05-24-29-01-78. 📱 06-34-90-03-89. • agen2@gueuleton.fr • Ouv le soir mar-sam et le midi le w-e. Tapas et assiettes à partager 8-21 €.* Incrusté sur un flanc des halles, un cadre rustico-branché avec tables-tonneaux et terrasse débordante le soir dans une ambiance d'habitués. Grandes variétés de tapas chaudes (*piquillos* farcis, croque à la truffe, poulpe à la galicienne...), copieuses assiettes charcut'-frometon, mais aussi côte de bœuf et huîtres toute l'année ! Parfait pour partager un grignotage en buvant de bons vins (plus de 150 références).

De prix moyens à plus chic

Le Margoton *(plan B2,* ***28****) : 52, rue Richard-Cœur-de-Lion. ☎ 05-53-48-11-55. • contact@lemargoton.com • ♿ Fermé dim-mar midi (plus mar soir en été). Congés : 2 sem en juil et à Noël. Formule déj en sem 19 € ; menus 26-37 € ; carte env 50 €.* Dans une salle agréable et élégante qui pourrait faire la une d'un magazine de déco, Frédéric Fabre sait régaler ses hôtes. Il travaille une carte plutôt courte, mais le résultat est plus qu'honorable ! Spécialités : poisson du jour, ris de veau, desserts maison... Les soirs d'été, 3 tables (très prisées) se battent en duel sur la terrasse en bord de rue.

L'Affranchi *(plan C1,* ***22****) : 33, rue des Cornières. ☎ 05-53-95-67-59. • contact.laffranchi@gmail.com • ♿ Tlj sauf lun-mar. Formules et menus déj (sauf dim) 20-24 €, le soir 35-47 €.* La table qui monte à Agen, installée sous les arcades de la très vivante rue des Cornières. C'est un resto gastro-pop qui ne propose que des menus surprises le soir. La carte liste des suggestions aux intitulés énigmatiques dont on comprend la signification durant le service. Des petits plats surprenants, pleins de saveurs et de couleurs, pour une cuisine ludique et réjouissante. Petit bémol cependant pour le temps d'attente entre les plats. Plus rapide et moins cher le midi pour un déjeuner simple mais déjà bien bon.

La Table de Michel Dussau *(hors plan par B2,* ***27****) : 1350, av. du Midi. ☎ 05-53-96-15-15. • bienvenue@la-table-agen.com • ♿ Au rdc de la résidence Astoria. Fermé dim-lun et j. fériés. Congés : 2 sem en août. Menus 26-40 € ; carte env 60 €.* Dans cette grande salle à l'esprit design, Michel Dussau est à son aise. Ses produits sont extra-frais, sa cuisine généreuse et goûteuse. Le 1er menu joue la carte de l'efficacité et de la rapidité, tandis que le 2d s'avère nettement plus élaboré. La clientèle est constituée majoritairement de résidents de l'hôtel voisin, certains en séminaire.

Où dormir ? Où manger dans les environs ?

Camping

⛺ ***Camping Le Moulin de Mellet :*** *route de Prayssas, 47450* ***Saint-Hilaire-de-Lusignan.*** *☎ 05-53-87-50-89. • moulin.mellet@orange.fr • camping-moulin-mellet.com • ♿ À 8 km au nord-ouest d'Agen. Ouv d'avr à mi-oct. Forfait tente 16,60-26 € ; chalets. 50 empl. Réduc de 10 % sur les emplacements (hors juil-août) sur présentation de ce guide.* Des arbres (donc ombragé), un petit ruisseau (donc frais), un étang (et ses grenouilles !) et des canards qui se promènent... mais aussi pas mal de monde en pleine saison (résa conseillée). Vastes emplacements pour tentes bien agréables le long du ruisseau. Évitez ceux près de la route. 2 belles piscines, un snack-resto (pizza maison, soirées thématiques), une aire de jeux pour enfants avec trampoline. Miniferme. Très bien tenu par un couple dynamique. Rando balisée au départ du site. Location de vélos. Un beau camping.

De prix moyens à chic

Chambres d'hôtes Le Petit Domaine de Colayrac : *30, route de Saint-Hilaire, 47450* ***Colayrac-Saint-Cirq.*** *📱 06-78-16-58-13. • contact@lepetitdomainedecolayrac.com • lepetitdomainedecolayrac.com • À 7 km à l'ouest d'Agen. Fermé en hiver. Doubles 69-75 €.* Un vrai coup de cœur pour cette maison d'hôtes de charme au rapport qualité-prix exceptionnel. Une demeure de caractère en bordure de la route, qu'on oublie sitôt la porte franchie car tout se passe à l'arrière ouvert sur un parc de 13 ha avec piscine et jacuzzi planqués dans un coin. À l'intérieur, on adore les vastes espaces décorés avec goût au rez-de-chaussée (kitchenette à dispo), autant que les 4 belles chambres à l'étage, spacieuses et à la déco soignée. L'ensemble est confortable, très contemporain, plutôt dans un esprit romantique... et on ne vous parle pas de l'accueil de Marie, la jeune propriétaire.

Hôtel Le Prince Noir : *6, rue de Menjoulan, 47310* ***Sérignac-sur-Garonne.*** *☎ 05-53-68-74-30. • contact@le-prince-noir.com • le-prince-noir.com • ♿ À 12 km env à l'ouest d'Agen, en passant le pont sur la Garonne. Resto ouv ts les soirs, sauf dim soir hors saison. Congés : vac scol de Noël. Doubles 75-95 € ; familiales. Menus 26-31 € ; carte 26 €. Café offert sur présentation de ce guide.* Bel hôtel dans un ancien couvent du XVIIe s, qui doit son nom au fils d'Édouard III, qui dévasta le Sud-Ouest durant la guerre de Cent Ans. Autour de la cour et à l'étage, des chambres confortables, bien équipées et rénovées (mais non climatisées). Cuisine d'inspiration régionale, joliment revisitée, à déguster dans une salle à la déco sobre et élégante. Plaisante terrasse, malgré la proximité de la route. Piscine et tennis. Superbe accueil.

Où boire un verre ? Où sortir ?

La plupart des bars qui font le plein en soirée se trouvent près de la ***place Jasmin*** *(plan B1-2)*, centre névralgique de la vie nocturne d'Agen. Ou vers l'***esplanade du Gravier*** *(plan A2)*, comme le ***Havana Café*** (rhumerie et cocktails, tapas). En saison, la ***rue Voltaire*** *(plan B1-2)* s'anime en soirée, ainsi que la ***rue des Cornières*** *(plan C1)*.

L'Indé *(plan B2,* ***50****) :* *14, av. du Général-de-Gaulle. ☎ 05-53-68-65-66. • inde-agen.com • ♿ Tlj 9h-2h.* Grand bar avec verrières, vastes terrasses, looké à grands coups de matériaux de récup'. Lieu de rendez-vous du Tout-Agen, c'est aussi une brasserie artisanale et indépendante. La bière aromatisée au pruneau et au miel est la star de la maison ! Tapas.

L'Endroit *(plan C1,* ***51****)* **:** *20, rue des Cornières. ☎ 05-53-48-18-22. Mer 19h-minuit, jeu-sam 19h-2h.* C'est sous les arcades que les quadras et quinquas se retrouvent pour boire des *mojitos* en grignotant des tapas. Bonne ambiance d'habitués.

La Tannerie *(plan C1,* ***52****)* **:** *20, rue Cajarc. ☎ 05-53-68-04-04. • reservation.tannerie@gmail.com • tousenscenespectacles.com • Résas par tél.* Cette salle accueille des associations qui organisent des soirées théâtre, jazz et musiques du monde. Belle programmation, riche et variée. Également des expos de peinture et photos réalisées en partenariat avec le centre culturel d'Agen.

Le Florida *(plan C2,* ***53****)* **:** *95, bd du Président-Carnot. ☎ 05-53-47-59-54. • accueil@le-florida.org • le-florida.org • Ouv selon programmation. Concerts gratuits ou payants.* Bar et salle de concert à la programmation éclectique, à l'esprit alternatif, découvreur de talents. Expos, ateliers pour petits et grands, *afterworks*...

À voir

La cathédrale Saint-Caprais *(plan C1)* **:** date en grande partie du XIIe s ; romane mais avec quelques apports gothiques, dont la tour de l'Horloge. Sa position excentrée et sa modeste dimension viennent du fait qu'au départ, elle n'était qu'une collégiale. La cathédrale se trouvait à l'emplacement de l'actuel marché-parking. En très mauvais état, cette dernière fut abandonnée au profit de la collégiale, devenue cathédrale au XIXe s.

– ***À l'extérieur,*** têtes d'animaux exotiques et visages sculptés d'une grande expression visibles sur le chevet roman : une vraie B.D. du Moyen Âge. Porche aux 9 voussures très fines. Sur le parvis, la statue contemporaine du pèlerin de Saint-Jacques, un des symboles de la ville.

– ***À l'intérieur,*** un pur spectacle de couleurs où pas un centimètre carré n'est négligé ! Belle décoration aux peintures colorées du XIXe s, qui contraste vivement avec la sobriété de l'extérieur.

Peintures néoclassiques par un élève d'Ingres, qui ont pour principal thème les 2 martyrs agenais : sainte Foy et saint Caprais. Dans la nef, clés de voûte remarquables, comme celle représentant saint Caprais dans la 1re travée. Quelques beaux chapiteaux romans historiés, notamment celui représentant le martyr de saint Caprais. Élément remarquable : le triforium gothique (côté nord), très bien conservé, repeint au XIXe s.

Absides et absidioles composent un ensemble harmonieux. Chevet remarquable de pur style roman du XIIe s, un des plus imposants du Sud-Ouest. Les plus grandes orgues auraient été offertes par l'impératrice Eugénie lors du passage de Napoléon à Agen. Elles sont placées côté latéral (et non au-dessus de l'entrée). Un 2e orgue, plus petit, se situe sur la gauche du chœur.

CHERCHEZ L'ERREUR

D'importants travaux de rénovation ont été réalisés courant XIXe s et le clocher fut totalement remanié. En 1846, lorsque Prosper Mérimée, alors inspecteur général des Monuments historiques, arriva à Agen afin de visiter la nouvelle cathédrale restaurée, quelle ne fut pas sa stupeur de découvrir un clocher aux styles architecturaux inversés ! Erreur de l'architecte, la construction ne respecte pas l'ordre chronologique habituel : le gothique flamboyant du XVe s est à l'étage inférieur, et les XIIIe-XIVe s dans les étages supérieurs. Une originalité tout agenaise !

Face à la gare, on aperçoit le clocher en brique et pierre de l'***église Sainte-Foy*** *(plan C1),* dont on distingue en façade les inscriptions « Liberté. Égalité. Fraternité ».

À 2 pas, ***rue des Augustins*** (et angle Arago), se trouve la ***tour Notre-Dame-du-Chapelet,*** l'un des derniers vestiges de l'enceinte du XIe s. Initialement tour de défense, elle servit au Moyen Âge de clocher au couvent des Bénédictines qui couvrait l'équivalent de plusieurs pâtés de maisons, avant d'être démantelé à la Révolution.
Rue du Puits-du-Saumon, la ***maison du Sénéchal*** *(plan B-C1),* l'une des plus anciennes bâtisses d'Agen. Édifiée au XIVe s, avec 4 grandes fenêtres ouvragées.
La ***rue des Cornières*** et la ***place des Laitiers,*** bordées toutes 2 d'arcades d'aspect hétérogène et d'époques diverses, sont le cœur de la vie commerçante depuis le Moyen Âge. Plusieurs maisons à colombages. Les percées haussmanniennes du XIXe s (boulevards Carnot et de la République) ont un peu bouleversé l'ordonnance médiévale en recentrant la vie commerçante autour de ces axes. D'intéressants immeubles au style Art déco se succèdent. Voir la façade de celui des *Galeries Lafayette* (boulevard de la République) et, au 92, boulevard Carnot, une construction qui évoque presque le fameux *Flat Iron* new-yorkais.

Le musée des Beaux-Arts (plan B2) **:** *pl. du Docteur-Esquirol. ☎ 05-53-69-47-23. • musee-agen.fr • Tlj sauf mar 11h-18h (nov-mars 11h-17h en sem, 14h-18h le w-e). Nocturnes le 2e jeu du mois, jusqu'à 21h. Fermé j. fériés sauf 14 juil et 15 août. Entrée : 6 € ; gratuit moins de 18 ans et étudiants moins de 26 ans. Visites guidées thématiques sur résa. Tablette pour la visite 1,50 €.*
Un des très beaux musées du Sud-Ouest, installé depuis 1876 dans 4 superbes hôtels particuliers de la Renaissance ouverts sur de magnifiques cours intérieures. Cet écrin abrite des collections qui couvrent presque toute l'histoire de l'art, de la Préhistoire à nos jours. Une originalité amusante : dans chaque salle, une œuvre contemporaine illustre, reproduit ou exagère un détail d'une œuvre exposée.
– ***Section archéologique :*** au sous-sol, dans les anciennes prisons de la ville, exposition de minéraux, silex préhistoriques... Au rez-de-chaussée, collection d'objets d'origines celtique et gallo-romaine en provenance de sites lot-et-garonnais. Mosaïque des thermes d'Agen, sarcophages, antiquités romaines dont la célèbre *Vénus du Mas,* l'une des pièces maîtresses du musée.
Également une belle collection d'archéologie orientale de la donation Camille-Aboussouan, qui évoque le quotidien des grandes civilisations de Méditerranée proche-orientale, de l'âge du bronze (3200 av. J.-C.) aux croisades du XIIe s. Tablettes cunéiformes, vases, figurines et sculptures décoratives ou votives, poteries, monnaies... composent l'ensemble. Émouvante tête d'homme provenant du site de Palmyre, en Syrie. Dans la salle médiévale, remarquable et très rare cheminée romane du XIe s.

DIS-MOI QUI EST LA PLUS BELLE

Nommée ainsi car découverte dans un champ du Mas-d'Agenais, la Vénus du Mas date du Ier s apr. J.-C. et représenterait Vénus sortie des eaux. Elle n'a ni bras ni tête, mais la grâce et la sensualité de son déhanché au voile drapé mouillé illustrent parfaitement les canons de beauté de l'Antiquité gréco-romaine. Canons qui définissent les proportions idéales du corps humain en 8 fois la hauteur totale de la tête.

Magnifique escalier à vis du XVIe s de l'hôtel de Vaurs, menant à la ***section peinture.*** Toiles des écoles française et flamande des XVIe et XVIIe s, *Nature morte* de Van Noort (XVIIe s), portraits de Corneille de Lyon. Et surtout, les 5 chefs-d'œuvre de **Goya** : *Autoportrait, Scène de caprices, Le Ballon, Portrait équestre de Ferdinand VII* et *La Messe de relevailles. L'Autoportrait* a connu bien des péripéties : d'abord, l'artiste s'est peint avec un stylet dans la main alors qu'il tenait, à l'origine, un bouquet de pinceaux. Un repentir qui pourrait correspondre à la période où Goya fut nommé peintre du roi, prenant ainsi un statut d'artiste et non plus d'artisan. Ensuite, le tableau fut découpé (on aperçoit encore la découpe tout autour) et volé dans les années 1950. 6 mois plus tard, il réintégrait les collections de ce musée... Autre curiosité, *La Messe des relevailles* dont la préparation rouge apparaît en raison de l'usure de la couche picturale. On distingue nettement, en haut à droite du tableau, un personnage féminin dans une taverne, qui serait l'œuvre d'un peintre hollandais... Goya réutilisait très fréquemment les toiles. Il n'y a pas de petites économies !

– Dans la ***section XVII*e s** *(1er étage)* : une huile sur toile du fils du Tintoret retrouvée dans un triste état dans les réserves, à l'occasion d'un inventaire. Cette œuvre de la Renaissance vénitienne est exposée là en version restaurée, accompagnée de documents illustrant la campagne de restauration. Collections de faïences (plats de Bernard Palissy, vases d'Auguste Rodin), avec notamment une ancienne pharmacie.

– ***Peinture du XVIIIe s*** *(1er étage)* **:** *Portrait d'un jeune homme* de Greuze, puis, parmi les plus belles pièces du musée : *Jugement de Pâris, Portrait du comte de Toulouse* (le fils de Louis XIV et de madame de Montespan) de François de Troy, *Natures mortes* d'Oudry, superbe portrait de la comtesse du Barry, favorite de Louis XV.

– ***Section XIXe s*** *(1er et 2e étages par un autre escalier, fermés pour travaux en 2022 – une sélection est présentée salle des faïences au 1er étage)* **:** *Portrait d'homme* attribué à Courbet, *Étang de Ville-d'Avray* de Corot, 2 *marines* d'Eugène Boudin, *La Matinée de septembre* de Sisley. Également un fonds important d'œuvres du Roumain Nicolae Grigorescu, artiste de l'école de Barbizon, surnommé, dans son pays, le « Renoir roumain ». Depuis fin 2021, une nouvelle salle dédiée à Louis Ducos du Hauron (Langon 1837-Agen 1920), inventeur des procédés modernes de la photographie couleur, est accessible au 2e étage sur réservation.

– ***Section XXe s*** *(2e étage de l'hôtel de Monluc, fermé pour travaux en 2022 – une sélection d'œuvres est présentée en salle des faïences)* **:** salle consacrée à Roger Bissière. Peintre né dans le Lot-et-Garonne, il a appartenu à l'école de Paris et a touché à différents styles parmi lesquels le cubisme, la figuration, l'art non figuratif. Nombreuses œuvres où l'on sent ces influences. Puis Henri Lebasque qui lorgne du côté des impressionnistes, à mi-chemin entre Renoir et les pointillistes. De Picabia, *Bord du Loing, Effet d'automne.*

– ***Section Lalanne, Docteur-Esquirol et Lèbe*** *(2e étage, hôtel de Vaurs)* **:** en reprenant l'escalier à vis du 1er étage, on accède à d'autres salles pour apprécier les sculptures et gravures de François-Xavier et Claude Lalanne, cette dernière étant notamment l'auteure de *L'Homme à la tête de chou,* qui inspira Serge Gainsbourg. Également décorateurs, ils ont réalisé cet impressionnant minotaure en fer, à la fois meuble et coffre-fort (énorme tiroir dans le ventre de l'animal).

De nombreuses autres œuvres sont exposées dans la salle du Docteur-Esquirol : *Charles IX* et *Élisabeth d'Autriche* de Clouet, *Portrait en grisaille* de Van Dyck, superbe *Vierge à l'Enfant* de Philippe de Champaige. Belle collection d'objets asiatiques. Juste à côté, une salle abrite une collection consacrée au céramiste Pierre Lèbe (1929-2008) : sobres pièces de porcelaine et de grès inspirées par la céramique japonaise ; également ses dessins et tapisseries, inséparables du reste de sa création.

♥♥ ***Notre-Dame-du-Bourg*** *(plan C2)* **:** *rues Montesquieu et des Droits-de-l'Homme.* Belle chapelle en brique du XIIIe s. Mur-clocher. Sur le côté, voûte décorée de médaillons. Jolis chapiteaux dans les bas-côtés.

♥ ***Le théâtre municipal Ducourneau*** *(plan B2)* **:** massive construction de 1906. Bâti en ciment armé, le théâtre fut l'un des 1ers édifices incombustibles... et sa 1re pierre fut posée par un enfant du pays, le « célèbre » Armand Fallières, futur président de la République (tout de même !).

À l'angle des ***rues Voltaire*** et ***Richard-Cœur-de-Lion,*** belle demeure penchée à pans de bois. À 2 pas, ***rue Beauville,*** l'un des ensembles médiévaux de la ville les mieux conservés et restaurés : série de maisons en encorbellement, à colombages et à fin remplage de brique.

L'église des Jacobins *(plan B2)* **:** *21-25, rue Richard-Cœur-de-Lion. Ouv seulement à l'occasion d'expos temporaires organisées par le musée des Beaux-Arts. Horaires et tarifs variables selon expo ; plus d'infos sur • musee-agen.fr •* Seul vestige de l'important couvent des Dominicains. Construction du XIIIe s en brique et piliers en pierre. Elle est la mémoire des grands événements de la ville. En 1279, Philippe le Hardi y restitua l'Agenais aux Anglais. Détruite pendant les guerres de Religion, puis reconstruite. En 1561, l'église devint le quartier général des huguenots, puis servit de prison sous la Terreur. Rénovée, elle possède à l'intérieur d'intéressantes fresques gothiques en trompe l'œil, des baies trilobées du XIVe s et de beaux volumes. Son plan à 2 nefs, peu courant en France, était destiné à réunir un maximum de fidèles. C'est aujourd'hui l'annexe du musée des Beaux-Arts pour des expos temporaires de qualité.

Les jardins du Gravier *(plan A-B2)* **:** chantée par le poète Jacques Boé alias Jasmin (ami de Frédéric Mistral), cette grande esplanade des bords de Garonne reste l'une des promenades favorites des Agenais. Marché le samedi matin et parking les autres jours.

La passerelle piétonne sur la Garonne *(plan A2)* **:** elle part des jardins du Gravier pour rejoindre Le Passage sur l'autre rive. Longue de 175 m, elle affiche une architecture moderne et, le soir, offre aux passants un beau coucher de soleil sur la Garonne et la ville. En aval, le Pont-Canal sur toute sa longueur.

La tour de la Poudre *(plan B2)* **:** vestige de l'enceinte du XIVe s.

Le Pont-Canal *(plan A1)* **:** *accès piéton depuis le haut de l'av. du Général-de-Gaulle (en direction de Bordeaux).* Construction singulière sur 23 arches, réalisée entre 1839 et 1843 pour permettre au canal latéral de la Garonne de la franchir (il n'est donc plus latéral ici, mais perpendiculaire !). 2e plus long de France après celui de Briare (Loiret), il s'étend sur 580 m et fut édifié en pierre de taille. Il se trouve à 10 m au-dessus de la Garonne, et 4 écluses automatiques assurent une dénivellation de 15 m. Il perd environ 2 000 m^3 d'eau par an (on la voit suinter le long des piliers). Classé Monument historique depuis 2003. On trouve 2 autres ponts semblables en France : à Bar-le-Duc (Meuse) et à Barberey-Saint-Sulpice (Aube). Celui d'Agen échappa de peu à la destruction lors de la grande crue de 1930. L'eau baissa subitement alors qu'était prise la décision de le faire sauter pour permettre aux troncs d'arbres qui buttaient sur les arches de passer. Ouf ! Depuis le chemin de halage qui traverse le pont, vue rigolote d'un cours d'eau qui en traverse un autre.

À faire

Randonnées pédestres **:** 4 itinéraires balisés (vert, bleu, rouge et noir, selon niveau de difficulté) et circuits d'interprétation du paysage parcourent le coteau de l'Ermitage. Départs depuis la passerelle qui enjambe la voie de chemin de fer à droite de la gare. *Fiches détaillées et plans en téléchargement gratuit sur : • rando.tourisme-lotetgaronne.com •*

Manifestations

– ***Festival Les Folies Vocales*** **:** *sur 3 sem en mai. • foliesvocales.com •* Musiques vocales sous toutes ses formes.

– ***Les Fêtes d'Agen, Pruneau Show :*** *dernier w-e d'août. Rens : ☎ 05-53-69-47-47 (mairie) ou à l'office de tourisme.* • *grandpruneaushow.fr* • Concerts gratuits, animations, marché gourmand, dégustations... Autour de 30 000 personnes chaque année. Festif et convivial.

DANS LES ENVIRONS D'AGEN

La Villa : *à env 6 km d'Agen. Lieu-dit Lamarque, 47240* ***Castelculier.*** *☎ 05-53-68-56-00 (mairie). Tlj 9h30-17h30. GRATUIT. Site en visite libre.*
Dans les années 1970, un agriculteur tombe sur une statue de Minerve en labourant son champ. À la suite de cette découverte, des sondages archéologiques confirment qu'il s'agit d'une des villas les plus imposantes de la Gaule. En 2007, le site d'interprétation de Villascopia ouvre ses portes, pour les refermer en 2020 pour des raisons financières. Le bâtiment du centre d'interprétation est devenu un lieu événementiel. Mais on peut toujours visiter librement le jardin archéologique et les vestiges des thermes, qui témoignent, de par leur taille, de l'importance de la région à l'époque gallo-romaine. Les parties du IVe s représentant l'apogée de l'architecture des villas gallo-romaines sont bien visibles. En suivant un parcours ponctué de panneaux d'informations historiques (non dénués d'humour), on découvre le péristyle, la palestre, le *frigidarium* (la salle froide), le *tepidarium* (salle tiède) et le *caldarium* (salle chaude). La pièce la plus spectaculaire reste celle dite « sur hypocauste », avec son réseau de chauffage par le sol ! Ou encore les latrines « communes » ! Les colonnes ont été en partie reconstituées, les murets surélevés pour bien définir les différents espaces mais il faut tout de même faire preuve d'imagination pour visualiser l'ensemble.

Le parc Walygator Sud-Ouest et Aqualand Agen : *château de Caudouin, 47310* ***Roquefort.*** *☎ 05-53-96-58-32.* • *walygatorparc.com* • *À env 3,5 km à l'ouest d'Agen, après la Garonne. Accès par l'A 62 (Bordeaux-Toulouse), sortie n° 7 Agen ; bien indiqué. Navette (payante) en été au départ du centre-ville, près de l'office de tourisme (☎ 05-53-47-36-09). De mi-juin à fin août, tlj 10h30-18h ; d'avr à mi-juin et sept-oct, seulement les w-e et ponts. Entrée : 26 € ; 4-10 ans 21,50 €. Parking 5 €. Billet combiné avec Aqualand : 39 € ; enfants 33 €.*
L'incontournable parc de loisirs pour occuper les bambins (et toute la famille), avec ses nombreuses attractions et spectacles dans les airs, sur les eaux... Grand 8, bateau pirate, *aquachutes,* balades en voitures d'antan. À coté, *Aqualand* propose sur plus de 5 ha une vingtaine de toboggans géants, une rivière artificielle, une piscine à vagues et d'autres attractions rafraichissantes. Au milieu, un château du XVIIIe s abrite un resto avec buffet à volonté, à la cuisine travaillée. Beaucoup de monde en été : venir tôt, dès l'ouverture.

ASTAFFORT (47220) 2 080 hab. *Carte Lot-et-Garonne, C4*

Petite ville du pays du Brulhois, à l'extrême sud du département et à la frontière du Gers, qui présente la particularité d'avoir vu grandir sur ses terres un certain Francis Cabrel, une des figures de la chanson française. Toujours impliqué dans la vie locale, ce bon Francis y produit un vin de qualité (le Domaine du Boiron) et organise plusieurs fois par an (au printemps et à l'automne) les *Rencontres des Voix du Sud,* réunion de jeunes musiciens qui proposent en fin de session un concert au public *(rens auprès des Voix du Sud : ☎ 05-53-67-16-52 et* • *voixdusud.com* •*).*

Adresse utile

Destination Agen – Accueil touristique d'Astaffort : *rue du Vert. ☎ 05-53-67-13-33. • destination-agen.fr • Ouv juin-sept, lun-mar et jeu 9h-12h, 14h-17h, ven 9h-12h ; plus mer mat oct-mai. Fermé le w-e.*

Où dormir ?

Où manger à Astaffort et dans le coin ?

Camping

Domaine de Cavailla : *La Platine, 47220* ***Marmont-Pachas.*** *☎ 05-53-96-69-09. 06-60-65-72-41. • domainedecavailla@gmail.com • domainedecavailla.com • À 9 km au nord-ouest d'Astaffort. Ouv d'avr à fin oct (tte l'année pour le chalet). Forfait pour 2 avec tente et voiture 15 €. Roulotte et tente en bois 75-110 €/nuit pour 3-6 pers ; chalet 5 pers 125 €/nuit avec piscine privative (juil-août à la sem seulement). Possibilité de petit déj 8,50 € et dîner 17,50 € sur résa.* Petit camping à la ferme (6 emplacements seulement !) qui s'enfonce tout en longueur dans un vallon aux versants boisés. Ferme équestre, location de poneys et d'ânes de bât. Très champêtre ! Les soirs d'été, Edgar fait son cinéma en plein air sur écran géant. Vous pouvez apporter vos DVD.

De bon marché à prix moyens

L'Accent : *3, av. d'Agen. ☎ 05-53-66-04-79. • contact@laccentrestaurant.com • laccentrestaurant.com • À l'entrée du bourg en arrivant d'Agen. Resto ouv tlj sauf dim soir-lun. Congés : 3 sem de fin oct à mi-nov. Doubles 55-65 €. Menus 18 € (déj en sem), puis 32 € ; carte 30-35 €.* Une petite auberge que l'on dirait de passage, avec 6 chambres coquettes (certaines avec balcon, sur l'arrière... car il y a de la circulation). On vous recommande l'adresse surtout pour sa table d'inspiration gastro au choix varié de plats régionaux ou non. Et si le resto s'appelle *L'Accent,* c'est parce que le chef est le seul à ne pas en avoir ici, puisqu'il vient de Paris (le sien est plutôt pointu !).

LE LOT-ET-GARONNE

DANS LES ENVIRONS D'ASTAFFORT

Le long de la ***route des coteaux de Gascogne*** (indiquée) se succèdent de beaux monuments d'art roman, et de petits ***villages*** dispersés sur les nombreuses collines de ce pays qui rappelle certains paysages de Toscane (dans une certaine limite, tout de même !).

LAYRAC *(47390)*

À 8 km au nord d'Astaffort. Plaisante et paisible bourgade, construite sur une colline en surplomb du Gers, qui abrite l'impressionnante ***église Saint-Martin*** que consacra le pape Urbain II en 1096. ***Place du Royal,*** agréable point de vue sur la vallée du Gers et l'arrière de l'église. Cet ouvrage de style roman date des XIe et XIIe s et possède un dôme du XVIIIe s particulièrement hardi. Sur la façade principale se distinguent de remarquables chapiteaux, sculptés de monstres et démons imbriqués les uns dans les autres. À l'intérieur, imposants autel et retable de marbre et rare mosaïque romane restaurée représentant Samson terrassant le lion. Le bourg est composé de ruelles, placettes et de lavoirs anciens. Ne pas manquer la place Jean-Jaurès, rénovée et entourée d'arcades, dont l'atmosphère plonge le visiteur quelques siècles en arrière.

– **Infos :** *Destination Agen – Accueil touristique de Layrac, 8, pl. du 11-Novembre. ☎ 05-53-66-51-53. ● destination-agen.fr ● Mar et jeu-ven 9h-12h30 et 14h-17h.* Organise des visites guidées payantes du centre historique le mardi à 10h en juillet-août.

À faire

Cellier du Brulhois : *lieu-dit Goulens, N 21. ☎ 05-53-87-01-65. ● vignerons dubrulhois.com ● De juil à mi-sept, tlj sauf dim-lun mat 9h-12h, 14h30-19h ; de mi-sept à juin, tlj sauf dim-lun 9h-12h, 14h-18h. Dégustation de vins dans le noir sur résa : 15 €.* Déguster les produits de la jeune AOC côtes-du-brulhois (2011) en terroir de « vin noir ». Approcher ce vignoble adulé par les Anglais au XIVe s, morcelé entre 3 départements et ensuite perdu dans l'oubli post-révolutionnaire. Résurrection sur les coteaux de Graves qui apportent puissance et typicité aux merlot, cabernet, tannat, abouriou, fer servadou ou malbec. Au pays du « noir », les rouges peuvent être légers et fruités, les blancs et les rosés charmeurs ! Ronds, fruités, secs ou doux, ils se font même « Grain d'Amour » ou « Amour en bulles »... La coopérative réunit 95 % des vignerons de l'appellation, les 5 % restant travaillent pour le domaine de Francis Cabrel.

MOIRAX (47310)

À 13 km au nord d'Astaffort et 10 km au sud d'Agen. Sur la route de Saint-Jacques-de-Compostelle, charmant village isolé avec l'un des plus beaux prieurés romans de la région (XIe s). D'ordre clunisien, ***Notre-Dame-de-Moirax*** (seul vestige du prieuré), grand vaisseau rectangulaire, affiche un intérieur sobre, une remarquable façade et un mur-clocher couvert. Riches baies décorées sur le côté et au-dessus du porche. À l'intérieur, stalles du XVIIe s, intéressants chapiteaux où dominent les animaux : fauves, oiseaux, etc. ; également une scène de la Tentation et de saint Michel terrassant le dragon.

Où manger chic ? Où dormir dans le coin ?

Auberge Le Prieuré : *4, Grand-Rue, dans le bourg de Moirax. ☎ 05-53-47-59-55. ● aubergeleprieure@orange.fr ● Fermé dim soir-mar. Congés : 1 sem en fév et 2 sem à la Toussaint. Résa indispensable. Formules déj sauf dim 33 € (39 € avec verre de vin et café) ; menus 68-89 €.* Cet adorable village cache une excellente table, tenue par un couple ch'ti. Dans leur modeste maison d'une vingtaine de couverts (plus la terrasse ombragée aux beaux jours), Agathe et Benjamin accueillent en amis. Le chef, étoilé, révolutionne les mets par l'alliance de touches exotiques, fruitées et de surprenantes associations. Techniques de cuisson maîtrisées, présentation soignée. Un sacré boulot, relayé par la douce Agathe au service. La créativité a un prix, mais on ne se lasse pas de cette audace gastronomique. Également un joli jardin entouré de vieilles pierres et ombragé par de beaux catalpas.

Tima Zen Lodges : *5, rue des Écoles, 47310* ***Aubiac.*** *06-80-16-03-17. ● timazen@timazen.com ● timazen.com ● À 5 km à l'ouest de Moirax. Congés : vac scol de Noël. Doubles 84-125 €. Oct-avr, réduc de 10 % sur le prix de la chambre sur présentation de ce guide.* Dans un calme hameau en pleine campagne, 3 lodges de grand confort, bardés de bois, répartis dans un petit jardin paysager avec piscine, sauna et cuisine d'été à partager. Tous avec terrasse, déco thématique soignée, clim, douche à l'italienne, kitchenette... de vrais petits cocons pour les tourtereaux ! Un bon point d'ancrage pour rayonner.

LAPLUME (47390)

À 12 km à l'ouest d'Astaffort. Cette ville promontoire dominant la région sur presque 360°, capitale du Brulhois jusqu'à la Révolution, malheureusement reconnaissable de loin par son château d'eau en béton, possède une belle et surprenante église Saint-Barthélemy à l'imposante tour-clocher du XVIe s (possibilité de visite de l'église sur demande à la mairie). Également des fontaines et des lavoirs du XVIIIe s à découvrir au fil d'une agréable petite balade.

CAUDECOSTE (47220)

À 11 km au nord-est d'Astaffort (par Cuçq) et 18 km au sud-est d'Agen. Fondé au Xe s, autrefois appelé *Calda Costa,* Caudecoste doit son nom à sa position élevée. Nombreuses maisons à pans de bois à potelets, colombages en croix de Saint-André, façades badigeonnées au lait de chaux ou en brique et pierre enduite, etc. L'une des maisons près de la mairie possède encore un poste de guetteur sur le toit. La base de loisirs propose de nombreuses activités : minigolf, pêche, kart...

BEAUVILLE (47470) 570 hab. *Carte Lot-et-Garonne, D3*

À environ 30 km à l'est d'Agen, la cité de Beauville, perchée sur son promontoire, impressionne. Construite selon les règles d'une bastide, la cité apparaît, de la route de Laroque-Timbaut, accrochée tout là-haut et semble fusionner avec la roche. Place centrale à arcades et plusieurs maisons à colombages. Église du XIVe s avec clocher-porche. Belle porte Renaissance.
Ne pas manquer le point de vue sur le vallon de la Garenne depuis le belvédère du château ou celui sur la vallée de la petite Séoune du jardin des Indiens, juste avant.

Adresse et infos utiles

Office de tourisme : *pl. de la Mairie. ☎ 05-53-47-63-06. • tourisme-paps.fr • Pour les horaires, appeler ou consulter le site internet. Bureau d'accueil à **Puymirol** en juil-août seulement mar-ven 9h30-12h30 (fermé sam-lun). ☎ 05-53-95-95-19.* Demander le livret des 6 circuits de randonnée en boucle.

– **Marchés :** *juil-août, dim mat (marché fermier), ven à partir de 19h30 (marché nocturne avec animation musicale). **Marché de Saint-Maurin** mer soir en juil-août à partir de 19h (animations musicales). **Marché de Puymirol,** nocturne avec animation musicale, sam en juil-août à 19h.*

Où dormir ? Où manger dans les environs ?

Camping

Camping Les Deux Lacs : *☎ 05-53-95-45-41. • campingles2lacs@gmail.com • les2lacs.com • ♿ À 800 m (sur la droite) à la sortie du village, direction Bourg-de-Visa. Ouv avr-oct. Forfait tente 18,50-26,50 €. Loc de chalets, mobile homes et bungalows toilés.* Joli camping de 22 ha, au sein d'un vallon ombragé et bordant 2 grands lacs. Emplacements délimités par des haies. Domaine parfaitement entretenu. Ce camping, tenu par des Néerlandais francophones, est très plaisant. Ambiance familiale et nombreuses activités sur place : baignade dans le lac, kayak, pêche, paintball, randonnées pédestres organisées et jeux pour les enfants. Resto-snack en saison. Piscine chauffée.

De bon marché à prix moyens

Auberge de la Poule à Vélo : *645, route du Canal, lieu-dit Mouynes, 47270* ***Saint-Jean-de-Thurac.*** *☎ 05-53-68-41-17. 06-27-50-01-30. • lapouleavelo@live.fr • lapouleavelo.fr • (resto). Resto fermé mar soir-mer ; hors saison, fermé lun-mer et le soir (sauf pour les résidents). Fermé de nov à fin mars. Chambre avec petit déj 80 € pour 2 pers et 112 € pour 4 pers. Menu et table d'hôtes 25 €. Apéritif offert sur présentation de ce guide.* Aménagée dans une ancienne maison éclusière, une adresse champêtre et bucolique à souhait ! On se pose avec plaisir, motivé par la perspective de reprendre des forces avec une cuisine simple, des plats copieux (certaines entrées en grand format) à base de produits du coin, accompagnés d'un verre de vin régional. À l'étage, 2 chambres joliment aménagées et plaisantes (salle de bains, clim). Possible aussi de planter sa tente *(4 empl., 5 €/j.)* le long du canal. Une adresse fort sympathique, avec terrasse en bord d'écluse. Sourires en prime.

Le Madyg : *7-9, pl. du Maréchal-Leclerc, 47270* ***Puymirol.*** *☎ 05-53-68-38-59. Mar-sam 8h-19h. Menu 16 € midi en sem ; carte env 20 €.* Sur la belle place centrale du bourg, le petit resto-bar-épicerie qui entretient la vie dans ces petits villages désertés. Copieux menu et bonne cuisse de canard confite à déguster sous les arcades.

LE LOT-ET-GARONNE

DANS LES ENVIRONS DE BEAUVILLE

PUYMIROL *(47270)*

À 17 km au sud de Beauville par la D 215 (direction Agen). Puymirol fut le siège de grandes foires dès le XIIIe s. Cette impressionnante bastide se distingue de loin, installée sur son éperon rocheux à 153 m d'altitude. Afin de lutter contre les prétentions du roi de France, c'est Raymond VII, comte de Toulouse, qui fonde la « ville nouvelle » en 1246, pour la développer. D'emblée, l'aînée des bastides du pays de l'Agenais a une vocation militaire. Un château la défendait et une enceinte, détruite sur ordre de Louis XIII, renforçait les défenses naturelles du site. Désormais, ce plaisant village aligne de belles et riches maisons anciennes du XVe s, des hôtels particuliers des XVIIe et XVIIIe s, et une Grand-Place carrée à cornières, avec son ancienne halle aux grains et ses arcades. L'église, détruite par les guerres de Religion, fut reconstruite et présente encore un beau porche du XIIIe s. Par ailleurs, Puymirol abrite une des tables les plus célèbres du département avec le resto gastronomique de Michel Trama, *L'Aubergade.* Pour les routards fortunés !

CLERMONT-SOUBIRAN *(47270)*

À 20 km au sud de Beauville, par Puymirol, puis Saint-Urcisse. Petit village paisible au sommet d'une colline offrant un panorama de monts parsemés de prés et de forêts. En revanche, en regardant vers l'est, on tombe sur les tours fumantes de la centrale nucléaire de Golfech... Tout en haut, la chapelle Notre-Dame-d'Aurillac, avec son mur-clocher et, à côté, un petit château privé. Quelques ruelles fleuries en saison.

– Pour les amateurs de vins, une visite s'impose au ***château Labastide Orliac*** (dans la montée vers le village). *06-08-69-02-27. • labastide-orliac.com • Juil-août, tlj 9h-18h ; sept-juin sur rdv. GRATUIT.* Propriétaires-récoltantes, Catherine et Isabelle Orliac, les « 2 Sœurs en Aquitaine », font déguster leur réserve en AOC brulhois rouge et leur tendre rosé, ainsi qu'un apéritif à base de vin « secret de famille ». Le tout dans un site plein d'histoire et de caractère. De là, jolie vue sur le village et le clocher de l'église.

SAINT-MAURIN (47270)

À 15 km au sud de Beauville par la D 122 (direction Bourg-de-Visa), puis la D 30. Encore un village hors du temps, qui doit son nom à un martyr venu se réfugier ici auprès d'un ermite et finalement décapité à Lectoure (Gers). Il est à l'origine de nombreux miracles. Beaucoup de charme. Pittoresque place centrale avec ses maisons à colombages, sa halle du XVIIe s, son vieux puits, les vestiges de l'abbaye et la tour du château abbatial.

Le musée de l'abbaye de Saint-Maurin (Anciens Métiers et Vie quotidienne au début du XXe s) : *juil-août, ouv tlj sauf mar 15h30-19h ; le reste de l'année, sur rdv pour les groupes. ☎ 05-53-95-31-25 (mairie). • abbayedesaintmaurin@orange.fr • amisabbayesaint-maurin.fr • Tarif : 2,50 € ; gratuit moins de 12 ans.*
Musée ethnographique installé dans les caves de l'abbaye, conçu par les habitants, qui ont ratissé à tout-va pour récupérer des objets de la vie quotidienne d'autrefois : « chèvre » du charpentier, vieux tour à bois, outils agricoles, ustensiles domestiques. À noter que des tombes de moines du XIIIe s y ont été découvertes. Une salle retraçant la vie familiale est aménagée dans le donjon, avec un curieux sèche-layette.
Dans la chapelle Saint-Benoît voisine, une ***maquette de l'abbaye*** qui fut vendue comme bien national en 1796 et servit également comme carrière de pierre. Dès le VIe s existait un lieu de culte dédié à saint Maurin, puis l'église abbatiale fut consacrée en 1097 (c'est écrit dessus) avant d'être plusieurs fois détruite (croisade contre les Albigeois ; par les Anglais au XIVe s ; par les huguenots). Une belle curiosité : l'ancienne école laïque nichée dans le chœur de l'abbatiale.
Contourner le pâté de maisons par la droite pour admirer l'intérieur du chœur qui servait de préau aux écoliers. Noter les 2 superbes chapiteaux évoquant l'histoire de saint Maurin. Sur l'un d'eux, le saint homme se fait décapiter ; sur celui d'en face, il s'en va, la tête sous le bras, tel un baluchon.

À voir également, l'***église Saint-Martin-d'Anglars,*** toute proche, qui date du XIIIe s.

LAROQUE-TIMBAUT

(47340) 1 650 hab. *Carte Lot-et-Garonne, C3*

À 14 km au nord-est d'Agen, ce village n'a pas changé depuis le temps des chevaliers ! On vient pour sa vieille halle à charpente de bois du XIVe s, montée sur quelques piliers de pierre bien usés, pour ses maisons anciennes. Sur la place de la Halle, une étonnante statue de métal de Gertrude Schoen, intitulée *Le Messager de l'An 2000,* accueille le visiteur. Juste à droite, sous la tour de l'Horloge, la rue du Lô, la plus vieille ruelle du village, musarde entre basses demeures et rochers. Elle se poursuit par

un chemin qui s'en va faire l'école buissonnière dans la nature. Au pied du village, la chapelle Saint-Germain, un endroit bucolique à souhait pour pique-niquer.
– ***Marché :*** *jeu mat.*

Où dormir dans le coin ?

Chambres d'hôtes Las Turasses : *47340* ***Cassignas.*** *06-17-60-82-21. • lasturasses@orange.fr • lasturasses.pagesperso-orange.fr • De Laroque-Timbaut, prendre la direction de Penne-d'Agenais ; 2,5 km plus loin, au niveau de la chapelle, bifurquer à gauche, c'est à 500 m. Ouv tte l'année. Double 66 €. Apéritif maison offert sur présentation de ce guide. CB refusées.* Nathalie a fait le choix d'une nouvelle vie, loin de Saint-Barth, aux Antilles, où elle travaillait dans l'hôtellerie. Au sein de son exploitation agricole de vaches à viande, elle continue à accueillir ceux qui recherchent calme et repos. Belles chambres restaurées avec goût, 2 sous les combles de son habitation, la 3e à l'écart et à l'entrée indépendante. Pas de plage bordée de cocotiers et de sable blanc, mais une piscine.

Chambres d'hôtes du Domaine de Bernou : *lieu-dit Bernou, 891, route des Cèdres, 47340* ***La Croix-Blanche.*** *06-21-40-23-92 ou 06-17-36-50-32. • info@domainedebernou.com • domainedebernou.com • À 8 km à l'ouest de Laroque-Timbaut. Doubles 88-128 € (dégressif à partir de 3 nuits). Sur résa, table d'hôtes 30 €. Réduc de 10 % sur le prix de la chambre hors saison sur présentation de ce guide.* Sophie et Jean-Pascal ont quitté leur Belgique natale pour s'installer dans cette grande propriété de 25 ha, où ils élèvent des chevaux. Dans la maison de maître du XVIIIe s, perdue dans son parc, des chambres de goût accueillent les visiteurs avec hauts plafonds et vastes salles de bains. Certaines bénéficient d'une vue remarquable sur les coteaux. Le calme est absolu. Accueil chaleureux, repas raffinés (madame est un fin cordon-bleu), piscine et nombreux jeux pour enfants. Un endroit où il fait bon vivre plusieurs jours. Ils ont aussi leur propre brasserie sur place, la *Brasserie des Cèdres* que l'on peut visiter (*06-73-94-68-10 ; juin-août, tlj 10h-19h ; sept-mai, tlj sauf dim 15h-18h).*

À voir

Le musée Gertrude-Schoen : *pl. de la Halle. ☎ 05-53-95-71-36 (mairie). • assoc.amgs@gmail.com • (rdc seulement). Visite sur résa. GRATUIT.* Présentation de statues et sculptures de celle qui fut une élève de Zadkine dans les années 1950 et qui privilégie les matériaux tels le métal, l'inox et l'acier dans ses créations. Également des expos temporaires.

DANS LES ENVIRONS DE LAROQUE-TIMBAUT

FRESPECH (47140)

À 8 km au nord-est de Laroque-Timbaut. Minuscule village fortifié où tout est concentré autour de l'adorable chapelle romane (XIe s) dont le toit est en écailles de poisson. Nobles demeures avec fenêtres à meneaux, tourelles, vestiges de remparts du XIIIe s, anciennes portes de ville. Au pied de la chapelle, 3 anciennes mesures à grains. Pour un petit voyage dans le temps plein de charme et de caractère… On l'ignore, mais le catharisme s'est implanté par ici, avant d'être repoussé plus au sud-est par Simon de Montfort, et d'y finir lors du siège de Montségur en Ariège, de sinistre mémoire.

À voir. À faire

Le musée du Foie gras : ferme de ***Souleilles.*** *☎ 05-53-41-23-24. • souleilles-foiegras.com • Bien fléché de partout ! Juil-août, tlj 10h-19h ; hors saison, lun-sam 10h-19h, dim et j. fériés 15h-19h (janv-mars, jusqu'à 18h). Fermé 1er janv, dim en janv et 25 déc. Entrée : 5 € ; gratuit moins de 12 ans. Juil-août, « découverte des secrets du foie gras » mar-mer à 10h30 sur résa (12 €) : visite guidée de la ferme et du musée suivie d'une démonstration de cuisine. En été, marché paysan ven 9h-14h. Dégustation et vente des produits de la ferme. Aires de pique-nique et de jeux pour les enfants.* Yves et Geneviève, occitans et fiers de l'être, ont la passion du terroir et de leur travail dans cette ferme familiale. Sur leur exploitation de production de foie gras, ils ont aménagé un espace et un musée (entièrement isolé en plumes de canards) dédié à ce délice vieux de 4 500 ans, déjà connu des Égyptiens. En visite libre (ou guidée lors des animations « découverte des secrets du foie gras »), il suffit de suivre le balisage pour observer, à travers des vitres, les canetonnières, salles de gavage (se déroule vers 17h, sauf en janvier et juin), salles d'abattage, de plumage (très tôt le matin !), atelier de transformation. Le parcours est jalonné de bornes interactives et ludiques. Dans le musée, toute l'histoire du foie gras, objets anciens, etc. En marge de la visite, Yves répond à toutes les questions avec passion et conviction. Bref, de quoi s'occuper une bonne demi-journée !

LE LOT-ET-GARONNE

Fêtes et manifestations

Elles ont toutes lieu à la ferme de Souleilles.
– ***Journées gourmandes de Pâques :*** *w-e de Pâques.* Nombreux producteurs, démonstrations, etc.
– ***Fèsta occitana :*** *2e ven d'août.* Marché en journée et bal occitan gratuit en soirée.
– ***Grande fête du Foie gras :*** *w-e de la Toussaint.* Même principe que les Journées gourmandes de Pâques.

CASTELLA *(47340)*

À 10 km au nord-ouest de Laroque-Timbaut. On vient ici pour ses 2 grottes.

Les grottes de Lastournelle : *à env 4,5 km au nord-ouest de Castella, 47300* ***Sainte-Colombe-de-Villeneuve.*** *☎ 05-53-40-08-09 ou 06-63-88-90-60. • grotte-de-lastournelle.fr • Juil-août, tlj 10h-18h ; le reste de l'année, horaires variables (consulter le site). Visite guidée : 7,50 € ; 4-14 ans 5 €. Visite de la grotte à la lueur de la lampe de poche en juil-août ; 7 € ; résa obligatoire. Animations pdt les vac scol.* Nombreuses concrétions de calcite (stalagmites, stalactites et draperies), réparties le long de 7 salles, dont la plus importante reste celle dite « des Colonnes ». Snack, jeux extérieurs, balade boisée, aire de pique-nique.

Les grottes de Fontirou : *à 4 km à l'est de Castella. 06-32-92-99-13. • grottesdefontirou.wordpress.com • À 12 km au sud de Villeneuve-sur-Lot, sur la route d'Agen. Horaires variables, consulter le site internet. Entrée : 8 € ; 3-14 ans 6,50 €. Possibilité de restauration.* Elles comportent 7 salles (on en visite 5) chargées de concrétions de toutes formes. Dans l'une d'elles, une dent de *Machairodus* (tigre à dents de sabre) a été trouvée. Une visite à la fraîche les jours de grande chaleur, grâce aux 14 °C ambiants. N'oubliez pas votre petite laine !

Z'Animoland : *route des Grottes-de-Fontirou, 47340* ***La Croix-Blanche.*** *À 5 km au nord-est de Laroque-Timbaut. ☎ 05-53-41-24-07. 06-32-92-99-13. • z-animoland.com • Juin-août, tlj 10h-21h (18h juin) ; avr-mai et sept-oct, tlj pdt les vac scol, mer, w-e et j. fériés 10h-18h. Entrée : 11 € ; 2-13 ans 9 €.* Parc animalier au cœur d'un boisement peuplé d'animaux exotiques (chameaux, lamas, alpagas, moutons du Cameroun, etc.) ou plus classiques (animaux de ferme). Également plein de jeux : trampolines, jeux gonflables, karting à pédales, etc. Aire de pique-nique et snack. De quoi s'occuper une bonne demi-journée.

LA VALLÉE DU LOT

Doit-on encore présenter cette célèbre vallée et sa majestueuse rivière qui vient terminer son cours dans la Garonne, près d'Aiguillon ? Le Lot est sans doute l'une des plus belles rivières de France, et en grande partie navigable. Diversité des paysages, sites sauvages, richesse architecturale... C'est le long de cette partie de la vallée que s'étendent également les vergers de prune d'ente, celle-là même utilisée pour faire le célèbre pruneau d'Agen, rapportée par les croisés au Moyen Âge. Sur la route, Villeneuve fait office de petite capitale régionale, à mi-chemin entre la frontière périgourdine et Aiguillon.

VILLENEUVE-SUR-LOT

(47300) 21 915 hab. *Carte Lot-et-Garonne, C2*

• Plan *p. 343*

Fondée au milieu du XIIIe s par le frère de Saint Louis, Alphonse de Poitiers, comte de Toulouse, cette bastide royale, la plus grande du département, offre un charme certain avec une architecture marquée par sa belle brique ocre. 15 ans furent nécessaires pour la construire, avec son plan régulier en damier qui mène de ruelle en placette, à la rencontre de maisons anciennes, de bâtiments historiques, et des bords du Lot au joli point de vue sur la ville depuis le pont Vieux. Capitale de la prune, Villeneuve reste une importante cité commerciale, au centre piéton animé.

Adresses et infos utiles

Office de tourisme du Grand Villeneuvois *(plan B1)* ***:*** *allée Federico-Garcia-Lorca (près de la mairie). ☎ 05-53-36-17-30. • tourisme-villeneuvois.fr • Tlj sauf dim 9h30 (10h oct-fév)-12h30, 14h-18h (18h30 juil-août ; 17h oct-fév).* Borne info 24h/24. Boutique de produits régionaux.

Pays d'art et d'histoire : *☎ 09-64-41-87-73. • grand-villeneuvois.fr •* Organise toute l'année des visites des villes du Grand Villeneuvois *(gratuit ou payant ; sur résa)* et différentes animations.

Transports : bus quotidiens et réguliers avec la SNCF entre Agen et Villeneuve (départ de la poste, de l'ancienne gare et du lycée). Pour rejoindre Pujols, des bus municipaux *Elios* effectuent la liaison (plusieurs arrêts en ville, *• bus-elios.fr •*).

Parkings : il est difficile de circuler

en voiture dans le centre de Villeneuve. Préférez la marche et profitez des parkings du centre-ville *(gratuit pl. de la Libération pdt 2h ; gratuit derrière l'hôtel de ville ; payant pour celui du bd de la République, face à la mairie, plan B1).* S'ils sont pleins, une alternative : se garer sur le parking du parc des Expositions *(hors plan par B1)*, situé à 3,5 km environ du centre-ville ; de là, un bus municipal gratuit relie le centre-ville (tlj sauf dim, départs ttes les 15 mn, 7h-19h30).

Location de vélos *(plan A1) :* ***Véloland City,*** *11, allée Lamartine. ☎ 05-53-70-42-65. • veloland.com • Tlj sauf dim-lun 9h-12h, 14h-19h (18h sam). Également* ***L'Univers du Cycle,*** *2415, av. du Pont-des-Martinets à* ***Bias*** *(47300), à 2,5 km de Villeneuve-sur-Lot. ☎ 09-86-31-38-22. • Facebook • Tlj sauf dim-lun 9h-12h, 14h-19h (18h sam).*

– ***Marchés :*** *sam mat, pl. Lafayette (plan B1). Mar, pl. de la Libération (plan B1). Mer mat, marché bio depuis 1975 pl. d'Aquitaine (plan A2). Juil-août, marché de producteurs de pays avec animation ven soir, pl. de l'Amiral-Courbet (plan A1).* On achète les produits et on mange sur place, tout en écoutant de la musique live. Ambiance garantie ! Enfin, ne pas manquer de faire un tour aux ***halles Lakanal*** rénovées sous une grande et belle verrière *(tlj sauf dim ap-m et lun 8h30-13h, plus ven-sam 15h-19h).*

Où dormir ?

Camping

Camping Lot et Bastides *(hors plan par A2,* ***1****) : allée de Malbentre, 47300* ***Pujols.*** *☎ 05-53-36-86-79. 📱 06-85-48-42-48. • contact@camping-lot-et-bastides.fr • camping-lot-et-bastides.fr • ♿ À env 3 km du centre-ville. Ouv avr-oct. Forfait tente 2 pers 13-21 €. Loc de tentes, mobile homes et chalets 4-6 pers.* Géré par l'office de tourisme du Grand Villeneuvois, ce camping 3 étoiles tout plat est bien aménagé, fonctionnel et propre. Nombreux services (snack, épicerie, laverie, location de vélos, etc.). Aires de jeux. Piscine et pataugeoire. Accès direct à la voie verte.

De bon marché à prix moyens

Hôtel La Résidence *(plan A2,* ***2****) : 17, av. Lazare-Carnot. ☎ 05-53-40-17-03. • contact@hotellaresidence47.com • hotellaresidence47.com • Congés : vac scol de la Toussaint et de Noël. Doubles 55-70 €. Garage payant. Réduc de 10 % sur le prix de la chambre sur présentation de ce guide.* Dans le quartier tranquille de l'ancienne gare, un petit hôtel, calme et vraiment bien tenu. Les chambres se trouvent dans un bâtiment situé à l'arrière, au bord d'un jardin verdoyant où l'on prend le petit déj les jours de beau temps. Elles ont été sympathiquement restaurées. Accueil aimable. On sent le souci de bien faire. L'un des meilleurs rapports qualité-prix de la ville.

Hôtel Les Platanes *(plan A-B1,* ***3****) : 40, bd de la Marine. ☎ 05-53-40-11-40. • hoteldesplatanes.47@sfr.fr • hotel-les-platanes.com • ♿ Tlj sauf dim soir hors saison. Congés : fêtes de fin d'année. Doubles 60-80 €.* Une bonne quinzaine de chambres, la plupart rénovées. Celles situées côté boulevard bénéficient du double vitrage au 1er étage, mais pas au 2e (pourtant au même tarif).

Hôtel des Remparts *(plan A1,* ***4****) : 1, rue Étienne-Marcel. ☎ 05-53-70-71-63. 📱 06-70-44-39-17. • hoteldesremparts.villeneuve@yahoo.fr • hoteldes-remparts.eu • Double 55 €. Garage payant (sur résa). Un petit déj/pers et nuit offert sur présentation de ce guide.* Petit hôtel familial d'une dizaine de chambres rénovées à la déco colorée. La plupart sont peu spacieuses mais les prix sont aussi plutôt tassés. Celles qui donnent à l'arrière, sur la cour, s'avèrent plus calmes, comme souvent. Bon resto de poisson *La Cale,* juste en dessous.

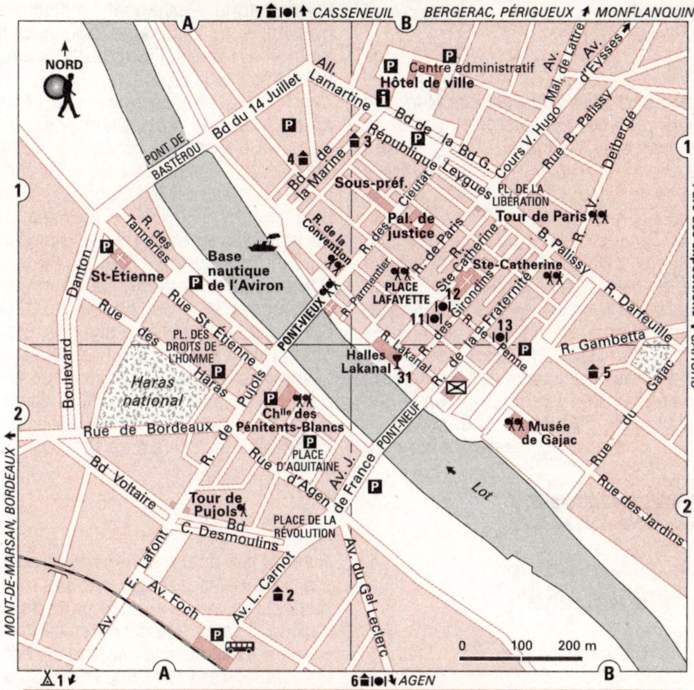

VILLENEUVE-SUR-LOT

Adresse utile

- Office de tourisme du Grand Villeneuvois (B1)

Où dormir ?

1 Camping Lot et Bastides (hors plan par A2)
2 Hôtel La Résidence (A2)
3 Hôtel Les Platanes (A-B1)
4 Hôtel des Remparts (A1)
5 Chambres d'hôtes La Maison de Velours (B2)
6 Chambres d'hôtes Les Huguets (hors plan par B2)
7 Hôtel Mercure – Le Moulin de Madame (hors plan par A1)

Où manger ?

11 L'Oustal (B1)
12 Ze Cuiz'in (B1)
13 Restaurant Avana (B1)

Où prendre un verre ?

31 Les Allées Gourmandes (B2)

Chambres d'hôtes La Maison de Velours *(plan B2,* ***5****)* ***:*** *21, rue de Velours. ☎ 05-53-70-23-20. 06-73-54-57-47. • hmic.tessel@orange.fr • maison-de-velours.com • Doubles 70-80 €. Apéritif maison offert sur présentation de ce guide.* Michel Tessel a tout rénové dans cette maison d'hôtes pleine de charme. 5 studios indépendants avec salle de bains (et kitchenette pour certains) et des prestations dignes d'un hôtel. Accueil adorable d'un passionné qui prépare des circuits touristiques pour ses hôtes. À disposition, une grande cuisine équipée et une petite terrasse avec jardin. Ensemble parfaitement tenu et de bon goût.

LE LOT-ET-GARONNE

De prix moyens à plus chic

Chambres d'hôtes Les Huguets *(hors plan par B2, **6**) : chez Gerda et Ward Poppe-Notteboom, Les Huguets. ☎ 05-53-70-49-34. • ward.poppe@wanadoo.fr • leshuguets.com • À 6,5 km au sud-est du centre-ville. Doubles 78-98 €. Repas env 35 € sur résa.* Difficile d'imaginer, si proche de la ville, un tel lieu de calme et de repos ! La sympathique famille Poppe-Notteboom a redonné vie à cette vieille demeure. Déco de très bon goût. Chambres spacieuses et parfaitement équipées. Grand jardin (avec un chêne de plus de 500 ans !), terrasse sous patio, chevaux, et piscine donnant sur la campagne. Également un sauna et possibilité de massages pour finir la journée en beauté. Point de chute idéal pour sillonner la région.

Hôtel Mercure – Le Moulin de Madame *(hors plan par A1, **7**) : route de Casseneuil. ☎ 05-53-36-14-40. • accorhotels.com • À 2 km au nord du centre-ville. Congés : Noël. Doubles env 90-155 €.* Établissement de standing aménagé sur le site d'un ancien moulin de 1769 et de son écluse ! Une trentaine de chambres spacieuses et hyper équipées. Déco et mobilier quelque peu chargés, mais chambres cocoon à souhait. Préférez celles avec vue sur le Lot, la différence de prix est largement justifiée ! Sinon, c'est côté rue. Fait aussi resto, bar lounge et spa (inclus dans le prix).

Où manger ?

De bon marché à prix moyens

L'Oustal *(plan B1, **11**) : 4, pl. Lafayette. ☎ 05-53-41-49-44. • loustal01@aol.com • Fermé mar soir et j. fériés (plus mer soir hors saison). Congés : 4 sem en déc-janv. Formules déj sauf dim 15-20 € ; menus 29-35 € ; carte env 30-35 €. Café offert sur présentation de ce guide.* Un petit resto de spécialités basques. Grosses salades en été. Agréable terrasse sous les arcades pour profiter de la jolie place Lafayette, centre de l'ancienne bastide.

Ze Cuiz'in *(plan B1, **12**) : pl. de l'Église-Sainte-Catherine. ☎ 05-53-36-08-95. • zecuisin@gmail.com • Fermé dim-lun et j. fériés (plus mar hors saison). Menu 19,50 € ; carte env 22-25 €. Café offert sur présentation de ce guide.* Adresse très actuelle, avec ses salades, ses bons petits plats du jour, ses hamburgers cuisinés avec des produits de région... 2 salles à la déco très contemporaine avec cuisine ouverte et belle terrasse face à l'imposante église. Super accueil de Carole, la patronne.

Restaurant Avana *(plan B1, **13**) : 8, rue de Penne. ☎ 05-47-99-9951. • contact@restaurantavana.fr • Tlj sauf dim soir-lun (plus dim midi hors saison). Formule et menu déj en sem 13,50-15,50 € ; menu 28,50 € ; carte env 32 €.* Une table originale à Villeneuve, une cuisine de fusion concoctée à 4 mains par un tandem mère-fils originaire de Madagascar. De belles saveurs de l'océan Indien revisitent les produits d'ici. Pour les indéboulonnables de la cuisine du Sud-Ouest, magret, confit et pièce de boucher restent bien présents à la carte.

Où boire un verre ?

Les Allées Gourmandes *(plan B2, **31**) : rue Lakanal. ☎ 05-53-36-21-79. Dans les halles Lakanal. Tlj sauf lun et le soir mar-mer. Formule et menu déj en sem 12,50-15,50 € ; carte env 20-25 €.* Là encore, une adresse idéale pour l'apéro. Avec sa terrasse qui surplombe le Lot, c'est tout simplement le plus bel emplacement pour prendre un verre à Villeneuve. On y sert de bons produits (tapas, planches, etc.) mais le service n'est pas toujours des plus rapide. Mais le cadre est si chouette...

À voir

La tour de Pujols *(plan A2)* **:** porte de ville et vestiges des anciens remparts du XIVe s, faisant face au village de Pujols que l'on aperçoit au loin. La rue de Pujols mène au ***pont Vieux*** où l'on trouve, à sa droite (rue de l'Écluse ; avant de passer le Lot), la ***chapelle des Pénitents-Blancs,*** du XVIIe s. À l'intérieur, plafond caréné en bois incrusté de verrerie. Restaurée, elle accueille une exposition présentant les collections d'objets liturgiques des confréries de pénitents *(ven et w-e 15h-18h ; GRATUIT).*

Le pont Vieux *(pont des Cieutat ; plan A1)* **:** construit par les Anglais au XIIIe s, il est contemporain du pont Valentré de Cahors. La grande arche (35 m de diamètre) remplaça au XVIIe s les petites, emportées par une crue. Vraie carte postale formée avec la mignonne ***chapelle du Bout-du-Pont*** en encorbellement. Selon la légende, cette chapelle aurait été érigée à la suite de la découverte par un plongeur d'une statuette de la Vierge à cet emplacement dans le Lot...
À gauche du pont Vieux, en venant de la tour de Pujols, la rue Saint-Étienne mène à l'église du même nom. Il s'agit de la plus vieille église de Villeneuve-sur-Lot (XVIe s).

La place Lafayette *(plan B1)* **:** c'est la place centrale de la bastide, entourée de cornières (arcades) de tailles différentes et de belles demeures des XVIIe et XVIIIe s, aux styles très différents. Fontaine au beau milieu. Marché le samedi. À 2 pas de la place, à l'angle des rues de la Convention et Parmentier *(plan B1),* superbe demeure à pans de bois et poutres porteuses sculptées du XVe s.

L'église Sainte-Catherine *(plan B1)* **:** *tlj 9h-18h.* Elle remplaça au début du XXe s l'ancienne église dont la voûte menaçait de s'écrouler. Style romano-byzantin assez original, à l'étonnant effet de brique « rouge » qui flamboie au soleil couchant. À l'intérieur, beaux vitraux du XVe s provenant de l'édifice antérieur. Clocher de 55 m de haut, aux 300 marches (accès fermé), vrai repère de la ville.

La tour de Paris *(plan B1)* **:** ancienne « porte de Monflanquin », elle est contemporaine de celle de Pujols, à l'extrémité de la ville médiévale. Structure en pierre massive, puis brique pour le reste. Survivante des 7 portes de la ville, des 6 tours et des murailles démolies à la fin du XVIIIe s. Autrefois, y était entreposé le coffre des archives de la ville, scellé dans un mur. Le 3e étage servait de prison. À 50 m de la tour, rue de Paris (no 47), ravissante demeure du XVe s avec fenêtres à meneaux et jolies façades à croisillons de bois. À l'angle, une statuette de sainte Catherine d'Alexandrie.

Le musée de Gajac *(plan B2)* **:** *2, rue des Jardins. ☎ 05-53-40-48-00. Mar-ven 10h-12h, 14h-18h ; le w-e 14h-18h (17h nov-mars). Fermé lun et certains j. fériés. Entrée : 5 € ; réduc ; gratuit moins de 7 ans. Ateliers d'art plastique pour enfants.* Musée d'art installé sur le site de l'ancien moulin de Gajac joliment restauré, dans une muséographie sobre et dépouillée qui met les œuvres en valeur. Dispose d'une collection permanente constituée de tableaux du XVIIe au XIXe s (Hypolite Flandrin et Eva Gonzalès, notamment), de gravures de Piranèse (plus de 900) et de nombreuses œuvres de l'enfant du pays André Crochepierre (1860-1937) complétées par celles de Maurice Réalier-Dumas (1860-1928), peintre inspiré par les impressionnistes qui a fait don d'une quarantaine de ses œuvres à la ville. La collection est présentée par roulement (tous les 3 ou 4 mois) au sein d'expositions temporaires d'art moderne et contemporain de qualité. Avec d'originales petites bornes « odeurs » pour sentir les toiles.

À faire

Balades en bateau sur le Lot : *embarcadère à la cale de la Marine (plan A1). ☎ 05-53-36-17-30 (office de tourisme). En saison, plusieurs départs/sem. Résa conseillée à l'office de tourisme. Tarifs : 10 € ; 7 € moins de 11 ans ; gratuit moins de 3 ans.* Balade commentée et rafraîchissante (1h30) pour découvrir la bastide autrement. Propose aussi des croisières repas. Également avec **Les Croisières du Lot** : *07-78-11-16-50. • lescroisieresdulot.fr • Mai-sept ; mêmes tarifs.* De même, des croisières déjeuner ou dîner.

Club canoë-kayak Villeneuve-sur-Lot *(plan A1) : près de l'embarcadère à la cale de la Marine. 07-67-87-51-62. • facebook •* Location de canoës et kayaks.

Base nautique de l'Aviron *(plan A1) : quai d'Alsace. ☎ 05-53-49-18-27. 07-88-69-35-58. • aviron-villeneuvois.com • Juil-août, lun 16h-20h, mar-sam 9h-12h, 14h-20h (18h sam), dim 9h-12h. Juin et sept, sur résa.* Location de canoës *(6 € la 1re heure, 10 € les 2h)* avec descente sur le Lot jusqu'à Casseneuil *(15 €/pers).* Location d'embarcations à pédales, paddles, bateaux électriques *(4-8 pers, 25-40 € la 1re heure, 40-65 € les 2h).* Initiation et perfectionnement à l'aviron.

Voies vertes : à parcourir à pied, à rollers, à vélo ; interdites aux engins motorisés. 2 voies vertes débutent de Villeneuve-sur-Lot : l'une rejoint le Temple-sur-Lot (17 km), l'autre bifurque vers Casseneuil (9 km).

Manifestations

- ***Festival du rire :*** *3 j. fin juin-début juil. Infos à l'office de tourisme et résas au théâtre (☎ 05-53-40-49-49).* Spectacles comiques au théâtre, avec des humoristes de renom.
- ***Musi'cale :*** *en été.* Au bord du Lot, le mercredi soir, concerts (country, rock...) gratuits.
- ***Festival Les Tréteaux de la bastide :*** *mi-sept.* Festival de théâtre avec scènes et tréteaux dans le centre historique.

DANS LES ENVIRONS DE VILLENEUVE-SUR-LOT

Le Musée archéologique d'Eysses *(hors plan par B1) : pl. Saint-Sernin à Eysses, à 2 km au nord-est du centre-ville. 07-88-16-83-50 et 06-33-02-94-88.* ***Actuellement fermé ; impossible de préciser une date de réouverture (se renseigner auprès de l'office de tourisme).*** Un site archéologique sanctuaire gallo-romain important en Gaule. *Excisum* est daté du Ier s, au carrefour des routes stratégiques de Bourges à l'Espagne et de Bordeaux à Lyon. En attendant que le musée rouvre ses portes, on se contentera des quelques vestiges (pans de murs) depuis le bord de la route, à travers la clôture (rien de spectaculaire...).

PUJOLS (47300) 3 665 hab. *Carte Lot-et-Garonne, C2-3*

Ce magnifique village médiéval aux rues fleuries et bien léchées, classé parmi les « Plus Beaux Villages de France », surplombe à 187 m d'altitude Villeneuve-sur-Lot et la vallée du Lot. Sa position stratégique lui valut d'abriter un oppidum gaulois, un castrum romain, une ville gallo-romaine, de voir passer Vandales, Wisigoths, Sarrasins, Normands avant de devenir cathare. La ville paya cher cette dernière adhésion, car elle fut quasiment rayée de la carte. C'est ensuite en grande partie pour reloger ses habitants que fut créée au XIIIe s, par Alphonse de Poitiers, la bastide « Villa Nova de Poujol » (future Villeneuve-sur-Lot). De son côté, Pujols (de *Podiolus,* en latin le « lieu élevé ») fut à nouveau fortifiée pendant la guerre de Cent Ans, pour arriver jusqu'à nous quasiment inchangée.

Adresse et infos utiles

Office de tourisme du Grand Villeneuvois : *pl. Saint-Nicolas. ☎ 05-53-36-78-69. • tourisme-villeneuvois.fr • Juin-sept, tlj sauf sam 10h-12h30, 14h-18h ; avr-mai et oct, mar-ven l'ap-m seulement. Fermé le reste de l'année.* Maquette du village, boutique.

– **Marchés :** *dim mat, tte l'année. En juil-août, marché gourmand mer soir.*

Où manger ?

Le Maka : *dans le centre du bourg, pl. Saint-Nicolas. ☎ 05-53-01-61-33. • restaurantmaka47@gmail.com • Tlj sauf dim soir-lun (plus mar hors saison). Fermé de mi-déc à fév. Menu unique (2 plats au choix) env 18-20 € ; pas de carte.* Le resto *healthy* pour manger bien, sain, garder la ligne du corps... et du portefeuille. Délicieux *bowl* gourmand avec riz 3 couleurs bio, noisettes, raisin, carotte, betterave, féta... mais aussi houmous de pois chiches ou marinade de poulet au paprika pour les non-veg'. Le choix change tous les jours et c'est la maman qui prépare les assiettes dans sa cuisine ouverte pendant que le fils s'occupe de la salle et de la terrasse.

La Villa Smeralda : *dans le centre du bourg, en face de l'office de tourisme. ☎ 05-53-36-72-12. • finelio@aol.com • Tlj sauf lun, plus dim soir hors saison (hors saison, mieux vaut téléphoner avt le soir en sem). Menus déj en sem 17,50-19 € ; carte env 30-38 €.* Bonne cuisine à tendance méditerranéenne, et plus précisément de Sardaigne. Jolie déco, grandes tables en bois blond et terrasse sous une pergola végétale très agréable en été. Petits menus du midi très sympa.

LE LOT-ET-GARONNE

À voir

Le village : il a tout gardé de son passé. On s'y promène à pied de venelle en ruelle, à la rencontre de ses bâtiments anciens et de petits jardins dispersés à droite à gauche. Superbe aux beaux jours. Au niveau de la porte de ville en ogive, percée dans la tour-clocher de l'***église Saint-Nicolas,*** débute un petit circuit balisé qui sillonne le village. Sur la place principale, ***halle en bois*** où se déroule le marché. Nombreuses maisons à pans de bois, un pittoresque puits, des rosiers grimpants, des glycines, des lauriers-roses qui forment une saisissante carte postale médiévale. Dans l'*église Sainte-Foy,* remarquables fresques du XVe s. En été, les artistes y exposent leurs œuvres. Derrière l'église, superbe panorama sur la vallée du Mail.

La Maison du Jouet rustique : *pl. Saint-Nicolas. ☎ 05-53-70-16-13 (mairie). Dans le centre du village, derrière l'office de tourisme. Tte l'année, sam 15h-18h, dim 10h30-12h30, 15h-18h ; consulter la page Facebook pour les autres jours (accueil géré par des bénévoles). GRATUIT.* Dans l'ancien presbytère, une belle collection de jouets réalisés à partir de presque rien... par Daniel Descomps, un retraité qui a gardé, incontestablement, son âme d'enfant. S'il est là, il vous contera l'histoire de chaque pièce. Comment, avec un peu d'imagination, il est possible de faire parler un vieux morceau de bois...

Manifestation

– ***Festival de Pujols :*** *1 sem début août. • festivaldepujols47.com •* Festival de danse et de culture traditionnelle de tous horizons.

EN AVAL DE VILLENEUVE-SUR-LOT

SAINTE-LIVRADE-SUR-LOT

(47110) 6 460 hab. *Carte Lot-et-Garonne, C2*

Tranquille petite ville commerçante dotée d'une église à voir pour son chevet du plus pur style roman et son remarquable appareillage de pierres ornementé. Dans la ville, haute tour de brique, dite « Tour du Roy », vestige des anciens remparts. Sainte-Livrade-sur-Lot accueille aujourd'hui une petite communauté vietnamienne ou plutôt « les oubliés d'Indochine du camp de Sainte-Livrade ». Dans un ancien camp militaire sont arrivés, en 1956, 1 200 réfugiés rapatriés d'Indochine après les accords de Genève en 1954 et le retrait de la France du sud du Vietnam. L'État les a hébergés provisoirement dans ce camp de transit, puis les a oubliés pendant de longues années.

Infos utiles

Infos touristiques : *se renseigner à l'office de tourisme du Grand Villeneuvois, à* ***Villeneuve-sur-Lot.*** *☎ 05-53-36-17-30.*

Location de vélos : *à la base de loisirs du Livradais.* Se reporter à la rubrique « À voir. À faire », plus loin.

– **Marchés :** *ven mat. En été, marché gourmand certains ven soir.* L'un des plus grands marchés du département.

Où dormir ? Où manger dans le coin ?

Bon marché

Mémé Cocotte : *47380* ***Saint-Étienne-de-Fougères.*** *☎ 05-47-01-17-37. À env 4 km au nord-ouest de Sainte-Livrade-sur-Lot. Tlj le midi seulement sauf dim, plus 1er ven du mois. Menu 14,90 €.* Coup de chapeau pour ce petit resto qui met un peu d'animation au cœur du village. Cadre avenant et délicieusement patiné avec ses murs de brique et de pierre, un sol couvert de carreaux de ciment, ses vieilles tables et chaises dépareillées. Le menu, avec entrée à volonté, plat du jour servi dans des assiettes de tante Yvonne, dessert, verre de vin et café, est une belle affaire ! Cuisine à base de produits locaux. Si vous êtes dans le coin, foncez ! En revanche, pas de terrasse.

De prix moyens à chic

Au Bord de la Source : *route de Bordeaux, lieu-dit Larrive. ☎ 05-53-01-36-84. • restaurant@auborddelasource.com • À env 1,5 km du centre-ville en direction du Temple-sur-Lot. Tlj sauf lun-mar ; ouv seulement ven soir-dim midi hors saison. Congés : nov. Le midi, carte bistrot env 25-30 € ; le soir, carte de tapas env 20-25 € et menus carte blanche 42-52 €.* Avec sa véranda en surplomb du Lot qui dessine un doux méandre, le lieu est romantique (surtout au coucher du soleil, lorsque le cours d'eau glisse à travers les arbres dans sa splendeur irisée). En salle, les nappes blanches et chaises en fer forgé sont fidèles à l'esprit du lieu. La belle cuisine de Véronique Melloul achève le tableau. On apprécie ses préparations d'inspiration régionale aux touches créatives qui rappellent son âme voyageuse.

À faire

Baignade dans le Lot : *esplanade Saint-Martin. Juil-août, tlj 14h (11h dim et j. fériés)-19h. GRATUIT.* Piscine flottante. Baignade surveillée.

Base de loisirs du Livradais : *8, av. de Renac. 07-83-52-49-64. • avironsaintlivradais.fr •* Location de canoës, kayaks, paddles et vélos.

DANS LES ENVIRONS DE SAINTE-LIVRADE-SUR-LOT

CASSENEUIL *(47440)*

À 6,5 km au nord de Sainte-Livrade-sur-Lot. Ce village fut longtemps considéré comme la résidence d'été de Charlemagne... à tort. En revanche, les cathares y avaient établi une de leurs bases, démantelée par Simon de Montfort au XIIIe s. Aujourd'hui, cette petite cité pittoresque reste agréable avec ses ruelles médiévales, ses rangées de maisons à balcon-galerie en à-pic sur la rivière, et son intéressante église du XIIe s en brique, à la belle façade. À l'intérieur, surprenantes fresques du XVe s, sur lesquelles se découvrent d'étonnantes représentations des philosophes Sénèque et Platon tenant des phylactères. Bords de la Lède agréablement réaménagés. On trouve également à Casseneuil le plus gros conditionneur de pruneaux du département, *Maître Prunille* (*• maitreprunille.com •* ; boutique de vente).
– **Marchés :** *dim mat tte l'année. En été, sam soir, marché gourmand occitan.*
Voie verte : *entre Casseneuil et Villeneuve-sur-Lot (9 km).* À parcourir à pied, à rollers, à vélo ; interdite aux engins motorisés.

FONGRAVE *(47260)*

À 5 km à l'ouest de Sainte-Livrade-sur-Lot, de l'autre côté du Lot, en direction de Castelmoron. Joli village au bord du Lot et surprenante église. À l'extérieur, architecture insignifiante, mais à l'intérieur, un vrai trésor avec un magnifique retable, chef-d'œuvre de bois sculpté daté de 1650. Bas-relief *(L'Adoration des Mages)* et colonnes torsadées ciselées.
– **Marché de producteurs de pays :** *jeu soir en été.*
Location de vélos et activités nautiques : *quai du Lot. 06-09-95-82-29 ou 06-17-17-61-60. • fungrave.jimdo.com • Juil-août, tlj ; avr-juin et sept, sur résa seulement.* Location de canoës, kayaks, paddles, bateaux électriques sans permis, hydroplanes ou embarcations à pédales. Également des VTT et VTC classiques ou électriques, *fatbikes.*

LE TEMPLE-SUR-LOT *(47110)*

À 4 km à l'ouest de Sainte-Livrade-sur-Lot. Ancienne commanderie de Templiers entourée de bassins, datant du XVe s. Élégant édifice de brique rouge aux tours rondes et carrées *(visite payante avec les « Raconteurs de pays » sur résa ; s'adresser à Mme Caravati : 06-89-31-46-89 ou à l'office de tourisme ☎ 05-53-41-86-46).*

Office de tourisme : *pl. des Templiers. ☎ 05-53-41-86-46. • tourisme-coeurlotetgaronne.fr • Ouv de mi-avr à oct ; de juil à début sept, tlj sauf dim ap-m et j. fériés ap-m ; le reste du temps, fermé dim-lun ; de nov à mi-avr, accueil dans les bureaux de la communauté de communes Lot & Tolzac (12,*

av. de Comarque, 47260 Castelmoron-sur-Lot ; ☎ 05-53-84-82-48). Dépliant gratuit avec circuit du patrimoine.
– **Marché :** *mar mat tte l'année.*
Fromagerie Baechler : *4606, av. de Bordeaux, lieu-dit Broc, Le Temple-sur-Lot. ☎ 05-53-84-90-24. • fromagerie-baechler.com • À 3 km à l'ouest du centre-ville. Lun-ven 8h-12h, 14h-18h ; sam 8h-12h. Possibilité de visites.* La famille suisse Baechler est venue s'installer ici, après la 1re Guerre mondiale, avec un troupeau de vaches « Brune des Alpes » et son savoir-faire. Aujourd'hui, c'est la 5e génération de fromagers qui produit et affine les fromages (chèvre, brebis, vache), dont la fabrication est toujours issue de la tradition des fromagers suisses et italiens (raclette, Bocardo) ou « Les Baechler », en déclinaison gourmande.

Le jardin des nénuphars Latour-Marliac : *derrière la mairie. ☎ 05-53-01-08-05. • latour-marliac.com • De mi-avr (mi-mars pour la vente) à mi-oct, tlj sauf lun 10h-18h. Entrée : 7,50 € avec livret-guide ; réduc ; gratuit moins de 6 ans. Chiens autorisés en laisse.* La plus ancienne pépinière de nénuphars au monde, reconnue Jardin remarquable. Elle doit son existence à M. Bory Latour-Marliac, qui, au XIXe s, domestiqua la plante aquatique. Sur 2,5 ha, des jardins et bassins remplis de fleurs d'eau, lotus et nénuphars rustiques, tropicaux et géants (feuille de 1,50 m d'envergure)... Plus de 250 variétés composent cette collection nationale. Claude Monet se fournissait ici en nénuphars pour son jardin de Giverny. Ils inspirèrent ses célèbres peintures, et le jardin procure la même atmosphère que ses œuvres. Juillet reste la meilleure période pour profiter de la floraison. Bambouseraie, serre exotique et petit musée. Boutique. On peut manger sur place sous l'une des superbes terrasses végétales *(plats 12-16 € le midi ; juil-août, formules dîner-concert le dim soir 35 €, visite nocturne incluse, résa conseillée).*

Voie verte : *rejoint Villeneuve-sur-Lot (17 km).* Interdites aux engins motorisés.

BRUGNAC *(47260)*

La ferme agroécologique du Chaudron Magique : *Les Perrets, 1219, route de Brugnac, 47260* ***Brugnac.*** *☎ 05-53-88-80-77. • chaudronmagique.fr • Juil-août, tlj 10h-18h30 ; le reste de l'année, pdt les vac scol, tlj sauf dim-lun 15h-18h ; ouv seulement mer et sam ap-m hors vac scol. Fermé de la Toussaint au début des vac scol d'hiver. Entrée : 8,80 € pour la visite de l'éleveur (3-12 ans, 6,80 €) ; sinon, 10,80-14,80 € (tarif unique) selon visite (fromager, boulanger ou paysan).* Claire et Raphaël Lavoyer tiennent une ferme d'élevage de chèvres et tout un tas d'autres animaux (canards, poules, vaches, lapins, cochons, dindons...) dont les enfants raffolent. Ils proposent de découvrir la vie de la ferme au quotidien, tout en étant acteur. On peut nourrir les chevreaux au biberon, les caresser, traire les chèvres et fabriquer son fromage et son pain, à emporter ou à déguster sur place (aires de pique-nique). Pédagogique, vivant et authentique. Bon accueil, mais certains jours, c'est très envahi ! Boutique avec nombreux produits de la ferme (paniers pique-nique en été) et mohair des chèvres angoras.

GRANGES-SUR-LOT *(47260)*

Ferme et musée du Pruneau : *Le Gabach, 47320* ***Lafitte-sur-Lot*** *; à env 12 km de Sainte-Livrade-sur-Lot et à env 2 km de Granges-sur-Lot. ☎ 05-53-84-00-69. • musee-du-pruneau.com • Juil-août, tlj 9h-19h ; le reste de l'année, lun-sam 9h-12h, 14h-19h (18h oct-mars), dim et j. fériés 14h-18h (sauf janv-mars). Fermé 2de quinzaine de janv. Entrée : 5 € ; réduc ; gratuit moins de 6 ans. Visite audioguidée, parcours ludique pour les enfants. Derniers départs*

1h30 avt fermeture. Juil-août, possibilité de restauration. Dans cette ferme prunicole, la visite commence par la découverte des salles d'exposition présentant l'historique du pruneau, du Moyen Âge (lorsque la prune d'ente fut rapportée de Syrie, en 1150) jusqu'à nos jours. Claies, étiquettes et affiches anciennes, objets et plaques émaillées publicitaires, etc. Projection d'un film sur l'activité de l'entreprise. Vente et dégustation des produits de la ferme. Chaque été, labyrinthe géant dans un champ de maïs avec des énigmes à résoudre, les enfants adorent (les adultes aussi !) ; nocturne aux flambeaux dans le labyrinthe *(juil-août, 2 fois/sem ; dernier départ à 22h).*

MONTPEZAT *(47360)*

À 12 km au sud-ouest de Sainte-Livrade-sur-Lot. Ce bourg trône paisiblement sur une colline tranquille... et pourtant, c'est à 2 km de là, à Saint-Sardos, que débuta la guerre de Cent Ans. En effet, en 1323, des moines pro-français voulurent construire une bastide. Le seigneur de Montpezat, pro-anglais, les en empêcha et les envoya *ad patres.* Le roi Charles IV dépêcha alors une armée pour riposter. Et c'est comme cela que s'écrit l'histoire... Beau panorama sur les collines du pays depuis le moulin à vent qui accueille des expos temporaires *(en principe, juin-sept, tlj 15h-18h30 ; petite donation bienvenue).* Table d'orientation et aires de pique-nique. En contre-bas du moulin, une parcelle de plants truffiers a été aménagée avec panneaux explicatifs *(accès libre ; carnet de découverte de la truffière disponible gratuitement à l'office de tourisme d'Aiguillon ou au moulin).*

LE LOT-ET-GARONNE

À faire dans le coin

– ***Base d'ULM Saint-Exupéry :*** *à 3,5 km de Montpezat ; fléché entre Montpezat et Castelmoron. ☎ 05-53-95-08-81. • ulmstex.com • Baptême en biplace de 10 mn 40 € ; vol touristique de 20 mn 60 €. Brevet ULM et virées possibles en autogire.* L'une des plus grandes d'Europe ! Pour découvrir la vallée du Lot vue d'en haut.

CLAIRAC *(47320)*

À 19 km au sud-ouest de Sainte-Livrade-sur-Lot. Dernière étape avant la confluence du Lot et de la Garonne. Siège d'une abbaye bénédictine, datant de l'an 782, remise par Henri IV au chapitre de Saint-Jean-de-Latran. Depuis, les présidents de la République sont encore chanoines de Latran. Il se dit que ces moines furent les 1ers à faire sécher des prunes... Montesquieu aimait l'atmosphère des lieux et y puisa l'inspiration pour ses *Lettres persanes.* Moins connu, Clairac est également la patrie de Théophile de Viau (1590-1626), poète satirique et libertin. Quelques vestiges de l'abbaye : la tour d'enceinte, les murs et les caves voûtées. Plaisant centre historique aux maisons anciennes à pans de bois du XVe s. En contrebas du village, on trouve l'une des plus jolies petites plages de sable au bord du Lot (baignade autorisée en été).

À voir dans le coin

La Maison de la Noisette : *ferme La Campelière, 47360* ***Lacépède.*** *☎ 05-53-95-98-29. • lamaisondelanoisette.com • À 9 km au sud-est de Clairac ; à 800 m du village. Avr-oct et déc, tlj sauf dim 10h-12h, 14h30-18h30 (19h juil-août). Le reste de l'année, l'ap-m seulement. Entrée : 5 € ; gratuit moins de 12 ans.* La famille Durand ont planté leurs 1ers noisetiers il y a plus de 30 ans. Aujourd'hui, l'exploitation compte près de 50 ha ! Atelier de fabrication sur la ferme, et espace ludique et familial sur ce délicieux petit fruit dont près de 55 % de la production française est issue du Lot-et-Garonne. Dégustation et boutique (que des bonnes choses !). Boucles pédestres de 2 km à travers les noisetiers et sentier ludique pour suivre l'enquête de l'inspecteur Rouxy.

AIGUILLON (47190) 4 415 hab. *Carte Lot-et-Garonne, B3*

Agréable bourgade, ancienne bastide, possédant un château du XVIIIe s transformé en... lycée Stendhal en 1966. L'écrivain mentionna en effet la ville dans *Le Rouge et le Noir,* comparant élogieusement la région avec la Toscane. Autre personnalité, le dernier duc d'Aiguillon, Armand-Désirée, personnage qui fit voter à l'Assemblée nationale, le 4 août 1789, l'abolition des privilèges ! Quelques demeures anciennes à colombages dans le petit quartier médiéval, derrière l'église, et de belles façades. C'est tout près d'Aiguillon que le Lot termine sa course, en se jetant dans la Garonne... Une rando sans difficulté permet de rejoindre la confluence depuis le centre-ville (compter 1h30 en boucle). C'est aussi ici que débute (ou se termine) la véloroute qui longe le Lot et rejoint Fumel, à 80 km en amont. Il existe aussi une connexion entre le circuit de la vallée du Lot à vélo et celui de la voie verte du *Canal des 2 mers.*

Adresse et infos utiles

i ***Bureau d'informations touristiques du Confluent et des coteaux de Prayssas :*** *4, pl. du 14-Juillet. ☎ 05-53-88-95-85. • tourisme-coeurlotetgaronne.fr • Tte l'année, ouv lun-ven. Fermé le w-e.*

– ***Marchés :*** *le mat, mar et ven tte l'année. Marché nocturne jeu soir en juil-août.*

Où dormir ? Où manger dans les environs ?

Campings

Camping municipal du Lac de Damazan : *260, chemin du Camping, 47160* ***Saint-Pierre-de-Buzet.*** *07-56-05-46-51. Hors saison, ☎ 05-53-79-40-15 (mairie). • campingdulacdamazan@collectivite47.fr • camping-du-lac-damazan.fr • À env 8 km au sud-ouest d'Aiguillon et à 1 km au sud de Damazan, direction Buzet (et à 2 pas du Canal des 2 mers). Ouv de mi-mai à sept. Forfait tente 2 pers 17,50-25,50 €. Pas de locatifs.* Au bord du lac du Moulineau (baignade surveillée en été), bien situé pour sillonner la région. Emplacements simples ombragés par une chênaie. Ambiance champêtre. Sanitaires neufs. Accueil vélo.

Le Moulin de Saint-Laurent : *Le Moulin, 47130* ***Saint-Laurent.*** *06-70-48-78-37. • lemoulinstlaurent47@orange.fr • moulindesaintlaurent.com • À env 10 km au sud-est d'Aiguillon et à 2 km de Saint-Laurent. Camping ouv avr-sept. Forfait 19-24 € pour 2 avec tente et voiture ; chambres d'hôtes 65-85 €. Également gîtes 2-12 pers et loc de bivouac et de tentes safari (4 pers). Table d'hôtes 18 €.* Plantée en pleine campagne, à une poignée de kilomètres de la voie verte du canal, cette ancienne minoterie bordée d'une pommeraie et d'un lac de pêche s'est reconvertie en gîte-chambres d'hôtes, associés à un camping bucolique étendant sa quinzaine d'emplacements dans l'herbe grasse. Également des tentes type safari, avec 2 chambres, terrasse et kitchenette. L'une d'elles est équipée d'un spa. Piscine chauffée, salle commune avec bar, billard, jeux de société et un petit parc où gambadent des chèvres naines. Aux manettes, Stéphane, originaire du coin, et Fabien qui, avant de concocter les menus de sa table d'hôtes, a officié en cuisine dans de grandes maisons. Une halte tranquille et familiale qui sent bon les vacances. Accueil vélo.

De prix moyens à chic

L'Île aux Bateaux : *écluse de la Baïse, sur l'île, 47160* ***Buzet-sur-Baïse.*** *☎ 05-53-83-98-65. • ile-aux-bateaux@orange.fr • Congés : vac scol de fév (zone A) et de la Toussaint. Double 70 €, petit déj inclus. Resto ouv mai-oct, tlj sauf lun soir-mar ; nov-avr, service dans le bourg au resto* ***Le Vigneron*** *(20, bd de la République ; ☎ 05-53-84-73-46). Résa conseillée. Menus (midi et soir sauf dim) 16 €, dim et j. fériés 28 € ; carte env 35 €.* L'ancienne maison éclusière du canal de la Baïse s'est refait une jeunesse et abrite en saison un bon resto aux allures de guinguette. Très agréable terrasse et jardin pour déguster une cuisine locale gourmande, variant au gré du marché et de l'humeur du chef. En été, concerts le vendredi soir. Et pour prolonger l'étape, 4 chambres d'hôtes à l'étage, simples, toutes neuves et confortables (bon gros matelas, grande douche à l'italienne, clim). D'octobre à avril, le resto prend ses quartiers d'hiver dans sa salle d'origine, au Vigneron, dans le bourg, pour une solide cuisine réputée depuis de longues années. Pantagruélique chariot de desserts avec sa fameuse spécialité, le « crêpier ». Très bon accueil et service attentionné.

Auberge du Goujon qui Frétille : *39, bd de la République, 47160* ***Buzet-sur-Baïse.*** *☎ 05-53-84-26-51. 06-09-39-30-52. • aubergedugoujon@gmail.com • Tlj. Résa préférable. Formule déj en sem 16 € ; menu 29 € ; carte env 50 €. Café offert sur présentation du guide de l'année.* Avec un emplacement au bord du canal, le goujon peut frétiller directement dans l'assiette. La terrasse surplombe l'eau. Sur celle-ci aux beaux jours, ou dans la salle moderne, la cuisine est généreuse et sincère, à base de produits en direct d'un mareyeur breton et des petits producteurs locaux. Belle carte de vins de Buzet.

Gîtes et chambres d'hôtes Les Vignes de Michelet : *chez Nathalie et Jérôme Roussille, lieu-dit « Michelet », 47160* ***Buzet-sur-Baïse.*** *06-84-95-64-65. • contact@domainedemichelet.com • domainedemichelet.com • À 3,5 km de Buzet, en direction de Nérac. Congés : déc-janv. Doubles 70-80 € (modulables en gîtes 4-10 pers). Table d'hôtes sur résa 25 €.* Le site est aussi exceptionnel et rayonnant que le sourire de Nathalie qui vous accueille dans ce domaine viticole. Avec Jérôme, son mari, c'est la 3e génération sur le vignoble de Buzet. Les chambres portent des noms de cépages (coup de cœur pour *Muscadelle,* avec son lit à baldaquin et la vue du haut de sa tour). Toutes différentes et cosy, certaines avec terrasse privative. Belle piscine qui domine le vignoble. Le Domaine de Michelet compte 60 ha dont 16 certifiés bio ; salle de vente et de dégustation « La Parenthèse de Bacchus » ouverte à tous.

Le Moulin de Saint-Laurent : *Le Moulin, 47130* ***Saint-Laurent.*** Voir « Campings », précédemment. Un camping qui propose aussi des chambres d'hôtes.

Manifestations

– ***Les Rencontres Ciné Voyageurs :*** *1 sem fin mars. • cinemaconfluent.com •* Films, concerts, expos, ateliers, animations, etc.

– ***Salon international de l'aquarelle et du carnet de voyage :*** *2de quinzaine d'oct. 06-26-54-13-55 (M. Jacky Langlais). • aquarelleaiguillon.com •* Un salon et un concours de renommée mondiale.

DANS LES ENVIRONS D'AIGUILLON

Pech-de-Berre : *47190* ***Nicole****. À 4 km au nord d'Aiguillon (suivre les panneaux « Panorama »).* Se repère de loin grâce à la monumentale croix bleue. Vue remarquable sur la confluence du Lot et de la Garonne, avec sa petite île de sable au milieu. Table d'orientation (altitude : 170 m). Ne vous arrêtez pas à la croix, mais aventurez-vous sur le plateau, à la recherche du meilleur panorama (fiche de rando gratuite au bureau d'informations touristiques).

DAMAZAN *(47160)*

À 5 km à l'ouest d'Aiguillon. À l'orée de la forêt landaise, petite bastide agréable avec sa place centrale en forme de quadrilatère. Jolies façades aux tons pastel, rehaussées par des volets de couleurs vives et quelques maisons à colombages et cornières (ou couverts). Au centre, la mairie surmonte la halle. Le canal latéral à la Garonne passe au pied du village. Sympa pour une balade sur le chemin de halage ombragé, au rythme des péniches. À 500 m du centre-bourg, la fontaine des Anglais flanquée d'un lavoir.
– ***Marché de producteurs de pays :*** *mar en été, à partir de 19h.*

Base de loisirs : *lac de Moulineau, à 1,5 km de Damazan, direction Buzet. Baignade surveillée l'ap-m en juil-août (GRATUIT).* Pêche. Jeux pour enfants, tables de pique-nique.
On peut y faire du ***téléski nautique.*** *Rens : ☎ 05-53-83-16-99. • tnd47.com • Ouv avr-oct. Compter 19 €/h, matériel inclus (tarifs dégressifs). Pas de cours.* Aller-retour pour débutant et parcours de 500 m, avec modules d'acrobaties pour les têtes brûlées. Pratique du *kneeboard, wakeboard, wakeskate* et location de paddles.

BUZET-SUR-BAÏSE *(47160)*

À 7 km au sud d'Aiguillon. Charmant village, capitale du vin de Buzet et de la navigation sur la Baïse, avec son port nautique et sa double écluse. Le photogénique château de Buzet est posé en haut d'une colline dominant les vallées du Lot, de la Garonne et de la Baïse (visite possible des jardins en été). Belle vue sur la région.

À faire

Balade en bateau sans permis : *au port nautique de* ***Buzet-Val-d'Albret.*** *Rens :* ***Aquitaine Navigation,*** *☎ 05-53-84-72-50. • aquitaine-navigation.com • Ouv avr-oct, lun-sam 8h30-12h, 14h-19h (18h oct).* Base carrefour entre la Baïse et le canal latéral à la Garonne, où se louent divers bateaux et vedettes fluviales habitables sans permis, d'avril à fin octobre, pour des croisières de 2 jours à 1 semaine sur la Baïse et le canal. Location de vélos à cette halte de la voie verte. Boutique de ravitaillement, pièces détachées vélos, aire de camping-cars et aire de pique-nique ombragée.

Visite de la coopérative de Buzet : *aux* ***Vignerons de Buzet,*** *av. des Côtes-de-Buzet (☎ 05-53-84-17-16 pour le magasin). • nouslesvigneronsdebuzet.fr • Tlj sauf dim et j. fériés ; mai-sept, 9h-12h30, 14h-18h30 ; oct-avr, 10h-12h30, 14h-18h. Visites guidées avec dégustation en juil-août : 4 € ; gratuit moins de 18 ans. Visite commentée des jardins du château de Buzet sur résa en juil-août (5 € avec dégustation) ; également des balades dans le vignoble sur résa en juil-août, mer à 18h (7 € avec dégustation).* Dégustation et vente de vins. Visite guidée autour de l'élaboration des vins et de la dégustation. Vous êtes au cœur du Buzet, un

LE LOT-ET-GARONNE

carré de coteaux sur les bords de la Garonne, produisant un vin AOC (rouge à 65 %, rosé à 32 %) trop méconnu. Il est proche du bordeaux (mêmes cépages, mais terroirs différents). La coopérative locale possède près de 2 000 barriques de vieillissement. Les vignerons (environ 190) sont propriétaires d'une quinzaine de domaines et châteaux, répartis sur 1 800 ha ; la cave représente près de 95 % de la production pour l'appellation. On peut s'offrir de très belles bouteilles de ce vin harmonieux et fruité à des prix raisonnables. Il se déguste en association avec magrets et lapins aux pruneaux de la région.

CLERMONT-DESSOUS *(47130)*

À 15 km d'Aiguillon, sur la route d'Agen. Possibilité de visite guidée payante du village avec Marie-Claude, « Raconteuse de pays » (sur résa, ☎ 05-53-88-95-85 ou 06-22-29-22-02).
Ravissant village promontoire en cul-de-sac au bord des coteaux qui surplombent la Garonne. Il fut déserté dans les années 1950, ne comptant plus que 23 habitants contre 250 et une école au XVIIIe s. Grâce à l'aide de bénévoles et des habitants, il a repris vie, avec son unique rue. Jolies maisons restaurées faites de pierre et bordées de rosiers, vestiges d'un château des XIIe-XVe s (éclairé la nuit).
Belle église romane du XIIe s. Au niveau du chevet, des têtes humaines et des animaux fantastiques accusent le poids des années et des intempéries. À l'intérieur, nef et cœur voûtés en berceau sont séparés par une coupole octogonale. Beaux chapiteaux représentant des éléments végétaux et des volutes.
Depuis l'église, magnifique panorama sur la Garonne. Du parking, départ d'une boucle de randonnée balisée rejoignant les chapelles et bastides du pays de Serres (fiche de rando gratuite au bureau d'informations touristiques). Ne pas rater la *fenêtre paysagère du Lau,* à 400 m de Clermont-Dessous par la route en direction de Saint-Médard. L'une des plus belles vues qu'il soit sur la vallée de la Garonne, le clocher de l'église de Clermont-Dessous se découpant dans le paysage.

La Maison Bleue : *en haut du bourg. ☎ 09-80-79-77-56. • restaurant@lamaisonbleue.restaurant • Tlj sauf dim soir-mar. Résa quasi obligatoire. Formule et menu déj sauf dim 14,90-17,90 € ; menus soir et w-e 24,90-36,90 € ; carte env 50 €.* Tout en haut de ce magnifique village perché, dans une petite salle cosy ou sur la terrasse à la vue panoramique grandiose, les fins gourmets se retrouvent pour goûter les trouvailles du jeune chef prometteur qui fait le buzz dans la région. Belle cuisine aux saveurs du terroir à base de produits de qualité, sélectionnés rigoureusement dans un circuit court. Mention spéciale pour le dressage, très soigné. Accueil et service impeccables. Une table à ne pas manquer.

EN AMONT DE VILLENEUVE-SUR-LOT

PENNE-D'AGENAIS

(47140) 2 340 hab. *Carte Lot-et-Garonne, D2-3*

Place forte médiévale haut perchée, surplombant le Lot. Richard Cœur de Lion y a renforcé les défenses du château, dont la destruction fut ordonnée plus tard par Henri IV. Le village est dominé par le sanctuaire Notre-Dame-de-Peyragude, lieu de pèlerinage depuis plus d'un millénaire et halte sur la route de Saint-Jacques-de-Compostelle. Il faut franchir une des 3 portes

de la ville et partir à pied à l'assaut des jolies ruelles escarpées, bordées de splendides maisons de pierre, à colombages ou de brique (voir notamment la magnifique mairie). Ensemble plein de charme, qui offre un vrai voyage dans le temps. Nombreux artisans d'art, galeries et terrasses autour de la place de la mairie, toute pavée. Vous ne serez pas seul(e) en haute saison, loin de là. Sachez encore que vous ne trouverez pas de distributeur de billets à Penne-d'Agenais, et que si le parking est gratuit, il n'est pas évident de s'y garer !

Adresses et infos utiles

ℹ ***Penne info tourisme :*** *à la capitainerie du port. ☎ 05-53-40-46-80. • tourisme-fumel.com • Juin-sept, tlj 9h-18h ; le reste de l'année, s'adresser à l'office de tourisme de Fumel (☎ 05-53-71-13-70). Sinon, à l'entrée de la cité médiévale, à droite après la porte, l'association PHP (Pays, Histoire et Patrimoines) donne des infos touristiques (ouv juin-août, tlj sauf lun 14h-19h ; le reste de l'année, mer-ven et dim 15h-18h). Sur résa, intéressante visite commentée du village par sa « Raconteuse de pays », Maria Garrouste (info : 📱 06-11-59-33-90 ou par mail • assophp47@gmail.com •).*

🚂 ***Gare SNCF :*** *à env 1,5 km du village, en direction d'Agen.* Env 6-8 trains/j. pour Agen ; 5-6 trains/j. pour Périgueux.

– ***Marchés :*** *le mat mer et sam à* ***Saint-Sylvestre.***

Où dormir ? Où manger à Penne-d'Agenais et dans les environs ?

Camping

⛺ ***Camping Hameau de Lustrac :*** *hameau de Lustrac, 47140* ***Trentels.*** *📱 07-85-08-09-37. • campingdelustrac@gmail.com • campingdelustrac.jimdo.com • ♿ À 13 km au nord-est de Penne-d'Agenais. Ouv de mi-juin à fin août. Forfait tente 2 pers 11 € ; chalets (tte l'année). CB refusées. 10 empl.* À 200 m du ravissant hameau de Lustrac, un petit camping (une dizaine d'emplacements seulement, peu ombragés) coincé entre un champ, un terrain de rugby, un court de tennis et la rivière (accès direct par un portail). Livraison de pain et de viennoiseries, piscine de poche (hors sol). Pour ceux qui recherchent un coin pas cher, hors des sentiers battus.

De bon marché à prix moyens

🍴 ☂ ***Le Peyragude :*** *7, pl. Gambetta. ☎ 05-53-41-22-17. • restaurantlepeyragude@gmail.com • Tlj mai-sept ; fermé dim soir-lun et mar soir hors saison. Congés : 15 j. fin mars-début avr et 15 j. en nov. Formule et menu 13-15 € (le midi sauf dim) ; autre menu 28 € ; carte env 35 €. Café offert sur présentation de ce guide.* Le bon p'tit resto de village qui fait du bon boulot ! On y sert une cuisine de région bien préparée, joliment améliorée, appétissante (salade de magret, foie gras mi-cuit, etc.). Salle mignonnette et terrasse face au monument aux morts flanqué de ses 3 cyprès.

🍴 ☂ ***Le Moulin de Dausse :*** *le bourg, 47140* ***Dausse.*** *☎ 05-53-41-26-00. ♿ À 7 km à l'est de Penne-d'Agenais ; à 300 m du village, sur la route de Massoulès. Ouv mai-sept seulement, le soir jeu-sam, le midi dim et j. fériés (plus lun en été). Résa indispensable. Menu unique env 33,50 €. Apéritif maison offert sur présentation de ce guide.* Le village compte un moulin pluriséculaire et une table de qualité. Ça tombe bien, l'un et l'autre sont au même endroit. Tenu par un couple de Hollandais, monsieur autrefois aux commandes d'un resto à Amsterdam, et madame à l'accueil. Le chef ne cuisine que les produits de terroir et de saison. Spécialités un poil créatives et présentations soignées, servies dans la salle de restaurant, ou, plus festif en été, sous la grange, en extérieur. Une adresse à ne pas bouder.

De chic à plus chic

Chambres d'hôtes Le Préau de l'Horizon : *chez Claire et Jérôme Penot-Civel, 31, bd de l'Horizon. ☎ 05-53-70-97-73. 06-48-51-67-10. • jerome.penot@lepreaudelhorizon.com • lepreaudelhorizon.com • Doubles 90-120 €. Possibilité de table d'hôtes et de panier pique-nique.* De retour à l'école (des filles...) pour les vacances ! Avec quel plaisir, dans ce préau qui offre un point de vue exceptionnel sur la vallée du Lot. Les chambres sont décorées selon des thèmes... scolaires. Nos coups de cœur : *La Littéraire* et *L'Histoire-Géo* avec leur accès indépendant et leur salle de bains spacieuse. La *suite Buissonnière,* moderne et design, peut devenir un gîte (6 personnes) avec sa belle cuisine équipée. Piscine dans un coin tranquille du jardin, au pied des cyprès. Accueil à la hauteur du lieu, chaleureux et touchant.

Chambres d'hôtes La Maison sur la Place : *10, pl. Gambetta. 06-83-49-21-28. • la-maison-sur-la-place@wanadoo.fr • lamaisonsurlaplace.com • Double env 125 €.* À 50 m de l'église, une maison de village que l'on remarque à peine. Mais dès le pas de la porte franchi, le charme opère instantanément. Il y a d'abord l'accueil de Geneviève, discret et courtois. Puis, les chambres très spacieuses, restaurées avec beaucoup d'idées et un goût très sûr (murs de brique peints en blanc, bois flotté, métal brut). Geneviève a tout conçu avec son amie décoratrice qui tient *L'Autre Maison,* à 50 m. Petit déj en terrasse quand il fait beau.

Chambres d'hôtes Le Relais de Roquefereau : *chez Nathalie Guigné, **Roquefereau.** 06-75-49-30-24. • nathalie.guigne14@gmail.com • lerelaisderoquefereau.com • À 8 km au sud de Penne-d'Agenais. Doubles 130-155 € ; yourte 100 €. Également 2 superbes gîtes pour 6 pers. Table d'hôtes 25 €.* On imaginerait bien la maîtresse de maison chef de rubrique dans un magazine de déco, tant le bon goût préside à la destinée des lieux. Et l'endroit s'y prête bien : ancien relais du XVIIIe s, isolé en pleine nature, aux vastes pièces, tomettes au sol, poutres et pierres apparentes. Mobilier imposant composé de larges canapés, grande table ronde et chaises hautes, cheminée monumentale, lustre volumineux... et tous les objets décoratifs posés çà et là, dans un désordre étudié, des tableaux et beaucoup de patine. Superbe terrasse, en surplomb de la vallée, au bord de la piscine. Un lieu de grande quiétude, à consommer sans modération et en amoureux de préférence.

Restaurant L'Autre Maison : *8, bd de l'Horizon. 06-82-31-12-18. • beatrice.loncle@gmail.com • Resto ouv jeu-dim et j. fériés. Congés : nov. Repas env 35 €.* Voilà une adresse originale ! Dans sa maison de ville du XVe s avec terrasse, Béatrice a aménagé son salon et sa salle à manger en showroom d'articles de décoration ainsi qu'en table d'hôtes ouverte à tous. Cuisinière autodidacte et passionnée, elle travaille à l'instinct de bons produits locaux et propose un petit choix de plats savoureux dans l'esprit cuisine du monde revisitée, sortant vraiment de l'ordinaire. On se sent ici comme chez soi et l'on s'y régale.

LE LOT-ET-GARONNE

À voir dans le coin

Les Jardins du château multicolore le Stelsia : *château le Stelsia, lieu-dit Lalande, 47140 **Saint-Sylvestre-sur-Lot.** ☎ 05-53-01-14-86. • lestelsia.com • À env 5 km au nord de Penne-d'Agenais. Tlj 10h-22h, accès libre.* Dès l'arrivée, on croit avoir une hallucination : un château peint aux couleurs de l'arc en ciel dans un vaste parc paysagé. C'est en fait un hôtel de luxe racheté (et repeint !) par Philippe Ginestet créateur de l'enseigne GiFi et repreneur des magasins Tati. Les chambres sont dans le même esprit (compter tout de même entre 180 et 400 € la nuitée).

On peut se balader librement dans le parc de 23 ha pour photographier cet ovni de l'hôtellerie de luxe mais aussi pour apprécier la douzaine de sculptures d'art contemporain disséminées, faire un tour de carrousel (payant), du minigolf (payant), profiter des animations et jeux au snack-glacier de la Bodega, faire un repas au très flashy Bistrot ou au resto gastronomique Le Jasmin. Personnel accueillant.

À faire

Balades sur le Lot : *Port-de-Penne. Capitainerie : ☎ 05-53-40-46-80. 06-31-89-60-36. Ouv juin-sept, tlj. Loc de paddles, d'embarcations à pédales, d'Oxoon 3 places et de bateaux électriques sans permis (6-12 pers).* Également à la **Ferme du Lacaÿ** : *lieu-dit Rigoulières, à env 5 km à l'ouest de Penne-d'Agenais. ☎ 05-53-41-24-23. 06-84-64-03-99. Avr-oct. Loc de bateaux sans permis (6-12 pers). Propose aussi en juil-août des balades de 1h sur le Lot au départ de la ferme à bord d'une embarcation de 12 places. Boutique à la ferme (producteur de pruneaux).*

– **Promenades en gabarre :** *départ à la capitainerie au bord du Lot. Info et résa : ☎ 05-53-71-13-70 (office de tourisme). Départs avr-sept. Tarif : 8-14 € selon circuit ; réduc 3-12 ans. Durée : 1h. Résa conseillée (max 45 pers).* Pour découvrir la vallée du Lot.

Manifestations

– **Fête de la Lumière :** *1er w-e de juil.*

– **L'Embrasement :** *1er w-e d'août.* Feu d'artifice et spectacle pyrotechnique le samedi autour du sanctuaire. Marché de producteurs le dimanche.

LE LOT-ET-GARONNE

TOURNON-D'AGENAIS

(47370) 760 hab. *Carte Lot-et-Garonne, D2*

Comme Penne-d'Agenais, Tournon a tout d'un village d'un autre temps ! Site pittoresque avec sa petite bastide accrochée à une haute colline. Fondée par Alphonse de Poitiers en 1270, elle fut rattachée à l'Angleterre en 1318 avant d'être démantelée par Richelieu quelques siècles plus tard. Séduisante place centrale avec sa mairie à arcades et ses blanches maisons anciennes. Quelques demeures du XIIIe s comme la *maison de l'Abescat* (évêché en occitan, devenue salle des fêtes), rue de l'École. Curiosité : un étonnant *cadran lunaire* du XVIIe s sur le clocheton en bois du beffroi. Autre curiosité : le clocher-château d'eau de l'église Saint-Barthélemy. Du jardin public, beau point de vue sur la vallée (table d'orientation). Plaisante balade également autour des remparts. Tournon, labellisé depuis 2021 « Plus Beaux Villages de France » est une étape agréable, calme et reposante (et prisée l'été), agrémentée d'un lac où l'on peut pêcher. Enfin, sachez que vous êtes ici dans la cité de la tourtière. Une grande fête lui est consacrée le 15 août.

Adresse et infos utiles

Bureau d'informations touristiques : *pl. de l'Hôtel-de-Ville. ☎ 05-53-36-46-05. Avr-sept, tlj 10h-12h30, 15h-18h ; fermé le reste de l'année (s'adresser à l'office de Fumel : ☎ 05-53-71-13-70).* L'été sur résa, visites guidées payantes de la bastide par Francis, « Raconteur de pays ». Résa également pour la visite gratuite du beffroi.

– ***Marché :*** *marché nocturne le ven en été, à partir de 17h.* Producteurs locaux et produits régionaux.

Où manger dans les environs ?

Auberge du Brelan : *551, route d'Agen, Laboissière, 47370* ***Anthé.*** *☎ 05-53-40-78-08. • auberge.brelan@gmail.com • À 5 km au sud de Tournon-d'Agenais. Tlj sauf lun en saison ; ven soir-dim midi hors saison. Fermé de début janv à mi-fév. Résa conseillée. Menus 17 € (déj en sem), puis 25-34 € ; carte env 40 €. Café offert sur présentation de ce guide.* En pleine forêt, une auberge familiale joliment modernisée avec une accueillante véranda et une terrasse dans le sous-bois. Après de mémorables passages par de bonnes tables, le chef Cédric Fantin est venu rejoindre le resto de ses parents pour ajouter sa touche gastro à leur bonne cuisine traditionnelle. À vous de choisir entre les excellents classiques autour du canard maison (confit, magret, cou farci, etc.) et les suggestions au goût du jour du fiston qui travaille le poisson avec passion. Bonne surprise, le chef est aussi pâtissier. Gardez une place pour le dessert !

Où acheter du bon vin dans les environs ?

Le Vin du Tsar : *cave à Thézac « Plaisance », 47370* ***Thézac.*** *☎ 05-53-40-72-76. • vin-du-tsar.fr • À 4 km au nord-est de Tournon (route de Mauroux). Tlj sauf dim-lun mat 9h15-12h, 14h-18h (19h en été). Juil-août, sur résa, balades gratuites en calèche jeu mat, avec visite du chai et dégustation gratuite.* Aux confins du Quercy, un vin qui doit sa réputation à une commande passée naguère par le tsar Nicolas II de Russie. Vignoble d'à peine 50 ha de merlot et de côt/malbec pour les rouges et les rosés. Vins rouges légers et gouleyants, cuvées plus denses et charpentées (*Cuvée du Millénaire,* fût de chêne) ou encore rosés, dont un surprenant moelleux *(Douceur de l'Impératrice).* Et pour finir, un blanc moelleux *(Très'Or du Tsar)* élaboré à partir de petit et gros manseng.

Fêtes et manifestations

– ***Foire aux fleurs :*** *1er mai.* Grand marché de plantes, fleurs et de produits régionaux.
– ***Fête de la Tourtière :*** *15 août.* Produits régionaux, dégustation, démonstration de la préparation de la tourtière...
– ***Fête des Rosières :*** *dernier w-e d'août.*
– ***Les Paysanneries :*** *3 ou 4 manifestations en été (se renseigner à l'office de tourisme) à* ***Thézac.*** Reconstitution de la vie paysanne. Animations.

FUMEL

(47500) 4 800 hab. *Carte Lot-et-Garonne, D2*

Fumel fut âprement disputée par les Anglais et les Français aux XIVe et XVe s. Au XVIe s, les habitants en colère envahirent le château pour tuer le duc local. Révolutionnaires 2 siècles avant l'heure ! Mais le maréchal de Montluc organisa une expédition punitive et fit raser le 1er étage de toutes les maisons.

Plus tard, les forges et fonderies, créées en 1847, se développèrent, pour employer plus de 2 700 personnes il y a encore 30 ans (juste avant la crise). Fumel est fière d'avoir fabriqué les gros tuyaux du centre Beaubourg de Paris. Les adeptes de friches industrielles ne manqueront pas de se promener le long de l'avenue de l'usine qui s'étire sur 1 km (c'est dire l'importance du complexe !). Elle est bordée d'anciens bâtiments qui se laissent doucement envahir par la végétation... Sinon, les environs de la ville offrent de belles perspectives de balades.

Adresse et infos utiles

Office de tourisme Fumel – Vallée du Lot : *1, pl. Georges-Escande (anciennes écuries du château). ☎ 05-53-71-13-70. • tourisme-fumel.com • Juil-août, lun-ven 9h30-12h30, 14h-18h, dim 9h30-12h30 ; mars-juin et sept-nov, lun-ven 9h30-12h, 14h-17h30 sauf lun mat ; déc-fév, tlj sauf w-e l'ap-m seulement. Fermé sam tte l'année.* Plein d'infos sur les activités dans la région. Sur résa, organise des visites commentées en été de Tournon-d'Agenais, de Penne-d'Agenais, du bourg médiéval de Monsempron-Libos, du château de Blanquefort-sur-Briolance, etc.

Location de vélos : *à la base nautique Le Temps d'Aimer, à* ***Montayral****.* Voir « Dans les environs de Fumel ».

– ***Marchés :*** *dim mat.* Producteurs de produits locaux et régionaux. *Marché nocturne jeu en été. Jeu mat, à* ***Monsempron-Libos****.* L'un des plus grands du département.

Où dormir ? Où manger dans le coin ?

Pour dormir autour du château de Bonaguil, voir plus loin à Sauveterre la rubrique « Où dormir dans les environs ? ».

Camping

Camping Les Catalpas : *route de Puys-l'Évêque, lieu-dit La Tour. ☎ 05-53-71-11-99. • les-catalpas@wanadoo.fr • les-catalpas.com • À 3,5 km de Fumel, en direction de Cahors. Ouv de mi-avr à mi-oct. Forfait tente 2 pers 12,70-18,50 €. Loc de chalets, bungalows toilés et mobile homes (2-6 pers). Apéritif offert sur présentation de ce guide.* Au bord du Lot. Quelques locatifs, mais on vous recommande plutôt l'endroit pour le camping. Demandez les emplacements au bord de la rivière, ombragés par les saules et les catalpas. Aire de jeux, snack et piscine.

De prix moyens à chic

Le Bistrot Chic : *42, av. de la Gare, 47500* ***Monsempron-Libos****. ☎ 05-24-32-19-77. À 4 km à l'ouest de Fumel ; en face de la gare. Tlj sauf dim-lun. Formule et menu déj en sem 18-22 € ; sinon, à la carte env 35-40 €.* Un resto au cadre bien léché, d'un chic décontracté en phase avec son époque. Murs d'un bleu foncé, vieux parquet et fauteuils patinés à l'entrée qui donnent du style. Côté cuisine, c'est un sans-faute. Produits choisis, de saison, et joliment travaillés. Un semi-gastro en somme. Et quand on vous aura parlé de l'adorable terrasse à l'arrière du bâtiment dissimulée dans la végétation...

À voir.

Le château de Fumel : il abrite aujourd'hui la mairie (ne se visite pas). Reconstruction du XVIIe s de style classique, avec balustrade de pierre. Accès libre aux belles terrasses avec jardin à la française. Beau panorama sur le Lot, assez encaissé à cet endroit.

Manifestations

– ***Les Médiévales :*** *1er w-e de juil. Spectacles et animations à Fumel et au château de Bonaguil (☎ 05-53-41-90-71).* Troubadours, jongleurs, combats et banquet médiévaux, artisans, défilé dans les rues de Fumel, marché, etc.
– ***Festival de théâtre de Bonaguil-Fumel :*** *pdt 1 sem début août. S'adresser à la Maison du festival : ☎ 05-53-71-17-17. • festivaldebonaguil-fumel.fr •* Un des plus importants festivals de théâtre en Aquitaine, attirant de nombreux acteurs connus (Robert Hossein, Jacques Weber, les regrettés Jean-Claude Brialy, Michel Galabru...). Spectacles dans les fossés du château de Bonaguil. Programmation pour le jeune public en journée.

DANS LES ENVIRONS DE FUMEL

***L'église (et prieuré) de Monsempron** (47500) : à 2 km de Fumel. Ouv selon expo temporaire du prieuré voisin. Possibilité de visite guidée payante (rens à l'office de tourisme, ☎ 05-53-71-13-70).* Église romane superbement proportionnée, perchée dans un village charmant, assez inattendu, à la pierre orangée. À ne pas manquer ! Sur la façade, curieuse tourelle ronde. Porche très remanié. Chevet remarquable avec ses absidioles superposées. Massif clocher carré à la croisée de transept. À l'intérieur, chœur gothique à pans coupés, ajouté au XVIe s. Contourner l'église pour aller voir, côté vallée, l'élégant édifice Renaissance (accueille des expos). Belles fenêtres à meneaux.
– À 100 m, une maison du bourg possède une tour ronde surmontée d'une coquille Saint-Jacques sculptée. Ne pas manquer non plus, au n° 8, le portail d'accès d'un ancien couvent (sur la gauche juste avant l'église), avec ses inscriptions gravées « couvent » et « entrée des classes ».

***Base nautique Le Temps d'Aimer :** port de Cadamas, 47500 **Montayral.** 06-52-38-65-23. • le-temps-daimer.business.site • À 4 km au sud-est de Fumel. Juin-sept.* Location de canoës, kayaks et vélos.

***Le GAP 47, observatoire astronomique du Fumélois :** Lagrolère, 47500 **Montayral.** ☎ 05-53-70-82-81. • gap47@laposte.net • gap47.astrosurf.com • À 7 km au sud de Fumel ; 2 km après la sortie du village, suivre Mauroux-Sérignac et à droite, vers aérodrome/astronomie ; longer et poursuivre sur env 400 m. Les ven (sauf fériés), tte l'année, à partir de 21h. Soirée observation : 5 € ; réduc.* Le Groupe d'astronomie populaire est animé par des bénévoles passionnés. Équipement performant (télescopes, lunettes, planétarium numérique...).

***Le château de Bonaguil** (47500) : à 8 km au nord-est de Fumel. ☎ 05-53-41-90-71. • chateau-bonaguil.com • ♿ (sur une partie du site). Juil-août, tlj 10h-19h ; avr-juin et sept, tlj 10h-18h ; mars et oct, tlj 14h-17h30 ; nov-fév, tlj pdt les vac scol 14h-17h ; **dernier accueil 45 mn avt fermeture.** Entrée : 9,50 € ; réduc. Visite libre ou commentée (env 1h45). Différents événements culturels et animations. 2 parkings : l'un au pied du château, dans le village, et l'autre à l'entrée du château, plus facile d'accès.*
Dans un site exceptionnel, à la frontière du haut Agenais et du Quercy, l'un des plus beaux exemples d'architecture militaire des XVe et XVIe s. Le baron Berenger de Roquefeuil, proche du roi Louis XI, y fit édifier une forteresse qui ne fut jamais assiégée et qui reste le tout dernier château fort français (donc le plus récent). Sa 1re pierre fut posée vers 1490, sa construction s'acheva en 1505... soit 15 ans avant l'édification du château Renaissance de Chambord !
Pas moins de 13 tours et tourelles, édifiées sur un promontoire rocheux (une « bonne aiguille », qui a donné Bonaguil). Le donjon – restauré – repose sur les structures d'un château du XIIIe s, lui-même élevé au-dessus d'une ancienne

grotte. La vue depuis son sommet vaut sacrément le coup d'œil. Notez qu'il possède la forme d'un navire dont la proue est dirigée vers le point le plus dangereux, pour ne pas laisser prise aux boulets ennemis. Grandes cheminées suspendues dans le vide. Certaines salles présentent des voûtes sur croisée d'ogives. L'une des salles de la grosse tour met en avant d'anciens graffitis et une représentation du fameux carré magique « Rotas », que l'on retrouve au Mont-Saint-Michel et au Puy-en-Velay. Nombreux escaliers, recoins et souterrains (sous le château, grande galerie naturelle). À côté de l'entrée principale, l'église paroissiale abrite la chapelle funéraire des seigneurs de Bonaguil. Le site surprit Lawrence d'Arabie qui y passa en 1908 et fascina le surréaliste André Breton. C'est à Bonaguil que furent tournées certaines scènes (difficiles) du *Vieux Fusil* avec Philippe Noiret et Romy Schneider. Le château est aussi le lieu d'un important festival de théâtre en août (voir précédemment).

L'ÉNIGME DU CARRÉ « SATOR »

Le carré magique est un palindrome parfait, autrement dit un assemblage de mots disposés en carré qui se lisent et conservent le même sens de haut en bas, de gauche à droite, et l'inverse (excepté les diagonales !). On en compte moins de 10 en France. Son interprétation pourrait bien être : « le sauveur sur sa croix est maître par son sacrifice du destin ». Son origine est énigmatique et serait antérieure au catholicisme, mais probablement chrétienne car les 25 lettres du carré disposées en croix donnaient « Pater noster »...

Le point de vue sur le château de Bonaguil : *du village, suivre Fumel. À 500 m, à gauche vers Saint-Martin-de-Redon.* Plus haut, un point de vue unique sur le château et le village. Superbe !

SAUVETERRE-LA-LÉMANCE

(47500) 560 hab. *Carte Lot-et-Garonne, D2*

Petit bourg aux portes du Quercy, posé sur un site préhistorique qui a donné son nom à la 1re période du Mésolithique : le Sauveterrien (de 8000 à 7000 av. J.-C., à placer dans une conversation mondaine...). Les alentours se révèlent une magnifique région de bois, forêts et pâturages dévalant de hautes collines et offrant un treillis de petites routes adorables. Paysage débordant de plénitude et de sérénité.

Infos utiles

Informations touristiques : *s'adresser à l'office de tourisme de Fumel, de Tournon-d'Agenais ou de Penne-d'Agenais. ☎ 05-53-71-13-70.*
– ***Marché nocturne*** *: mar en juil-août.*

Où dormir dans les environs ?

Camping

Camping Moulin de Laborde : *D 673. ☎ 05-65-24-62-06. • moulindelaborde@wanadoo.fr • moulindelaborde.fr • À 2 km au nord-est de Montcabrier. Ouv de mi-mai à début sept. Forfait tente 2 pers 18-28 €. 90 empl.* Un camping très bien entretenu dans un environnement verdoyant, avec un beau moulin du XVIe s. Pas de locatif, du bonheur pour les campeurs ! Belle piscine avec toboggan. Resto, épicerie et tipis indiens pour les enfants. Possibilité de belles randonnées dans la région (GR 36 et GR 652). Lac de Cassagnes à proximité (pêche).

À voir

SauveTerre musée de Préhistoire : *à côté de l'église, dans le bourg. ☎ 05-53-40-73-03. • sauveterre-prehistoire.fr • Horaires variables ; téléphoner avt. Entrée : 6 € ; réduc ; billet couplé avec le château de Bonaguil, 11,50 € ; réduc. Animations et activités jeune public sur résa.*
Un musée moderne avec bornes tactiles didactiques, où l'on découvre les résultats des recherches effectuées dans les gisements de Sauveterre et des environs. On peut observer, toucher, écouter la Préhistoire autrement. Il y a même un espace du petit chasseur-cueilleur.
La visite se poursuit ***en extérieur*** avec le « musée dehors », un parcours-découverte à faire avec un livret qui conduit jusqu'au Martinet, un site archéologique aménagé de panneaux explicatifs (15 mn à pied).

DANS LES ENVIRONS DE SAUVETERRE-LA-LÉMANCE

LA VALLÉE DE LA LÈDE

Une microrégion attachante, dans une vallée creusée par une toute petite rivière et classée « Site naturel protégé ». Paysages enchanteurs et verdoyants. Les jolies collines boisées sont prétexte à de nombreuses randonnées dans la verdure.

Lacapelle-Biron *(47150)* **:** ce village est né de la lassitude du marquis de Biron qui, au XVIIIe s, ne supportait plus le bruit du marché qui se tenait au pied de son château, en Dordogne voisine. Les marchands vinrent donc s'installer ici. Lacapelle-Biron se trouve sur le GR 36.
– ***Marché :*** *dim mat, avr-oct.*

Parc-en-Ciel : *moulin de Courrance. ☎ 05-53-71-84-58. • parc-en-ciel.com • À 700 m de Lacapelle-Biron, en direction de Saint-Avit. Ouv Pâques-Toussaint ; juil-août, tlj 10h (ou 12h)-19h ; le reste de la saison, horaires variables, voir le site internet. Entrée : 3,50-28 € selon activité.* Détente, loisirs et sport nature dans un cadre boisé et champêtre de 16 ha, sous les yeux vigilants d'une équipe professionnelle : parcours-aventure dans les arbres, de difficulté croissante, moult ateliers et tyroliennes, pour tous les âges (parcours Pitchoun à partir de 3 ans). Aires de jeux et de pique-nique, minigolf, *free jump,* disc-golf, piscine naturelle (sans chlore), snack en été…

Saint-Avit *(47150)* **:** *à découvrir à pied (parking juste avt le pont).* Croquignolet hameau d'une seule rue bordée de 2 ou 3 demeures médiévales, dont celle réputée être la maison natale de Bernard Palissy, figure insolite de la Renaissance, à la fois artiste, scientifique et écrivain. Église fortifiée du XIIe s, présentant quelques fresques murales que l'on devine plus que l'on ne voit.
– ***Le musée de la Céramique Bernard-Palissy :*** *face à l'église. ☎ 05-53-40-98-22. • museepalissy.net • Juil-août, tlj sauf mar 14h-18h30 ; mai et juin, dim et j. fériés 14h30-17h30 ; sept, tlj sauf mar et sam 14h-17h30. Entrée : 4 € ; réduc.*
Cet espace évoque la vie du célèbre potier émailleur du XVIe s et expose quelques pièces provenant de l'atelier de l'artiste, découvert lors de la construction de la pyramide du Louvre. Belles expos de céramiques contemporaines.
– ***Foire de la poterie :*** *2e dim d'août.*

Gavaudun et sa forteresse *(47150) : ☎ 05-53-40-04-16. • chateaudegavaudun.com • Juil-août, tlj 10h-19h ; juin et sept, tlj 10h-18h ; mai et oct, tlj sauf lun-mar (tlj pdt les vac scol) 10h-17h. Dernier accès 45 mn avt fermeture. Tarif : 5,50 €, chasse au trésor inclus ; réduc ; gratuit moins de 6 ans. Juil-août, différents ateliers (calligraphie, magie, démonstration d'armes, etc.) et spectacles (demander le programme) ; tarif : 8 €.* Village pittoresque, protégé par une falaise habitée depuis la Préhistoire. Accès à la forteresse par une entrée taillée dans la roche (être bien chaussé). On déambule parmi les pans de murs, une fiche explicative dans les mains. Puis, vient l'assaut de l'énorme tour défensive des XIe-XIIIe s, de 70 m de haut. Panorama fabuleux.

– ***Foire médiévale :*** *1 dim mi-juillet.*

– Activités sportives auprès de ***Nature Évasion*** *(seulement en été, sur résa ; ☎ 05-53-40-83-55 ; • natureevasion@aol.com •).* Escalade, randonnées à thème (accompagnées sur résa), spéléo, VTT, canoë, tir à l'arc depuis le château, etc.

MONFLANQUIN

(47150) 2 320 hab. *Carte Lot-et-Garonne, C2*

Perchée sur une colline, l'une des plus belles bastides du Lot-et-Garonne, et l'un des « Plus Beaux Villages de France ». Et on comprend pourquoi, avec son beau panorama, sa vue sur la Dordogne et le château de Biron au loin depuis la terrasse à côté de l'église ! Fondée en 1256, la ville est dotée d'un riche patrimoine et a intégralement conservé son plan initial. Belle place centrale entourée d'arcades. Imposante façade fortifiée de l'église avec un porche gothique. Mur-clocher percé de 3 baies. Aujourd'hui, Monflanquin préserve son précieux héritage médiéval avec d'amusantes animations menées avec fougue et énergie par Janouille la Fripouille (unique dans son genre, lire plus loin « À voir. À faire »). Le bourg est jalonné de panneaux expliquant l'histoire et l'architecture de la cité.

Adresse et infos utiles

Office de tourisme : *pl. des Arcades. ☎ 05-53-36-40-19. • coeurdebastides.com • Juil-août, tlj sauf dim ap-m 9h30-13h, 14h-18h (19h jeu) ; avr-juin et sept-oct, fermé dim ; le reste de l'année, ouv mer et jeu seulement.* Plan de la ville pour visiter la bastide. Chasse au trésor payante. Abrite le musée des Bastides (lire « À voir. À faire »).

– ***Marchés :*** *jeu mat sur la pl. des Arcades... depuis 1256 ! En été seulement, jeu à partir de 18h, marché de producteurs de pays.*

Où dormir ?

De bon marché à prix moyens

Hôtel de Monform : *allée du Manoir. ☎ 05-53-49-85-86. • monform-hotel@wanadoo.fr • hotel-monform.fr • À 1,5 km à la sortie de la ville, direction Cancon. Resto ouv tlj en saison ; fermé dim soir hors saison. Doubles 55-65 €. Formules et menus déj en sem 14,50-16,50 €, soir et w-e 21-25 €.* Une adresse un peu impersonnelle de prime abord, avec ses petits pavillons, qui abritent des chambres standardisées, disséminés dans un jardin. Mais au final, on aura plaisir à résider dans ce lieu calme et verdoyant, bien équipé (bon confort, terrasse privative) et pas cher. Côté resto, table avec produits du terroir et vue sur le lac autour duquel l'on pourra se promener pour digérer. Concerts certains samedis.

De prix moyens à chic

La Bastide des Oliviers : *1, Tour-de-Ville. ☎ 05-53-36-40-01. • contact@labastidedesoliviers.fr • labastidedesoliviers.fr • Resto fermé sam midi, plus dim soir hors saison. Congés : 1re quinzaine de janv. Doubles 75-95 €. Côté brasserie, formules et menus le midi en sem 13,50-15,50 €, puis 24-29 € ; carte env 40 €.* À 2 pas de la ravissante place du village, un établissement qui a fait peau neuve de manière réussie. Chambres confortables, climatisées et relookées avec harmonie dans un esprit actuel. Certaines ne sont pas bien spacieuses, mais il s'agit d'une demeure ancienne, alors on pardonne. Même tonalité dans la salle de resto qui propose une cuisine régionale élaborée et soignée. Pour un repas à prix tassés, on s'installera côté brasserie ; au resto, c'est plus gastro.

Chambres d'hôtes Les Bourdeaux : *chez Jacqueline Aarnst, Les Bourdeaux. ☎ 05-53-49-16-57. 06-89-78-16-93. • info@lesbourdeaux.com • lesbourdeaux.com • À 3 km au sud de Monflanquin, direction Savignac. Ouv de mai à mi-oct. Doubles 90-110 €. Apéritif maison offert sur présentation de ce guide.* La vue sur la bastide est merveilleuse, tout comme la maison en vieilles pierres et aux volets bleus, perdue en pleine nature. Marronniers, tilleuls, cyprès et bouquets de lavande en guise de décor, il y a pire... Accueil chaleureux d'un couple de Hollandais, atmosphère calme et reposante. Belles chambres confortables, spacieuses, dont une avec douche créée dans l'ancien four à pain, élégantes, alliant objets anciens et style moderne, et bien fraîches les jours d'été. Piscine.

Où manger ?

Le Bistrot du Prince Noir : *45, pl. des Arcades. ☎ 05-53-36-63-00. • lebistrotduprincenoir@orange.fr • Tlj sauf mer et dim (plus lun soir-mar hors saison). Congés : fév, oct et déc. Compter env 20-25 € le repas. Apéritif maison offert sur présentation de ce guide.* Un resto qui a eu la bonne idée d'installer sa terrasse sous les arcades, au bord de l'une des plus belles places du département. Voilà déjà une excellente raison de s'y attabler ! Mais au-delà du plaisir des yeux, on soigne aussi celui des papilles. On y savoure une cuisine séduisante qui met en valeur les produits des collines du Sud-Ouest, aussi bien de manière classique que ludique (burgers maison revisités, nems de canard avec chutney de figues, camembert pané et confiture de cerises, etc.). Le résultat est probant.

L'Effet Maison : *25, pl. des Arcades. ☎ 09-52-13-07-73. • leffetmaison47@gmail.com • Mai-sept, le soir seulement tlj sauf mar, plus dim midi et j. fériés ; oct-avr, le soir mer-sam, plus dim midi. Carte seulement, compter env 32-40 €. Digestif maison offert sur présentation de ce guide.* En terrasse sous les arcades médiévales ou dans une salle chaleureuse à la déco qui rend hommage à des musiciens de jazz (autre passion du sympathique chef, maître restaurateur), on se régale d'une bonne et généreuse cuisine bistronomique. Ici, on privilégie les produits de saison en circuit court avec notamment le veau et le cochon noir gascon.

Où dormir dans les environs ?

Chambres d'hôtes Château Ladausse : *chez Diane et Éric Anthonissen, lieu-dit Ladausse. ☎ 05-53-36-71-63. 06-74-10-88-33.*

• info@ladausse.com • ladausse.com • À 4 km à l'est de Monflanquin. Resto ouv sur résa seulement ou sur publication d'ouverture sur site. Fermé janv-fév. Doubles 120-135 €. Table d'hôtes sur résa 30-40 €. Dans un château du XVIIIe s, isolé en pleine nature et entouré de beaux arbres, Diane et Éric ont aménagé 5 chambres spacieuses et vraiment ravissantes. Chacune d'elles a sa singularité : lit à baldaquin et poutres apparentes pour la *Louvre*, grand balcon avec vue sur Monflanquin pour la *Ladausse*. La *Tour* est plus contemporaine. L'endroit a du style, de l'élégance. La cerise sur le gâteau, c'est la table d'hôtes ! Diane, américaine, est diplômée en gastronomie (elle a travaillé chez Robuchon) et donne des cours de cuisine hors saison. Pour les vins, faites confiance à Éric, œnologue. Si votre budget vous le permet, pas d'hésitation.

À voir. À faire

Le musée des Bastides : *dans les locaux de l'office de tourisme. Mai-sept, ouv mar-ven 9h30-12h30 (13h juil-août), 14h-17h (18h juil-août) ; avr et oct, mer-ven, mêmes horaires. Entrée : 4 € ; réduc ; gratuit moins de 12 ans.* Un espace consacré à l'histoire et l'architecture des bastides. Muséographie laissant une large place à l'interactivité : jeux et animations pour les enfants, maquettes, panneaux explicatifs.

Visite de la ville avec Janouille la Fripouille : *résas à l'office de tourisme (☎ 05-53-36-40-19) ou auprès de Janouille (📱 06-87-37-81-12). • janouille.com • Juil-août, mer à 11h et mar à 21h30, balade aux flambeaux (et spectacles gratuits certains mar) ; juin et sept, plus vac scol de Pâques et de la Toussaint, seulement mer à 11h. Tarif unique à partir de 7 ans : 7 € ; nocturnes aux flambeaux 8 €. Durée : 1h30.* On l'entend arriver de loin, Janouille, avec ses clochettes aux basques et ses nippes moyenâgeuses. Ce fils bâtard d'Henri IV, qui s'est inventé une vie au XVe s, fait découvrir Monflanquin avec humour et anecdotes. On apprend plus précisément ce que sont les bastides, ces « villes neuves du Moyen Âge ».

Fêtes et manifestations

– ***Foire aux antiquités et brocante :*** *autour du 20 juil.* Foire réservée aux professionnels. Des dizaines d'exposants.

– ***Fêtes médiévales :*** *2 j. autour du w-e du 15 août. Rens auprès de l'office de tourisme.* Tout le village (avec ses touristes) participe, se déguise et vit le temps des fêtes comme il y a 5 ou 6 siècles ! Les oies et les poules errent dans les rues, les troubadours chantent et dansent, et les « vilains » dorment même dehors ! Assez délirant.

– ***Foire aux pruneaux :*** *2e w-e de sept, à* ***Saint-Aubin.*** Grande fête et marché autour du plus célèbre fruit du département ! Veillée, spectacles, concours, randos... Repas aux pruneaux *(sur résa : ☎ 05-53-41-66-64).*

– ***Fête de la Saint-André :*** *pdt 3 j., le w-e précédent le 1er lun de déc, sur la pl. des Arcades.* Grande fête traditionnelle et ancestrale (elle existe depuis le Moyen Âge), expos, marché avec cuisson du poulet à la ficelle.

DANS LES ENVIRONS DE MONFLANQUIN

Le point de vue sur la bastide de Monflanquin : *hameau de Cailladelles, à 6,5 km de Monflanquin ; suivre la route de Cancon et, à 3,5 km, bifurquer à gauche vers église de Cailladelles.* On traverse les plantations de noisetiers pour découvrir un beau panorama sur la région et la belle bastide. Mieux qu'une carte postale ! Y a pas photo ! Enfin, si, justement !

La ferme prunicole du Plessis : *le bourg, 47150* ***Saint-Aubin.*** *06-73-21-68-89. À 9 km au sud-est de Monflanquin. Visites gratuites juil-sept à 11h et 15h30 (sauf dim). Compter 30-45 mn. Boutique ouv lun-sam.* Une exploitation de 4 ha de vergers entretenus par la famille Poueymidanette. C'est Alexandra, passionnée, qui fait découvrir la ferme, les vergers, le matériel, les techniques... et les produits en vente (pruneaux mi-cuits, moutarde aux pruneaux, confitures, sirops...). Étuve pour le séchage, claies, ramassage (de fin août à mi-septembre), transformation : vous saurez tout !

Ballades Féeriques : *Jean-de-la-Ville, 47210* ***Saint-Eutrope-de-Born.*** *06-10-03-55-09 et 06-98-13-44-20. • balladesfeeriques.jimdofree.com • À 11 km au nord-ouest de Monflanquin. Tte l'année, sur résa seulement ; horaires selon tombée de la nuit. Tarif : 8 € ; réduc moins de 15 ans ; gratuit moins de 4 ans.* À côté de sa maison, Joël a créé une forêt enchantée qui, la nuit tombée, se peuple de silhouettes humaines, de créatures oniriques et de formes animales. De simples bouts de bois oubliés par la nature, des petits riens prennent vie sous l'effet de discrets faisceaux de lumière. Une racine se fait insecte géant, un tronc se mue en femme enceinte, des branches s'élancent pour une chorégraphie contemporaine à moins que ce ne soit une gazelle.... Peu importe, on imagine ce que l'on veut et surtout, on se laisse happer par la magie du lieu. Mais pour pénétrer ce monde fantastique dans lequel on progresse à pas de velours, il faut se laisser avaler par la créature verte qui apparaît et disparaît au bout du chemin herbeux... Les départs se font au compte-gouttes pour garantir un maximum d'intimité.

LE PAYS DU DROPT

Cette jolie et paisible région longe la douce rivière du Dropt, reliant l'est du département, aux influences périgourdines, à l'ouest, plus proche de l'esprit bordelais. Coteaux, vergers, vignobles et petites collines se succèdent au travers de petites départementales souvent vierges de passage, qui relient bastides et villages historiques tels que Villeréal, Castillonnès, Miramont-de-Guyenne, et Duras à son extrême ouest.

VILLERÉAL

(47210) 1 290 hab. *Carte Lot-et-Garonne, C1*

Bastide fondée en 1267 par Alphonse de Poitiers. Gros bourg agricole où l'on récolte aussi des prunes, avec sa place principale animée et une belle halle du XIVe s sur piliers de bois. Imposante église fortifiée présentant une façade originale. Porche gothique à voussures aux lignes harmonieuses et clocher à galerie. Vieilles demeures pleines de charme (rue Saint-Roch), qui ne laissent pas indifférents nos amis d'outre-Manche et de Hollande.

Adresses et infos utiles

Bureau d'informations touristiques : *pl. de la Halle. ☎ 05-53-36-09-65. • coeurdebastides.com • Juil-août, tlj sauf dim ap-m 9h30-13h,*

14h-18h (19h lun) ; avr-juin et sept-oct, tlj sauf dim ; le reste de l'année, ouv ven-sam seulement. Plan détaillé de la bastide.

Location de vélos : Stations Bees, *bd Alphonse-de-Poitiers. 06-26-61-80-85. • stationsbees.com • À la sortie de Villeréal, en direction de Castillonnès. Tlj 9h-18h30 ; sur résa le w-e hors saison.* VTC et VTT à assistance électrique, divers matériels (remorques, sièges enfants, etc.), vélos adaptés pour personnes à mobilité réduite, etc. Organise des sorties thématiques.

– ***Marchés :*** *sam mat, le plus important du coin (mer mat en juil-août). De juil à mi-sept, marché de producteurs de pays lun soir.*

– ***Brocantes :*** *tte l'année 2e dim du mois, 1er mai et 3e dim d'août (grand vide-grenier).*

Où dormir ? Où manger ? Où boire un verre ?

Hôtel de l'Europe : *1, pl. Jean-Moulin. 05-53-36-00-35. • contact@europe-villereal.com • europe-villereal.com • À 100 m de la place centrale. Congés : janv et 1 sem en avr. Doubles 71-85 €. Menus 23-32 € et carte. Chèques refusés. Oct-mars, réduc de 10 % sur le prix de la chambre sur présentation de ce guide.* Au cœur du bourg, cet adorable petit hôtel rénové est une perle. Jolie façade jaune aux volets rouges et seulement 6 chambres à l'étage, plutôt petites mais impeccables, de bon confort (clim) et à la déco du jour. On y vient aussi, et surtout, pour la cuisine bistronomique gourmande et raffinée d'une cheffe imaginative et d'un chef pâtissier qui savent choyer leurs hôtes. Service dans 2 salles intimes et chaleureuses ou dans le patio. Amusante originalité les samedis soir d'octobre à mars que ces soirées cabaret avec artistes transformistes. On s'y amuse comme des fous (folles) !

Chambres d'hôtes La Maison Bleue : *6, rue Saint-James. 05-53-70-34-20. 06-83-09-48-74. • contact@maisonbleue.org • maisonbleuevillereal.com • À 100 m de la place centrale. Doubles 80-110 €. Table d'hôtes 28 €. Café offert sur présentation de ce guide.* Un ancien cloître abrite des chambres d'hôtes, sobrement décorées et charmantes. L'une d'elle *(La Sixtine)* est aménagée dans une ancienne chapelle rénovée ! Atypique, c'est le moins que l'on puisse dire ! De vieilles pierres, un jasmin odorant et une piscine dans le jardin. On s'y sent bien, tout simplement. Fait également salon de thé-brocante.

Le Moderne : *pl. de la Halle. 05-53-40-78-39. • le.moderne@orange.fr • Tlj jusqu'à 22h. Fermé le soir lun-jeu hors saison. Formule et menu déj en sem 11,50-13,50 € ; carte env 20-30 €.* C'est le bar de la place centrale, où il fait bon boire un verre en terrasse pour profiter de l'animation de la halle. Petite restauration de brasserie sans prétention servie avec le sourire.

Fromages et Plus : *pl. de la Halle. 05-53-49-25-39. Tlj sauf dim ap-m et lun. Planches charcuterie et fromage env 13-14 €.* Une terrasse très prisée surtout les jours de marché pour boire un verre accompagné d'une planche de fromage et charcutaille dans une ambiance très amicale. La jeune et dynamique Marie propose une belle carte des vins à prix correct. Fait également épicerie fine et de produits de terroir.

Où dormir ? Où manger dans les environs ?

Campings

Camping de Bergougne : *à Rives. 05-53-36-01-30. • info@camping-de-bergougne.com • camping-de-bergougne.fr • À 2 km au nord de la ville. Ouv mai-oct. Forfait tente 2 pers 11,80-21 €. Loc de*

LE LOT-ET-GARONNE

tentes coco sweet et mobile homes. Tout le confort nécessaire dans ce petit camping ombragé et verdoyant, avec ses emplacements délimités par de vraies haies, une belle piscine chauffée et son ambiance familiale, au calme. Jeux pour enfants, snack, dépôt de pain, lac privé. Accueil doux.

La Parenthèse – Camping Les Ormes : *Fauquié Haut, 47210* ***Saint-Étienne-de-Villeréal.*** *☎ 05-53-36-60-26. • laparenthese.lesormes@gmail.com • la-parenthese-camping-les-ormes.com • À 4 km au sud de Villeréal. Ouv de fin mai à fin sept. Resto tlj sauf lun midi. Forfait tente 2 pers 18-36 €. Loc de tentes karma et safari, lodges, chalets et d'une cabane flottante. Menu déj en sem env 15 € ; plats à l'ardoise 12-19 €. Apéritif maison offert sur présentation de ce guide.* Sur un domaine vallonné et ravissant, nous tenons là un très, très beau camping ! Tentes safari équipées avec terrasse, en forêt ou en surplomb du lac, tentes *karma* réparties autour d'une prairie zen, chalets au bord de la forêt et emplacements ombragés pour tentes au sein de la vallée. *Food truck* en été, sinon, il y a un resto très sympa dans une ancienne grange restaurée (concert jazzy le jeudi en été). Piscine, lac de pêche, tennis. Une esthéticienne propose ses services dans une caravane vintage. Pour une superbe parenthèse bucolique... Réserver très, très tôt !

De prix moyens à chic

Bassivière : *47210* ***Saint-Étienne-de-Villeréal.*** *06-80-76-36-63 • info@bassiviere.com • À 3,5 km au sud de Villeréal, en direction de Monflanquin. De mi-avr à fin oct, tlj sauf lun-mar et jeu. Fermé le reste de l'année. Menu unique le midi 22,50 € ; dim en juil-août (*Lazy Sunday *en musique) 32,50 € ; carte le soir env 40 €.* Un beau hangar (si, si !) meublé d'objets de récup' et bordé d'une grande verrière qui s'ouvre sur un vallon verdoyant. Le cadre est tendance et carrément top ! Cuisine savoureuse pleine de fantaisie. Une adresse singulière et romantique.

Fêtes et manifestations

– ***Un festival à Villeréal :*** *1 sem début juil. • unfestivalavillereal.org •* Festival de théâtre en plein air, avec de jeunes artistes qui s'inspirent de l'esprit des lieux pour créer leurs spectacles.

– ***La Grande Bodega :*** *dernier dim de juil. Bandas,* orchestres, etc. Une grande fête !

– ***Courses hippiques nocturnes :*** *à l'hippodrome du Pesquié Bas à Villeréal. ☎ 05-53-36-64-59. 06-81-73-97-07. De fin juil à mi-août, 6 dates.* Cadre champêtre très agréable ; possibilité de restauration (résa conseillée), animations gratuites pour les enfants.

– ***Fête du Cheval :*** *dernier w-e de sept.* Spectacles équestres, animations pour petits et grands.

CASTILLONNÈS

(47330) 1 395 hab. *Carte Lot-et-Garonne, C1*

À 13 km à l'ouest de Villeréal, une autre bastide du XIIIe s dont le fondateur n'était autre que le frère de Saint Louis, Alphonse de Poitiers. Petite ville calme, propice à la promenade. Vestiges de remparts et de portes du XIVe s, construits par le roi d'Angleterre. Ruelles, agréable

place principale avec son ancienne maison abbatiale, ses cornières, sa maison à double pignon et clocheton pittoresques. Rue du Petit-Paris, belle demeure du XVIIIe s. Enfin, si elle est ouverte, poussez la porte de l'église pour admirer un retable baroque en bois doré du XVIIe s, quelques belles toiles de la même époque et des vitraux modernes non figuratifs.

Adresse et infos utiles

ℹ ***Informations touristiques :*** *s'adresser aux bureaux de Monflanquin ou de Villeréal. • coeurdebastides.com •* – ***Marché :*** *mar mat tte l'année.*

Où dormir ?
Où manger à Castillonnès et dans les environs ?

De bon marché à prix moyens

La Maréchalerie : *1, Grand-Rue. ☎ 05-53-01-58-28. Tlj sauf dim soir-lun. Congés : vac de la Toussaint et de Noël. Résa conseillée. Formule et menu déj en sem 12,50-14 € ; carte le soir env 25-32 €. Digestif maison offert sur présentation de ce guide (hors formules du midi).* Ce restaurant propose, dans une ambiance décontractée, une cuisine du terroir, simple et copieuse, comme à la maison ! Goûtez au carpaccio de magret de canard, même les Gascons n'en reviennent pas ! Également des crêpes. Plaisante terrasse à l'arrière qui donne sur la cime des arbres.

Le Restaurant du Lac : *47290* ***Cancon.*** *Au bord du lac. ☎ 05-53-41-11-39. • lerestaurantdulac@orange.fr • À 14 km au sud de Castillonnès. Tlj de mi-avr à mi-oct. Formule déj en sem env 14 € ; menu 24 € ; carte env 25-30 € ; brunch dim. Résa conseillée.* Dans une grande maison en rondins de bois, installée au bord du lac, des jeunes du village ont ouvert ce lieu qui est devenu le lieu festif du coin. Le cadre bucolique et l'immense terrasse en font un endroit sympathique, avec un petit côté guinguette. On peut même manger autour d'une table posée sur une terrasse flottante (résa indispensable !). Les vendredis soir, tapas et concerts gratuits, et certains jours, menus à thème. Cuisine de terroir et pizzas (le soir seulement).

Chic

Chambres d'hôtes L'Ancien Couvent : *rue du Château, 47330* ***Cahuzac.*** *☎ 05-53-71-40-18. 📱 06-20-46-30-11. • tamara@anciencouventcahuzac.fr • anciencouventcahuzac.fr • À 3,5 km au nord-ouest de Castillonnès. Doubles 95-110 €. Réduc de 10 % sur le prix de la chambre sur présentation de ce guide.* Dans un ancien couvent situé au cœur de ce charmant petit village médiéval, chambres décorées avec un goût exquis, sobres et élégantes (beau linge de maison, boutis, meubles anciens). Elles sont spacieuses et toutes différentes. Mention spéciale pour celle dotée d'une baignoire au milieu (c'est l'ancienne baignoire de la sœur supérieure). Le reste de la maison est à la même image, comme le charmant petit jardin de curé, où l'on peut prendre le petit déj. Accueil sympathique de Tamara, de nationalité belge et croate.

La Table des Sens : *63, route de Villeneuve-sur-Lot, 47290* ***Lougratte.*** *☎ 05-53-36-97-04. À 9,5 km au sud de Castillonnès, en direction de Cancon. Tlj sauf lun-mar. Menu déj en sem 21 € ; menus-carte 39-43 €.* La bonne table du coin qu'il ne faut pas rater pour un repas d'excellence. Il y a le cadre sobre, coloré et moderne, de grandes vitres qui offrent une vue généreuse sur le lac et la terrasse. Profitez-en bien car, dès que les plats arrivent, notre attention n'a d'yeux que pour cette cuisine créative et gourmande, inspirée par les saveurs d'ici et d'ailleurs.

À voir. À faire à Castillonnès et dans les environs

Rody chocolaterie, musée du Chocolat : *à 3 km au sud de Castillonnès, en direction de Cancon. ☎ 05-53-36-50-95. • rody-chocolaterie.fr • Dans l'Espace gourmand et artisanal. Juil-août, tlj sauf dim 10h-19h ; le reste de l'année, mar-sam 10h-18h. GRATUIT.* Vitrine de la chocolaterie Rody, ce petit musée installé dans un hangar raconte l'histoire et la fabrication du chocolat à travers un parcours ponctué de décors et d'explications sonores. Les enfants adoreront se fabriquer leur propre tablette de chocolat au parfum de leur choix en fin de visite (payant). Boutique et bar à chocolat, bien sûr.

➢ ***Promenades et randonnées équestres :*** ***centre équestre de Tourette,*** *à **Lougratte** (9 km au sud en direction de Villeneuve-sur-Lot). ☎ 05-53-41-66-50. 📱 06-81-58-41-29. • cheval-voyages.com •* Promenades à cheval dans les environs.

Base de loisirs Lougratte : *lac de Lougratte, à **Lougratte** ; à 10 km au sud de Castillonnès, en direction de Cancon. 📱 06-63-32-15-52 (en saison). ☎ 05-53-01-70-05 (mairie). • lougratte.com • Ouv de mi-juin à août. Petite entrée payante.* Lac avec plage aménagée. Aire de jeux et de pique-nique. Baignade surveillée l'après-midi. Pêche. Activités nautiques en supplément (embarcations à pédales et canoës).

Visite de l'usine Unicoque de Cancon : *à **Cancon** (47290) ; à 15 km au sud de Castillonnès. Certains j. en été seulement, sur résa auprès de la boutique Koki (28, rue de la République à Cancon). Tarifs : 5 € ; gratuit moins de 12 ans. Départ de la boutique. Compter 1h30-2h.* Cancon est la capitale de la noisette ! C'est ici que se trouve la coopérative Unicoque qui rassemble près de 350 producteurs de noisettes et dont l'usine se trouve à la sortie du village. La visite permet de découvrir une partie des installations, de comprendre comment sont triées et décortiquées les noisettes. Petite virée dans les vergers avant de terminer par une dégustation.

Manifestation

– ***Festivazul :*** *pdt 3 j., 3e w-e d'août, à **Cancon**. • festivazul.net •* Festival de musiques du monde au lac de Cancon.

DURAS

(47120) 1 330 hab. *Carte Lot-et-Garonne, B1*

Petite capitale de la région, principalement connue pour son beau château dressé sur un promontoire et pour son vin... mais aussi pour la célèbre écrivaine Marguerite Donnadieu, alias Duras, pseudonyme emprunté en souvenir de vacances passées, petite, dans la maison familiale à Pardaillan (ne se visite pas), hameau voisin. Nombreux itinéraires de balades familiales à parcourir à pied, à vélo ou à cheval.

UN PEU D'HISTOIRE

Au Xe s, cette terre du Sud-Ouest était recouverte de bois. Ce sont les moines de Conques et de Sarlat qui se mirent à la défricher. Bien sûr, ***cette région fut au cœur des batailles franco-anglaises avant et pendant la guerre de Cent Ans.*** Les gens de Duras prirent fait et cause pour « la perfide » Albion. Du coup, on envoya Du Guesclin pour ruiner le château et la région. Ce qu'il fit avec une conscience toute militaire. Pardonné par Louis XI, le seigneur de Duras reconstruisit son château.
1 siècle de paix et de travail s'écoula avant les terribles méfaits générés par les guerres de Religion. Il faudra attendre 1715 et la mort de Louis XIV pour que le pays connaisse, grâce au vin, une ère de prospérité sans précédent. Car c'est une terre de vignes, où l'on produisait à l'époque un nectar généreux. Et puis la Révolution arriva, et c'est le vin qui en fut la 1re victime.
Le château fut détruit et le pays ruiné.

UNE TERRE DE VIN

Clément V, le 1er pape d'Avignon, l'appréciait déjà. En 1937, le vin du Duras retrouve ses lettres de noblesse puisqu'on lui accorde une appellation d'origine contrôlée (AOC). Et depuis, le Côtes-de-Duras a réussi à garder son âme, blotti au savoureux voisinage du Périgord, du Quercy et du Bordelais. La dominante de merlot (avec les cabernets et le malbec/côt en complément) produit des vins légers, fruités, à consommer jeunes (voire un peu frais), mais aussi des cuvées plus structurées, corsées et charnues. Les rosés ont la cote. Les blancs jeunes se font nerveux, c'est-à-dire acides, à la fois délicats et fruités, ou moelleux, avec une belle fraîcheur en équilibre grâce aux 7 cépages régionaux (sauvignon, muscadelle, sémillon, ondenc, mauzac, chenin et ugni blanc). Quant aux prix, ils restent très sages ! Et quand on l'a goûté, on l'adopte !

Adresse et infos utiles

ℹ ***Office de tourisme du pays de Duras :*** *14, bd Jean-Brisseau. ☎ 05-53-93-71-18. • tourismeduras.com • Ouv tlj sauf dim ap-m en juil-août 9h-12h30, 14h-18h ; le reste de l'année, lun-ven seulement jusqu'à 17h30.* Accueil sympa et efficace.

– ***Marchés :*** *lun mat à Duras ; en saison, dim midi à* ***Soumensac*** *(marché de producteurs).* ***Marchés nocturnes :*** *jeu soir juil-août à Duras ; ven soir juil-août, marché à* ***Lévignac-de-Guyenne.*** *Soirées gourmandes mar en été à* ***Monteton.***

Où dormir ?
Où manger à Duras et dans les environs ?

Camping

⛺ ***Camping municipal Le Château de Duras :*** *au pied du château. ☎ 05-53-83-70-18. 📱 07-85-85-24-32. • mairie-de-duras@wanadoo.fr • ♿ Ouv juil-août. Compter env 10 € pour 2 avec voiture et tente. CB refusées. 20 empl.* Un terrain simple, calme et ombragé avec une vingtaine d'emplacements dans un cadre magnifique et bénéficiant d'un beau point de vue.

De prix moyens à plus chic

🏠 ***Simply Canvas :*** *Bonac, 47120* ***Saint-Jean-de-Duras.*** *📱 06-81-76-85-94. • hello@simplycanvasfarm.*

com • simplycanvasfarm.com • À 13 km au nord-est de Duras. Ouv de mai à fin sept. Pour 2, tente safari 75 €, gîte 85 € en basse saison, petit déj compris ; min 2 nuits (loc à la sem juil-août). Table d'hôtes 19,50 €, très orientée bio. Le bonheur est dans le pré, version permaculture ! Dans une ferme entourée de douces collines, Sandra et Santi, animés par une vraie éthique, un souci de développement durable et un authentique plaisir des rencontres humaines, ont réalisé leur projet de vie. Ils proposent 3 gîtes et 6 grandes tentes safari (2-4 personnes) avec terrasse et électricité. Salle de bains et w-c privés au fond du verger. Mais attention, en été, il peut y faire chaud... Machine à laver, cuisine à disposition. Sans oublier la piscine bordée d'un massif de lavande, le poulailler, les lapins, les cochons, le coin barbecue et hamacs en pleine nature, l'accueil adorable... Tout y est.

Hostellerie des Ducs : *bd Jean-Brisseau.. ☎ 05-53-83-74-58. • hostellerie.des.ducs@wanadoo.fr • hostellerieducs-duras.com • Resto fermé le midi lun et sam (plus le soir dim-lun hors saison). Résa quasi obligatoire en saison. Doubles 94-180 € ; familiales. Formule déj (sauf dim) 16 € ; menus 32-42 €. Parking.* 2 belles demeures mitoyennes, dont un ancien couvent du XIXe s, abritent l'institution hôtelière de la région. Terrasses agréables, piscine, spa, sauna, jacuzzi et grand jardin fleuri. Cuisine bourgeoise raffinée, de haute volée, où le chef exprime sa passion pour le terroir local, avec quelques échappées. Chambres confortables, rénovées. Personnel attentionné.

Le Don Camillo : *pl. Marguerite-Duras. ☎ 05-53-83-76-00. Tlj sauf mar, plus lun soir hors saison. Plats env 12-25 €.* Au cœur du village, sur une agréable placette ombragée par des platanes et agrémentée de bananiers, voici un petit resto classique, sympa et vraiment pas compliqué. Carte de brasserie où tout le monde trouve son compte : assiette landaise, confit de canard (excellent), magret, mais aussi de belles planches de charcuterie à partager, pizzas, burgers... à accompagner d'un verre de duras. Service efficace et tout sourire de Chantal, connue de tous ici.

Où acheter du vin de Duras ?

Il existe une route des vins jalonnée de domaines ouverts à la visite et pratiquant la vente directe. Dépliant disponible à l'office de tourisme.

Maison des Vins de Duras : *à* ***Fonratière.*** *☎ 05-53-94-13-48. • vins-bergeracduras.fr • À 1 km, au pied de la ville. Juil-sept, tlj sauf dim 10h-13h, 15h-19h ; le reste de l'année, en principe mer-sam seulement. Fermé janv. Jardin extérieur en libre accès tte l'année.* La vitrine de la production des côtes-de-duras. Plus de 60 références de vins rouges, blancs secs, moelleux et rosés en vente. Organise des rencontres avec les vignerons et des cours d'initiation à la dégustation. Pique-nique possible sous des tonnelles.

Cave coopérative Berticot : *à 2 km de Duras, au bord de la D 708, en direction de Sainte-Foy-la-Grande. ☎ 05-53-83-75-47. • berticot.com • Juil-août, lun-sam 9h-18h, sinon lun-sam 9h-12h30, 14h30-17h30. Visite guidée de la partie bio du vignoble mer à 10h en juil-août (6 € ; 16 € avec repas ; ½ tarif enfants).* Cave coopérative qui regroupe près de 200 producteurs de côtes-de-duras. Dégustation, parcours pédagogique aménagé dans les vignes, animations en été.

Domaine de Dame Bertrande : *chez Alain et Brice Tingaud, lieu-dit Les Guignards,* ***Saint-Astier-de-Duras.*** *☎ 05-53-94-74-03. 📱 06-88-18-36-79. • dame-bertrande.com • À 8 km au nord de Duras par la D 708 ; fléché. Tte l'année, lun-ven 9h-17h (mieux vaut prévenir, malgré tt ; le w-e, sur rdv) ; visite commentée avec dégustation* *sur résa.* Un domaine certifié bio, plein de talent. Coup de cœur pour « Les Cerisiers », un rouge léger croquant sur les fruits rouges. Gamme complète avec des blancs comme « Île aux Lièvres » où les agrumes prédominent. Et un rosé gourmand, « Source oubliée ». Accueil charmant et sympa. Propose également 2 gîtes (6 personnes), des séjours à thème (vendanges, par exemple) et des événements culturels tout au long de l'année.

Où acheter de la bonne confiture ?

La P'tite Confiote : *Fontmorin, à* ***Baleyssagues.*** *À 4 km à l'ouest de Duras. ☎ 05-53-83-77-51. • confitures-gelees.com • Mar-sam 10h30-12h30, 15h30-18h30.* Tous les gourmands du coin connaissent les confitures de ce maître confiturier de France. Des parfums étonnants : prunes aux amandes, rhubarbe au géranium, yuzus, figues à la violette, tomates de Marmande... Hmm !

À voir

Le château de Duras : *pl. du Château. ☎ 05-33-14-00-38. • chateau-de-duras.com • Juil-août, tlj 10h-19h (21h30 mar, jeu et dim) ; avr-juin et sept-oct, tlj 10h-13h, 14h-18h ; fév-mars et nov-déc, tlj 14h-18h. Fermé janv et 24-25 déc. Entrée : 10 € ; réduc (notamment de 1 € sur présentation de ce guide). Visite guidée tlj à 15h en juil-août. Audioguide 2,50 €. Événements culturels tte l'année.*

La construction du château débuta en 1308 sur l'emplacement d'une 1re place forte. Il appartint aux plus puissantes familles du Sud-Ouest (les Got, puis les Durfort pro-anglais). Du Guesclin s'en empara en 1377. Jeanne d'Albret (la mère d'Henri IV) en fit son QG pendant les guerres de Religion contre les troupes de la catholique Catherine de Médicis. Au XVIIIe s, il perdit ce caractère guerrier (et quelques tours) et fut transformé en château d'agrément. La Révolution apporta également son lot de destructions. En 1969, après une période de lente décadence, la municipalité acquit le monument presque en ruine. Un extraordinaire travail de restauration fut alors mené depuis.

La visite débute par une maquette du château tel qu'il était au XVIIIe s. Puis un passage secret attire le visiteur vers le sous-sol... On déambule alors à travers un ensemble de pièces (boulangerie, cuisine aux 100 fagots, puits impressionnants, etc.). La visite se poursuit par l'étonnante *salle des Secrets,* dotée d'une acoustique qui permet de se murmurer des choses en toute discrétion depuis les coins opposés de la pièce. Appartement du duc, appartement de la duchesse (récemment remeublés de Mobilier national, remarquables boiseries restaurées), magnifique salle coiffée d'une charpente en coque de bateau renversée. Un spectacle audiovisuel permet d'approcher les fantômes des personnages historiques qui ont marqué l'histoire du château. Retour ensuite au sous-sol pour accéder à l'ancienne glacière et à un musée consacré à la vie d'autrefois. Grimper au sommet de la tour de guet pour jouir de l'impressionnant panorama à 360°.

Beau ***point de vue*** extérieur, route de Monségur, depuis le stade de rugby, sur l'ensemble du château et la ville. À noter, le bel éclairage nocturne. Incroyable, on peut même changer soi-même la couleur de l'éclairage avec l'appli • *duras.mobi* • Avouez que c'est étonnant !

La rue Jauffret : rue principale qui mène à une pittoresque place à cornières, passe près de la ***place Marguerite-Duras,*** puis longe l'***église Sainte-Marie-Madeleine,*** encastrée entre 2 maisons, datée de 1611, remaniée en 1934 et aux belles peintures de style italien. Au bout se trouve la ***tour de l'Horloge,*** ancienne porte de ville fortifiée. De-ci, de-là, vieilles demeures des XVIIe et XVIIIe s.

À voir. À faire dans le coin

Visite de la chocolaterie Maison Guiguet : *160, rue des Cavales, à Duras. ☎ 05-53-83-72-47. ● maisonguiguet.com ● Au pied du village. Boutique lun-sam 9h-12h30, 14h-18h30. Visite lun-ven à 10h et 11h en juil-août, à 11h seulement mai-juin et sept. Durée : 1h. Tarifs : 5 € ; réduc ; gratuit moins de 6 ans.* Producteur de pruneaux depuis 1949, la Maison Guinguet fait aussi de l'enrobage de chocolat. Acheté en pistoles, le cacao est transformé sur place pour enrober noisettes et pruneaux. Après une vidéo explicative, on suit cette opération à travers de grandes baies vitrées ouvertes sur les laboratoires avant la dégustation.

Le jardin de Boissonna : *à **Baleyssagues,** à 3 km à l'ouest de Duras par la D 134 direction Dieulivol. 📱 06-87-59-84-32. ● jardindeboissonna.com ● En principe, ouv de fin avr à mi-sept, ven-lun 10h-18h. Visite libre : 6 € ; réduc de 1 € sur présentation de ce guide ; salon de thé (mêmes horaires).* Les amoureux des roses passeront au mois de mai mais il reste fleuri toute la saison. Le jardin de Boissonna est un jardin privé « Remarquable », né en 1998 de la passion pour la nature de Georges Beylard et de sa fille Véronique Glad. Voulant faire partager leur amour pour les fleurs et en particulier les roses, ils ont ouvert leur jardin au public. Intéressant autant pour la collection de roses (460 variétés) que pour ses massifs de fleurs et ses allées. Et, cerise sur le gâteau, le goûter tout à la rose dans une belle vaisselle. *So British !*

Des-Chênes-toi Aventure : *Les Couronneaux, 47120 **Sainte-Colombe-de-Duras.** 📱 07-82-04-74-23. ● accrobranche47.com ● À 8 km de Duras ; prendre la D 237 en direction de Baleyssagues sur 4,5 km puis bifurquer à gauche (D 312). Avr-juin et sept, w-e et vac scol, tlj 13h-18h ; juil-août, lun-ven 10h-19h, le w-e 12h-19h. Tarifs : 21 € ; enfants 10-17 € selon taille.* Un parc accrobranche avec 200 ateliers sur 16 parcours, tyrolienne de 250 m. Snack et aire de pique-nique.

Fêtes et manifestations

- ***Durassic Festival :*** *3 j. mi-juil au château de Duras.* Festival de techno, électro et transe.
- ***Fête de la Madeleine :*** *le w-e après le 14 juil.* Fête foraine réputée dans toute la région. *Bandas,* feu d'artifice...
- ***Journées médiévales :*** *fin juil et août dans les villages de la vallée du Dropt. 1 j. fin juil-début août à Duras. Rens à l'office de tourisme (☎ 05-53-93-71-18) pour la date précise.* Marché médiéval, parade dans le village, fauconnerie au château, spectacles de feu...
- ***Fête du Vin :*** *2e w-e d'août. ● durasfetesonvin.com ●*
- ***Grande foire de la Saint-Martin :*** *11 nov.* La foire dans tous ses états.

LES VILLAGES AUTOUR DE DURAS

LOUBÈS-BERNAC *(47120)*

À 15 km au nord-est de Duras. Village on ne peut plus paisible, au beau milieu des vignobles, situé sur une colline, avec belle vue sur la plaine. Vieux lavoir rural. Imposant château de Théobon du XVIe s *(de fin juil à début sept, possibilité de visite guidée 4 €, réduc ; se renseigner auprès de l'office de tourisme de Duras).*

Où dormir ?

Les Étoiles Joyeuses : *lieu-dit Chatony.* *06-62-69-21-54.* • *lesetoilesjoyeuses@gmail.com* • *etoiles-joyeuses.fr* • *Gîte fermé en automne et hiver. Doubles 55-70 € ; yourte 85 €.* Perdues dans la campagne, entre vignes et vergers, 2 yourtes, l'une contemporaine, l'autre mongole, dans un grand jardin au naturel. Sanitaires privés et cuisine commune à dispo. Également 3 chambres d'hôtes dans la ferme restaurée du jeune couple de propriétaires. Très sobres et simples, avec entrée indépendante pour la plus chère et partageant une salle de bains pour les 2 autres (plus pour une famille, donc). Sans prétention mais calme assuré !

SOUMENSAC (47120)

À 18 km à l'est de Duras. Séduisant village. Vestiges de l'enceinte du XIIIe s. Église d'intérieur roman à nef unique. Lavoirs anciens. Beau panorama sur la région depuis le chemin de ronde ombragé. Petit musée du Fer à repasser (pour les adeptes !), musée de l'Outil sur la promenade panoramique et musée des Poupées ; possibilité de faire une visite commentée des 3 musées avec Jacques, un passionné. *(visite commentée : 5 €/pers ; 2,50 € moins de 10 ans. Ouv ts les ap-m en juil-août ; hors saison, sur rdv à partir de 4 pers. Résa au 06-81-70-45-05 ou auprès de l'office de tourisme de Duras • jacques.testet@orange.fr •).* Sentier d'observation ornithologique au bord du lac de l'Escourroux, à 2 km du village, en direction de Saint-Sulpice-d'Eymet.

LA SAUVETAT-DU-DROPT (47800)

À 15 km au sud-est de Duras. Ancienne bastide qui fut le témoin en 1637 de l'horrible massacre de 1 500 croquants. Église intéressante, avec chœur du XIIe s. Pittoresque pont du XIIIe s constitué de 11 arches de style roman et 12 arches de style gothique. Dans la rue principale, quelques maisons Renaissance.

LAUZUN (47410)

À 27 km au sud-est de Duras. Village de caractère remarquable pour sa Maison aux Cariatides (4 statues féminines sans bras à la tunique drapée, coiffées de chapiteaux ioniques). En face, l'église abrite un magnifique retable du XVIIe s. Protégé au titre des Monuments historiques, une aile du château ducal peut également se visiter *(06-74-25-16-65 ; tlj 10h-12h, 14h-18h en juil-août ; 6 €, réduc).* Joli petit lac pour pêcher en bordure du bourg.

Adresse et infos utiles

Bureau d'informations touristiques : *5, rue Marcel-Hervé.* ☎ *05-53-20-10-07.* • *paysdelauzun.com* • *Juin-sept, tlj sauf lun mat, sam ap-m et dim 8h30-12h, 13h30-17h ; le reste de l'année, mer-ven 9h-12h, 14h-17h. Visite gratuite du village par une « Raconteuse de pays » en été, mer à 10h et 11h.*

– **Marché :** *sam mat.*

MIRAMONT-DE-GUYENNE (47800)

À 17 km à l'est de Duras. Petite ville commerçante, ancienne bastide, où il est plaisant de flâner au fil des ruelles, surtout le lundi matin, jour du marché.

Adresse et infos utiles

Bureau d'informations touristiques : *1, rue Pasteur. ☎ 05-53-93-38-94. • paysdelauzun.com • Juin-sept, tlj sauf mer ap-m et sam mat 8h30-12h30, 14h-17h30. Le reste de l'année, lun mat, mar et jeu-ven 9h-12h, 14h-17h.*

– Marché : *lun mat.*

– Festival des arts de rue Bastid'Art : *2e w-e d'août.*

ALLEMANS-DU-DROPT (47800)

À 11 km au sud-est de Duras. Ce village doit son nom aux envahisseurs germaniques du IXe s, les Allamans. Très belles ***fresques*** classées du XVe s dans l'église Saint-Eutrope, entièrement restaurée *(tlj 9h-18h),* véritables B.D. à l'usage des paysans illettrés de l'époque. On découvre *La Cène,* puis *La Crucifixion, La Mise au tombeau, La Résurrection* et *Le Jugement dernier. L'Enfer,* la plus belle des fresques, présente une curiosité : dans les hottes des diables, rien que des femmes et des curés ! Un interrupteur se trouve sur le pilier gauche. On est prié de faire un petit don (1 € !). Le chœur, formant un arc en fer à cheval, révèle une influence arabe.

Dans le village, également de vieilles halles en bois, le vieux pont, une ancienne écluse et un splendide pigeonnier sur piliers de pierre (propriété privée) à la sortie du village, route de Monteton.

Adresse utile

Bureau d'informations touristiques : *13, pl. de la Liberté. ☎ 05-53-20-25-59. • paysdelauzun.com • Près de l'église. Ouv juin-sept, mar-mer et ven-sam 10h-12h, 14h-17h et jeu 14h-17h ; fermé le reste de l'année.* Organise des visites gratuites du village et une présentation des fresques de l'église par une « Raconteuse de pays » *(mar à 10h en été ; résa au 06-83-25-89-71).* Livret de visite du village.

Où dormir ? Où manger dans le coin ?

Camping

Camping municipal : *Prairie-Haute, en bordure de rivière. 07-67-72-34-61 ou ☎ 05-53-20-23-37 (mairie). • mairie.allemans@orange.fr • Ouv d'avr à mi-oct. Forfait 10 € pour 2. CB refusées. 7 empl.* Minimaliste mais bien tenu et dans un cadre vert frais, au bord du Dropt. Location de canoës, kayaks et paddles *(seulement juil-août).* Tous les services dans le village.

Prix moyens

L'Étape Gasconne : *pl. de la Mairie. ☎ 05-53-20-23-55. • etapegasconne@orange.fr • letapegasconne-hotel.com • Fermé ven et dim soir hors juil-août. Doubles 65-71 €. Formule déj en sem 14,50 € ; menu 26,90 €.* Classique hôtel-restaurant de village, dans une maison à la belle façade de pierre. Chambres bien tenues, fraîches et fonctionnelles (certaines climatisées). Quelques-unes avec balcon sur la piscine à l'arrière. Cuisine dans la pure tradition régionale, avec quelques notes créatives. Le midi, le menu du jour attire de nombreux ouvriers du coin.

MONTETON *(47120)*

À 8 km de Duras, en direction de Miramont. Accès à pied depuis le parking à l'entrée du bourg. Perché sur une butte, dans un site charmant, ce village en cul-de-sac abrite une intéressante église romane qui échappa aux destructions huguenotes. Simplicité et harmonie des lignes (contreforts dans l'église, belle astuce de l'architecte). À l'intérieur : grande qualité de la pierre, jolis chapiteaux sculptés, nef rythmée par d'élégantes voûtes, grand équilibre des volumes. Notez le vieux mécanisme d'horlogerie au fond. De la terrasse sous la halle, panorama incroyable qui embrasse tout l'horizon, avec vergers, collines, petits villages... Également un vieux château édifié en 1713 sur les structures d'une forteresse médiévale.

Où dormir ?

Chambres d'hôtes du Moulin de Cocussotte : *chez Jacques Constantin et Dominique Olivain, 47120* ***Saint-Pierre-sur-Dropt.*** *☎ 05-53-83-83-44. 06-86-64-16-51. • dominique.olivain@wanadoo.fr • moulin-de-cocussotte.fr • À 7 km de Monteton par la D 211 (fléché). Ouv de mai à fin sept. Double 85 € ; également 2 gîtes (2-4 pers). Table d'hôtes 25 € (sur résa). Apéritif maison offert sur présentation de ce guide.* Moulin familial, restauré par le propriétaire, dans un cadre enchanteur et bucolique au milieu de barrages, chutes d'eau, pontons, roue à aubes. Immense chambre-suite (4 personnes maxi) de 90 m² au 1er étage du moulin (grand séjour, hall, loggia avec vue sur la rivière), à l'accès indépendant. L'un des 2 gîtes se trouve de l'autre côté de la rivière sur un îlot, et l'autre est une adorable maison de poupée à l'entrée du moulin, également au bord de l'eau (terrasse). Piscine. De mai à septembre, possibilité de visiter le moulin *(l'ap-m mer-dim ; visite libre ou contée, tarif : 4 €).* Explications sur la navigation, roue hydraulique en fonctionnement, balade dans les jardins. Petite boutique de produits locaux où l'on peut boire aussi un verre.

LE VAL DE GARONNE

Une fois rejointe par le Lot, la Garonne serpente jusqu'à l'estuaire de la Gironde, à travers les coteaux du Marmandais, et surtout les cultures maraîchères. Nous voilà en plein cœur de l'Aquitaine, dans le val de Garonne ! C'est ici le paradis de la fraise, de l'asperge et de la tomate. Certes, on distingue quelques serres agricoles qui émaillent le paysage, mais le relief se transforme vite en petites collines incitant à la flânerie à pied ou à vélo, où sillonne « Garonne », comme on dit ici, qu'on aime suivre le temps d'une promenade ou le long de la voie verte qui longe le canal latéral à la Garonne. Plus au sud, dans le secteur de Casteljaloux, pointe déjà la cime de la forêt des Landes.

MARMANDE (47200) 18 425 hab. *Carte Lot-et-Garonne, B2*

Fondée par Richard Cœur de Lion en 1182, Marmande, aujourd'hui 3e ville du département, se voit attribuer l'épithète « la Jolie »... à juste titre ! La Garonne et le Trec bercent la ville et son parc aménagé, le petit centre conserve de

belles traces d'un riche passé (plus de 900 ans d'histoire !), le marché et les rues commerçantes (partiellement piétonnes) offrent une activité qui pourrait être enviée par nombre de villes moyennes provinciales. Agréables places en centre-ville (Clemenceau, du Marché...), même si elles ne profitent pas toujours d'un urbanisme avoisinant des plus « inspiré ». Et n'oublions pas la tomate de Marmande, qui apparaît dès la fin du XIXe s, et est devenue, à travers le monde entier, le plus beau fleuron de la ville... Aujourd'hui, cette cité fleurie essaie de se retrouver autour de son fleuve et de nombreux événements et rencontres culturelles.
L'abouriou est LE cépage endémique du Marmandais ! Robe profonde et fruits noirs, intensité et tanins soyeux sont ses caractères. S'il s'épanouit un peu en Californie, c'est dans le Sud-Ouest qu'il trouve sa puissance. Découvert au milieu du XIXe s, puis menacé de disparition, il a été sauvé grâce à la persévérance des vignerons et à la création d'un conservatoire pour le sauvegarder !

Adresses et infos utiles

ℹ ***Office de tourisme du Val de Garonne :*** *11, rue Toupinerie. ☎ 05-53-64-44-44. • valdegaronne.com • Tte l'année, tlj sauf dim-lun mat 9h30-12h30, 14h-18h (ouv tlj jusqu'à 13h et 18h30 juil-août, sauf dim). Tablette à disposition et borne 24h/24.* Un office de tourisme nouvelle génération, qui présente le val de Garonne à travers une scénographie interactive : sur 150 m², films, tables tactiles, interviews en vidéo. Avec sa belle cour intérieure, se visite comme un musée. Très bon accueil, souriant et attentionné. Service billetterie et boutique de produits locaux et souvenirs.

Gare ferroviaire : *pl. du 11-Novembre-1918.* Sur la ligne Toulouse-Bordeaux.

Bus : *pas de gare routière. Les bus se prennent devant la gare ferroviaire.* Bus pour Villeneuve-sur-Lot *(**Tideo,** • tideo.fr •)* et Tonneins *(**Evalys,** • evalys-mobilites.fr •), ligne Eymet-Marmande.*

– ***Marchés :*** *tte l'année mar-sam 7h-13h, sous la halle ; plus en extérieur, sam mat.*

Où dormir ? Où manger ?

De prix moyens à chic

Auberge du Lion d'Or : *1, rue de la République. ☎ 05-53-64-21-30. • hotel.du.lion.dor@orange.fr • leliondor.fr • Resto fermé le soir ven et dim. Congés : vac de la Toussaint. Doubles 62-88 €, deluxe également ; familiales. Menus 15 € midi et soir en sem, puis 25-37 €. Parking gratuit. Le w-e, réduc de 10 % sur le prix de la chambre sur présentation de ce guide.* Cet ancien relais d'entrée de ville, bien entretenu et rénové en permanence, offre plusieurs catégories de chambres de la petite standard (avec douche à l'italienne et clim tout de même) à la *deluxe* avec spa privatif (dans un autre bâtiment). Côté resto, cuisine soignée du Sud-Ouest servie en terrasse ou dans un patio aux beaux jours. De gestion familiale depuis des générations, l'accueil est excellent.

Hôtel Le Capricorne : *av. Hubert-Ruffe, à 1,2 km du centre sur la route d'Agen/Tonneins. ☎ 05-53-64-16-14. • contact@lecapricorne-hotel.com • lecapricorne-hotel.com • Congés : vac scol de Noël. Doubles 80-105 € ; familiales. Parking gratuit.* Si, de l'extérieur, le bâtiment ressemble à un motel un peu impersonnel, on se réjouit du calme (à l'arrière), de la piscine et de l'accueil. Parties communes très Hollywood (petite lumière fluo dans les couloirs). Chambres rénovées, impeccables et très confortables, avec un peu plus de sobriété tout de même (tissus rouge et gris satinés, touches néobaroques).

La Grange : 13, rue de l'Hirondelle ; près de la pl. des Halles, au centre-ville. ☎ 05-53-20-81-88. • lagrange47@orange.fr • Tlj sauf dim-lun (plus mar soir, mer soir et j. fériés hors saison). Congés : vac scol de Noël. Menu 16 € ; carte 25-35 €. Plaisirs gourmands à prix sages. Des plats originaux avec « l'acceng » du terroir. Cuisine très canard, un peu poisson mais toujours généreuse, fine et savoureuse. Véritables desserts maison. Coup de cœur pour cette vieille grange de poutres et de pierre d'une ruelle du centre-ville, avec ses toiles colorées. Jolie petite terrasse sur une placette collée au resto *L'O à la Bouche* (même maison et même chef, mais plus cher). Très belle carte des vins valorisant les terroirs régionaux.

À voir. À faire

***La chapelle Saint-Benoît :** ouv mer-dim 14h30-18h30 en juil-août, sinon sur rdv au ☎ 05-53-93-47-07 (mairie) ; possibilité de visite commentée gratuite.* Portail du XVIIe s. Beau plafond peint.

Les maisons anciennes : rue de l'Hirondelle et rue Labat (au no 35 notamment), avec pavés et joliment illuminées. Voir aussi la ***tour du Passeur*** (XIVe s), éclairée le soir, et supposée abriter le batelier lorsque la Garonne venait battre autrefois les flancs de la ville. À l'extrémité du ***chemin de ronde du Caillou*** (au sud du quartier Labat), ***lavoir*** et ***fontaine*** des Cinq-Canelles.

***La statue de la Pomme d'amour :** pl. Clemenceau, devant l'entrée de la mairie.* Ce joli nu aux traits fins est l'un des symboles de la ville, et profite du surnom que l'on donne... à la tomate, décrite souvent comme un fruit « rond, coloré, lisse et charnu »... À vous de voir !

L'église Notre-Dame : belle rosace (XIVe s) dans la façade. À gauche de l'entrée, *Mise au tombeau* de style baroque. Retable en bois sculpté du XVIIIe s, figurant saint Benoît dans le désert. Notez, dans le côté droit, le démon qui essaie de dérober la marmite de nourriture qui lui est destinée. Décoration exubérante.

Sur le côté, les vestiges du beau ***cloître Renaissance*** *(accès libre 8h-20h en été, 8h-18h le reste de l'année),* avec son jardin de buis, ses parterres de fleurs et son petit promontoire dominant le Trec, qui rejoint un peu plus loin la Garonne. Il a été chanté par Vincent Delerm et a reçu le label de « Jardin remarquable ». On peut aussi jeter un œil à la ***galerie d'Art sacré*** *(ouv juil-août ; GRATUIT)* et à la ***chapelle Caillade.***

***Le musée municipal Albert-Marzelles :** 15, rue Abel-Boyé. ☎ 05-53-64-42-04. Mer-ven 15h-18h ; sam 10h-12h, 15h-18h. GRATUIT.* Exposition « Abel Boyé, un artiste marmandais », 1864-1933. Expos temporaires, conférences, ateliers (adulte-enfant).

Le parc de la Filhole :** quartier Filhole. Depuis le centre-ville, accès par la pl. du Marché, puis la rue de la Filhole ; passer le Trec et suivre le parcours sportif.* Cet immense parc verdoyant aux portes de la ville rejoint les bords de la Garonne. Plage avec baignade surveillée *(juil-août),* et nombreuses activités : jeux, skatepark, piste bicross, minigolf... Aires de pique-nique, allées ombragées. Le ***parcours de la Filhole offre une promenade musicale en pleine nature, grâce à la série d'images sonores créées par Eddie Ladoire.

***Aquaval, le complexe aquatique du Val de Garonne :** rue Portogruaro. ☎ 05-53-20-40-53. • piscinevaldegaronne.fr • À 1 km du centre-ville, près du stade Georges-Dartiailh. Tte l'année, tlj (nocturne mar). Entrée : 4 € ; 5-15 ans 2,50 €.* Ensemble aquatique avec 4 bassins, toboggan, solarium, bain bouillonnant, aquagym, aquabike, plongée. Piscine extérieure à vagues, pentaglisse à 4 pistes, pataugeoire sèche, plages avec transats, parasols... et 7 000 m² de pelouse !

LE LOT-ET-GARONNE

Les Jardins de Beauchamp – Jardinerie Jay : *rue des Issert. ☎ 05-53-64-30-12. • jardineriejay.fr • Du centre, prendre la route de Miramont ; après le chemin de fer, indiqué à gauche : c'est à 1 km. Tte l'année, tlj sauf lun mat 9h-12h, 14h-18h ; fermé le dim juil-sept. Entrée : 6 € ; gratuit moins de 10 ans.* Les propriétaires de cette pépinière ont eu la bonne idée de créer un jardin de 1 ha derrière les serres... et quel jardin ! Un concentré de tous les jardins du monde ! Sébastien anime une passionnante visite qui mène d'un petit pont à un labyrinthe, d'une rotonde à des bassins de nénuphars et une plage de sable blanc avec ses palmiers spectaculaires. Patios, petits bancs, sculptures contemporaines, cascade, jeux pour enfants. Innombrables variétés de plantes et fleurs et jeux de couleurs qui varient selon les saisons.

Où trouver des vins du Marmandais ?

L'AOC des côtes-du-marmandais (1990) est dominée par la Cave du Marmandais qui gère à elle seule quelque 95 % de l'appellation. Gamme incontournable. Pourtant de jeunes viticulteurs extérieurs servent aussi de locomotive à l'appellation : Elian Da Ros en est l'emblème. Il produit des bouteilles « hors normes », vinifiées parfois autrement (90 % abouriou à déguster) afin de garder les caractères du terroir et des cépages. Avec lui (et d'autres), « le vin est une fête » ! Une appellation à découvrir, enfin ! Voir Festivino *• festivino47.com • (dernier w-e juil à **Cocumont**).*

– ***Cave du Marmandais :*** *La Cure, 47250 **Cocumont.** À la sortie de la ville ; fléchage partiel. ☎ 05-53-94-19-01. • cave-du-marmandais.fr • Ouv lun-ven 9h-12h, 14h-18h. Mai-oct, propose des visites de cave et escapades dans le vignoble à bord d'un combi Volkswagen, suivies d'une dégustation (7 € ; gratuit moins de 16 ans ; résa obligatoire 48h avt). Randonnée vigneronne (10 € ; réduc).* Blanc, rouge, rosé : côtes-du-marmandais décliné en 3 couleurs, avec notamment la gamme « Quezaco ». Découvrez aussi le cépage abouriou à prix cassé.

– ***Caves particulières :*** l'office de tourisme du Val de Garonne (Marmande) peut fournir la liste des caves particulières de l'appellation. Plusieurs domaines accueillent les visiteurs sur réservation.

Fêtes et manifestations

– ***Garorock :*** *pdt 5 j. fin juin-début juil. • garorock.com •* Festival de rock de renom.
– ***Marmande en fête :*** *3e w-e de juil.*
– ***Nuits lyriques en Marmandais :*** *2de quinzaine d'août. ☎ 05-53-89-68-75. • nuits-lyriques.fr • Possibilité de résa des places à partir de mai.* De renommée internationale et accueillant plus de 35 nationalités.
– ***Festival DJazz et Garonne :*** *1 w-e mi-oct. • jazzetgaronne.com •*

DANS LES ENVIRONS DE MARMANDE

Location de bateaux et de VTT : ***Émeraude Location,*** *halte nautique de Pont-des-Sables, 47200 **Fourques-sur-Garonne.** 📱 06-23-89-19-33. • emeraudelocabateaux.fr • À 7 km au sud de Marmande. Loc de bateaux promenades sans permis (journée, ½ journée), de bateaux fluviaux habitables (w-e, sem, mars-oct), de canoës, kayaks et paddles. Loc de VTT pour longer le canal par la voie verte du canal de Garonne.*

Le Musée archéologique André-Larroderie : *pl. René-Sanson, 47180 **Sainte-Bazeille.** 📱 06-85-23-60-52. À 6 km de Marmande, direction Bordeaux. Juil-août, tlj sauf mar et j. fériés 14h30-18h ; avr-juin et sept-oct, seulement dim ap-m ou sur*

LE LOT-ET-GARONNE

rdv. Fermé nov-mars. Entrée : 3 € ; gratuit moins de 14 ans. Petit mais intéressant musée de village qui présente l'histoire du Marmandais (de la Préhistoire au XVIIe s) à travers des objets provenant de fouilles archéologiques.

➢ De Pont-des-Sables, prendre la direction de Meilhan-sur-Garonne par la D 143, puis la D 116. Route agréable, qui longe le canal latéral à la Garonne. Écluses, petits ponts étroits... Bucolique et champêtre à souhait.

COUTHURES-SUR-GARONNE (47180)

À 10 km à l'ouest de Marmande. Le village typique des bords de Garonne. On sent battre le pouls du fleuve et on mesure combien, puissant et impétueux, il dicte sa loi aux habitants. Émouvante place de la Calle, en pente douce vers « Garonne », comme on l'appelle. Crues fréquentes, dont les cotes ont été matérialisées sur le mur de l'église. À la tombée de la nuit, superbe jeu de lumière sur la rivière, avec parfois une *miolle* (bateau plat typique de la région) qui file sur l'eau avec le dernier pêcheur professionnel d'aloses.

Où manger ? Où boire un verre ?

Le P'titroquet : *au centre du bourg. ☎ 09-54-56-09-68. Tlj sauf dim soir-lun. Plats 12-16,50 €.* Une institution à Couthures, le petit bar-resto-épicerie hors du temps avec sa terrasse fleurie, où tout le village se retrouve à un moment ou l'autre de la journée. Le matin pour le café, le midi pour le bon plat du jour à base de produits locaux, l'après-midi pour une belote avec les anciens et tous les 2e dimanche du mois pour un concert de jazz. Pendant le Festival du journalisme, on peut discuter simplement avec de grandes plumes de la presse écrite. Super accueil de Patrick, apprécié de tous.

À voir. À faire

Fous de Garonne : *rue de la Cave, dans le bourg. ☎ 05-53-76-35-48. • fous-de-garonne.com • Juil-août, tlj 10h-19h ; avr-juin, tlj sauf lun 10h-18h ; sept, tlj sauf lun 14h-18h. Entrée : 9 € ; 5-17 ans 6 € ; réduc. Juil-août, balades en bateau (7 € ; réduc), résa conseillée au 06-82-19-89-28. Petite restauration possible.* Un site très bien fait qui évoque la vie quotidienne au bord de la Garonne, sa faune et sa flore par le biais de techniques dernier cri : réalité virtuelle, ciné 3D, scénovision mêlant techniques du cinéma et du théâtre enrichies d'effets spéciaux. Une maquette animée simule une « Alerte à la crue ». Land art à l'extérieur et plage avec guinguette au bord de la Garonne, d'où l'on peut partir pour une balade de 45 mn sur une petite embarcation à fond plat.

Manifestation

– ***Festival international de journalisme :*** *pdt 3 j. début juil. • festivalinternationaldejournalisme.com •* Débats, ateliers, rencontres avec des journalistes dans une ambiance détendue. Un festival convivial organisé par le journal *Le Monde*.

MEILHAN-SUR-GARONNE (47180)

À 16 km à l'ouest de Marmande et à 5 km de Couthures. Autre village tranquille, perché au-dessus du fleuve et du canal de Garonne. Sur l'esplanade de la place du Tertre, impressionnante vue sur toute la plaine et une boucle du fleuve.

Jusqu'au début du XXe s, le village était une escale importante pour le bateau qui assurait la liaison voyageurs entre Bordeaux et Agen. Sur le canal, agréable halte nautique (en saison, concert le vendredi soir et apéro-huître le dimanche midi).

ENTRE MARMANDE ET TONNEINS

GONTAUD-DE-NOGARET (47400)

À 10 km env au sud-est de Marmande. À l'origine, il y avait 2 communes : Gontaud et Saint-Pierre-de-Nogaret, siège d'un prieuré de bénédictins fondé en 1135 par Vital de Gontaud. Les 2 communes ont fusionné en 1965. Belle église. Façade du XIIIe s et chapiteaux historiés. Sur la place principale, halle ancienne en bois, avec une sorte de pavillon de bois très rigolo. Pas banal !

LE MAS-D'AGENAIS (47430)

Petite cité paisible, ancienne ville romaine. On y trouva la célèbre *Vénus du Mas* (aujourd'hui au musée d'Agen). Sur la place de l'Église, superbe halle au blé très ancienne.

Où dormir ? Où manger ? Où boire un verre dans les environs ?

Chambres d'hôtes chez Véronique et Thomas : *1127, chemin de Saint-Martin, lieu-dit Méroc. ☎ 05-53-84-06-02. 06-30-18-16-23. • contact@thomas-guichard.fr • Doubles 80-100 €.* En pleine campagne, dans un vaste jardin paysager, 4 chambres à l'accès indépendant installées dans l'ancien séchoir à tabac de la longère des propriétaires. Toutes sont charmantes et confortables, à la déco thématique très soignée, agrémentée d'objets anciens de la famille de Véronique. Une autre, vraiment craquante et avec kitchenette, est installée dans le pigeonnier à côté d'un l'étang. Thomas est peintre et son atelier est ouvert en expo-vente. Pour se poser, plusieurs coins où gambadent canards et poules naines, et passage de la voie verte à proximité.

Béa Rég'Halle : *pl. du Marché. 07-61-78-31-49. • touton.bea6@gmail.com • Tlj sauf jeu soir et lun (ainsi que les soirs mar-mer et dim hors saison). Congés : fin août et octobre. Assiettes complètes le midi en sem 14 €, soir et w-e 22,90 €. Apéritif maison offert sur présentation de ce guide.* Béa était agricultrice avant de se reconvertir dans la restauration par passion. Elle s'est installée dans un lieu magnifique, sous l'impressionnante charpente des halles du village, pour proposer de délicieux et peu onéreux *combinats,* des assiettes avec plat du jour, salade, fruit et dessert. Une petite carte propose aussi du foie gras poêlé au miel, du chèvre chaud aux pruneaux et du porc noir de ses amis du coin. Elle fait aussi épicerie fine et salon de thé en journée. On adore !

À voir. À faire au Mas-d'Agenais et dans les environs

Le Boat : *écluse 44. Rens et résas : ☎ 04-68-94-42-80. • leboat.fr • Loc de bateaux habitables.*

La collégiale Saint-Vincent : *tlj 9h-19h (17h oct-Pâques).* Splendide, à ne pas rater. Édifiée au IXe s à la demande de Charlemagne. Belle voûte en plein cintre de la nef. Remarquables stalles du XVIIe s. Sarcophage de marbre décoré de chevrons. À gauche du chœur, intéressante Vierge à l'Enfant du XVIIe s. En principe, courant 2022, lorsque sa restauration sera achevée, l'église devrait retrouver son Rembrandt (si, si !), le *Christ en croix* (1631), qui faisait partie d'un chemin de croix commandé par un riche seigneur (6 autres tableaux de la même série sont exposés à la pinacothèque de Munich, c'est tout dire !).

Entre Le Mas-d'Agenais, Tonneins et Aiguillon, la route coupe parfois le ***canal de Garonne,*** livrant de-ci, de-là de jolis points de vue sur ses berges ombragées et sereines. Dans le paysage, d'anciens séchoirs à tabac superbes. Les maisons, de leur côté, se font plus basses et les toits s'allongent : l'architecture landaise n'est pas loin.

À ***Lagruère,*** sur la minuscule D 234, entre Le Mas-d'Agenais et Tonneins, très agréable ***halte nautique,*** avec son petit café-restaurant et son camping bien ombragé. Jeux pour enfants, aire de pique-nique, parc d'expériences sensorielles « Retour aux sources » (gratuit) et sentier botanique proche du canal. Petit coup de cœur pour ce joli et calme coin très nature.

TONNEINS (47400) 9 260 hab. *Carte Lot-et-Garonne, B2*

Posée au bord de la Garonne, l'ex-capitale des célèbres clopes Gauloise et Gitane est liée à l'histoire du tabac. Ce sont des moines qui, au milieu du XVIe s, rapportèrent du Brésil les 1res graines de ce terrible poison. Elles s'acclimatèrent fort bien dans la région, et en 1726 fut créée la Manufacture royale du tabac. Pour les adeptes de sports d'eau, Tonneins dispose d'un site exceptionnel, les roches de Reculay, haut lieu d'entraînement et de compétitions pour les kayakistes.

Adresse utile

Office de tourisme du Val de Garonne : *3, bd Charles-de-Gaulle. ☎ 05-53-79-22-79. • valdegaronne.com • Dans la rue principale. Mar-sam mat 9h30-12h30, 14h-18h (plus lun juil-août).*

Où manger dans les environs ?

La Chope et le Pichet : *1085, route de l'Écluse, 47400* ***Villeton.*** *☎ 05-53-83-13-49. • lachope-et-lepichet@orange.fr • lachope-et-lepichet.fr • À 5 km env de Tonneins. Ouv mai-oct, mer-dim midi et soir (résa conseillée en été) ; nov-mai, le midi mer-ven et dim 12h-14h, le soir ven-sam 19h-22h. Menu le midi en sem 18,50 € ; carte 30-40 €.* L'ancienne maison éclusière, posée au bord du canal et de la voie verte, accueille randonneurs, cyclistes et promeneurs, tous enchantés par le cadre bucolique. Cuisine simple et généreuse, à base de produits du terroir avec frites et bières belges. Une adresse très sympa.

À voir. À faire

Promenade sympa sur les ***vieux quais*** de la Garonne. En bas de la place du Château, ***maison du Passeur,*** seule maison antérieure au XVIIe s. Également un lavoir. Belvédère (esplanade Saint-Pierre) qui surplombe la Garonne.

Au pied du pont, dans l'ancienne manufacture de tabac, 2 associations très sympa proposent des activités fluviales :
– **Club UST canoë-kayak :** *22, quai de la Barre. ☎ 05-53-84-52-22. Tlj en juil-août 10h-18h, sur résa. Hors saison, sur résa seulement. Tarifs : 8-15 €.* Location de canoës, kayaks et paddles (sans accompagnement). Au choix, 3 itinéraires de 3 à 12 km (compter 1-3h).
– **Balade au fil de l'eau :** *20, quai de la Barre. 06-51-11-22-47. • amigaronne.com • Mai-oct, tlj sauf lun ; sur résa. Départ à 14h30, 16h et 17h30. Adulte 10 € ; enfant 5 € ; gratuit moins de 5 ans.* Balades commentées à bord d'un bateau à fond plat de maximum 12 personnes. Départ au choix de Tonneins, du port des Rêves à Lagruère ou du Mas-d'Agenais.

DANS LES ENVIRONS DE TONNEINS

La maison de la Terre et du Canal : *halte nautique, 47400* ***Villeton.*** *Rens : 06-12-60-73-29 ou ☎ 05-53-79-05-59 (mairie). À 4 km au sud de Tonneins, indiqué dans le village. Ouv mai-sept sur résa seulement. Entrée : 4 € ; réduc.* Ce petit musée est né de la passion d'un habitant de Villeton pour les machines et outils anciens dont on avait oublié l'ingéniosité. Autour de cette importante collection, remise en état, des bénévoles expliquent de manière ludique leur usage.

CASTELJALOUX

(47700) 4 636 hab. *Carte Lot-et-Garonne, A3*

Cette petite ville isolée est un trait d'union entre les forêts des Landes et la vallée de la Garonne. On trouve dans son agréable centre ancien de belles maisons à colombages des XVe et XVIe s, la maison dite « du Roy », qui abrite l'office de tourisme et les vestiges du château de Jeanne d'Albret au sein du parc municipal. La mairie fut jadis commanderie des Templiers. Casteljaloux se targue d'être le berceau des cadets de Gascogne, rendus célèbres par le *Cyrano* d'Edmond Rostand. Weber et Huster, qui incarnèrent tous 2 le héros à la péninsule nasale, ont d'ailleurs été intronisés. Le défilé de la Compagnie des cadets les célèbre le 14 juillet.

Adresse et infos utiles

Office de tourisme : *maison du Roy, 20 pl. du Roy (près de l'église). ☎ 05-53-93-00-00. • tourisme-coteauxetlandesdegascogne.fr • Juil-août, lun-sam 9h-12h, 14h-19h, dim et j. fériés le mat ; le reste de l'année, lun-sam.* Très beau bâtiment du XVIe s. Expo permanente sur l'histoire locale et expo d'artistes de la région.
– ***Marchés :*** *le mat mar et sam.*

Où dormir ? Où manger à Casteljaloux et dans les environs ?

Camping

Castel Chalets, Les chalets du lac de Clarens : *route de Mont-de-Marsan. ☎ 05-53-93-07-45. • castel.chalets@orange.fr • castel-chalets.com • À 2 km du centre-ville. Tte l'année. Chalets et mobile homes*

2-6 pers 310-620 €/sem ; loc possible pour 2 nuits hors juil-août 95-140 €. Frais de ménage en sus 40 €. Pas d'emplacements pour les campeurs, mais une vingtaine de chalets en bois équipés, sous les pins, au bord du beau plan d'eau. Baignade surveillée en saison et nombreuses activités à la base de loisirs (dont l'accès est gratuit pour les résidents). Aire de camping-cars (avr-oct, 15-20 €/nuit).

De bon marché à prix moyens

Hôtel Les Cordeliers : 1, rue des Cordeliers. ☎ 05-53-93-02-19. • hotel.lescordeliers1@orange.fr • Double 56 €. Parking gratuit. Établissement au centre du bourg proposant des chambres simples, claires et fonctionnelles. Sans charme mais correct et pas cher. Bon accueil.

Hôtel du Lac : route de Mont-de-Marsan, lac de Clarens. ☎ 05-24-30-51-87. • hoteldulac@sfr.fr • lhoteldulac.com • À 2 km du centre-ville. Double 75 € (pour une résa en direct). Café offert sur présentation de ce guide. Bordé par la forêt et face au lac, cet hôtel très récent est certainement le meilleur rapport qualité-prix du coin. Si le charme de la structure moderne du bâtiment n'opère pas de prime abord avec ses 2 longues ailes horizontales autour de la réception, on est en revanche convaincu par le confort des chambres, spacieuses et bien équipées (matelas épais, douche à l'italienne, éclairage modulable, clim). Elles donnent soit sur le lac, soit sur un jardin paysager qui ne demande qu'à s'étoffer avec le temps. Spa, salle de musculation et billard à dispo ainsi que l'accès gratuit à la base de loisirs. Excellent accueil.

Le Cassissier : pl. Jean-Jaurès. ☎ 05-53-93-03-38. • le-cassissier@wanadoo.fr • Tlj sauf lun, plus le soir dim et mar. Menus 16 € (déj en sem), puis 30 € ; carte env 35 €. Bonne maison aussi conviviale et généreuse dans l'accueil que dans l'assiette. Le chef, dijonnais, n'a pas peur de bousculer un peu le terroir local en important quelques préparations issues du sien. Cadre en brin vieillot et petite terrasse donnant sur la place.

Chambres d'hôtes Domaine Sud du Ticourret : chez Sylviane et Didier de Finance, 47160 **Villefranche-du-Queyran.** ☎ 05-53-88-07-94. 📱 06-06-52-90-53. • bienvenue@ticourret.fr • ticourret.fr • À 15 km env à l'est de Casteljaloux. Double 65 €. Dans une ancienne ferme, qui fut à l'origine un presbytère, puis les dépendances du château, les actuels propriétaires, anciens photographes, ont 3 chambres. Toutes ont des sanitaires privés. L'ensemble est confortable, joliment décoré, avec salon, salle à manger et cuisine américaine. Le tout adossé à la maison des propriétaires, au milieu de la nature, avec une très belle vue sur la campagne environnante. Piscine.

De prix moyen à chic

La Vieille Auberge : 13, av. du 8-Mai-1945. ☎ 05-53-93-01-36. • la.vieille.auberge.47@wanadoo.fr • ♿ Accès par le passage à gauche du Clos Castel. Fermé dim soir. Menus 25 € (midi et soir sauf ven soir, w-e et j. fériés), puis 37-50 €. Dorénavant installée dans le très chic hôtel *Le Clos Castel* (de gestion différente), cette bonne auberge gastro est résolument orientée terroir. Festival de saveurs gasconnes aux produits de saison. Riche carte des vins avec un bon choix au verre à prix abordables. Service classieux mais nullement guindé dans le cadre magnifique d'une verrière avec une charpente imposante. Une grande table, avec un menu à prix exceptionnel midi et soir en semaine !

À faire

Conservatoire rural de Gascogne : 30, bd Victor-Hugo, dans le centre-ville. 📱 06-07-85-20-25 et 06-07-59-35-43. • j.castagnet@orange.fr • Tte l'année, sam 15h-18h et dim 9h-12h, sinon sur résa pour groupes. Entrée : 5 € ; gratuit moins de

12 ans. Agriculteur à la retraite, Christian Castagnet collectionne les tracteurs et en a aujourd'hui plus de 350 répartis dans 3 vastes hangars ! Il fait partager sa passion pour certaines marques célèbres, notamment Porsche avec ses 12 modèles des années 1950-1960 au rouge flamboyant, ou d'autres disparues. La plupart sont en parfait état de marche et repeinte comme neuf ! Également des machines agricoles d'antan en bois.

Bains de Casteljaloux : *4, rue des Thermes, à 400 m du centre-ville. ☎ 05-53-20-59-00. • bains.casteljaloux@eurothermes.com • bains-casteljaloux.com • Espace thermo-ludique. Tte l'année, lun-jeu 10h-19h, ven-dim 10h-21h (20h dim). Tarifs : 17,50-19 € (selon la période, 2h) ; réduc ; forfaits famille. Formules séjours bien-être 1-3 nuitées 84-126 € la nuit pour 2.* Un centre thermal et de remise en forme avec sauna, hammam, jacuzzi, bain japonais, jet massant, puits d'eau froide, espace sensoriel... Moderne et bien équipé.

Base de loisirs du lac de Clarens : *route de Mont-de-Marsan. ☎ 05-53-93-48-00 (mairie). À 2 km du centre-ville. Ouv tte l'année. Entrée payante en été : 2,50 € ; gratuit moins de 12 ans. Baignade surveillée tlj de mi-juin à août (11h-18h30 en juin ; 11h-19h en juil-août).* Un beau plan d'eau pour la baignade ou la pêche, avec autour golf, jeux en plein air, parcours accrobranche *(• casteladventure.com •)*, parc aquatique *(• aquafunparkclarens.com •)*... et un casino très moderne.

Fêtes et manifestations

- ***Rassemblement de véhicules anciens :*** *1 j. mi-juil.* Concours d'élégance de vieilles voitures.
- ***Courses en Côtes :*** *3 j. en août.*
- ***Courses landaises :*** *1 en juil, 1 en août.*
- ***Marché de producteurs de pays :*** *1 en juil, 1 en août.*
- ***Semaine du goût :*** *en oct.* Expos, dégustations, marché du goût, etc.

L'ALBRET

Les grandes transhumances touristiques ont quelque peu épargné le pays d'Albret. Du coup, ce territoire qui rappelle la Gascogne jouit d'une grande tranquillité. À la frontière des Landes et du Gers, les odeurs de pins se mêlent aux fragrances d'armagnac. Les collines sont plus douces qu'au nord du département, et les châteaux sont marqués par les chevauchées d'Henri IV, qui passa par là et apprécia le pays. Nérac en est la capitale, et un agréable point de chute pour sillonner cette belle campagne. Traversé par la Gélise et surtout la Baïse, rivière sauvage mais navigable depuis le canal de la Garonne jusqu'à Valence-sur-Baïse dans le Gers, l'Albret possède un charme joyeux et, pour tout dire, gascon.

NÉRAC

(47600) 7 615 hab. *Carte Lot-et-Garonne, B4*

Cette grosse bourgade qui s'ordonne autour de son château et de la rivière Baïse fut la résidence de la famille d'Albret, l'une des plus importantes du Sud-Ouest. Depuis Nérac, Marguerite d'Angoulême, sœur de François Ier, reine de Navarre, propagea l'humanisme en Aquitaine (elle accueillit

Calvin, Clément Marot...). Plus tard, Jeanne d'Albret, mère d'Henri IV, favorisa l'expansion du protestantisme. À la fin du XVIIIe s, un enfant du pays, le scientifique Jacques de Romas, fit les 1res recherches sur la foudre et le paratonnerre, travaux auxquels Benjamin Franklin porta un grand intérêt à cette même époque. Au XIXe s, Nérac accueillit une autre célébrité : le baron Haussmann, qui en fut le sous-préfet, puis, au début du XXe s, Armand Fallières, maire de Nérac, qui devint président de la République (1906-1913, pour ceux qui auraient oublié !). En 1944, le chanteur Michel Polnareff y vint au monde.

Adresses et infos utiles

Office de tourisme de l'Albret : *7, av. Mondenard. ☎ 05-53-65-27-75. • albret-tourisme.com • Juil-août, tlj sauf dim ap-m 9h-12h30, 13h30-18h ; le reste de l'année, mar-sam 9h-12h (sauf ven mat), 14h-18h (17h de nov à mi-avr). En été, visite guidée de la ville (5 € ; réduc).* Accueil agréable et bonne documentation. Borne tactile en façade. Fiches randonnées et circuits de cyclotourisme à faire dans l'Albret. Résa pour les festivals des environs.

Port fluvial : *au cœur de la ville, au pied du château. Ouv avr-oct.*

– **Marchés :** *sam mat. Marché de producteurs, en juil-août, mar à partir de 19h, quai de la Baïse.* Concerts et animations.

Où dormir ? Où manger à Nérac et dans les environs ?

De bon marché à prix moyens

L'auberge des Contes d'Albret : *Les Contes, à Nérac. ☎ 05-53-65-18-73. • contesdalbret@gmail.com • contesdalbret.fr • À 5 km de Nérac ; prendre la direction de Mézin, à 2 km, bifurquer à gauche (direction Tauziette), puis fléché. Juin-sept (aire naturelle) ; avr-nov (auberge) ; juil-août, tlj sauf dim soir et lun midi ; le reste de l'année, ven soir-dim midi ; sur résa seulement. Fermé déc-mars. Compter env 17 € pour 2 avec tente et voiture. Doubles 53-62 €. Menus 19-26 €. Apéritif offert sur présentation de ce guide.* Jolie petite aire naturelle dans une ferme au bord d'un vallon, bucolique à souhait. En prime, les campeurs ont accès à la piscine. Dispose également de 2 chambres nickel à l'étage de la maison avec terrasse et vue dégagée sur le calme vallon. Mais l'endroit est surtout connu pour sa bonne cuisine familiale à base de produits de la ferme que l'on déguste en terrasse ou dans une ancienne grange (agneau élevé sur place, confit, cassoulet, magret *a la plancha,* etc.). Ambiance conviviale. Boutique.

Chambres d'hôtes La Tour de Brazalem : *3, rue de l'École. ☎ 05-53-97-20-09. 06-82-39-80-62. • latourdebrazalem@gmail.com • latourdebrazalem.com • Dans une ruelle piétonne de la vieille ville. Congés : vac scol de Noël. Doubles 55-70 €. Parking privé.* En plein cœur de la vieille ville, près de l'église Saint-Nicolas, dans une maison ancienne, 5 chambres restaurées, avec tout le nécessaire et parfaitement entretenues. Celle du bas, plus rustique, est plus fonctionnelle pour ceux qui veulent éviter les escaliers. Coup de cœur pour la chambre située dans la tour (mur en pierre, poutres apparentes et vue sur les toits de Nérac), mais c'est la plus chère. Dès qu'il fait beau, délectez-vous du bon petit déj dans le petit jardin, au pied de la jolie tour octogonale !

L'Escadron Volant : *7, rue Henri-IV. ☎ 05-53-97-19-04. • escadronvolant@gmail.com • Tlj sauf dim, plus le soir lun-mar sept-avr. Formule déj en sem 14 € ; plats et salades 11-18 €.* La bonne brasserie que l'on aimerait tous avoir près de chez soi.

Grande terrasse située sur une belle place dominant la rivière, au pied de la majestueuse façade Renaissance du château Henri IV. Choix varié, plats peu onéreux et joliment présentés. Service efficace et sympa...

De prix moyens à chic

Hôtel Henri IV : *4, pl. du Général-Leclerc. ☎ 05-53-65-00-63. • reception@hotelhenriiv.fr • hotelhenriiv.fr • Doubles 70-115 €. Stationnement gratuit.* Un hôtel boosté par un couple sympathique qui l'a entièrement restauré. Les chambres allient charme à l'ancienne et confort moderne (clim), avec pierres apparentes et tonalités tranchées, bien dans l'air du temps. Bon petit déj-buffet dans une salle très plaisante. Plusieurs salons communs avec cheminée ou coin jeux pour les enfants. En prime, petite piscine dans le patio. Accueil pro mais détendu. Incontestablement le meilleur hébergement du coin !

L'Art de Vivre : *7, rue du Château. ☎ 05-53-65-69-43. Fermé lun, plus le soir mar et dim hors saison. Congés : 2 sem en nov. Résa conseillée. Menus 14,50 € (déj en sem), puis 26,50 € ; menu-carte 34,50 € servi soir et w-e seulement.* Derrière ses fourneaux, le chef mitonne une cuisine soignée qui réussit le pari d'être à la fois simple, fine, pleine d'idées, de saveurs et généreuse. Pour accompagner les plats, large choix de vins, la plupart issus de la biodynamie. Petite terrasse dans la ruelle en face pour les beaux jours. L'une des meilleures tables de Nérac, c'est dit.

Où acheter de bons chocolats ?

Chocolaterie artisanale La Cigale : *2, rue Calvin. ☎ 05-53-65-15-73. • chocolaterie-la-cigale.fr • Près de la gare ferroviaire. Mar-sam 9h-12h, 14h-18h (17h30 sam) ; juil-août, mar-ven 9h30-12h30 seulement.* Un des meilleurs chocolatiers de la région qui fabrique aussi des macarons gascons. On assiste à la fabrication derrière de grandes baies vitrées. Vidéo et dégustation de Prunonoix et Saucisson, les spécialités de la maison.

À voir

Le château-musée Henri-IV : *rue Henri-IV. ☎ 05-53-65-21-11 (office de tourisme de l'Albret). Juin-fin sept, mar 12h-18h et mer-dim 10h-18h. Entrée : 4 € ; réduc ; gratuit moins de 12 ans.* Au cœur de la cité historique, bel édifice Renaissance dont il ne reste qu'une aile sur les 4 d'origine (victimes de la Révolution), dotée d'une élégante galerie extérieure à colonnes torsadées. La mère d'Henri IV, Jeanne d'Albret, y passa pratiquement toute sa vie et en fit un haut lieu du protestantisme. Henri IV y séjourna enfant, puis y établit sa résidence principale de 1577 à 1582, avec son épouse, la reine Margot. L'aile qui subsiste accueille une exposition : « Le château de Nérac : de la saga des Albret aux origines d'Henri IV ». À travers des collections du XVIe au XIXe s, l'expo fait revivre l'histoire du château, de la famille Albret et du futur Henri IV ainsi que celle de la cour de Navarre. Au rez-de-chaussée : belles salles voûtées et expo consacrée à la vie quotidienne à la Renaissance (mode, gastronomie, littérature, humanisme...).

L'église Saint-Nicolas : de style néoclassique XVIIIe s, classée Monument historique. Nef très large, aux allures de cathédrale. L'ensemble des vitraux de la nef, du chœur, des chapelles latérales et de la porte d'entrée sont d'une grande richesse (réalisés dans la 2de moitié du XIXe s). Voir aussi les peintures murales qui ornent les murs du chœur (1856).

Vers le ***vieux pont*** du XVIe s (après destruction, le sous-préfet Haussmann décida de le reconstruire à l'identique), maisons anciennes à galerie. Vestiges d'un palais et vieux moulin. Traversée du pont pour la rue Sully (hôtel de Sully du XVIe s). À droite, le long de la rue Séderie, s'étend l'ancien quartier des tanneurs.

Le parc de la Garenne : *à l'entrée du pont Neuf. Visite guidée par un « Raconteur de pays » possible sur résa à l'office de tourisme.* Très beau parc (ancien domaine royal) s'étendant sur 2 km le long de la Baïse, où la reine Margot aimait baguenauder. Haltes fort agréables sur les bancs abrités par des minigrottes naturelles. Émouvante statue de *Fleurette noyée.* C'est également ici que se trouvait la partie romaine de la ville, avec une villa gallo-romaine, découverte en 1832, et datée du IIIe s. Le site fut ensuite, au XVIe s, utilisé comme cimetière protestant. Au bout du parc, une passerelle permet de rejoindre l'autre rive et de revenir ainsi au centre-ville, en traversant un beau jardin à la française.

LE ROI GOUJAT

Fleurette, jeune fille de jardinier, lutinée puis délaissée par Henri IV, grand séducteur, se noya dans la Baïse, dit-on, de désespoir... C'est de cette liaison à l'issue tragique que proviendrait l'expression « conter Fleurette »... et l'étymologie du mot « flirter ».

LE LOT-ET-GARONNE

À faire

Les Croisières du Prince Henry : *quai de la Baïse. ☎ 05-53-65-66-66. • croisieresduprincehenry.com • Juil-août, départs tlj à 11h, 15h et 17h ; hors saison, consulter le site. Fermé de mi-oct à mars. Tarifs : 9,50 € ; moins de 12 ans 7 € ; gratuit moins de 3 ans. Croisière avec déj (env 2h) lun et jeu en juil-août (1er et 3e dim en avr-juin et sept-oct) 37,50 € tt inclus, sur résa.* Promenade commentée d'environ 1h, sur la Baïse, à bord d'une grosse gabarre en bois, le long du parc de la Garenne avec passages d'écluses. Également location de petites gabarres sans permis (2-7 personnes) à l'heure *(42 € ; résa conseillée ; • contact@croisieresduprincehenry.com •).*

Le chemin de fer touristique du pays de l'Albret : *gare de Nérac. 📱 06-98-16-55-33 ou 06-03-85-26-54. • chemin-de-fer-touristique-du-pays-de-l-albret.blog4ever.com • Juil-août, tlj sauf lun mat et sam, 3 trains/j. ; avr-juin et sept, mer et dim ; oct, dim seulement. Tarifs : 14 € A/R ; 4-12 ans 10 € ; gratuit moins de 4 ans.* 2 heures de balade pittoresque à la découverte des paysages de l'Albret, à vivre en famille.

Lud'O'Parc : *av. de Plaisance. ☎ 05-53-65-77-50. • ludoparc.eu • Juil-août, tlj 10h30-19h30 (21h30 mer). Entrée : 7 € ; 4 € pour les moins de 1,40 m.* Centre aqualudique avec toboggan, rivière à bouée... pour patauger dans le bonheur !

Balades en canoë : *à **Lavardac.** 📱 06-52-00-76-39. • ckvaldalbret@yahoo.fr • À 7 km au nord-ouest de Nérac. Juil-août, tlj 10h-18h. Tarifs : 8-25 €/pers selon circuit. CB refusées.* Organise des virées sur la Baïse et la Gélise (plus sauvage). Encadrement compétent.

Fêtes et manifestations

– **Fête de Mai :** *1er w-e de mai.* Fête foraine, courses de vaches landaises, *bandas, bodega,* etc.
– **Festival de musique en Albret :** *juil-août, dans tt l'Albret. Rens à l'office de tourisme. • festivalbret.com •* Concerts payants de musique classique et de jazz.
– **Albret Jazz Festival :** *2e w-e de sept. Rens à l'office de tourisme. • albret-jazz-festival.com •* Dans le parc de la Garenne.

– ***Les Dimanches aux Vignobles :*** *plusieurs dim juil-août. Rens à l'office de tourisme.* Repas payant avec concert chez différents viticulteurs.
– ***Fête du Grand Nérac :*** *3e w-e de juil.* Courses de vaches landaises et vide-grenier. Animation musicale, *bandas*.
– ***Rencontres Chaland, festival B.D. Yves Chaland :*** *1e w-e d'oct.* Un des grands rendez-vous B.D. des amateurs de bulles.

DANS LES ENVIRONS NORD DE NÉRAC

BARBASTE (47230)

Adresse utile

Point info de l'office de tourisme de l'Albret : *rue du Moulin-des-Tours. ☎ 05-53-65-27-75. • albret-tourisme.com • Juil-août, lun et w-e 14h-18h, mar-ven 10h-18h ; de mi-avr à juin et sept-oct, mer et sam ap-m ; le reste de l'année, s'adresser à l'office de tourisme de Nérac.*

Où manger ?

Le Moulin des Saveurs : *rue du Moulin-des-Tours. ☎ 05-53-97-06-60. • le.moulin-des-saveurs@orange.fr • Juste en face du pont, dans l'ancien moulin. Tlj sauf dim soir-lun (plus jeu soir hors saison). Formule et menu déj (sauf dim et j. fériés) 16,50-23 € ; autres menus 29,50-49 € ; carte 50 €.* Un cadre qui respire l'histoire du moulin. Un lieu et une cuisine, élégante, fine, savoureuse et créative. Excellent rapport qualité-prix sur les formules du midi. À déguster dans la grande salle, la petite salle voûtée de l'ancienne machine à vapeur ou en terrasse. Accueil prévenant et souriant. Une très belle table.

À voir. À faire

À 6 km de Nérac, sur la Gélise. Un superbe moulin fortifié du XIIIe s (eh non, ce n'est pas un château !), dit le ***moulin des Tours,*** le plus grand en Europe à cette époque. Notez les 4 tours qui ne sont pas à la même hauteur : on raconte qu'elles représentent les 4 filles du meunier, qui étaient de tailles différentes. Dans la 2de moitié du XVIIe s, le moulin à eau fut utilisé comme foulon à draps. Il fut transformé en usine de liège dans les années 1920-1930 *(tarifs : 2 € ; 4,50 € visite guidée ; gratuit moins de 18 ans ; infos sur • moulindestours.com •).*
– Devant le moulin s'étend un ***pont roman*** de 10 arches (seules 9 arches sont visibles), du XIIe s, non moins remarquable.
– À 200 m du moulin, à droite dans la côte, une grille s'ouvre sur un petit parc *(9h-17h et 10h-17h30 le w-e)* qui mène en bord de Gélise, avec tables de pique-nique. Belle vue sur le pont et possibilité de prolonger la balade jusqu'au château de Nérac.

Cap Cauderoue : *lieu-dit Pin. ☎ 05-53-65-52-74. 06-48-16-60-90. • cap-cauderoue.com • À 5 km au sud de Barbaste vers Cauderoue ; fléché. Ouv avr-oct ; juil-août, tlj 10h-19h ; le reste de l'année, w-e, ponts et vac scol. Parcours accrobranche : 10-20 € selon taille ; autres activités en sus (5-12 €/activité).* Panel complet d'activités nature : canoë, tir à l'arc, *laser game,* VTT, balade équestre ou encore course d'orientation, catapulte géante, minigolf, karting à pédales, nuit en tipis, parcours à faire pieds nus. Restauration.

Manifestation

– ***Festival Percussions en sons et lumières :*** *1 j. en août.* Attire un public de plus en plus nombreux.

VIANNE (47230)

À 10 km au nord de Nérac, route d'Aiguillon. Bastide anglaise du XIIIe s, ayant conservé quasiment intacts ses 1 250 m de remparts et 4 belles portes de ville situées aux 4 points cardinaux. On aperçoit encore les grosses rainures laissant passer la herse. L'une des portes compose avec l'église un charmant ensemble. Dans celle-ci, nef remarquable de simplicité, avec ses 5 travées surmontées d'une voûte en plein cintre. Un grave incendie au milieu du XVIIIe s entraîna le réaménagement de la bastide, qui y perdit malheureusement sa halle centrale. L'histoire de Vianne se conjugue au passé avec l'industrie de verrerie. Impulsée par un brasseur alsacien, qui trouva ici dans les années 1920 les conditions favorables pour produire des bouteilles, elle attira ensuite de nombreux maîtres verriers, venus de toute l'Europe. À la sortie de Vianne, pont suspendu datant de 1844, construit par des particuliers qui faisaient payer un droit de passage...

Adresse et infos utiles

Point info de l'office de tourisme de l'Albret : *pl. des Marronniers.* ☎ *05-53-65-27-75.* • *albret-tourisme.com* • *Juil-août, lun-sam 10h-12h30, 14h-18h ; le reste de l'année, s'adresser à l'office de tourisme de Nérac.*

– ***Marché nocturne de producteurs de pays :*** *de juil à début sept, ven soir.* Repas et animations.

Manifestations

– ***Vianne à peindre :*** *1 des 1ers dim de juin.* Concours de peinture ouvert à tous avec remise de prix en fin de journée.
– ***Journée des nations :*** *dernier dim de juin.* Des Viannais préparent sur la place des repas traditionnels. Stands, animations...
– ***Marche gourmande :*** *1 dim de sept.* Dégustation des spécialités du pays.

ESPIENS (47600) *et BRUCH* (47130)

À 5 km au nord-est de Nérac. D'abord passer à ***Espiens,*** tout petit village sur une haute colline, pour son beau panorama circulaire. Anciennes ruines d'un château du XIIIe s. Un peu plus loin, à 6 km, ***Bruch*** est un ancien village fortifié avec une tour commandant la rue principale à chaque bout. Le week-end de la Pentecôte s'y déroulent les *Journées médiévales,* avec marché, animations et banquet.

DANS LES ENVIRONS SUD DE NÉRAC

MONCRABEAU (47600)

À 12 km au sud de Nérac. À Moncrabeau, tout le monde ment de manière plus ou moins flagrante... Pas étonnant, c'est ici que siège l'*Académie des menteurs,* créée au XVIIIe s ! Selon la légende, les paysans cultivaient la menthe au XVIe s. Ils étaient donc des « mentheurs ». En 1736, une invasion d'insectes, sans doute des sauterelles, ruina la région, mais personne ne voulut croire à la déconvenue des mentheurs, qui devinrent du coup des menteurs. Diverses anecdotes émaillent le circuit fléché des mensonges, dans tout le village. On a adoré l'histoire de Fujiyo Lapuce, informaticien du roi Louis XVI, et la vue sur Gibraltar (par temps clair). Village joliment fleuri aux beaux jours (et ça, ce n'est pas un mensonge !).

L'écrivaine Joanne Harris se serait inspirée de ce village où, petite, elle passa des vacances chez son grand-père, pour rédiger son roman *Chocolat.*

LE FESTIVAL DES MENTEURS

Depuis le XVIIIe s, chaque 1er dimanche d'août, les habitants facétieux élisent roi des menteurs celui qui raconte une histoire drôle, vraisemblable et fausse. Jérôme Cahuzac habitait à 50 km... Coïncidence ?

Où camper ? Où manger ?

Camping Le Mouliat : *en bas du village, au bord de la Baïse. ☎ 05-53-65-43-28. • contact@camping-le-mouliat.fr • camping-le-mouliat.fr • Ouv d'avr à mi-oct. Forfait tente 17,50-23,50 €. Loc de bungalows toilés, chalets, mobile homes et cabanes sur pilotis. 50 empl.* Au bord de la rivière, dans un cadre verdoyant, bucolique et bien tranquille. Piscine, terrains de sport, trampoline, ping-pong, pétanque, coin pêche, location de vélos électriques, canoës et kayaks. Bon bistrot ouvert à tous avec plats à base de produits locaux. Animations en saison. Un camping au calme et super bien entretenu par un couple chaleureux et dynamique.

FRANCESCAS (47600)

À 10 km au sud de Nérac. Bastide du XIIIe s. Voir l'élégante église, au portail du XIVe s. Joli fronton avec fines colonnettes de pierre, bordé d'une tour carrée à pans élargis. À l'intérieur, magnifique plafond en bois dont les poutres sont ornées d'inscriptions latines. Grands tableaux de saints autour de la nef.

MÉZIN (47170) 1 620 hab. *Carte Lot-et-Garonne, B4*

Au cœur d'une région doucement vallonnée, autrefois couverte de chênes-lièges, baignée par la Gélise et l'Auzoue. Quelques pins annoncent les Landes. Ancienne capitale du bouchon de liège ; les grandes forêts de chênes n'ont pu être préservées. Déjà, au plus fort de l'industrie du bouchon, le liège provenait en majeure partie d'Algérie, du Portugal et de Corse. À propos de bouchon, Mézin, c'est aussi le pays de l'armagnac, et les vignobles s'étagent sur une colline découvrant la forêt de pins au loin. Ce village vit naître Armand Fallières, président de la République de 1906 à 1913.

Adresse utile

Point info de l'office de tourisme de l'Albret : *pl. Armand-Fallières. ☎ 05-53-65-27-75. • albret-tourisme.com • Près de l'église. Juil-août, lun 14h-18h, mar et jeu 9h-12h ; le reste de l'année, s'adresser à l'office de tourisme de Nérac.*

Où dormir dans le coin ?

Chambres d'hôtes du Grué : *Le Grué, 47170 **Réaup-Lisse.** ☎ 05-53-97-25-85. 06-83-95-11-08. • dugoujon.jp@wanadoo.fr • domaine-du-gruet.com • À env 13 km au nord de Mézin. Ouv mars-nov. Double 72 €.* Isabelle et Jean-Pierre accueillent leurs hôtes dans une belle maison en pierre au cœur d'un vallon intime, bordé d'une forêt. L'impression d'isolement et de calme est totale. Jolie cour fleurie, soigneusement aménagée. Les 3 chambres dont 1 familiale, confortables, tiennent toutes leurs promesses. Piscine cachée derrière une haie de rosiers. Salon indépendant pour les hôtes, frigo, barbecue et micro-ondes à disposition.

À voir

Belle architecture de l'***église Saint-Jean-Baptiste,*** aux chœur et absidioles du XIIIe s. Façade du XIVe s. À l'intérieur, à gauche du chœur, une intéressante statue de pèlerin du XVIIIe s.

Les vestiges de ***remparts*** et la ***porte Anglaise,*** lieu où les Anglais rendirent les clés de la ville à la fin de la guerre de Cent Ans.

Le musée du Liège et du Bouchon : *rue du Puits-Saint-Côme. ☎ 05-53-65-68-16. • ville-mezin.fr • Dans le centre. Juin-sept, mar-ven 10h-12h30, 14h-18h, sam-lun 14h-18h ; avr-mai, mar-ven et dim 14h-17h ; oct, mar-ven 14h-17h ; nov-mars, sur résa. Entrée : 4 € ; réduc ; gratuit moins de 12 ans.* Le musée du Liège et du Bouchon retrace l'histoire d'une activité qui a marqué Mézin et le territoire de l'Albret : l'exploitation du liège et l'industrie du bouchon. Il conserve une collection d'outils et de machines qui témoignent des progrès techniques dans la fabrication du bouchon et de l'histoire économique et sociale du début du XIXe s aux années 1950. Passé la 1re salle qui rend hommage au président de la IIIe République Armand Fallières, né au village, on découvre le métier de leveur d'écorces à travers une reconstitution d'une forêt de chênes-lièges, puis les machines des bouchonniers et les usages contemporains du liège (vie quotidienne, textile, industries, etc.). Visites guidées et nombreuses animations en été (jeux au musée, en ville et en forêt...). Toutes les actualités sur Facebook et Instagram : *• @musee.duliege •*

Fêtes et manifestations

- ***Académie des Jeunes Solistes :*** *fév et août, à l'église et au théâtre.*
- ***Fête du Floc de Gascogne :*** *dernier lun de juil.*
- ***Flamme de l'Armagnac*** *: 2e sam de nov.*

POUDENAS (47170) 255 hab. *Carte Lot-et-Garonne, B4*

Joli village dominé par un élégant château. Vieux pont et ancien moulin rénové. Pittoresque ancien relais de poste du XVIe s, avec grande galerie en bois, où Henri IV avait coutume de s'arrêter, sur le chemin de Nérac.

Où manger dans les environs ?

Restaurant Les Deux Gourmands : *rue Principale, 47170 **Sainte-Maure-de-Peyriac.** ☎ 05-53-65-61-00. • contact@lesdeuxgourmands47.*

LE LOT-ET-GARONNE

com ● ♿ *À 7 km de Poudenas direction Sos. Tte l'année, ouv le midi seulement sauf sam. Résa conseillée dim. Menus 14,50 € (¼ l de vin et café compris), 27 et 36 €.* Dans la jolie salle à manger rustique ou en terrasse sur rue se retrouvent en semaine les ouvriers et employés des silos d'en face, et les touristes en balade. Le dimanche midi, c'est une autre affaire, une affaire de gastronomes en famille. Tout le monde vient ici se régaler d'une cuisine terroir de saison.

À voir

Le château : *06-80-01-27-42.* ● *poudenas.com* ● ♿ *Visite guidée pour les groupes à partir de 10 pers seulement et sur rdv. Entrée : 7,50 € ; gratuit moins de 18 ans. Visite libre du parc, juin-sept, lun-ven 9h-19h.* Au débouché de la forêt landaise, très belle bâtisse surplombant la vallée de la Gélise. Construit au XIIIe s par les seigneurs de Podenas, alors vassaux d'Édouard Ier Plantagenêt, duc d'Aquitaine et roi d'Angleterre. De fortification militaire, le château est transformé au XVIe s en demeure seigneuriale. Au XVIIe s, on ajouta à la façade d'élégantes galeries à l'italienne. Cour intérieure avec des terrasses bordées de très beaux balustres. Visite guidée de l'enfilade des pièces du rez-de-chaussée au riche mobilier. De la terrasse sud, splendide panorama.

HOMMES, CULTURE, ENVIRONNEMENT

ARCHITECTURE

Dans une région somme toute assez étendue, inutile de chercher une quelconque unité architecturale. Dans les paysages déjà, quoi de commun entre les vastes étendues des Landes, les vignobles du Bordelais et les vallons du Lot-et-Garonne ? Dans les Landes, l'habitat est assez dispersé ; on parle d'***airial*** plutôt que de village : il s'agit de quartiers qui sont antérieurs à la plantation de la forêt (au milieu du XIXe s) et qui se trouvent par conséquent en bordure de celle-ci ou dans des clairières. Les maisons traditionnelles, sous leur toit de tuiles brunes à 3 longs pans, affichent leur ossature de bois (des colombages, quoi !) ; la façade tournée vers l'est est souvent revêtue d'un crépi blanchi à la chaux, ou laisse parfois apparaître un appareillage de garluche (un grès ferrugineux propre au sous-sol landais). En Gironde, l'***échoppe bordelaise,*** cette petite maison de plain-pied construite dans la 2de moitié du XIXe s et jusqu'en 1914, est au départ un logement modeste, flanqué d'un jardinet. On les trouve de part et d'autre des boulevards bordelais ; prisées comme elles le sont devenues, elles ont perdu leur côté populaire et se négocient désormais à des prix stratosphériques. Ces échoppes n'ont rien du faste des hôtels particuliers édifiés au XVIIIe s à Bordeaux.

Le plus intéressant dans la région, ce sont les ***bastides,*** ces villes nouvelles du Moyen Âge, qui ont fleuri, grosso modo, entre Bordeaux et Toulouse. Aux XIIIe et XIVe s, l'Aquitaine était partagée entre le royaume d'Angleterre et le comté de Toulouse. En 1360, à la signature de la paix de Brétigny, près du quart du royaume de France revient aux Anglais ! Difficile cohabitation : les seigneurs anglais et français s'opposent et rivalisent, se disputant âprement le terrain, notamment par places fortes interposées. La bastide est en partie née de l'idée qu'il était nécessaire de structurer l'arrière-pays et d'organiser l'occupation du sol en campagne tout en regroupant des populations très éparses. Ces bastides sont aujourd'hui de superbes témoins du passé médiéval, des musées à ciel ouvert où l'on se balade avec délice. Allez flâner sous les arcades de leur place, abritant des commerces de toutes sortes. Sachez qu'on ne visite pas une bastide comme un château ou une abbaye. Ici, la beauté, parfois cachée, se mérite.
Bref, toutes différentes, les bastides vous dévoileront bien des charmes du Sud-Ouest.

LE TEMPS DES BASTIDES

Édifiées jusqu'au milieu du XVe s, les bastides répondaient à un schéma quasi constant, quadrillé, avec des rues à angle droit entourant l'église et la place publique à arcades, avec halle couverte. Cette association place et église, très fréquente, constitue le binôme gagnant de la bastide, point de rencontre de la vie commerciale et de l'activité religieuse.

CHEMINS DE SAINT-JACQUES-DE-COMPOSTELLE

Les différents chemins de Compostelle convergent vers la côte galicienne espagnole et la cathédrale Saint-Jacques où sont conservées les reliques d'un des plus importants apôtres de Jésus, Jacques, mort en martyr vers l'an 35.

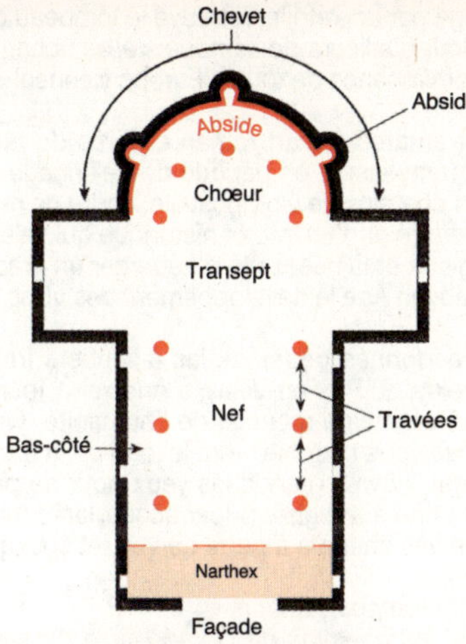

PLAN D'UNE ÉGLISE ROMANE

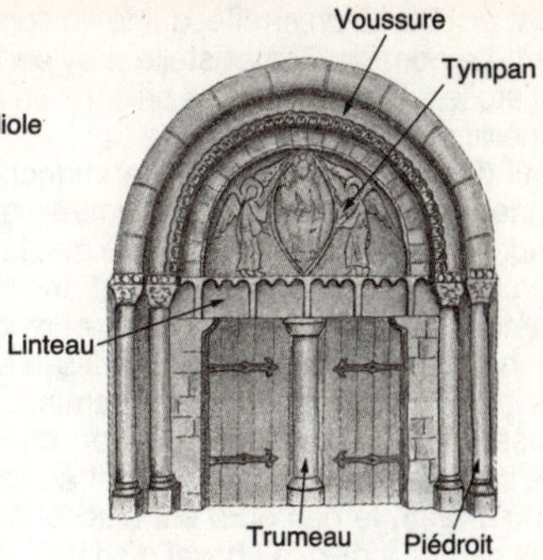

PORTAIL D'ÉGLISE ROMANE

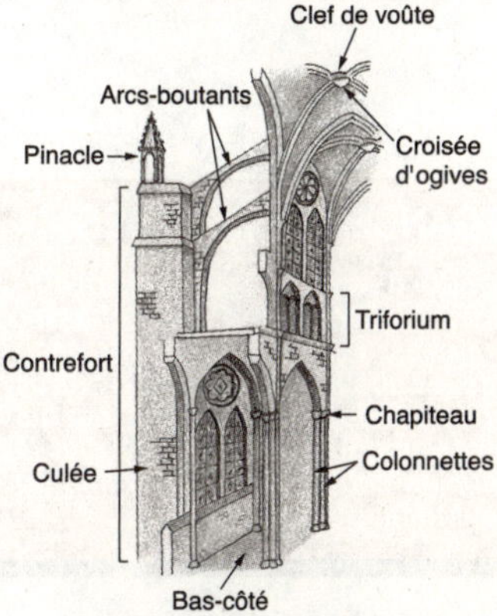

COUPE TRANSVERSALE D'UNE ÉGLISE GOTHIQUE

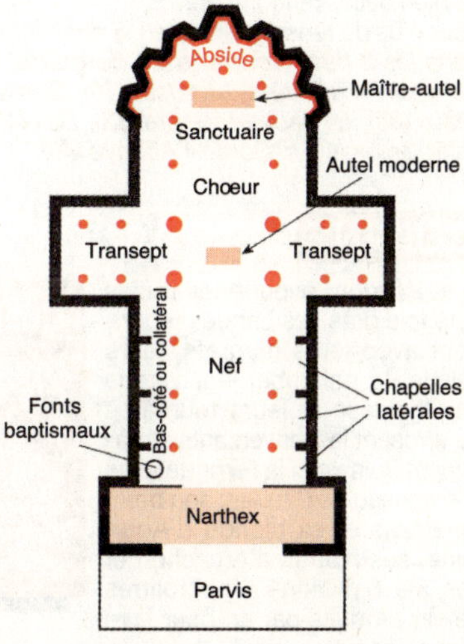

PLAN D'UNE ÉGLISE GOTHIQUE

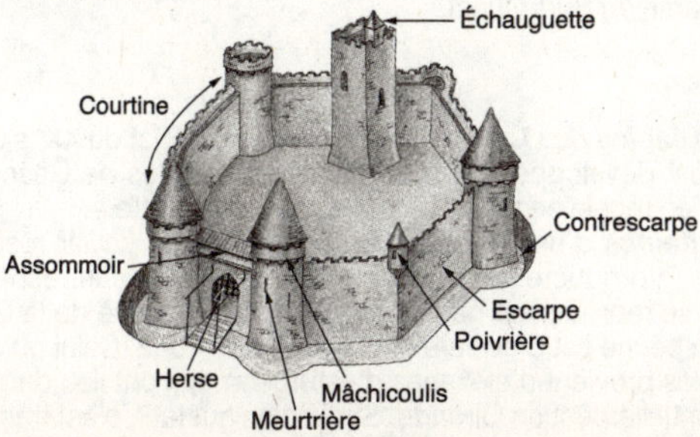

CHÂTEAU FORT

C'est en 800 qu'un ermite, guidé en songe par une étoile, retrouve le tombeau du saint. Le nom de Compostelle proviendrait d'ailleurs de *campus stellae* : champ de l'étoile... Dès le Xe s, des pèlerins en provenance de toute l'Europe viennent se recueillir sur ses reliques.
Au fil des ans, aux pèlerins se joignent amateurs d'art roman et férus de randonnées et aujourd'hui, les chemins se remplissent en période de pèlerinage et pendant les vacances. Il faut dire que les chemins de Compostelle, cadre de ressourcement spirituel, sont aussi d'une beauté et d'un intérêt historique qui valent le détour : les échanges culturels et religieux et la nécessité d'héberger un grand nombre de pèlerins ont favorisé dès le Moyen Âge le développement des villes et des monuments étapes sur le chemin.
Balisés en 1970 par la Fédération de randonnée pédestre, les 4 sentiers français commencent respectivement à Vézelay, au Puy-en-Velay, à Arles et à Tours. Depuis 1998, le parcours est classé au Patrimoine mondial de l'humanité. Que vous partiez à pied, à cheval ou à VTT, que vous marchiez tout le long de la route ou sur les derniers kilomètres uniquement, ouvrez grands les yeux pour ne pas rater les beautés croisées sur le chemin : une aubergiste super accueillante, une église romane perdue dans la campagne, les champs à perte de vue, et souvent de bien belles rencontres...
Pour plus de renseignements : ● *chemins-compostelle.com* ●
*Dans les **3 départements de ce guide,** les chemins de Compostelle passent par Agen (47), Aire-sur-l'Adour (40), Bazas (33), Belin-Béliet (33), Blaye (33), Bordeaux (33), La Sauve-Majeure (33), Dax (40), Mimizan (40), Mont-de-Marsan (40), Saint-Sever (40) et Sorde-l'Abbaye (40).*

CUISINE

Si le Périgord évoque les truffes et le foie gras, les Landes répondent avec leurs magrets, leurs salmis de palombe, leur viande de Chalosse et leurs tourtières qu'arrosent les renversants armagnacs. Puis voici la Gironde avec son agneau de Pauillac, son bœuf de Bazas et sa blonde d'Aquitaine, ses huîtres d'Arcachon et ses 5 à 6 millions d'hectolitres de vin produits par an pour faire glisser le tout.

L'ÉLÉGANCE DES BLONDES

La Blonde d'Aquitaine a une spécificité unique au monde : pour chasser les mouches, elle fait frémir sa peau (comme les chevaux). Toutes ses autres collègues utilisent leur queue, ce qui est relativement peu efficace, car la longueur ne couvre pas l'ensemble du pelage. Même pour frimer.

À défaut d'un recensement exhaustif, voici le répertoire très incomplet des produits et spécialités dont les noms plus ou moins familiers jalonneront votre découverte de cette partie du Sud-Ouest.

Entrées

– ***Asperges des sables des Landes :*** c'est depuis le début du XXe s que la culture de l'asperge s'est développée dans la plaine des Landes de Gascogne. Dès le printemps, on s'en régale en salade, mais aussi en omelette.
– ***Caviar d'Aquitaine :*** d'une excellence comparable au caviar russe ou iranien (la France est le 2e producteur mondial). L'esturgeon sauvage, espèce menacée et protégée qui se reproduisait naturellement dans l'estuaire de la Gironde, tend à disparaître. Sa pêche est d'ailleurs interdite depuis 1982. Celui qu'on trouve sur les grandes tables provient d'élevages d'esturgeon, qui ont lieu dans des fermes piscicoles, essentiellement en Gironde. Sur le plan gustatif, c'est très bon, et c'est nettement moins onéreux que ses homologues russes et iraniens.

– ***Foie gras :*** référence absolue de la gastronomie de toute la région, c'est presque une religion dans les Landes. C'est là d'ailleurs que vous aurez les meilleures chances de goûter un produit authentique : oies et canards sont élevés sur place en plein air dans les fermes des alentours.
Les restaurateurs, grands et petits, qui fabriquent ou mettent eux-mêmes en conserve, vous réservent sûrement les plus belles découvertes.
En général, le foie gras offre les meilleures garanties de qualité quand il se présente entier, au naturel et mi-cuit. Partout dans la région, chez les artisans comme sur les marchés « au gras » très pittoresques, on trouve des foies entiers et crus à des prix intéressants.

OIE OU CANARD, TELLE EST LA QUESTION...

Si vous souhaitez acheter un foie gras, sachez que les meilleurs pèsent 400 g pour les canards et 900 g pour les oies, et que les plus gros foies ne sont pas forcément les meilleurs (ils rejettent trop de graisse). Généralement rose et onctueux, le foie gras peut tirer vers le jaune lorsque l'animal est nourri au maïs, comme c'est souvent le cas dans la région. Plus raffiné, dit-on, pour l'oie, plus rustique mais très savoureux pour le canard, c'est en réalité le prix plus que le goût qui fait la différence !

– ***Grattons :*** genre de rillettes, avec de gros morceaux de maigre. Celles de Lormont (au nord de Bordeaux) sont célèbres.
– ***Huîtres :*** pompeusement nommé « mamelle ostréicole française », le bassin d'Arcachon fournit à longueur d'année de délicieuses huîtres : la gravette, sauvage à l'origine et au goût de noisette, qui a quasiment disparu, remplacée accidentellement dans les années 1920 par la portugaise et, depuis le début des années 1970 (volontairement cette fois), par l'huître japonaise. On les mange à toute heure à la manière bordelaise, accompagnées de pain beurré, d'un verre de vin blanc bien frais et très souvent de saucisses ou de pâté. On élève également, plus discrètement, des huîtres sur les rives du lac d'Hossegor.
– ***Jambon de Bayonne :*** ce grand classique est surtout salé et séché dans le Béarn. Mais tout charcutier local met un point d'honneur à en proposer sa version artisanale. Se mange cru mais plus encore cuit pour relever omelettes, piperades et autres sauces et ragoûts.
– ***Tourin (ou tourain) :*** à l'honneur dans toute la région mais plus particulier au Périgord où, fortement poivré, il était servi autrefois aux jeunes mariés. Le tourin blanchi est un pilier de la gastronomie bordelaise plébéienne : une soupe à l'ail et à l'oignon, faite à la graisse d'oie ou au saindoux et servie sur des tranches de pain.

Plats

– ***Agneau de Pauillac :*** il est au vulgaire agneau ce qu'un grand château-lafite est à un bordeaux générique, un miracle de délicatesse. Sa production, à Pauillac et dans les communes avoisinantes, est confidentielle. Ce sont des « laitons » qui n'ont jamais touché à l'herbe et bénéficient d'une appellation d'origine contrôlée (AOC).
– ***Bœuf de Bazas :*** des restaurateurs de la Gironde se battent pour relancer cette race magnifique qui donne une viande fine et tendre. Toutes les bonnes tables de la région l'inscrivent à leur carte ; ce bœuf rivalise sans complexe avec le charolais, l'américain, et même le prestigieux *angus* écossais. Le ***bœuf de Chalosse*** bénéficie lui aussi d'une indication géographique protégée (IGP) mais c'est une appellation et non pas une race : les animaux, issus des races Blonde d'Aquitaine, limousine et bazadaise bénéficient d'un élevage long (3 ans minimum) et d'une nourriture naturelle à 100 %.
– ***Cèpes :*** frais de début septembre jusqu'à la Toussaint, en conserve ou séchés le reste du temps, les cèpes inspirent à tout le Sud-Ouest une infinité de

recettes, le plus souvent brièvement rissolés. Parmi les 4 espèces, le cèpe dit de Bordeaux est le plus connu et le plus recherché !

– ***Confits :*** ce sont les ornements obligés et rituels de la plupart des cassoulets, et les plus solides piliers des traditions périgourdine, béarnaise et même landaise. Dinde, porc, lapin et poulet en fournissent, mais les plus fins sont d'oie et de canard. Vous les mangerez accompagnés de pommes sarladaises et de cèpes.

– ***Cruchade :*** bouillie de maïs ; se mange aussi en pâtisserie frite et sucrée.

– ***Demoiselles :*** ce sont les carcasses de canard gras, simplement grillées au feu de bois. Une merveille, à déguster avec les doigts !

– ***Lamproie :*** elle remonte les fleuves au printemps pour pondre avant de mourir. Ce poisson sans mâchoire, à l'allure de serpent, se présente presque partout dans l'assiette « à la bordelaise » : cuit au vin rouge et servi dans sa sauce liée de son sang avec poireaux et maigre de jambon.

– ***Magret*** (*lou magre* en gascon) **:** il s'agit des filets pectoraux des oies et canards gavés, « découverts » au début des années 1970 quand on a résolu l'épineuse question : que faire du canard une fois le foie gras vendu ? La grande cuisine, qui s'en est entichée depuis, les met à toutes les sauces. Mais en Nouvelle-Aquitaine, on s'en tient à juste titre à la recette qui lui convient le mieux : simplement grillé. Et accompagné de pommes sarladaises ou de cèpes.

LA LAMPROIE, ANIMAL PRÉHISTORIQUE

Servie « à la bordelaise » (sauce au vin), cette bestiole bizarre rappelle l'anguille munie d'une bouche hideuse en forme de ventouse. Long de 25 à 40 cm, ce fossile vivant n'est pas un poisson car il n'a ni mâchoires, ni écailles, ni nageoires paires.

– ***Ortolan :*** petit oiseau très prisé des gourmets, qu'on trouve dans les Landes. Sa chasse, bien ancrée dans les traditions landaises, est désormais interdite. Cependant, les « matoles », ces cages qui permettent de les capturer, sont tolérées dans le Sud-Ouest, pour officiellement piéger les alouettes...

– ***Palombe :*** c'est le pigeon ramier. Sa chasse est le sport national des Landais. Il s'en fait de véritables hécatombes à l'époque des migrations, malgré la réprobation horrifiée des défenseurs de la nature. Elle se mange rôtie (et de préférence saignante) à Bordeaux, en salmis et en confits.

– ***Pommes sarladaises :*** la préparation de stricte observance locale exige que les pommes de terre soient émincées et cuites au four « à cru » et à la graisse d'oie. Une version de luxe y ajoute des truffes.

– ***Saumon :*** dès l'automne et jusqu'au printemps, les saumons remontent l'Adour et le gave d'Oloron. Tous les restaurateurs du Sud-Ouest en proposent, frais bien sûr. Goûtez-le dans son apprêt le plus simple : grillé sur la peau, à la fois croustillant et moelleux.

– ***Tricandilles :*** petit intestin de porc, dégraissé, cuit au court-bouillon puis séché et enfin grillé sur la braise. C'est gras, un peu lourd mais excellent et très bon marché. On en trouve à la carte des restos de cuisine locale en Gironde. Un inconvénient : ça pue terriblement !

Desserts

– ***Cannelé :*** délicieux petit gâteau de Bordeaux. Pâte à base d'œufs et de lait sucré, parfumé rhum-vanille, caramélisé dans un petit moule de cuivre à cannelures. Les sœurs de Sainte-Eulalie le fabriquaient dans leur couvent au XIXe s, en récupérant le blé tombé des bateaux. Il existe même une *confrérie du cannelé* à Bordeaux.

– ***Kiwi de l'Adour :*** ramené de Nouvelle-Zélande dans les années 1960 et implanté sur les bords de l'Adour, ce fruit non traité bénéficie du Label Rouge. Aujourd'hui, le kiwi de l'Adour est cultivé par plusieurs centaines de producteurs et nombreux sont les kiwiculteurs qui se convertissent au bio ! Vous trouverez le fruit

UN DESSERT TRÈS BORDELAIS

Pour fabriquer le cannelé, on utilise 3 produits (rhum, vanille, sucre de canne) qui rappellent les liens de Bordeaux avec les Antilles, et la terrible époque... de l'esclavage. On a besoin aussi de jaunes d'œufs, qui étaient disponibles à profusion. En effet, pour le collage du vin (suppression du tanin), les vignerons utilisaient beaucoup de blancs d'œufs.

de l'actinidia (eh oui !) tout l'hiver sur les étals des marchés landais.
– ***Tourtière landaise (ou croustade) :*** spécialité sucrée des Landes de Gascogne. Composée de couches de pâte fine, garnie de pommes arrosées à l'armagnac, et délicatement caramélisée. On la déguste tiède : les pommes fondent sous une pâte légère et croustillante. Un régal ! La ***tourtière du Lot-et-Garonne,*** plus aérienne, uniquement à base de pâte filo est (en général) arrosée d'eau-de-vie de prune.
– ***Pastis landais :*** traditionnel gâteau des Landes, parfumé à la fleur d'oranger et au rhum, il était autrefois cuisiné pour les grandes occasions.
– ***Praslines :*** on ne s'en souvient pas nécessairement, mais c'est à Blaye, en 1649, à l'occasion d'un banquet pendant la Fronde, que le duc de Choiseul, maréchal du Plessis-Praslin, « inventa » ces bonbons aux amandes rissolées dans du sucre.
– ***Pruneaux :*** vous les goûterez farcis (comme à Agen), en crème (confiture), en farce (de pastis et croustades) et en délicieux support de glaces.

ÉCONOMIE

La Nouvelle-Aquitaine est la plus vaste des régions françaises et la 3e région économique derrière l'Île-de-France et Auvergne-Rhône-Alpes. Elle caracole aussi en tête des classements dans des domaines aussi variés que la viticulture, l'équipement automobile, les biotechnologies, etc.
En Bordelais, Landes et Lot-et-Garonne, les ***filières agricole et agroalimentaire y sont prépondérantes.*** Ces territoires sont d'importants producteurs de maïs (les Landes occupent le 1er rang), de fraises (labellisée du Lot-et-Garonne), de tomates (de Marmande, à la chair ferme et sucrée), et s'imposent aussi pour l'aquaculture et l'élevage (volaille et bovin). Avec 20 % de la surface viticole de l'Hexagone, et 30 % des AOC, la région occupe là aussi une place de choix avec une belle concentration d'appellations prestigieuses, emmenées par ***le vignoble bordelais.*** La vitalité du secteur agroalimentaire tend à prouver, quant à lui, qu'on est sur un territoire de bien et bon vivre. Des éco-projets coopératifs ont éclos ces dernières années, avec un modèle social et économique visant à maintenir la richesse sur un territoire rural, dans le respect de la nature. Par exemple, le projet *Tera,* dans le Lot-et-Garonne, est à l'initiative d'un écosystème solidaire qui vise à développer l'autonomie alimentaire et financière. Une monnaie locale citoyenne (il en existe environ 80 en France), « l'abeille », est utilisée pour verser un revenu d'autonomie et répartir les bénéfices. Un modèle expérimental qu'on aimerait pérenne !
Côté industrie, l'aéronautique – civile et militaire – est un secteur moteur – si on peut dire –, dont la région bordelaise s'est fait une spécialité (avec Dassault-Aviation et la SEP). Elle a d'ailleurs uni ses forces avec la région Occitanie (Airbus) au sein de l'*Aerospace Valley* pour créer ainsi le 1er pôle aéronautique d'Europe. Autres secteurs de pointe, ***l'électronique, l'informatique*** (Thomson, IBM) et ***l'industrie pharmaceutique*** (autour d'Agen) qui vient compléter le tableau. Et les euros, où ont-ils été produits ? À Pessac, dans la banlieue de Bordeaux. Autre secteur industriel essentiel, ***la filière sylvicole*** assure avec son immense territoire des Landes de Gascogne, la plus forte production de résineux d'Europe (20 % de la production nationale). Les usages sont multiples : bois de construction, papier carton, meubles, parquets, énergie...

Le tourisme enfin est en constante croissance, sur toute la région. Alliant mer et tourisme vert, elle représente l'un des 1ers pôles touristiques français, générateur d'emplois. D'ailleurs, la région est en tête des destinations préférées des Français (24,7 millions de Français sur 28 millions de touristes, toutes nationalités confondues).
La région et son climat attirent : des kilomètres de littoral, un fabuleux patrimoine culinaire et viticole, des entreprises de pointe qui génèrent de l'emploi, de belles richesses culturelles... Nul besoin de demander à nos amis britanniques pourquoi ils sont si nombreux à s'y installer (dans le Lot-et-Garonne, notamment).

ENVIRONNEMENT

Industries discrètes, forêts profondes, douces collines, marais, dunes, vignes... Un écosystème à préserver face à différentes menaces environnementales. Outre l'inexorable réchauffement climatique, ennemi n° 1 des forêts de pins prêtes à s'embraser, la maïsiculture, omniprésente dans toute la région, mite la forêt et engendre des effets nocifs sur la nappe phréatique. Une culture prospère, boostée par le géant de l'agrochimie Bayer-Monsanto, qui est installé à Peyrehorade dans les Landes et produit un maïs hybride. Ça ne plaît pas à tout le monde.
Par ailleurs, 1 millier de mètres cubes de déchets sont récoltés tous les ans sur la dune du Pilat. De quoi bondir...
Dans les apparitions plus heureuses en 2020, celle de 5 orques sur le gouf de Capbreton, cet immense canyon sous-marin où dauphins, rorquals ont leurs habitudes !
La Nouvelle-Aquitaine est un axe de passage important. L'autoroute A 63 et le tunnel du Somport qui traverse les Pyrénées sont des axes d'échanges majeurs et stratégiques entre la France et l'Espagne. Le projet d'autoroute ferroviaire atlantique dédiée au transport de marchandises, abandonné il y a quelques années, pourrait être remis sur les rails. Affaire à suivre... À noter, conformément au souhait du gouvernement, l'abandon de la ligne aérienne Bordeaux-Orly, devenu une évidence depuis que le train parcourt les 600 km en 2h.
Un bon point : l'évolution des 2 sites industriels majeurs que sont la région de Bordeaux et celle de Pau-Lacq, qui s'orientent vers des technologies « propres ».
Pour finir, et on ne va pas bouder notre plaisir, sachez que la région abrite le parc naturel régional des Landes de Gascogne, le plus grand parc de France et d'Europe, s'il vous plaît, et que le territoire est situé sur le grand axe migratoire ! Voir la rubrique qui lui est consacrée plus loin.

GÉOGRAPHIE

La Gironde et le Lot-et-Garonne sont traversés par la Garonne. À l'ouest, le Bordelais est essentiellement formé d'un socle de même nature, très propice aux exploitations viticoles, et qui précède les étendues sableuses landaises.
Les Landes sont aujourd'hui synonyme de forêt, mais ce paysage est en fait une création datant de la 2de moitié du XIXe s. Avant que, sous Napoléon III, l'ingénieur Chambrelent ne façonne un nouveau paysage en faisant planter des pins pour empêcher la progression du sable dans les terres, les Landes n'étaient qu'une étendue assez désolée, particulièrement insalubre, la couche de grès (garluche) qui se trouve sous le sable, à 50 cm, empêchant l'infiltration des eaux de pluie (d'où les échasses, bien entendu, pour se déplacer sur ces étendues autrefois spongieuses). En revanche, le long cordon de dunes qui borde le littoral a gardé toute sa singularité.
Plus au sud, le relief devient un peu plus accidenté, annonçant les Pyrénées (voir le *Routard Pays basque (France, Espagne), Béarn*) : le pays de l'Adour est formé de douces collines. Le relief montagneux, avec ses vallées (Barétous, Aspe, Ossau),

s'impose ensuite rapidement. Au nord-est, le Périgord est constitué de plateaux qui sont en réalité les contreforts occidentaux du Massif central (voir le *Routard Périgord-Dordogne*).

HISTOIRE

Quelques dates

– ***600-300 av. J.-C. :*** fondation de cités habitées par les Bituriges à Bordeaux, les Pétrucores à Périgueux, les Vasates à Bazas.
– ***56 av. J.-C. :*** depuis la province romaine de la Narbonnaise, un lieutenant de César, Crassus, vient soumettre toute l'Aquitaine.
– ***413 :*** après les Vandales, les Wisigoths occupent l'Aquitaine.
– ***466 :*** Bordeaux devient la capitale d'un royaume florissant, qui va de Gibraltar à la Loire.
– ***507 :*** bataille de Vouillé où Clovis défait les Wisigoths. Résultat, l'Aquitaine est incorporée aux États francs.
– ***778 :*** le duché de Gascogne est intégré au royaume d'Aquitaine que Charlemagne crée pour son fils Louis le Pieux. Le royaume redeviendra assez vite un duché.
– ***Xe-XIIe s :*** émiettement du Sud-Ouest et recomposition en 3 ensembles : le Béarn, la Gascogne et la Navarre.
– ***1152 :*** le (2d) mariage d'Aliénor d'Aquitaine avec Henri Plantagenêt donne l'Aquitaine au roi d'Angleterre. Il n'en demeure pas moins, à cet égard, vassal du roi de France. Situation viciée qui mènera à la guerre de Cent Ans.
– ***1204 :*** Philippe II Auguste reprend aux Anglais leurs territoires sur le sol français sauf la Guyenne, qui couvre (rien que ça !) le Limousin, le Périgord, le Quercy, l'Agenais, la Gascogne et une partie de la Saintonge. Le traité de Paris (1259) confirme que la Guyenne est une possession anglaise.
– ***1337 :*** début de la guerre de Cent Ans. Philippe VI s'empare du duché de Guyenne, réaction immédiate d'Édouard III qui débarque en France avec son armée. Les 25 premières années de conflit sont favorables aux Anglais, qui étendent leur emprise sur la France.
– ***1453 :*** sur la lancée de l'« effet Jeanne d'Arc », Charles VII et son artillerie battent définitivement l'armée anglaise à Castillon, près de Saint-Émilion. Fin de la guerre de Cent Ans.
– ***Vers 1560 :*** Jeanne d'Albret, qui vient d'épouser un Bourbon, transforme le Béarn et la Navarre en forteresse protestante. Le Pays basque, lui, reste catholique. Les guerres de Religion font rage.
– ***1589 :*** le fils de Jeanne d'Albret, Henri, devient roi de France (Henri IV). Jusque-là chef victorieux du parti huguenot, il abjure le protestantisme et publie le fameux édit de Nantes, qui octroie la liberté de religion.
– ***1592-1637 :*** au mot d'ordre « liberté », les « croquants » du Rouergue et du Périgord prennent les armes par dizaines de milliers contre la noblesse, le fisc et les brigands. En 1548 et 1663, la gabelle provoquera, elle aussi, de terribles émeutes.
– ***1649 :*** pendant que Paris s'adonne à la Fronde, Bordeaux s'érige en république autonome, avec le soutien des Anglais. Les Bordelais protestent contre le centralisme français.
– ***XVIIIe s :*** apogée de Bordeaux, sous l'égide de son parlement.
– ***1793 :*** pendant la Révolution, l'arrestation des Girondins soulève l'Occitanie. La répression est féroce.
– ***1851 :*** gagné aux idées socialistes, le Sud-Ouest prend les armes contre le coup d'État de Napoléon III. Plus tard, ses séjours touristiques dans la région (notamment à Biarritz) dissiperont la méfiance.
– ***1870 :*** pendant la guerre franco-prussienne, le gouvernement de Gambetta se replie à Bordeaux, suivi par l'Assemblée nationale. 2 autres gouvernements feront de même en septembre 1914 et en juin 1940.

– ***2006 :*** fin de la rénovation (réussie) des quais de la Garonne à Bordeaux où l'on croise aujourd'hui promeneurs, bateaux de plaisance, et nombreux restos.
– ***Mars 2008 :*** réélection d'Alain Juppé (UMP) dès le 1er tour aux municipales de Bordeaux.
– ***Mai 2009 :*** l'équipe de foot de Bordeaux est sacrée championne de France.
– ***Mars 2013 :*** inauguration du pont bordelais Chaban-Delmas.
– ***Juin 2016 :*** création de la Cité du Vin, dans le quartier des bassins à flot à Bordeaux. Enfin, la capitale du vin s'offre un espace d'envergure, à l'architecture audacieuse.
– ***Juillet 2017 :*** lancement de la LGV qui relie Bordeaux à Paris en 2h04.
– ***2019 :*** création du parc naturel régional Médoc.
– ***2020 :*** Bordeaux passe au vert après avoir été dirigée par la droite pendant 73 ans ! C'est au candidat écologiste Pierre Hurmic de s'installer dans le siège de maire.
– ***2021 :*** le phare de Cordouan est classé sur la liste du Patrimoine mondial de l'humanité par l'Unesco.

La tentation anglaise

Par une ironie de l'histoire, les Anglais reviennent en force dans ce Sud-Ouest d'où ils furent chassés après la guerre de Cent Ans, et plus particulièrement en Dordogne et dans le Lot-et-Garonne, où ils rachètent vieilles pierres et terrains pour y établir leurs résidences secondaires ou pour s'y fixer définitivement.
En 1038, Guillaume VIII parvient à rattacher la Gascogne au duché d'Aquitaine. Le 10e du nom donne sa fille Aliénor en mariage au fils du roi de France, le très jeune Louis VII. Union orageuse – la dame a des mœurs plutôt libres pour l'époque – qui finit par une répudiation. ***Aliénor est alors demandée en mariage par Henri Plantagenêt, qui devient roi d'Angleterre en 1154.*** Commencent ***3 siècles d'occupation,*** qui ne laisseront pas un mauvais souvenir aux locaux. Les Anglais développent l'administration et surtout la culture et le commerce du vin. Ils importeront jusqu'à 850 000 hl de vin blanc, rouge et claret par an. Il faudra attendre le XXe s pour retrouver une telle activité.
Les gens du Sud-Ouest conservent un souvenir vaguement nostalgique de cette occupation bénéfique. Loin de considérer les Anglais comme leur ennemi héréditaire, ils ne sont pas fâchés de marquer leur différence et leur réserve vis-à-vis de tout pouvoir central. Ainsi Montesquieu ira-t-il étudier le système juridique britannique avant d'écrire *De l'esprit des lois.* Et, aujourd'hui, les Bordelais cultivent avec soin un look tweed-cachemire british – et, pour certains, une rigueur victorienne qui n'est pas pour rien dans leur réputation de froideur.

L'aventure maritime

Bordeaux, 6e port de France. Pour ce qui est de courir les océans, toutefois, ceux du Sud-Ouest ne s'en sont guère laissé remontrer. Aujourd'hui vaincus par les sables, Vieux-Boucau, Mimizan et Capbreton étaient des ports actifs au Moyen Âge. Ainsi, les Capbretonnais sont bel et bien les aïeux directs des Acadiens du Canada. Les États-Unis, qui virent les Basques immigrer en nombre, se souviennent encore que Detroit fut fondée par un certain chevalier gascon du nom de Lamothe-Cadillac...

UN « JUSTE » MÉCONNU

En 1940, Aristides de Sousa Mendes, consul du Portugal à Bordeaux, décida d'accorder 30 000 visas portugais aux réfugiés, notamment les juifs, qui voulaient échapper aux nazis, malgré une circulaire de Salazar l'interdisant formellement. Le dictateur portugais ne le lui pardonna jamais. L'aristocrate catholique mourut dans la misère en 1954, refusant toute aide de l'État d'Israël.

Quant à ***Bordeaux, qui incarna au XVIII*^e^ *s la splendeur de la France,*** c'est l'océan qui l'a sacrée. Pendant la guerre de Cent Ans, tout le trafic anglais passait là. Mais ses îles au trésor étaient les Antilles. Avec la Guadeloupe, la Martinique et surtout Saint-Domingue, le monopole du trafic était quasi total. Vins, tissus, clous, farines contre sucre, café, cacao, indigo. Un commerce très juteux que les Anglais, moins bien lotis aux Antilles, jalousèrent pendant des siècles.

LANGUES RÉGIONALES

L'Aquitaine, bien entendu, appartient au vaste domaine historique des langues d'oc. Petit rappel pour ceux qui l'auraient oublié : au Moyen Âge, la zone d'oc rassemble les parlers proches du latin, alors que la zone d'oïl se caractérise par une évolution plus poussée sous l'influence des langues germaniques. En gros, la Garonne définit une frontière : le *gascon* à l'ouest (Gironde, Landes), le *limousin* au nord-est (correspondant globalement à la Dordogne). Le *béarnais,* variante du gascon, est évidemment parlé dans le Béarn, tandis que le *guyennais,* plutôt rattaché au languedocien, domine dans le Lot-et-Garonne. Le nord de la Gironde, à l'est de l'estuaire, relève historiquement du domaine occitan, mais, aujourd'hui, c'est le *saintongeais,* appartenant aux langues d'oïl, qui s'est implanté. Simple, non ?

PARC NATUREL RÉGIONAL DES LANDES DE GASCOGNE

Le parc naturel régional des Landes de Gascogne figure parmi les tout 1ers parcs naturels régionaux de France, puisque sa création date de 1970. Son siège est situé en Gironde, à Belin-Béliet. Pour une 1re découverte à distance, consultez le site ● *parc-landes-de-gascogne.fr* ●
Ce vaste territoire recouvre un peu plus de 336 000 ha et 52 communes des départements des Landes et de la Gironde, autour des vallées de la Leyre, un étonnant fleuve côtier.
Aucune route ne le longe, et seul un canoë permet l'exploration de ce que certains ici qualifient de Petite Amazonie. On y découvre une forêt-galerie luxuriante, encaissée dans le plateau forestier. Elle dissimule, sur près de 100 km de cours sinueux, des eaux transparentes et ambrées, colorées par le fer souvent présent dans le sable landais.
Son embouchure sur le bassin d'Arcachon forme un delta où la rivière se ramifie en une mosaïque de paysages propices à l'accueil des oiseaux sauvages. On peut les approcher de manière privilégiée sur le site du Conservatoire du littoral au domaine de Certes à Audenge ou à la réserve ornithologique du Teich.
Sur le territoire du parc, il ne faut pas hésiter à emprunter les sentiers balisés. Ils permettent de s'immerger dans une pinède qui réserve quelques surprises : de petites chapelles oubliées sur l'ancien chemin de Saint-Jacques-de-Compostelle, des airiaux et des maisons à colombages très particulières que l'on retrouvera sur le site de Marquèze (quartier de l'écomusée de la Grande Lande à Sabres), des étangs naturels appelés lagunes...
La forêt de pins maritimes, paysage dominant, fournit aussi la 1re richesse économique du parc.
Le parc naturel régional, sillonné par de nombreux sentiers de randonnée, est traversé d'ouest en est par une piste cyclable. Il abrite également quelques structures intéressantes comme l'écomusée de Marquèze, la Forêt d'art contemporain, la Maison de la Nature du Bassin d'Arcachon ou encore le centre d'interprétation Graine de forêt à Garein, etc. Et depuis mai 2019, il voisine avec le ***parc naturel régional Médoc*** qui regroupe 51 communes en Gironde, sur un territoire de 234 000 ha.

PERSONNAGES

– ***Jean-Marie Amat*** (1946-2018) **:** l'emblématique chef bordelais a d'abord été auréolé à Bordeaux puis à Bouliac, au *Saint-James,* où il avait confié l'architecture de son resto à un certain Jean Nouvel... avant d'officier au *Prince Noir* à Lormont jusqu'en 2014. Tartare d'artichauts et d'aubergines, et une merveilleuse recette de cannelés sont 2 exemples de ses musts.

– ***Aliénor d'Aquitaine* :** née en 1122 ou 1124. Fille et unique héritière de Guillaume X, dernier duc d'Aquitaine et de Poitou, ses noces (en 1137, à l'âge de 15 ans) avec Louis VII devaient unir la France du Sud à celle du Nord. Doutant (apparemment, il avait quelques raisons...) de la vertu de son épouse, et par ailleurs ne réussissant pas à avoir d'enfant, Louis VII fait casser le mariage. 6 semaines plus tard, Aliénor tombe dans les bras d'Henri Plantagenêt. 2d mariage (d'amour, celui-là !), qui offre le Sud-Ouest aux Anglais (situation complexe qui débouchera, 2 siècles plus tard, sur la guerre de Cent Ans). Mais cette fois, c'est son mari qui accumule les maîtresses. Aliénor le quitte et installe sa propre cour à Poitiers. Elle garde toutefois une sérieuse rancœur à l'égard d'Henri, intrigue contre lui avec ses propres fils, et est enfermée pendant 16 ans ; libérée par son fils Richard Cœur de Lion qu'elle a aidé à reconquérir le trône d'Angleterre, elle termine sa vie en 1204, à 80 ans passés, à l'abbaye de Fontevrault.

– ***José Bové* :** eh oui ! C'est en 1953, à Bordeaux, qu'a vu le jour notre Astérix altermondialiste, défenseur national de la cause anti-OGM et ex-porte-parole de la Confédération paysanne. Ce n'est qu'en 1974 qu'il s'installera sur le Larzac, après avoir grandi en Californie.

– ***Jacques Chaban-Delmas* :** député de la Gironde de 1946 à 1997, maire de Bordeaux de 1947 à 1995. Sans interruption. Cette étonnante longévité a pour origine ce qu'on a appelé le « système Chaban ». De multiples réseaux de fidèles, l'art d'être partout et de se souvenir de tous. Très jeune résistant, il participa à la libération de Paris. « Chaban » est décédé le 10 novembre 2000.

– ***Jacques-Yves Cousteau* :** né à Saint-André-de-Cubzac en 1910, c'est pourtant près de la Méditerranée qu'il grandit, du côté de Marseille. Véritable pionnier, il invente le scaphandre moderne, lance des opérations d'archéologie sous-marine, et fait prendre conscience des menaces écologiques qui pèsent sur les richesses du monde sous-marin. Parfois controversé, il parcourt les plus belles mers de la planète, à bord de la *Calypso.* Il meurt en 1997 et est enterré à Saint-André-de-Cubzac.

– ***Jacques Ellul* :** né à Bordeaux en 1912, mort à Pessac en 1994, cet historien du droit, philosophe, théologien protestant et anarchiste chrétien était un intellectuel anticonformiste, grand admirateur de Marx. Il est l'auteur de nombreux écrits comme *Anarchie et christianisme.*

– ***Les Girondins* :** après avoir fait leur propre Révolution à Bordeaux, les envoyés de la Gironde à la Législative se lient avec d'autres députés pour constituer le groupe des Girondins. La poussée des Jacobins les fait passer du statut d'extrémistes à celui de modérés, et leur influence décline en même temps que celle des Montagnards (Robespierre, Danton) augmente. Leur éloquence, fameuse, dominera l'Assemblée jusqu'à leur chute, en 1793 : en 2 charrettes (juin et octobre), ils sont presque tous exécutés.

– ***Alain Juppé* :** successeur de Chaban-Delmas à la mairie de Bordeaux depuis 1995, 1er ministre de Jacques Chirac de 1995 à 1997, il a gardé ses fonctions de maire jusqu'en 2019 (avec une parenthèse de 2004 à 2006 après sa condamnation dans l'affaire des emplois fictifs à la Mairie de Paris). En 2019, nommé membre du Conseil constitutionnel, il démissionne de la mairie de Bordeaux sans attendre les municipales de 2020, laissant son fauteuil à Nicolas Florian (LR) qui s'est vite fait damer le pion par Pierre Hurmic (les Verts).

– ***Max Linder* :** de son vrai nom Gabriel Maximilien Leuvielle. Né en 1883 à Saint-Loubès, en plein vignoble des Graves, il devient dans les années 1910 la 1re star internationale du cinéma. Son personnage de dandy ahuri apparaît dans près de 300 films muets (d'un comique proche du vaudeville), que Max Linder tourne à un rythme effréné (un par semaine en moyenne). Après la 1re Guerre mondiale (et l'avènement de Charlie Chaplin – qui pourtant voyait en lui un « maître » – et de Buster Keaton), sa popularité décline. Dépressif, il se suicide avec sa jeune épouse à Paris, en 1925.

– ***François Mauriac :*** né en 1885 à Bordeaux. Auteur de *Thérèse Desqueyroux* et du *Nœud de vipères,* entre autres, le petit homme fiévreux à la voix cassée qui aurait voulu être Proust incarne 3 figures littéraires. L'écrivain bordelais, élevé dans « un monde étroit et janséniste » dont il stigmatisera l'égoïsme. L'écrivain chrétien ensuite, marqué par « une enfance pieuse et angoissée » et amoureux haineux de la famille, « cette cage tapissée d'oreilles et d'yeux ». L'écrivain gaulliste enfin, qui, en 1970, terminera sa vie, ayant été académicien (1933) et Prix Nobel (1952).

– ***Michel Eyquem de Montaigne :*** né en 1533 et mort en 1592 à Saint-Michel-de-Montaigne, petit village en Dordogne. « J'étais ami de presque tous les esprits et ennemi de presque tous les cœurs. » Le père littéraire français est un homme de paradoxes. Misanthrope cloîtré dans son château pour rédiger ses œuvres, il se laisse élire 2 fois maire de Bordeaux.

– ***Charles de Montesquieu :*** né en 1689 à La Brède, en Gironde, et mort à Paris le 10 février 1755. Il va partout (chez le pape, en Angleterre pour *De l'esprit des lois*), fréquente tout le monde (Fontenelle, Mme du Deffand, Helvétius), s'intéresse à tout (de la séparation des pouvoirs à la dissection des grenouilles), connaît la gloire locale (à l'académie de Bordeaux) et internationale (avec *Les Lettres persanes*). Le père des Lumières et de la Révolution est un pur produit du Bordeaux de l'âge d'or.

– ***Jean Nouvel :*** né en 1945 à Fumel, ce grand architecte militant et urbaniste fut de tous les grands projets de Mitterrand, entre autres. L'Institut du monde arabe, la fondation Cartier, le musée du Quai-Branly, l'opéra de Lyon ou encore le palais de justice de Nantes, c'est lui. Ses matériaux : le métal, le béton, le verre et la lumière... À Saint-Émilion, on lui doit le chai rouge du château La Dominique. Son credo : envisager l'architecture sans jamais la couper de son environnement, de son histoire, de son contexte urbanistique, écologique, économique et surtout artistique.

– ***Bernard Palissy :*** né en 1510 à Lacapelle-Biron dans le Lot-et-Garonne, il sera tour à tour potier, émailleur, peintre, verrier, écrivain et savant. C'est en voyant une coupe de terre émaillée qu'il décide de se consacrer aux émaux – une quête écrasante qui lui prendra 20 ans et l'amènera même, ruiné, à brûler ses derniers meubles pour alimenter le four à cuisson. Et si ses efforts furent somme toute couronnés de succès, il sera condamné comme huguenot par la Ligue en 1586, et mourra emprisonné à la Bastille en l'an 1589. Il est particulièrement connu pour ses céramiques à motifs d'animaux en relief.

– ***Sempé :*** la pudeur du trait, les grands timides égarés dans des environnements oppressants, un certain goût de l'introspection... L'auteur du *Petit Nicolas* a-t-il vraiment oublié d'être bordelais (il est né à Bordeaux le 17 août 1932) ?

– ***Michel Serres :*** né à Agen (Lot-et-Garonne) en 1930, mort à Paris le 1er juin 2019. Philosophe, académicien, mais aussi phénoménologue, épistémologue, il a touché avec un égal bonheur à la communication, l'histoire des sciences, voire la littérature. Fier Gascon, cet homme de talent a fait un malheur en librairie en 1985 avec *Les Cinq Sens,* qui lui ont permis de redonner une jouvence au sensualisme. Il confirmera ce succès avec *Le Tiers instruit* (1994). Il est élu à l'Académie française en 1990.

– ***Soko (de son vrai nom Stéphanie Sokolinski) :*** née à Bordeaux en 1985, la chanteuse-actrice, auteure, interprète « indé » a connu la notoriété grâce à son single *I'll kill her* en 2007 puis *I thought I was an Alien* (2012). À l'écran, on l'a vue dans *Clara cet été-là, Bye-bye Blondie, Augustine, La Danseuse.* À fleur de peau, la mélancolique jeune femme s'inspire de la musique folk et vit aujourd'hui à Los Angeles.

– ***Philippe Sollers (de son vrai nom Joyaux) :*** né en 1936. Le voltigeur de la Rive gauche maoïsante à l'époque de *Tel Quel.* L'alchimiste explosé du verbe avec *H* et *Paradis.* L'insatiable libertin de *Femmes.* Le dandy du *Portrait du joueur.* Ou le provocateur narcissique de la télé. De toutes les facettes de Sollers, geyser d'intelligence, il n'en est qu'une où les Bordelais puissent se reconnaître : c'est le Sollers des tout débuts *(Le Parc),* encore influencé par Mauriac.
– Le Bordelais a également offert au cinéma le réalisateur ***René Clément*** (auteur, entre autres films, de *La Bataille du rail, Jeux interdits* ou *Plein Soleil* avec Delon et une autre Bordelaise, ***Marie Laforêt***), ***Édouard Molinaro*** ou la comédienne ***Danielle Darrieux*** et le regretté ***Jacques Dufilho.***
– Côté musique, la région se défend très bien en variété française avec des artistes aussi divers que ***Serge Lama, Michel Polnareff, Francis Cabrel*** ou encore ***Pascal Obispo.***
– Et une mention spéciale, pour finir, à ***The Inspector Cluzo,*** très énergique duo landais de fermiers-rockeurs qui arpentent les scènes du monde entier (quand ils ne sont pas en train de s'occuper de leur élevage d'oies en Chalosse...).

SITES INSCRITS AU PATRIMOINE MONDIAL DE L'UNESCO

UNESCO – Organisation des Nations Unies pour l'éducation, la science et la culture · En coopération avec le Centre du patrimoine mondial

Pour figurer sur la liste du Patrimoine mondial, les sites doivent avoir une valeur universelle exceptionnelle et satisfaire à au moins un des 10 critères de sélection. La protection, la gestion, l'authenticité et l'intégrité des biens sont également des considérations importantes.
Le patrimoine est l'héritage du passé dont nous profitons aujourd'hui et que nous transmettons aux générations à venir. Nos patrimoines culturel et naturel sont 2 sources irremplaçables de vie et d'inspiration. Ces sites appartiennent à tous les peuples du monde, sans tenir compte du territoire sur lequel ils sont situés. Pour plus d'informations : • *whc.unesco.org* •
Dans ce guide, voici les sites concernés : ***Bordeaux et le port de la Lune*** (2007), la cité Frugès à Pessac (2016), les ***chemins de Saint-Jacques-de-Compostelle*** (entre autres, l'abbaye de La Sauve-Majeure, la basilique Notre-Dame-de-la-Fin-des-Terres à Soulac et l'église Sainte-Quitterie d'Aire-sur-l'Adour), la juridiction de ***Saint-Émilion*** et ***Blaye/Cussac-Fort-Médoc*** dans le cadre des fortifications de Vauban, le ***phare de Cordouan*** (2021) en pleine mer.

SPORTS

Les sportifs ne s'y trompent pas, le Sud-Ouest offre un cadre idéal, entre mer et montagne.
– La côte landaise est riche en étangs, dont certains sont aménagés en base nautique. Lorsque la mer se fait sauvage, les fanas de sport de glisse grimpent sur leurs planches de ***surf.*** Lacanau et Hossegor accueillent chaque année des épreuves de la Coupe du monde.
– De retentissement plus national, le ***rugby,*** seul sport à être pratiqué

POURQUOI LE SUD-OUEST, PATRIE DU RUGBY FRANÇAIS ?

En 1877, des Anglais créèrent le Bordeaux Athletic Club. Puis le Stade toulousain devint le club le plus titré du rugby hexagonal (19 victoires). La passion du ballon ovale se répandit ensuite par osmose vers Agen, Dax, Mont-de-Marsan. Sans oublier Bayonne et Biarritz, bien sûr.

à haut niveau dans toute la région, semble avoir été créé pour les Gascons et donne lieu à quelques féroces derbies. Les puristes ont même leur sanctuaire, *Notre-Dame-du-Rugby,* vers Grenade-sur-l'Adour, dans les Landes.
– Le ***football*** reste cantonné à Bordeaux (et aussi à Libourne) où les Girondins, avec quelques années creuses et des résultats en dents de scie, sont passés sous la houlette d'un fonds d'investissement américain. Leur section féminine évolue en 1re division.
– Des Landes aux Pyrénées, les ***courses landaises*** suscitent encore des vocations d'« écarteurs » et de « sauteurs » chez les jeunes gens. Les ***corridas*** ont aussi leurs fiévreux amateurs qui se donnent rendez-vous, entre autres, à Dax et Mont-de-Marsan, célèbres *plazas de toros.*
– Dans les Landes, chaque village ou presque a son fronton où jouer à la ***pelote... basque*** !

VINS ET ALCOOLS

« Les verres de vin, c'est comme les seins. Un c'est pas assez, trois c'est trop. »

Dicton de bistrot

Armagnac

Il siège, avec le cognac et le calvados, dans l'Olympe des grands alcools français. 3 régions de production : en bas le « haut », en haut le « bas », et le « Ténarèze », entre les 2. Le bas Armagnac, donc, fournit les meilleurs alcools et, à l'intérieur de cette zone, le grand bas Armagnac – pour une bonne part dans les Landes – est le terroir béni entre tous. Ses eaux-de-vie développent avec l'âge un bouquet d'une subtilité merveilleuse et qui évoque selon les cas le pruneau, le coing, la violette, la vanille ou le poivre blanc. Bien sûr, on trouve aussi en Ténarèze et sur les calcaires ingrats du haut Armagnac des producteurs qui soignent leur distillation.
Pas de restaurateur local, grand ou petit, qui n'ait sa collection. Méfiez-vous toutefois des flacons tarabiscotés, des étiquettes féodales, qui sont le déguisement habituel d'alcools médiocres. L'armagnac a fêté ses 700 ans en 2010. En 2021, l'armagnac rentre au patrimoine culturel immatériel de la France. Une reconnaissance qui valorise l'histoire et les traditions de la plus vieille eau-de-vie de France !
– Contrairement à l'armagnac, le ***floc de Gascogne*** (du moût de raisin coupé d'eau-de-vie d'Armagnac) se bonifie en bouteille. Très fruité, moins alcoolisé que son spiritueux de père, il se décline en blanc ou rouge, se déguste en apéritif ou accompagne foie gras et fruits.

Bordeaux

Les Gaulois, dit-on, cultivaient la vigne dans la région bien avant la conquête romaine. Mais c'est cette dernière qui imposa le plant *Biturica.* La notoriété planétaire des vins de Bordeaux doit beaucoup à la ***présence anglaise*** en Guyenne et au commerce des Hollandais avec les pays du Nord, friands de blancs puissants, caloriques et liquoreux. Mais c'est au XVIIIe s que commence le règne des fameux ***chartrons,*** puissants courtiers et magnats du négoce, dont les habitudes de vie ont fini par colorer toute la mentalité bordelaise. Les Chartrons, c'est ce quartier de la ville de

ROYALES, CES APPELLATIONS !

Rois d'Israël ou d'Assyrie, ils sont nombreux à prêter leur nom à des bouteilles hors normes : Jéroboam (3 l), Mathusalem (6 l), Salmanazar (9 l), Nabuchodonosor (15 l), Salomon (18 l)... Détail païen : dans le Bordelais, le jéroboam se nomme aussi double magnum.

Bordeaux, en pente vers le fleuve, où se dressent bureaux altiers et vastes entrepôts d'où roulaient les tonneaux vers les quais, à destination de l'Angleterre. Aujourd'hui, le gigantesque commerce des vins de Bordeaux se trouve normalisé, internationalisé au point qu'on ne s'effarouche plus d'ouvrir le cercle des plus nobles châteaux aux nouveaux propriétaires : Japonais, Chinois, Américains, Arabes...

Gigantesque entreprise, disions-nous : on le comprend aisément, sachant que le vignoble bordelais est par sa taille et sa réputation le ***1er du monde***, avec 110 000 ha de vignes classés en AOC, et produisant bon an mal an environ 5 à 6 millions d'hectolitres de vins dits « fins », issus de près de 9 000 exploitations viticoles. Des classifications complexes s'efforcent de hiérarchiser cette incommensurable diversité, mais il est souvent bien difficile pour l'amateur de s'y retrouver. Cependant, on s'apercevra vite que des « petits vins » d'appellation moins prestigieuse sont souvent d'un rapport qualité-prix très honorable. Dernier point : avant toute visite aux domaines, il est indispensable de réserver, sinon vous essuierez pas mal de rebuffades sur le perron des nobles châteaux. Enfin, anecdotique mais néanmoins précieux détail : si vous entendez parler de *frontignan,* c'est de la bouteille de vin de Bordeaux qu'il s'agit (0,75 l). Pour le vin rouge, le verre est vert ; les blancs et les rosés sont conditionnés dans des bouteilles en verre blanc. Et puis, les bouteilles bordelaises ont une forme différente de celles des autres appellations françaises.

LA CLASSIFICATION DE 1855

Pour l'Expo universelle, les courtiers en vins furent nommés pour classifier les meilleurs châteaux. Ayant très peu de temps, ils ne goûtèrent aucun vin (!) mais la classification se fit... par le prix ! Et puis on considéra aussi que seul le médoc était le meilleur pour le rouge et le sauternes pour le blanc. En faisant une impasse coupable sur d'autres régions prestigieuses (comme le saint-émilion...). En fait, seule la rive gauche est classée (celle qui était anglaise pendant la guerre de Cent Ans !).

6 « routes du Vin de Bordeaux » ont été créées par Gironde Tourisme. Elles partent à la découverte de 6 destinations viticoles labellisées « Vignobles et découvertes » pour découvrir le vignoble bordelais. Voir aussi le chapitre « Comprendre le vignoble bordelais » au début de la partie sur la Gironde. Et pour explorer le vignoble bordelais, le ***Routard œnotourisme en Gironde*** vous mènera de château en maisons de vins !

Vins du Sud-Ouest

On ne meurt pas de soif au pays des truffes et du foie gras. Bordeaux mis à part, notre grand Sud-Ouest compte une bonne trentaine d'appellations pour une production de 800 000 à 900 000 hl. Des vins très divers, pleins de charme (leurs prix raisonnables n'en sont pas le moindre), dont voici les plus connus :

– ***Jurançon :*** des blancs secs pour l'essentiel et, plus rarement, d'exquis liquoreux « impérieux et traîtres comme tous les grands séducteurs », selon les mots de Colette.

– ***Madiran :*** le terroir du tannat, la puissance maîtrisée de ce cépage pour des vins d'exception... et de grande garde, à la trame tannique dense et charnue.

LE DÉDAIN FRANÇAIS

À cause du 2d mariage d'Aliénor d'Aquitaine avec le roi d'Angleterre, le Bordelais devint britannique et les vins de Bordeaux furent totalement sous l'emprise de nos ennemis de l'époque. Voilà pourquoi ces breuvages furent délaissés par les Français, au profit du bourgogne. Ce mépris dura jusqu'au XVIIIe s.

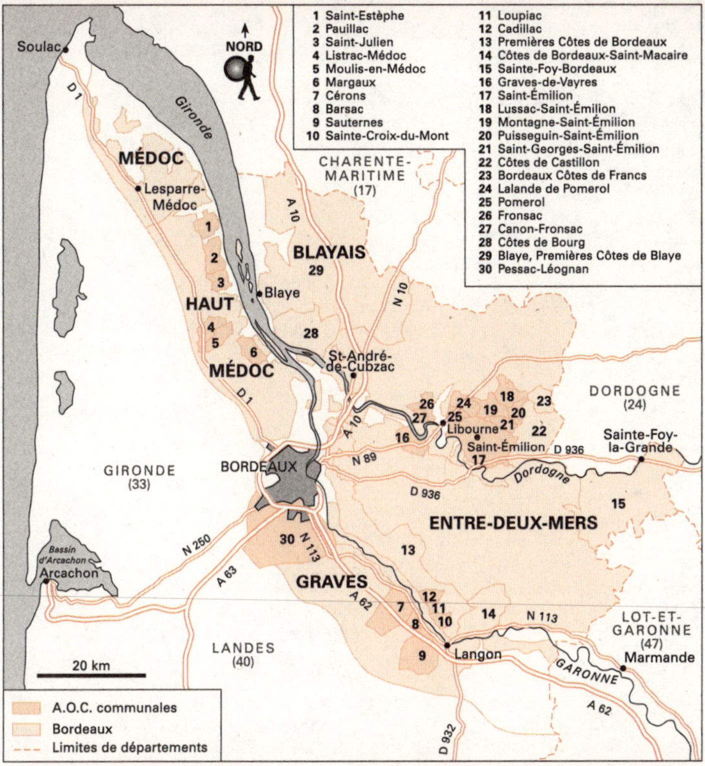

LES APPELLATIONS DU VIGNOBLE BORDELAIS

– ***Pacherenc-du-vic-bilh :*** les blancs de Madiran dont l'appellation partage l'aire de culture... Secs, moelleux ou liquoreux à l'équilibre parfait, pour une découverte gastronomique hors des sentiers bus... au pays des « piquets en rangs ».

– Les 4 AOC du Lot-et-Garonne : ***buzet, côtes-du-brulhois, côtes-de-duras*** et ***côtes-du-marmandais*** proches des bordeaux, auxquels ils étaient autrefois rattachés et associés, mais désormais bien différenciés. Avec des cépages spécifiques et une reconnaissance auprès des amateurs, à des prix bien plus sages que dans le Bordelais.

– ***Bergerac :*** « des vins qui ont du nez », selon le slogan de rigueur. Sur le même terroir, les fins et déliés *pécharmant* et les célèbres liquoreux *monbazillac*.

– ***Tursan :*** l'impératrice Eugénie a été la meilleure ambassadrice de ce vignoble qui étire ses vignes aux portes de la Chalosse, et qui bénéficie d'une AOP. Des blancs souples et fruités qu'on apprécie avec un foie gras, des rosés gouleyants et des rouges pleins de rondeur qui offrent un large panel du fruité au tannique. Idéal pour accompagner une piperade, un pavé de bœuf ou un fromage de brebis. Certains rouges élevés en fûts de chêne peuvent se garder quelques années. Et des barriques sont mêmes conservées sous les dunes ! Les vins de Tursan vous surprendront d'autant plus agréablement que leur prix, lui, est resté modéré.

PETITS TRUCS ET ASTUCES POUR ÉVITER LES ABUS ET MAUVAISES SURPRISES

Un routard informé en vaut 2 ! Pour éviter les désagréments en tous genres, voici un petit pense-bête destiné à parer aux coûts et aux coups de bambous.

Bien sûr, nos enquêteurs veillent au grain, et les établissements qui ne répondent plus à nos critères ou abusent sont vite supprimés de nos guides. La réciproque est aussi valable. N'oublions pas que les hôteliers et restaurateurs font un métier difficile, et que la pandémie liée au Covid n'a pas amélioré les choses. S'ils se doivent de toujours garder le sourire, nous nous devons de les respecter en n'arrivant pas chez eux en terrain conquis.

À L'HÔTEL

1 – Arrhes ou acompte ? : dans les 2 cas, il s'agit de sommes versées au moment de la réservation, à titre d'avance sur l'occupation d'une chambre ou d'une location saisonnière, et faisant office de garantie réciproque. On préfère parler d'arrhes plutôt que d'acompte considéré comme définitif, c'est-à-dire sans dédit possible. Légalement, aucune règle ne précise le montant des arrhes, mais il est d'usage de verser ***25 à 30 % du prix total au moment de la réservation.*** Cette somme ne pourra pas être remboursée en cas d'annulation de la réservation, sauf cas de force majeure qu'il vous faudra justifier (maladie ou accident) ou en accord avec l'hôtelier si l'annulation est faite dans des délais jugés raisonnables. Si, au contraire, l'annulation est le fait de l'hôtelier, il doit vous rembourser le double des arrhes versées. Enfin, si vous avez réservé une chambre (sans avoir rien versé) et que vous avez un empêchement, ***passez un coup de téléphone pour annuler,*** c'est la moindre des politesses.

2 – Numéro de carte à la réservation : qu'elle se fasse sur Internet ou par téléphone, il est de plus en plus courant de fournir son numéro de carte bancaire pour garantir la réservation de la chambre. Le client peut alors annuler sa réservation jusqu'à 24h avant l'arrivée dans l'hôtel. Au-delà, l'hôtelier est en droit de débiter la totalité du montant de la 1re nuit.

3 – Subordination de vente : les hôteliers ont interdiction de pratiquer la subordination de vente. C'est-à-dire qu'***ils ne peuvent pas vous obliger à réserver plusieurs nuits d'hôtel si vous n'en souhaitez qu'une.*** Dans le même ordre d'idées, on ne peut vous obliger à prendre votre petit déjeuner ou vos repas dans l'hôtel. Ce principe, illégal, est cependant toléré en pratique, surtout en haute saison, dans les zones touristiques où la demande est bien plus importante que l'offre.

4 – Les réservations en ligne : elles se sont généralisées. Si les centrales de réservation en ligne sont devenues incontournables, sachez qu'elles garantissent rarement de meilleurs prix qu'en direct, sauf promos exceptionnelles, évidemment. C'est d'ailleurs souvent l'inverse. En effet, la plupart des établissements font payer la commission versée aux sites internet à leurs clients, en augmentant leurs tarifs d'autant. ***N'hésitez donc pas à réserver en direct auprès de l'hôtel, de bonnes surprises vous attendent.*** Autre avantage de la résa en direct, vous pouvez préciser le type de chambre souhaité (sur mer, sur jardin) et obtenir des renseignements fiables sur l'établissement.

5 – Responsabilité en cas de vol : un hôtelier ne peut en aucun cas dégager sa responsabilité pour des objets volés dans la chambre d'un de ses clients, même si ces objets n'ont pas été mis au coffre. En d'autres termes, les éventuels panonceaux dégageant la responsabilité de l'hôtelier n'ont aucun fondement juridique.

AU RESTO

1 – Les prix : ils sont libres, mais ***l'affichage est obligatoire*** à l'extérieur de l'établissement, de manière visible. Tous les menus doivent être affichés, même le moins cher. Ils doivent être identiques à ceux que l'on vous présente à l'intérieur.

2 – Formule ou menu ? Généralement, la formule est une proposition écourtée comprenant entrée + plat ou plat + dessert. Avec parfois un verre de vin et/ou le café. De fait, elle est moins chère que le menu, en principe complet (entrée + plat + dessert). Très souvent, les formules et les 1ers menus (les moins chers) ne sont ***servis qu'en semaine et/ou seulement au déjeuner,*** et plus rarement avant certaines heures (12h30 et 20h environ). C'est parfaitement légal, à condition toujours que ce soit clairement indiqué sur le panneau extérieur et sur le menu que l'on vous présente à table. Il arrive qu'il disparaisse comme par enchantement (humm, mauvais signe…). Vous êtes en droit de le demander.

3 – Le « fait maison » : pour parer au sous-vide et tout congelé, et parallèlement valoriser le travail de restaurateurs scrupuleux, le « fait maison » (logo d'une casserole surmontée d'un toit de maison avec cheminée) apparaît comme un faire-valoir évident et rassurant. Même s'il ne garantit pas le 100 % maison (la loi est un peu tordue sur le sujet et il n'y a pas de contrôle), ni la qualité du chef ! Cela dit, c'est un bon début.

4 – La carte en dit long ! Voici, foi d'enquêteur, quelques trucs très simples pour analyser un menu : tout d'abord la ***brièveté de la carte*** est un bon gage de fraîcheur ; quand les produits sont locaux et de saison, c'est encore mieux ! On peut aussi questionner le serveur. Sa franchise (ou son embarras) vous en dira long (le bar, il est sauvage ou d'élevage ?). Autre indice : si la carte n'est composée que de plats passe-partout dont certains peuvent nécessiter des cuissons très longues (parmentier de canard, suprêmes de volaille en sauce, souris d'agneau, bourguignon...), ce n'est pas forcément bon signe, surtout s'ils sont servis trop rapidement. Même topo avec les desserts bistrotiers type tarte Tatin, mi-cuit ou mousse au chocolat, crème brûlée, panna cotta, tiramisù qui sortent soit du congélateur, soit d'une brique ! Tout comme les mignardises qui accompagnent le café gourmand souvent surfacturé. Un bon chef n'est pas forcément un bon pâtissier. Et il a rarement le temps de préparer 36 desserts ! Enfin, en dehors des zones côtières, on évite les poissons et fruits de mer le lundi… les livraisons ayant rarement lieu le week-end !

5 – Commande jugée insuffisante : sachez qu'il est illégal de pousser le client à la consommation. Une attitude parfois un peu insistante de la part du serveur est indigne d'un bon établissement.

6 – *Doggy bag* : la lutte anti-gaspi a du bon ! Depuis le 1er juillet 2021, les restaurateurs ne peuvent vous refuser de partir avec ce que vous avez laissé dans votre assiette. Alors, n'hésitez pas à le demander, c'est une bonne occasion de terminer votre repas… à la maison !

7 – Eau : une carafe d'***eau du robinet*** est ***gratuite*** à condition qu'elle accompagne un repas. On ne peut pas vous la refuser, sauf si elle est jugée impropre à la consommation par décret. Dans certains restos, on vous l'apporte d'office en guise de bienvenue. Un vrai bon point ! La bouteille d'***eau minérale*** doit, quant à elle, comme le vin, être ouverte devant vous. L'arnaque consiste parfois à proposer d'emblée une eau minérale, facturée au prix fort. À la question du serveur : « Et pour l'eau, plate ou gazeuse ? », vous pouvez répondre sans rougir : « Une carafe me conviendra ».

8 – Vins (et autres alcools) : la marge la plus importante des restaurateurs ! Et certains en abusent… Le vin au verre s'est généralisé. Tant mieux. Sinon, au-delà de 2 verres (gare aux prix exorbitants et à l'interdiction de conduire), il peut être plus intéressant de commander une bouteille, quitte à l'emporter en fin de repas si elle n'est pas terminée. Sinon, ne pas hésiter à demander un ***petit vin de pays en pichet,*** l'occasion de découvrir ainsi des petites cuvées locales et bon marché.

les ROUTARDS sur la FRANCE 2022-2023

(dates de parution sur • *routard.com* •)

Découpage de la FRANCE par le ROUTARD

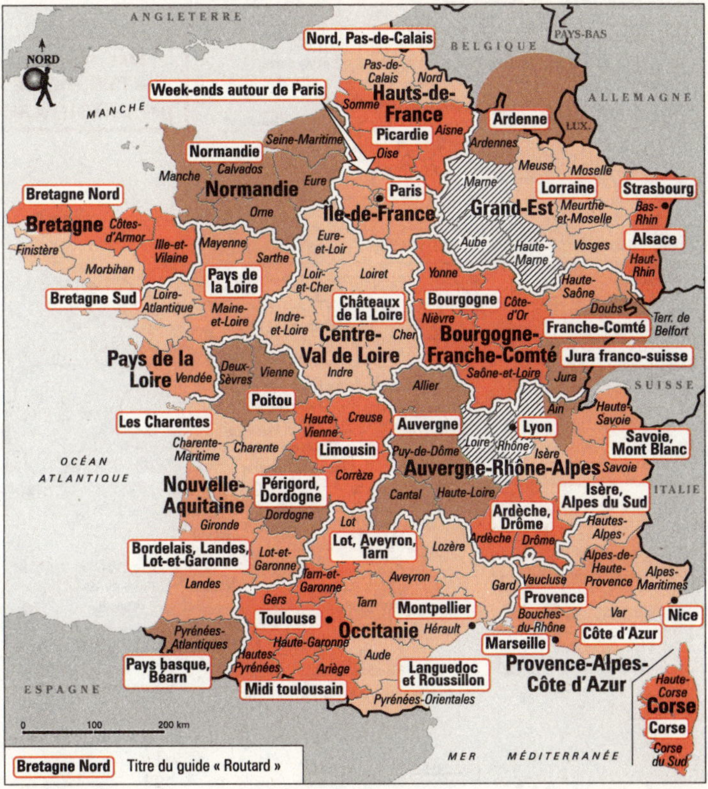

Autres guides sur la France

- Nos meilleurs campings en France
- Nos meilleures chambres d'hôtes en France

Autres guides sur Paris

- Paris
- Paris balades
- Restos et bistrots de Paris
- Le Routard des amoureux à Paris
- Week-ends autour de Paris

Le Routard à vélo

- EuroVelo6
- La Bourgogne du Sud à vélo
- La Flow Vélo
- La Loire à Vélo
- La Vélo Francette
- La Vélodyssée (Roscoff-Hendaye)
- Le Canal des 2 mers à vélo
- Paris Île-de-France à vélo
- ViaRhôna
- Les plus belles escapades à vélo en France

les ROUTARDS sur l'ÉTRANGER 2022-2023

(dates de parution sur • **routard.com** •)

Découpage de l'ESPAGNE par le ROUTARD

Découpage de l'ITALIE par le ROUTARD

Autres pays européens

- Allemagne
- Angleterre, Pays de Galles
- Autriche
- Belgique
- Bulgarie
- Crète
- Croatie
- Danemark, Suède
- Écosse
- Finlande
- Grèce continentale
- Hongrie
- Îles grecques et Athènes
- Irlande
- Islande
- Madère
- Malte
- Norvège
- Pays baltes : Tallinn, Riga, Vilnius
- Pologne
- Portugal
- République tchèque, Slovaquie
- Roumanie
- Suisse

Villes européennes

- Amsterdam
- Berlin
- Bruxelles
- Budapest
- Copenhague
- Dublin
- Lisbonne
- Londres
- Moscou
- Naples
- Porto
- Prague
- Saint-Pétersbourg
- Stockholm
- Vienne

les ROUTARDS sur l'ÉTRANGER 2022-2023

(dates de parution sur • *routard.com* •)

Découpage des ÉTATS-UNIS par le ROUTARD

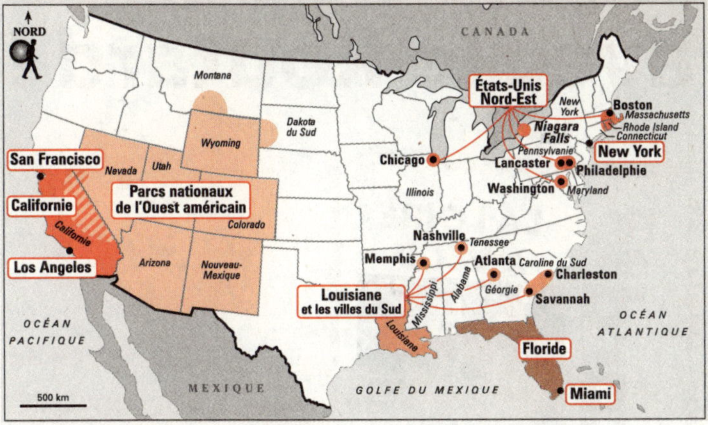

Autres pays d'Amérique

- Argentine
- Brésil
- Canada Ouest
- Chili et île de Pâques
- Colombie
- Costa Rica
- Équateur et les îles Galápagos
- Guatemala, Belize
- Mexique
- Montréal
- Pérou, Bolivie
- Québec et Ontario

Asie et Océanie

- Australie côtes est et nord + Red Centre
- Bali, Lombok
- Bangkok
- Birmanie (Myanmar)
- Cambodge, Laos
- Chine
- Hong Kong, Macao, Canton
- Inde du Nord
- Inde du Sud
- Israël et Palestine
- Istanbul
- Jordanie
- Malaisie, Singapour
- Népal
- Shanghai
- Sri Lanka (Ceylan)
- Thaïlande
- Tokyo, Kyoto et environs
- Turquie
- Vietnam

Afrique

- Afrique du Sud
- Égypte
- Kenya, Tanzanie et Zanzibar
- Maroc
- Marrakech
- Sénégal
- Tunisie

Îles Caraïbes et océan Indien

- Cuba
- Guadeloupe, Saint-Martin, Saint-Barth
- Île Maurice, Rodrigues
- Madagascar
- Martinique
- République dominicaine (Saint-Domingue)
- Réunion

Guides de conversation

- Allemand
- Anglais
- Arabe du Maghreb
- Arabe du Proche-Orient
- Chinois
- Croate
- Espagnol
- Grec
- Italien
- Japonais
- Portugais
- Russe
- G'palémo (conversation par l'image)

Livres-photos/Livres-cadeaux

- 50 voyages à faire dans sa vie
- 52 escapades nature en France (**nouveauté**)
- 52 week-ends coups de cœur en Europe (city trips)
- 52 week-ends coups de cœur en France
- 120 coins secrets en Europe
- 1 200 coups de cœur en France
- 1 200 coups de cœur dans le monde
- Cahier de vacances du Routard
- La France de Stéphane Bern
- Nos plus belles balades et randos en France (**nouveauté**)
- Road Trips Monde
- Road Trips en France
- Sacré : 100 lieux d'inspiration divine (**nouveauté**)
- Voyages
- Voyages : États-Unis
- Voyages : France
- Voyages : Italie

INDEX GÉNÉRAL

Attention, le Béarn ainsi que le Pays basque (France, Espagne) font l'objet d'un guide à part.

C

LISTE DES CARTES ET PLANS

« OSONS LE PAS DE CÔTÉ »

Le surtourisme ? Tous concernés. Et pourtant, à l'écart des grands flux touristiques, il existe plein de pépites méconnues, souvent oubliées des circuits trop encombrés. Ici un site ignoré ; là un quartier secret ; plus loin un village caché au charme discret, avec un troquet d'une autre époque… Il existe une infinité de lieux peinards que l'on a envie de mettre en avant avec ce pictogramme. Un vagabondage enfin calme favorisé aussi par les **visites aux heures creuses.** Vive le *slow trip* !

#osonslepasdecote

INDEX GÉNÉRAL

Remarque importante aux hôteliers et restaurateurs

Les enquêteurs du *Routard* travaillent dans le plus strict anonymat. Aucune réduction, aucun avantage quelconque, aucune rétribution n'est jamais demandé en contrepartie. Face aux aigrefins, la loi autorise les hôteliers et restaurateurs à porter plainte.

Avis aux lecteurs

Le Routard, ce n'est pas comme le bon vin, il vieillit mal. On ne veut pas pousser à la consommation, mais évitez de partir avec une édition ancienne. Les modifications sont souvent importantes.

Les réductions accordées à nos lecteurs ne sont jamais demandées par nos rédacteurs afin de préserver leur indépendance. Les hôteliers et restaurateurs sont sollicités par une société de mailing, totalement indépendante de la rédaction, qui reste donc libre de ses choix. De même pour les autocollants et plaques émaillées.

Avec routard.com, choisissez, organisez, réservez et partagez vos voyages !

✓ Rejoignez la plus grande communauté francophone de voyageurs : **plusieurs millions d'internautes.**

✓ Échangez avec les routarnautes : forums, photos, avis d'hôtels.

✓ Retrouvez aussi toutes les informations actualisées pour choisir et préparer vos voyages : près de 300 guides destinations, une centaine de dossiers pratiques et un magazine en ligne pour découvrir tous les secrets de votre destination.

✓ Enfin, comparez les offres pour organiser et réserver votre voyage au meilleur prix.

Les **Routards** *parlent aux* **Routards**

Faites-nous part de vos expériences, de vos découvertes, de vos tuyaux et de vos coups de cœur. Aidez-nous à remettre l'ouvrage à jour. Indiquez-nous les renseignements périmés. Faites profiter les autres de vos adresses nouvelles, combines géniales... On adresse un exemplaire gratuit de la prochaine édition à ceux qui nous envoient les meilleurs courriers, pour la qualité et la pertinence des informations.

Quelques conseils cependant :

– Envoyez-nous votre courrier le plus tôt possible afin que l'on puisse insérer vos tuyaux sur la prochaine édition.

– N'oubliez pas de préciser l'ouvrage que vous désirez recevoir, ainsi que votre adresse postale.

– Vérifiez que vos remarques concernent l'édition en cours et notez les pages du guide concernées par vos observations.

– Quand vous indiquez des hôtels ou des restaurants, pensez à signaler leur adresse précise et, pour les grandes villes, les moyens de transport pour y aller. Si vous le pouvez, joignez la carte de visite de l'hôtel ou du resto décrit.

En tout état de cause, merci pour vos nombreux mails.

122, rue du Moulin-des-Prés, 75013 Paris

● *guide@routard.com* ● *routard.com* ●

Routard Assurance *2022*

Enrichie au fil des années par les retours des lecteurs, *Routard Assurance* reste l'assurance voyage référence des globe-trotters. Tout y est inclus, même la **Covid** : frais médicaux, assistance rapatriement, bagages, responsabilité civile... Avant votre départ, appelez *AVI* pour un conseil personnalisé. Besoin d'une **attestation Covid,** d'un avis médical, d'une prise en charge dans un hôpital ? Téléchargez l'appli mobile *AVI International* pour garder le contact avec *AVI Assistance* et disposer d'un vaste réseau médical à travers le monde. *AVI Assistance* est disponible 24h/24 pour une réponse en temps réel. De simples frais de santé en voyage ? Envoyez les factures à *AVI* dès votre retour, ils vous remboursent sous une semaine. *Le Colisée Gardens, 10 avenue de l'Arche, CS 70126, 92419 Courbevoie Cedex. ☎ 01-44-63-51-00. ● avi-international.com ● Ⓜ La Défense.*

Édité par Hachette Livre (58, rue Jean-Bleuzen, CS 70007, 92178 Vanves Cedex, France)
Photocomposé par Jouve SAS (561, Rue Saint Léonard, 53100 Mayenne, France)
Imprimé par Lego SPA Plant (via Galileo Galilei, 11, 38015 Lavis, Italie)
Achevé d'imprimer : avril 2022
Collection n° 15 - Édition n° 01
19/5172/9
I.S.B.N. 978-2-01-71-8785-1
Dépôt légal : avril 2022

PAPIER À BASE DE FIBRES CERTIFIÉES